Mergers & Acquisitions

Stephan A. Jansen

Mergers & Acquisitions

Unternehmensakquisitionen und
-kooperationen.
Eine strategische, organisatorische und
kapitalmarkttheoretische Einführung

6., überarbeitete und erweiterte Auflage

 Springer Gabler

Stephan A. Jansen
Stanford, USA
Berlin, Deutschland
Karlsruhe, Deutschland

ISBN 978-3-8349-4771-0   ISBN 978-3-8349-4772-7 (eBook)
DOI 10.1007/978-3-8349-4772-7

Die Deutsche Nationalbibliothek verzeichnet diese Publikation in der Deutschen Nationalbibliografie;
detaillierte bibliografische Daten sind im Internet über http://dnb.d-nb.de abrufbar.

Springer Gabler
© Springer Fachmedien Wiesbaden 1998, 1999, 2000, 2001, 2008, 2016

Gedruckt auf säurefreiem und chlorfrei gebleichtem Papier.

Springer Fachmedien Wiesbaden GmbH ist Teil der Fachverlagsgruppe Springer Science+Business Media
(www.springer.com)

Vorwort zur 6. Auflage

Mergers & Acquisitions (M&A), also die unterschiedlichen Formen der Unternehmenskäufe und -beteiligungen, sind ein seit über 100 Jahren – auch in der Forschung – gut bekanntes Phänomen. Im Laufe des 20. Jahrhunderts hat sich M&A von der situativen Ausnahme zur strategischen Normalität, von der Königsdisziplin der Finanz- und Beratungsindustrie zum Unternehmensalltag entwickelt.

M&A ist ein zyklisches Phänomen, das eigenen Konjunkturen und damit auch Krisen unterliegt. M&A ist aber auch ein Phänomen, das selbst Konjunkturen und Krisen zu erzeugen scheint.

M&A ist in den vergangenen Jahrzehnten zu einer globalen Inklusionstechnik mit einer potentiellen Zentralisierung wirtschaftlicher Kontrolle und damit auch einer volks- und weltwirtschaftlich systemischen Verwundbarkeit besonderer Art geworden. So haben James Glattfelder, Stefania Vitali und Stefano Battiston vom Institut für Systemgestaltung der Eidgenössischen Technischen Hochschule Zürich 2007 insgesamt 43.060 transnationale Unternehmen untersucht. Bezieht man deren Beteiligung an weiteren Unternehmen ein, entsteht ein globales Netzwerk mit mehr als 600.000 wirtschaftlichen Akteuren. Aber: Sie basieren letztlich auf einer *Superzelle* von 147 Firmen, davon wiederum 133 aus dem Finanz- und Immobiliensektor, die knapp 40 % des gesamten Vermögens der transnationalen Unternehmen kontrollieren. Wenn hier Knotenpunkte im Netzwerk ausfallen – wie im September 2008 mit Lehman Brothers, die in dem 2007er Ranking vor der Insolvenz noch auf dem 30. Platz der weltweit kontrollmächtigsten Unternehmen waren –, dann zeigen sich die systemischen Kollateraleffekte dieses scheinbar nur unternehmensbezogenen Strategieinstruments M&A.

In Deutschland, mit einer traditionell mittelständischen und familiengetragenen Struktur, ist die Konjunktur der M&A-Märkte etwas gemächlicher verlaufen. Erst Mitte der 1990er Jahre stellte sich eine gewisse Euphorie ein. Anfangspunkte markierten wohl der zunächst als feindlich gestartete Übernahmeversuch von Thyssen durch die wesentlich kleinere, aber stiftungsgetragene Fried. Krupp AG Hoesch Krupp im März 1997 sowie die Akquisition von Chrysler durch die Daimler Benz AG im April 1998.

Kritiken seitens der Berater und Politiker wurden in der Folge schnell laut, wie z. B. durch Bolko von Oetinger, ehemaliger Deutschlandverantwortlicher der Boston Consulting Group, vorgetragen: „Jeder zweite Manager ist anscheinend nicht in der Lage, diese

Wahnsinnsaufgabe zu lösen. Dann war der Appetit größer als die internen Fähigkeiten zu verdauen." Auch Altbundeskanzler Helmut Schmidt wunderte sich: „Da werden große Unternehmen im Handumdrehen gekauft und verkauft, als handelte es sich um Gebrauchtwagen." In den USA seien Ende des 20. Jahrhunderts Studien zufolge nicht weniger als 45 % der Beschäftigten unmittelbar durch M&A-Transaktionen betroffen. M&A hat eine volkswirtschaftliche, betriebswirtschaftliche, gesellschaftliche und auch sehr individualistische Dimension.

So passte auch die Meldung aus Tokio am 28. Januar 2008, dass eine bis dahin unbekannte Firma Teramento Corporation – mit einem Kapital von 7 Euro – auf der offiziellen Seite der Finanzaufsichtsbehörde verlautbarte, dass es die Mehrheit der sechs größten Unternehmen Japans übernommen habe – im Wert von 129 Mrd. Euro. Für 6400 Euro Strafgebühr musste diese Anzeige wieder entfernt werden. Der Fall über den französischen Wertpapierhändler Jérôme Kerviel, der bei der Société Générale einen Verlust von 4,9 Mrd. Euro erzeugte, wurde als Theaterstück in Nizza aufgeführt.

Die deutsche Forschung erwachte angesichts dieser Entwicklungen langsam und knüpfte in den 1990er Jahren behutsam an die bereits gut 40 Jahre bestehende, angelsächsische Profession der M&A-Forschung an. Hier, wie auch in vielen weiteren Feldern, zeigt sich die Achillesferse der deutschen Betriebswirtschaftslehre: Es ist ein interdisziplinäres Thema, zu dem die BWL nur Teilaspekte beisteuern kann und sich um eine sozialwissenschaftliche Öffnung bemühen muss, was nicht selten unterbleibt (vgl. Jansen 2004, Abschnitt A, S. 23 ff. sowie zu einer aktuellen Situationsbeschreibung der Betriebswirtschaftslehre Schreyögg 2007).

Aber nach nur wenigen Jahren zeigte sich, dass die gut 100 Jahre empirische Evidenz sich sowohl hinsichtlich der Frequenz wie auch der Amplitude nochmals zu steigern scheint: Die sechste und siebte M&A-Welle mit gänzlich neuen Spielern, Spielregeln, Spielzügen und Spieleinsätzen begann. Ein Spiel, das neben diesen Veränderungen aber auch eines zeigte: die Normalität von Fusionen, Akquisitionen, Allianzierungen und dem schnelleren Kauf und eben auch Verkauf von operativen, strategischen wie spekulativen Beteiligungen, der Globalisierung, der Staatsfonds auf den Märkten.

Der Schweizer Soziologe Urs Stäheli hat in seiner Popularitätsanalyse des Ökonomischen darauf verwiesen, dass die bislang als langweilig verschriene Ökonomie der Spekulation nur zu vielerlei Spektakulärem geführt hat. Auch wenn der Bereich der Unternehmensübernahmen nicht explizit aufgeführt wurde, ist deutlich: Wir leben in Zeiten spektakulärer Spekulationen (vgl. Stäheli 2007) – und dies sowohl im Sinne von Finanzmarkt-Spekulationen, indem sich die Anteilskäufer dem Markt überlegen fühlen, als auch Management-Spekulationen, indem sich das Käufermanagement dem Verkäufermanagement überlegen fühlt.

Dieses kleine Einführungsbuch in den weiten Themenbereich „Mergers & Acquisitions" erschien erstmalig im Jahr 1998. In den vergangenen sechs Überarbeitungen und Neuauflagen mussten jeweils zahlreiche Aktualisierungen aufgenommen werden, was die Dynamik dieses Themenfeldes zeigt. Der Anspruch ist geblieben: eine knappe und dennoch über die reine finanzierungswissenschaftliche Analyse hinausgehende Einführung für Studierende wie Praktiker unter besonderer Berücksichtigung der aktuellen Veränderungen – insbesondere für das makroökonomische Umfeld, die Kapitalmärkte, das politische und regulatorische Umfeld, für die Systemveränderungen auf Unternehmensebene selbst.

Erfolgreiche Lehrbücher sind folgenreiche Lehrbücher – zumindest in der weiteren Arbeit des Autors selbst und manchmal ja auch für Lehre, Forschung und manageriale Praxis. Meinem Kollegen Dr. Wolfgang Spiess-Knafl und den studentischen Mitarbeitern an meinem Lehrstuhl bin ich zu besonderem Dank verpflichtet, da sie die Folgen mitgetragen haben: Marcus Dietrich, Michael Haber, Robert Haufe und Tobias Wegner. Sie haben neben der sich entwickelnden Freude für dieses Thema auch eine ordentliche Recherche- und Layout-Kompetenz bewiesen. Ebenfalls möchte ich mich beim Springer Verlag – hier insbesondere bei Ulrike Lörcher und Katharina Harsdorf – für die beeindruckende Geduld und die fortwährende Unterstützung bedanken.

Stanford, im Juni 2015 Stephan A. Jansen

Vorwort zur 1. Auflage

Das Thema der *Unternehmensakquisition und -kooperation* ist sicherlich kein neues Phänomen der 1980er und 1990er Jahre. Dennoch werden diese Optionen unternehmerischer Entscheidung gerade in den letzten Jahren immer mehr zu dem zentralen Element der strategischen Unternehmensausrichtung. Für die gegenwärtig erhöhte Aufmerksamkeit dieser Optionen sprechen auch Überschriften von befürwortenden und kritischen Artikeln quer durch alle Zeitungen: Von „Mega-Mergers", dem „Allianz-Karussell", einer „Fusionitis" und vom „Stühlerücken in der Unternehmenslandschaft" ist die Rede. Von „reichen Schluckern", die in einem „Monopoly" der globalisierenden „Wirtschaft im Größenwahnsinn" „Kartelle des Schreckens" aufbauen und durch die „reine Gier nach Größe" das altbekannte Motto „Big ist Beautiful" verfolgen.

Nach den hohen Wachstumsraten der letzten drei Jahre auf dem Markt für Unternehmen und Unternehmensbeteiligungen (M&A-Markt) wird für die nächsten Jahre ein weiter steigendes Transaktionsvolumen unter deutscher Beteiligung auf mehr als eine Billion DM prognostiziert. Die Financial Times prophezeit daher unlängst: „Deals are driving deals." Aber auch Unternehmenskooperationen insbesondere Joint Ventures und Strategische Allianzen als eine alternative Option zur Erhöhung der Wettbewerbsfähigkeit gewinnen quer durch alle Branchen und für Unternehmen jeder Größe mehr und mehr an Bedeutung.

Trotz der gestiegenen empirischen Relevanz sind in diesem Zusammenhang zwei Punkte auffällig: Zum einen wird das Thema an deutschen Universitäten bisher noch weitgehend stiefmütterlich behandelt und zum anderen sind die bisherigen Beiträge zu dem Thema durch eine weitgehend fehlende Interdisziplinarität gekennzeichnet.

Mit dem vorliegenden Buch wird daher ein Versuch unternommen, die Themengebiete der Unternehmensakquisition und -kooperation aus strategischer, kapitalmarkttheoretischer, organisatorischer und rechtlicher Perspektive in einer den ganzen Lebenszyklus umfassenden Phasendarstellung zu behandeln.

Mit dieser Einführung in das weite Themengebiet Mergers & Acquisitions wird dem Leser zunächst ein erster Einblick in die aktuelle Ausgangssituation der Unternehmen im Sprung in das nächste Jahrtausend sowie die Entwicklung des Marktes für Unternehmen gegeben. Weiterhin werden die spezifischen Begriffe und Formen erläutert sowie Strategien und Theorien für Unternehmenszusammenschlüsse skizziert. Im Zentrum steht die

Darstellung der einzelnen Prozess schritte einer Kooperation und Akquisition von der frühen strategischen Planungsphase bis zur Phase des Kooperations- bzw. Integrationsmanagements.

Damit richtet sich das Buch sowohl an Praktiker, die mit den Optionen der Unternehmensakquisition und -kooperation konkret befasst sind und sich für eine systematisierte und integrierte Darstellung der einzelne Prozesse interessieren, als auch an Studenten, die sich in einem ersten Überblick über die vielschichtigen Aspekte des Mergers & Acquisitions durch eine umfassende Einführung auseinandersetzen wollen.

Diese Arbeit entstand im Frühjahr 1997 als eine Studienarbeit in Zusammenarbeit mit der Mannesmann AG und wurde für die Veröffentlichung im Sommer 1998 entsprechend aktualisiert.

Am Ende eines solchen Buchprojektes gehört es zu den angenehmsten Aufgaben, Danksagungen an diejenigen auszusprechen, ohne die eine Realisierung nicht möglich gewesen wäre. Hierbei möchte ich vor allem Herrn Heinrich Pack der Mannesmann Dematic AG für seine Kooperation danken, der mich in vielfältiger Weise tatkräftig in der Verwirklichung meines Vorhabens unterstützte.

Mein aufrichtiger Dank gilt weiterhin meiner Freundin Franziska, die sich trotz Fachfremdheit tapfer durch den Dschungel der verqueren Satzstrukturen kämpfte und mich auch sonst mit viel Geduld, Rückhalt und Entlastung unterstützte. Tiefe Dankbarkeit empfinde ich schließlich gegenüber meinen Eltern, die mein Studium ermöglicht haben. Franziska und ihnen ist dieses Buch gewidmet.

Witten, im Juni 1998   Stephan A. Jansen

Abkürzungsverzeichnis der Zeitschriften

AER   American Economic Review
AJS   American Journal of Sociology
ASQ   Administrative Science Quarterly
ASR   American Sociological Review
BFuP   Betriebswirtschaftliche Forschung und Praxis
DB   Der Betrieb
DBW   Die Betriebswirtschaft
DU   Die Unternehmung
HBR   Harvard Business Review
JFE   Journal of Financial Economics
JoB   Journal of Business
JoF   Journal of Finance
MIR   Management International Review
OD   Organizational Dynamics
SMJ   Strategic Management Journal
WiSt   Wirtschaftswissenschaftliches Studium
WISU   Wirtschaftsstudium
ZfB   Zeitung für Betriebswirtschaft
zfbf   (Schmalenbachs) Zeitung für betriebswirtschaftliche Forschung

Inhaltsverzeichnis

1 Ausgangssituation 1
1.1 Umweltveränderungen von M&A 2
    1.1.1 Globalisierung als Phänomen, Begriff und Konzept 2
    1.1.2 Veränderungen bei Direktinvestitionen und Wirtschaftsräumen . . 9
    1.1.3 Technologische Veränderungen 13
    1.1.4 Politische Veränderungen 16
1.2 Systemveränderungen 20
    1.2.1 Komplexere Unternehmensstrukturen 21
    1.2.2 Komplexere Wertschöpfungssysteme 25
    1.2.3 Deutschland AG: Kapital- & Personalverflechtungen 27
    1.2.4 Komplexere Corporate Governance-Systeme und veränderte
           Management-Karrieren 36
1.3 Kapitalmarktveränderungen 44
    1.3.1 Verfassung des Kapitalmarktes der 1990er Jahre 45
    1.3.2 Aktuelle Verfassung des internationalen und nationalen
           Kapitalmarktes 47
    1.3.3 Veränderungen in den Aktionärsstrukturen 49
1.4 Der M&A-Markt und seine Veränderungen 52
    1.4.1 Definition der „Ware Unternehmen" 53
    1.4.2 Definition des „Market for Corporate Control" 53
    1.4.3 Übersicht über die Marktakteure 59
    1.4.4 Übersicht über intermediäre Akteure 64
    1.4.5 Marktentwicklung für M&A-Dienstleistungen 67
    1.4.6 M&A-Marktentwicklung – Konjunkturen und Wellen 72
1.5 Ausblick 98
    1.5.1 Die Zweite globale Integration und Staatsfonds:
           Neue Käuferdominanzen 98
    1.5.2 Erste IT-basierte Integration 108
    Literatur 119

2   Begriffe, Formen, Regulierungen 127
2.1   Begriff der Mergers & Acquisitions 127
      2.1.1   Deutsche Bestimmung und Verwendung 128
      2.1.2   Angelsächsische Bestimmung und Verwendung 129
      2.1.3   Klassische und weitere Bereiche der M&A – Eine Übersicht . . . 130
      2.1.4   Fokussierung: Inhalt weiterer Auseinandersetzung 130
2.2   Akquisitions- und Kooperationsformen 131
      2.2.1   Rechtliche Klassifizierungen: Unternehmenskonzentrationen und
              -kooperationen 132
      2.2.2   Wirtschaftliche und organisatorische Klassifizierungen von
              Unternehmenszusammenschlüssen 133
      2.2.3   Unternehmensakquisitionen aus der Perspektive
              der Außenfinanzierung 134
      2.2.4   Hostile Takeover – „feindliche Übernahmen" 150
2.3   Regulatorisches Umfeld im „Market for Corporate Control" 157
      2.3.1   Wettbewerbsrecht 157
      2.3.2   Gesellschaftsrecht 160
      2.3.3   Wertpapierhandelsgesetz (WpHG) 160
      2.3.4   Wertpapiererwerbs- und Übernahmegesetz (WpÜg) 161
      2.3.5   Corporate Governance Kodex (CGK) 162
      2.3.6   Transparenzrichtlinie-Umsetzungsgesetz (TUG) 163
      Literatur 164

3   Theorien zu Unternehmensübernahmen 167
3.1   Einleitung 167
3.2   Erklärungsansätze der ökonomischen Theorie 170
      3.2.1   Die Monopolhypothese 171
      3.2.2   Die „Economies of . . ."-Hypothesen 173
      3.2.3   Transaktionskosten- und Institutionenökonomie 174
      3.2.4   Weitere Hypothesen der Unternehmensübernahme 176
3.3   Erklärungsansätze der Strategiediskussion 178
      3.3.1   Portfoliotheorien 178
      3.3.2   Porters wettbewerbstheoretischer Beitrag 188
      3.3.3   Das Kernkompetenzenkonzept von Prahalad/Hamel 197
      3.3.4   Geschäftsmodell-Innovationen 203
3.4   Abschließende und zusammenfassende Bemerkungen 206
      3.4.1   Die Synergie-Hypothese 207
      3.4.2   Optionen der Unternehmensentwicklung – Internes oder externes
              Wachstum 210
      3.4.3   Übersicht über die strategische Expansions- oder
              Diversifikationsentscheidung 212
      Literatur 213

4   Unternehmenskooperationen 217
    4.1   Einleitung 217
    4.2   Kooperationsbegriffe 219
          4.2.1   Gesetzliche Definition 219
          4.2.2   Betriebswirtschaftliche Begriffsbildung 220
          4.2.3   Operationales Begriffsverständnis der Kooperation für die
                  vorliegende Arbeit 221
    4.3   Joint Ventures 222
          4.3.1   Formen der Joint Ventures 223
          4.3.2   Motive für Joint Ventures 224
          4.3.3   Anzahl von und Beispiele für Joint Ventures 225
          4.3.4   Erfolgsbewertung: Methoden und ihre Probleme 229
          4.3.5   Konsolidierung von Joint Ventures im Konzernabschluss 232
          4.3.6   Vier idealtypische Phasen eines Joint Ventures 235
          4.3.7   Spezifische Schritte der Joint Venture-Gründung 237
    4.4   Strategische Allianzen 237
          4.4.1   Einleitung 237
          4.4.2   Weitere verwandte Konzepte 241
          4.4.3   Empirische Relevanz von Strategischen Allianzen 243
    4.5   Lebenszyklus der Kooperation 248
          4.5.1   Analyse des Kooperationspotentials 249
          4.5.2   Partnerprofil und -suche 254
          4.5.3   Wettbewerbsrechtliche Implikationen der Partnerwahl 258
          4.5.4   Konfiguration der Strategischen Allianz 263
          4.5.5   Management der Strategischen Allianz 268
          4.5.6   Erfolgsstudien 274
          4.5.7   Vergleiche und Studien von Kooperationen zu Akquisitionen . . . 279
    4.6   Ausblick: Die Zukunft der Kooperation 282
          Literatur 283

5   Unternehmensakquisition 289
    5.1   Einleitung 289
          5.1.1   Bestimmung des Erwerbsobjektes 289
          5.1.2   Verschiedene Erwerbswege 290
          5.1.3   Das Phasenmodell einer Akquisition im Überblick 292
    5.2   Strategische Analyse- und Konzeptionsphase 293
          5.2.1   Analyse der Unternehmensziele und -potentiale 294
          5.2.2   Analyse der unternehmerischen Umwelt 296
          5.2.3   Analyse der strategischen Potentiale und Lücken: Strategische
                  Bilanz und Analyse der M&A-Bedarfe 297
          5.2.4   Analyse des Akquisitionsumfeldes 299
          5.2.5   Formulierung der Akquisitionsstrategie 299

5.2.6 Entwicklung von Akquisitionsstrategien: Akquisitionsplanung
und -kontrolle 305
5.3 Transaktionsphase einer Akquisition 306
5.3.1 Kontaktsuche und -aufnahmephase 306
5.3.2 Verhandlungsphase 309
5.3.3 Die vorvertragliche Verhandlungsphase 310
5.3.4 Unternehmensbewertungsverfahren und Kaufpreisermittlung . . . 317
5.3.5 Vertragliche Phase 357
5.4 Vernetzungsphase 361
5.4.1 Integrationsbegriff 362
5.4.2 Integrationsmanagement 363
5.4.3 Der Integrationsgrad: Wahl des Integrationstyps 367
5.4.4 Bestimmung der Integrationstiefe nach der branchenspezifischen
Wertschöpfungstiefe 370
5.4.5 Zielebenen der Integration 371
5.4.6 Post Merger Audit und Erfolgskontrolle 371
5.4.7 Einfluss der Integration auf den Akquisitionserfolg 374
5.5 Studien über Akquisitionserfolge 377
5.5.1 Eigene Erhebung zum Management
von Unternehmenszusammenschlüssen 378
5.5.2 Überblick über einige Untersuchungen 381
Literatur 384

6 Anhang 391
6.1 Grobstruktur einer allgemeinen wirtschaftlichen
Due Diligence-Checkliste 391
6.2 Grobstruktur einer rechtlichen Due Diligence-Checkliste 395
6.3 Grobstruktur einer steuerlichen Due Diligence-Checkliste 396
6.4 Grobstruktur einer Umwelt Due Diligence-Checkliste 397
Literatur 399

Sachverzeichnis 401

Tabellenverzeichnis

Tab. 1.1   Vergleich der Personalverflechtungen „Deutschland AG" 1995–2004 . .   35

Tab. 1.2   Ungefähre Honorarentwicklungen für deutsche M&A-Dienstleister . . .   68

Tab. 1.3   Rangliste betreutes Volumen der Investmentbanken im Jahr 2013/14 –
weltweit in Mrd. US-Dollar   69

Tab. 1.4   Gebühren im Jahresvergleich 2005–2013 absolut in Mrd. US-Dollar . .   69

Tab. 1.5   Rangliste betreutes deutsches M&A-Volumen der Investmentbanken
2013   70

Tab. 1.6   Rangliste betreutes deutsches M&A-Volumen der Rechtsberater – global
und Deutschland in 2013 und 2014   71

Tab. 1.7   Sektorale Analyse und deren Konjunkturen auf den M&A-Märkten . . .   73

Tab. 1.8   Sektorale Analyse der M&A-Märkte 2010–2013 weltweit   74

Tab. 1.9   15 größte Staatsfonds weltweit Juli 2014   105

Tab. 2.1   Entwicklung der deutschen Kapitalbeteiligungsgesellschaften 2006,
2012/13   136

Tab. 2.2   Größte Venture Capital-Beteiligungen 2014   140

Tab. 3.1   Historische Entwicklung des M&A-Marktes   169

Tab. 3.2   Vorteile und Nachteile der vertikalen Integration   193

Tab. 3.3   Gründe für die Bedeutung der Horizontalstrategie   194

Tab. 3.4   Charakterisierungen der drei Verflechtungstypen   195

Tab. 3.5   Drei unverzichtbare Diversifikationstests   197

Tab. 3.6   Konzepte der Konzernstrategien nach Porter   198

Tab. 3.7   Drei Identifikationstests für Kernkompetenzen   199

Tab. 3.8   Argumente gegen Strategische Geschäftseinheiten   201

Tab. 3.9   Arbeitsversion der Definition von Geschäftsmodell-Innovationen   204

Tab. 3.10   Synergiekategorien aus Sicht des Erwerbers   208

Tab. 3.11   Synergie-Konzept aus funktionaler Perspektive   209

Tab. 3.12   Gründe für externes Wachstum   211

Tab. 3.13   Gründe für externes und internes Wachstum   211

Abbildungsverzeichnis

Abb. 1.1   Entwicklung des weltweiten Warenhandels   7

Abb. 1.2   Anteile am Warenexport weltweit, 1948–2007 (in Prozent)   8

Abb. 1.3   Jährliche Ausländische Direktinvestitionen (UNCTAD)   10

Abb. 1.4   Jährliche Ausländische Direktinvestitionen absolut (UNCTAD)   11

Abb. 1.5   ForscherInnen und F&E-Ausgaben am BIP 2011   15

Abb. 1.6   Anzahl Transnationaler Unternehmen (TNU) 1968/69–2008 aus
ökonomisch entwickelten Staaten   24

Abb. 1.7   Netzwerkanalyse der Deutschland AG (Eigenkapitalbeteiligungen) 1996   30

Abb. 1.8   Netzwerkanalyse der Deutschland AG (Eigenkapitalbeteiligungen) 2004   31

Abb. 1.9   Netzwerkanalyse der Deutschland AG (Eigenkapitalbeteiligungen) 2010   32

Abb. 1.10   Gemeinschaftsunternehmen 2006 der 20 größten deutschen Unternehmen   33

Abb. 1.11   Netzwerkanalyse der Deutschland AG (Personalverflechtungen) 1995 .   34

Abb. 1.12   Netzwerkanalyse der Deutschland AG (Personalverflechtungen) 2004 .   35

Abb. 1.13   Netzwerkanalyse der Deutschland AG (Personalverflechtungen) 2006 .   36

Abb. 1.14   Karrierewege von Vorstandsvorsitzenden 1990–1999 (n = 90)   38

Abb. 1.15   Ausgewählte Ausbildungshintergründe 1960–2005 in Prozent (n = 443;
Mehrfachnennungen möglich)   39

Abb. 1.16   Ausgewählte Fachbereiche 1960–2005 in Prozent (n = 443; Mehrfachnennungen möglich)   40

Abb. 1.17   Externe und interne Rekrutierung 1960–2005 in Prozent (n = 443)   41

Abb. 1.18   Amtszeit von Vorstandsvorsitzenden 1960–2000   42

Abb. 1.19   Vorstandsvorsitzende 2000–2013 (n = 2500) Fluktuationsgrund, Industrien und Regionen   43

Abb. 1.20   Indizierter kumulierter Total Shareholder Return (1993–2005) Vergleich
deutscher und US-amerikanischer Blue-Chip-Unternehmen   46

Abb. 1.21   Aktienbestand und Aktienhandel (1980–2012) Absolut und Umschlaghäufigkeit pro Jahr   48

Abb. 1.22   Vergleich der größten Aktienbörsen im Vergleich 1990–2008   49

Abb. 1.23   Finanzierungsstruktur der Unternehmen der G-7-Staaten in Prozent der
Gesamtfinanzierung 1970–2008   50

Abb. 1.24   Gesamtvermögen der Institutionellen Investoren 1980, 1990, 2005 in
            absoluten Zahlen, Vermögensstruktur nach Ländern   52
Abb. 1.25   Private Equity-Transaktionen 2009–2014   61
Abb. 1.26   Rangliste Gebühren der Investmentbanken im Jahr 2014 für Deutschland
            in Mrd. US-Dollar   70
Abb. 1.27   Die sieben Wellen auf dem amerikanischen M&A-Markt   75
Abb. 1.28   Anzahl und Volumen von grenzüberschreitenden Transaktionen   84
Abb. 1.29   Entwicklung der durchschnittlichen Übernahmenprämien 1995–2006 . .   85
Abb. 1.30   Der weltweite M&A-Markt – Angekündigte Volumina sowie Transakti-
            onsanzahl 1985–2014   87
Abb. 1.31   Die vier regionalen M&A-Märkte im Vergleich 2009–2014   88
Abb. 1.32   Der deutsche M&A-Markt der letzten 30 Jahre – Transaktionsanzahlen
            (reguläre, Bundeskartellamt, Treuhand)   88
Abb. 1.33   Der deutsche M&A-Markt im 15-Jahres-Vergleich Transaktionsanzahl
            und Volumina   89
Abb. 1.34   Transaktionsanzahl weltweit 1991–2014 für Transaktionen über 1 Mrd.
            US-Dollar   89
Abb. 1.35   Bindungsrichtung deutscher Übernahmen   90
Abb. 1.36   Sektorale Aufteilung der M&A-Transaktionsvolumina 2014. a Weltweit,
            b Europa   91
Abb. 1.37   Target- und Käuferbranchen des deutschen M&A-Marktes 2013   92
Abb. 1.38   Anzahl und Volumen (in Mrd. US-Dollar) von grenzüberschreitenden
            Transaktionen 2005–2014   93
Abb. 1.39   Grenzüberschreitende Transaktionen im deutschen M&A-Markt 2013 .   93
Abb. 1.40   Finanzierungsart: Transaktionswährung weltweit 2000–2012   94
Abb. 1.41   Die größten Zusammenschlüsse   96
Abb. 1.42   Transaktionen in China 1993–2014   99
Abb. 1.43   Chinesische Transaktionen im Ausland 2000–2014   99
Abb. 1.44   Indische Transaktionen im Ausland 1992–2012   100
Abb. 1.45   CIVETS Transaktionen 1995–2014   101
Abb. 1.46   „Magnificent Seven"   102
Abb. 1.47   Übernahmevolumen deutscher Unternehmen im Ausland 2007–2014 in
            Mrd. US-Dollar   102
Abb. 1.48   Übernahmevolumen deutscher Unternehmen in den USA, in Mrd. US-
            Dollar 1996–2014   103
Abb. 1.49   Umsatz der 20 größten IT-Unternehmen 2013 in Mio. US-Dollar   110
Abb. 1.50   Marktkapitalisierung ausgewählter eCommerce-Unternehmen 2014 in
            Mrd. US-Dollar   111
Abb. 1.51   Marktkapitalisierung ausgewählter Internet-Unternehmen 2014 in Mrd.
            US-Dollar   112
Abb. 1.52   M&A Markt für Software 2014 durchschnittlicher Kaufpreis, 2009–2013 113

Abb. 1.53 M&A Markt für IT-Hardware 2014 durchschnittlicher Kaufpreis, 2009–
2013 114

Abb. 1.54 M&A Markt für IT-Services, durchschnittlicher Kaufpreis, 2009–2013 . 115

Abb. 1.55 Angekündigte Übernahmen ausgewählter Internetunternehmen bis
Februar 2014 in Mrd. US-Dollar 116

Abb. 1.56 Angekündigte Übernahmen ausgewählter Internetunternehmen bis
Februar 2014 117

Abb. 1.57 Angekündigte Übernahmen von Apple 2002–2014 118

Abb. 2.1   Überblick über amerikanisches Verständnis der vier M&A-Teilbereiche 129

Abb. 2.2   Übersicht über Kernaktivitäten und weitere Bereiche des M&A 130

Abb. 2.3   Systematisierung nach wirtschaftlicher und rechtlicher Selbständigkeit . 131

Abb. 2.4   Erläuterungen zu den einzelnen Kooperationsformen 132

Abb. 2.5   Erläuterungen zu einzelnen Konzentrationsformen nach dem Aktiengesetz (AktG) bzw. Umwandlungsgesetz (UmwG) 133

Abb. 2.6   Merkmalsausprägungen von Unternehmenszusammenschlüssen 134

Abb. 2.7   Fundraising deutscher Beteiligungsgesellschaften 1999–2013 136

Abb. 2.8   Anzahl und Volumen der weltweiten Private Equity Deals 2009–2014 . 137

Abb. 2.9   Motive von Family Club Deals 137

Abb. 2.10 Motive von Family Club Deals 138

Abb. 2.11 Anzahl der US-amerikanischen Venture Capital Deals 1995–2014 139

Abb. 2.12 Investitionen nach Phasen 2009–2013 141

Abb. 2.13 Investitionen nach Finanzierungsphasen 2013 141

Abb. 2.14 Klassische Methoden zur Wertsteigerung bei Private Equity-Investitionen 142

Abb. 2.15 Ertragsentwicklung von Private Equity im Vergleich zu anderen Asset-
Klassen 143

Abb. 2.16 Übernahmetechniken 143

Abb. 2.17 Kapitalstruktur und Unternehmenswert nach Modigliani und Miller . . . 144

Abb. 2.18 Modigliani/Miller: Das Irrelevanz-Theorem 144

Abb. 2.19 Verschiedene Thesen der Kapitalkostenkurvenverläufe 145

Abb. 2.20 Ideal-Anforderungen an einen LBO-Kandidaten 147

Abb. 2.21 Finanzierungsquellen für einen LBO 147

Abb. 2.22 Feindliche Übernahmeversuche mit deutscher Beteiligung 151

Abb. 2.23 Anzahl und Volumen feindlicher Übernahmen weltweit 2006–2015 . . . 152

Abb. 2.24 Illustrative Abwehrstrategien von feindlichen Übernahmen (Anwendbarkeit in Abhängigkeit der nationalen Gesetzgebung, deutsche
Anwendbarkeit durch *Pfeil* gekennzeichnet) 156

Abb. 2.25 Europäische Fusionskontrollverordnung – Umsatzschwellen 159

Abb. 3.1   Die sechs M&A-Markt-Wellen: Integrationsstrategien und „ihre"
volkswirtschaftlichen Rezessionen 170

Abb. 3.2   Motivstrukturen für M&A – Eine Übersicht 171

Abb. 3.3   Risikoarten in der Portfoliotheorie 179

Abb. 3.4   Bestimmung der Portfoliovarianz 180

Abb. 3.5   Erfahrungskurve und Kostensenkungspotentiale 182
Abb. 3.6   Idealtypischer Produktlebenszyklus 182
Abb. 3.7   Vier-Felder-Matrix von BCG mit Normstrategien 183
Abb. 3.8   Neun-Felder-Matrix von McKinsey mit differenzierten Normstrategien . 184
Abb. 3.9   Outperformance von Konglomeraten gegenüber fokussierten Firmen . . 187
Abb. 3.10   Outperformance von Konglomeraten gegenüber Börsen-Wertentwicklung 188
Abb. 3.11   Das Five-Forces-Modell: Triebkräfte des Branchenwettbewerbs 189
Abb. 3.12   Ein- und Austrittsbarrieren 189
Abb. 3.13   Wettbewerbsstrategien nach Porter 190
Abb. 3.14   Strategietyp, Marktanteil und Rentabilität 191
Abb. 3.15   Modell der Wertkette 191
Abb. 3.16   Das Wertsystem 192
Abb. 3.17   Baumorganisation des Kernkompetenzenkonzepts 200
Abb. 3.18   Kompetenz-Produkt-Matrix von Hamel und Prahalad 200
Abb. 3.19   Typologie des Innovations-Managements 204
Abb. 3.20   Emergenz-Mechanismen der GMI 205
Abb. 3.21   Optionen der Unternehmensentwicklung 210
Abb. 3.22   Idealtypische Phasen der Expansions- und Diversifikationsentscheidung 212
Abb. 4.1   Betriebswirtschaftliches Spektrum der Interorganisationsbeziehung
            – von gewöhnlicher Kaufbeziehung über Allianzen und M&A 218
Abb. 4.2   Joint Ventures und Strategische Allianzen im Vergleich 219
Abb. 4.3   Konstitutive Merkmale eines Kooperationsverständnisses 221
Abb. 4.4   Begriffsdefinition der Unternehmenskooperation für diese Arbeit 222
Abb. 4.5   Differenzierung von Kooperationsformen 222
Abb. 4.6   Betriebswirtschaftliche Joint Venture-Konfiguration 223
Abb. 4.7   Motive für Joint Ventures 225
Abb. 4.8   Joint Ventures 1990–2010: Anzahl, Länder, Geschäftsbereiche 226
Abb. 4.9   Joint Ventures seit 1996 (z. T. wieder aufgelöst) 227
Abb. 4.10   Joint Venture-orientiertes In- und Output-Kontinuum 230
Abb. 4.11   Wahl von Kriterien und Verfahren der Joint Venture-Erfolgsbewertung . 231
Abb. 4.12   Alliance Scorecard zur Erfolgsbewertung am Beispiel Siebel System . . 232
Abb. 4.13   Konsolidierungskreise beim Konzernabschluss (KA) nach HGB 233
Abb. 4.14   Bewertungsansätze bei assoziierten Unternehmen 234
Abb. 4.15   Die vier Phasen eines Joint Ventures 235
Abb. 4.16   Wesentliche Schritte bei der Gründung eines Joint Ventures 236
Abb. 4.18   Absolute Entwicklung – Allianzen und Akquisitionen weltweit 1988–
            2004 244
Abb. 4.19   Relative Entwicklung – Joint Ventures, Allianzen, Akquisitionen
            weltweit in Prozent, 1988–2004 244
Abb. 4.20   Geographische Entwicklung von Allianzen – 1988–2004 245
Abb. 4.21   Entwicklung aus funktionalen Perspektiven 246
Abb. 4.22   Beispiele für Strategische Allianzen 247

Abb. 4.23   Die vier idealtypischen Phasen der Strategischen Allianz 248
Abb. 4.24   Übersicht der Motive und Optionen strategischer Allianzen 249
Abb. 4.25   Herkunft und Verwendung des Cash Flows 250
Abb. 4.26   Vier Schritte der Shareholder Value Analysis 251
Abb. 4.27   Komponenten des Unternehmenswertes 251
Abb. 4.28   Value Drivers nach Rappaport 251
Abb. 4.29   Wertorientierte Strategieplanung der Kooperation 252
Abb. 4.30   Anwendungsprobleme der Shareholder Value-Analysis 253
Abb. 4.31   Typisierung von Allianzen hinsichtlich der Partnersymmetrie 255
Abb. 4.32   Die drei Szenarien der Kulturentwicklung in Kooperationen 257
Abb. 4.33   Fiktives Partnerprofil auf drei Analyseebenen 257
Abb. 4.34   Art. 101 Vertrages über die Arbeitsweise der EU 260
Abb. 4.35   Prüfungsschema bei Gründung eines Gemeinschaftsunternehmens (GU) 262
Abb. 4.36   Bindungsrichtungen 263
Abb. 4.37   Bindungsintensität einer Strategischen Allianz 264
Abb. 4.38   Konfigurationswirkungen im Hinblick auf die Wertsteigerung 266
Abb. 4.39   Punkte eines Kooperationsvertrages (Fokus: Joint Venture) 267
Abb. 4.40   Mögliche Koordinationsstrukturen von Joint Ventures 269
Abb. 4.41   Kooperationskosten 270
Abb. 4.42   Zusätzliche Managementfunktionen durch Strategische Allianzen und
             Unternehmenskooperationen 271
Abb. 4.43   Problem- und Konfliktfelder bei Kooperationen 273
Abb. 4.44   Erfolgsquoten von 276
Abb. 4.45   Erfolgsquoten von Joint Ventures bei unterschiedlichen Produkt-Markt-
             Kombinationen 276
Abb. 4.46   Erfolgsquoten von Joint Ventures – Typologievergleich 277
Abb. 4.47   Misserfolgsfaktoren von Joint Ventures in den Prozessphasen 279
Abb. 4.48   Vergleich der Erfolgsquoten: Allianz vs. Akquisition 280
Abb. 4.49   Abstrakter Vergleich Allianz vs. Akquisition 281
Abb. 4.50   Empfehlungen: Allianz oder Akquisition 281
Abb. 5.1   Erwerbswege bei Akquisitionen 291
Abb. 5.2   Die drei idealtypischen Phasen einer Akquisition 293
Abb. 5.3   Wertkettenanalyse mittels eines Stärken-/Schwächenprofils 294
Abb. 5.4   Beispiel für eine Business Plan-Analyse 295
Abb. 5.5   Dreistufiges Umweltanalysemodell 297
Abb. 5.6   Gap-Analyse: Strategische und operationale Lücken 298
Abb. 5.7   Identifizierung von Akquisitions-Bedarfen 298
Abb. 5.8   Marktstrategien nach der Produkt-/Markt-Matrix 300
Abb. 5.9   Komparative Vorteile . . . und Nachteile von Akquisitionen 300
Abb. 5.10   Motive für Unternehmensakquisitionen 301
Abb. 5.11   Beispiel für ein Akquisitionsprofil 302
Abb. 5.12   Charakteristika von Käufer- und Verkäuferunternehmen 303

Abb. 5.13   M&A aus Sicht der Strategischen Unternehmensplanung 304
Abb. 5.14   Akquisitionsplanung und -controlling 306
Abb. 5.15   Quellen für ein Anforderungsprofil für Akquisitionskandidaten 307
Abb. 5.16   Der Auswahltrichter 308
Abb. 5.17   Formen der Kontaktsuche und -aufnahme 309
Abb. 5.18   Interessendivergenzen in der Verhandlungsphase 310
Abb. 5.19   Idealtypischer Verlauf der vorvertraglichen Phase einer Akquisition . . . 311
Abb. 5.20   Confidentiality Agreement 312
Abb. 5.21   Wesentliche Elemente eines Letter of Intent 313
Abb. 5.22   Wesentliche Elemente eines Memorandum of Understanding 315
Abb. 5.23   Beteiligte im mehrschichtigen Expertensystem beim Due Diligence
            Prozess 316
Abb. 5.24   Vereinfachte Zusammensetzung des Akquisitionspreises 321
Abb. 5.25   Zusätzliche Einflussfaktoren des „subjektiven Unternehmenswertes"* . 323
Abb. 5.26   Inhalt des Unternehmenswertes nach IDW Standard (2.1) 28.6.2000 . . 323
Abb. 5.27   Übersicht über den Bewertungs- und Kaufpreisermittlungsprozess 324
Abb. 5.28   Informationsanstieg der Bewertung im Transaktionsprozess 327
Abb. 5.29   Übersicht über analytische und vergleichsorientierte Bewertungsmetho-
            den 328
Abb. 5.30   Übersicht über absolute und relative Verfahren der Bewertung 328
Abb. 5.31   Definition des Total Enterprise Value (TEV) 329
Abb. 5.32   Indirekte Cash Flow-Ermittlung 335
Abb. 5.33   Kurzübersicht der DCF-Methode 337
Abb. 5.34   Leverage-Effekt beim Leveraged Buy-Out 344
Abb. 5.35   LBO Kalkulation über 5 Jahre 345
Abb. 5.36   Bestimmung des Multiplikatoren-Bereichs 354
Abb. 5.37   Wesentliche Elemente des Vorvertrages 358
Abb. 5.38   Sinnvolle Zusicherungen vom Verkäufer 360
Abb. 5.39   Sieben Stufen zur Integration 364
Abb. 5.40   Das 7K-Modell der Integration 364
Abb. 5.41   Prozessschritte des Integrationsmanagements 365
Abb. 5.42   Aktivitäten im Pre- und Post-Merger Management 365
Abb. 5.43   Beispiel für eine Cultural Due Diligence 366
Abb. 5.44   Drei Ansätze der organisatorischen Verankerung der Integrationsprozesse 367
Abb. 5.45   Dezentraler und zentraler Ansatz der Koordination des Post-Merger-
            Integration-Managements 367
Abb. 5.46   Integrationstypologie nach der Wandelanforderung 368
Abb. 5.47   Integrationstypologie nach Autonomie und Interdependenz-Bedarfen . . 368
Abb. 5.48   Integrationstypologie nach Wertschöpfungstiefe 370
Abb. 5.49   Sechs Zielebenen der Integration 371
Abb. 5.50   Balanced Scorecard des Post Merger Management 372
Abb. 5.51   Kosten- und Kennziffernsystem 374

Abb. 5.52 Sieben Illusionen bei der Integratio nach Mergers & Acquisitions 375
Abb. 5.53 Drei Felder der Akquisitionsprobleme 377
Abb. 5.54 Faktoren mit signifikant positivem Einfluss auf den Fusionserfolg 379
Abb. 5.55 Faktoren mit signifikant negativen Einfluss auf den Fusionserfolg 379
Abb. 5.56 38 Erfolgsanalysen im Überblick 381

Fusionsfieber: Die Industrie baut um –
Jagd auf Rendite – gnadenlos
Hans Otto Eglau, DIE ZEIT,
26.11.1998, S. 24.

Welten im Zusammenschluss
Wolfgang Ehrensberger, DIE WELT,
13.09.1998, S. 4.

Die Börse entscheidet über
Fressen und Gefressen werden
o.V., DIE WELT, 05.10.2000, S. 12.

Die Welt verteilen
Manfred Engeser, WirtschaftsWoche,
21.12.2000, S. 129.

Kaum noch Lust auf Fusionen
o.V. FAZ, 30.12.2002, S. 19.

Die Geier wittern wieder Beute
o.V., FAZ, 27.1.2006, S. 23.

Europe's new deal junkie
The Economist, 18.2.2006, S. 12

Im Rausch der Fusionen
Frank Dohmen und Hans-Jürgen
Schlamp, Der Spiegel, 10/2006, S. 90

Ein neues Monopoly
Jürgen Berjem und Brigitte v. Haacke,
WirtschaftsWoche, 03.07.2006, S. 48.

Der große Schlussverkauf
Balzli, Beat et al., Der Spiegel, 51/2006, S. 64.

Fusionsfieber kehrt an die Börse zurück
Daniel Eckert, DIE WELT, 04.07.2007.

Noch sind Übernahmen
nach Krise Einzelfälle
FAZ, 07.11.2009, S. 12.

Das Übernahmejahr:
Familien geben auf, der Staat greift zu.
Georg Giersberg, FAZ, 31.12.2009, S. 16.

Auf dem Übernahmemarkt
herrscht Hochbetrieb
Georg Giersberg, FAZ, 28.12.2011, S. 12.

Flaues Bankgeschäft mit
Unternehmensübernahmen
o.V., FAZ, 21.12.2012, S. 21.

Die Fusionitis ist schon wieder
so weit wie 2007
o.V., FAZ, 30.07.2014, S. 25.

„Mergers & Acquisitions" (M&A) wird landläufig als „Königsdisziplin" bezeichnet – bei den einen für das Investment-Banking, bei anderen gleich für die ganze Betriebswirt-schaftslehre. Für wiederum Dritte hat sich der Handel mit Unternehmenskontrolle und die Anbahnung von Kooperationen in den vergangenen zehn Jahren zu einem ganz nor-malen Geschäft entwickelt. Ein zyklisches, komplexes, interdisziplinäres und bezogen auf die wirtschaftliche Entwicklung – je nach Form der Erfolgsmessung – sehr differenziert

© Springer Fachmedien Wiesbaden 2016
S. A. Jansen, *Mergers & Acquisitions*, DOI 10.1007/978-3-8349-4772-7_1

zu betrachtendes Geschäft auf der Unternehmensseite. M&A ist „Big Business" und damit nun in Deutschland ein auch medial wie politisch in den letzten zwanzig Jahren stark an Bedeutung gewachsenes Feld des Interesses.

Wie in diesem Kapitel gezeigt werden wird, verläuft das Geschäft historisch zwar wellenartig, aber es weist bei kürzer werdender Schwingungsdauer deutlich steigende Amplituden auf – sowohl beim Volumen wie auch bei der Anzahl der Transaktionen. Dies legt die Frage nahe, warum das Kaufen und Verkaufen von Unternehmen und Beteiligungen mehr Bedeutung für Vorstände bekommen hat, als das Kaufen und Verkaufen ihrer Produkten und Leistungen. Auf welche Problembereiche und Herausforderungen reagieren Unternehmen mit diesen strategischen Optionen der Unternehmenszusammenschlüsse und Kooperationen?

Ziel des ersten einführenden Kapitels soll es daher sein, die Kontexte des Marktes für Unternehmenskontrolle der letzten zwanzig Jahre zumindest in groben Zügen mit Blick auf zentrale Veränderungen nachzuzeichnen:

- *Umweltveränderungen* im Zuge der wirtschaftlichen Globalisierung und den damit häufig eng verbundenen wettbewerblichen, technologischen und politischen Veränderungen.
- *Systemveränderungen*, also die industrie- und unternehmensbezogenen Aspekte, wie sich verändernde Unternehmensstrukturen, komplexere Wertschöpfungsketten sowie die veränderten Eigentumsverhältnisse mit ihren Auswirkungen auf die Unternehmensfinanzierung und Rentabilität der einzelnen Geschäftsbereiche.
- *Kapitalmarktveränderungen* und die Entwicklung der spezifischen Akteure auf dem „Markt für Unternehmenskontrolle" (kurz: M&A-Markt genannt) insbesondere mit Blick auf die in den vergangenen zwanzig Jahren deutlich veränderte Einflussstruktur von außerbörslichen Investoren (z. B. Private Equity- und Hedge Fonds-Gesellschaften oder auch Staatsfonds).
- *Veränderungen des Marktes für Unternehmenskontrolle selbst* anhand der verfügbaren, wenngleich nicht immer konsistenten Zahlen und Fakten der Entwicklung auf dem deutschen und dem internationalen Markt hinsichtlich Anzahl, Volumina der Transaktionen, Diversifikationsstrategie, Branchenverteilung und Entwicklungen zu grenzüberschreitenden Transaktionen.

1.1   Umweltveränderungen von M&A

1.1.1   Globalisierung als Phänomen, Begriff und Konzept

Globalisierung – dynamisiert durch sinkende Transport- und Kommunikationskosten, technische Entwicklungen, niedrige Zölle und ein stabiles politisches Umfeld – ist ein *Phänomen*, über das sowohl hinsichtlich des zeitlichen Eintrittes (ein seit Menschengedenken existierender Integrationsprozess der Welt oder eine nach dem zweiten Weltkrieg zu datierende „zweite Moderne") wie auch über die Funktionen und (aktuellen und potentiellen) Folgen parlamentarisch, außerparlamentarisch (z. B. Weltsozialforum, Peoples Global Action, ATTAC, WEED oder BUKO), unternehmerisch wie auch wissenschaftlich kontrovers gestritten wird (vgl. z. B. für Deutschland früh Beck 1997).

Globalisierung ist ein *Begriff*, über dessen Ursprung ebenfalls diskutiert wird, wenngleich er zumeist dem Harvard-Ökonomen Theodore Levitt (ein deutscher Emigrant) und seinem 1983 veröffentlichten Artikel „The Globalization of Markets" zugeschrieben wird (Levitt 1983). Globalisierung im wirtschaftlichen Kontext soll hier als eine wechselseitige Internationalisierung zunehmend aller Funktionsbereiche und Prozesse nationaler Firmen auf internationalen Beschaffungs-, Absatz-, Informations- und Arbeitsmärkten einerseits verstanden werden, die andererseits durch grenzüberschreitende Kooperationen, Kapitalbeteiligungen sowie Unternehmenszusammenschlüsse stabilisiert wird.

Globalisierung ist ein *Tendenzkonzept*, dessen Richtungen diametraler nicht diskutiert werden können, verfolgt man nur eine der vielen Richtungsdiskussionen z. B. zwischen den beiden Bestseller-Autoren, dem New York Times-Kolumnist Thomas Friedman (2005) und dem Politologen Richard Florida (2002, 2005). Während Friedman behauptet, dass sich der Globus durch das internetbasierte Nivellieren von Kapital-, Beschaffungs-, Absatz-, Informations- und Arbeitsmärkten im Zuge der Globalisierung verflacht und eingeebnet hat wie nie zuvor, sieht Florida zwar die steigende Mobilität, aber eine Welt mit vielen Tälern, Berghöhen und höher werdenden Gipfeln. Es sind zwei Bewegungen, die auf den ersten Blick widersprüchlich erscheinen: Die Weltwirtschaft wird einerseits immer dezentralisierter und die Orte spielen keine Rolle mehr. Gleichzeitig erleben wir die Entwicklung von Metropolen, die „Bruttosozialprodukte" aufweisen, größer als die vieler Nationen.

Genau diese widersprüchliche Entwicklung wird durch M&A deutlich verstärkt: Die Unternehmen kaufen oder investieren einerseits grenzüberschreitend in der ganzen Welt und sind multi- und transnationale Unternehmen. Auf der anderen Seite aber konzentrieren sich die produktiven Zentren konzentrieren sich zunehmend auf einen sehr kleinen Kreis von Metropolen weltweit (vgl. Studie von Benton-Short et al. 2005). Auch im deutschsprachigen Raum zeigt sich diese Konzentrationsentwicklung analog für die 1990er Jahre (Jansen 2004a, S. 119 f.).

Die sogenannte Finanzmarktkrise zeigte ab dem Jahr 2008 nochmals die intensivierte systemische Dimension globaler Finanz- und Beteiligungsstrukturen auf, die auch sehr direkte Effekte auf die M&A-Refinanzierung durch stark eingeschränkte Kreditvergaben hatte (vgl. Ivashina und Scharfstein 2010, S. 331). Die Krise im Euro-Raum sowie die Globalisierung des M&A-Marktes mit neuen Käuferländern bei grenzüberschreitenden Transaktionen wie z. B. China oder Indien haben auch im neuen Jahrhundert nochmals deutliche Veränderungen.

1.1.1.1 Der Ursprung: Außenwirtschaftstheorie

Die traditionelle Außenwirtschaftslehre bietet unterschiedliche Theorien für das Entstehen des internationalen Gütertausches an (vgl. auch im Überblick Niehans 1995). Zunächst ist hier die wegbereitende Analyse Marshalls hinsichtlich der komparativen Kostenvorteile einer Nation zu nennen. Mit dem so genannten Hekscher-Ohlin-Theorem (auch Faktorproportionentheorem genannt) wurde die komparative Faktorknappheit als ein Argument für Außenhandel eingeführt. Auf das Leontief-Paradox, das in In- und Output-Analysen eine genau gegenläufige Export- und Importbewegung zu den Faktorressourcen konstatiert (so exportierte die USA arbeitsintensive Güter und importierte kapitalintensive Güter bei guter eigener Kapitalausstattung). Mit dem so genannten Neo-Faktorproportionentheorem wurde eine vorläufige Auflösung gefunden. Dieses nämlich konnte zeigen, dass es für die Gültigkeit des Faktorproportionentheorems nicht nur auf das Verhältnis der Faktor*mengen* ankommt, sondern auch auf die Faktor*qualität*. Länder, die z. B. relativ reichlich mit qualifizierter Arbeit ausgestattet sind, exportieren demnach vor allem Produkte, die qualifizierte Arbeit intensiv nutzen. Für die heutige Entwicklung der Globalisierung sowie die Genese von nationalen Wettbewerbsvorteilen können mittels der klassischen und neoklassischen Theorien nur noch bedingt hinreichende Beschreibungsqualitäten geliefert werden.

1.1.1.2 Die Erweiterung: Porters Wettbewerbstheorie der Nationen, Cluster und National Districts

Michael Porter veröffentlichte im Nachgang zu seinen Analysen der Wettbewerbsvorteile von Unternehmen eine Studie über „The Competitive Advantage of Nations" (Porter 1990; vgl. auch Porter 1991) als einen Beitrag zur Theoriebildung der Wettbewerbsfähigkeit von Nationen. Während die oben skizzierte traditionelle Außenwirtschaftstheorie zur Analyse der Determinanten von nationaler Wettbewerbsfähigkeit im Wesentlichen Faktorquantitäten und -qualitäten sowie Preisvorteile angibt, versucht Porter den Prozess der Herausbildung von nationalen Wettbewerbsvorteilen näher zu analysieren. Sein verwendeter Indikator ist dabei die Produktivität und nicht der Handelsbilanzüberschuss bzw. der positive Außenbeitrag, da letzterer auch durch Abwertung, Lohnsenkung und ähnliche Maßnahmen erreicht werden kann, ohne dabei die Produktivität faktisch zu verbessern. Porter hebt auf eine Analyse der Unternehmen und deren Umfeld als Quelle der Produktivität ab. Er unterscheidet in seinem heuristischen Modell zwischen drei faktorenabhängigen Phasen der Herausbildung von Wettbewerbsvorteilen. Demzufolge kann die nationale Wettbewerbsfähigkeit auf so genannten (1) *„basic factors"*, (2) *„advanced factors"* sowie (3) *„specialized factors"* basieren.

(1) *Basic factors* sind z. B. natürliche Ressourcen wie Boden und Arbeitskräfte. Hier sind kaum Investitionen in das Unternehmensumfeld notwendig: „Basic factors are passively inherited, or their creation requires relatively modest or unsophisticated private and social investment" (Porter 1990, S. 77). In diesen unterentwickelten Ökonomien treffen viele der Befürchtungen der Freihandelsgegner zu (bedingt auch das so genannte Rybcynski-Theorem, nach dem die Aufnahme von Außenhandel durch

die Reaktion des Faktorangebotes zu einer immer weiter gehenden Spezialisierung führt und die internationale Arbeitsteilung sich selbst verstärkt). In dieser *factor driven-Sequenz* haben diese Ökonomien in der Regel nichts anderes in die „globale Waagschale" zu werfen als Niedriglöhne, billige Rohstoffe und umweltschädliche Produktionsmöglichkeiten.

(2) Die *advanced factors* sind bei Porter die materiellen und immateriellen Infrastrukturen, wie Transport- und Verkehrssysteme, das Bildungssystem, Kommunikationsstrukturen, F&E Einrichtungen etc. Im Gegensatz zu der *factor driven-Sequenz* liegt nun eine *investment driven-Sequenz* vor. Während in der ersten Phase die investierenden Unternehmen potentiell eine hohe Mobilität aufweisen, ist in dieser Phase durch eine stärkere Einbindung in ein „Institutionelles Setting" und aufgrund der zunehmenden zwischenbetrieblichen Arbeitsteilung die Standortbindung bereits höher.

(3) In der dritten Phase, der *innovation driven-Sequenz,* wird die Herausbildung von *specialized factors* relevant. Diese, von Porter so bezeichneten strukturell, systemisch bedingten Wettbewerbsvorteile sind nicht auf Märkten zu beziehen; sie sind von der Konkurrenz nur schwerlich zu kopieren, an Personen gebunden und in enge institutionelle und zwischenbetriebliche Kooperations- und Kommunikationsbeziehungen (*Cluster*) inkorporiert. Hiermit liegen spezifische, territorial gebundene und weitgehend immobile Standortfaktoren und damit mögliche Wettbewerbsvorteile vor, die die Unternehmensmobilität aufgrund einer höheren, systembedingten Standortbindung geringer ausfallen lassen als noch in Phase 2.

Für die hier erfolgende Betrachtung der Kooperationen und Akquisitionen von Unternehmen wird Porters Analyse interessant, da die Genese von nicht marktfähigen *specialized factors* hier hauptsächlich in und zwischen Unternehmen und deren spezifischen Umwelten gesehen wird und damit nationale Wettbewerbsvorteile clusterspezifisch sind. Er führt dabei häufig die kooperative Zusammenarbeit mit den heimischen Zulieferern an. Eine der vier visualisierten Determinanten der Genese von nationaler Wettbewerbsfähigkeit in dem von ihm entwickelten „Diamanten" ist die horizontale und vertikale Einbindung der Unternehmen in *„related and supporting industries".* Cluster aus zwischenbetrieblichen Formen der Arbeitsteilung und Umfeldinstitutionen unterstützen demzufolge die Anpassungsleistungen auf der Unternehmensebene (Porter 1991, S. 111).

Porters empirische Analyse zeigt, dass der Prozess des *clustering* in regional begrenzten Räumen am dynamischsten verläuft, „because the influence of the individual determinants in the diamond and their mutual reinforcement are heightened by close geographic proximity within the nation" (Porter 1990, S. 157). Beispiele für solche so genannten „Center of Excellence" können vielfältig gegeben werden: Für Deutschland wären die Chemie und die Ingenieurleistungen zu nennen, für die USA die IT- und Medienindustrie, für Japan die Miniaturisierung und Elektroindustrie etc. „Wenn die in den betreffenden Ländern ansässigen Multis solche Stärken bewahren wollen, müssen sie engen Kontakt mit heimischen Wettbewerbern und Zulieferern halten. Die globale Ausrichtung ist dabei keine große Hilfe." (manager spezial 1996, S. 8).

Zusammenfassend kann aus Porters Analyse die Wichtigkeit von *Clustern* i. S. von regionalen Unternehmensnetzwerken für die nationale Wettbewerbsfähigkeit in einem globalen Markt genauso festgehalten werden, wie die bleibende nationale Bedeutung trotz als mobil angenommener Produktionsfaktoren aufgrund der systemisch bedingten *specialized factors*.

Porter hebt allerdings verstärkt auf die ökonomischen Faktoren ab, während neuere Entwicklungen der Industrieökonomie vermehrt die Bedeutung nicht-ökonomischer Faktoren für den wirtschaftlichen Erfolg betonen. Es wird hier von sogenannten *industrial districts* gesprochen. Sie werden verstanden als „a socio-territorial entity which is characterised by the active presence of both a community of people and a population of firms in one naturally and historically bounded area. In the district, unlike in other environments, such as manufacturing towns, community and firms tend to merge" (Becattani 1990, S. 36).

In anderen Veröffentlichungen wird auf die Erhöhung der Leistungsfähigkeit der Einzelunternehmen durch so genannte *economies of agglomeration* angespielt. Damit ist besagt, dass Unternehmen, die in einem gut entwickelten Standort mit entsprechender Infrastruktur, einem guten Arbeitskräftepotential, leistungsfähigen Zulieferern und einem guten Informationsangebot produzieren – also so genannte *external economies* fruchtbar machen können, – niedrigere Produktionskosten haben werden, als Unternehmen außerhalb des Clusters. In einer Studie für die Amerikanische Regierung aus dem Jahr 2006 wurde anhand von 209 multinationalen Unternehmen die Wahl der Standortentscheidung geprüft (Thursby und Thursby 2006). Diese Entscheidung ist erwartungsgemäß vielschichtig begründet worden, aber die attrahierende Kraft von Universitäten in einem globalen Innovationswettbewerb wurde von den beiden Autoren als die wesentliche neue Botschaft dieser Studie gewertet.

1.1.1.3 Ausgewählte Fakten zur Globalisierung

Die Dynamik der Globalisierung kann durch die Entwicklung des Außenhandels, bzw. genauer: durch die Veränderung des Verhältnisses zwischen Warenhandel und Weltwarenproduktion, am deutlichsten illustriert werden.

Folgt man den internationalen Handelsstatistiken der *World Trade Organization (WTO),* dann zeigt sich in der Abb. 1.1 folgendes Bild (im folgenden Berechnungen der Bundeszentrale für politische Bildung 2014):

Zwischen 1960 bis 2012 nahm der Warenexport real – gemessen in konstanten Preisen – um den Faktor 16,9 zu, die Weltwarenproduktion lediglich um den Faktor 5,6. Der Warenexport stieg umgerechnet durchschnittlich um 5,9 %, die Weltwarenproduktion um 3,5 % pro Jahr. Als Folge erhöhte sich der Anteil der exportierten Waren am Welt-Bruttoinlandsprodukt (BIP) zwischen 1970 und 2008 von 9,7 auf 26,3 %.

Der nominale Wert der exportierten Waren lag im Jahr 2008 bei 16,1 Billionen US-Dollar, also 124-mal höher als 1960. Die höchsten realen Zuwächse verzeichnete der Warenexport in den beiden Zeiträumen von 1950 bis 1960 und von 1960 bis 1970, was an dem zu dieser Zeit noch geringem Volumen lag. Die Steigerung des Warenexports um 87 % in

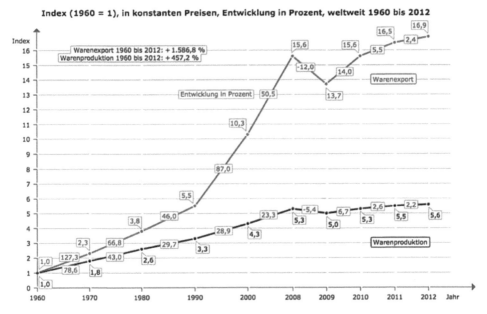

Abb. 1.1 Entwicklung des weltweiten Warenhandels. (Quelle: WTO International Trade Statistics)

den Jahren 1990 bis 2000 ist hingegen bedeutsamer, da die internationale ökonomische Verflechtung bis 1990 deutlich angestiegen war bzw. der Warenexport 1990 bereits einen Wert von knapp 3,5 Billionen US-Dollar hatte.

Folgt man den Anteilen des weltweiten Warenexportes so zeigt sich entsprechend der Abb. 1.2 für die Nachkriegsjahre bis zum Jahr 2007 eine starke Dynamik. Im Jahr 2007 wurden Waren im Wert von gut 13.600 Mrd. US-Dollar exportiert. Dabei zeigt sich eine Troika: So stammten 42,4 % der Exporte aus Europa, knapp 28 % aus Asien und 13,6 % aus Nordamerika. Alle anderen Regionen der Welt führten nur ein Sechstel aller Exporte aus.

Im zeitlichen Verlauf erhöhte sich der vor allem der Anteil Europas am weltweiten Warenexport von 1948 bis 1973 in der Spitze von 35,1 auf 50,8 %. Seitdem liegt der Anteil stabil zwischen 42 und 46 %. Während der Anteil Asiens am weltweiten Warenexport seit Anfang der 1970er Jahre rasant zunahm und sich innerhalb der letzten 35 Jahre fast verdoppelte, verringerten sich die Exportanteile von Nord-, Süd-, Mittelamerika und Afrika zwischen 1948 und 2003 kontinuierlich. Für Nordamerika setzte sich dieser Trend auch bis 2007 fort, die Exportanteile Süd- und Mittelamerikas sowie Afrikas lagen hingegen 2007 höher als 2003.

Wird die Bevölkerungsentwicklung der einzelnen Regionen berücksichtigt, relativieren sich die Exportanteile der Regionen. Da sich der Anteil Europas an der Weltbevölkerung in den letzten 35 Jahren um 35 % verringerte (von etwa 17 auf rund 11 %), können die

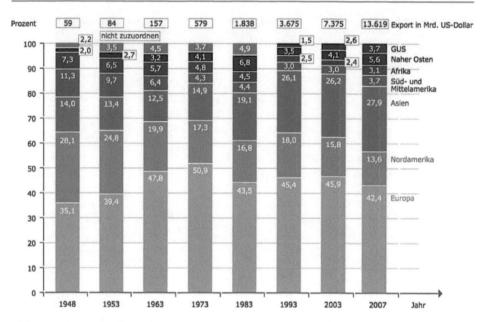

Abb. 1.2 Anteile am Warenexport weltweit, 1948–2007 (in Prozent). (Quelle: WTO International Trade Statistics)

stabilen Exportanteile Europas seit Anfang der 1980er Jahre auch als relative Steigerung interpretiert werden.

Bei den Regionen Asien und Nordamerika wird der jeweilige Trend abgeschwächt, da der Anteil Asiens an der Weltbevölkerung kontinuierlich gestiegen und der Bevölkerungsanteil Nordamerikas stetig gesunken ist. Von einer relativen Trendumkehr sind jedoch beide Regionen weit entfernt.

Damit wird die eingangs angeführte These von Richard Florida empirisch untermauert: weltweit konzentriert sich der Export auf bestehende Wirtschaftsblöcke bzw. auf die einzelnen Regionen mit zunehmender Tendenz.

So zeigt sich die klare Dominanz von Exporten innerhalb der Währungsunionen bzw. Freihandelszonen anhand der Statistik: So entfielen 68,1 % des Exports der EU auf die EU-Mitgliedstaaten selbst. Die NAFTA-Staaten und auch Asien haben ebenfalls ca. die Hälfte ihres Warenexports innerhalb der eigenen Grenzen.

Betrachtet man die OECD-Staaten, dann zeigt sich für 2007, dass knapp 62,7 % des weltweiten Exports von OECD-Staaten exportiert wurden. 94,1 % des Warenexports wurden von Staaten ausgeführt, die Mitglied der WTO sind. 1948 – bezogen auf das GATT – lag dies noch bei 30 Prozentpunkten niedriger.

1.1.2 Veränderungen bei Direktinvestitionen und Wirtschaftsräumen

1.1.2.1 Zunehmender Wettbewerb auf heimischen Märkten durch ausländische Direktinvestitionen

Für die heimischen Anbieter spielt das vermehrte Auftreten internationaler Wettbewerber auf nationalen Märkten eine wesentliche Rolle. Dies lässt sich mit Ausnahme der Arbeitskräfte durch die rasant anwachsende Faktormobilität – insbesondere beim Faktor Kapital – erklären sowie durch stark abnehmende Transportkosten. Die Faktormobilität beim Kapital wird an den laufend getätigten Ausländischen Direktinvestitionen (ADI, bzw. FDI für Foreign Direct Investments) gemessen. ADI sind im Wesentlichen Unternehmensfusionen, -käufe und -beteiligungen, reinvestierte Erträge von Tochtergesellschaften im Ausland, Kredite an ausländische Tochtergesellschaften innerhalb eines Unternehmens und Kapitaltransfers zur Gründung von Unternehmen im Ausland. Sie sind durch eine langfristige Beziehung und ein dauerhaftes Interesse des Direktinvestors gekennzeichnet. Wesentlich für ADIs ist die Erzielung eines maßgeblichen Einflusses auf das Management des im Ausland ansässigen Unternehmens durch den Investor – der Beteiligungsgrad sollte daher bei mindestens 10 % der Stimmrechte oder Anteile liegen.

Diese haben sich – nach den Statistiken der *United Nations Conference on Trade and Development* (UNCTAD) und deren jährlichen *World Investment Reports* – von 13 Mrd. US-Dollar im Jahr 1970 über 208 Mrd. US-Dollar 1990 auf 1833 Mrd. US-Dollar im Jahr 2007 erhöht (vgl. Zahlen in der folgenden Abb. 1.4). Gegenüber dem Jahr 1970 hat sich damit der Umfang der laufenden ADI – bezogen auf den Durchschnitt der Jahre 2005 bis 2007 – mehr als verhundertfacht, gegenüber 1980 war der entsprechende Wert immer noch Faktor 25.

Die *Bundeszentrale für politische Bildung* stellt in ihrer Bewertung fest, dass der Anteil der ökonomisch entwickelten Staaten an den ADI nach wie vor groß ist (bpb 2014, S. 44): In den Jahren von 2005 bis 2007 tätigten bzw. erhielten die ökonomisch entwickelten Staaten durchschnittlich 84,0 der weltweiten ADI. Allein die EU, die USA und Japan waren für 73,9 % der weltweit getätigten ADI verantwortlich. Der Anteil der ökonomisch sich entwickelnden Staaten an den weltweiten ADI lag im selben Zeitraum bei durchschnittlich 29,8 %, wobei sich innerhalb dieser eine sehr unterschiedliche Verteilung ergab: gut 59 % verteilten sich auf nur acht Staaten; allein China erhielt knapp 17 %.

Die Bedeutung der ADI für die externe Finanzierung der ökonomisch sich entwickelnden Staaten hat beständig zugenommen. Während Anfang der neunziger Jahre private und öffentliche Hilfeleistungen den größten Anteil an ausländischen Geldern ausmachten, ist der Anteil der ADI seit Mitte der 1990er Jahre mindestens doppelt, teilweise fünfmal so hoch wie der der finanziellen Hilfeleistungen (ODA für *Official Development Assistance*).

Vor allem Multinationale Unternehmen (MNU) haben die technischen, finanziellen und politischen Ressourcen, um eine ADI-Strategien systematisch umzusetzen. Vor allem ADI in Form von brancheninternen Fusionen, Unternehmenskäufen und -beteiligungen dienen der Markterschließung, Marktsicherung und Kostenersparnis. Grenzüberschreitende Unternehmensfusionen und -übernahmen waren in den Jahren 2000 bis 2007 für durch-

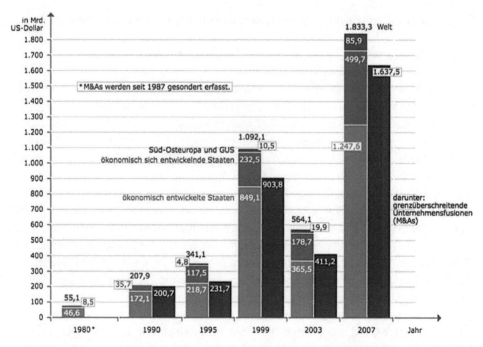

Abb. 1.3 Jährliche Ausländische Direktinvestitionen (UNCTAD). (Quelle: World Investment Report, Zusammenstellung mehrerer Jahrgänge durch Bundeszentrale für politische Bildung)

schnittlich 84,5 % der im Ausland getätigten Investitionen verantwortlich (vgl. Abb. 1.3). Hier ist auch ein relativer Anstieg zu verzeichnen.

Interessant dabei: Im Durchschnitt entfielen 60,4 % des M&A-Volumens auf so genannte Megafusionen mit einem Wert von über einer Milliarde US-Dollar (vgl. Bundeszentrale für politische Bildung: Globalisierung – Handel und Investitionen, 2009, S. 44).

Zu Beginn der 1990er Jahre wurde den Transnationalen Unternehmen (TNU) deutliches Misstrauen entgegengebracht. „Die häßliche Fratze des Kapitalismus" war eine häufige Reaktion auf die weltweite Suche nach der besten Mischung von Preis und Qualität bei der Produktion. Die Globalisierungsgegner sagten desaströse Deregulierungswettläufe, also Sozial-, Öko- und Lohndumping zur Erreichung von internationaler Wettbewerbsfähigkeit voraus. Häufig mündete es in die Prognose, dass einige wenige globale Konzerne die Welt unter sich aufteilen würden – mit allen negativen Konsequenzen für die Kunden und die Nationalstaaten.

Diese Prognose muss aus zwei Gründen differenziert betrachtet werden: Einerseits sind auf die bestehenden Probleme der TNU zu verweisen wie (1) die Kernkompetenzausrichtung nach Diversifikationsproblemen, (2) eine gewisse Abnahme der Bedeutung der *economies of scale-Effekte* (vgl. Abschn. 3.2.2.1) durch die Akzentverschiebung von der Massenproduktion hin zu individualisierten Kleinserien *(mass customization)*, (3) die wechselseitige Abhängigkeiten im Zuge starker Outsourcing-Entwicklungen, (4) die mögliche

Laufende ADI in Mrd. US-Dollar

	Laufende ADI (Inflows), in Mrd. US-Dollar						
	1970*	1980*	1990	1995	1997	1998	1999
Welt	13,4	55,1	207,9	341,1	487,9	701,1	1.092,1
ökonomisch entwickelte Staaten	9,5	46,6	172,1	218,7	284,1	503,9	849,1
ökonomisch sich entwickelnde Staaten	3,9	8,5	35,7	117,5	191,8	186,6	232,5
Süd-Osteuropa und GUS**	-	-	-	4,8	12,1	10,7	10,5
Asien (ohne Japan und Westasien)***	0,8	0,4	22,2	77,7	100,9	91,5	109,7
China	-	0,06	3,5	37,5	45,3	45,5	40,3
grenzüberschreitende Unternehmensfusionen (M&As)	-	-	200,7	231,7	371,1	692,9	903,8
	Anteil der M&As an den weltweiten ADI, in Prozent						
	-	-	96,5	67,9	76,1	98,8	82,8

	Laufende ADI (Inflows), in Mrd. US-Dollar						
	2000	2001	2002	2003	2004	2005	2006	2007
Welt	1.411,4	832,2	622,0	564,1	742,1	958,7	1.411,0	1.833,3
ökonomisch entwickelte Staaten	1.148,3	610,2	444,4	365,5	428,8	611,3	940,9	1.247,6
ökonomisch sich entwickelnde Staaten	256,1	210,5	166,3	178,7	283,0	316,4	413,0	499,7
Süd-Osteuropa und GUS**	6,9	11,5	11,3	19,9	30,3	31,0	57,2	85,9
Asien (ohne Japan und Westasien)***	144,9	104,9	92,8	103,0	149,4	167,4	208,9	247,8
China	40,7	46,9	52,7	53,5	60,6	72,4	72,7	83,5
grenzüberschreitende Unternehmensfusionen (M&As)	1.350,0	731,0	483,1	411,2	565,6	928,9	1.118,2	1.637,5
	Anteil der M&As an den weltweiten ADI, in Prozent							
	95,7	87,8	77,7	72,9	76,2	96,9	79,3	89,3

*M&As werden erst seit 1987 gesondert erfasst

Abb. 1.4 Jährliche Ausländische Direktinvestitionen absolut (UNCTAD). (Quelle: World Invest-ment Report, Zusammenstellung mehrerer Jahrgänge durch Bundeszentrale für politische Bildung)

informationstechnologisch unterstützte Überlegenheit einer „virtuellen Integration" im Netzwerk gegenüber einer physischen vertikalen und horizontalen Integration und nicht zuletzt (5) in der Integration der grenzüberschreitenden Aktivitäten. Andererseits ist eine Differenzierung aus aufgrund von Beispielen rein nationalen Firmen notwendig, die auch ohne ADI eine globale Marktbeherrschung erreichten.

Für die nationalen Anbieter bedeutet diese rasante Entwicklung der ADI, dass sich Absatz und Marktanteil durch hinzukommende internationale Wettbewerber auf die hei-mischen Märkte bei konstanter Marktentwicklung vermindern würde, wenn keine entspre-chende Internationalisierung wiederum der heimischen Anbieter erfolgt. Damit verstärkt sich die Globalisierungsspirale selbst, die Auslandsanteile der Umsätze wachsen und die Abhängigkeit der Unternehmen vom Heimatmarkt vermindert sich. Interessant ist zu be-obachten, dass die mittelständischen Unternehmen ihre Produktion und ihren Vertrieb in den letzten Jahren sehr deutlich internationalisiert haben. Eine Studie von 500 mittelstän-dischen deutschen Unternehmen belegt, dass die Weltmarktführerschaft nicht unbedingt mit der Unternehmensgröße korreliert, wie von den genannten Prognosen implizit angenommen (vgl. hier früh Simon 1996).

1.1.2.2 Neue regionale Märkte und neue Freihandelszonen

Seit Ende der 1980er Jahre haben sich Anzahl der Transnationalen Unternehmen (TUN) deutlich von 35.000 auf 82.100 im Jahr 2008 erhöht. Interessant dabei einerseits, dass sich die Dominanz, also der relative Anteil der TNUs aus den ökonomisch entwickelten Staaten, von über 90 % auf nunmehr 71,6 % reduzierte. Während 1993 unter den 100 größten TNU kein einziges Unternehmen aus den ökonomisch sich entwickelnden Staaten zu finden war, waren es 2008 bereits sieben: drei aus China, zwei aus Südkorea und je ein Unternehmen aus Malaysia und Mexiko. Seit nunmehr zehn Jahren sind insbesondere China und Indien mit über zwei Milliarden potentiellen Konsumenten kontinuierlich in den Blick gerückt. Bereits während der Rezession Anfang der 1990er Jahre floss ein breiter Strom von Direktinvestitionen in diese Länder. Dieser Trend der schrumpfenden Direktinvestitionen in die Industrieländer bei gleichzeitig steigendem Kapitalfluss in die Entwicklungsländer setzt sich fort. Es hat den Eindruck, dass Indien als Investitionsziel kurz- und mittelfristig weiter nicht die Bedeutung haben wird, wie die Hoffnungen einiger Marktteilnehmer das noch zu Beginn des Jahrhunderts annahmen, während China weiter an Bedeutung gewinnt und eine wichtige Rolle für Transnationale Unternehmen außerhalb Chinas spielt. So arbeiten mit 16 Mio. Beschäftigten in den Tochterunternehmen der TNU in China mehr Menschen als in jedem anderen Land.

Interessant andererseits gab immer wieder Marktstrategien und damit verbunden Produkt- und Kapazitätsentscheidungen, die durch diese Dynamik angepasst werden mussten.

Ein Grund dafür lag in der Öffnung bzw. Entwicklung von neuen Märkten. Der Fall der Mauer, die zunehmende marktwirtschaftliche Orientierung der osteuropäischen Nachbarstaaten mit der dann einhergegangenen EU-Osterweiterung sowie zahlreiche Freihandelszonen schufen gänzlich ungeplante Marktpotentiale.

Transaktionskostensenkende Freihandelszonen werden als Zonen innerhalb eines Landes oder durch Zusammenschluss von mehreren Ländern definiert, in denen Zölle und andere tarifäre Handelshemmnisse abgeschafft wurden. Bekannte Beispiele sind die *AFTA – ASEAN Free Trade Area* (Freihandelszone des Verbandes Südostasiatischer Staaten), *COMESA – Common Market for Eastern and Southern Africa* (Gemeinsamer Markt für Ost- und Südafrika), *EFTA – European Free Trade Association* (Europäische Freihandelszone), *FTAA – Free Trade Area of the Americas* (Gesamtamerikanische Freihandelszone), *Mercosur – Mercado Común del Sur* (Gemeinsamer Markt des Südens von Amerika), *NAFTA – North American Free Trade Agreement* (Nordamerikanische Freihandelsabkommen zwischen den USA, Kanada und Mexiko), *SADC – Southern African Development Community* (Südafrikanische Entwicklungsgemeinschaft), *SAARC – South-Asian Association for Regional Cooperation* (Südasiatische Vereinigung für regionale Zusammenarbeit).

Insbesondere das in den 2010er Jahren in Verhandlung stehende Freihandelsabkommen zwischen den USA und Europa (*TTIP – Transatlantic Trade and Investment Partnership*) wird auch für den M&A-Markt eine Relevanz bekommen. TTIP wird differenziert mit Blick auf die Auswirkungen auf die Eurozone diskutiert. Die Befürworter des geplanten transatlantischen Handels- und Investitionsabkommens sehen im Falle der Verwirklichung starke Wachstums- und Beschäftigungszuwächse in beiden Wirtschaftsräumen. Die Kritiker insbesondere in Europa befürchten einen Abbau bestehender Standards, etwa im Verbraucherschutz, dem Umweltschutz oder bei den Arbeitnehmerrechten. Hinzu kommt die Sorge, dass die ebenfalls in dem Abkommen vorgesehenen Investitionsschutzregeln privaten Unternehmen in breitem Umfang ermöglichen könnten, gegen die Auswirkungen staatlicher Gesetze und Regelungen zu klagen, um Entschädigungen in Milliardenhöhe zu erlangen (vgl. als Zusammenfassung Beck und Ohr 2014).

1.1.3   Technologische Veränderungen

1.1.3.1   Branchenanalyse: Globale Reichweite, Produktlebenszyklus

Technologien haben die schumpetersche Kraft der „schöpferischen Zerstörung". Sie sind die Treiber für organisationale und gesellschaftliche Anpassungsprozesse. Waren in den 1960er und 1970er Jahren wichtige Technologien durch die Erzielung von *economies of scale*, also die mengeninduzierten Kosteneinsparungen, geprägt und blieb daher die Frage nach der optimalen Betriebsgröße lange virulent und bis heute unbeantwortet, gewinnt heute ein anderer Wettbewerbsvorteil entscheidende Bedeutung: die *globale Reichweite*.

Die technologischen Veränderungen sind im Wesentlichen eng mit der Globalisierung verbunden. In einigen Branchen wie in der Luft- und Raumfahrttechnik oder in der Halbleiterindustrie waren die Unternehmen schon immer gezwungen, weltweit zu verkaufen, da die Erlöse aus einem ausschließlich nationalen Absatz die entsprechenden Investitionen nicht decken konnten. Die Zahl dieser Branchen dürfte in dem Maße zunehmen, in dem die Investitionen in Forschung & Entwicklung (F&E) weiter steigen wie beispielsweise bei den Pharmazeutika und in deregulierten Branchen wie der Telekommunikation, der Verkehr/Logistik oder auch der Energieversorger. Ebenso sind infrastrukturelle, netzabhängige Geschäfte, also hoch fixkostenintensive Industrien, gezwungen, diese Aufbaukosten international einzuspielen bzw. im Zuge von Konsortien und Kooperationen auf mehrere Unternehmen zu verteilen. Zudem wird durch die Globalisierung auch das Risiko der Technologiefehlentwicklung gemindert. Brauchte Siemens in den 1960er Jahren nur die Hälfte des deutschen Marktes zu beherrschen, um die Entwicklungskosten für eine neue Generation elektromechanischer Vermittlungstechnik hereinzuholen, waren zu Beginn der 2000er Jahre bereits ca. 20 % des Weltmarktes notwendig, um das gleiche Ergebnis für eine neue Generation digitaler Vermittlungstechnik zu erzielen.

Eine globale Reichweite wird aber auch aus Gründen der sich ständig verkürzenden Produktlebenszyklen unverzichtbar. So werden insbesondere durch die Ausnutzung der Zeitzonen in forschungsintensiven Branchen 24 Stunden am Tag global an gleichen Projekten gearbeitet. So konnten die Entwicklungszeiten deutlich verringert werden. Wesentliche Treiber für diese Entwicklungen sind die rasanten Technologiefortschritte und

Verbreitungsgeschwindigkeiten im Bereich der Informations- und Telekommunikations-
technologien (IT).

1.1.3.2 Deutschlandanalyse: Innovations- und Technologieleistungsfähigkeit im globalen Vergleich

Noch im Jahr 2006 wurde einem Bericht des *Bundesministeriums für Bildung und Forschung* (BMBF) zufolge trotz der anhaltenden Exporterfolge keine ausreichende Entwicklung hinsichtlich der technologischen Leistungsfähigkeit (BMBF 2006) erreicht. Der
Anteil Deutschlands an allen weltweit getätigten Ausgaben für Forschung & Entwicklung
(F&E) im Jahr 2005 betrug 6 %. Aufgrund zusätzlicher Akteure im Innovationswettbewerb und einer deutlich gesteigerten Dynamik in anderen Staaten der *Organisation for
Economic Cooperation and Development* (OECD) hat sich der deutsche Anteil von 11 %
im Jahr 1981 bis zum Jahr 1991 auf 9,2 % bereits deutlich verringert. Bis zum Jahr 2011
stieg der Anteil dann wieder durch starke Regierungs- und Unternehmensinvestitionen
auf 7 % an. USA mit führt hier mit 30 % Anteil auch nach ebenfalls deutlicher Reduktion im Jahr 2011 das Ranking an – gefolgt von nun China mit einem Anteil von 15 %.
Nach Deutschland folgen Korea und Frankreich mit jeweils 4 % sowie das Vereinigte Kö-
nigreich mit 3 % (vgl. BMBF 2014, S. 465). Eine Betrachtung der Zeitreihen zeigt auf,
dass zu den Zeiten der Finanz- und Wirtschaftskrise 2007 in einzelnen Ländern die F&E-
Intensitäten zurückgegangen sind bzw. stagniert haben.

Das Forschungsministerium weist darauf hin, dass die Darstellung der relativen Entwicklungen durch *F&E-Intensitäten* im Kontext der absoluten Ausgaben für Forschung
und Entwicklung gesehen werden müssen: Dabei zeigt, dass die globalen F&E-Ausgaben
seit der Jahrtausendwende von 753 Mrd. US-Dollar, auf geschätzte 1051 Mrd. US-Dollar
im Jahr 2006 gingen und für das Jahr 2011 nochmals geschätzt auf 1435 Mrd. in US-
Dollar anstiegen – und dies vor allem vor allem in drei geografischen Regionen: Nordamerika, Asien und Europa, wobei sich der Gravitationsschwerpunkt für F&E eindeutig
in Richtung Asien verschiebe (vgl. hierzu ausführlich Abb. 1.5). Gemessen am Anteil 5 %
aller *OECD-Exporte an Technologiegütern bzw. forschungsintensiven Gütern* waren deutsche Unternehmen lange Exportweltmeister und wurde 2010 von China überholt (BMBF
2014, S. 461). Die deutschen Importe von Spitzentechnologien seien stark angestiegen
und Deutschlands Spezialisierung im Außenhandel auf Technologiegüter hingegen zurückgegangen.

Die Entwicklung bei den *Patenten* zeigt ein etwas anderes Bild: Mit 12 % aller welt-
marktrelevanten Patente – oder 278 Patentanmeldungen je 1 Mio. Erwerbstätiger – war
Deutschland bereits in 2006 deutlich über dem OECD-Durchschnitt und hat dies in den
vergangenen Jahren weiter fortsetzen – insbesondere bei transnationalen Patenten, bei
denen Deutschland im Jahr 2011 das doppelte Niveau im Vergleich zu den Vereinigten
Staaten aufwies (BMBF 2014, Kap. 3).

Bei der Entwicklung des *F&E-Personals* zeigt sich wiederum ein anderes Bild: Chinas
F&E-Personal zwischen 1997 und 2004 überstieg die Gesamtzahl der in Deutschland tätigen Forscher. Seit der Jahrhundertwende hat sich dabei der Fokus deutlich verschoben:

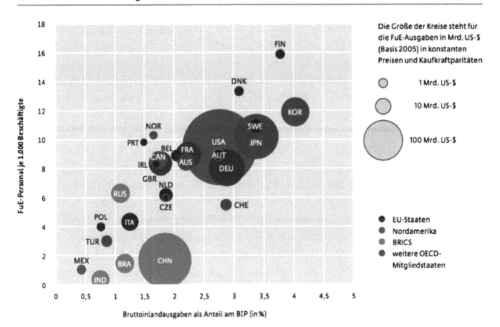

Abb. 1.5 ForscherInnen und F&E-Ausgaben am BIP 2011. (Quelle: BMBF 2014, S. 468, Daten: OECD TIS 2013)

Waren es früher Produktionsstätten, die verlagert wurden, haben deutsche Unternehmen allein in den 1990er Jahren mehr Forschungsabteilungen ausgelagert als in den gesamten 50 Jahren zuvor. Die Trends im Bereich der F&E-Ausgaben lassen sich auch durch die Entwicklung des F&E-Personals als wesentlichen Kostenfaktor untermauern. Auch wenn bildungssystemische und außerhalb der OECD-Staaten häufig methodische Probleme bei der Erfassung vorliegen, zeigt sich eine Dynamik der wissensintensiven Beschäftigung in verschiedenen Ländern anhand der F&E. Auch für Deutschland ist ein Anstieg der F&E-Personalintensität zu beobachten: von gut 12 pro Tausend Erwerbspersonen im Jahr 2000 auf knapp 14 pro Tausend Erwerbspersonen im Jahr 2011. Im Vergleich zu geringen Zuwachsraten in Deutschland, der EU und den Vereinigten Staaten zeigt Korea auffallend hohe Zuwachsraten beim F&E-Personal, von 6,5 auf circa 15 pro Tausend Erwerbspersonen von 2000 bis 2011 (BMBF 2014, S. 467).

Zusammenfassend können die Veränderungen der Innovations- und Technologieentwicklung anhand der wenigen Indikatoren so geclustert werden: Die deutlichen Strukturverschiebungen wurden in den vergangenen Jahren durch die konjunkturellen Entwicklungen verdeckt. So lassen sich für die vergangenen knapp 20 Jahre fünf Phasen unterscheiden:

(1) Nach der globalen Rezession Anfang der 1990er Jahre gingen in allen großen Industrieländern die F&E-Aufwendungen bis etwa 1995 zurück. In Deutschland war dieser Einbruch besonders stark.

(2) Danach folgte in der zweiten Hälfte der 1990er Jahre ein äußerst kräftiger Aufbau der weltweiten F&E-Kapazitäten. Die US-Wirtschaft war dabei der Treiber. Aber auch die deutsche Industrieforschung und -entwicklung expandierte kräftig.

(3) Mit dem Ende des „New Economy" Booms und der weltwirtschaftlichen Konjunkturabschwächung 2001/02 ging die Phase der starken Ausweitung der F&E-Budgets zu Ende.

(4) Mit einem Anstieg bis zur Finanz- und Wirtschaftskrise 2007/2008 gab es wiederum einen Anstieg, der dann in einigen Länder durch die Krise sich abflachte.

(5) Spätestens seit der Finanzkrise verschiebt sich Innoations- und Technologiefähigkeit immer stärker nach Asien, hier vor allem China und Korea. Deutschland verliert die Exportführerschaft in forschungsintensiven Gütern aufgrund des vergleichsweise niedrigeren Anteil der Spitzentechnologien (z. B. Computer, Elektronik oder Pharma) mit einer deutlichen Stärke bei hochwertigen Technologien (z. B. Automobil, Maschinenbau) (ebd., S. 455). Deutschland investiert aber wieder mehr bei einer weiterhin sehr guten Patentsituation – insbesondere auch bei transnationalen Patenten.

Für den M&A-Markt daher interessant, dass das BMBF schon 2006 davon ausging, dass sich aufgrund der spezifischen technologischen Leistungsfähigkeit Deutschlands weitere Konzentrationen und Kooperationen ergeben werden und die „globalen Unternehmensverflechtungen" sich weiter intensivieren würde (BMBF 2006, S. 3).

1.1.4 Politische Veränderungen

1.1.4.1 Renaissance des Nationalstaatlichen

Hat Joghurt eine strategische nationale Bedeutung? Unabhängig von links- und rechtsdrehenden (Politik-)Kulturen ist diese Frage keineswegs so humorvoll wie sie zunächst scheint. Es geht um nationalstaatliche Wirtschaftspolitiken im Zuge der Globalisierung. Die politikwissenschaftliche Diskussion hat die Frage nach dem Ende des Nationalstaates vergleichsweise früh gestellt (vgl. z. B. Scharpf 1992).

Unternehmenszusammenschlüsse – insbesondere bei entsprechender nationaler Bedeutung der Industrien wie auch der dahinter stehenden Arbeitsplätze – sind auch in einer freien Marktwirtschaft hoch politisch. Es greifen schnell die über Jahrzehnte eingeübten Reflexe einer als neo-liberalen Sichtweise bezeichneten Nicht-Regulierung einerseits und einer protektionistischen Regulierungspolitik andererseits.

In Unternehmens- wie Politikpraxis ist dies ein unvermindert intensiv diskutiertes Thema:

So warfen bereits die von vielen Beteiligten als massiv empfundenen Interventionen des französischen Staates bei dem Zusammenschluss von Sanofi und Aventis, Fragen auf.

Die Paranoia zeigte sich hingegen noch deutlicher bei dem Gerücht der Übernahme von Danone durch PepsiCo und ließ den angeführten Joghurt in neuem, national bedeutsameren Licht erscheinen. Der hierbei geprägte Begriff: *„Nationale Champions"*. Diese werden nicht nur geschützt gegen ausländische Erwerber, sondern auch unterstützt – bei der Einkaufstour im Ausland.

Der Ton zwischen den Staaten wurde schärfer: „Frankreichs Konzerne gehören nicht zum Weltkulturerbe", urteilte beispielsweise die Frankfurter Allgemeine Zeitung im Frühjahr 2006 (Steltzner 2006, S. 11).

Viele weitere Beispiele für diesen Protektionismus folgten, u. a. die staatlichen Fusionsüberlegungen von *Gaz de France* und *Suez* zur Verhinderung einer feindlichen Übernahme, d. h. einen italienischem Konkurrenten *Enel*.

Im Oktober 2012 ist der beabsichtigte Zusammengehens zwischen den beiden europäischen Luftfahrt- und Rüstungskonzernen EADS (heute Airbus) und BAE Systems ist im Oktober 2012 an der deutschen Regierung gescheitert. Deutschland und Frankreich konnten sich nicht auf eine gemeinsame Position einigen, welche Einflussmacht die Staaten bei dem fusionierten Unternehmen haben würden.

Bei der vielbeachteten mehrheitlichen Übernahme von Hochtief durch die spanische ACS-Gruppe hingegen hat sich die Bundesregierung herausgehalten mit dem Verweis der Bundeskanzlerin, dass das Übernahmeangebot rechtskonform vorgetragen wurde.

Anders hingegen hat die französische Regierung nach Bekanntwerden eines möglichen Bieterwettstreites zwischen der Siemens AG und GE reagiert und ein Zustimmungsrecht für die Transaktion die „nationalen Interessen" der bei Übernahme vertreten zu können. GE hat ein knappes halbes Jahr auf Zustimmung der Regierung warten müssen und mit nun 20 % den französischen Staat als Mitaktionär.

Innerhalb von Europa wurden nach der Jahrtausendwende in besonderem Maße zahlreiche politische Verhinderungsmaßnahmen von als feindlich bezeichneten grenzüberschreitenden Übernahmeversuchen, vorrangig europäischer Kaufinteressenten unternommen.

So geschehen in der Stahlindustrie, bei Finanzdienstleistern, der Energie- oder der Wasserwirtschaft. Insbesondere die Regierungen Frankreichs, Italiens und Spaniens standen in der Kritik der deutschen Politiker, Wirtschaftsvertreter und auch der Medien (z. B. Seith 2006; o.V. 2006, S. 27; Eigendorf 2006a, S. 8). „Das ist unverbrämte Industriepolitik – und eine Einmischung in wirtschaftliche Vorgänge, die in Zeiten globalisierter Märkte der Vergangenheit angehören sollte", kommentierte Caspar Busse in der Süddeutschen Zeitung am 27.04.2014 zu den aktuellen französischen Protektionismen scharf.

Aber so einfach ist der Diskurs eben doch nicht. Auch in Deutschland gibt es immer wieder öffentliche Diskussionen überraschender Art. So äußerte Paul Achleitner, ehemaliger Deutschland-Geschäftsführer der Investmentbank Goldman Sachs, langjähriger Finanzvorstand des Allianz-Konzerns und Chef-Aufseher der Deutschen Bank, die Forderung: „Die Politik und die Gesellschaft sollten uns unterstützen, vorn dabei zu sein [...] Es kann nicht in unserem Interesse sein, dass Deutschland eines Tages konzernfreie Zone ist." (zitiert in: Eigendorf 2006b). Im Zuge der Gespräche der französischen und deutschen Regierungen beim EADS-Konzern im Sommer 2007 wurde erneut die nationalstaatliche Industriepolitik in den politischen Fokus gerückt – hier insbesondere durch ausländische Staatsfonds wie beispielsweise aus Russland und China. Politische Forderungen wie die Einrichtung einer eigenen Behörde, die im Falle von ausländischen Übernahmen zu entscheiden habe, wird es wohl immer wieder geben (siehe zu den Staatsfonds auch Abschn. 1.5.1).

Bei allen politischen und unternehmerischen Emotionalitäten gibt es auch zunehmend wissenschaftliche Beiträge der Politik von Nationalstaaten bei Fusionen und Übernahmen. Für vielen nur ein Beispiel mit der Studie von Serdar Dinc und Isil Erelin für internationale Übernahmeversuche in Europa seit dem Jahr 1997 (Dinc und Erelin 2013): In dieser Analyse der Regierungsreaktionen bei Übernahmeversuchen in der Europäischen Union zwischen 1997 und 2006 zeigte sich die Regierungspräferenz, dass es einen inländischen Käufer geben solle. Diese Präferenz nähme zu in folgender Abhängigkeit: „strong far-right parties, weaker governments, and against countries for which the people in the target country have little affinity" (S. 2471). Dieser Nationalismus habe demzufolge direkte und indirekte ökonomische Wirkung auf Fusionen und Kapitalzuflüsse. Die Autoren sehen klare Indizien dafür, dass nationalistische Regierungen Bieterunternehmen von nationalen Unternehmen von Übernahmen in Zukunft aktiv abhalten werden.

1.1.4.2   Die EU-Übernahmerichtlinie und ihr Umsetzungsgesetz

Sie dauerte gut 13 Jahre und wurde in dem Jahr in deutsches Recht umgesetzt, das wohl angesichts der zahlreichen Anwendungsfälle nicht besser hätte passen können: Die am 21. April 2004 erlassene *„Richtlinie 2004/25/EG des Europäischen Parlaments und des Rates betreffend Übernahmeangebote"* (kurz: EU-Übernahmerichtlinie) und das am 14. Juli 2006 in Kraft getretene *Übernahmerichtlinie-Umsetzungsgesetz* (mit der einprägsamen und klanglich zum Thema korrespondierenden Abkürzung ÜbernRUmsG).

Die Übernahmerichtlinie verpflichtete alle EU-Mitgliedsstaaten, bis zum 20. Mai 2006 entsprechende nationale Gesetze zu verabschieden (Artikel 21), welche Abwehrmaßnahmen eine Aktiengesellschaft gegen feindliche Übernahmen vornehmen kann (Artikel 9) und welche Maßnahmen ein Bieter während des Übernahmeprozesses ergreifen mussten (Artikel 8).

Zielstellung einer einheitlichen EU-Übernahmerichtlinie ist die Vermeidung der oben angeführten Wettbewerbsverzerrung durch nationalstaatlich unterschiedlich geregelte Übernahmerechte. Es entstünde innerhalb der EU eine neue Qualität der Standortentscheidung, die sich nach dem Schutz vor feindlichen Übernahmen richten würde. Genau dies kann aber in einem „Markt für Unternehmenskontrolle", der in einen wettbewerblichen Kapitalmarkt eingebettet ist, nicht gewollt sein. Dennoch hat die Einigung auf eine gemeinsame Richtlinie insgesamt 13 Jahre gedauert, da es zunächst zwischen den einzelnen Mitgliedsstaaten die bereits beschriebenen diametralen Positionen gab. Auf der einen die liberale Marktseite, nach der die Kontrolle über ein Unternehmen ausschließlich der Markt entscheiden solle, auf der anderen die Fürsprecher einer umfassenden, d. h.

die gesellschaftsrechtlichen, arbeitsrechtlichen und aus wettbewerbsrechtlichen Aspekte umfassenden Regulierung.

Die schließlich erlassene Richtlinie gesteht den Aktionären umfassendes Entscheidungsrecht über potentielle Unternehmensübernahmen sowie mögliche Abwehrmaßnahmen zu. Es bestehen umfangreiche Informationspflichten über die Ziele der geplanten Übernahme, die Finanzkraft des Übernehmers und seine Absichten für die Zukunft. Insbesondere im Falle, dass nach der Übernahme Betriebsstillegungen, Veräußerungen, Personalabbau geplant sind, ist dies den Aktionären dazulegen (Artikel 8 und 10).

Diese Vorschriften der EU-Übernahmerichtlinie sind in Deutschland durch das zum 1. Januar 2002 in Kraft getretene *Gesetz zur Regelung von öffentlichen Angeboten zum Erwerb von Wertpapieren und von Unternehmensübernahmen* (WpÜG) vom 20. Dezember 2001 umzusetzen, das „bereits unter Berücksichtigung einer möglichen Regelung auf europäischer Ebene verfasst und als vorweggenommene Umsetzung einer Übernahmerichtlinie entworfen worden" war und „deshalb nur noch in Teilen geändert werden musste [dahinter stehenden]" (Deutscher Bundestag Drucksache 16/1541, 16. Wahlperiode 18.05.2006, Beschlussempfehlung und Bericht des Finanzausschusses). Das *Übernahmerichtlinie-Umsetzungsgesetz* vom 08. Juli 2006 trat am 14. Juli 2006 in Kraft. Vorausgegangen waren die Beschlussempfehlung und der Bericht des Finanzausschusses (7. Ausschuss) zu dem Gesetzentwurf der Bundesregierung vom 18. Mai 2006.

Hier schöpfte die Bundesregierung die Wahlrechte zu Gunsten der Ziel-Unternehmen aus. Deutsche Unternehmen behalten danach die Möglichkeit, ohne Einberufung einer Hauptversammlung Abwehrmaßnahmen mittels eines für die Dauer von 18 Monaten gültigen Vorratsbeschlusses einzuleiten. Ein freiwilliger Verzicht auf Abwehrmaßnahmen ist möglich. Die im WpÜG geregelten Abwehrmaßnahmen in der Fassung vom 20. Dezember 2001 bleiben ebenso erhalten wie die nach dem Aktiengesetz zulässigen satzungsmäßigen und vertraglichen Stimmrechts- und Übertragungsbeschränkungen. Weiterhin sind Regeln zum Verbleib der restlichen Aktionäre nach einem Übernahme- oder Pflichtangebot im Zuge des so genannten *Squeeze Out* beschlossen worden. Wenn ein Bieter über eine Kapitalmehrheit von 95 % verfügt, dann kann er Restaktionäre gegen eine angemessene Abfindung ausschließen.

Der Artikel 20 der EU-Übernahmerichtlinie sieht dabei eine Revision nach einem Zeitraum von fünf Jahren nach dem Inkrafttreten der nationalen Umsetzungsgesetze vor: „Diese Überprüfung schließt eine Untersuchung der Kontrollstrukturen und Übernahmehindernisse für Übernahmeangebote ein, die nicht in den Anwendungsbereich dieser Richtlinie fallen."

Im Zuge der Diskussionen um das sogenannte *Anschleichen* von als feindlich bezeichneten Käufern (auch *creeping* in oder *low balling* bezeichnet) wurde nach Fällen von Schaeffler/Continental oder Porsche/VW wurde das Verbot ungedeckter Leerverkäufe in 2010 verankert und am 11. Februar 2011 hat der Bundestag das „Gesetz zur Stärkung des Anlegerschutzes und Verbesserung der Funktionsfähigkeit des Kapitalmarktes" verabschiedet. Das Gesetz erweitert die Transparenzvorschriften im Kapitalmarktrecht und führte erstmals Wertpapierhandelsgesetz (WpHG) Meldepflichten für Finanz- und nicht weiter definierte sonstige Instrumente im Wertpapierhandelsgesetz ein. Eine Verschärfung der bestehenden Sanktionen soll die Einhaltung der Pflichten besser absichern.

Die Auswirkungen der Neuregelungen im Übernahmerecht sind überschaubar. Gibt der Inhaber von Instrumenten ein Übernahmeangebot ab, ist er nach einer neuen Regelung im Wertpapierübernahmegesetz (WpÜG) verpflichtet, in der Angebotsunterlage und darüber hinaus im Rahmen der sogenannten „Wasserstandsmeldungen" die Höhe der gehaltenen Instrumente anzugeben. Er ist nicht verpflichtet, diese bereits bei Veröffentlichung der Entscheidung zur Abgabe eines Angebots offenzulegen.

1.2   Systemveränderungen

Wurden im letzten Abschn. 1.1 die *Umweltveränderungen* skizziert, also die durch die Globalisierung bedingten Wettbewerbsveränderungen im Bereich der Direktinvestitionen, der Technologie und der politischen wie (national-)staatlichen Rahmenbedingungen, steht im folgendem Abschnitt die *Unternehmensperspektive* im Zentrum. Hierbei werden die Veränderungen der Unternehmensstrukturen, die Entwicklung industrieller Wertschöpfungsketten erörtert, sowie die Veränderung der als „Deutschland AG" bezeichneten Kapitalbeteiligungs- und Personalverflechtungen.

Die sich immer wieder in Einleitungen theoretischer und empirischer Ausführungen wiederfindende Beobachtung, nach denen sich die Unternehmungen an eine „immer komplexer werdende Umwelt" anzupassen hätten, erscheint an dieser Stelle einen kleinen Exkurs wert zu sein: Eine Organisation und deren Entscheidungen zur Veränderung sind für die andere Organisation nichts anderes als ein Teil der sich verändernden Umwelt. Es liegen hier, durch die Markt- und Eigentumsordnung vermittelt, charakteristische Austausch- und Parallelprozesse vor. Es werden Inventionen (im schumpeterschen Sinne vor allem in den Bereichen der Produkte und Prozesse) durch Organisationen in der Antizipation der Entwertung von Handlungsmöglichkeiten hervorgebracht, während bestehende Produkte verkauft und Prozesse angewendet werden (Parallelprozess). Durch die Verlagerung der Kaufkraft der Konsumenten werden einerseits die alten Produkte und Prozesse substituiert; die Inventionen damit zu Innovationen. In einer Marktwirtschaft ist demnach die Komplexität aufgrund der dezentralen Nutzung der Wissensbestände, der Fertigkeiten und Fähigkeiten und des somit systematischen Wissensmangels *das* konstitutive Element (vgl. Hayek 1969; Wegner 1996). Die Organisationen produzieren also systematisch genau die Komplexität, der sie sich selbst (temporär über Innovationsrenten) zu entziehen versuchen. Das Verhältnis der Organisation zur Umwelt scheint von dem Versuch der Entkoppelung, d. h. dem Wettbewerbsentzug in profitable Nischen, gekennzeichnet zu sein, der wiederum genau die Komplexitätserhöhung der Umwelt induziert und die Koppelung wieder herstellt. Im Rahmen der Unternehmenskooperation und -akquisition kann somit eine Möglichkeit der Zähmung von Umweltkomplexität gesehen werden, die zur Entstehung bzw. zur Verlängerung von Innovationsrenten eingesetzt werden soll.

1.2.1 Komplexere Unternehmensstrukturen

Zunächst ein theoretischer Beginn: So lange können marktgläubige Ökonomen die nahe-
liegende Frage, warum gibt es eigentlich seit über 500 Jahren so etwas wie die uns heute
geläufigen Unternehmen, wenn es doch annahmegemäß effiziente Märkte gibt, noch gar
nicht beantworten. Nach der *Theorie der Firma* (Coase 1937) und der Weiterentwicklung
einer institutionenbezogenen *Transaktionskostentheorie* (Williamson 1991 und im weiteren Verlauf Abschn. 3.2.3) wurde eine diskretionäre Analyse anhand der Dichotomie
zwischen Markt einerseits und Hierarchie andererseits mit den beiden sie unterschei-
denden Hauptinstrumenten „Anreizintensität" und „administrative Kontrollmöglichkeit"
wesentlich für die Wahl der Form der Transaktionsabwicklung.

Diese beiden Koordinationsformen – beim *Markt* eine durch das Preissystem vermit-
telnde klassische kaufvertragsrechtliche Vereinbarung, bei der *Hierarchie* eine durch den
relationalen Arbeitsvertrag vermittelte Anweisung – weisen unterschiedliche Wirkungs-
dimensionen auf. Williamson (ebd., S. 19) unterscheidet zwischen zwei Typen der Anpassungsfähigkeit, dem Typ A der marktlichen Anpassung und dem Typ B, der auf die
internen Anpassungsmechanismen von Hierarchien hinweist, die bewusst, planvoll und
zweckgerichtet in einem langfristigen wechselseitigen Abhängigkeitsverhältnis erfolgen.
Hier besitzt die Organisation gegenüber dem antiteleologischen Markt Vorteile.

Hybride Formen aber, also Formen zwischen Hierarchie und Markt – wie z. B. Franchi-
sing oder Joint Venture (Williamson 1991), Netzwerkunternehmen (Jarillo 1988; Sydow
1992) oder Virtuelle Unternehmen (Davidow und Malone 1993; Littmann und Jansen
2000) – wurden zunehmend empirisch und theoretisch interessanter. Mit den hybriden
Formen können einerseits Vermarktlichungstendenzen hierarchischer Strukturen wie Ver-
rechnungspreise, interne Märkte, Profit Center (Eccles und White 1986), und andererseits
Hierarchisierungs- oder zumindest Entanonymisierungstendenzen marktlicher Strukturen
beobachtet werden. Somit wird die unternehmerische Entscheidung eine über die Koordi-
nationsmechanismen.

Die klassische Frage der Eigenfertigung oder des Marktbezuges, die so genannte *make-
or-buy-Entscheidung*, bleibt eine der entscheidenden Treiber für die Unternehmensentwicklung. Dabei stehen allerdings nicht nur Kostengesichtspunkte (unter Berücksichtigung der Transaktionskosten) im Vordergrund – wie es die Transaktionskostentheorie
annimmt. Strategische Gesichtspunkte, die bei der Entscheidung über die Anpassungsform mitlaufen müssen, werden in diesem Kontext von Prahalad und Hamel (1990) diskutiert. So kann es durchaus sein, dass die Outsourcing-Entscheidung aus Kostenargumenten
und somit auch aus Transaktionskostenkalkülen sinnvoll erscheint, sie dennoch aus Gründen der Generierung von originären Wettbewerbsvorteilen, von so genannten Kernkompetenzen (vgl. hierzu ausführlich Abschn. 3.3.3), die als Verbundeffekte von einzelnen
Strategischen Geschäftseinheiten (SGE) auftreten und generiert werden, differenzierter
zu behandeln ist.

Der Netzwerkbegriff hat in den vergangen 20 Jahren eine beeindruckende Prominenz
erfahren, befindet sich aber noch immer in einer relativ offenen, d. h. unvernetzten wis-

senschaftlichen Auseinandersetzung verschiedener Disziplinen. In der betriebswirtschaftlichen Organisationstheorie wurde das Netzwerk als ein „Strategisches Netzwerk" eingeführt und wie folgt definiert: „Ein strategisches Netzwerk stellt eine auf die Realisierung
von Wettbewerbsvorteilen zielende, polyzentrische, gleichwohl von einer oder mehreren
Unternehmungen strategisch geführte Organisationsform ökonomischer Aktivitäten zwischen Markt und Hierarchie dar, die sich durch komplex-reziproke, eher kooperative denn
kompetitive und relativ stabile Beziehungen zwischen rechtlich selbständigen, wirtschaftlich jedoch zumeist abhängigen Unternehmungen auszeichnet" (vgl. Sydow 1992, S. 82).
So wird die Entscheidung über die Anpassungsform, eine marktliche, eine hierarchische
und/oder eine hybride, netzwerkartige zu einem eigenen Anpassungsinstrument, das die
Marktentwicklung im Bereich des M&As erklären kann. Zum einen wird die Entscheidung zu einer *make-cooperate-or-buy*-Entscheidung, da Kooperationen als eine weitere
Koordinationsform für die Abwicklung von Transaktionen berücksichtigt werden müssen. Zum anderen werden über Unternehmenskäufe und -verkäufe selbst Anpassungen
der Unternehmensstruktur, -größe und vor allem Unternehmensgrenzen getroffen.

Das *Grenzmanagement* wird somit zu einer entscheidenden Kompetenz von Unternehmen gerade bei Unternehmenskäufen (vgl. Jansen 2004a): Outsourcing und Insourcing,
Unternehmenskooperationen und Hyper-Konkurrenzen, Zuliefierermanagement und Customer Integration, Corporate Identity und Kundenorientierung, horizontale bzw. laterale
Zusammenarbeit von Abteilungen und Entwicklung im internen Wettbewerb, beobachtbare Chinese Walls bei Beratungs- und Prüfungsdienstleistern und nicht mehr beobachtbare
Grenzen in virtuellen Organisationen. Aufgrund dieser empirischen Beobachtungen konnte in den 1990er Jahren der Eindruck entstehen, die Organisation entwickele sich im
wahrsten Sinne des Wortes zu einem „Auslaufmodell" – angesichts der massiven und von
der Management-Philosophie propagierten Grenzüberschreitungen (vgl. kritisch Littmann
und Jansen 2000, S. 122 ff.; Jansen 2004a, S. 271 ff.).

Vom Traum der *„boundaryless company"* sprach interessanterweise gerade der damalige Konglomeratschef von General Electric, John Francis Welch. (Annual Report GE
1990). Unternehmen wie *General Electric oder Cisco*, die nahezu wöchentlich ein Unternehmen kaufen oder verkaufen, gelten diesbezüglich vielen seit langem als Vorbild.

Im Zusammenhang mit den Unternehmensstrukturen muss aber auch auf die nicht
enden wollenden Moden der Managementphilosophie und der Beratungen eingegangen
werden, die letztlich ihren zyklischen Erfolg aus den Paradoxien der Organisation ziehen (vgl. Jansen 1998; Littmann und Jansen 2000): Konzentration und Dekonzentration,
Zentralisierung und Dezentralisierung, Differenzierung und Integration, Outsourcing und
Insourcing oder von Komplexität und Steuerung (vgl. auch Willke 1989; Simon 1997).

Organisationen sind nach dieser Analyse keine „Auslaufmodelle". Sie bewegen nur die
sie begründenden Kernparadoxien von Integration und Differenzierung, Dezentralisierung
und Zentralisierung – gerade bei Unternehmenszusammenschlüssen und Kooperationen.
Grenzmanagement ist somit eine Antwort auf das altbekannte Bonmot: „Wer zu allen
Seiten offen ist, der kann nicht ganz dicht sein!"

Im Rahmen der bereits erörterten Globalisierung gibt es beispielsweise eine langwierige Auseinandersetzung darüber, inwieweit die einzelnen Regionen und Kulturen dezentral oder zentral geführt werden sollten. Viele große Konzerne haben die vermeintlichen Vorteile der *economies of scale* mit *diseconomies of bureaucracy* (vgl. zu den Bürokratiekosten Williamson 1988, S. 59) mitunter überbezahlen müssen. In den Zeiten hoher Transportkosten wurden Organisationsstrukturen mit mehreren Landesgesellschaften mit eigenem Headquarter und vollständigen Produktionsanlagen errichtet.

Ein bezeichnendes Beispiel kann mit Ford schon aus den 1990er Jahren angegeben werden: Ford hat zur gleichen Zeit in unterschiedlichen Ländern zwei Escort-Modelle entwickelt, produziert und vertrieben. Im Gegensatz zu dieser Strategie stand lange Jahre die japanische Philosophie des Exportes aus dem eigenen Land mit der Folge gewaltiger Handelsbilanzüberschüsse. Der in Japan als *kudoka* – industrielle Aushöhlung – bezeichnete Aufbau von Produktionskapazitäten im Ausland Ende der 1980er Jahre musste sich allerdings immer noch dem Vorwurf von „Schraubenzieherwerken" aussetzen, da dort nur geringe Wertschöpfungsanteile erzielt wurden. All das hat sich geändert. Das Zeitalter der Transnationalen Unternehmen brach an:

Nach Angaben der United Nations Conference on Trade and Development (UNCTAD) lag die Zahl der TNU Ende der 1960er-Jahre bei gerade einmal ca. 10.000. Waren es im Jahr 2000 bereits gut 63.000 sind acht Jahre später mit 82.000

Interessant dabei die korrespondierend steigende Zahl der Tochterunternehmen von 150.000 im Jahr 1990 auf 807.000 im Jahr 2008 – wenngleich mit sinkender Tendenz.

Die UNCTAD schätzt, dass auf die Tochterunternehmen der TNU mittlerweile mehr als ein Drittel der weltweiten Waren- und Dienstleistungsexporte entfällt und sich die Anzahl der Beschäftigten zwischen 1982 und 2008 auf 77 Mio. vervierfacht hat – und damit rund 4 % an allen Beschäftigten weltweit ausmachen. „Durch brancheninterne Fusionen, Unternehmenskäufe und -beteiligungen bzw. durch die hieraus resultierende Marktschließung, Marktsicherung und Kostenersparnis können die TNU ihre Marktmacht weiter ausbauen. Nach Angaben der UNCTAD gab es in den Jahren 1990 bis 2009 rund 2200 sogenannte Megafusionen mit einem Wert von mehr als einer Milliarde US-Dollar. Zusammen hatten diese Megafusionen ein Volumen von mehr als 7200 Mrd. US-Dollar. Aufgrund der Bedeutung für Investitionen und Beschäftigung wächst parallel zur ökonomischen auch die politische Macht der TNU" (vgl. Bundeszentrale für Politische Bildung 2010, S. 2 und folgende Abb. 1.6).

Transnationale Unternehmen werden von der UNCTAD als „treibende Kraft" der Globalisierung betrachtet. Sie verfügen über große technische und finanzielle Ressourcen, ihr Anteil am Welthandel ist außerordentlich hoch. Wie eingangs angemerkt, ist die aktuelle Globalisierungsentwicklung ein „propellierender Prozess" zwischen treibenden und getriebenen Kräften – und M&A ist hier ein Treiber für die Treiber.

Viele Konzerne waren dann in den 1990er Jahren dazu übergegangen, „nach dem Muster kleiner beweglicher Firmen im eigenen Haus eine Vielzahl kleinerer Einheiten mit viel Entscheidungsfreiheit zu schaffen" (ManagerSpezial 1996, S. 6). Bertelsmann hatte über

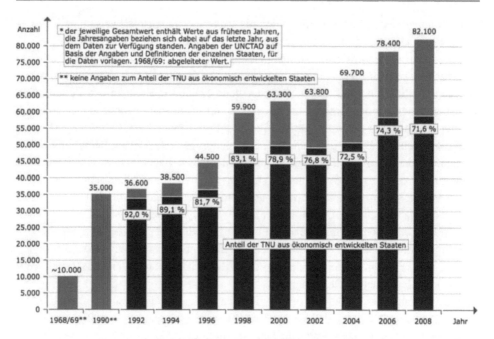

Abb. 1.6 Anzahl Transnationaler Unternehmen (TNU) 1968/69–2008 aus ökonomisch entwickelten Staaten. (Quelle: Bundeszentrale für politische Bildung 2014, S. 1)

300 Profit Center, ABB 45 Geschäftseinheiten, darunter 100 Einzelfirmen und 5000 Profit Center. Andere Beispiele der massiven Dezentralisierung können mit General Electric, Sony, AT&T und Hewlett-Packard angegeben werden.

Doch eine Dezentralisierung ohne Zentralisierung zu denken, war für viele Unternehmen nicht entsprechend erfolgreich: Die Landesgesellschaften wurden zunehmend entmachtet und müssen heute versuchen, als Teile eines globalen Systems zu arbeiten. So wurden bei Ford, IBM, Unilever die Eigenständigkeiten der Landesgesellschaften aufgehoben und erheblich rationalisiert. So zeigt sich immer deutlicher, dass der Spagat zwischen Dezentralisierung und Zentralisierung, zwischen internationaler Strategieausrichtung und Berücksichtigung nationaler Besonderheiten auszuhalten ist, da die Vorteile in der Steuerung Nachteile in Form von länderunspezifischer Marketing und Vertrieb aufwerfen können.

Die UNCTAD unterscheidet bei Multinationalen Unternehmen zwischen einfacher und komplexer Integration: So werden bei der *einfachen Integration* anspruchsvolle Fertigungsprozesse im eigenen Land behalten (z. B. F&E) und die Produktion in die jeweils kostengünstigsten Entwicklungsländer verlagert. Ein Beispiel dafür ist die Textilindustrie. Bei der *komplexen Integration* hingegen wird bei *allen* Aktivitäten die Logik der Märkte in den Vordergrund gestellt. Entscheidungen werden dort lokalisiert, wo sie am besten getroffen werden können. Hierbei stellt das Informationsmanagement eine wesentliche

Rolle dar, da ein ungehinderter Austausch von Informationen zunehmend an die Stelle eines zentralistischen Befehls- und Kontrollsystems tritt.

Der Kontrollzusammenhang hat sich durch die zunehmende Bedeutung von Allianzen und Joint Ventures grundlegend verändert. Er hat sich aber auch durch das Ansteigen der Unternehmensgröße verändert. Unternehmen mit 400.000 bis 1.000.000 Mitarbeitern – in der Regel durch Akquisitionen entstanden – haben andere Steuerungs- und Kontrollherausforderungen. Innerhalb der eigenen Unternehmensgrenzen ist eine direkte Kontrolle noch wahrscheinlich gewesen. Die Kontrolle von Großkonzernen wie von eher vernetzten, über Kooperationen verbundenen Netzwerken stellt von direkter auf indirekter Kontrolle und von Fremdkontrolle auf Kontrolle der Selbstkontrolle ab (für M&A Jansen 2004a, Kap. 14). Damit wird angenommen, dass Prozesse und Produkte nicht mehr zentral kontrolliert werden können, sondern allenfalls die Selbstkontrolle der einzelnen Geschäftsbereiche gewährleistet ist. Die Kontrolle wird daher zunehmend vom Marktdruck und weniger von der Hierarchie bestimmt werden (so auch Peters 1993).

1.2.2 Komplexere Wertschöpfungssysteme

Ein zweites Merkmal der Systemveränderung kann mit der steigenden Komplexität der Wertschöpfungsketten angeführt werden. Nach Porter (1996a, S. 59 ff.) ist die Wertkette das Instrument zur Erlangung von Wettbewerbsvorteilen entweder im Rahmen der kostengünstigen Produktion (Kostenführerschaft) oder im Rahmen von Bemühungen, „in einigen, bei den Abnehmern allgemein hoch bewerteten Dimensionen in seiner Branche enmalig zu sein" (sog. Differenzierungsstrategie) (Porter 1996a, S. 34). Weiterhin ließe sich als eine Verbindung der beiden Strategietypen die Konzentration auf Schwerpunkte kennzeichnen (vgl. zu dem Ansatz von Porter ausführlich Abschn. 3.2.2). Die Wertkette der Unternehmung ist in einem so genannten *Wertsystem*, also in vor- und nachgelagerte Wertketten eingebettet. Wertaktivitäten können in primäre und unterstützende Aktivitäten unterteilt werden. Während die primären Aktivitäten sich auf die Eingangslogistik, Operationen, Ausgangslogistik, Marketing und Vertrieb sowie den Kundendienst beziehen, handelt es sich bei den unterstützenden Aktivitäten um Beschaffung, Technologieentwicklung, Unternehmensinfrastruktur und Personalwirtschaft. In vielen Bereichen ergeben sich aus der Produktbeschaffenheit und der zunehmenden Komplexität durch die Unternehmensstruktur absolute bzw. komparative Vorteile zur Spezialisierung, d. h. zur Auslagerung bestimmter Aktivitäten aus der eigenen Wertkette in die des Zulieferers bzw. Abnehmers.

So wurden in den 1990er Jahren, in der Literatur wie auch in der Praxis, Organisationsformen der marktnahen und kundenspezifischen Modularisierung oder Fraktalisierung erprobt, die es erlauben sollen, schnell auf Marktänderungen und Kundenwünsche organisatorisch zu reagieren (z. B. Warnecke 1996; Picot et al. 1996): „Modularisierung bedeutet eine Restrukturierung der Unternehmensorganisation auf der Basis integrierter, kundenorientierter Prozesse in relativ kleine, überschaubare Einheiten (Module). Die zeichnen sich durch dezentrale Entscheidungskompetenz und Ergebnisverantwortung aus, wobei die Koordination zwischen den Modulen verstärkt durch nicht-hierarchische Koordinationsformen erfolgt." (Picot et al. 1996, S. 201).

Virtuelle Unternehmen sind dabei die Extremform einer Unternehmung, die durch den Kundenwunsch aus unterschiedlichen Unternehmen als ein Verbund erst entsteht und mit der Befriedigung des Kundenwunsches wieder auseinanderfällt (vgl. hierzu ausführlich Littmann und Jansen 2000, insbesondere Kapitel V.). Dabei werden von Unternehmen nicht mehr nur die eigenen Prozesse berücksichtigt, sondern alle Aktivitäten von Forschung und Entwicklung bis zum Vertrieb und *Customer Care* abteilungs- und unternehmensübergreifend betrachtet und integriert. So wird mit Konzepten wie dem *Efficient Consumer Response* (ECR) bzw. dem *Supply Chain Management* versucht, durch Kooperationen Optimierungen hinsichtlich der Schnittstellen in der überbetrieblichen Arbeitsteilung zu erzielen. Die zur Jahrtausendwende entstandenen inter- und intranetbasierten *Business-to-Business*-Marktplätze stellten den Auftakt zu einer virtuellen Integration der Wertschöpfungskette dar.

Bedingt durch die Technologieentwicklungen sowie vielfach erheblich gestiegene Produktkomplexitäten, die Funktionskonvergenz und Miniaturisierung sowie einer informationstechnologischen Verbindung steigt die Komplexität der einzelnen Prozesse. Weiterhin führt die Entwicklung zu einer Produktindividualisierung (z. B. das Konzept des *Mass Customization* von Pine 1993) zu Herausforderungen, die dazu führen, dass ein Unternehmen allein nicht mehr in der Lage ist, alle Prozesse selbst zu bewerkstelligen.

Die Wertschöpfungskette atomisiert sich aufgrund der Komplexität immer stärker (vgl. Littmann und Jansen 2000). Für immer mehr Einzelprozesse sind hochspezialisierte Anbieter am Markt. Das für die einzelnen Prozessschritte hoch spezifische Know-how einerseits und der kostengünstigere Bezug von Fremdleistungen durch die Skalenerträge ausnutzende Spezialunternehmungen andererseits ließ in nahezu allen Branchen die Fertigungstiefen erheblich sinken. Dies zeigt sich aber auch im Bereich von Auslagerung der unterstützenden Wertaktivitäten wie im Bereich der Personalabteilungen, Datenverarbeitung oder im Bereich der Buchhaltung. Weiterhin werden einzelne Prozesse in einem Unternehmen selbst zum Produkt (so genannte *Spin-Outs*), die auf dem Markt angeboten werden wie z. B. das Lufthansa Catering, das Porsche Consulting, die Dienstleistungen bei Bertelsmann oder die Personalabteilung bei Volkswagen.

Ein Treiber für die Entwicklung von Wertschöpfungskette zu Wertschöpfungsnetzwerken ist das durch das Internet ermöglichte Zusammenwachsen der realen mit der virtuellen Welt zu einem „Internet der Dinge". Die deutsche Bundesregierung hat im Kontext der Beraterkreise aus „Forschungsunion" einerseits und dem „Innovationsdialog der Bundeskanzlerin" dies mit dem Begriff „Industrie 4.0" belegt (BMBF 2014, bmbf.de/de/9072.php). Demnach habe die deutsche Industrie „jetzt die Chance, die vierte industrielle Revolution aktiv mitzugestalten".

Dabei werden seitens der Regierung insbesondere die softwareintensiven „eingebetteten Systeme" im Automobil- und Maschinenbau als stark eingeschätzt. Von steigender Bedeutung seien die so genannten *Cyber-Physical-Systems (CPS)*, d. h. die Vernetzung von eingebetteten IKT-Systemen untereinander und mit dem Internet. Auf Initiative der Bundesregierung haben Experten bereits 2009 eine „Nationale Roadmap Embedded Systems" vorgelegt. Die Neuausrichtung der Forschung für die Bereiche Produktion, Dienstleistung und Arbeitsgestaltung bezieht die Verwirklichung des Zukunftsprojektes „Industrie 4.0" mit ein. Beim Thema „Smart Factory" liegen die Schwerpunkte auf intelligenten Produktionssystemen und -verfahren sowie auf der Realisierung verteilter und vernetzter Produktionsstätten. Für das Zukunftsprojekt sind im Rahmen der jeweils geltenden Finanzplanung bis zu 200 Mio. Euro vorgesehen. Angesichts der massiven Veränderungen von Produkten, von Produktionsprozessen und damit Wertschöpfungsketten mutet das nicht überinvestiert an, wenn man gleichzeitig sieht, wie bisher reinen Internetunternehmen in klassische Bereiche einbrechen. Diese neuen Formen der analog-digital gemischten Wertschöpfungsketten und hybriden Produkte brauchen dabei eine besondere Hybridität und Kooperationsfähigkeit zwischen diesen Kompetenzen. Wie der Maschinen- oder Automobilbau oder die Medizintechnik als datenbasierte Mobilitäts- bzw. Gesundheitssysteme funktionieren, und damit auch die bisherigen Wertschöpfungshierarchien umkrempeln wird sich in dem kommenden Jahrzehnt entscheiden.

Als Fazit zu den skizzenhaften Ausführungen sowohl der Unternehmensstrukturen wie der Wertschöpfungssysteme lässt sich festhalten, dass M&A wie auch Kooperationen historisch betrachtet die entscheidenden strategischen Maßnahmen zur Restrukturierung von Unternehmen und von Wertschöpfungsketten hin zu Wertschöpfungssystemen waren und in gesteigertem Maße sind. Es ist die Parallelität von Unternehmenszukäufen, Verkäufen, Abspaltungen, Ausgründungen, radikalem *Outsourcen* und gleichzeitigem *Insourcen*, was die heutige M&A-Welt deutlich komplexer und auch gewöhnlicher gemacht hat.

Für die Organisation selbst wird das aktive Grenzmanagement zu einer zukunftssichernden Kompetenz: *Aktives Grenzmanagement* heißt, intraorganisationale Grenzen (Abteilungen, Geschäftseinheiten, Landesgesellschaften, zugekaufte Unternehmensteile etc.), extraorganisationale Grenzen (zwischen vertraglich oder anderweitig gebundenen Partnern innerhalb eines Wertschöpfungssystems mit Zulieferern, Logistikunternehmen und Kunden) sowie interorganisationale Grenzen (zwischen weiteren Kooperationspartnern und zwischen Wertschöpfungssystemen) zu beobachten und zu gestalten (vgl. ausführlich Jansen 2012).

1.2.3 Deutschland AG: Kapital- & Personalverflechtungen

Der Begriff einer *Deutschland AG* hatte sich als „Firmierung" für enge Personen- und Kapitalverflechtung von deutschen Großunternehmen eingebürgert (vgl. zu einer aktuellen Aufarbeitung Ahrens et al. 2013). Ein Begriff, wohl von dem britischen Kapitalismusforscher Andrew Shonfield in die Debatte eingebracht, hat die Gemüter in gleichem Maße beruhigt wie erregt. Während Shonfield Deutschland 1965 als „organized private enterprise" beschrieb, zeigten sich die netzwerkartigen Strukturen in ihrem Ursprung bereits in den 1870er Jahren. Die industrielle Revolution – während der Entstehung des Deutschen

Reiches – sorgte mit starkem Wachstum für einen hohen Kapitalbedarf wozu die Gesellschaftsform Aktiengesellschaft mit der ihr eigenen Unterscheidung zwischen „Eigentum und Kontrolle" noch einmal beitrug (vgl. zur allgemeinen Entstehung dieses managerialen Kapitalismus auf Basis dieser Unterscheidung Chandler 1977).

Im Jahr 1873 war es der Börsenkrach, der die Aktienkultur sehr vehement einbrechen ließ, mit der Folge, dass das entstehende Universalbankensystem die Finanzierung der Industrie übernahm. Über die Kreditvergabe und Beteiligungsübernahmen entstanden enger werdende Verflechtungen der Finanzinstitute in fast alle Bereiche der Wirtschaft. Dieses Wirtschaftssystem bewies sich als nachhaltig – so überstand es die Weimarer Republik, den Nationalsozialismus, beide Weltkriege und hat eine wiederum entscheidende Rolle für das sogenannte *Wirtschaftswunder* nach dem Zweiten Weltkrieg eingenommen.

Die Mitbestimmungsmöglichkeiten seitens der Gewerkschaften und die Eigentumsstruktur des Staates, der Länder und Kommunen ermöglichten zudem, direkten Einfluss auf den Beschäftigungsstand zu nehmen und die Grundversorgung in verschiedenen Bereichen wie Energie, Transport und Telekommunikation sicher zu stellen. Diese spezifische deutsche Verflechtung zwischen Politik, Finanzinstituten und Wirtschaft ist der Stoff aus dem die *Soziale Marktwirtschaft* gewoben war und sich nun in einem sehr fundamentalen Transformationsprozess befindet.

Für die einen war dieses deutsche Gewebe Ausdruck eines besseren, die Potenziale der Kooperation ausschöpfenden Kapitalismus, und damit der „reinen" Marktwirtschaft überlegen. Den Managern im Zentrum dieses Verflechtungsnetzwerkes wird ein höheres Steuerungspotential zugeschrieben, das weit über die Unternehmens- bzw. Konzerngrenzen hinausreicht. Die empirisch belegte nachhaltige Stabilität dieser typisch deutschen Wirtschaftsordnung, die als „kooperativer Kapitalismus" oder „koordinierter Kapitalismus" beschrieben wird (vgl. Windolf und Beyer 1995; Beyer 2002; vgl. Herausgeberband von Brinkmann et al. 2006), wird u. a. auf das strategische Interesse am Erhalt von komparativen Vorteilen zurückgeführt.

Für die anderen waren diese Verflechtungen schlichte Instrumente machtorientierter Manager, die sich mit Überkreuzbeteiligungen vor dem Einfluss der Kapitalmärkte schützten. Im Vergleich zum angelsächsischen System des „liberalen Kapitalismus" seien die Schwächen eines solch „koordinierten Kapitalismus" – auch im Zuge der aus dem deutschen Hausbankenprinzip resultierenden langfristig ausgelegten Finanzierungsbeziehungen – vor allem die nur ineffektiv greifenden Kontrollmechanismen des Kapitalmarktes, die mangelnde Förderung von Innovationen, die reduzierten Markteintrittschancen für neue Unternehmen, und die Unterentwicklung der nationalen Kapitalmärkte (vgl. z. B. Kengelbach und Roos 2006, S. 12). Das unterstützende kapitalmarkttheoretische Argument zielt auf die institutionelle Senkung der Anreizstrukturen ab, da Übernahmen, die gegen den Willen des Managements vom Zielunternehmen vorgenommen werden, als potentielle Gefahrenquelle die Management-Leistung annahmegemäß erhöhen sollten. Mit der „Deutschland AG" war indes diese Form der Seitenkorrektur im Markt nicht gegeben.

Interessanterweise war es nun – und dies wurde international sehr genau beobachtet – die rot-grüne Koalition, die unter der Themenführung des damaligen Bundesfinanzministers Hans Eichel (SPD) im Jahr 2000 die Besteuerung von Gewinnen aus der Beteiligungsveräußerung diskutierte und diese zum 01.01.2002 letztlich abschaffte. Alles mit dem expliziten Ziel, die Auflösung von Kapitalbeteiligungen bzw. Überkreuzbeteiligungen zu erleichtern (vgl. zu einer damaligen Kommentierung Höpner 2000, S. 655 ff.).

Und tatsächlich – ungeachtet der politischen und ökonomischen Auffassung – steht nur wenige Jahre später fest: Die „Deutschland AG" ist in Bewegung, für manche schon auf der Flucht.

Die Gründe für die beobachtbare – und im nächsten Abschnitt auch belegte – graduelle Entflechtung sind neben den steuerrechtlichen Änderungen vielfältig, von denen nur einige ausgeführt werden sollen: (1) Strategieänderungen insbesondere bei der Deutscher Bank und der Allianz. (2) Anstieg der alternativen Finanzierungsquellen gegenüber den bestehenden Universalbanken. (3) Vergleichsweise schlechte Renditeentwicklung für direkte Beteiligungen in deutsche Unternehmen. (4) Zunehmende Anzahl professioneller *Asset Management*-Unternehmen – verbunden mit einer Professionalisierung des *Asset Managements* in den börsennotierten Gesellschaften selbst. (5) Änderungen im Gesellschafts- und Steuerrecht mit direktem Einfluss auf die *Corporate Governance*-Struktur.

Im weiteren Verlauf sollen diese Gründe und die tatsächlichen Wirkungen durch die Vorstellung erster empirischer Untersuchungen geprüft werden, die (1) die Kapitalverflechtungen einerseits und (2) die Personenverflechtungen andererseits im Zeitvergleich analysieren sollen. Daran schließt sich eine kurze Auseinandersetzung zur deutschen *Corporate Governance*-Diskussion und die Veränderungen der Manager-Karrieren an.

1.2.3.1 Veränderung der Kapitalverflechtung innerhalb der Deutschland AG 1996–2010

Wir verwenden die Technik der Netzwerkvisualisierung, um die Auflösung des Kapitalbeteiligungsnetzwerkes zu veranschaulichen und berechnen die Netzwerkdichte der personellen Verflechtungen zwischen Vorständen und Aufsichtsräten in deutschen börsennotierten Gesellschaften.

In einer Analyse von 2003 wurde die „Deutschland AG" auf Basis der Netzwerkanalyse visualisiert, u. a. um aufzuzeigen, welche Unternehmen als Zentren der Verflechtung bezeichnet werden können (vgl. Höpner und Krempel 2003). Die Netzwerkanalyse wird als eine sozialwissenschaftliche Methode durch die nunmehr softwarebasierte Unterstützung zunehmend und vielfältig eingesetzt. Abstrakt formuliert ist das Ziel, das Zusammenwirken vieler Einheiten zu zeigen, das wiederum Verhalten von Gesamtsystemen steuert. Dabei verdichtet sie komplexe Informationen zu einer einfach zu lesenden grafischen Struktur. Der Vorteil solcher Visualisierungen ist es, die Analyseeinheiten so darzustellen, dass die spezifische Positionierung Informationen über die Grade der Verbundenheit gibt. Gelingt es, komplexe Netzwerke in Grafiken zu übertragen, lassen sich Einheiten identifizieren, die im Netzwerk zentrale Stellungen einnehmen. Grundlage der Studie sind Daten der Monopolkommission, einem unabhängigen Beratungsgremium, das dem deutschen Bundeswirtschaftsministerium zuarbeitet, um Zustand und Veränderungen des deutschen Unternehmensnetzwerkes zu erkunden und seine Geschichte aufzudecken. Auf Basis der

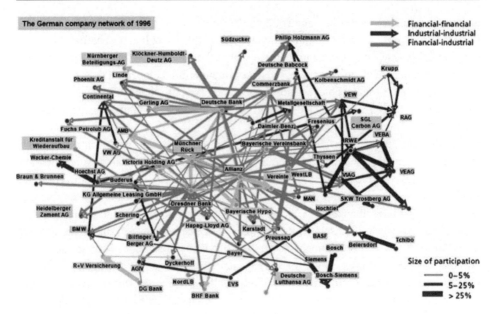

Abb. 1.7 Netzwerkanalyse der Deutschland AG (Eigenkapitalbeteiligungen) 1996. (Quelle: Höpner und Krempel 2003; Kengelbach und Roos 2006, S. 19. Abb. M&A Review)

ersten Analyse der Vergleichsjahre 1996 und 2000, die von Martin Höpner und Lothar Krempel vorgelegt wurde (Höpner und Krempel 2003), haben Kengelbach und Roos sowohl für das Jahr 1996 eine Erweiterung wie auch eine neue Analyse für das Jahr 2004 vorgenommen, die im Folgenden mittels der Abb. 1.7 und 1.8 dargestellt wird (Kengelbach und Roos 2006, S. 18).

Die Netzwerkanalyse zeigt die MDAX-Unternehmen, die 1996 eine signifikante Eigenkapitalverflechtung zu den DAX 30-Unternehmen aufweisen. In Abb. 1.7 wird die prozentuale Höhe der Eigenkapitalbeteiligung als Pfeildicke dargestellt. Die Farbe der Pfeile unterscheidet dabei die drei Arten der Unternehmensverflechtung.

Die Visualisierung der „Deutschland AG" für das Jahr 1996 zeigt mehrere Finanzinstitute sowie die Energieunternehmen und Versorger im Zentrum, die als Nukleus gesehen werden können. Hier waren insbesondere Münchener Rück AG sowie Allianz AG die dominierenden Netzwerk-Knoten, aber auch die Dresdner Bank AG, die Bayerische Hypothekenbank AG oder die Bayerische Vereinsbank AG wiesen eine hohe Verflechtungsintensität auf. Bei den Versicherungen waren die wesentlichen Netzwerk-Knoten die Vereinte Versicherungen AG und die Victoria Holding AG, bei den Industrieunternehmen die Energieunternehmen und Versorger RWE, VIAG, und VEBA.

Im Jahr 2004 – also acht Jahre später – hat sich die „Deutschland AG" bzw. ihre netzwerkanalytische Visualisierung deutlich verändert. Es wurden dieselben Unternehmen in die Betrachtung gezogen wie 1996. Anpassungen wurden bei M&A-Transaktionen bzw. Namensänderungen vorgenommen. Aus den Untersuchungen wurden die Unternehmen

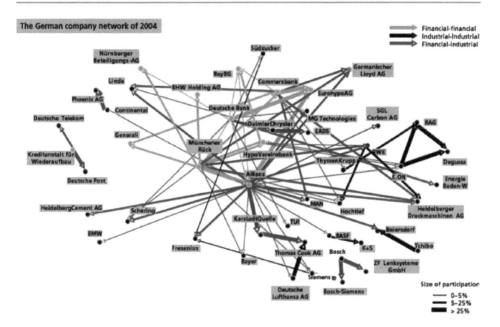

Abb. 1.8 Netzwerkanalyse der Deutschland AG (Eigenkapitalbeteiligungen) 2004. (Quelle: Kengelbach und Roos 2006, S. 19. Abb. M&A Review)

herausgenommen, die 2004 keine meldepflichtige Eigenkapitalbeziehung mehr zu anderen Unternehmen dieser Gesamtgruppe aufwiesen.

Die Allianz AG und Münchener Rück AG stehen noch immer im Zentrum der „Deutschland AG", haben aber ihre Beteiligungsanzahl deutlich reduziert. Weiterhin sind viele Unternehmen gar nicht mehr in dieser „Deutschland AG" vertreten, und die 1996 existenten Knoten um die RWE, VIAG und VEBA sind weitestgehend aufgelöst. Die Mehrzahl der Unternehmen weist nur noch eine einzige Eigenkapitalverbindung innerhalb dieses Netzwerkes auf.

Auf Basis der Kapitalverflechtungen wird damit die Ende 1990er Jahre stärker einsetzende Entflechtung belegbar und ist als nachhaltiger Trend zu erkennen, da weitere Entflechtungen von Kapitalbeteiligungen im Nachgang zu 2004 erfolgten bzw. angekündigt sind.

In der Folge hat sich das Team um Lothar Krempel vom Max Planck-Institut für Gesellschaftsforschung in Köln diese Visualisierungen angenommen (vgl. www.mpifg.de/aktuelles/themen/doks/Deutschland_AG_1996bis2010.pdf).

Die Analysen beginnen in 1996 und haben das letzte Update in 2010 (Analysestand 2012) erfahren (Abb. 1.9).

Interessant bei den Analysen des Max Planck-Institutes waren als Indikator der Deutschland AG zusätzlich die Visualisierung der Gemeinschaftsunternehmen der deutschen Großunternehmen (Abb. 1.10).

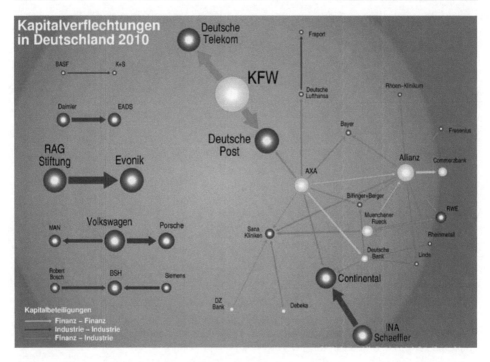

Abb. 1.9 Netzwerkanalyse der Deutschland AG (Eigenkapitalbeteiligungen) 2010. (Quelle: MPI, Krempel 2012)

1.2.3.2 Veränderung der Personalverflechtung in der „Deutschland AG" 1995–2006

Personalverflechtungen haben immer etwas Ambivalentes. Sie dienen dem Transfer von Kontakten und Wissen und stehen deswegen doch immer im Verdacht der Vetternwirtschaft, der sich abschottenden *Oldboys-Networks*, der Kooptationseliten. Es war Ronald S. Burt, ein amerikanischer Soziologe an der University of Chicago – also in bester räumlicher Nachbarschaft zu einer starken wirtschaftswissenschaftlichen Tradition – der als einer der ersten fundiert über strukturationstheoretische Aspekte der Verflechtungen von Management- und Aufsichtsfunktionen gearbeitet hat (Burt 1979). Paul Windolf hat in einer Arbeit über „Unternehmensverflechtungen im organisierten Kapitalismus" einen historischen Vergleich von Deutschland und USA für die Zeit von 1896 bis 1938 vorgenommen (Windolf o. J.). In dieser Zeit entwickelten sich die Personalverflechtungen als ein dreifaltiges Instrument: (1) kann es als ein spezifisches „Medium der Selbstkontrolle" innerhalb von Unternehmen, die durch Manager geleitet wurden, fungieren, (2) ist es ein Instrument der Kontrolle von kapitalintensiven Unternehmen durch Banken und (3) war es ebenfalls eine Institution zur bestimmten „Sozialisierung" bzw. Regulierung der sehr dynamischen Konkurrenz im Zeitalter der Massenproduktion. Und genau in dieser Phase wird die Weichenstellung zweier unterschiedlicher Kapitalismus-Konzepte erkenn-

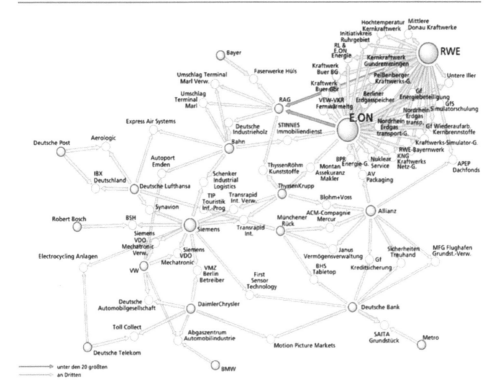

Abb. 1.10 Gemeinschaftsunternehmen 2006 der 20 größten deutschen Unternehmen. (Quelle: MPI 2008)

bar: In Deutschland stiegen die Dichte und Zentralisierung des Netzwerkes parallel zur zunehmenden Kartellierung der Wirtschaft an (*Kooperations-Kapitalismus*). In den USA hingegen nahm die Dichte des Netzes in dem Umfange ab, wie die Antitrust-Gesetze durchgesetzt wurden. Hier war es vor allem der *Clayton Act* von 1914 der *interlocking directorates* zwischen konkurrierenden Unternehmen verbot (*Konkurrenz-Kapitalismus*). „Das Netzwerk wurde zu einer suspekten Institution in einem durch Antitrust-Gesetze regulierten Markt." (ebd., S. 18).

Paul Windolf untersuchte dies mit Jürgen Beyer vom Max Planck-Institut für Gesellschaftsforschung in Köln im Hinblick auf die aktuelle personenbezogene Verflechtung in Deutschland (Windolf und Beyer 1995; siehe auch Beyer 2006).

Dabei zählen als Verflechtung sowohl, wenn Vorstände einer AG zugleich Aufsichtsratsmitglied in einer oder mehreren anderen AGs sind, als auch wenn Nicht-Vorstände zwei oder mehrere Aufsichtsratsmandate innehaben. Letzteres zielt auf die Möglichkeit ab, dass Informationen nur über die Aufsichtsratsmandate austauschbar sind.

Die personenbezogene Verflechtungsmatrix in Abb. 1.11 wird wie folgt gelesen: Die vertikale Achse zeigt die Sender-Unternehmen von Vorständen bzw. Aufsichtsräten, die

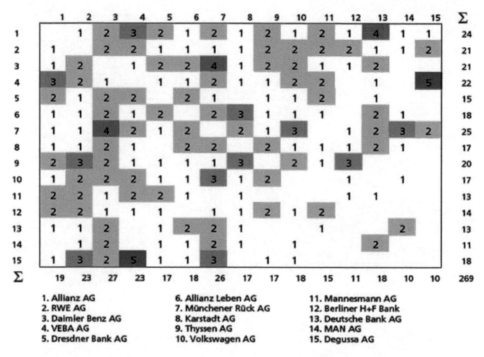

1. Allianz AG
2. RWE AG
3. Daimler Benz AG
4. VEBA AG
5. Dresdner Bank AG

6. Allianz Leben AG
7. Münchener Rück AG
8. Karstadt AG
9. Thyssen AG
10. Volkswagen AG

11. Mannesmann AG
12. Berliner H+F Bank
13. Deutsche Bank AG
14. MAN AG
15. Degussa AG

Abb. 1.11 Netzwerkanalyse der Deutschland AG (Personalverflechtungen) 1995. (Quelle: Windolf und Beyer 1995, S. 20; Beyer 2002; Abb. M&A Review 2006, S. 20)

horizontale Achse hingegen zeigt die Empfänger-Unternehmen, in welchen ein Aufsichts-ratsmandat dieser Sender-Unternehmen gehalten wird. Weiterhin sind die Summationen für jedes einzelne Unternehmen ablesbar. Klengelbach und Roos haben diese Methodologie übernommen und die Analyse für das Jahr 2004 entsprechend fortgeführt (vgl. Abb. 1.12).

Wenngleich sich klare Entflechtungseffekte auf der Personalseite erkennen lassen (vgl. Tab. 1.1 und auch Abb. 1.13), so sind diese im Vergleich zu den Entflechtungseffekten auf der Kapitalseite geringer. Klengelbach und Roos weisen zudem nach, dass die Netzwerkdichte zwar in den Jahren 1992 bis 2001 gesunken sei, zwischen 2001 und 2004 jedoch wieder leicht ansteigend ist.

Beyer zog am Ende seiner Ausführungen im Rahmen des von der Deutschen Forschungsgemeinschaft geförderten Projekts „Verfestigte institutionelle Vielfalt" mit Blick auf die sich auflösende Deutschland AG folgendes Fazit: „In der neuen Leitvorstellung ist für eine koordinierte Unternehmenskontrolle in Verflechtungsnetzwerken kein Platz. An die Stelle der Netzwerke ist der Finanz-Markt als Orientierungspunkt getreten – zumindest solange bis wieder eine neue Leitvorstellung die alte abzulösen beginnt" (Beyer 2006, S. 198).

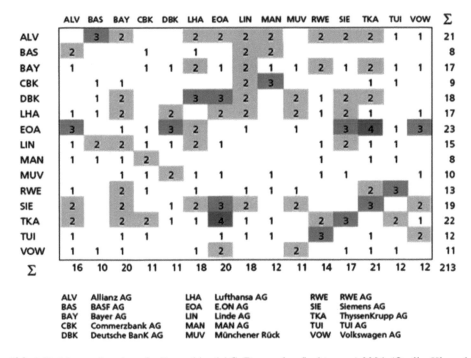

Abb. 1.12 Netzwerkanalyse der Deutschland AG (Personalverflechtungen) 2004. (Quelle: Klengelbach und Ross 2006, S. 20)

Tab. 1.1 Vergleich der Personalverflechtungen „Deutschland AG" 1995–2004. (Quelle: Eigene Darstellung auf Basis von Abb. 1.11 und 1.12)

Anzahl der Unternehmen mit … Verbindungen im Jahr 1995		Anzahl der Unternehmen mit … Verbindungen im Jahr 2004	
Vier oder fünf Verbindungen	5 Fälle	Vier Verbindungen	2 Fälle
Drei Verbindungen	4,9 %	Drei Verbindungen	5,8 %
Zwei Verbindungen	28,4 %	Zwei Verbindungen	22,2 %
Eine Verbindung	38,2 %	Eine Verbindung	33,8 %
Netzwerkdichte[a]	1,28	Netzwerkdichte	1,06

[a] Die Netzwerkdichte ist eine Maßzahl für die Verflechtungsdichte in einem Netzwerk definiert als Anteil der realisierten Verbindungen in Relation zu den potentiellen Verbindungen

Personenverflechtungen 2006
der einhundert größten
deutschen Unternehmen

Abb. 1.13 Netzwerkanalyse der Deutschland AG (Personalverflechtungen) 2006. (Quelle: MPI 2008)

1.2.4 Komplexere Corporate Governance-Systeme und veränderte Management-Karrieren

1.2.4.1 Internationale und Deutsche Corporate Governance-Systeme

Die Gesamtheit aller internationalen und nationalen Werte und Grundsätze für eine gute und verantwortungsvolle Unternehmensführung wird als *Corporate Governance* bezeichnet. *Corporate Governance* bezieht sich in der öffentlichen Diskussion zumeist auf börsennotierte Unternehmen, ist aber ebenfalls auf nicht-börsennotierte Unternehmen, Familienunternehmen und Unternehmen der Öffentlichen Hand anwendbar.

Regelungen für *Corporate Governance* beziehen sich nicht auf international einheitliches Regelwerk, sondern basieren – mit Ausnahme auf einige wenige international anerkannte, gemeinsame Grundsätze – auf länderspezifische Regelungen. Es existieren jedoch einige länderübergreifende branchenspezifische Regelungen (wie z. B. Basel I und II). Aufgrund dieser nationalen Regelung sind die *Corporate Governance-Systeme* vielschichtig und umfassen sowohl obligatorische wie freiwillige Maßnahmen.

Zur internationalen Geschichte der *Corporate Governance:* Die *OECD-Grundsätze der Corporate Governance* wurden im Jahr 1999 vom Rat der OECD auf Ministerebene gebilligt und sind – in vielen Aktualisierungen – als eine internationale Richtschnur für politische Entscheidungsträger, Investoren, Unternehmen und sonstige interessierte Gruppen entwickelt worden (vgl. http://www.oecd.org/corporate/oecdprinciplesofcorporate governance.htm).

In den USA wurde im Nachgang zu den spektakulären Bilanzskandalen wie Enron oder Worldcom das nach den beiden Verfassern, dem Senator Paul S. Sarbanes (Demokrat) und dem Abgeordneten Michael Oxley (Republikaner) benannten *Sarbanes-Oxley Act of 2002* (SOX) am 25. Juli 2002 vom Kongress verabschiedet und mit der Unterzeichnung durch Präsident Georg W. Bush am 30. Juli 2002 in Kraft gesetzt. Das Gesetz gilt für inländische und ausländische Unternehmen, die an US-Börsen gelistet sind und deren Tochterunternehmen.

Insbesondere die *Section 404* stellt für die Unternehmen eine wesentliche Auflage zur Schaffung von mehr Transparenz dar. Hier müssen Unternehmensprozesse beschrieben werden, in denen Zahlen für die Finanzberichterstattung entstehen. Diese müssen wiederum mit Kontrollen hinterlegt werden, um das Risiko eines falschen Bilanzausweises zu minimieren. Am 2. März 2005 entschied die amerikanische Börsenaufsicht *Securities and Exchange Commission (SEC)*, ausländischen Unternehmen, die an US-Börsen gelistet sind, einen Aufschub von einem Jahr für die Erfüllung der Section 404 des *Sarbanes-Oxley Acts* zu gewähren. Somit müssen diese Unternehmen die entsprechenden Anforderungen erst für jene Geschäftsjahre erfüllen, die nach dem 15. Juli 2006 enden.

In Deutschland sind die Corporate Governance-Grundsätze in dem so genannten *Corporate-Governance-Kodex* fixiert worden. Eine vom Bundesministerium der Justiz im September 2001 eingesetzte Regierungskommission – bestehend aus Vorständen und Aufsichtsräten der deutschen Wirtschaft – hat am 26. Februar 2002 diesen Kodex verabschiedet und seitdem nahezu jährlich modifiziert (aktuelle Version: http://www.dcgk. de//files/dcgk/usercontent/de/download/kodex/D_CorGov_Endfassung_2014.pdf [Stand: 01.02.2015]). Die Zielsetzung des aktuell vierzehnseitigen Kodex ist es, die in Deutschland geltenden Regeln für die Unternehmensleitung und -überwachung für nationale internationale Investoren transparent zu machen, und das Vertrauen in die Unternehmensführung deutscher Unternehmen zu stärken. Der Kodex adressiert nach eigenen Angaben alle wesentlichen – vor allem internationalen – Kritikpunkte an der deutschen Unternehmensverfassung: (1) mangelhafte Ausrichtung auf Aktionärsinteressen; (2) die duale Unternehmensverfassung mit Vorstand und Aufsichtsrat; (3) mangelnde Transparenz deutscher Unternehmensführung; (4) mangelnde Unabhängigkeit deutscher Aufsichtsräte; (5) eingeschränkte Unabhängigkeit der Abschlussprüfer.

Der Kodex besitzt über die so genannte *Entsprechenserklärung* gemäß § 161 Aktiengesetz (eingefügt durch das Transparenz- und Publizitätsgesetz), in Kraft getreten am 26.07.2002) eine gesetzliche Grundlage. Die Teilnehmer sind auf der Homepage veröffentlicht (URL: http://www.dcgk.de/de/entsprechenserklaerungen.html [Stand: 01.02.2015]).

1.2.4.2 Karriereverläufe und Verweildauern von Top-Managern

Wie wird man Vorstandsvorsitzender und wie lange bleibt man es im Durchschnitt? Diese zwei nicht nur für Vorstände interessanten Fragen sind mit dem M&A-Geschäft auf das engste verknüpft, so die hier formulierte These. Karriereforschungen zu Vorstandsvorsitzenden werden immer beliebter. Hier sollen nur ausgewählte Studienkomplexe stehen:

(1) Studien des Max Planck Instituts
Die beiden Max-Planck-Forscher Wolfgang Streeck und Anke Hassel haben die Karriereverläufe aller 90 Topmanager untersucht, die von 1990 bis 1999 Vorstandsvorsitzende der 40 größten börsennotierten Unternehmen aus Industrie und Handel waren (siehe Abb. 1.14). Es zeigten sich deutliche Veränderungen der Karrieremuster in nur zehn Jahren. In den 1980er Jahren war für den klassischen Typ des deutschen Vorstandsvorsitzenden charakteristisch, dass er – und diese Adressierung ist angesichts der faktischen Geschlechterverteilung politisch korrekt – keine Elitehochschule besucht, sondern ein normales Universitätsstudium aufzuweisen, bzw. – wie bei einem Drittel der Vorstandsvorsitzenden – eine betriebliche Berufsausbildung gemacht. Die Studienrichtungen waren auf Jura, ein ingenieur- bzw. naturwissenschaftliches Fach begrenzt. Er durchlief in einem Unternehmen eine Hauskarriere und für den Fall, dass die Position des Vorstandsvorsitz erlangt wurde, dann konnte er davon ausgehen, dass diese lange innegehalten werden würde.

Es lässt sich eine als solche bezeichnete „Professionalisierung" der Vorstände erkennen: 1999 war jeder der Vorstandsvorsitzenden studiert (1990 sechs von sieben). Eine betriebliche Berufsausbildung hatte 1990 noch fast jeder dritte Vorstandsvorsitzende, 1999 nicht einmal jeder Sechste.

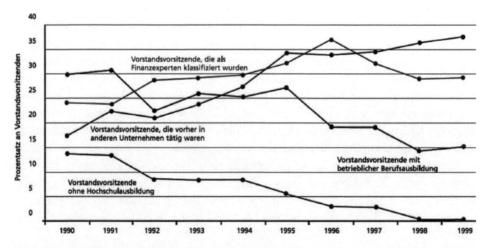

Abb. 1.14 Karrierewege von Vorstandsvorsitzenden 1990–1999 (n = 90). (Quelle: Streeck und Hassel 2003, S. 78)

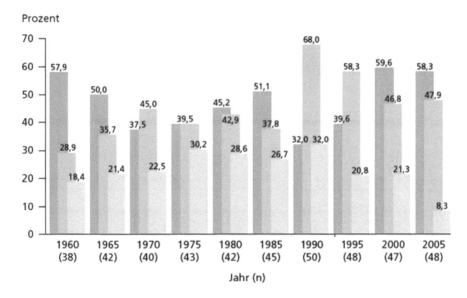

Abb. 1.15 Ausgewählte Ausbildungshintergründe 1960–2005 in Prozent (n = 443; Mehrfachnennungen möglich). (Quelle: Freye 2009, S. 95)

Die Max-Planck-Forscherin Saskia Freye setzte 2009 mit Ihrer Analyse zum „Führungswechsel der Wirtschaftselite und das Ende der Deutschland AG" an diesen Untersuchungen ihrer Kollegen auf und zeigt in hoher Differenziertheit und Breite die Marktentwicklungen für Führungskräfte auf. Zur Analyse der Karriereverläufe wurden die Biografien der Unternehmensleiter der jeweils fünfzig größten Industrieunternehmen in Deutschland zusammengestellt (also Vorstandsvorsitzende, Geschäftsführer oder Generaldirektoren) und in Fünfjahresabständen zwischen 1960 und 2005 untersucht (vgl. Freye 2009, S. 48 und die Abb. 1.15).

Ein entscheidender Wechsel, der auf eine Veränderung auch der Tätigkeit eines Vorstandsvorsitzes hinweist: die Vorstandsvorsitzenden der Großunternehmen zeichnen sich durch eine deutlich höhere Finanzexpertise aus, waren zuvor auch in Finanzabteilungen tätig. Aber in diesen Analysen zeigt sich eben auch, dass aus dem Verwaltungsbereich eine starke Zunahme erfolgt. Bürokratische Führung scheint hier gewonnen zu haben (Abb. 1.16).

Weiterhin sind Hauskarrieren deutlich seltener geworden. Während 1990 17 % der Topmanager von außen rekrutiert wurden, waren es im Jahre 1999 bereits doppelt so viele (Streeck und Hassel 2003). Jeder Zweite kommt heute „von außen" in ein Unternehmen – durch Abwerbung und meist mit dem verlockenden Nebeneffekt, dass die Vorstandsbezüge immer weiter steigen. Bei Freye zeigt sich ein differenzierteres Bild (Abb. 1.17).

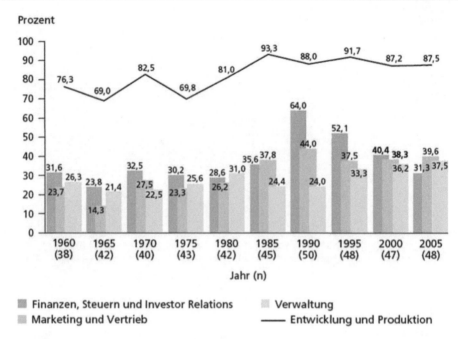

Abb. 1.16 Ausgewählte Fachbereiche 1960–2005 in Prozent (n = 443; Mehrfachnennungen möglich). (Quelle: Freye 2009, S. 98)

M&A kann auch – wie wir noch sehen werden – verstanden werden als ein Markt für Unternehmenskontrolle, d. h. der Option das Top-Management zu verändern. Daher ist die Entwicklung der internen bzw. externen Rekrutierung wie auch Amtszeiten und die Fluktuation von besonderem Interesse hier.

Die in den letzten zwanzig Jahren analysierten Fluktuationen zeigen eine Reduktion der durchschnittlichen Dauer der Unternehmensleiter im Amt um fast vier Jahre, also nahezu um eine Vertragslaufzeit. Die Amtszeit der Vorstandsvorsitzenden von 2000 endet im Schnitt bereits nach acht Jahren und damit deutlich vor Vollendung ihres zweiten üblicherweise Fünfjahresvertrags. Auch die längste Amtsdauer verschiebt sich ab 1980 auf ein niedrigeres Niveau. Diese Entwicklungen deuten darauf hin, dass die Fluktuation in den Führungspositionen zunimmt (ebd., S. 65).

Die zunehmende Fluktuation, die sich gleichermaßen in häufigeren Amtsantritten und -enden wie in den verkürzten Amtszeiten zeigt, lassen sich nach Freye „als Indiz einer Vermarktlichung der Rekrutierung werten", auch weil mit der erhöhten Umschlagsgeschwindigkeit zu einem gegebenen Zeitpunkt mehr Vorstandsvorsitzende zur Verfügung stehen (ebd., S. 77).

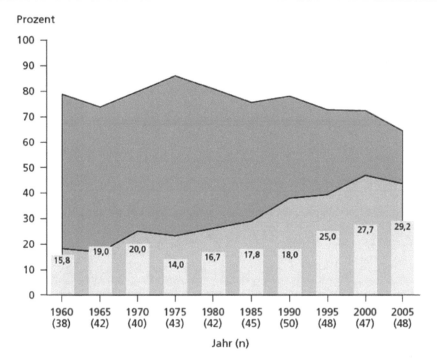

Prozent

Abb. 1.17 Externe und interne Rekrutierung 1960–2005 in Prozent (n = 443). (Quelle: Freye 2009, S. 72)

(2) Studien des Beratungshauses Booz bzw. Strategy& 2004–2013
Die Studien des Max Planck Institutes für Gesellschaftsforschung haben in ihren Analysen Hinweise auf abnehmende Amtszeiten der Vorstandsvorsitzenden finden können. Wie ist der Trend der durchschnittlichen Verweildauern von Vorstandsvorsitzenden auf ihre Positionen zu bewerten? Dieser Frage geht in regelmäßigen Abständen die seit 1995 durchgeführte Studie „CEO Succession" von *Booz Allen & Hamilton* nach, heute fusionsbedingt im PWC-Netzwerk als *Strategy&* umbenannt. Dabei werden regelmäßig die 2500 weltweit größten börsennotierten Unternehmen sowie die Entlassungsgründe der CEOs untersucht (z. B. Favaro et al. 2014).

Das Ergebnis für Deutschland war im Jahr 2004 überraschend (Booz Allen & Hamilton 2005): Deutschland wies die höchste Fluktuationsrate weltweit auf. Die Ablösung von Vorstandsvorsitzenden oder *Chief Executive Officers* (CEOs) erreichte im Jahr 2004 weltweit Rekordhöhen. Deutschland war dort Spitzenreiter: 18,3 % aller Vorstandsvorsitzenden mussten 2004 ihr Amt niederlegen. In Europa waren es 16,8 %, weltweit 14,2 %. Seit 1995 ist die Anzahl der erzwungenen Abgänge weltweit um 300 % gestiegen. Neben

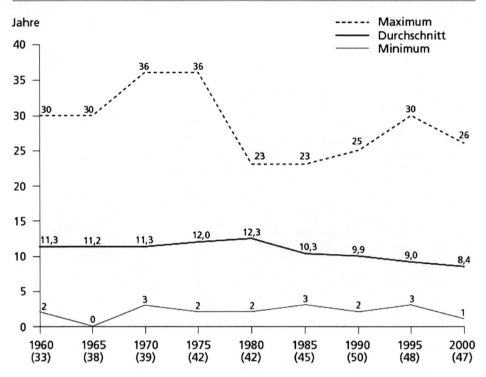

Abb. 1.18 Amtszeit von Vorstandsvorsitzenden 1960–2000. (Quelle: Freye 2009, S. 65)

dem Ausstieg in den Ruhestand sind es vor allem Schlechtleistungen, nicht selten wegen Fusionen wie die Autoren betonen. Deutsche Vorstände mussten fast doppelt so häufig ihre Posten wegen unbefriedigender Leistungen räumen wie ihre US-Kollegen: So wurden bei 6,1 % aller deutschen Vorstände der Abgang erzwungen. In den USA traf dies nur auf 3,6 % der CEOs zu – der internationale Durchschnitt im Jahr 2004 war 4,4 %.

Die Verweildauern sanken daher im Sturzflug: Im Jahr 1995 dauerte die Amtszeit weltweit noch durchschnittlich 9,5 Jahre, 2004 nur noch 6,6 Jahre. Europäische Vorstandsvorsitzende können bei Schlechtleistung nur 2,5 Jahre mit der Nachsicht ihrer Aufsichtsräte rechnen. Die CEOs in Nordamerika haben dagegen 5,2 Jahre Zeit. Der Trend geht – wie oben gezeigt – zu Outsidern, wenngleich intern rekrutierte Vorstandsvorsitzende höhere Kapitaleignerrenditen aufweisen können. Die weltweiten Renditen lagen im Durchschnitt der Jahre 1998 bis 2004 um 1,9 Prozentpunkte höher. Im Vergleich zu den USA lagen die Kapitaleignerrenditen der von „Insidern" gesteuerten europäischen Unternehmen sogar um 6 Prozentpunkte höher. Für deutsche Vorstandsvorsitzenden zeigt Abb. 1.18 die Entwicklung auf.

In der Zeit der vergleichsweise M&A-schwachen Finanzmarktkrise von 2008 bis 2013 war die Fluktuation der CEOs international wieder etwas beruhigter – mit einem Durchschnittswert von 13,9. In 2013 so mussten mit 14,4 % etwas mehr CEOs gehen (vgl.

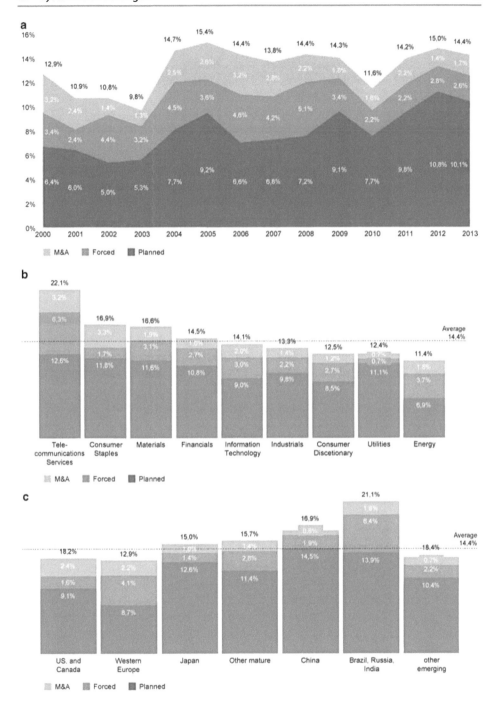

Abb. 1.19 Vorstandsvorsitzende 2000–2013 (n = 2500) Fluktuationsgrund (**a**), Industrien (**b**) und Regionen (**c**). (Quelle: Favaro et al. 2014, 2014a, S. 8 f.)

Abb. 1.19). Der Anteil der geplanten Wechsel lag bei über 70 % und damit bei nahezu 20 Prozentpunkten höher als zwischen 2000 und 2009.

Ein interessanter Befund aus der Studie war zudem, dass es keine Veränderung bei der Nationalität der CEOs gibt, der aus dem Heimatland rekrutiert werde: „The ‚global CEO' is more mythical than real" (ebd., S. 7).

Regional bezogen weisen die höchsten Fluktuationsraten Brasilien, Russland und Indien auf. Bei den Industrien dominieren die IT-Dienstleister. Beides stabile Trends.

Mit Blick auf die M&A-Geschäfte zeichnet sich ein nicht ungefährliches Paradox ab: Die Antizipation kürzerer Verweildauern verhindert langfristige Wertsteigerungspolitiken von CEOs, so dass kurzfristige Maßnahmen wie Unternehmenskäufe oder -verkäufe zur Sichtbarkeit der Management-Leistung durchgeführt werden könnten. Gerade diese führen aber mitunter zu einer Schlechtleistung des Unternehmens und zu einer entsprechend kurzen Verweildauer.

1.3 Kapitalmarktveränderungen

Es war ein sehr kleines Tier, das die Kapitalmarkt-Diskussion besser zusammenzufassen schien als jeder wissenschaftliche Aufsatz oder empirische Studie: die Heuschrecke. Tiernamen fallen schon einmal im Wahlkampf, aber hier war es besonders (immerhin wurde der Tiername bei der Wahl zum „Wort des Jahres" auf den vierten Platz gewählt). Die Geschichte ist schnell erzählt: Im Herbst 2004 forderte der damalige SPD-Vorsitzende Franz Müntefering eine Aktualisierung des Parteiprogrammes der SPD und verwendete am 22. November 2004 während eines öffentlichen Vortrags mit dem Titel „Freiheit und Verantwortung" bei der Friedrich-Ebert-Stiftung erstmals die Heuschrecken-Metapher: „Wir müssen denjenigen Unternehmern, die die Zukunftsfähigkeit ihrer Unternehmen und die Interessen ihrer Arbeitnehmer im Blick haben, helfen gegen die verantwortungslosen *Heuschreckenschwärme*, die im Vierteljahrestakt Erfolg messen, Substanz absaugen und Unternehmen kaputtgehen lassen, wenn sie sie abgefressen haben. Kapitalismus ist keine Sache aus dem Museum, sondern brandaktuell." (abgedruckt in: Müntefering 2005, S. 18).

Die Heuschrecken können in der Tat, so zeigt jedes Naturkundelexikon, nicht nur gut springen und fliegen und viele verlieren bereits Schrecken, wenn sie an doch recht freundliche „Grashüpfer" wie Flip, den treuen Wegbegleiter von Biene Maja, denken. Und in der Tat sind die Fressgewohnheiten dieser Tiere differenziert zu betrachten, was einen Hinweis zurück auf die Kapitalismus-Diskussion geben kann: Es sind nicht nur Pflanzenfresser, sondern auch für den Gärtner sehr nützliche Jäger von Insekten, Würmern und Käfern.

In den USA wurde diese Heuschrecken-Debatte in ähnlicher Form unter dem Begriff *„Raiding"* diskutiert. Das war Mitte der 1980er Jahre. In Deutschland hat sich diese Diskussion erst Mitte der 1990er Jahre entsprechend entwickelt. Ausgangspunkt war in beiden Fällen der gleiche: *Shareholder Value*. Die Ausrichtung der Unternehmensstrategie auf die Steigerung des Unternehmenswertes und somit letztlich auf die Eigenkapitalgeber ist theoretisch auch für die deutsche Betriebswirtschaftslehre nicht wirklich überraschend, da die Gewinnmaximierung eine ökonomische Invarianz darstellt. Praktisch war es jedoch in der Konsequenz – und mit den Konsequenzen durchaus überraschend.

Die Zynik des Berliner Bankiers von Fürstenberg wurde gern als Übergang zu einer neuen Kapitalmarktkultur in den Reden nahezu aller Vorstände in den 1990er Jahren zitiert: „Aktionäre sind dumm und frech; dumm, weil sie Aktien kaufen, und frech, weil sie auch noch Dividende haben wollen."

Im Folgenden wird – ausgehend von den 1990er Jahren – die Verfassung des Kapitalmarktes beschrieben, um weitergehend die aktuellen Entwicklungen zumindest skizzenhaft darzustellen. Wesentlich wird dabei die Darstellung der Veränderung der Aktionärsstrukturen sein – denn hier entfaltet sich der scheinbare Schrecken des außerbörslichen Kapitals.

1.3.1   Verfassung des Kapitalmarktes der 1990er Jahre

In den 1990er Jahren veränderte sich die Situation auf den Kapitalmärkten vor allem in Deutschland in ungeahnter Dynamik. Enormer Investitionsbedarf sowohl in Bereichen der Produktentwicklung als auch bei Akquisitionen führte zu einem weltweit gestiegenen Wettbewerb um Kapital. So beschrieb John W. Cutts, Managing Director der West Merchant Bank, die Entwicklung für Deutschland im Bereich der Unternehmenskäufe als eine durch den Finanzplatz Frankfurt erheblich restringierte. Durch starke Reglementierungen des deutschen Finanzplatzes geriet Frankfurt immer mehr in das Hintertreffen gegenüber New York und London. Verfügten die Unternehmen bisher über genügend *Cash Flows*, ausreichende Kreditlinien und liquide Mittel, um neben den Normalinvestitionen auch Akquisitionen finanzieren zu können, wird dies zunehmend schwieriger.

Im Jahr 1994 wurden 35 % der Marktkapitalisierung an den drei wichtigsten US-Börsen abgewickelt. Frankfurt konnte hingegen lediglich 3,4 % verbuchen (vgl. Lauk 1996). Was die Beschaffung zusätzlicher Eigenmittel über die Börse angehe, werde es jetzt zunehmend schwerer, sich auf Frankfurt zu verlassen, so die Einschätzung von Cutts im Jahr 1997. Auf die privaten Haushalte war indes kein Verlass und ist es bis heute auch nur bedingt: In Deutschland steckten Ende 1991 nach Angaben der Deutschen Bundesbank nur ca. 6,3 % des gesamten Geldvermögens der privaten Haushalte in Aktien. Dieser Anteil hat sich durch die lang anhaltende Hausse an den Technologiebörsen der 1990er wie dem deutschen Neuen Markt bis zu deren Einbruch nur kurzfristig geändert und ging auf 6 % im Jahr 2004 zurück, steigt nun aber wieder. Das Geldvermögen der privaten Haushalte in Deutschland hingegen verdoppelte sich in diesem Zeitraum von 1991 und 2005 von 2,014 auf 4,26 Billionen Euro.

Diese Entwicklung der frühen 1990er Jahre hatte zur Konsequenz, dass die Refinanzierung eines deutschen Konzerns sich zunehmend an den Kriterien des internationalen Kapitalmarktes orientiert – und das hieß in erster Linie an den Rendite- und Risikoerwartungen internationaler Investoren. Voraussetzung dafür waren die Einrichtung heute gängiger *Investor Relations-Abteilungen* und vor allem eine, den internationalen Bilanzierungsanforderungen genügende Rechnungslegung (IAS oder US-GAAP). In dieser Zeit hatten sich viele deutsche Konzerne, wie die damalige Daimler Benz AG oder die ehemalige Hoechst AG, in New York oder auch in Tokio notieren lassen. Die Platzierung der als Volksaktie vermarkteten Deutschen Telekom AG im Jahr 1996 zeigte ebenfalls, dass ein größerer Kapitalbedarf deutscher Unternehmen ohne die Inanspruchnahme von Auslandskapital vielfach nicht mehr gedeckt werden kann.

Aber insbesondere bei den deutschen Mischkonzernen bestand bei den ausländischen Anlegern Skepsis. Die spezifische *Corporate Governance* des „kooperativen Kapitalismus" war angelsächsischen Investoren ähnlich unverständlich wie die unterdurchschnittlich rentierlichen Unternehmensbeteiligungen im Rahmen der Deutschland AG. Hier macht das Schlagwort des *„conglomerate discounts"* (vgl. Nölting 1996) die Runde, d. h. ein Abschlag bei der Unternehmensbewertung aufgrund der Unternehmensbeteiligungen. Die simple Formel hieß Zerschlagung, denn die Summe der Teile war mehr wert als das Ganze. Ein Gutachten machte im Jahr 1991 Furore: Nach einer Analyse des ehemaligen Investmenthauses S.G. Warburg galt die VEBA AG (heute mit der VIAG AG zur E.On AG fusioniert) als ein solcher Zerschlagungskandidat. Der Börsenwert war mit damals 15,2 Mrd. Mark deutlich geringer als die Summe der Einzelteile mit ca. 28,9 Mrd. Mark. Der Discount betrug demnach mehr als 13 Mrd. DM oder 46 % (S.G. Warburg 1991). Dies kann im Nachhinein vielleicht als der Weckruf für die Kapitalmarktentwicklung der folgenden zwei Jahrzehnte interpretiert werden.

Die Abb. 1.20 zeigt die Effekte dieser und ähnlicher Studien für den deutschen DAX 30 im Vergleich zu den beiden US-amerikanischen Indizes: Der *Shareholder Value* hat in den

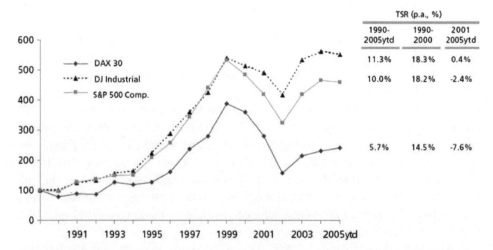

Abb. 1.20 Indizierter kumulierter Total Shareholder Return (1993–2005) Vergleich deutscher und US-amerikanischer Blue-Chip-Unternehmen. (Quelle: Kengelbach und Roos 2006, S. 14; Abb. M&A Review)

1990er Jahren den DAX erreicht, aber auch in indexierter Darstellung des *Total Sharehol-der Return* in signifikant schwächerer Ausprägung.

1.3.2 Aktuelle Verfassung des internationalen und nationalen Kapitalmarktes

Zwei Effekte sollen – neben der im anschließenden Abschnitt diskutierten Veränderungen bei den Aktionärsstrukturen bzw. der Veränderungen im und durch den M&A-Markt selbst – an dieser Stelle prominenter diskutiert werden: (1) Der Aktienbestand und der Aktienhandel sowie (2) die internationale Entwicklung der Börsen.

1.3.2.1 Entwicklung des Aktienbestandes und des Aktienhandels 1980–2012

Seit Beginn der 1980er Jahre sind sowohl der Bestand wie auch der Handel mit Aktien – nach den Zahlen der *World Federation of Exchanges* (WFE) – signifikant gestiegen. Dabei lassen sich zwei Phasen unterscheiden: die erste innerhalb der 1980er Jahre, die zweite Ende der 1990er Jahre zu Zeiten der so bezeichneten *New Economy* (*vgl. im Folgenden zusammenfassend Bundeszentrale für Politische Bildung 2013: Aktienbestand und -handel, S. 13*):

Seit 2000 ist ein deutliches Schwanken insbesondere bei der Marktkapitalisierung beobachtbar. So entsprach der Wert des Aktienbestandes im Jahr 2008 in etwa dem der Jahre 2003 und 2000. In den 1990er-Jahren wuchs die Marktkapitalisierung hingegen noch nahezu in jedem Jahr. Der Aktienhandel und -bestand entwickelten sich mit unterschiedlicher Geschwindigkeit: So nahm der Aktienhandel zwischen 1980 und 2008 um den Faktor 390 zu; der Aktienbestand stieg hingegen nur um Faktor 11. Damit ist ein klares Indiz gegeben, dass ein klarer Trend zur Finanzspekulation zu konstatieren ist.

Dies zeigt sich an den entsprechend kürzeren Haltedauern der Aktien. Im Jahr 1980 lag die Umschlagshäufigkeit bei 0,1, also wurden die Aktien knapp zehn Jahre gehalten. 2008, im ersten richtigen Jahr der Finanzmarktkrise lag die Umschlagshäufigkeit um den Faktor 37 höher, also wurden Aktien im Durchschnitt nach bereits gut drei Monaten wieder verkauft. 2009, 2010 sowie auch 2011 wurden die Aktien wieder länger als ein halbes Jahr gehalten, aber bereits 2012 lag die durchschnittliche Haltedauer wieder gesenkt bei gut 9 Monaten. Dieser Trend ist auch der Technisierung des Aktienhandels selbst geschuldet, der automatisierte bzw. algorithmische Handel ermöglicht. Der Anteil des algorithmischen Handels, der über das elektronische Handelssystem Xetra der Deutschen Börse abgewickelt wird, hat sich zwischen 2004 und 2009 mehr als verdoppelt.

In Krisenzeiten nimmt die durchschnittliche Umschlagshäufigkeit des Aktienhandels deutlich zu: Im Jahr 2000 war das Platzen der *New-Economy*-Spekulationsblase ablesbar: Während die Marktkapitalisierung als Folge des Kurseinbruches schon deutlich abgenommen hatte, war der Handel weiter gestiegen – die Anleger hatten während der ersten Monate noch kräftig zugekauft, dann aber ebenso massiv verkauft. Bereits im Jahr 2005 wurde der Umsatz seit dem letzten Boom erstmals wieder übertroffen. Von 2007 auf 2008

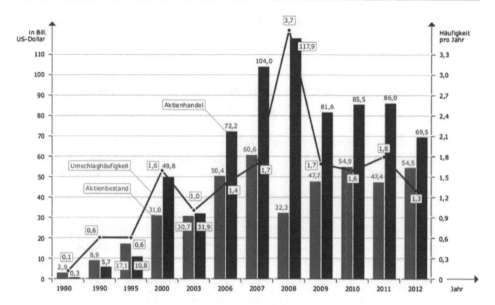

Abb. 1.21 Aktienbestand und Aktienhandel (1980–2012) Absolut und Umschlaghäufigkeit pro Jahr. (Quelle: WFE Annual Reports, verschiedene Jahrgänge; Bundeszentrale für politische Bildung, www.bpb.de/system/files/pdf/QKOU3B.pdf)

hat sie sich mehr als verdoppelt – der Aktienhandel wuchs dabei von 104,0 auf 117,9 Billionen US-Dollar weiter an und die Marktkapitalisierung reduzierte sich von 60,6 auf 32,3 Billionen US-Dollar deutlich (vgl. Abb. 1.21).

1.3.2.2   Entwicklung der internationalen Aktienbörsen

Zwischen 1990 und 2008 ist der weltweite Aktienhandel von 5,7 auf 113,6 Billionen US-Dollar gestiegen. Die regionale Verteilung hat sich hingegen erheblich verändert und ist von einer starken Konzentration geprägt (für weitere folgende Darstellung siehe Bundeszentrale für politische Bildung, www.bpb.de/system/files/pdf/QKOU3B.pdf, S. 18): Seit Beginn der 1990er Jahre entfallen etwa drei Viertel des weltweiten Börsenumsatzes auf nur noch fünf führende Börsen. Die umsatzstärkste Börse der Welt des Jahres 2008 ist die erste 1971 gegründete elektronische US-Technologiebörse *NASDAQ* (National Association of Securities Dealers Automated Quotations). Noch 1990 spielte sie eine untergeordnete Rolle und macht nun zusammen mit der zweiten großen US-amerikanischen Börse, der *New York Stock Exchange* (NYSE Euronext), einen Anteil am weltweiten Aktienhandel von 61,7 % (vgl. Abb. 1.22).

Verlierer ist die *Tokyo Stock Exchange*, die 1990 mit einem Weltmarktanteil am Aktienhandel von 22,7 % nur 0,6 Prozentpunkte hinter der damals umsatzstärksten Börse NYSE lag. Der Weltmarktanteil liegt nun unter 5 %. Auch die beiden führenden Börsen Europas, die London Stock Exchange (LSE) und die Deutsche Börse, haben ihren Anteil am

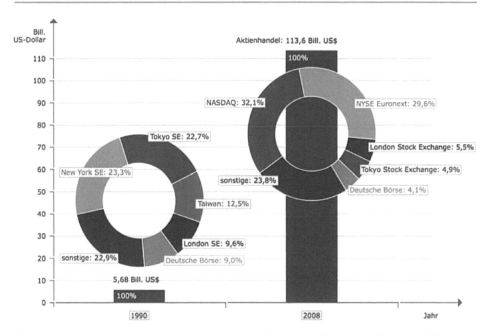

Abb. 1.22 Vergleich der größten Aktienbörsen im Vergleich 1990–2008. (Quelle: WFE Annual Report 2001, 2005, 2008; Bundeszentrale für Politische Bildung, www.bpb.de/system/files/pdf/QKOU3B.pdf)

Weltmarkt ebenfalls nicht halten können. Sie zählten im Jahr 2008 aber immer noch bzw. wieder zu den fünf umsatzstärksten Börsen.

Interessant dabei ist, dass die Konzentration der Börsenplätzen auch mit einer Konzentration des Umsatzes auf wenige Aktien einhergeht: So entfiel im Jahr 2008 bei 42 der 53 Börsen mehr als die Hälfte des Umsatzes auf die fünf Prozent der Unternehmen mit der größten Marktkapitalisierung. Bei 20 dieser 42 Börsen lagen die entsprechenden Umsatzanteile sogar bei mehr als drei Vierteln. Hauptgrund für diese Fokussierung ist die Funktion dieser Unternehmen für die nationalen Börsenindizes und institutionelle Anleger ihre Entscheidungen oft an den Bewegungen der jeweiligen Index-Unternehmen ausrichten.

1.3.3 Veränderungen in den Aktionärsstrukturen

1.3.3.1 Finanzierungsstrukturen im Zeit- und nationalen Vergleich

Die in den vorausgehenden Kapiteln beschriebenen Veränderungen finden sich letztlich in der Finanzierungsstruktur der Unternehmen wieder. Seit den 1980er Jahren hat der Wechsel von der Kredit- hin zur Wertpapierfinanzierung stattgefunden. Machten in den 1970er und 1980er Jahren die Bankkredite noch jeweils mehr als ein Drittel aus, sank

dieser Anteil im Jahr 2000 auf ein knappes Viertel. Noch deutlicher ist der Anstieg des
Anteils der Aktien von einem guten Drittel auf über die Hälfte. Insofern ist der geforderte
Systemwechsel von einer hausbankbasierten zu einer marktbasierten Finanzierung nun
auch in Europa und vor allem in Deutschland erfolgt.

Seit 2000 ist dieser Trend in gewisser Weise wieder in der Umkehr. Zwei gegenläufige Begründungen werden dafür angeführt (vgl. Davis 2003, Bundeszentrale für politische Bildung 2010, www.bpb.de/system/files/pdf/QKOU3B.pdf): (1) Umstellung des
historisch stark bankbasierten Finanzsystems Europas auf eine stärkere Marktbasierung
und damit einer Zunahme der Bedeutung der Aktienfinanzierung. (2) Die von Investoren
im Zuge der *Shareholder Value*-Strategie eingeforderte Erhöhung der Eigenkapitalrentabilität führte jedoch wieder zur Renaissance des Fremdkapital und damit zum sogenannter
,Leverage-Effekt' (siehe Abschn. 2.2.3).

Die als Alternative zur herkömmlichen Kreditaufnahme genutzten Unternehmensanlei-
hen spielen in Europa mit unter zehn Prozent – in Kontinentaleuropa sogar mit nur unter
fünf Prozent – eine nach wie vor untergeordnete Rolle. Im Gegensatz zu den USA, wo
diese 20 % ausmacht.

Mit dem Blick auf diese Finanzierungsstrukturen im Vergleich der G-7-Staaten (vgl.
Abb. 1.23) lassen sich interessante Schlüsse ziehen: So lag der Aktienanteil im Jahr 2008
in drei Staaten (Frankreich, USA und Kanada) bei mindestens 50 %. In Deutschland, Japan und Italien lag dieser Wert mit ca. 40 % deutlich niedriger. Auf der anderen Seite

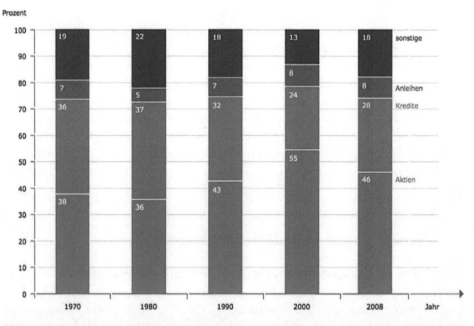

Abb. 1.23 Finanzierungsstruktur der Unternehmen der G-7-Staaten in Prozent der Gesamtfinanzierung 1970–2008. (Quelle: WFE Annual Reports, verschiedene Jahrgänge; Bundeszentrale für
politische Bildung 2013)

lag der Kreditanteil in Kanada und den USA mit 12 bzw. 9 % unter dem Durchschnitt und in Deutschland, Japan und Großbritannien war er mit 37 % sowie in Italien mit 36 % überdurchschnittlich. Dennoch ist eine gewisse Harmonisierung der G-7-Staaten in der Finanzierungsstruktur zu erkennen.

1.3.3.2   Entwicklung der Institutionellen Investoren im Zeitvergleich

Institutionelle Investoren haben in der Zeit von 1980 bis 2000 ihr Anlagevolumen von drei Billionen US-Dollar auf gut 35 Billionen US-Dollar ausgebaut; wobei es bis zum Jahr 2007 noch einmal deutlich auf 48 Billionen US-Dollar angestiegen ist. Hierin kommt die vorher erwähnte Verschiebung von einem bankgestützten zu einem stärker marktgestützten Finanzsystem zum Ausdruck. Dieser Anstieg ist darüber hinaus ein Beleg für die gestiegene Kapitalmarkteffizienz und Liquidität.

Dieses absolute wie relative Wachstum der institutionellen Investoren ist weltweit – zumindest in den großen Staaten – zu beobachten gewesen, wenngleich in unterschiedlicher Dimension und Dynamik. Die Schweiz ist hier als führend anzusehen (vgl. Bundeszentrale für politische Bildung 2010 zu Institutionelle Investoren): Gemessen am Bruttoinlandsprodukt (BIP) ist das institutionell verwaltete Vermögen in der Schweiz am stärksten und am schnellsten gewachsen. Lag es 1980 noch bei 3,9 % des BIP, stieg es bis 2005 bereits auf 253,6 %. In dieser Dimension erscheint Deutschland noch vergleichsweise unterentwickelt: Im Jahr 2007 machte das institutionell verwaltete Vermögen nur 117,3 % des BIP aus. In Italien liegt der Wert bei lediglich 86,7 %.

Der Markt für institutionelle Anlagen wird unverändert von US-amerikanischen Unternehmen beherrscht: Im Jahr 2007 wurde knapp die Hälfte des weltweit institutionalisierten Vermögen hier verwaltet. Allerdings waren es in 1985 noch knapp 75 %. Damit ist die relative Position Europas im Gegenzug mit annähernd 30 % stärker geworden (vgl. Abb. 1.24).

Zu den institutionellen Investoren werden auch *Staatsfonds* gezählt, die insbesondere in den letzten Jahren rapide gewachsen sind. Staatsfonds als Anlageinstrumente in staatlichem Besitz, die ein breit gestreutes Portfolio in- und ausländischer Finanzwerte verwalten, werden im Unterschied zu anderen Anlagefonds aus staatlichen Mitteln und Währungsreserven finanziert. Derzeit unterhalten mehr als 30 Länder solche Fonds. Es liegen nur Hochrechnungen vor, nachdem diese Fonds in den Jahren 2006/2007 ca. zwei bis drei Billionen US-Dollar aufweisen sollten. Durch dieses hohe Anlagevolumen sind Staatsfonds zu wichtigen Akteuren auf den Finanzmärkten und eben den M&A-Märkten geworden. Es wird damit gerechnet, dass sich das Volumen in den nächsten Jahren weiter erhöht, da einige Staaten ihre Währungsreserven vermehrt in Staatsfonds umschichten. So haben in der Finanzkrise 2008/2009 mehrere in Schwierigkeiten geratene Finanzinstitute die Staatsfonds zur Kapitalumschichtung genutzt. Diese Staatsfonds haben sich – bei zahlreichen Kritiken bezüglich der Transparenz und der nicht wirtschaftlichen Motiviertheit – so jedoch eher stabilisierend auf das globale Bankensystem ausgewirkt. So wird befürchtet, dass ihre Investitionen der strategischen Aneignung von Technologien und Know-how dienen oder aber von Regierungen als politisches Druckmittel eingesetzt werden könnten (ebd.).

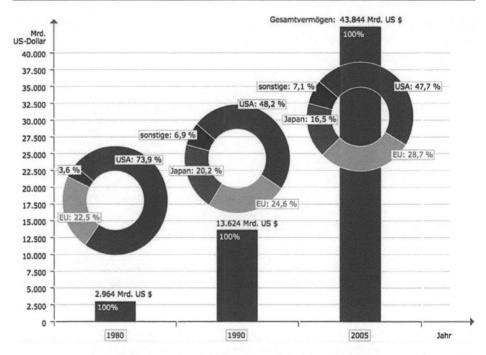

Abb. 1.24 Gesamtvermögen der Institutionellen Investoren 1980, 1990, 2005 in absoluten Zahlen, Vermögensstruktur nach Ländern. (Quelle: OECD 2008, Statistical Yearbook)

Marktbeherrschend für institutionelle Anlagen sind nach wie vor die US-amerikanischen Unternehmen. Sie verwalteten im Jahre 2005 knapp die Hälfte des weltweit institutionalisierten Gesamtvermögens. Allerdings lag der Marktanteil 1980 noch bei fast 75 %. Die Vormacht der USA nahm zwischen 1980 und 1990 deutlich ab, zeigt aber zum Beginn dieses Jahrhunderts wieder eine ansteigende Tendenz. Die Position der EU hat sich verbessert und ihr Marktanteil stieg von 23 auf 28 %. Der Marktanteil Japans ging hingegen von 20 % im Jahr 1990 auf nunmehr 10 % in 2000 zurück.

1.4   Der M&A-Markt und seine Veränderungen

„Neben dem Markt für Produkte und Dienstleistungen hat sich ein Weltmarkt für Unternehmen entwickelt", so beschrieb Rubens Ricupero, der Generalsekretär der Welthandels- und Entwicklungsorganisation der Vereinten Nationen (UNCTAD) die Entwicklung der globalen Wirtschaft. Auch Altbundeskanzler Helmut Schmidt formulierte 1998 in einem Vortrag ähnlich – wenn auch metaphorisch kritischer: „Da werden große Unternehmen im Handumdrehen gekauft und verkauft, als handelt es sich um Gebrauchtwagen."

Unternehmen – nicht nur deren Produkte – haben sich zu einer Ware entwickelt, die selbst auf globalen Märkten wie Produkte gehandelt werden. Diese Markttransaktionen blieben aber weitgehend unbestimmt hinsichtlich der Spezifika der Ware Unternehmen einerseits und des Marktes für Unternehmen andererseits. So finden sich in der im Wesentlichen angelsächsischen Literatur, aber auch in der jüngeren deutschen Lehrbuchlandschaft (Dreher und Ernst 2014; Wirtz 2003) keine einheitlichen oder stark verkürzte Definitionen, da entweder gar keine Gegenstandsspezifizierung vorgenommen wird, oder aber eine nur unzureichend transparente Begründung von Begriffsfestlegungen erfolgt (vgl. dazu Abschn. 2.1). Weiterhin lässt sich beobachten, dass unterschiedliche Begriffe für gleiche Phänomene bzw. gleiche Begriffe für unterschiedliche Phänomene verwendet werden (vgl. Gerpott 1993a, S. 18 ff.; und zu Referenzen der einzelnen Definitionen und Überscheidungen Jansen 2001b, S. 43 bzw. Abschn. 2.1).

1.4.1 Definition der „Ware Unternehmen"

Die im angelsächsischen gebräuchliche Bezeichnung *Mergers & Acquisitions (M&A)*, die auch in Deutschland Einzug gefunden hat, steht für alle entgeltlichen Veränderungen von Stimmrechten in Unternehmen (so genannter *Share Deal* als *Rechts*kauf im Sinne des § 433 I Satz 2 BGB) sowie für den Erwerb der zu einem Unternehmen, (Teil-)Betrieb oder einem bestimmten Geschäftsfeld gehörenden Sachen und Rechte durch Übertragung der einzelnen Wirtschaftsgüter (so genannter *Asset Deal* bzw. Singularsukzession als *Sach*kauf im Sinne des § 433 I Satz 1 BGB) (vgl. z. B. Picot 2000, S. 96 ff.). Im deutschen Sprachraum lässt sich dieser Begriff allenfalls mit „Unternehmenszusammenschlüssen und Unternehmensübertragungen" annähernd übersetzen. Die gebräuchlichen und medientauglichen Formulierungen „Unternehmensfusion und -kauf" sind ähnlich schwierig, da angesichts einer fehlenden Definition des Begriffes „Unternehmen" im deutschen Recht allenfalls Bestimmungsversuche vorliegen, wie beispielsweise vom Bundesgerichtshof (vgl. BGHZ 74, 359, 364): Die „Ware Unternehmen" ist demzufolge weder eine Sache noch ein Recht im Sinne des deutschen Zivilrechtes. Es ist nach herrschender juristischer Meinung „vielmehr eine Gesamtheit von Sachen und Rechten, Beziehungen und Erfahrungen sowie unternehmerischen Handlungen" (vgl. Picot 2000, S. 15). Daraus lässt sich bereits erkennen, dass die Einteilung des *Asset Deals* als Sachkauf und des *Share Deals* als Rechtskauf allenfalls eine pragmatische Anerkennis des Unternehmens als Gegenstand des Kaufrechtes darstellt (vgl. auch BGH, BB 1998, 1171 ff.).

1.4.2 Definition des „Market for Corporate Control"

„[T]he market for corporate control is best viewed as an arena in which managerial teams compete for the rights to manage corporate resources", so die beiden maßgeblichen M&A-Theoretiker Michael C. Jensen und Richard S. Ruback im Jahr 1983 (Jensen und Ruback 1983 S. 5).

Der M&A-Markt wird seitdem traditionell als „Market for Corporate Control" bezeichnet, also ein Markt auf dem Rechte für Unternehmenskontrolle und -gestaltung gehandelt werden. Eigentlich müsste aufgrund offensichtlicher Eigenheiten eine eigene Markttheorie für die „Ware Unternehmen" entwickelt werden. Ohne dies an dieser Stelle umfänglich leisten zu können, sollen zumindest ausgewählte Aspekte angesprochen werden. Die dahinter stehende These ist, dass die Spezifika des Marktes und seiner Struktur einen unmittelbaren Einfluss auf die dem Kauf vorgelagerte *Pre-* und vor allem die dem Kauf nachgelagerte *Post Merger*-Phase haben.

Warum aber wird gleich eine eigene Markttheorie notwendig, wenn Unternehmen mal nicht nur als Akteure, sondern auch als Objekte in Märkten verhandelt werden? Wir kennen in den zumeist (mikro- wie makroökonomischen) wirtschaftswissenschaftlichen und soziologischen Diskussionen einige Markttheorien, die sich selbst u. a. in klassische, neoklassische, monetaristische, keynesianische und post-keynesianische, in österreichische, industrieökonomische, evolutorische, transaktionstheoretisch Governance-orientierte, kommunikations- und beobachterbezogene Marktperzeptionen unterscheiden lassen.

Alle gängigen Alltagsverständnisse von Märkten basieren auf der (neoklassischen und im besten Sinne romantischen) Überlegung von Konkurrenzmärkten – also einem Ort des Tausches, an dem sich durch das Zusammentreffen von Angebot und Nachfrage die Preisbildung ergibt. In einem solchen Wettbewerbsmarkt wirken englische unsichtbare Hände zur Wohlfahrtssteigerung, die zu österreichisch-katalaktischen Entdeckungen aufgrund der Nutzung von dezentralem Wissen führen, d. h. zu innovativen Produkten mit der im Parallelprozess mitlaufenden Entwertung von bisherigen Handlungsoptionen Dritter und den daraus abgeleiteten Preiseffekten.

Dieses alltägliche und empirisch kaum zu findende neoklassische Marktverständnis basiert auf folgendem, qualitativ und quantitativ mikroökonomischen Annahmengerüst, das aufgrund seiner funktionalen Wichtigkeit auch durch die ebenso neoklassische BWL-Grundstudiumskritik nicht wirklich ins Wackeln gebracht wird:

(1) Homogenität der Güter,
(2) Präferenzlosigkeit und Rationalität der Marktteilnehmer,
(3) Markttransparenz,
(4) Unmittelbare, kostenunwirksame Anpassungsprozesse,
(5) Punktförmigkeit des Marktes in Bezug auf Raum und Zeit,
(6) Polypolistische, atomistische Marktteilnehmerschaft.

Damit wären in den Annahmen alle sachlichen, zeitlichen, räumlichen und sozialen Dimensionen eines Marktes adressiert. Anhand dieser Annahmen des *vollkommenen Marktes* sollen im Folgenden die Spezifika dieses Marktes kontrastiert bzw. illustriert werden (siehe ausführlich Jansen 2004a, S. 52 ff.).

1.4.2.1 Homogenität der Güter

Die amerikanische Literatur beschränkt sich bei der Definition des Gutes im Wesentlichen auf den Fall des *Share Deals* – also auf Aktienerwerbe. In diesem Fall wäre das Gut das „Stimmrecht". Daher wird dieser Markt auch „Market for Corporate Control" genannt. Präziser muss formuliert werden, dass es sich bei diesem Gut nicht um eine Unternehmenssteuerung, sondern um durchaus kontingente Optionen von Unternehmenssteuerung handelt. Aktien, die Stimmrechte verbriefen und an Börsen gehandelt werden, könnten bei erster Analyse als die homogensten Güter angesehen werden. Doch auch hier sind in den kapitalmarkttheoretischen Analysen Zweifel angebracht, so z. B. die Analyse von (institutionellen) Großaktionären: Eine Analyse von Schleifer und Vishny „indicates that large shareholders raise expected profits and the more so the greater their percentage of ownership" (Shleifer und Vishny 1986, S. 465). Eine weitere Inhomogenität des Stimmrechtes zeigt René M. Stulz in einer Analyse, in der er nachweist, dass der Anteil der Stimmrechte, die durch das Management selbst gehalten werden, negativ mit dem Unternehmenswert korreliert (Stulz 1988, S. 32) und die Übernahmewahrscheinlichkeit bei Unternehmen mit hoch incentivierten Managern sinkt.

1.4.2.2 Präferenzlosigkeit und Rationalitätsannahme der Marktteilnehmer

Präferenzen werden in der Mikroökonomik unter die Ägide der zweckrationalen Nutzenmaximierung des *homo oeconomicus* gestellt. Dies erfolgt formal durch kardinale bzw. ordinale Nutzenfunktionen und die resultierenden Indifferenzkurven. Eine Indifferenzkurve ist der geometrische Ort aller Gütermengenkombinationen, die den gleichen Nutzen stiften, denen gegenüber der Konsument/Haushalt/Erwerber indifferent ist. Der tatsächliche Konsum bzw. Erwerb ergibt sich dann aus der Budgetrestriktion. So ließe sich für einen institutionellen Investor eine entsprechende Indifferenz von Aktien herleiten, bei Unternehmenszusammenschlüssen hingegen ergeben sich – auch vor dem Hintergrund der monopolistischen Tendenz – kaum Indifferenzen. Während die Theorie des vollkommenen Konkurrenzmarktes davon ausgeht, dass keine persönlichen Vorlieben und Abneigungen gegenüber Wirtschaftssubjekten bestehen, weil der Konkurrenzkampf indirekter und kommunikationsfreier ist, muss gerade bei Unternehmensfusionen davon ausgegangen werden, dass hier ein sehr direkter kommunikativer Austausch besteht, bei dem gerade persönliche Vorlieben und Abneigungen erhebliche Differenzen produzieren. So kennen sich die meisten Vorstände von Unternehmenszusammenschlüssen im Vorfeld, und nicht selten bestehen jahrelang gepflegte Freund- und Feindschaften. Neben der bei Ankündigung von Zusammenschlüssen kommunizierten Ex-Post-Rationalisierung lassen sich nicht selten andere Motive und Vorlieben der Entscheider erkennen: Geld, Macht und Liebe (vgl. Jansen 2001b).

1.4.2.3 Markttransparenz

Nach dieser Annahme der vollkommenen Märkte sind alle Teilnehmer des Marktes jederzeit und vollständig informiert. Die von Harry Roberts im Jahr 1967 erstmalig vorgenommene Differenzierung von schwacher, halbstarker und starker Effizienz von Märkten (bezogen auf die steigenden Informationsgrade aller Marktteilnehmer) ist für den Fall der Unternehmenszusammenschlüsse um eine weitere Kategorie zu ergänzen: Starke Markteffizienz durch Desinformation. Sobald Information über einen möglichen Zusammenschluss besteht, sinkt die Wahrscheinlichkeit der tatsächlichen Transaktion, da durch die Aktienkursreaktion die Transaktion deutlich verteuert wird. Diese Informations*inef*fizienz ist also für das Funktionieren des Marktes relevant. So entstehen bei kauf- oder verkaufswilligen Unternehmen sehr hohe Informationskosten für die Identifikation eines Partners, die wegen der verteuernden Streuung der Information gerade nicht vergemeinschaftet werden sollen. Wettbewerber können ohne diese Identifikationskosten ein höheres Angebot – bei gleichen Gesamtkosten – abgeben (vgl. zu diesem Argument Easterbrook und Fischel 1982, welche die *sunk costs* am Beispiel von Auktionen beim Unternehmenskauf illustrieren).

Exkurs: Warum der Nobelpreis für Wirtschaft 2001 zu Unrecht vergeben wurde ...

Die Nobelpreisträger für Wirtschaftswissenschaften im Jahr 2001, George A. Akerlof, Andrew Michael Spence und Joseph E. Stiglitz, wurden für ihre Analyse der Märkte mit asymmetrischen Informationen ausgezeichnet, woraus die Informationsökonomie als eigenes Forschungsfeld entstand (vgl. insbesondere Akerlof 1970). Viele Märkte sind durch asymmetrische Information gekennzeichnet: Teilnehmer auf der einen Seite des Marktes haben bedeutend bessere Informationen als diejenigen auf der anderen Seite. Kreditnehmer wissen z. B. mehr über ihre Rückzahlungsmöglichkeiten als Kreditgeber, Vorstand und Aufsichtsrat wissen mehr über die Rentabilitätschancen des Unternehmens als die Aktionäre im allgemeinen, und Versicherungskunden wissen mehr über ihre Schadensrisiken als Versicherungsgesellschaften.

George A. Akerlof zeigte, wie ein Markt, in dem die Verkäufer bessere Informationen über die Qualität der Waren haben als die Käufer, zu einer negativen Auswahl von Waren mit geringer Qualität schrumpfen kann. Der Pionierbeitrag von Akerlof erklärt, wie asymmetrische Information zwischen Kreditnehmer und Kreditgeber haushohe Zinsen auf den lokalen Kreditmärkten in Entwicklungsländern bedingt. Er beschäftigte sich unter anderem mit der Diskriminierung von Minderheiten auf den Arbeitsmärkten sowie mit den Schwierigkeiten Älterer, eine individuelle Krankenversicherung abzuschließen.

Akerlof machte das 1970 am Beispiel von „Lemons" deutlich. Zitronen – sind im US-Sprachgebrauch ein Synonym für „Rostlauben"– sprich für Gebrauchtwagen. Der Käufer eines Gebrauchtwagens weiß nicht, ob es sich bei dem Wagen, den er zu kaufen gedenkt, um ein fahrtüchtiges und verlässliches Fahrzeug oder tatsächlich um eine „Rostlaube" handelt. Der Händler hingegen weiß das besser und kann versuchen, diesen Informationsvorsprung zu seinem Vorteil auszunutzen. Der Käufer, dem lediglich der Preis und die Optik als Indikatoren für die Qualität eines Autos bleiben, wird das potentielle Ausnutzen des Informationsvorsprungs des Gebrauchtwagenhändlers antizipieren. Darüber hinaus wird er seine Zahlungsbereitschaft voraussichtlich allenfalls an der Durchschnittsqualität ausrichten und dafür einen Durchschnittspreis aller Gebrauchtwagen für seinen ausgesuchten Gebrauchtwagen zu zahlen bereit sein. Das hat für den Händler zur Folge, dass er Autos, deren Qualität über diesem Durchschnitt liegt, nicht mehr anbietet, da er keinen Abnehmer findet, der einen überdurchschnittlichen Preis zahlt. Dementsprechend sinkt aber die Durchschnittsqualität der noch auf dem Markt verbleibenden Gebrauchtwagen und damit der Durchschnittspreis, den die Käufer dafür zu zahlen bereit sind. Akerlof zufolge würde sich dieser Prozess so lange fortsetzen, bis tatsächlich nur noch Zitronen auf dem Markt für Gebrauchtwagen übrig bleiben: Niedrigste Qualität zum niedrigen Preis. In darwinistischer Überlegung heißt die Formel: „Der Schwächste überlebt!" In der ökonomischen Theorie heißt die Formel: „Adverse selection". In der politischen Theorie heißt die Formel: „Marktversagen". Hier rechtfertigen selbst neoliberale Wirtschaftstheoretiker Eingriffe des Staates, indem sie beispielsweise gewisse Sicherheitsstandards fordern. Damit erhalten Käufer das Signal: Das Auto hat eine relativ hohe Qualität, und somit steigt die durchschnittliche Zahlungsbereitschaft.

Diese ohne Zweifel einflussreichen Arbeiten finden im „Markt für Unternehmen" scheinbar keine Anwendung. Der zu Beginn dieses Kapitels angeführte Vergleich von Fusionen und Gebrauchtwagen durch den Altkanzler Schmidt kann vor dem Hintergrund der Markttheorie bei asymmetrischer Information nicht aufrechterhalten werden: Zum einen ist die Informationsasymmetrie bei einem Unternehmenskauf aufgrund der Komplexität ungleich höher als beim Autokauf. Die von Experten unter enormen Zeitdruck durchgeführten *Due Diligences*, wie die „sorgfältigen Prüfungen" im Vorfeld genannt werden, sind aufgrund der vielfältigen sozialen Durchwebungen und der Veränderung des Kaufgegenstandes durch den Kauf selbst keineswegs mit einem TÜV vergleichbar. Zum anderen war jedoch in den vergangenen Jahren empirisch eine Tendenz zum Preisanstieg der gekauften Unternehmen zu beobachten, d. h. Käufer sind in den vergangenen Jahren bereit gewesen, zusätzliche Prämie auf die Börsenbewertung zu zahlen. In der Konsequenz bedeuten diese beiden Beobachtungen eine Umkehrung der akerlofschen These, nach der die Informationsasymmetrie dazu führen müsste, dass der Käufer eine „Durchschnittsqualität" annimmt und daher auch nur einen „Durchschnittspreis" zahlt. Wissend um die seit den 1970er Jahren existierenden kapitalmarkttheoretischen Studien über die hohe Misserfolgswahrscheinlichkeit von Zusammenschlüssen müsste demnach eine Senkung der Kaufpreise und eine schlechte Qualität der Zielunternehmen zu beobachten sein – zumal Garantien oder ähnliche Qualitätssignale, wie z. B. der TÜV hier keine Rolle spielen. Die Preise sind jedoch gestiegen, und auch die Qualität der Zielunternehmen war in den Boomphasen nicht schlechter als die Qualität der Käuferunternehmen: „In the takeover boom of 1986 the victim companies were not especially unprofitable relative to their industries or to their killers, not were they underperforming in terms of share returns relative to the market." (Cosh et al. 1989, S. 98).

1.4.2.4 Unmittelbare, kostenunwirksame Anpassungsprozesse

Aufgrund der Markttransparenz geht die neoklassische Markttheorie davon aus, dass es den Marktteilnehmern jederzeit möglich ist, unmittelbar und ohne Kosten Anpassungen an neue Informationen vorzunehmen. Diese üblicherweise kritisierte Annahme ist bei Unternehmenszusammenschlüssen während der Ankündigung differenziert zu betrachten. Wie in der Einleitung dargestellt, basiert die kapitalmarkttheoretische Erfolgsanalyse der *Event Studies* auf der Annahme, dass die Kursreaktion aufgrund der neuen Information, beispielsweise innerhalb von fünf Tagen vor und fünf Tagen nach der Ankündigung, einen guten Schätzwert für den langfristigen Erfolg von Transaktionen darstellt. Die Anpassungen der Aktienkurse erfolgen in der Tat – wie eine Vielzahl von in diesem Kapitel gezeigten Studien belegt – unmittelbar. Dennoch sind hier zwei wesentliche Einschränkungen zu machen:

Zum einen wies erneut Andrew Michael Spence darauf hin, dass die – übertragen auf unseren Fall im Vergleich zu den übrigen Marktteilnehmern – besser informierten Transaktionspartner Maßnahmen des *signaling* treffen, um ihre Informationen glaubwürdig an schlechter informierte Teilnehmer weiterzugeben und dadurch ihr Ergebnis am Markt zu verbessern (vgl. Spence 1974). Diese Maßnahmen sind, wie Spence zeigt, mit zum Teil erheblichen Kosten verbunden. Diese Kosten sind auch indirekt über Reputationskosten zum Erhalt bzw. zur Steigerung des Sozialkapitals aufzuwenden, auf das wir im Einzelnen noch zu sprechen kommen.

Zum anderen sind insbesondere bei Unternehmenszusammenschlüssen „überschießende Aktienkurse" zu verzeichnen, weil bestimmte Unternehmen und ihre Fusionen „*Glamour*" haben, wie P. Raghavendra Rau und Theo Vermaelen in ihrer instruktiven Analyse feststellten (Rau und Vermaelen 1998). So konnten sie beobachten, dass „*glamour bidder*" im Vergleich zum Durchschnitt positivere Aktienkursreaktionen bei Transaktionen verzeichnen. Dies wird von ihnen als Beleg für ihre Hypothese gesehen, dass der Kapitalmarkt die bisherige Leistung des Bietermanagements auf die Leistung in der Post Merger-Phase extrapoliert: Die für den Kapitalmarkt bisher als erfolgreich angesehene Arbeit des Käufermanagements und des Aufsichtsrates wird so mit der Fähigkeit zur Führung der übernommenen Firma übertragen – mit der empirischen Konsequenz, dass die Management-Leistung bei Ankündigung systematisch überschätzt wird, da die Aktienkurse im Nachgang sinken. Analog werden bisher schlechte Leistungen ebenfalls zu pessimistisch extrapoliert. Somit ist eine Erklärung für das Phänomen der überschießenden Aktienkurse nach Ankündigungen zu finden, weil die Anpassungen der Kapitalmarktreaktionen an die tatsächliche Integrationsleistung des Managements sich langsamer vollziehen.

1.4.2.5 Punktförmigkeit des Marktes in Bezug auf Raum und Zeit

Für den Markt für Unternehmen könnte man zunächst den Eindruck gewinnen, dass sie über Börsen als konzentrierte Märkte, die sich allerdings auch regional bzw. national organisieren, abgewickelt werden können. In der Praxis etablierten sich aber von Börsen abweichende Marktplätze für Unternehmen und Handelszeiten; Marktplätze, die gerade systematisch ohne Kenntnis Dritter um Ort und Zeit funktionieren.

Daran erkennt man, dass auf dem Markt für (börsennotierten) Unternehmen ein „grauer Markt" entsteht, der als ein Zweitmarkt neben der Börse viel wesentlicher wird. Ein weiteres Argument gegen die Vorstellung eines Spot-Marktes ist die erhebliche, in nationales Recht eingebundene Regulierung auf den Märkten für Unternehmen. Diese Regulierungen schaffen ganz spezifische (nationale) Märkte für Unternehmen, auf denen sich ein Zusammenschluss bewähren muss.

1.4.2.6 Polypolistische, atomistische Marktteilnehmerschaft

Einer der Kerngedanken des Konkurrenzmarktes ist die atomistische Marktstruktur, bei der keinem der Marktteilnehmer ein Einfluss auf den Marktpreis gegeben ist. Auch hier sind zwei Anmerkungen notwendig: Zum einen ist der Markt für Unternehmen zumeist oligopolistisch geprägt, da in einer Branche nur sehr wenige Unternehmen bei operativen Käufern potentiell in Frage kommen und von daher eine Einflussnahme auf den Preis durch Anbieter und Nachfrager selbstverständlich gegeben ist. Dies kommt daher, dass dieser spezifische Markt keine typisch systemfremde Eigenschaft aufweist, sondern bereits als ein Interaktionssystem zu verstehen ist. Zum anderen aber wird es wichtig, die Marktteilnehmerschaft zu klären (vgl. hierzu den nächsten Abschnitt). So haben wir einerseits die Verkäufer und andererseits die Käufer, die entweder strategische oder aber rein finanziell motivierte Käufer sind. Neben diesen Akteursgruppen ist eine ebenfalls undurchsichtige Struktur von Intermediären entstanden.

Zusammenfassend kann festgehalten werden, dass aufgrund der hier gezeigten ausgewählten Abweichungen vom (neo-)klassischen Marktmodell eine eigene Markttheorie zur Beschreibung des „Market for Corporate Control" notwendig wird. Die diskutierten Argumente zielten (1) auf eine auch für Entscheider schwierig zu beschreibende Güterqualität, (2) auf eine nicht negativ, aber theorieabweichend gemeinte Präferenz von Managern beim Kauf, (3) auf eine fehlende Endkunden-Orientierung, (4) auf eine systematische Marktintransparenz mit erheblichen, aber nicht kalkulierten Informationsasymmetrien sowie (5) auf überschießende Aktienkurse durch eine unzureichende Leistungsextrapolation des Käufermanagements durch die Kapitalmärkte und (6) auf eine oligo- bis monopolistische Angebotsstruktur mit einer undurchsichtigen und unvernetzten Intermediärstruktur.

Weitere Aspekte für eine theoretische Marktdefinition, wie beispielsweise Konjunkturen und andere Marktschwankungen, werden im Abschn. 1.4.6 M&A-Markt beschrieben.

1.4.3 Übersicht über die Marktakteure

Marktteilnehmer sind zunächst die Verkäufer und die Käufer von Unternehmen. Insbesondere für die Käuferseite lassen sich Differenzierungen hinsichtlich der Herkunft bzw. des Kaufmotives – *industrielle* Käufer mit strategischer bzw. operativer Motivation bzw. *institutionelle* Käufer mit finanziell-spekulativem Anlageinteresse beobachten. Weiterhin sind unterschiedliche intermediäre Dienstleister zu unterscheiden, die sich auf das M&A-Geschäft spezialisiert haben.

1.4.3.1 Industrielle Verkäufer

Die Motive für einen Unternehmensverkauf sind vielfältig. Eine wesentliche Unterscheidung ließe sich mit einem Teilverkauf und einem Gesamtverkauf vornehmen: Teilverkäufe, also Verkäufe von Geschäftsbereichen innerhalb eines Konzernes – entweder als Platzierung an der Börse (*Equity Care Out*) oder an einen weiteren Investor (*Demerger*). Begründet wird dies durch die Shareholder Value-Orientierung und den vielfach zu geringen Renditen in den Geschäftsbereichen von diversifizierten Konzernen mit fehlenden Synergien. Bei einem Gesamtverkauf wird das Unternehmen in Gänze veräußert. Dies kann börsennotierte Großunternehmen ebenso betreffen, wie auch beispielsweise mittelständische Unternehmen, die durch schlechte Finanzierungs- und Eigenkapitalausstattung zu Übernahmekandidaten werden oder Familienunternehmen durch nachhaltige Nachfolgeproblematiken.

Nach unterschiedlichen Studien werden in den nächsten zehn Jahren zwischen 274.000 bis 400.000 Unternehmen einen Nachfolger benötigen. Nur jeder fünfte Mittelständler habe die Übergabe bereits konkret terminiert, so dass das Bundeswirtschaftsministerium im Jahr 2002 davon ausging, dass jährlich 80.000 Unternehmen zur Übernahme anstehen, von denen sich bislang lediglich ein Viertel mit der Thematik befasst hat. Das Institut für Mittelstandsforschung in Bonn rechnet für den Fünfjahreszeitrum 2014 bis 2018 mit 135.000 Übergaben. Mittels einer Metaanalyse wurde ergänzend ermittelt, welche Nachfolgelösungen von den Familienunternehmen gewählt werden: 54 % der Eigentümer übergeben das Unternehmen an die eigenen Kinder bzw. an andere Familienmitglieder (familieninterne Lösung). Weitere 29 % der Übertragungen erfolgen an externe Führungskräfte, andere Unternehmen oder andere Interessenten von außerhalb (unternehmensexterne Lösungen). Etwa 17 % der Familienunternehmen übertragen das Unternehmen an Mitarbeiter (unternehmensintern) (Kay und Suprinovič 2013).

Gerade bei Gesamtverkäufen kommt es im Nachgang durch den Käufer zu weiteren Desinvestitionen, was einem Filetieren der ertragreichen Geschäftsbereiche für die operative Synergie gleichkommt (in den USA in den 1980er Jahren als *Asset Stripping* bzw. *Raiding* bekanntgeworden).

Insbesondere in den vergangenen Jahren stieg die Anzahl der Desinvestitionen von Unternehmensteilen und Geschäftsbereichen. Vor allem auch kartellrechtlich sind bei vielen Großfusionen Bereinigungen vorzunehmen, wie beispielsweise das Verfahren zu Beginn des Jahres 2000 bei Veba und Viag oder bei der Veräußerung des gerade zuvor gekauften Mobilfunkanbieters Orange sowie anderen Aktivitäten durch Mannesmann bei der Übernahme durch VodafoneAirtouch. Bei dem Verkauf von Unternehmen muss hinsichtlich der Entscheidungsfreiheit seitens des Top-Managements zwischen einer freundlichen Übernahme und einer feindlichen Übernahme (vgl. zum „*hostile takeover*" Abschn. 2.2.4) unterschieden werden. Bei einer feindlichen Übernahme werden gegen den Willen des Managements Aktien der Unternehmung über den Markt aufgekauft bzw. an die Aktionäre ein *takeover bid* gerichtet mit dem Angebot des Abkaufs von Aktienpaketen, auch als *tender offer* bezeichnet (vgl. z. B. Copeland und Weston 1988). Bei einem *friendly takeover* hingegen ist das Management zu dem Verkauf prinzipiell bereit.

1.4.3.2 Industrielle Käufer

Käufer können unterschieden werden hinsichtlich ihrer Motivstruktur (vgl. Abschn. 5.2.5.2. und Jansen 2004a, S. 82–107). Industrielle Käufer verfolgen insbesondere Real-motive wie Skalenerträge, Branchenkonsolidierungen (Oligo- bzw. Monopolisierung) bzw. Buy-and-Build-Strategien oder diversifizierende Portfolio-Strategien. Weiterhin können Management-Motive vorliegen, die Aspekte der positionalen Absicherung, der unternehmerischen Unabhängigkeit, der Einkommens- bzw. Einfluss-erweiterung des Managements aufgreifen.

Die Alternativen für den Käufer mit dem Ziel der Unternehmensdiversifikation bzw. -expansion liegen in dem internen Wachstum und in der Neugründung sowie in Koopera-tionen.

1.4.3.3 Institutionelle Marktakteure

Insbesondere im kontinentaleuropäischen Übernahmemarkt sind innerhalb der ersten fünf Jahre des neuen Jahrtausends zwei neue Gruppen von Spielern aufgetaucht, die in den vergangenen Wellen des M&A-Marktes weitgehend zu vernachlässigen waren: *Private Equity-Gesellschaften* sowie *Hedge Fonds.*

1.4.3.3.1 Private Equity

In Amerika und Großbritannien gingen bereits im Verlauf der vergangenen drei Jahrzehn-te insbesondere von außerbörslichen Eigenkapital durch Private Equity-Gesellschaften (PEG) entscheidende Impulse für Unternehmensführung und -finanzierung aus, die Ka-pitalmarktkulturen nachhaltig verändert haben (vgl. ausführlich Abschn. 2.3.3).

Nach den nun folgenden Zahlen aus der Datenbank von Zephyr ergab sich ein weiter kontinuierlich steigendes globales wie europäisches Private Equity-Volumen wie auch ein Wachstum der Transaktionszahl in 2014.

So wurde vor allem auch durch einige große chinesischen Aktivitäten ein Volumen von 445,3 Mrd. US-Dollar bei insgesamt 4723 Transaktionen durchgeführt (nach 370 Mrd.

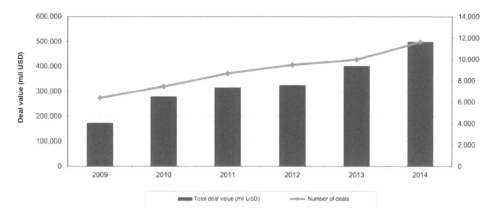

Abb. 1.25 Private Equity-Transaktionen 2009–2014. (Quelle: Zephyr Annual M&A Report Global, Januar 2015)

US-Dollar Volumen in 4209 Transaktionen im Jahr 2013). Zum Vergleich für die diese stark entwickelnde Finanzierungsform im Jahr 2009 – also kurz nach der Finanzmarktkrise – wurden mit 3527 Transaktionen insgesamt 154 Mrd. US-Dollar investiert.

Bezieht man die Frühfinanzierung im Sinne der Venture Capital-Transaktionen mit ein, dann waren 11.599 Transaktionen und einem Gesamtvolumen von 495,9 Mrd. US-Dollar in 2014, was einem Anstieg von 24 % im Wert und 16 % in der Anzahl von 2013 entsprach.

Mit einem Transaktionsvolumen von 154,8 Mrd. US-Dollar für die 3255 Transaktionen wurden im Jahr 2014 in Europa Private Equity-Transaktionen durchgeführt.

In Deutschland ist seit dem starken Einbruch der Finanzmarktkrise in 2007/2008 eine Stagnation im Private Equity-Geschäft auf niedrigem Niveau zu verzeichnen, so die Schätzungen des Bundesverbandes Deutscher Kapitalbeteiligungsgesellschaften (BVK) zum Ende des Jahres 2014 insgesamt (vgl. BVK 2014, S. 2): Die im BVK organisierten Beteiligungsgesellschaften, sowie weitere deutsche Beteiligungsgesellschaften, haben 5930 alleinige und syndizierte Beteiligungen an Unternehmen in Deutschland und im Ausland. Dabei bestand ein verwaltetes Kapital der Gesellschaften in 2014 von 40,01 Mrd. Euro. Das Portfolio der in Deutschland ansässigen Beteiligungsgesellschaften zum Jahresende 2014 betrug 39,42 Mrd. Euro. In Deutschland wurden 2014 insgesamt 7,06 Mrd. Euro investiert – und damit erstmals wieder mit 40 % Steigerung mehr als im Vorjahr. Das Fundraising von neuen Mitteln lag mit 1,7 Mrd. Euro 25 % höher.

In Europa ist durch die geringe Verbreitung finanzstarker Pensionsfonds, das noch schwach ausgeprägte Stiftungswesen sowie die mit konservativer Anlagepolitik operierenden Versicherungskonzerne lange Zeit keine der angelsächsischen Kultur vergleichbare Entwicklung großer, unabhängiger Fondsgesellschaften zu beobachten gewesen. Mit Ausnahme von Allianz Capital Partners konzentrieren sich deutsche Beteiligungsgesellschaften auf Unternehmen mit einem Wert von weniger als 200 Mio. Euro. Ein weiteres Hindernis für Finanzinvestoren stellten nach Einschätzung der Verbände die korporativen Strukturen der hiesigen Unternehmenslandschaft dar sowie das deutsche Steuerrecht.

1.4.3.3.2 Hedge Fonds

Hedge Fonds sind private Anlagegemeinschaften, denen Kapital für einen fixen Zeitraum überlassen wird – dies erlaubt ihnen, in Marktnischen zu investieren. Dementsprechend unterscheidet man nicht zwischen thematischer oder geographischer Ausrichtung, sondern zwischen verschiedenen Anlagestrategien. Hedge Fonds sind eine alternative Anlageform, die – abhängig von ihrem Standort – nur geringen bis keinen gesetzlichen Regelungen hinsichtlich ihrer Anlagetechniken und -instrumente unterliegt. Die Kreditfinanzierung und fehlende Transparenz sind in nochmals stärkerem Maße als bei den PEG ausgeprägt. Insbesondere im Kontext der spektakulären Fehlspekulation der bis 1998 kaum bekannten und von zwei Partnern mitverantworteten Nobelpreisträger Myron Myers und Robert Merton Firma *Long-Term-Capital Management (LTCM)* rückten Hedge Fonds in das mediale Interesse.

Exkurs

Anfang 1998 betrug das Fondskapital ca. 7,3 Mrd. US-Dollar – wobei die Mindestein-
lage zehn Millionen US-Dollar mit einer Mindestlaufzeit von drei Jahren betrug. Zu
diesem Zeitpunkt waren nahezu keine Informationen über die Art der Geschäfte ver-
fügbar, aber Rendite-Ausschüttungen an die Anleger in Höhe von 2,7 Mrd. US-Dollar.
Diesem Eigenkapital stand ein Portfolio im Wert von 125 Mrd. US-Dollar gegenüber.
Die Krise entstand durch volatile Entwicklungen auf den Finanzmärkten im Zuge der
Währungskrise in Russland. Im August 1998 sank das Eigenkapital auf 2,1 Mrd. US-
Dollar, dem ein Portfolio von einem Nennwert in Höhe von nunmehr 1,25 Billionen
US-Dollar entgegenstand. LTCM verkaufte einen Großteil der Anlagen zu Niedrigst-
preisen. Über Kreditmechanismen wirkte dies verstärkt in die Verlustrechnungen, so
dass eine Domino-Effekt auf die internationalen Finanzmärkte zu befürchten war. Eine
Rettungsoperation wurde eingeleitet, um die Zahlungsunfähigkeit zu vermeiden – so
wurde nicht weniger als ein Zusammenbruch des amerikanischen und internationalen
Finanzsystems befürchtet. US-Notenbankchef Alan Greenspan senkte die Leitzinsen
LTCM bekam frisches Kapital in Höhe von insgesamt 3,75 Mrd. US-Dollar von neuen
Investoren, die die LTCM zu 90 % mit einer neuen Geschäftsleitung übernahm. Unter den Akteuren bei dem Treffen zur Rettung LTCM in der New Yorker Zentralbank
am 23. September 1998 waren unter anderem William J. McDonough, Präsident der
New Yorker Federal Reserve System (Fed), der Hauptteilhaber von *Goldman Sachs*,
David Komansky, der Vorsitzende von *Merrill Lynch*, Sanford I. Weill, der Vorsitzende
der *Travelers Group*, Jon Corzine, der Vorsitzende von *JPMorgan Chase & Co.* sowie
auch Vorstände der *Deutsche Bank* und der *Dresdner Bank* (vgl. hierzu die ausführliche
Dokumentation Lowenstein 2000).

Der Aufstieg kam mit dem Niedergang der Kapitalmärkte zu Beginn des Jahrtausends. Mithilfe verschiedener Absicherungstechniken (sogenanntes *Hedging*) gelang es
den *Hedge Fonds*, auch in dem unfreundlichen Börsenumfeld vergleichsweise hohe Gewinne zu erwirtschaften und so zunehmende Popularität zu erlangen. Dennoch stellt die
namensgebende Aktivität des Hedgings faktisch nur eine Nebentätigkeit dar.

Bis zum Jahr 2006 hat der Kapitalzufluss durch institutionelle Anleger stetig zugenommen. Für das Jahr 2006 beliefen sich die Schätzungen des Gesamtfondsvolumens auf
knapp 1500 Mrd. US-Dollar, die in ca. 9000 Fonds verwaltet wurden. Mittlerweile sind sie
für die Hälfte des täglichen Handelsvolumens an der New Yorker Börse verantwortlich.
Nach Angaben der Investmentbank Morgan Stanley wurden 2006 etwa vierzig Prozent
der bei Neuemissionen platzierten Aktien von Hedge Fonds gekauft. Auch die Gewinne
der klassischen Investmentbanken kamen nach Schätzungen von Goldman Sachs zu bis
zu einem Viertel aus dem Handel für Hedge Fonds.

Durch das Investitionsmodernisierungsgesetz (InvModG) sind Hedge Fonds seit dem
1. Januar 2004 auch in Deutschland zugelassen. Nach gut zwei Jahren gab es hierzulande
26 Fonds, die etwa 1,3 Mrd. Euro Anlagevermögen verwalteten.

Die Datenbasis ist hier systematisch schwierig und dann unter unterschiedlichen Datenbank-Anbietern inkonsistent. Der Londoner Anbieter TheCityUK ist bis zum Jahr 2014 vergleichsweise aktiv gewesen. Die letzten verfügbaren Daten für die Zahl der Fonds weltweit betragen für das Jahr 2012 10.100, wobei auf die USA davon 70 % entfallen, auf Europa und Asien 21 bzw. 9 %. Das verwaltete Vermögen der Fonds weltweit betrug 2,05 Billionen US-Dollar am Ende von 2012 (vgl. The City UK, S. 1 http://www.thecityuk.com/research/our-work/reports-list/hedge-funds-2013/). Im Vergleich: 2007 – direkt nach dem Ausbruch der Finanzmarktkrise – war das Vermögen mit ca. 2,15 Billionen US-Dollar nur geringfügig höher. Auch wenn viele Journalisten die Branche schon kleinschrieben, hat sie sich über die Finanzmarktkrise gut geschlagen und gerade die Kriseneignung ist von besonderer Aufmerksamkeit.

1.4.3.3.3 Trend: secondary buyouts

Hedge Fonds und Private Equity-Gesellschaften sind nicht nur Käufer an Kapitalmärkten und bei Unternehmens-Gesellschaftern direkt, sondern sie kaufen zunehmend auch von Hedge Fonds bzw. PEG selbst (sogenannte. *secondary buyouts*). Dabei werden Beteiligungspakete von einem Finanzinvestor zum anderen außerbörslich veräußert.

Yingdi Wang hat 2012 eine Studie zu den ökonomischen Logiken und der Preisfindung der *secondary buyouts* vorgelegt: Dabei wurden drei Erklärungen gefunden: „efficiency gains, liquidity-based market timing, and collusion". Die Ergebnisse zeigen keine Belege für die Effizienzgewinne, sondern sind am konsistenten mit „liquidity-based market timing hypothesis", weil die Liquiditätsbedarf hoch ist. Die Analyse der Preisfindung zeigte, das *secondary buyouts* höher als beim ersten Verkauf aufgrund der Kreditmärkte verliefen (Wang 2012, S. 1306).

Der Bundesverband Deutscher Beteiligungskapitalgesellschaften (BVK) hat 2012 eine Analyse der Beteiligungsdauer bei Private Equity-Finanzierungen in Deutschland von den Jahren 1989 bis 2011 anhand von 614 Verkäufen vorgelegt (BVK 2012): Die Analyse widerspricht der Annahme, dass Weiterverkäufe an andere Finanzinvestoren besonders oft und schnell durchgeführt werden. Mehr als die Hälfte der erfassten Verkäufe erfolgte durch klassische Verkäufe an strategische Käufer, also an andere Unternehmen. Nur knapp ein Drittel entfiel auf Verkäufe an Finanzinvestoren, worunter vor allem andere Beteiligungsgesellschaften, aber auch Finanzinstitutionen wie Banken oder Finanzholdings, zusammengefasst wurden. Die Beteiligungszeiträume bei Verkäufen an strategische Käufer (55 Monate) und bei Verkäufen an andere Finanzinvestoren (57 Monate) unterscheiden sich nicht signifikant und liegen im Bereich des Gesamtdurchschnitts (ebd., S. 2).

1.4.4 Übersicht über intermediäre Akteure

Der Strukturwandel im M&A-Markt hatte auch deutliche Veränderungen der Aufgabenspektren im Bereich der M&A-Dienstleister zur Folge. Aufgaben sind vor allem folgende:

- höhere Arbeitsteilung sowie Beschleunigung der M&A-Prozesskette (vgl. z. B. die Darstellung in Wirtz 2003, S. 100),
- Vermeidung von steuerlichen, rechtlichen und finanziellen Fehlern,
- effiziente Informationsbeschaffung, Identifizierung von Ziel- bzw. Käuferunternehmen,
- Objektivierung und Prüfung von M&A-Strategien und Annahmegerüsten (Fairness Opinion),
- situative Hinzuziehung von Spezialistenwissen und Ausgleich von Belastungsspitzen,
- Übernahme der vertraulichen Verhandlungsführung,
- Lobbying bei Interessengruppen (Politik, Gewerkschaften etc.) sowie Kommunikation.

1.4.4.1 Beratungsunternehmen und Rechtsanwaltssozietäten

Die Beratungsunternehmen –, seien es die großen Wirtschaftsprüfungshäuser wie Arthur Andersen, Price Waterhouse, KPMG, Ernst & Young oder klassische Strategieberatungen wie beispielsweise Arthur D. Little, Bain, Strategy&, Boston Consulting Group, McKinsey – bezeichnen sich selbst nicht selten als Zehnkämpfer der Beraterbranche. Die Gesamtaufgabe des M&A-Geschäftes lässt sich lokal, national und grenzüberschreitend in unterschiedliche Bereiche aufgliedern: Sondierung, Arondierung, Abwicklung, Umsetzung und Post-Merger-Management. Auch hier können bei den Beratern hinsichtlich der Leistungsbreite und -tiefe unterschiedliche Intensitäten bei der Beratung beobachtet werden (Storck 1993, S. 109):

- Identifikation und Ansprache („das Ohr im Markt", d. h. an der Aktionärsbasis),
- Durchführungen der Due Diligence (legal, environmental, tax, human resource . . .),
- reine Vermittlung (Merger Broking) bzw. Verhandlung,
- (Vor-)vertragliche Elemente der Verhandlung,
- punktuelle Mitwirkung (z. B. Post Merger Integration).

Es findet z. T. eine Kombination mit einer Finanzierungsberatung und einer strategischen Managementberatung statt. Weiterhin bieten Steuerberater, Rechtsanwälte und Notare spezifische Dienstleistungen insbesondere hinsichtlich der nationalen Gesetzeslage vor allem im Verkäuferland an. Internationale und insbesondere angloamerikanische Kanzleien wie Davis Polk & Wardwell, Wachtell, Lipton, Rosen & Katz oder Simpson Thacher & Bartlett sind mit betreuten Transaktionsvolumina von um die 300 Mrd. US-Dollar auf dem Markt 2013 führend gewesen.

1.4.4.2 Unternehmensmakler

Im Gegensatz zu den Beratern werden Makler ausschließlich erfolgsabhängig mit einer Provision entgolten. In den angelsächsischen Ländern ist es üblich, dass nur eine Seite durch einen Makler vertreten wird. Die Maklerleistung umfasst neben der allgemeinen Strategieberatung die Markterkundung, die Identifikation des Partners, Unterstützung bei

Verhandlung und Abschluss (vgl. Zimmerer 1991, S. 14). Die steuerliche und vertrags-
rechtliche Seite hingegen wird in der Regel von selbständigen Spezialisten übernommen.
Ein weiterer Unterschied zwischen Beratern und Maklern: „Zum Ausdehnen des eigenen
Bereichs bedarf man der Berater, zur Diversifikation Makler" (ebd., S. 18). In den vergangenen Jahren hat sich dieses Maklergeschäft in Deutschland in Internet-Anwendungen
wie www.dub.de und über Industrie- und Handelskammern entwickelt.

1.4.4.3 Banken

Der Bankensektor lässt sich allgemein in Universalbanken, *Commercial, Merchant* sowie
Investment Banks unterscheiden. In Deutschland waren Jahrzehnte vorrangig Universalbanken vorzufinden, die zur unbeschränkten Ausübung aller Bankgeschäfte autorisiert
sind (gemäß § 1 KWG). So gibt es zusätzlich zu den Universalbanken Institute mit spezia-
lisiertem Leistungsangebot im Bereich Unternehmensfinanzierung wie die Kreditanstalt
für Wiederaufbau (KfW) oder die Industriekreditbank (IKB). Die amerikanischen *Investment Banks* weisen im Gegensatz zu den europäischen Universalbanken eine höhere
Spezialisierung auf. Die *Merchant Banks* weisen mit einer Spezialisierung auf die verschiedenen *Corporate Finance*-Aktivitäten eine hohe Verwandtschaft zu den *Investment
Banks* auf. So gaben die Hälfte der *Merchants Banks* den Geschäftsschwerpunkt im M&A-
Geschäft an. Während das Investmentbanking eher risiko-, transaktions- und projektori-
entiert ist, wird das *Merchant Banking* als problemlösungsorientiert aufgefasst zum Erhalt
und Aufbau langfristiger Kundenbeziehungen. Boten die Banken M&A-Dienstleistungen
wie Bewertungen, Finanzierungsstrukturierungen etc. ursprünglich kostenfrei an, so wurde mit zunehmender Zinsmargenreduzierung die Generierung von Provisionseinnahmen
entscheidend. Insbesondere bei der Zielgruppenorientierung bei der Partnerwahl sowie
später bei der Strategieorientierung ergibt sich für Banken die Möglichkeit des professio-
nellen und konkurrenzfähigen Angebotes von entsprechenden Dienstleistungen. Da die
Banken in die Finanzierungen der meisten M&A-Transaktionen involviert sind, wird ihnen ein originäres Interesse an einer fundierten Analyse der Transaktion zur Vermeidung
von Wertberichtigungen attestiert. Es zeigt sich ein Trend, dass es genau die Finanzierungsstrukturierungen und Refinanzierungen sind, die die Margen erwirtschaften; nicht
mehr die deutlich gesunkenen Honorare (*fees*) für die Beratungsmandate von ehemals einem Prozent und mehr des Transaktionsvolumens. Heute wird meist ein Pauschalbetrag
von Seiten des Käufers gezahlt, der zwischen den beteiligten Dienstleistern aufgeteilt werden muss.

Dennoch steigt aufgrund der Konzentration des M&A-Geschäftes auf nunmehr ein
knappes Dutzend großer Investmentbanken die Gefahr der Interessenkonflikte. Mitunter
sind sie auf beiden Seiten der Kaufverhandlung zu finden, was an den Brokerrollen liegt,
die dann zunehmend absprachegemäß ausgesetzt werden müssen.

In einer Studie von Golubov und anderen aus dem Jahr 2012 wurde eine Analyse zum
Zusammenhang zwischen Stellung und Reputation des Finanzdienstleisters und der Rendite für den Käufer vorgenommen: „top-tier advisors are associated with higher bidder

gains in public acquisitions, but not in private or subsidiary deals. [...] Importantly, the improvement in bidder returns comes from the ability of top-tier bankers to identify mergers with higher synergies, consistent with the better merger hypothesis, and to get a larger share of synergies to accrue to the bidder, in line with the skilled negotiation hypothesis (though the latter is moderated when the target advisor is also top-tier)." (ebd., S. 304).

Für die Forscher bedeutet dies, dass (1) die Mechanismen des Reputationskapitals im Markt für M&A-Dienstleistungen funktionieren; (2) der Abschluss einer M&A-Transaktion nicht die Hauptmotivation eines „top-tier investment banker" ist; und (3) die Bezahlung für einen solchen *„top-tier financial advisor"* in börsengelisteten Käufen wertsteigernd ist (ebd., S. 305).

1.4.4.4 M&A-Boutiquen

Während auch die M&A-Dienstleisterbranche selbst im M&A-Geschäft involviert ist und die selbst durch Fusionen entstandenen Großbanken, zeigt sich ein nachhaltiger Trend zu hochspezialisierten so genannten M&A-Boutiquen. Goldman Sachs hat in einer Studie die Marktanteilsverschiebung von zehn Prozent im Jahr 1994 auf 25 % für das Jahr 2005 ermittelt (zitiert nach: FAZ, 04.02.2006, S. 27). Dies wird begründet mit einer fehlenden Skepsis gegenüber zusätzlichen Dienstleistungen über die M&A-Leistung hinaus sowie den vom Kunden beobachteten Eigenhandel der Investmentbanken. Dieser Trend hat sich in den vergangenen Jahren nochmals verstärkt.

Weihong Song et al. haben zwischen 1995 und 2006 insgesamt 2016 Transaktionen der USA analysiert mit Blick auf die Gründe für die Wahl einer solchen „Boutique im Vergleich zu einem *„full-service advisor"* einerseits und die Wirkung der Boutique auf das Transaktionsergebnis andererseits (Weihong et al. 2013).

Ca. 22 % der Käufer wurden von unter Einbindung von Boutiquen durchgeführt und ca. 30 % der Verkäufer.

Ihre Ergebnisse: (1) Käufer wie Verkäufer nehmen eher eine Boutique in komplexen Transaktionen, was als ein Signal für Fähigkeiten und Expertise im Zuge der Spezialisierung gewertet werden kann. (2) Geringe Übernahmeprämie, wenn Boutiquen von der Käuferseite eingebunden sind. (3) Boutiquen nehmen sich mehr Zeit, vor allem auf die Prüfungen („due diligence") und die Verhandlungen.

1.4.5 Marktentwicklung für M&A-Dienstleistungen

„Die Euphorie lässt nach" titelte die Frankfurter Allgemeine Zeitung am 26.1.2006. Am so genannten *Letter Day* wurden nach Angaben des *Centre for Economics and Business Research (CEBR)* im Januar 2006 7,5 Mrd. Pfund an Boni an die Investmentbanker ausgeschüttet – in London. Das war ein Plus von 16 %, bei einer Steigerung der M&A-Transaktionszahl in Europa von 49 %. Die unterdurchschnittlich steigenden Honorare waren ein Zeichen der zunehmenden Konkurrenz – von externer wie interner Seite, d. h.

Tab. 1.2 Ungefähre Honorarentwicklungen für deutsche M&A-Dienstleister. (Quelle: vgl. Burgmaier 2006, S. 114)

Beratungsleistung	Honorarhöhe	Führende Anbieter
KÄUFERSEITE		
Fusions- und Übernahmeberatung Investmentbank	0,5 bis 3 % vom Unternehmenswert, nur im Erfolgsfall	Goldman Sachs, Morgan Stanley, Merrill Lynch, J.P. Morgan
Rechtsberatung (Prüfung der Kreditverträge)	0,5 bis 1 % vom Unternehmenswert, Stundenbasis mit Erfolgsanteil	Clifford Chance, Freshfields, Linklaters, Hengeler Mueller
Buch- und Steuerprüfung	0,5 bis 1 % vom Unternehmenswert, Stundenbasis	KPMG, PwC, Deloitte & Touche, Ernst & Young
Due Diligence	0,1 bis 1 % vom Unternehmenswert, Stundenbasis	Spezialisierte Beratungshäuser
Fremdkapitalbeschaffung	0,1 bis 2 % vom Unternehmenswert	Royal Bank of Scotland, Deutsche Bank, Cititgroup
Kommunikationsberatung	Unter 0,1 % vom Unternehmenswert, Stundenbasis	Hering Schuppener, Financial Dynamics, Brunswick, CNC
VERKÄUFERSEITE		
Investmentbank	1 bis 1,5 % vom Unternehmenswert	Goldman Sachs, Morgan Stanley, Merrill Lynch, J.P. Morgan
Rechtsberatung	0,25 bis 0,5 % vom Unternehmenswert	Clifford Chance, Freshfields, Linklaters, Hengeler Mueller

eigener Investmentabteilungen in den Konzernen. Ein weiterer Beleg für eine Klientenprofessionalisierung, die der gesamten Dienstleistungsbranche Sorgen bereitet. M&A: Eine „Königsdisziplin" wird ein „commodity", also eine austauschbarere Dienstleistung (vgl. Tab. 1.2). Dr. Lutz Becker vom Beratungshaus Angermann M&A International GmbH beschrieb die Entwicklung insbesondere für Deutschland in der „M&A Review" im Oktober 2013 so: „Zusammenfassend bleibt festzustellen, dass der Markt für M&A-Beratungsleistungen in Deutschland vielen anderen Branchen folgend Reife- und Sättigungsanzeichen zeigt. Den Neugründungen von Anbietern stehen zunehmend leise Stilllegungen gegenüber. Es folgen Konzentrationstendenzen auf der Anbieterseite, eine Optimierung des Leistungs- und Qualitätsniveaus und gleichzeitig ein Einpendeln des Preisniveaus auf einem für die qualifizierte Leistungserbringung mindestens erforderlichen Niveau."

In den folgenden Übersichten werden die Ranglisten der betreuten Volumen für Investmentbanken (Tab. 1.3 bzw. für Deutschland Abb. 1.5), ihrer Gebühreneinnahmen im Vergleich der letzten Jahre (Tab. 1.4 bzw. für Deutschland Abb. 1.26) sowie die Ranglisten für die Rechtsberatung (Tab. 1.6) aufgeführt – soweit verfügbar für die weltweite Entwicklung und Deutschland.

Tab. 1.3 Rangliste betreutes Volumen der Investmentbanken im Jahr 2013/14 – weltweit in Mrd. US-Dollar. (Quelle: Thomson Reuters, Statista)

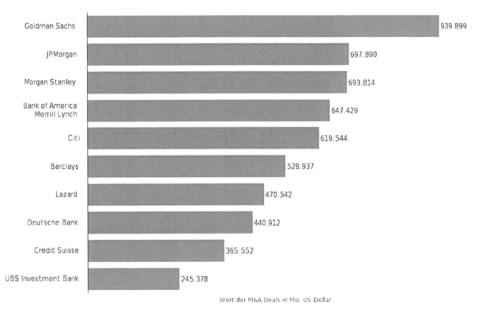

Top 10 Investmentbanken weltweit nach dem Wert der betreuten M&A Deals im Jahr 2014 (in Millionen US-Dollar)

Tab. 1.4 Gebühren im Jahresvergleich 2005–2013 absolut in Mrd. US-Dollar. (Quelle: Thomson Financial, Statista)

Entwicklung der Gebühreneinnahmen von Investmentbanken weltweit in den Jahren 2005 bis 2013 (in Milliarden US-Dollar)

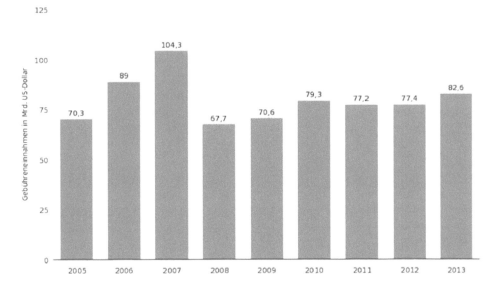

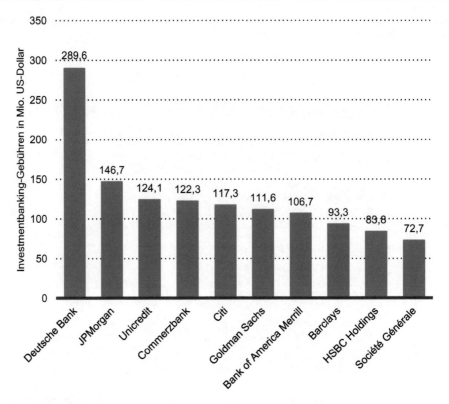

Abb. 1.26 Rangliste Gebühren der Investmentbanken im Jahr 2014 für Deutschland in Mrd. US-Dollar. (Quelle: Thomson Reuters, Freeman Consulting Services, Statista)

Tab. 1.5 Rangliste betreutes deutsches M&A-Volumen der Investmentbanken 2013. (Quelle: M&A Database 2014)

Nach Volumen				
Rang	Berater	Volumen (in Mrd. USD)	Deals	Rang Vorjahr (2012)
1	Goldman Sachs	41.500	21	5
2	Deutsche Bank	36.195	25	2
3	JPMorgan	34.804	17	4
4	Morgan Stanley	29.630	13	1
5	UBS	23.912	12	6
6	Citi	18.816	13	7
7	Lazard	17.857	15	10
8	Credit Suisse	16.961	14	8
9	Perella Weinberg Partners LP	11.429	1	–
10	Bank of America Merrill Lynch	11.202	15	–

Tab. 1.6 Rangliste betreutes deutsches M&A-Volumen der Rechtsberater – global und Deutschland in 2013 und 2014. (Quelle: Merger Market, Januar 2015)

Ranking		Company name	2014		2013	
2014	2013		Value (US$m)	Deal count	Value (US$m)	% Value change
1	7	Skadden Arps Slate Meagher & Flom	593,874	248	228,658	159.7%
2	22	Cleary Gottlieb Steen & Hamilton	538,574	128	117,041	360.2%
3	14	Sullivan & Cromwell	530,897	128	181,189	193.0%
4	9	Freshfields Bruckhaus Deringer	435,168	245	222,218	95.8%
5	4	Weil Gotshal & Manges	416,271	247	282,765	47.2%
6	5	Latham & Watkins	409,086	385	279,494	46.4%
7	15	White & Case	401,588	283	173,511	131.4%
8	3	Simpson Thacher & Bartlett	392,488	157	300,968	30.4%
9	1	Davis Polk & Wardwell	381,730	140	310,582	22.9%
10	2	Wachtell, Lipton, Rosen & Katz	377,185	94	303,560	24.3%
11	6	Jones Day	278,885	336	233,866	19.2%
12	16	Linklaters	269,574	265	158,166	70.4%
13	32	Blake, Cassels & Graydon	237,464	109	60,030	295.6%
14	19	Kirkland & Ellis	225,759	345	137,653	64.0%
15	18	Clifford Chance	222,226	284	142,580	55.9%
16	10	Slaughter and May	220,013	75	218,472	0.7%
17	55	Paul Weiss Rifkind Wharton & Garrison	216,274	142	33,274	550.0%
18	17	Cravath, Swaine & Moore	209,307	70	144,444	44.9%
19	24	Shearman & Sterling	195,067	135	94,962	105.4%
20	35	Baker Botts	191,148	70	53,994	254.0%

Ranking		Company name	2014		2013	
2014	2013		Value (US$m)	Deal count	Value (US$m)	% Value change
1	5	Sullivan & Cromwell	69,552	9	18,422	277.5%
2	3	Freshfields Bruckhaus Deringer	63,168	67	40,768	54.9%
3	7	Clifford Chance	53,880	55	15445	248.9%
4	1	Hengeler Mueller	50,758	53	43,720	16.1%
5	16	Latham & Watkins	41,377	45	9,157	351.9%
6	2	Linklaters	39,688	38	41,811	-5.1%
7	9	Gleiss Lutz	38,693	42	13920	178.0%
8	60	Cleary Gottlieb Steen & Hamilton	28,268	8	961	2,841.5%
9	-	Debevoise & Plimpton	26,458	4	-	-
10	22	Skadden Arps Slate Meagher & Flom	24,626	9	5,997	310.6%
11	37	Jones Day	23,789	31	2,901	720.0%
12	57	Simpson Thacher & Bartlett	18,871	6	1,084	1,640.9%
13	4	Allen & Overy	18,202	30	21,073	-13.6%
14	62	Fried Frank Harris Shriver & Jacobson	16,976	6	866	1,860.3%
15	146	Sidley Austin	16,669	4	94	17,633.0%

1.4.6   M&A-Marktentwicklung – Konjunkturen und Wellen

Der Markt für Unternehmen ist keine Erfindung unserer Tage. Vielmehr lassen sich insbesondere für den früh entwickelten und gut beforschten amerikanischen Markt sehr spezifische Marktentwicklungen erkennen, die im Wesentlichen durch Regulierungen und Management-Moden beeinflusst wurden.

Der folgende Abschnitt versucht die Historie dieses spezifischen M&A-Marktes sowie die Trends in den nunmehr sieben konjunkturellen Wellen skizzenhaft darzustellen. Die letzten drei Wellen werden auf Basis eigener empirischer Forschung eingehender vorgestellt. Damit wird ein Hintergrund entwickelt, der bei der Analyse der Fragen nach historischen Pre- und Post Merger-Paradigmen und für die Anforderungen an ein aktuelles Paradigma notwendig erscheint.

Der Markt für Unternehmen weist historisch gesehen systematische Schwankungen und Konjunkturen auf. Die unzulängliche Datenbasis lässt keine einheitliche Untersuchung zu, so dass für die Rekonstruktion eine Zusammenführung von einer Vielzahl amerikanischer Einzeluntersuchungen notwendig wird (vgl. zu den einzelnen Wellen Nelson 1959; Federal Trade Commission 1971; Scherer 1988; Shleifer und Vishny 1990; Gaughan 1994; Brush 1996; Müller-Stewens 2000; Kleinert und Klodt 2000; Jansen 2004a, S. 64–82). Über den europäischen und deutschen Markt gibt es vergleichsweise verlässliche Daten erst seit den 1980er Jahren, so dass die folgenden Darstellungen im Wesentlichen auf amerikanischer Forschung aufsetzen.

Interessant dabei, wie die Konjunkturen von M&A-Markt und denen der Börsen in Verbindung stehen, wäre es doch zu vermuten, dass in Börsen-Hochzeiten der M&A-Markt schlechter laufen müsste – wegen der damit zu hohen Preise für die Übernahmen.

„Kaufen, wenn die Kanonen donnern – verkaufen, wenn die Violinen spielen", lautet der berühmte Ratschlag, der dem Bankier Carl Mayer von Rothschild zugeschrieben wird. Solche klassischen antizyklischen Strategie zeigen sich beim M&A-Markt empirisch gerade nicht: Übernahmen finden dann statt, wenn die Kurse an den Aktienmärkten haussierten oder haussierten sie genau wegen der Übernahmen?

Der Markt für Unternehmenskontrolle weist beobachtbare Marktschwankungen auf. Dabei lassen sich *saisonale*, *konjunkturelle* und *strukturelle* Erklärungsansätze unterscheiden.

Die saisonale Schwankung weist auf eine deutliche Konzentration der Übernahmen zum Jahresende und zum Frühjahr hin (Bilanzpressekonferenzen etc.). Sie werden mit den unterschiedlichen Informationsgraden von und über Unternehmen im Jahresverlauf begründet. So sind in der Vergangenheit – insbesondere im Frühjahr und zum Jahresende – signifikant stärkere Aktivitäten auf dem Markt für Transaktionen zu beobachten. Die

Tab. 1.7 Sektorale Analyse und deren Konjunkturen auf den M&A-Märkten. (Quelle: siehe auch Andrade et al. 2001)

1970er Jahre	1980er Jahre	1990er Jahre	2000er Jahre
1. Stahl	1. Öl und Gas	1. Stahl	1. Medien, Telekommunikation
2. Immobilien	2. Textil	2. Medien, Telekommunikation	2. Immobilien
3. Öl und Gas	3. Produzierende Industrie	3. Banken	3. Energie
4. Textil	4. Banken	4. Immobilien	4. High Tech
5. Maschinenbau	5. Nahrungsmittel	5. Hotels	5. Produzierende Industrie

konjunkturellen Schwankungen durch Konzentrationsreaktionen der Branche auf erfolgte Transaktionen am Markt entstehen („Deals are driving deals."). Konjunkturelle Schwankungen sind insbesondere in den Branchen zu erkennen, in denen eine erfolgte Transaktion mit branchenweiter Wirkung weitere Konzentrationsentwicklungen auslösen kann und zu einer erheblichen Aktivität auf dem Markt für Unternehmen führt.

Einer Studie des Beratungshauses A.T. Kearney stellte Konsolidierungstendenzen von Branchen in einem vierphasigen Lebenszyklusmodell dar (vgl. die Darstellung bei Engeser 2000):

- **Start:** Dekonzentration durch Deregulierung. Marktanteile der Einzelnen sinken.
- **Kampf und Größe:** Sechs Jahre „progressiver Anstieg der Konzentration" über alle Branchen hinweg zu beobachten.
- **Endspiel der Konzentration:** Konzentration geht weiter, aber mit abgeschwächtem Wachstum. Die drei Branchenführer vereinigen 50 % des Marktes.
- **Die Welt ist verteilt. Re-Start:** Drei Branchenführer haben bis zu 75 % Marktanteil. Die kartellrechtlichen Probleme führen zu loseren Allianzbildungen.

In einer sektoralen Analyse verschoben sich die Branchen, die für die Hochkonjunkturen auf dem Markt für Unternehmen verantwortlich waren, in den vergangenen 30 Jahren deutlich – aber von einem Endspiel kann wohl aufgrund der technologisch induzierten Konvergenz und Neuentwicklung von Branchen nicht abschließend gesprochen werden (Tab. 1.7 und 1.8).

Strukturelle Schwankungen hingegen sind bei systemischen Veränderungen – wie in diesem Abschnitt zuvor eingehend erläutert – sowie historisch vor allem bei Veränderungen des Regulierungsumfeldes zu erkennen und darüber hinaus durch einige für die jeweilige Zeit maßgebliche Management-Theorien begründet.

Tab. 1.8 Sektorale Analyse der M&A-Märkte 2010–2013 weltweit. (Quelle: Zephyr Annual M&A Report 2013)

Target sector by volume · global deals

Target sector	2011	2012	2013
Other services	26,115	27,317	27,538
Machinery, equipment, furniture, recycling	9,118	9,097	8,272
Wholesale & retail trade	5,768	6,096	5,951
Banks	5,208	5,538	5,848
Chemicals, rubber, plastics	4,595	4,218	4,040
Construction	3,314	3,106	3,297
Metals & metal products	3,033	2,754	2,276
Transport	1,944	2,090	2,046
Primary sector	2,300	2,090	1,988
Food, beverages, tobacco	2,080	2,104	1,935
Publishing, printing	1,395	1,520	1,712
Gas, water, electricity	1,488	1,445	1,684
Education, health	1,450	1,785	1,665
Hotels & restaurants	1,058	1,102	1,200
Textiles, wearing apparel, leather	805	773	767
Insurance companies	779	736	752
Wood, cork, paper	582	599	547
Post and telecommunications	61	79	92
Public administration and defence	47	45	34

Target sector by value · global deals

Target sector	2011 (mil USD)	2012 (mil USD)	2013 (mil USD)
Other services	874,854	893,090	1,057,748
Banks	542,720	501,618	516,827
Machinery, equipment, furniture, recycling	387,933	313,273	377,436
Chemicals, rubber, plastics	266,344	211,892	253,000
Wholesale & retail trade	142,204	244,228	218,939
Gas, water, electricity	189,825	139,518	160,058
Primary sector	197,909	147,387	154,258
Transport	156,106	137,398	140,852
Construction	114,235	99,575	133,882
Metals & metal products	176,656	191,319	120,623
Food, beverages, tobacco	106,844	131,905	107,914
Insurance companies	111,122	144,564	63,724
Education, health	41,927	28,263	49,934
Publishing, printing	26,388	26,626	36,266
Textiles, wearing apparel, leather	34,450	17,129	26,665
Hotels & restaurants	29,322	29,853	24,788
Wood, cork, paper	23,557	22,535	20,633
Post and telecommunications	1,103	1,346	4,412
Public administration and defence	760	44	3,000

1.4.6.1 Die sieben Wellen des M&A-Marktes

Mit einem historischen Blick werden, basierend auf den Daten der einzelnen, oben aufgeführten, im Wesentlichen amerikanischen Studien für die dokumentierbaren letzten 111 Jahre fünf abgeschlossene Wellen und eine laufende Welle erkennbar. Die Abb. 1.27 versucht neben der Abtragung der Transaktionsanzahl auch die makroökonomischen Kontexte abzubilden, die einen interessanten ersten Einblick auf mögliche Zusammenhänge der Börsen-Konjunkturen sowie der M&A-Markt-Konjunkturen erlauben könnte, wenngleich das Problem der Autokorrelation zu berücksichtigen ist. Hieran anschließend folgt eine knappe Darstellung der Hintergründe dieser einzelnen Konjunkturen.

1.4.6.1.1 Erste Welle (1897–1904): Industrielle Revolution durch horizontale Integration

Das erste dokumentierte Auftreten von Unternehmenszusammenschlüssen in größerem Umfang ist auf die „industrielle Revolution" durch die Einführung bzw. Verbreitung (1) neuer Massenproduktionstechnologien, (2) Elektrifizierung und (3) Logistikoptimierung durch die Eisenbahninfrastruktur mit entsprechenden Überkapazitäten aufgrund der nicht gleichzeitig mit steigenden Konsumentwicklung zurückzuführen. Andererseits liegen auch hier die Gründe in dem *Sherman Antitrust Act* von 1890, der zwar Absprachen zwischen Unternehmen untersagte, aber gleichzeitig Quasi-Monopole mit Marktanteilen von 50 bis 90 % ermöglichte. So entstanden mit Hilfe von Aktienemissionen große Unternehmen wie die *U.S. Steel Corporation* mit einer damaligen Kapazität von 65 % des Gesamtmarktes. *American Tobacco* hatte nach den Zusammenschlüssen einen Marktanteil von 90 %. Unternehmen wie *General Electric*, *DuPont* und *Eastman Kodak* und Persönlichkeiten wie der Bankier John Pierpont Morgan oder der Industrielle Andrew

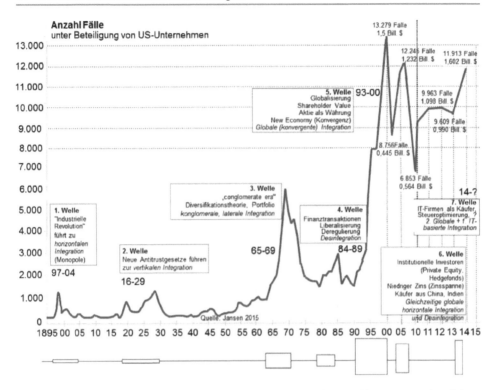

Abb. 1.27 Die sieben Wellen auf dem amerikanischen M&A-Markt. (Quelle: Ergänzte, aktualisierte Darstellung von Jansen und Müller-Stewens 2000 sowie Jansen 2004a, S. 67)

Carnegie prägten diese Zeit. Eine selbst aus heutiger Perspektive interessante Transaktion scheiterte an der Finanzierung: Die Übernahme von *Ford* durch *General Motors* für 3 Mio. US-Dollar (siehe zu den Beispielen Shleifer und Vishny 1990, S. 745). Diese Welle fand 1904 ihr Ende in der legendären *Northern Securities Decision*, welche die im gleichen Jahr verabschiedete *Section II des Sherman Antitrust Acts* sowie den bis heute maßgeblichen *Clayton Antitrust Act* aus dem Jahr 1914 beeinflusste.

Die Macht von Kartellen sollte weiterhin beschränkt werden und mit der Zerschlagung z. B. von *Standard Oil* von John D. Rockefeller im Jahr 1911 wurde dies auch in besonderem Maße sichtbar.

1.4.6.1.2   Zweite Welle (1916–1929): Komplettierung durch vertikale Integration

Die zweite Welle war durch Zukäufe von vor- und nachgelagerten Wertschöpfungspartnern geprägt (sogenannte *vertikale Integration*). Bedingt durch die nun gültigen Kartellgesetzgebungen war die Monopolbildung verboten (*horizontale Integration*). Gleichwohl konnte eine Bildung von oligopolistischen Marktstrukturen beobachtet werden. Die Unternehmensgruppen *Allied Signal* und *Bethlehem Steel* entstanden in dieser Phase. Weiterhin ließ sich eine sektorale Verschiebung von der produzierenden Industrie auf netzwerkbasierte Geschäfte wie Versorgerindustrien und Eisenbahn beobachten (vgl. Kleinert und Klodt 2000, S. 5). 1928 und 1929 waren besonders starke M&A-Jahre mit jeweils mehr als 1000 Transaktionen in den USA. Der „Schwarze Freitag" und die darauf folgende Weltwirtschaftskrise beendete im Jahr 1929 diese zweite Welle.

1.4.6.1.3   Dritte Welle (1965–1969): Diversifikation durch konglomerale Integration

In den 1960er Jahren wurden vor allem im Zuge der durch Harry M. Markowitz entwickelten Portfoliotheorie aus den 1950er Jahren zunehmend konglomerale Transaktionen getätigt (Markowitz 1952, vgl. Abschn. 3.2.1.1). Die dahinter stehende Idee der Diversifikation von Risiko durch unverwandte Industrien mit konjunkturell antizyklischen Abhängigkeiten führte zu Kaufentscheidungen, vor allem unter Berücksichtigung der Verstetigung von branchenkonjunkturell schwankenden *Cash Flows*. Große Unternehmen wie *Gulf & Western*, *ITT* oder *Teledyne* entstanden angesichts des Aktienmarktbooms durch Aktientausch. Aber auch hier wird wieder eine kartellrechtliche Ursache angeführt – konkret der 1950 verabschiedete *Celler-Kefauver Act*, der sämtliche Transaktionen in der gleichen Branche untersagte. So wurden bereits damals die konglomeralen Transaktionen als „second best solutions from the point of view of the growth-oriented managers" angesehen (Shleifer und Vishny 1990, S. 746). Im Jahr 1969 wurde der *Tax Reform Act* verabschiedet, die Aktienmärkte brachen ein, so dass ein deutlicher Rückgang von Transaktionen in den Folgejahren zu verzeichnen war.

1.4.6.1.4   Vierte Welle (1984–1989): Finanztransaktionen mit Desintegration

Nach der „Stagflation" der 1970er Jahre – wirtschaftliche Stagnation bei hohen Inflationsraten – folgte dann in den 1980er Jahren die vierte M&A-Welle, die durch die Deregulierungen und Liberalisierungen unter US-Präsident Ronald Reagan begünstigt wurden. Konzerne besannen sich auf ihre vermeintlichen Kernaktivitäten und desinvestierten entsprechend die Randaktivitäten. Diese vierte Welle nahm die Öffentlichkeit als die „wildeste" Welle wahr. Sie wies sehr unterschiedliche Treiber auf: Zum einen zeichneten sich erste Internationalisierungstendenzen von amerikanischen Unternehmen ab. Zum anderen gab es eine Gegenreaktion zur Diversifikation: Desinvestitionen von Randbereichen. Ein dritter Trend war die einsetzende Liberalisierung von Staatsunternehmen. Der wichtigste Einfluss für die mitunter spektakuläre Dynamik der 1980er Jahre war aber die weitere Entwicklung der Finanzmärkte. So entwickelte sich ein Markt für hochverzinsliche Obligationen („junk bonds"), was Private-Equity-Transaktionen ermöglichte. Die in den USA vorherrschende steuerliche Begünstigung von Fremdkapital gegenüber Eigenkapital führte zu einer Fremdfinanzierung von Transaktionen, die sich nicht nur auf Unternehmen bezog, sondern auch selbst für die amerikanische Öffentlichkeit zu beängstigenden fremdfinanzierten Käufen von französischen Weinbergen und New Yorker Hochhäusern. Sogenannte *Leveraged Buy Outs* (vgl. Abschn. 2.2.3) wurden vielfach mit den „*Corporate Raiders*" gleichgesetzt. Ziele für diese Transaktionen waren einige renommierte Unternehmen, wie die *Revlon* durch Ronald Perelman, der bei den nachfolgenden Einzelverkäufen einen Gewinn von über 600 Mio.US-Dollar erzielte, oder die *RJR Nabisco-*

Übernahme durch die wohl bekannteste unter der ersten Generation der Private Equity-Häuser *Kohlberg Kravis Roberts & Co.* im Oktober 1988 mit einem Transaktionswert von 24,7 Mrd. US-Dollar (vgl. zu dieser Welle und ihre Charakteristika ausführlich Scherer 1988; Shleifer und Vishny 1990 und Brush 1996). Die 1980er Jahre in den USA wurden im Hinblick auf M&A als hysterische Jahre beschrieben. Auch wenn die Transaktionszahl dies nicht widerspiegelt, hatte diese Phase maßgeblichen Einfluss auf die nächsten 20 Jahre Management-Kultur: So können hier die Wurzeln für die globale Shareholder Value-Orientierung und das Kernkompetenzen-Konzept gefunden werden, die auch die sehr zeitnah folgende fünfte Welle prägten.

1.4.6.1.5 Fünfte Welle (1993–2000): Reifer Kapitalmarkt mit globaler Integration

Keiner der großen, sich oft selbst so bezeichnenden Vordenker, wie Peter Drucker oder Tom Peters, sagten die Fusionswelle der 1990er Jahre vorher. Es erfolgte schlicht keine Auseinandersetzung mit diesem Thema. Der Zukunftsforscher John Naisbitt sagte vielmehr gleich das Aussterben der alten Industriegiganten voraus. Ein Grund für die fehlende Weitsicht der Futorologen könnte in der scheinbar bloßen Wiederholung des Phänomens liegen, ohne ein Gefühl für die Eigenartigkeit dieser Welle zu entwickeln.

Die fünfte Welle hatte weltweit wie auch in Deutschland ein bis dahin ungekanntes Ausmaß angenommen. Übernahmepreise haben erstmals dreistellige Milliarden-Dollar-beträge, die viele nationale Bruttoinlandsprodukte deutlich überschreiten. Wesentliche Treiber dieser Welle war die an Fahrt gewonnene Globalisierung (vor allem Automotive und Pharma-Industrie), die Geldpolitik der USA des billigen Geldes, die sich weltweit durchsetzende *Shareholder Value*-Entwicklung und die damit einhergehende Entwicklung der Kapitalmärkte, die *New Economy* mit spektakulären Börsengängen und damit einhergehenden Akquisitionsstrategien unter dem Stichwort der (technologischen) Konvergenz wie z. B. im Bereich der Finanzdienstleistungen und der Telekommunikations- und Medienwirtschaft. Vor allem die in der Post Merger-Phase medial als gescheitert dargestellten Großfusionen sind in der Erinnerung geblieben, ob DaimlerChrysler oder AOL Time Warner.

Im Folgenden sollen zusammenfassend aus der Makroperspektive einige maßgebliche Forschungsergebnisse der Spezifika dieser Welle wiedergegeben werden (vgl. ausführlich Jansen 2004a, S. 69–82).

(1) Steigende Größe der Zielunternehmen und rhetorischer Versuch „Merger of Equals"

Die Transaktionsvolumina steigerten sich auf dem Markt für Unternehmen in den 1990er Jahren derart, dass allein in den Jahren 1999 und 2000 das Gesamtvolumen des ganzen Jahrzehnts erreicht wurde. Aber auch das durchschnittliche Volumen pro Deal erhöhte sich erheblich. Wurden im Jahr 1987 mit ca. 5000 Transaktionen noch etwa 365 Mrd. US-Dollar umgesetzt (durchschnittlich 73 Mio. US-Dollar pro Deal), konnte zehn Jahre später mit fast 14.000 Transaktionen im Jahr 1997 ein Wert von 1,356 Billionen USD (97 Mio. USD pro Deal) erzielt werden (vgl. Rothnie 1998, S. 32 f.). Dieser Durchschnittswert blieb bis

zum Jahr 2000 stabil. Doch diese moderat erscheinende Entwicklung der Durchschnitts-
preise täuscht über das Phänomen der *Mega Mergers* hinweg, die sich mit kontinuierlichen
Rekorden in dreistellige Milliardenhöhen etabliert hatten: Selbst im Jahr 1996 noch waren die beiden Telekommunikationsdeals zwischen *Nynex* und *Bell Atlantic* einerseits
(22,7 Mrd. US-Dollar) und *SBC Communications* und *Pacific Telesis Group* (16,5 Mrd.
US-Dollar) andererseits sowie die Übernahme von *McDonnel Douglas Corp.* und
Boeing Company (13,3 Mrd. US-Dollar) trotz der bereits erheblich gewachsenen Vo-
lumen in moderaten Größenordnungen. 1999 und 2000 hingegen wurden eine Handvoll
Transaktionen durchgeführt, welche die dreistellige Milliarden-Schwelle durchbrachen:
Mannesmann und *Vodafone* (149 Mrd. US-Dollar), *AOL* und *Time Warner* (181 Mrd.
US-Dollar), *MCI WorldCom* und *Sprint* (127 Mrd. US-Dollar) sowie *Pfizer* und *Warner-
Lambert* (116 Mrd. US-Dollar). Allein die Transaktionsvolumina dieser Großfusionen
entsprachen dem durchschnittlichen Gesamtjahresvolumen zwischen den Jahren 1987
und 1994.

Unter dem Aspekt der Größe sind hier einige Punkte augenfällig: Zum einen werden
Unternehmen zusammengeführt, deren gemeinsame Belegschaft über 500.000 Mitarbeiter
umfasst. Damit entstehen deutlich andere Anforderungen durch die organisationale Größe und das damit verbundene Change Management. Das zweite Phänomen einhergehend
mit der Größe ist der rhetorische Versuch des „*Merger of Equals*". Viele dieser Großtransaktionen starteten mit solchen Strategien: *Daimler-Benz* und *Chrysler*, *Sandoz* und
Ciba-Geigy, *UBS* und *SBS*, *Hoechst* und *Rhône-Poulenc*, *Grand Met* und *Guinness*, *Bayerische Vereinsbank* und *Bayerische Hypothekenbank, Hülst* und *Degussa*, *Axa* und *UAP*.
Im Nachgang wurden nicht wenige dieser partnerschaftlichen Fusionen unter Gleichen
kaufmännisch, medial und auch juristisch desillusioniert.

(2) Finanzierungsart und Fusionswährungen: Überbewertete Aktien statt (geliehenes) Bares

Grundsätzlich lassen sich zwei Währungen bei Unternehmenskäufen unterscheiden: *Cash
or Shares!* Also Bargeld aus den berüchtigten und medial vermarkteten Kriegskassen
der Konzerne bzw. gehebelt durch Kreditaufnahme auf der einen Seite oder eigene Un-
ternehmensanteile auf der anderen Seite (vgl. z. B. aus institutionenökonomischer Sicht
Williamson 1988). Grundsätzlich signalisiert die Wahl der Finanzierung Dritten bereits
die Beobachtungsleistung des kaufenden Unternehmens selbst: Wird die Transaktion bar
bezahlt, dann hält der Käufer sein eigenes Unternehmen für unterbewertet, und möchte
keine eigenen, als zu günstig angesehenen Aktien herausgeben. Wird hingegen die eigene
Aktie als Kaufpreis angeboten, dann hält der Käufer sein Unternehmen für überbewertet
und kann seine eigene derzeit zu teure Aktie weggeben, um andere fair bewertete Dinge
günstig einzukaufen. Dennoch: In dieser fünften Welle ließ sich – vor allem vor dem Hintergrund der Größenordnungen der zu finanzierenden Deals und aufgrund der Hausse –
ein starker Trend zum Aktientausch feststellen: Wurden 1992 gerade 15 % aller deutschen
Transaktionen im Aktientausch finanziert, wurden 1999 bereits 40 % aller Transaktionen
so realisiert; bei den Deals mit einem Kaufpreis von über 2 Mrd. DM waren es gar 80 %.

International wurden Ende der 1990er Jahre bis zu 55 % aller Transaktionen ganz oder teilweise mit Aktien finanziert. Seit dem dritten Quartal 2000 stieg jedoch der Anteil der Barangebote wieder bis auf 52 % an, was im Wesentlichen auf die Börsenschwäche zurückzuführen war (Goldman Sachs in einer interne Studie 2001).

(3) Prämienzahlung: Steigende Prämien durch Synergien und Hybris

Die Prämie ergibt sich bei aktiennotierten Unternehmen als eine über die derzeitige Marktbewertung hinausgehende Kaufpreiszahlung. Letztlich ist sie nichts anderes als der Wetteinsatz des Käufermanagements über den zukünftigen Marktpreis gegen die allgemeine Markteinschätzung. Dies kann dann berechtigt sein, wenn durch den Zusammenschluss wertsteigernde Einflüsse zu erkennen sind, die bei einer isolierten Bewertung der Aktien nicht vorliegen. Diese Einflüsse werden üblicherweise als Synergien bezeichnet. Der Verkäufer will an diesen bereits partizipieren und fordert daher bei der Kaufpreisfindung einen Anteil. Der buchhalterische Begriff für diese Prämie ist der *Goodwill*, also der gute Wille des Käufermanagements gegenüber dem Verkäufer, nicht nur den Marktwert zu zahlen. Diese Gutwilligkeit der Käufer ist nicht selten von einer Gutgläubigkeit kaum zu unterscheiden.

Die durchschnittliche Höhe der Akquisitionsprämie war im Jahr 2000 noch einmal gestiegen. Die Übernahmeprämie von börsennotierten Unternehmen erreichte ein Rekordniveau. 1999 wurden durchschnittliche Prämien von 43 % gezahlt. Im Durchschnitt der 1990er Jahre waren es ca. 40 % (interne Studien Goldman Sachs 2001; Tschöke und Hofacker 2007; für die Analyse deutscher Übernahmeprämien Schmitt und Moll 2007, S. 201 ff.). Das Institut für Weltwirtschaft an der Universität Kiel nimmt eine Steigerung der Prämien von 15 bis 25 % in den 1960er Jahren auf ein Niveau von 50 bis 100 % in den 1980er Jahren an, das in den 1990er Jahren auf diesem Stand verharrte (Kleinert und Klodt 2000, S. 59, allerdings ohne Referenzen).

(4) Bindungsrichtung: M&A, das horizontale Gewerbe

Die Grafik der Fusionswellen des letzten Jahrhunderts verdeutlichte, dass das wesentliche Unterscheidungsmerkmal der Wellen die Akquisitionsrichtung ist: Nach den horizontalen Zusammenschlüssen in der ersten Welle, den vertikalen in der zweiten, den konglomeralen in der dritten und der Desintegration in der vierten Welle ist das M&A-Geschäft heute nahezu vollständig ein horizontales Gewerbe. Die politischen Implikationen werden immer wieder diskutiert (eine ökonomische Analyse der Politik bei horizontalen Fusionen findet sich bei Schmalensee 1987).

Nicht erst seit der Konvergenzdiskussion durch die Neuen Medien muss aber vermutet werden, dass es zunehmend konvergente Zusammenschlüsse als einen neuen, vierten Typus geben muss. Hier wird in komplementäre Bereiche akquiriert, die nach der klassischen Unterscheidung – je nach Marktdefinition horizontal, vertikal oder auch konglomeral sein können, deren Zweck aber vom Kunden bzw. vom Produkt definiert ist und durch den Zusammenschluss einen Mehrwert in Form von Ergänzung darstellt.

(5) Branchenwechsel: Von der Old Economy zur New Economy ...
Die Computerindustrie und Telekommunikation mit 512 deutschen Verkäufern und 437
deutschen Käufern war im Jahr 2000 klarer Branchensieger vor den Finanzdienstleistern,
der Chemie- und Pharmaindustrie und dem Medien- und Verlagsbereich. Dieser nachhaltige Branchenwechsel zu den Telekommunikations-, IT- und Medien-Bereichen sowie dem
Dienstleistungsbereich ist seit Mitte des letzten Jahrzehnts zu erkennen.

(6) Grenzüberschreitende Transaktionen: Grenzen der Globalisierung ...
Die die 1980er und 1990er Jahre prägende Globalisierung der Wirtschaft hat mit Unternehmenskäufen ein schnelles und scheinbar probates Mittel gefunden. Der Anteil der
grenzüberschreitenden Transaktionen an der Gesamtanzahl der weltweiten Transaktionen
ist im Jahr 2000 von 35 auf 40 % gestiegen. Nach einer langen Stagnationsphase in den
1990er Jahren auf einem Level von etwas über 25 % ließ sich seit dem Jahr 1997 eine
deutliche Steigerung beobachten. Nahezu parallel verläuft die Entwicklung des Volumens
der grenzüberschreitenden Transaktionen im Vergleich zum Gesamtvolumen: Auch hier
war eine leichte Steigerung von ca. 33 % im Jahr 1999 auf 37 % im Jahr 2000 zu verzeichnen. Für 2000 wurde ein grenzüberschreitendes Gesamtvolumen von ca. 1,165 Billionen
US-Dollar angenommen.

(7) Hostile Takeovers: Feindlich zu Beginn, freundlich bei Vertragsabschluss ...
Die Aufregung war insbesondere in Deutschland nach der Übernahme von Mannesmann
durch Vodafone groß. Sie war umsonst: Die feindliche Übernahme konnte sich nicht als
erfolgreiches Instrument am Markt für Unternehmen etablieren. Nachdem im Jahr 1999
gleich drei der fünf weltweit größten Transaktionen feindlich vorgetragen wurden, gab es
im Jahr 2000 unter den 30 größten Transaktionen weltweit mit Unilever und Bestfoods
nur eine einzige erfolgreiche Übernahme, die zunächst feindlich vorgetragen wurde. Der
Anteil der feindlichen Übernahmen sank von dem Rekordvolumen von 705 Mrd. US-Dollar im Jahr 1999 auf nunmehr 127 Mrd. US-Dollar im Jahr 2000. Auch die Erfolgsquote
war deutlich geringer: Nur 32 % der feindlichen Ankündigungen wurden tatsächlich realisiert. Im Vergleich dazu war die allgemeine Erfolgsquote in den Jahren 1995–1999 mit
durchschnittlich 41 % deutlich höher (zu den Daten Goldman Sachs, interne Studie 2001).
Die im Jahr 1999 aufgebauten Verteidigungsstrategien und Defense Audit-Maßnahmen
schienen gegriffen zu haben.

(8) Demerger und Divestitures: Scheidungsquote steigt nach Firmenhochzeiten ...
Die Desinvestition und der Demerger, also die Abspaltungen im Zuge einer Restrukturierung bis hin zur Rückabwicklung einer Fusion, haben sich als ein Trend der fünften Welle
manifestiert. So in der Telekommunikationsindustrie oder anderen Beispielen wie dem
prominenten Fall *BMW* und *Rover* mit seinen erheblichen Kurssteigerungen im Nachgang des Demergers. Analoge Reaktionen im Jahr 2007 bei der Rückabwicklung von
DaimlerChrysler. Ähnlich bei *Aventis*, dessen eine Vorgängerorganisation, die Hoechst
AG, bereits über langjährige Erfahrungen in der Desinvestitionspolitik verfügte und deren

zuvor lancierte Life Science-Strategie teilweise durch die Desinvestitionen der Agrarbereiche korrigiert wurde. Dann erfolgte im Jahr 2004 die nächste Fusion mit Sanofi zum damals drittgrößten Pharmakonzern der Welt. Etablierte Unternehmen teilen sich wieder auf, wie die Depfa-Bank. Hier ist nicht ein bloßer Gegentrend zu vermuten, sondern es lässt sich zeigen, dass die gleichzeitige Balance zwischen *Merger* und Desinvestition (bzw. *Demerger*) als wesentlich für die Gesamtstrategie eines Unternehmens anzusehen ist.

Im Vergleich zu den Desinvestitionsaktivitäten der USA und Englands war Deutschland in den 1990er Jahren noch deutlich im Hintertreffen. Nach einer A.T. Kearney-Studie aus dem Jahr 1998 war die Anzahl der Desinvestitionen in den USA bereits 10,8 mal und in England 4,3 mal höher als in Deutschland (vgl. Scheiter und Rockenhäuser 2000).

Die Einflüsse, die dieser sich erst langsam abzeichnende Trend auf das Post Merger Management aufweisen könnte, sind erheblich. Wenn die Fungibilität von Organisationen und Organisationsteilen sich tatsächlich erhöhen sollte, dann hat dies unmittelbare Konsequenzen auf Aspekte wie die Integrationstiefe und Autonomiebedarfe. Unternehmen als mehrfach in ihrem Lebenszyklus gehandelte Ware ist eine für manchen sicher ungewohnte und ungewollte Vorstellung, kann deswegen aber nicht von der Forschung ignoriert werden. Fälle wie die ausgegliederte *Atecs* als Desinvestition von *Mannesmann* nach der Übernahme durch Vodafone mit anschließendem mehrfachen Teilverkauf an unterschiedliche Käuferorganisationen scheinen zur Normalität zu werden.

1.4.6.1.6 Sechste Welle (2002–2008): Fremdkapital gehebelte Private Equity-Akquisitionen

Die sechste Welle begann im Jahr 2002 und damit nach nun knapp zwei Jahren des dafür sehr deutlichen Rückgangs. Im Jahr 2006 wurden die weltweiten wie auch europäischen Höchststände aus dem Jahr 2000 dann erstmalig übertroffen und die Welle endete jäh im Nachgang der in 2007 so beobachteten *Subprime-Krise*, die in eine Finanzmarkt- und Weltwirtschaftskrise führte. Im Rahmen dieser kurzen Historisierung kann hier keine ausführliche Würdigung der Krisenemergenz und -auswirkung erfolgen, sondern lediglich die M&A-relevanten Bezüge aufgezeigt werden.

(1) Weltweites M&A-Rekordvolumen bis 2007: Höhepunkt im ersten Halbjahr

Im Jahr 2007 wurde noch ein weltweites M&A-Volumen aufgrund des ersten Rekordhalbjahres von gut 4,3 Billionen US-Dollar realisiert – nochmals gut 20 % Wachstum gegenüber dem Jahr 2006. Die Anzahl der Transaktionen ist im Jahr 2007 um 0,5 % auf 33.189 zurückgegangen. Während in Europa Übernahmen im Wert von 1,760 Billionen US-Dollar angekündigt wurden, waren es in den USA lediglich 1,560 Billionen US-Dollar.

(2) Deutscher M&A-Markt weiterhin beruhigt: Abnehmende Volumina

Während die Höchststände europa- und weltweit bereits nach sechs Jahren wieder erreicht wurden, verhielt sich der deutsche Markt kontinuierlich beruhigter – auch wenn die

medialen Rekordmeldungen dies mitunter anders darstellen (vgl. auch die Längsschnitt-
zahlen in der siebten Welle). Die Finanz- und Wirtschaftskrise hat im Jahr 2008 mit 1195
registrierten Übernahmen zwar nach Angaben von *M&A International Kronberg* – bereits
wie im Jahr 2007 mit 1099 – zu leicht steigenden Zahlen geführt, die aber noch immer
weniger als die Hälfte der Transaktionsanzahl in den Jahren 1997 bis 2001 ausmachen.
Zudem sank das Transaktionsvolumen in Krisenjahren 2007 und 2008 deutlich von 180
auf 120 Mrd. Euro.

(3) Die M&A-Marktentwicklung hinsichtlich der Größe der erworbenen Unternehmen: Große sind gescheitert, Kleine gescheiter

Die Größe von Zielunternehmen kann zweierlei gemessen werden: (1) als Umsatzvolumen
und (2) als Börsenwert. Und auch nach den Rekorden Ende der 1990er Jahre sind nach
nur wenigen Jahren – weltweit aber auch in Deutschland – wieder zahlreiche Großtransaktionen sowie ein Anstieg der durchschnittlichen Transaktionsgröße von veröffentlichten
Übernahmen von 257 Mio. Euro im Jahr 2004 auf 542 Mio. Euro nur ein Jahr später zu
verzeichnen gewesen. Dennoch: Nach zahlreichen Studien für Europa weisen 96 % der
Zusammenschlüsse ein Volumen unter 250 Mio. Dollar auf. In Deutschland ist ebenfalls
der Mittelstand der Treiber auf den M&A-Märkten: So erzielten zu Beginn des Jahrzehnts
95 % der aufgekauften Unternehmen weniger als eine 500 Mio. Euro, 82 % weniger als
50 Mio. Euro Umsatz.

(4) Die Private Equity-Entwicklung deutscher und europäischer M&A: Klein ist das neue Groß

Nach dem zweigeteilten Rekordjahr 2007 – Wachstumsrekorde im ersten Halbjahr und
einer sehr deutlichen Abkühlung im zweiten Halbjahr – ist aufgrund der Erschwernis der
Refinanzierung der Positionen von Finanzinvestoren sowie deren Weiterreichungen von
Beteiligungen an weitere Finanzinvestoren (so genannte *Secondary Buy Outs*) die Zeit der
Megadeals durch Finanzinvestoren als wesentlicher Treiber weggefallen.

Blicken wir auf die Wirkung der europäischen Finanzmarktkrise auf das Private Equi-
ty-M&A-Geschäft im Jahr 2008: Der Gesamtwert aller Transaktionen, an denen Private
Equity-Gesellschaften beteiligt waren, sank um 61 % von 184,9 deutlich auf 73 Mrd. Euro
und die Anzahl der Übernahmen reduzierte sich von 824 auf 572 um 30 %. Damit war das
Niveau auf die Jahre nach der „New Economy-Krise" 2002/2003 erreicht.

Das *Private Equity-Geschäfts* konzentrierte sich in den Folgejahren auf kleinere Transaktionen, da bereits mittelgroße Transaktionen im Volumen von einer bis fünf Mrd. Euro
als kaum mehr finanzierbar galten. Die kleineren Übernahmen im Volumen bis zu einer
halben Milliarde Euro verteuerten und verlangsamten sich.

(5) Marktentwicklung hinsichtlich der Bindungsrichtung: Trotz Krise keine Konglomerate

Wie an den vergangenen fünf Wellen gezeigt, kann die Bindungsrichtung in horizontale,
vertikale und konglomerate Akquisitionen differenziert werden. So werden bei *horizontalen* Akquisitionen Unternehmen zusammengeschlossen, die auf der gleichen Produkti-

ons- und Handelsstufe operieren. Hier wird gemäß der Differenzierung des Bundeskartellamtes zwischen einer horizontalen Diversifikation *mit* bzw. *ohne* Produktausweitung unterschieden. Bei *vertikalen* Akquisitionen erfolgen Zusammenschlüsse aufeinanderfolgender Produktions- oder Handelsstufen. Es kann somit weiter unterschieden werden in den Fall der so genannten *backward integration*, bei der in der Wertkette vorgelagerte Unternehmen integriert werden, sowie in den Fall der so genannten *forward integration*, bei der nachgelagerte Unternehmen integriert werden. Bei *konglomeraten* oder *lateralen* Diversifikationsüberlegungen werden – aufgrund von beispielsweise finanzpolitischen und risikostreuungsorientierten Gesichtspunkten – Zusammenschlüsse von unterschiedlichen Branchen mit unterschiedlichen Produktionsstufen vorgenommen. Die horizontale Bindungsrichtung ohne Produktausweitung ist seit nunmehr 20 Jahren die dominante Form des deutschen M&A-Geschäftes – mit der Folge eines erhöhten Konzentrationsgrades in einzelnen Branchen. Die vertikale Integration und die konglomeraten Zusammenschlüsse hingegen nahmen lange auf niedrigem Niveau weiter ab. In Deutschland ist in den Krisen-Jahren 2007/2008 und den Nachfolgejahren der Anteil der horizontalen Transaktionen mit über 75 % stabil geblieben. Die krisenabsichernd gedachten Portfolio-Konglomerate blieben bei zwischen 12 und 16 % aller Transaktionen.

(6) Marktentwicklung hinsichtlich der Sektoren: Telekommunkation als Treiber
Hinsichtlich der sektoralen Aufteilung des M&A-Marktes lassen sich eindeutige Branchenkonjunkturen erkennen: Die branchenmäßige Verteilung ließ sich Anfang der 1990er Jahre für Deutschland bei grenzüberschreitenden Akquisitionen in Europa wertmäßig mit 46 % für die Automobil-, Papier-, Nahrungsmittel- und Elektroindustrie angeben (vgl. Stein 1993, S. 86). Im Jahr 1992 machten noch die sieben Branchen Chemie, Elektro, Lebensmittel, Metall, Maschinen, Bau und KFZ-Bau mit 1156 Übernahmen in Deutschland gut 45 % der Gesamttransaktionen aus (vgl. Storck 1993, S. 126).

Seit dem Jahr 1996 drehte sich die Branchenverteilung nachhaltig: Waren im Jahr 1999 weltweit in der Telekommunikationsbranche noch Transaktionen im Wert von 569 Mrd. Dollar zu verzeichnen – das entsprach ungefähr einem Sechstel des Gesamtvolumens – behielt der Bereich Telekommunikation zwar auch im Jahr 2000 seine Branchenführerschaft, fiel mit 483 Mrd. Dollar allerdings geringer aus. Noch im Jahr 1998 allerdings lag das Volumen bei 296 Mrd. Dollar. 1996 wurde der *Telecommunications Act* unter der Clinton-Regierung mit dem Ziel von Wettbewerbsbeschränkungen und die Verstärkung des Wettbewerbes verabschiedet. Marktbarrieren wurden beseitigt und der direkte Wettbewerb zwischen lokalen Telefonanbietern wurde ermöglicht. So stieg in direkter Folge des Gesetzes bis zum Jahr 2000 das M&A Volumen auf knapp 1,5 Billionen Dollar deutlich. Die Finanzdienstleistungen entwickelten sich zur drittaktivsten Branche.

Interessant der *Handelsblatt-Business-Monitor* (21.10.2008, S. 18): Hier war die branchenbezogene Furcht vor einer Übernahme im Bereich der Telekommunikation/Medien am stärksten ausgeprägt, gefolgt von Transport, Pharma, Finanzdienstleistungen, Maschinenbau und Handel, was zu den Konzentrationstendenzen der jeweiligen Industrien zu passen schien.

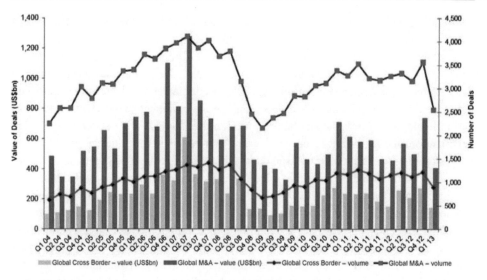

Abb. 1.28 Anzahl und Volumen von grenzüberschreitenden Transaktionen. (Quelle: UNCTAD 2013)

(7) Marktentwicklung hinsichtlich der grenzüberschreitenden Transaktionen

Während die sogenannten *Cross Border*-Transaktionen in der sechste Welle zunächst weltweit einen etwas nachlaufenden Wachstumstrend aufwiesen und sie ihren Höhepunkt im 4. Quartal 2007 verzeichneten, sank in der Nachfolge das Volumen sehr deutlich ab, um dann von 2009 bis Herbst 2011 wieder anzusteigen (vgl. Abb. 1.28).

(8) Marktentwicklung hinsichtlich der Finanzierungsart: Cash ist „king"

Welche Währung für eine Finanzierung einer Transaktion eingesetzt wird, gilt als Signal an den Kapitalmarkt für die Selbsteinschätzung des Käufers hinsichtlich seiner Börsenbewertung. Wird ein Unternehmen gegen Bargeld erworben *(cash offer)*, dann soll dies dem Kapitalmarktbeobachter signalisieren, dass sich der Käufer an der Börse unterbewertet fühlt und daher seine eigenen Aktien behalten und den Kaufpreis aus dem Cash Flow bzw. aus einer Fremdfinanzierung heraus finanziert. Wird es hingegen im Aktientausch *(share swap)* erworben, dann signalisiert dies dem Kapitalmarkt, dass es seine Aktien für überbewertet hält und mit zu hoch bewerteten Aktien ein anderes – fair bewertetes – Unternehmen zu günstigeren Konditionen als Bargeld erwirbt (vgl. nochmals Agrawal et al. 1992). Während die fünfte Welle in der Hochzeit in 45 % der Fälle die „Währung Aktie" eingesetzt wurden, hat sich dies bis 2006 sehr deutlich verkehrt: So sind im Jahr 2007 und 2008 im Vergleich zum Jahr 2000 genau doppelt so viele Transaktionen bar bezahlt worden (73 bzw. 74 %) und nur zu 13 bzw. 16 % in Aktien.

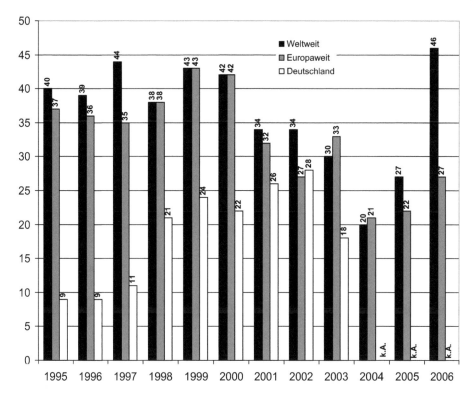

Abb. 1.29 Entwicklung der durchschnittlichen Übernahmenprämien 1995–2006. (Quelle: Thomson Financial; Tschöke und Hofacker 2007, S. 72; Schmitt und Moll 2007, S. 207)

(9) Marktentwicklung hinsichtlich der Prämienentwicklung: Sinkend

Wie bereits für die fünfte Welle beschrieben, betrug die durchschnittliche Prämienzahlung – hier definiert als der Prozentsatz, den der Angebotspreis über dem Aktienkurs vier Wochen vor der Bekanntgabe lag – in den 1990er Jahren ca. 40 % (siehe Abb. 1.29). Im Jahr nach dem Platzen der so genannten *New Economy-Blase* sind die Prämienhöhen signifikant gefallen. Nach nur mehr sechs Jahren hat die weltweite Prämienhöhe mit 46 % einen absoluten Spitzenwert erreicht, während die europäische Entwicklung mit 27 % einen moderaten Anstieg verzeichnete.

Im Rahmen einer empirischen Analyse haben Dirk Schmitt und Rüdiger Moll die Wirkungen des in Deutschland verbesserten Aktionärsschutzes – insbesondere durch das Wertpapiererwerbs- und Übernahmegesetz (WpÜG), der ersten gesetzlichen Regulierung des Übernahmerechtes – auf die Entwicklung der Übernahmeprämien untersucht (Schmitt und Moll 2007, S. 201 ff.). Basis ist eine Vollerhebung aller öffentlichen Kaufangebote zwischen dem 01.10.1995 und 31.12.2003. In den Ergebnissen einer in der Tendenz steigenden Angebotsprämie sehen die Autoren einen Beleg für eine sich aus der Regulierung ergebenen Positionsverbesserung, wenngleich im internationalen Vergleich angesichts der deutlich höheren Prämien noch immer Reformbedarf des Anlegerschutzes bei Übernahmen bestünde (ebd., S. 209). Die Prämien sanken aufgrund der Finanzmarkt- und Wirtschaftskrise in den Jahren 2007 und 2008.

(10) Ausgewählte Sondereffekte der Krisenjahre 2009–2010
Während im Zuge der Niedrigzinsphase nach der Finanzmarktkrise die Indizes wie *Dow Jones Industrial*, der *S&P 500* oder auch der *Deutsche Aktienindex (DAX)* auf Rekordhöhen kamen, blieben die Volumina am M&A-Markt überschaubar, trotz einzelner Milliardentransaktionen. Auch wenn 2014 der M&A-Markt dann nachzog, wird diese Enthaltsamkeit in den Krisenjahren zuvor als eine Besonderheit gesehen (vgl. Ferber 2013). Da aber nun gerade bei börsennotierten Gesellschaften die vorschießenden Aktienpreise bei noch bestehender realwirtschaftlicher Unsicherheit die Kaufpreise verteuerten, ist eine solche Entwicklung durchaus erklärbar. Ein weiterer Erklärungsansatz war die Unsicherheit mit Blick auf die neuen Eigenkapitalunterlegungen nach Basel II, die die Wartehaltung verständlich machen kann – auch weil die US-amerikanische Regulierung (*debtor in possession* DIP) die M&A-Markt-Entwicklung befördert zu haben schien. Insbesondere in den Jahren 2009 und 2010 zeigte sich, dass nicht das Kaufinteresse die Limitation darstellte, sondern die Eigentümer keine Verkaufsbereitschaft zeigten.

Weitere Trends in der Krisenphase für Deutschland insbesondere für die Jahre 2008 und 2009 können wie folgt umrissen werden:

(1) Verkauf von Familienunternehmen wie Bionade, Ergee, Escada, Herlitz, Hummel, Porsche, Rosenthal, Sal. Oppenheim, Steigenberger.
(2) Staatliche Käufer insbesondere als *Sonderfonds Finanzmarktstabilisierung* (SoFFin), der krisenbedingten Investmentbanking-Abteilung der Bundesregierung mit der Rekapitalisierung der HypoRealEstate und der der 25 % plus einer Aktie der Commerzbank. Aber auch die Bundesdruckerei ging in Staatseigentum zurück.
(3) Rekommunalisierung: Insbesondere im Bereich der Energiewirtschaft. So wurde Stadtwerke zwar privatisiert, aber mit der Thüga AG als größtes Netzwerk kommunaler Energieversorger eine Wiederverstaatlichung von 37 regionalen Versorgern.

Insgesamt zeigte sich ein Muster, dass wie bereits in Post-Krisenjahr 2003 die Käufer wieder strategischer und weniger spekulativ waren.

1.4.6.1.7 Siebte Welle und aktuelle Markt-Entwicklungen
Im Folgenden wird ein Überblick über Entwicklungen des Marktes für Unternehmenskontrolle in der siebten Welle gegeben. Aufgrund der folgenden Datendarstellung sei an dieser Stelle vorsorglich nochmals auf die unverändert schwierige Datenlage hinzuweisen. Die hier aufgeführten, sich zum größten Teil widersprechenden Statistiken können allenfalls zur Illustration der tendenziellen Entwicklung herangezogen werden. Es bestehen hohe Inkonsistenzen der einzelnen Datenanbieter wie *Bloomberg*, *Dealogic*, *IMMA* (siehe Abb. 1.30), *M&A Review Database, M&A International, Merger Stat, Thomson Reuters,*

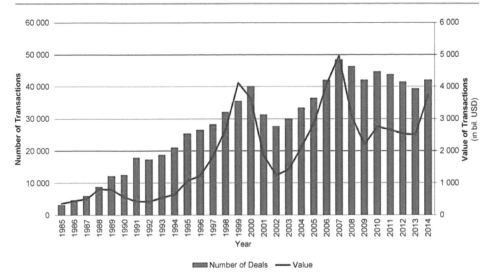

Abb. 1.30 Der weltweite M&A-Markt – Angekündigte Volumina sowie Transaktionsanzahl 1985–2014. (Quelle: IMAA 2014)

ZEPHYR sowie den Research-Abteilungen der Wirtschaftsprüfungen. Gründe liegen in den Publikationspflichten der einzelnen Länder, aber auch in der unklaren Kommunikation von einerseits angekündigten und andererseits abgeschlossenen Transaktionen. Nicht zuletzt lassen sich die wenigsten Statistiken über die Ermittlung der Transaktionsvolumina aus (Wert des Verkäufers, Wert der neuen Unternehmung etc.). Mitunter muss daher auch auf älteres Zahlenmaterial zurückgegriffen werden (vgl. zu der Datenproblematik insbesondere bei Inflationsbereinigung und intertemporalen Vergleichen Grimpe 2007, S. 149–154).

Bei der regionalen Betrachtung insbesondere der Post-Krisenjahre zeigt sich eine amerikanische Volatilität, eine europäisch-asiatische vergleichsweise Kontinuität und eine japanische Marginalisierung (Abb. 1.31).

Der deutsche M&A-Markt von 1974–2014 in absoluten Zahlen
Der deutsche Markt hat sich nach dem Vorkrisen-Hoch im Transaktionsvolumen im Jahr 2007 in Höhe von 180 Mrd. Euro insbesondere in den Jahren 2012 und 2013 mit jeweils ca. 140 Mrd. Euro wieder stabilisiert und hatte mit einem Volumen von 237 Mrd. Euro das stärkste Jahr seit dem Allzeit-Hoch 2000. Auffällig dabei vor allem, dass die registrierten Zahlen der Transaktionen einen deutlichen Sprung auf 1633 gemacht haben, nah den Nachkrisen-Jahren von stagnierend um die 1300 Transaktionen (alle Daten M&A International 2014, siehe die abweichenden Datenbasen in Abb. 1.32 und 1.33).

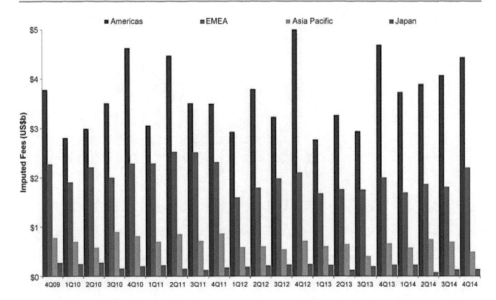

Abb. 1.31 Die vier regionalen M&A-Märkte im Vergleich 2009–2014. (Quelle: Thomson Reuters M&A Review 2014, S. 1)

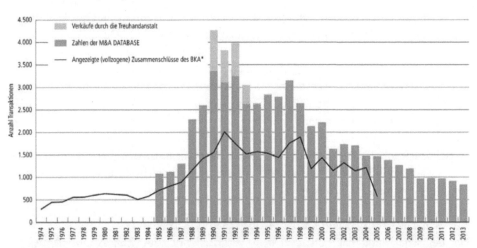

* Mit der 7. Novelle des Gesetzes gegen Wettbewerbsbeschränkungen (GWB) sind zum 1.07.2005 die Regeln zur Bekanntmachung vollzogener Zusammenschlüsse geändert worden. Dies erklärt die rückläufigen Zahlen des Bundeskartellamtes ab 2005 sowie die stagnierenden Zahlen der M&A Database.

Abb. 1.32 Der deutsche M&A-Markt der letzten 30 Jahre – Transaktionsanzahlen (reguläre, Bundeskartellamt, Treuhand). (Quelle: M&A Database, M&A Review 2013, S. 46)

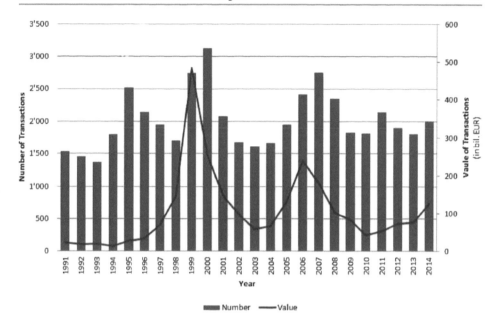

Abb. 1.33 Der deutsche M&A-Markt im 15-Jahres-Vergleich Transaktionsanzahl und Volumina. (Quelle: IMAA 2014)

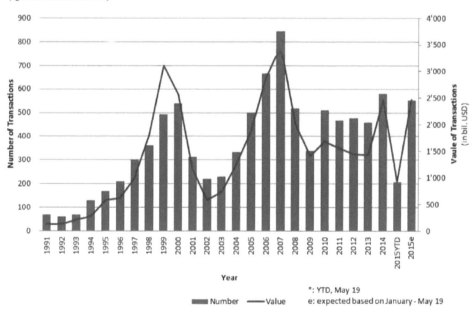

Abb. 1.34 Transaktionsanzahl weltweit 1991–2014 für Transaktionen über 1 Mrd. US-Dollar. (Quelle: IMAA 2014)

	2007	2008	2009	2010	2011	2012	
Horizontal	1.748	1.341	789	797	828	872	77,4%
Vertikal	106	92	74	27	44	39	3,5%
Konglomeral	388	242	135	163	236	216	19,2%
Gesamt	2.242	1.675	998	987	1.108	1.127	

Abb. 1.35 Bindungsrichtung deutscher Übernahmen. (Quelle: laufende Jahrgänge des Berichts des Bundeskartellamtes 2008–2013)

Die M&A-Marktentwicklung hinsichtlich der Größe der erworbenen Unternehmen
Die durchschnittlichen Transaktionsvolumen stiegen weltweit von 129 Mio. US-Dollar im Jahr 2012 auf 162 Mio. US-Dollar in 2013. Weltweit sind im Jahr 2014 insgesamt 59 Transaktionen mit einem Verkaufspreis von über 5 Mrd. US-Dollar abgewickelt worden – und damit doppelt so viel wie im Vorjahr (Thomson Reuters 2014). Auch in Deutschland zeigt sich nach Angaben von M&A International diese Entwicklung: 4 Transaktionen über 5 Mrd. Euro und 20 über 1 Mrd. Euro im Jahr 2014 (Abb. 1.34 und zu den größten Transaktionen weltweit, Europa und Deutschland Abb. 1.41).

Marktentwicklung hinsichtlich der Bindungsrichtung
Die Dominanz der horizontalen Integration, also der Übernahme von direkten Mitbewerbern im Vergleich zu vertikalen Wertschöpfungspartnern oder unverwandten konglomeralen Akquisitionen bleibt auch in dieser siebten Welle bestehen (vgl. Abb. 1.35).

Marktentwicklung hinsichtlich der Sektoren
Die Digitalisierung der Gesellschaft und damit auch der Weltwirtschaft zeigt sich auch auf dem M&A-Markt (Abb. 1.36): So führen die konvergierenden Industrien der Telekommunikation, Informationstechnologie, Massenmedien und Entertainment (TIME) die Ranglisten der stärksten M&A-Branchen in allen entwickelten Wirtschaftsregionen an – und hier mit klarer Führung in den USA. Waren dort im Jahr 2013 mit knapp 300 Mrd. US-Dollar an Transaktionen zu verzeichnen, sind diese Industrien auch weltweit mit 510,1 Mrd. US-Dollar führend. Es folgen Energie und Versorgung. Im Jahr 2014 drehte sich dies, auf nochmals höherem Niveau und dem stärksten Anstieg in der Pharma, Medizin- und Biotechnik. Weltweit zeigen sich klare Trends, mit nur leicht unterschiedlichen Ausprägungen in den USA und Europa.

Die Abb. 1.37 gibt einen Überblick über die Branchenherkünfte von deutschen Käufern und Verkäufern *(Targets)* aus dem Jahr 2013, die nur wenige strukturelle Veränderungen in den letzten Jahren erkennen lassen – mit einer industriepolitisch relevanten Auffälligkeit: die Zukunftstechnologien IT und Energie sind bei rückgängigen Zahlen und Volumina häufiger als Verkäufer als Käufer.

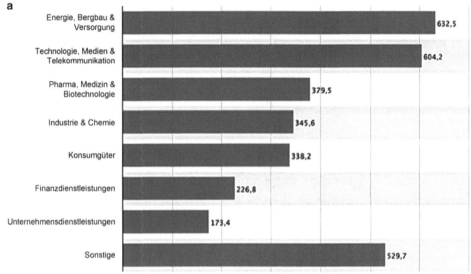

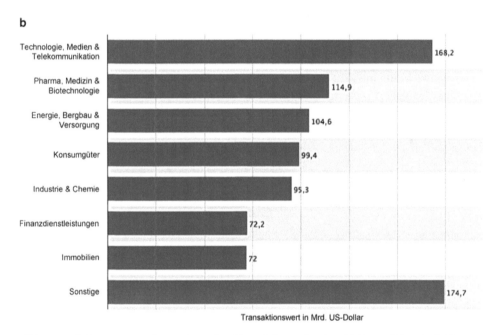

Abb. 1.36 Sektorale Aufteilung der M&A-Transaktionsvolumina 2014. **a** Weltweit, **b** Europa. (Quelle: MergerMarket)

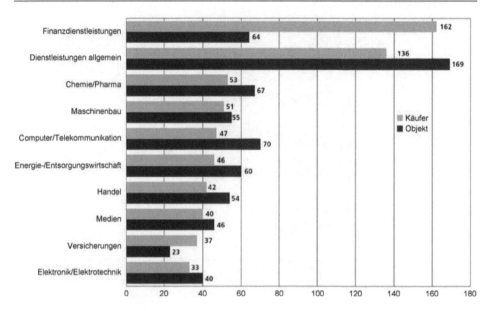

Abb. 1.37 Target- und Käuferbranchen des deutschen M&A-Marktes 2013. (Quelle: M&A Database, M&A Review 02/2014)

Marktentwicklung hinsichtlich der grenzüberschreitenden Transaktionen

Die überwiegende Anzahl der grenzüberschreitenden Transaktionen wird seit jeher von kleinen und mittelständischen Unternehmen durchgeführt. 1990 betrug ihr geschätzter Anteil ca. 75 % der gesamten Transaktionen. 204 der 1000 weltgrößten Unternehmen mit einem Volumen von 57 Mrd. Dollar machen wiederum wertmäßig ca. 50 % des gesamten grenzüberschreitenden Volumens aus (vgl. Stein 1993, S. 86).

Die Tendenz war seit dem Jahr 2001 leicht fallend, wobei hier Europa aufgrund des Konsolidierungsdrucks im gemeinsamen Wirtschaftsraum eine gesonderte Wachstumsrolle zukommt. In Deutschland wurden im Jahr 2006 81 % der Transaktionen mit einem nationalen bzw. intraregionalen Partner durchgeführt (Tschöke und Hofacker 2007, S. 71, vgl. auch Abb. 1.39). Weltweit war das Jahr 2007 der Höhepunkt der grenzüberschreitenden Transaktionen, die gemessen am Volumen 44 % aller weltweiten Transaktionen ausmachten. In nur zwei Jahren fiel der Anteil, aber auch die absoluten Volumina, die grenzüberschreitend stattfinden.

Im Jahr 2014 stiegen die sogenannten *Cross Border M&A's* mit einem Volumen von 1,3 Billionen US-Dollar um 78 % (vgl. Abb. 1.39). Damit hatten die grenzüberschreitenden Transaktionen einen Anteil von 31 % an allen weltweiten M&A-Aktivitäten.

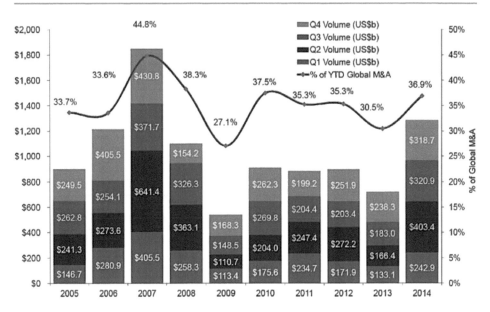

Abb. 1.38 Anzahl und Volumen (in Mrd. US-Dollar) von grenzüberschreitenden Transaktionen 2005–2014. (Quelle: Thomson Reuters)

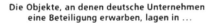

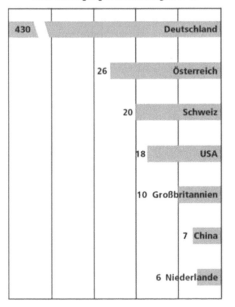
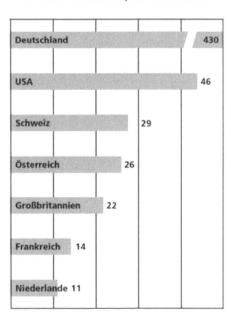

Abb. 1.39 Grenzüberschreitende Transaktionen im deutschen M&A-Markt 2013. (Quelle: M&A Review, 02/2014)

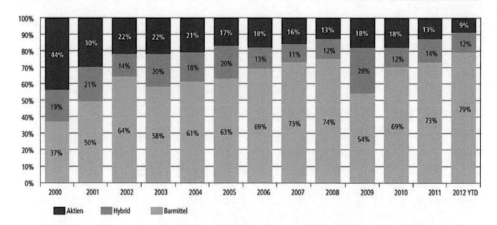

Abb. 1.40 Finanzierungsart: Transaktionswährung weltweit 2000–2012. (Quelle: Thomson Reuter 2013)

Marktentwicklung hinsichtlich der Finanzierungsart

Während in der fünften Welle in der Hochzeit in 45 % der Fälle die „Währung Aktie" eingesetzt wurde, hatte sich dies in der sechste Welle bereits vollständig zur „Währung Cash" entwickelt. Aus den letzten verfügbaren Daten lässt sich dieser Trend mit einem Ausreißer im Jahr 2009 konjunkturunabhängig zeigen, dass das Signal, eigenes bzw. günstig refinanziertes Geld deutlich überlegen ist – im Vergleich zur Abgabe von selbst als überbewertet erachteten eigenen Aktien (vgl. Abb. 1.40).

Marktentwicklung hinsichtlich der Prämienentwicklung

Wie bereits für die sechste Welle beschrieben, betrug die durchschnittliche Prämienzahlung – hier definiert als der Prozentsatz, den der Angebotspreis über dem Aktienkurs vier Wochen vor der Bekanntgabe lag – in den 1990er Jahren ca. 40 %. Im Jahr nach dem Platzen der so genannten *New Economy-Blase* sind die Prämienhöhen signifikant gefallen. Nach nur mehr sechs Jahren hat die weltweite Prämienhöhe mit 46 % einen absoluten Spitzenwert erreicht, während die europäische Entwicklung mit 27 % einen moderaten Anstieg verzeichnete.

Zu den Übernahmeprämien gibt es erstaunlicherweise wenig statistisches Material, aber einiges an Forschung zumindest für einige Länder: So wurde in einer Studie der US-Akquisitionen im Zeitraum zwischen 1978 und 2000 durchschnittliche Übernahmeprämien in Höhen von 34,4 % analysiert. Nach dem gleichen Ansatz wurde für den britischen Wirtschaftsraum zwischen 1985 und 2004 Prämien in Höhe von durchschnittlich 45 % festgestellt (siehe zu den Studien Moser 2011). Es sind mehrere Faktoren abzufragen, die solche zunächst irritierenden Prämienzahlungen rechtfertigen könnten, die ja nichts anderes bedeutet, als eine höhere Zuversicht in den Wert als der Markt: (1) transaktionsspezifische Charakteristika wie Synergien, (2) Marktmacht, (3) Optimierung der Kapitalstruktur, (4) Art der Bietergesellschaft (Finanzinvestor vs. Strategischer Investor), (5) Einzigartigkeit in der Passung sowie (6) makroökonomische Faktoren, welche die zugrundeliegenden Kapitalmarktbedingungen verändern können. Dies können verändernde Aktienmarkt-Preise sein oder Fremdkapitalzinsen. Moser stellt in einer Studie von britischen Übernahmen aus den Jahren 1998 bis 2008 fest, dass die Übernahmeprämien mit einem Jahr Verzug auf die Aktienmärkte reagieren und dass fallende Zinssätze zu höheren Unternehmensübernahmeprämien drei Quartale später führten (Moser 2011, Abb. 2).

In einer Analyse von Alexandridis et al. aus dem Jahr 2013 wird der Zusammenhang zwischen Größe des Verkäufers, Prämien und Aktionärsgewinne analysiert: So konnten sie eine robuste negative Beziehung zwischen Prämie und Größe des Verkäuferunternehmens zeigen. Demnach würden Käufer mehr für kleine als für große Firmen zahlen (höheres *overpayment potential*). Der Befund könnte einhergehen mit den Ergebnissen, dass die Akquisition von großen Firmen mehr Wert für die Käufer-Aktionäre vernichtet als bei kleinen Käufen.

In der siebten Welle stiegen allerdings die sogenannten „Multiples", also die Vielfachen von spezifisch definierten Ertragskennziffern (z. B. Ebitda) offenbar bei allen Unternehmensgrößen. So waren – noch ohne empirisch breite Evidenz – Banken häufig bereit den Faktor 4,5 auf das Betriebsergebnis fremd zu finanzieren, dann lagen viele Eigenkapital-Investoren insbesondere bei grenzüberschreitenden Transkationen bei zweistelligen Multiples. Die Zusammenhänge zwischen Übernahmeprämienhöhe und Scheiterungsrisiko durch das Nicht-Rückverdienen der Prämie in den Folgejahren.

Größte Transaktionen weltweit, in Europa und Deutschland

DIE 10 GRÖSSTEN TRANSAKTIONEN WELTWEIT

	Jahr	Käufer	Verkäufer	Kaufpreis Mrd. USD	Kaufpreis Mrd. EUR
1	1999	Vodafone AirTouch PLC	Mannesmann AG	202,8	204,8
2	2000	America Online Inc	Time Warner	164,7	160,7
3	2007	Shareholders	Philip Morris Intl Inc	107,6	68,1
4	2007	RFS Holdings BV	ABN-AMRO Holding NV	98,2	71,3
5	1999	Pfizer Inc	Warner-Lambert Co	89,2	84,9
6	1998	Exxon Corp	Mobil Corp	78,9	68,4
7	2000	Glaxo Wellcome PLC	SmithKline BeechamPLC	76,0	74,9
8	2004	Royal Dutch Petroleum Co	Shell Transport & Trading	64,6	58,5
9	2000	AT&T Inc	BellSouth Corp	72,7	60,2
10	1998	Travelers Group Inc	Citicorp	72,6	67,2

DIE 10 GRÖSSTEN TRANSAKTIONEN EUROPA

	Jahr	Käufer	Verkäufer	Kaufpreis Mrd. USD	Kaufpreis Mrd. EUR
1	1999	Vodafone AirTouch PLC	Mannesmann AG	202,8	204,8
2	2007	Shareholders	Philip Morris Intl Inc	107,6	68,1
3	2007	RFS Holdings BV	ABN-AMRO Holding NV	98,2	71,3
4	2000	Glaxo Wellcome PLC	SmithKline BeechamPLC	76,0	74,9
5	2004	Royal Dutch Petroleum	Shell Transport & Trading	74.6	58,5
6	2006	Gaz de France SA	Suez SA	76,1	44,6
7	1999	Vodafone Group PLC	AirTouch Communications Inc	60,3	51,7
8	2004	Sanofi-Synthelabo SA	Aventis SA	60,2	50.0
9	2008	InBev NV	Anheuser-Busch Cos Inc	52,2	39,7
10	1999	Total Fina SA	Elf Aquitaine	50,1	48,3

DIE 10 GRÖSSTEN TRANSAKTIONEN DEUTSCHLAND

	Jahr	Käufer	Verkäufer	Kaufpreis Mrd. USD	Kaufpreis Mrd. EUR
1	1999	Vodafone AirTouch PLC	Mannesmann AG	202,8	204,8
2	1998	Daimler-Benz AG	Chrysler Corp	40,5	36,3
3	1999	Mannesmann AG	Orange PLC	32,6	30,2
4	2000	Deutsche Telekom AG	VoiceStream Wireless	29,4	30,8
5	1999	Rhone-Poulenc SA	Hoechst AG	21,9	20,5
6	2006	Bayer AG	Schering AG	21,4	17,0
7	2001	Allianz AG	Dresdner Bank AG	19.7	22,5
8	2005	Unicredito Italiano SpA	Bayerische Hypo- und Vereinsbank	18,3	15,1
9	2007	Continental AG	Siemens VDO Automotive	15,6	11,4
10	2007	E ON AG	Endesa Italia	14,3	9,1

Abb. 1.41 Die größten Zusammenschlüsse. (Quelle: IMAA, Januar 2015)

1.4.6.2 Wellenübergreifende Beobachtungen

Nun haben wir die letzten für Wissenschaftler analysierbaren sieben Wellen beschreiben können. Welche Muster lassen sich erkennen? Die Bedingungen für die entstehende Wellen erscheinen immer gleich: (1) Hohe Liquidität und Kassenbestand bei den Unternehmen, (2) Sicheres Investitions-Umfeld, (3) besonderes Wertsteigerungspotential.

Marina Martynova und Luc Renneboog haben aus einer Analyse des vergangenen Jahrhunderts 2008 weitere Indikatoren für Muster vorgelegt. Sie fanden heraus, dass obwohl die M&A-Aktivität und deren Profitabilität signifikant über die Wellen hinweg variierten, sie durch vorangegangene technologische Innovation oder industrielle Schocks ausgelöst wurden, in einem positiven ökonomisch und politischen Umfeld erfolgten bei massiven Kreditexpansion und einem starken Aktenmarktaufschwung. Sie wollen weiterhin Belege dafür gefunden haben, dass am Ende der Wellen die Motive zunehmend non-rational waren, häufig selbstinteressierte Management-Entscheidungen (vgl. Martynova und Renneboog 2008, S. 2173).

Bouwman et al. haben im Jahr 2009 die Frage analysiert, ob in boomenden Märkten fundamental andere Muster erkennbar sind als bei Transaktionen während schwachen Aktienmärkten. Der Befund ist empirisch belegt, nicht sonderlich überraschend: Käufer erhalten während guten Aktienmärkte einen signifikant höheren Ankündigungseffekt aber eine unterdurchschnittliche Rendite und operative Leistung auf lange Sicht (Bouwman et al. 2009, S. 675). Die Begründung des Herdenverhaltens bei Management-Entscheidungen liegt nahe, dennoch wäre auch hier zu fragen, wie diese Ergebnisse mit der durchschnittlichen Verweildauer von Manager einhergeht, da kurze Verweildauern die Präferenz für kurzfristige eventbezogene Überrenditen verstärken würde – und umgekehrt.

Zwei weitere aktuelle Studien zu der M&A-Wellen mit Blick auf interne und externe Regulierung bzw. Governance. Duchin und Schmidt haben 2013 anhand von einem Sample von 9854 Transaktionen zwischen 1980 und 2009 gezeigt, dass Akquisitionen, die innerhalb der Wellen stattfanden, eine schwächere Qualität bei Analysen, größere Unsicherheiten und Vorstandsvorsitzenden mit längeren Verweildauer aufwiesen. Diese Bedingungen implizieren eine reduziertes Monitoring und geringere Sanktionen bei ineffizienten Transaktionen, also insgesamt innerhalb der Welle eine schwächere *Corporate Governance* vorherrscht: „Therefore, merger waves may foster agency-driven behavior, which, along with managerial herding, could lead to worse mergers" (Duchin und Schmidt 2013, S. 80). Auch sie zeigten, dass die durchschnittliche Langzeit-Performance der Transaktionen, die während einer M&A-Welle erfolgte, signifikant schlechter ist.

Ovtichinnikov hingegen versuchte im Jahr 2013 die Deregulierung als Treiber für Wellen zu identifizieren: Käufer wie Verkäufer in von ihm so bezeichneten „post-deregulation mergers" weisen eine schwache Performance vor der Fusion auf und haben signifikante Überkapazitäten. Konsistent mit der Hypothese dass „post-deregulation mergers" eine Form des Exits sind, also Ausstiege aus dem Markt, ist die Frequenz von cash and bankruptcy mergers signifikant höher nach den Deregulierungen und die Prämie signifikant niedriger (Ovtchinnikov 2013, S. 73).

1.5   Ausblick

Welche nachhaltigen Trends lassen sich aus der laufenden siebten Welle für die kommenden Jahre erkennen? Illustrativ sollen hier lediglich zwei Entwicklungen aufgezeigt werden: Die *„Zweite globale Integration"* und die *„Erste systematische IT-basierte Integration"*, die sich auf Geschäftsmodelle auswirken:

1.5.1   Die Zweite globale Integration und Staatsfonds: Neue Käuferdominanzen

Während wir seit Beginn der 1990er Jahre und damit auch prägend für die 5. M&A-Welle die erste globale Integration beobachten konnten, sind zum einen die nachhaltige Verschiebung der Zielländer für Akquisitionen sowie der Käuferländer, insbesondere in China, Indien und CIVETS, und zum anderen die Entwicklung ausländischer Staatsfonds zu erkennen.

Während viele entwickelte Länder die erste globale Integration ihrer Branchen bereits hinter sich haben, bestehen in den entwickelnden Ländern noch erhebliche Nachholbedarfe. Käufer aus Südostasien und den Schwellenländern versuchen technologische Aufholjagden durch Unternehmenskäufe in Europa und Nordamerika als schnellsten Weg, diese wichtigen Märkte zu erobern. In Deutschland sind derzeit besonders Käufer aus China, Japan, Südkorea und Indien auf der Suche nach Technologieunternehmen. Und umgekehrt zeigt sich ein Trend, dass deutsche Unternehmen insbesondere in den USA einkaufen.

1.5.1.1   China

In den Jahren 2003 bis 2006 wurden schätzungsweise 300 deutsche mittelständische Unternehmen im Umsatzvolumen zwischen 500.000 und 10 Mio. Euro im Wert für ca. zwei Milliarden Euro übernommen (Keller 2006a, S. 161). Im Zielfokus sind wirtschaftlich angeschlagene Unternehmen in der Reifephase, die entweder über einen guten Markennamen und/oder über technologische Patente verfügen. Weiterhin stellt ein weitläufiges Vertriebsnetz einen wichtigen Übernahmegrund dar, um einen Marktzugang zu ermöglichen. Aktuelle Problemfelder sind die mangelnde internationale Management-Erfahrung chinesischer Investoren, die noch im Vergleich zur angelsächsischen Kultur langsame Verhandlung sowie die am Anlagevermögen orientierte Unternehmensbewertung (Maaß und Müller 2006, S. 430 f.). Es ist davon auszugehen, dass sich diese Problemfelder mit dem weiter intensivierenden Trend der Auslandsinvestitionen und der damit einhergehenden Lernkurve im Beteiligungsmanagement zumindest relativieren werden. Der Fokus wird sich auch auf gesunde Unternehmen ausweiten und damit auch eine durchaus interessante Option für mittelständische Unternehmen in Deutschland mit Nachfolgeproblematik werden.

In den vergangenen Jahren zeigte sich ein kontinuierliches Interesse an Europa, vor Asien und USA. Dabei spielen in Europa vor allem Chemie, Industrie und Rohstoffe die

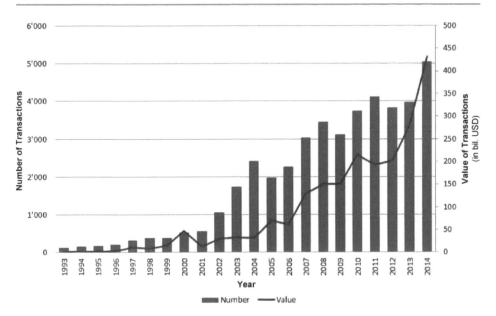

Abb. 1.42 Transaktionen in China 1993–2014. (Quelle: IMAA 2014)

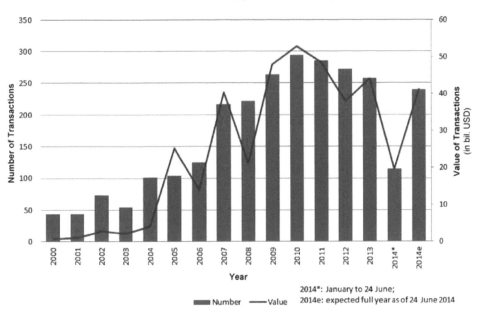

Abb. 1.43 Chinesische Transaktionen im Ausland 2000–2014. (Quelle: IMAA 2014)

wesentliche Rolle. Aufgrund des abschwächenden Wachstums von Chinas Wirtschaft auf einem Niveau von vor einem Vierteljahrhundert (7,4 % beim Bruttoinlandsprodukt), suchen chinesische Unternehmen und Investoren nach Wachstum vor allem in Deutschland.

In 2014 gab es hier so viele Unternehmenskäufe chinesischer Investoren wie nirgendwo
sonst in Europa (vgl. zur Aktivität Abb. 1.42 und 1.43). Noch im Jahr 2009 wurden genau
zwei deutsche Unternehmen von Chinesen erworben, nun fünf Jahre später sind es bereits
36 Transaktionen. Hinter Deutschland folgt Großbritannien (26) und erst mit deutlichem
Abstand Frankreich (13), Italien (11) sowie Spanien und die Niederlande (jeweils 10) als
chinesische Zielländer.

1.5.1.2 Indien

Der 1,1 Mrd. Einwohner zählende Hindu-Staat hat jährliche Wachstumsraten des Brutto-
Inlandsprodukts von mittlerweile sieben Prozent. Indien wird allen Voraussagen zufolge
drittstärkste Wirtschaftsnation der Welt werden, allen voran mithilfe der IT-Branche, aber
auch durch die Pharma- und Kfz-Zuliefererindustrie. Dies spiegelte sich auch eine Zeit-
lang im M&A-Markt wieder, so hatte sich das Volumen von 2004 auf 2007 verdoppelt und
auch die Anzahl der Transaktionen im gleichen Zeitraum versiebenfacht (vgl. Abb. 1.44).

Hintergrund war die weiter erstarkende Finanzkraft indischer Unternehmen, die vor-
zugsweise in überseeische Investitionen gesteckt wird – rein indische Zusammenschlüsse
machten nur 27 % des Marktes aus (vgl. auch Kengelmann et al. 2013; vgl. zur Aktivität Abb. 1.42 und 1.43). Dabei führen seit 1990 US-amerikanische Verkäuferunternehmen
mit 13 Mrd. US-Dollar (wie die Auto-Marken Jaguar und Land Rover), Nigeria mit 11 und
Groß-Britannien mit 6 Mrd. US-Dollar. Interessant dabei: Die Performance von indischen
Transaktionen liegt um ein Drittel unter dem internationalen Durchschnitt.

Während nun Indien auch zunehmend in Im Gegenzug sind deutsche Unternehmen bisher kaum auf der Käuferseite zu sehen, sondern vor allem auf der Verkäuferseite – wie die

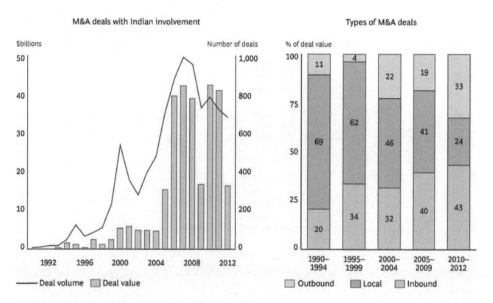

Abb. 1.44   Indische Transaktionen im Ausland 1992–2012. (Quelle: Kengelmann et al. 2013, S. 24;
Daten: Thomson Reuters 2013)

Augsburger *betapharm Arzneimittel GmbH* durch Reddy's Laboratories Ltd., Hyderabad, oder die Übernahme von Trevira durch einen der drei größten Konzerne Indiens, die Reliance-Group aus Bombay. In einer Analyse der bevorzugten Zielunternehmen indischer Unternehmen in Deutschland steht neben Technologieführerschaft ein Mindestumsatzvolumen in einer Spanne von 30 bis 100 Mio. Euro im Fokus – wobei vorrangig gesunde Unternehmen gesucht werden. Hierbei steht nicht die Kostensenkungsstrategien im Vordergrund, sondern das Aufspalten der Wertschöpfungskette zwischen Indien und Deutschland (vgl. Keller 2006b, S. 471).

1.5.1.3 Colombia, Indonesia, Vietnam, Egypt, Turkey, South Africa (CIVETS) und die „magnificent seven"

Nach der entschiedenen Frage „BRIC's or Mortar?" von der Boston Consulting Group (Kengelmann et al. 2013) kommt nun CIVETS bzw. weitere Länder wie Süd-Korea, Mexico, Nigeria und die Philippinen.

In diesen Ländern werden die nächsten Investitionsmöglichkeiten gesehen und eindrucksvolle Wachstumsraten (vgl. zu den Zahlen Kengelmann et al. 2013 und Abb. 1.45). Das M&A-Volumen der „*magnificent seven*" wies in den Jahren 2009 bis 2012 eine deutliche Wachstumsrate auf. 6,7 Mrd. US-Dollar in Vietnam, 168,7 Mrd. US-Dollar in den Philippinen. Die Wachstumsraten z. B. von Nigeria haben sich faktisch jedes Jahr verdoppelt.

Anders als in Indien sind die Erträge aus den Transaktionen durchgehend überdurchschnittlich mit einer Outperformance gegenüber den entwickelten Ländern um 0,6 %. Die drei größten der sieben Wirtschaftsnationen sind Mexico, South Korea und die Türkei und

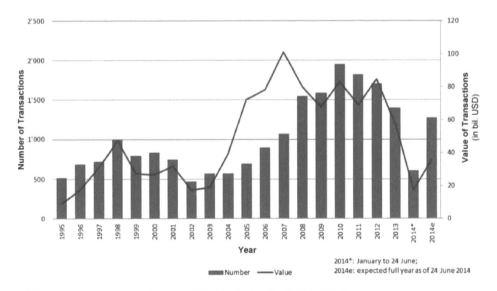

Abb. 1.45 CIVETS Transaktionen 1995–2014. (Quelle: IMAA 2014)

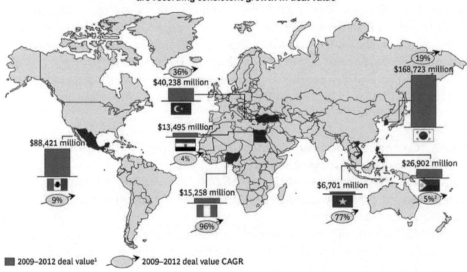

Egypt, Mexico, Nigeria, the Philippines, South Korea, Turkey, and Vietnam are recording consistent growth in deal value

■ 2009–2012 deal value¹   2009–2012 deal value CAGR

Abb. 1.46 „Magnificent Seven". (Quelle: Kengelmann et al. 2013, S. 37; Daten: Thomson Reuters 2013)

bewegen nun mit einem kumulierten Transaktionsvolumen von 2009 bis 2012 300 Mrd. US-Dollar.

1.5.1.4 Deutsche Übernahmen im Ausland insbesondere in den USA

In der „Zweiten globalen Integration" ist auffällig, dass nach der ersten starken Internationalisierung in den 1990er Jahren und dann nochmals kurz vor Krisenausbruch die Zukäufe auch deutscher Käufer im Ausland wieder zunehmen (vgl. Abb. 1.47 und 1.48).

Dabei spielt insbesondere der US-amerikanische Markt für Deutschland eine entscheidende Rolle. Die Gründe liegen im stagnierender Wachstum bzw. Absatz in Europa, dem Wachstum und der Reindustrialisierung in den USA, den fallenden Energiepreise durch Schiefergas und Öl und Fracking, der hohen Liquidität als Kassenbestände (Kriegskassen) und den geringen Finanzierungskosten durch das Zinsniveau.

Abb. 1.47 Übernahmevolumen deutscher Unternehmen im Ausland 2007–2014 in Mrd. US-Dollar. (Quelle: Wirtschaftswoche, 29.9.2014, S. 55)

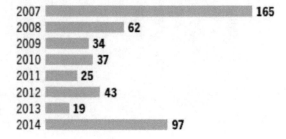

Abb. 1.48 Übernahmevolumen deutscher Unternehmen in den USA, in Mrd. US-Dollar 1996–2014. (Quelle: WirtschaftsWoche, 29.9.2014, S. 51)

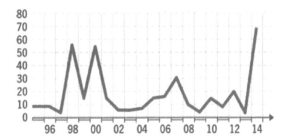

Gerade aber die geringen Verzinsungen haben zu einer vorsichtigeren Verkäuferhaltung geführt, da die Verkaufserlöse wenig alternative Anlagemöglichkeiten haben und damit hat sich in 2014 endgültig das Preisniveau erhöht – mit der verteuernden Währungsrelation des schwachen Euros. Die Preisempfindlichkeit hat sich in deutschen Vorstandsetagen aber eher gesenkt. Die Ängste vor Regulierungs- und Integrationsthemen seien, so sagen viele Berater, im Vergleich zu den zumeist unerfolgreichen Transaktionen durch Professionalisierung der M&A-Arbeit gesenkt.

Die Vereinigten Staaten erlebten in den 2010er Jahren eine beeindruckende Reindustrialisierung, die sich nach Wirtschaftsmagazinen wie der WirtschaftsWoche als eine „Zeitenwende" entwickeln dürfte. In nur fünf Jahren stieg die Zahl der Arbeitsplätze in der industriellen Fertigung um rund 600.000 – Tendenz steigend. Die Boston Consulting Group geht davon das, dass die Produktionskosten in den kommenden Jahren vergleichbar mit denen in China sind. Die US-Lohnstückkosten sind seit 2000 fast unverändert, die US-Energiepreise sind international kaum noch unterbietbar. Dazu die Demographie: Die Bevölkerung wächst von 318 im Jahr 2015 auf rund 400 Mio. im Jahr 2050 und dürfte zudem für einen ausreichenden Nachschub an Arbeitskräften und im Inlandskonsum sorgen (vgl. WirtschaftsWoche 29.09.2014, S. 50 ff.).

Im Jahr 2014 angekündigte Beispiele für die von US-Zeitungen wie „Wall Street Journal" oder „New York Times" verwundert wie anerkennend beobachteten „deutsche Shoppingtour": Siemens und Dresser-Ran, SAP und Concur Technologies. ZF Friedrichshafen und TRW Automotive, Bayer und Merck & Co und die deutsche Merck und Sigma-Aldrich.

1.5.1.5 Staatsfonds: Regulierungsbemühungen durch „Angst vor dem Ausverkauf"

Eine weitere Diskussion war Mitte des ersten Jahrzehntes im neuen Jahrtausend virulent: eine Diskussion der Angst um den Ausverkauf der deutschen Industrie durch ausländische Staatsfonds. Die Medienerregungszyklen und politischen Formeln kamen durch die Krise im Nachgang des Jahres 2007 nochmals durcheinander und zeigten eine hoch ambivalente Haltung auf.

Die Mutter aller Staatsfonds ist der norwegische Fonds mit dem bescheidenen Namen *Statens pensjonsfond utland* und einem unprätentiösen Bankgebäude ohne Logo. Die Skandinavier sind vermutlich größter Anleger an Europas Börsen und bei fast allen Bluechips mit ein paar Prozent beteiligt. Norwegen hat den reichsten Staatsfonds der Welt – erst 1990 gegründet, mit Beteiligungen an Nestlé, Royal Dutch, Shell, Novartis, Roche, BP, HSBC und Siemens – gemäß der Investmentstrategie *„ein Prozent von der Welt."*

Staatsfonds sind in den vergangenen Jahren zur neuen, sehr stillen Macht an den internationalen Kapitalmärkten geworden und nicht nur in Rohstoffen investiert, sondern in nahezu allen Blue Chips wie Daimler, Volkswagen, Porsche. Barclays, Citigroup, Credit Suisse, Nestlé, General Electric oder Glencore. China, Singapur, Katar oder Abu Dhabi – also boomende und reiche Nationen haben sich solche Investmentvehikel zugelegt. Staatsfonds sammeln dafür die Devisenüberschüsse des Landes ein, um sie rund um den Globus wieder anzulegen – so wie es die Norweger seit Jahren praktizieren (vgl. für eine Übersicht Tab. 1.9).

Nach der Krisenbeginn im Jahr 2007 haben die Staatsfonds in nur sechs Jahren, ungeachtet der Finanzkrise, nach Angaben der Börsenzeitung ihr Vermögen auf mehr als 6 Billionen Dollar fast verdoppelt. Tendenz weiter steigend. Das systemische Problem dieser neuen Größen: Staatsfonds wie Norwegen sind für einige Finanzmärkte bereits zu groß geworden.

Mindestens 75 Staatsfonds waren Mitte der 2010er Jahre weltweit aktiv, so die Schätzung des US-Thinktanks *Sovereign Wealth Fund Institute (SWFI)*, davon etwa 50 Staatsfonds seit 2000 gegründet. In den letzten Jahren hinzugekommen: Kasachstan, Angola oder Nigeria.

Elf von ihnen haben laut Schätzungen jeweils mehr als 100 Mrd. US-Dollar unter Kontrolle. Und sie können sich einkaufen in strategische Industriezweige anderer Nationen. Hier entstehen Misstrauen und die Regulierungswünsche, was auch angesichts der zumeist mangelnden Transparenz liegen mag.

Während die Norweger 40-mal pro Sekunde ihren Vermögensstand aktualisiert und die Beteiligungen im Netz ausweist, sind andere deutlich intransparenter: So gab beispielsweise die US-Großbank Citigroup in ihrer tiefsten Krise einen neuen Aktionär bekannt: die *Abu Dhabi Investment Authority (ADIA)* mit 7,5 Mrd. US-Dollar. Zu ADIA war damals nicht mehr als eine veraltete Anschrift in den Vereinigten Arabischen Emiraten sowie eine Telefonnummer versehen, an die keiner ranging (vgl. Hecking 2014). Solche Staatsfonds müssen sich nicht rechtfertigen vor einem demokratisch gewählten Souverän, also dem Staat. Es sind Herrscherfamilien von Abu Dhabi oder des kuwaitischen Al-Sabah-Clans oder die Al Thanis über die *Qatar Investment Authority*.

Mit der Finanzkrise im 2007 stiegen einige Staatsfonds der arabischen Ölmonarchien in westliche Unternehmen und verloren sehr deutlich. So hat die ADIA in der Krise der Citigroup fast ihre gesamten 7,5 Mrd. US-Dollar Einsatz verloren. Die Rückabwicklungs- und Entschädigungsklagen ziehen sich bis heute hin. Wurden die neuen Fonds noch als „stupid money" belächelt, haben sie in der neuen Welle dazugelernt und aufgerüstet: Top-Trader, bekannte Analysten und Investmentstrategen aus den USA und Europa wurden geholt, Büros in New York, London, Singapur eröffnet, aus denen sie täglich an den Märkten handeln.

Tab. 1.9 15 größte Staatsfonds weltweit Juli 2014. (Quelle: SWF Institute)

Country	Sovereign Wealth Fund Name	Assets $Billion	Inception	Origin	Linaburg-Maduell Transparency Index
Norway	Government Pension Fund – Global	$878	1990	Oil	10
UAE – Abu Dhabi	Abu Dhabi Investment Authority	$773	1976	Oil	5
Saudi Arabia	SAMA Foreign Holdings	$737.6	n/a	Oil	4
China	China Investment Corporation	$575.2	2007	Non-Commodity	7
China	SAFE Investment Company	$567.9**	1997	Non-Commodity	4
Kuwait	Kuwait Investment Authority	$410	1953	Oil	6
China – Hong Kong	Hong Kong Monetary Authority Investment Portfolio	$326.7	1993	Non-Commodity	8
Singapore	Government of Singapore Investment Corporation	$320	1981	Non-Commodity	6
China	National Social Security Fund	$181	2000	Non-Commodity	5
Singapore	Temasek Holdings	$173.3	1974	Non-Commodity	10
Qatar	Qatar Investment Authority	$170	2005	Oil & Gas	5
Australia	Australian Future Fund	$90.2	2006	Non-Commodity	10
UAE – Abu Dhabi	Abu Dhabi Investment Council	$90	2007	Oil	n/a
Russia	National Welfare Fund	$88	2008	Oil	5
Russia	Reserve Fund	$86.4	2008	Oil	5

Allen voran die *Qatar Investment Authority,* mit den gigantischen Gasfeldern. Kein Fonds wächst so schnell und tritt so aggressiv auf wie QIA von Katars ehemaligem Premierminister Scheich Hamad Bin Dschassim Al Thani.

Er ist der Kopf hinter all den prominenten Beteiligungen der QIA und ihres Investmentarms Qatar Holding im Westen: von Volkswagen (mit zwei Aufsichtsratssitzen) und Hochtief über Credit Suisse und Barclays bis hin zur britischen Supermarktkette Sainsbury's und dem Bergwerkskonzern XStrata.

Im Jahr 2014 gab es die nächste Ansage an die Kapitalmärkte: 130 Mrd. Dollar aus den Gasexporten werden in den kommenden fünf Jahren investiert. Auch die anderen Staatsfonds wollen wachsen, so auch die Norweger bis 2020 um noch einmal 400 Mrd. US-Dollar Vermögen.

Staatsfonds haben – bei aller Unterschiedlichkeit in der Transparenz und Aggressivität – alle vergleichbare Aufgaben (vgl. ebd.): (1) Kanalisation der hohen Kapitalzuflüsse, die gerade kleine Rohstoffstaaten überfordern, (2) Streuung des Investitionen über viele Branchen und Aufbau neuer nationaler Industriezweige zur Unabhängigkeit von internationalen Rohstoffpreisen oder anderen Hauptdevisenquellen, (3) Sicherung der anders als in Deutschland strukturierten Rentensysteme mit Versicherungen und ungedeckten Pensionszusagen, (4) Einflussnahme des Land in internationale Angelegenheiten.

Reagierend auf die zunehmenden Sorgen im Zuge der zunehmenden Dominanz in Markt- und Unternehmensstrukturen haben sich die großen Fonds 2008 auf ihrer Weltkonferenz in Chiles Hauptstadt auf die die sogenannten *Santiago-Prinzipien* verständigt: mehr Transparenz, Investitionen ausschließlich nach wirtschaftlichen statt politischen Zielen zu tätigen, Beziehung zwischen Fonds und Regierung sowie grundlegende Geschäftszahlen offenzulegen.

Mitte der 2010er Jahre sieht man kein einzigen der 20 untersuchten führenden Staatsfonds, die alle Santiago-Prinzipien umgesetzt haben. Sechs Institutionen, allen voran die Norweger, halten sie zu wenigstens 80 % ein. Acht Fonds, darunter Katars QIA, Kuwaits KIA und Abu Dhabis ADIA, erreichen 60 %.

Vor diesem Hintergrund ist in Deutschland seit der Jahrtausendwende quer durch die Parteienlandschaft eine zunehmende politische Sorge entstanden – und mitunter auch auf der Unternehmensseite selbst. Die Bundesregierung hat eine stärkere Regulierung – über die Änderung des Außenwirtschaftsgesetzes (AWG), das bislang vor allem die Beschränkungen nationaler Rüstungsfirmen regelte, vorgenommen. Zuletzt im Juni 2013 und der Neufassung der Außenwirtschaftsverordnung am 1. September 2013.

In einigen nationalen Rechtsordnungen ist die feindliche Übernahme von Firmen in bestimmten Wirtschaftszweigen durch ausländische Investoren genehmigungspflichtig bzw. ganz untersagt – vor allem im Bereich der nationalen Sicherheit und der netzbasierten Güter wie z. B. Rüstungsindustrie, Massenmedien, Telekommunikation und Energieversorgung.

So reguliert die USA über deren *Committee on Foreign Investment in the United States (CFIUS)* vergleichsweise streng, mit Blick auf die Investitionen ausländischer Investoren und deren Beeinflussung der nationalen Sicherheit.

In Deutschland trat – als Reaktion auf die mediale und politische Debatte über Staatsfonds – im April 2009 die Änderung des *Außenwirtschaftsgesetzes (AWG)* und der *Außenwirtschaftsverordnung* in Kraft. Damit ist das Bundesministerium für Wirtschaft und Technologie in der Lage, Beteiligungen durch ausländische Investoren, und somit auch durch ausländische Staatsfonds, unter bestimmten Voraussetzungen zu untersagen, wenn diese über 25 % der Anteile eines in Deutschland ansässigen Unternehmens erwerben wollen. Diese Regulierung wirft mit Bezug auf Regulierungen der Europäischen Union durchaus Fragen der Konsistenz auf. Insbesondere stellt sich die Frage der Vereinbarkeit mit der europäischen Kapitalverkehrsfreiheit aus Art. 63 *Vertrag über die Arbeitsweise der Europäischen Union (AEUV)*. Denn diese Verkehrsfreiheit gilt als einzige des AEUV schon ihrem Wortlaut nach auch gegenüber Drittstaaten, d. h. Nicht-EU-Mitgliedern. Grundlegend überarbeitet wurden im AWG auch die Straf- und Bußgeldvorschriften. So sind Verstöße gegen Embargo-Vorschriften sowie Handelstätigkeiten ohne erforderliche Genehmigung bei vorsätzlicher Begehung nunmehr stets eine Straftat.

Die Ambivalenz der Einschätzung dieser zeigte sich aber just in dem Und im Rahmen der Subprime-Krise sind es nun gerade die ausländischen Staatsfonds, die in den USA und Deutschland willkommen waren – in der Not.

Zu den sogenannten *„sovereign wealth fund"* (SWF) ist in den vergangenen Jahren zunehmend empirische Forschung entstanden:

Knill, Bong-Soo und Mauck haben 2012 eine empirische Studie zu den politischen Beziehungen in der Investitionsentscheidung vorgelegt (Knill et al. 2012, S. 108 ff): Konträr zu den bisherigen Annahmen aus der Forschung zu Direktinvestitionen und Internationalen Beziehungen, konnten sie zeigen, dass SWF es bevorzugen, in den Ländern zu investieren, in denen sie gerade schwächere politische Beziehungen haben. Damit soll ein Beleg gefunden sein, dass SWFs sich mit Blick auf reine Gewinnmaximierung nicht-rational verhalten. SWF Investitionen haben demzufolge einen positiven Einfluss auf relativ geschlossene Länder.

Kotter und Ugur wiederum untersuchten 2011 die Investment Strategien der SWF mit Blick auf die Bewertung und Leistung der Zielunternehmen und wie diese auf mit der Transparenz der SWF zusammenhängt. Sie haben herausgefunden, dass SWF es bevorzugen, größere und ertragsschwache Firmen zu übernehmen, die in finanziellen Schwierigkeiten sind. Der Befund: Durchaus positive Effekte auf den Aktienkurs der Zielfirma bei Ankündigung aber langfristig keine substantiellen Effekte in Leistung und Governance. Weiterhin zeigten die Autoren, dass transparente SWFs eher in finanziell limitierte Firmen investieren und eine größere Wirkung auf das Verkäuferunternehmen aufweisen als „opaque SWFs" (Kotter und Ugur 2011, S. 360 ff.).

Dewenter, Han und Malatesta haben in 2010 SWF Investitionen auf den Firmenwert und den „tradeoff" zwischen „monitoring and lobbying benefits" versus „den Enteignungskosten" der SWFs als Großaktionäre haben, analysiert. Die Daten zeigen einen signifikant positiven Ertrag bei der Ankündigung. Langfristig seien die Erträge „non-monotonic, first rising and then falling with the share sought for investments" (Dewenter et al. 2010, S. 256). Darüber hinaus haben sich die SWF im Sample häufig als „aktive Investoren" gezeigt.

1.5.2 Erste IT-basierte Integration

1.5.2.1 Datenbasierte cross-industrielle M&A-Logik

Die Schlagworte der letzten zehn Jahre der Weltwirtschaft waren von einer Dominanz der Digitalisierung geprägt, die sich nun quer zu klassischen Industrien entwickeln wird. Big Data mit Implikationen für nahezu alle Geschäftsmodelle (von Logistik bis hin zur Gesundheitswirtschaft), Industrie 4.0 im Maschinenbau, Autonomes Fahren in der Automobilwirtschaft, Smart Metering in der Energiewirtschaft etc.

Der Begriff der technologischen Konvergenz ist zumeist noch zu wenig plastisch hinsichtlich der Entwicklung, die sich in den Geschäftsmodellen, den Industrien und damit auch hinsichtlich der cross-industriellen M&A-Transaktionen abzeichnet.

Die These hier lautet, das M&A in diesem datenbasierten Geschäftsmodellen Innovationen quer zu den Industrien erfolgen wird, die 1. nicht mehr größenbezogen, sondern rein innovationsbezogen und 2. die derzeitigen Branchen wie die Automobilbau, den Maschinenbau, die Energie-, die Gesundheits-, Mobilitäts- und Sicherheitswirtschaft massiv beeinflussen wird (vgl. hierzu für Deutschland Jansen und Mast 2014).

Während die ersten Transaktionen in den 1990er und 2000er Jahren im breiten Feld der Informationstechnologie noch stark horizontal bzw. eng an den TIME-Industrien entlang oder auf kleine Start Ups mit Corporate Venture-Modellen ausgerichtet waren (vgl. Jansen 2004a), scheint sich der Blick von der Inklusion von Technologieinnovation auf die Entwicklung lateraler, datenbasierter und vor allem konsequent auf Geschäftsmodelle entwickelt zu haben. Wenn Apple Mitarbeiter eines Batterieherstellers abwirbt, dann wird unmittelbar an das Geschäftsmodell von autonomen Apple-Elektro-Autos gemutmaßt. Einem Markt, wo Google mitmischt und die deutschen Hersteller orakeln, was das für ihre klassische Kompetenz des 20. Jahrhundert bedeutet.

M&A wird hiermit nicht nur als Strategie zum Wachstum bzw. zur Konsolidierung von bestehenden Märkten gesehen, sondern zunehmend als Experimentierfeld für neue technologiebasierte, cross-industrielle Geschäftsmodell-Innovationen – und damit Markt-Redefinitionen.

1.5.2.2 High Tech-M&A international und in Deutschland

Das Beratungshaus Deloitte mit ihrem M&A Institute haben 2014 die *Top 10 Issues for Technology M&A* vorgestellt (Deloitte 2014): Diese Vermutungen klangen noch vergleichsweise klassisch: Sie berichten über disruptive und dynamische Entwicklung in dem Feld, in dem M&A Geschwindigkeitsvorteile erbringen soll. Das ist nicht zwingend notwendig, wenn man sieht, dass Geschäftsmodelle gerade die richtige „time to market" nicht im „first mover advantage" liegt, sondern in der für den Kunden erstmaligen erkennbaren Ökosystemlogik einer einfachen Handhabung. Die Beobachtung, dass mit Beteiligungen und daran geknüpften Vorkaufsrechten Start Ups Optionswerte geschaffen werden ist sicherlich richtig – und macht deutlich, dass IT-basierte M&A-Transaktionen anderen Logiken folgt, als klassische Kostensenkungskäufe: Preise sind niedriger, Frequenz höher, Desinvestitionsbereitschaft höher, Integrationsmanagement anders und Erfolgsmasse komplexer.

Das Beratungshaus PwC hat für Deutschland das M&A-Geschäft im High Tech-Segment analysiert und kam zu folgenden Schlussfolgerungen (PwC 2014): Insgesamt haben die M&A-Aktivitäten im Hightech-Sektor in 2014 eine deutliche Zunahme erfahren. Dabei waren 70 % der deutschen Investoren an deutsche Zielunternehmen interessiert, wobei sich immer mehr Finanzinvestoren an Hightech-Deals beteiligen. Das Wachstum von 2013 auf 2014 wird mit über 22 % angegeben. Damit wurde das Niveau aus der Zeit vor der Finanzkrise mit 346 Transaktionen im Spitzenjahr 2007 noch nicht erreicht, aber der klare Trend ist erkennbar.

PwC erfasste dazu alle Zusammenschlüsse, Käufe und Übernahmen mit deutscher Beteiligung 2004 bis 2014. Dabei zeigte sich auch, dass sich das Engagement von Private Equity-Gesellschaften seit 2004 in nur zehn Jahren mehr als verdoppelt habe. Dabei wird auch das Potenzial des Hightech-Standorts Deutschland hervorgehoben.

64 % der Unternehmen, die in den letzten 10 Jahren in die deutsche Hightech-Branche investierten, stammen selbst aus Deutschland, gefolgt von den USA mit zwölf Prozent, Großbritannien mit fünf Prozent und Frankreich mit drei Prozent. Interessante Bereiche seien nach PwC vor allem die Sparten Business Services, Entwicklung von Software und die Herstellung von elektronischen Geräten. Und diese sehr nationale Angelegenheit bei einer bisher nicht zwingenden Dominanz der deutschen Marktteilnehmer ist auch auf der Käuferseite erkennbar: 70 % der deutschen Käufer wurden seit 2004 im eigenen Land fündig. Lediglich sechs Prozent der deutschen Investoren zog es in die USA und nur jeweils drei Prozent in die Nachbarländer Schweiz und Österreich.

Die Transaktionswerte sind, sowohl unter Beteiligung von Finanzinvestoren als auch strategischen Investoren, vergleichsweise gering – abgesehen von wenigen Mega-Deals, wobei viele Unternehmen aufgrund der Nicht-Börsennotierung die Kaufpreises nicht veröffentlichen.

1.5.2.3 Ausgewählte Statistiken zum Internet- und IT-M&A-Markt

Im Folgenden werden einerseits ausgewählte Makro-Daten zu den Umsätzen (Abb. 1.49), den Marktkapitalisierungen dieser Industrien (Abb. 1.50 und 1.51) gezeigt.

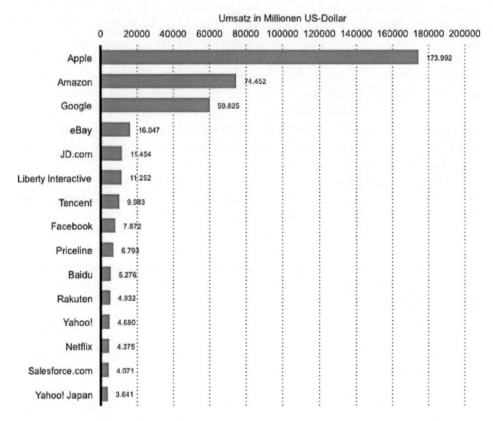

Abb. 1.49 Umsatz der 20 größten IT-Unternehmen 2013 in Mio. US-Dollar. (Quelle: Statista 2014)

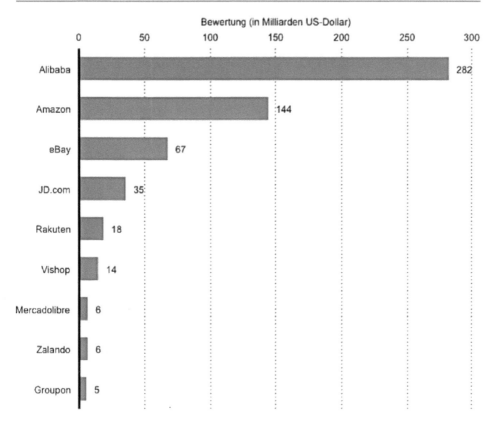

Abb. 1.50 Marktkapitalisierung ausgewählter eCommerce-Unternehmen 2014 in Mrd. US-Dollar. (Quelle: Statista 2015)

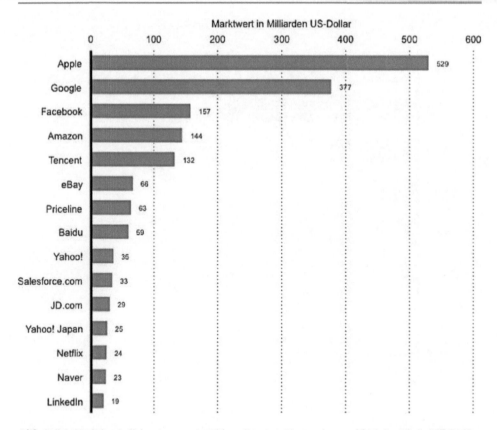

Abb. 1.51 Marktkapitalisierung ausgewählter Internet-Unternehmen 2014 in Mrd. US-Dollar. (Quelle: Statista 2015)

Auf dem M&A-Markt unter Beteiligung der IT- bzw. internetbasierten High Tech-Unternehmen zeigt sich eine kontinuierliche Entwicklung, die im Wesentlichen von kleinen Transaktionen geprägt ist, deren Wert allerdings im Software-Bereich kontinuierlich steigen (vgl. Abb. 1.52 für Software, Abb. 1.52 für Hardware und Abb. 1.54 für Services).

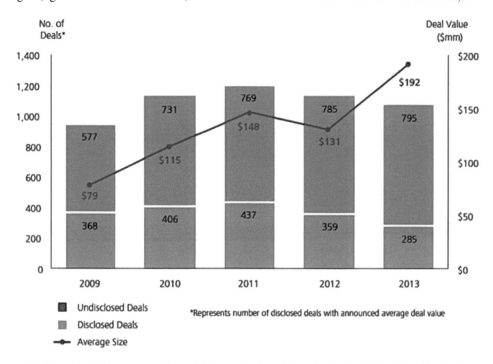

Abb. 1.52 M&A Markt für Software 2014 durchschnittlicher Kaufpreis, 2009–2013. (Quelle: Deloitte 2014)

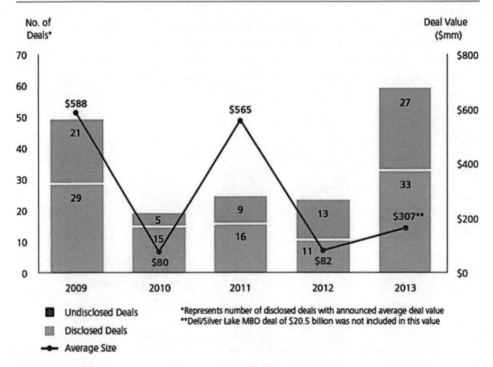

Abb. 1.53 M&A Markt für IT-Hardware 2014 durchschnittlicher Kaufpreis, 2009–2013. (Quelle: Deloitte 2014)

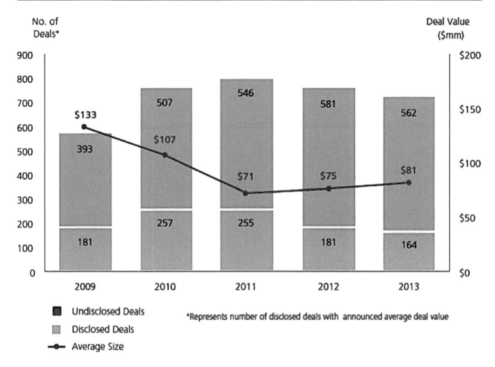

Abb. 1.54 M&A Markt für IT-Services, durchschnittlicher Kaufpreis, 2009–2013. (Quelle: Deloitte 2014)

In Abb. 1.55 stehen illustrativ einige der jüngeren M&A-Deals in der Branche, die einerseits von nutzerbezogenen (Whatsapp, YouTube) und andererseits von hard- und software-konvergieren (Motorala, Nokia) oder von digitalen geschäftsmodellbezogenen Motiven (Nest) geprägt zu sein scheinen.

Beeindruckend auch aus Sicht der Pre- und Post-Merger-Prozesse sind die hochfrequenten Käufer wie Google, Yahoo oder Apple (vgl. Abb. 1.56 und 1.57).

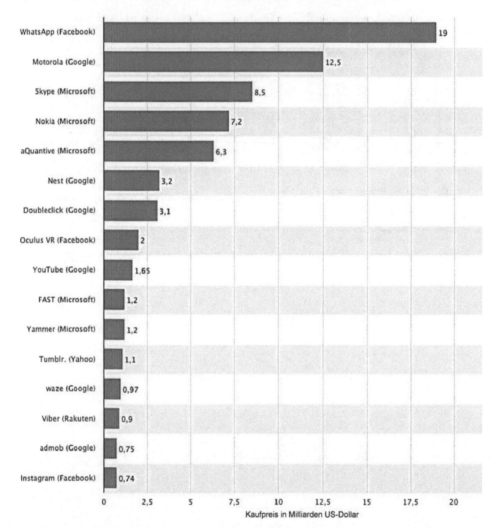

Abb. 1.55 Angekündigte Übernahmen ausgewählter Internetunternehmen bis Februar 2014 in Mrd. US-Dollar. (Quelle: Statista 2015)

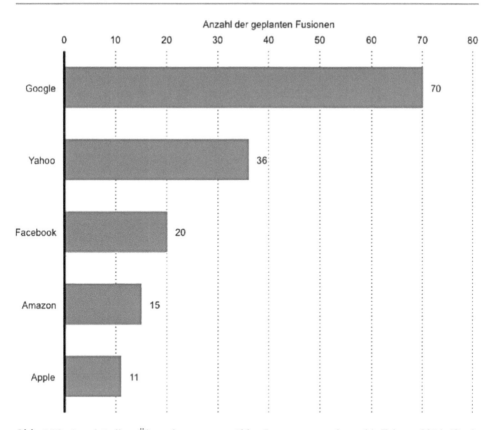

Abb. 1.56 Angekündigte Übernahmen ausgewählter Internetunternehmen bis Februar 2014. (Quelle: Statista 2015)

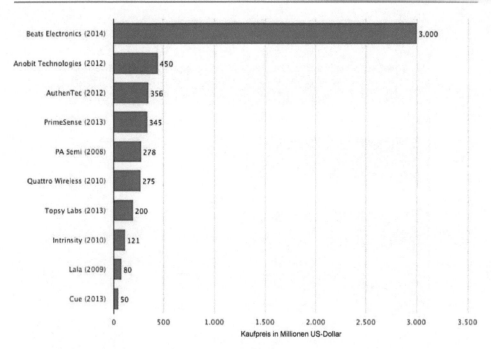

Abb. 1.57 Angekündigte Übernahmen von Apple 2002–2014. (Quelle: TechCrunch 2014. Abbildung: Statista 2015)

Literatur

Ahrens, Ralf, Boris Gehlen, und Alfred Reckendrees (Hrsg.). 2013. *Die „Deutschland AG".* *Historische Annäherungen an den bundesdeutschen Kapitalismus* Bochumer Schriften zur Unternehmens- und Industriegeschichte, Bd. 20. Essen: Klartext Verlag.

Akerlof, George A. 1970. The Market for Lemons – Quality Uncertainty and the Market Mechanism. *Quarterly of Economics* 84: 488–500.

Andrade, Gregor, Mark L. Mitchell, und Erik Stafford. 2001. New Evidence and Perspective on Mergers. *Journal of Economic Perspectives* 15(1): 103–120.

Becattani, Giacomo et al. 1990. The Marshallian Industrial District as a Socio-Economic Notion. In *Industrial Districts and Inter-Firm Co-Operation in Italy*, Hrsg. F. Pyke Genf. ILO.

Beck, Ulrich. 1997. *Was ist Globalisierung? Irrtümer des Globalismus – Antworten auf Globalisierung.* Frankfurt/Main: Suhrkamp.

Beck, Nils, und Renate Ohr. 2014. Das transatlantische Freihandelsabkommen. *Relativierung von Chancen und Risiken* 94(5): 344–351.

Benton-Short, Lisa, Marie D. Price, und Samantha Friedman. 2005. Globalization from Below: The Ranking of Global Immigrant Cities. *International Journal of Urban and Regional Research* 29: 945–959.

Beyer, Jürgen, und Deutschland AG a.D. 2002. Deutsche Bank, Allianz und das Verflechtungszentrum großer deutscher Unternehmen. *MPIfG Working Paper* 02/4.

Beyer, Jürgen. 2006. Vom Netzwerk zum Markt? Zur Kontrolle der Managementelite in Deutschland. In *Deutschlands Eliten im Wandel*, Hrsg. Herfried Münkler, Grit Straßenberger, Matthias Bohlender. Frankfurt a. M./New York: Campus.

BMBF. 2006. *Bericht zur technologischen Leistungsfähigkeit Deutschlands – Zentrale Aussagen der Bundesregierung.* http://www.bmbf.de/pub/tlf_2006_ausagen_breg.pdf. Zugegriffen: 01.02.2007.

BMBF. 2014. *Bundesbericht Forschung und Innovation.* Bonn/Berlin: W. Bertelsmann Verlag GmbH & Co. KG.

Booz Allen & Hamilton. 2005. Höchste Fluktuation weltweit: Knapp jeder fünfte deutsche CEO räumte 2004 seinen Posten, 18.05.2005, München. http://www.presseportal.de/pm/44015/680859.

Bouwman, Christa H.S., Kathleen Fuller, und Amrita S. Nain. 2009. Market Valuation and Acquisition Quality: Empirical Evidence. *The Review of Financial Studies* 22(2): 633–679.

Brinkmann, Ulrich, Karoline Krenn, und Sebastian Schief (Hrsg.). 2006. *Endspiel des Kooperativen Kapitalismus? Institutioneller Wandel unter den Bedingungen des marktzentrierten Paradigmas.* Wiesbaden: VS-Verlag für Sozialwissenschaften.

Brush, Thomas H. 1996. Predicted Change in Operational Synergy and Post-Acquisition Performance of Acquired Businesses. *Strategic Management Journal* 17: 1–24.

Bundesverband Deutscher Kapitalbeteiligungsgesellschaften (BVK). 2012. Analyse der Beteiligungsdauer bei Private Equity-Finanzierungen in Deutschland, S. 1–8. Berlin. http://www.bpb.de/nachschlagen/zahlen-und-faken/globalisierung/52875/downloads. Zugegriffen: 26.01.15

Bundesverband Deutscher Kapitalbeteiligungsgesellschaften (BVK). 2014. BVK-Statistik – Das Jahr 2014 in Zahlen, Berlin. http://www.bvkap.de/sites/default/files/page/20150223_bvk-statistik_das_jahr_in_zahlen2014.pdf.

Bundeszentrale für Politische Bildung (bpb). 2014. Globalisierung: Transnationale Unternehmen – Zahlen und Fakten. http://www.bpb.de/nachschlagen/zahlen-und-fakten/globalisierung/52875/downloads. Zugegriffen: 26.01.2015

Burgmaier, Stefanie. 2006. Die immer gewinnen. *WirtschaftsWoche*, 16: 113–115. 15. April.

Burt, Ronald S. 1979. A Structural Theory of Interlocking Corporate Directorates. *Social Networks* 1: 415–435.

Chandler, A.D. Jr. 1977. *The Visible Hand: The Managerial Revolution in American Business*. Cambridge, Mass: Belknap Press of Harvard University Press.

Coase, Ronald H. 1937. The Nature of the Firm. *Economica* 4: 396–405.

Copeland, Tom, und Fred J. Weston. 1988. *Financial Theory and Corporate Policy*, 3. Aufl. Menlo Park (CA): Addison-Wesley Publishing Company.

Cosh, Andrew D., Alan Hughes, K. Lee, und Ajit Singh. 1989. Institutional Investment, Mergers and the Market for Corporate Control. *International Journal of Industrial Organization* 7: 73–100.

Davidow, William H., und Michael S. Malone. 1993. Das virtuelle Unternehmen – Der Kunde als Co-Produzent, 1. Aufl. Frankfurt am Main: Campus Verlag.

Davis, E. Philip. 2003. Institutional investors, financial market efficiency,and financial stability. *European Investment Bank (EIB): EIB-Papers* 8(1): 76–107. Russell Sage Foundation.

Deloitte M&A Institute 2014. *Top 10 Issues for Technology M&A, Studie*. https://www2.deloitte.com/content/dam/Deloitte/us/Documents/mergers-acqisitions/us-article-page-top-10-issues-for-tech-mna-in-2014-110114.pdf. Zugegriffen: 1.2.2015.

Dewenter, K.L., Han Xi, und Paul H. Malatesta. 2010. Firm values and sovereign wealth fund investments. *Journal of Financial Economics* 98: 256–278.

Dinc, Serdar, und Isil Erelin. 2013. Economic Nationalism in Mergers and Acquisitions. *The Journal of Finance* 68(6): 2471–2514.

Dreher, Maximilian und Dietmar Ernst. 2014. *Mergers & Acquisitions*. Konstanz.

Duchin, Ran, und Breno Schmidt. 2013. Riding the merger wave – uncertainty, reduced monitoring, and bad acquisitions. *Journal of Financial Economics* 107: 69–88.

Easterbrook, Frank H., und Daniel R. Fischel. 1982. Auctions and Sunk Costs in Tender Offers. *Harvard Law Review* 35: 1–21.

Eccles, Robert G., und Harrison C. White. 1986. Firm and Market Interfaces of Profit Center Control. In *Aproaches to Social Theory*, Hrsg. Siegwart Lindenberg, James S. Coleman, Stefan Nowak, 203–224. New York.

Eigendorf, Jörg. 2006a. Europas verpatze Fusionen. *Die Welt*, 3. Juni, 8.

Eigendorf, Jörg. 2006b. Deutsche Manager warnen vor dem Ausverkauf. *Berliner Morgenpost*, 27. November.

Engeser, Manfred. 2000. Die Welt verteilen. *WirtschaftsWoche*, 52: 129–130. 21. Dezember.

Favaro, Ken, Karlsson Per-Ola, und Gary L. Neilson. 2014. The Lives and Times of the CEO – From 100 years back to a quarter century ahead, the evolution of the chief executive officer. *Strategy+Business* 75. http://www.strategy-business.com/feature/00254?gko=88288.

Favaro, Ken, Karlsson Per-Ola, und Gary L. Neilson. 2014a. *The 2013 Chief Executive Study*. PwC Strategy & Inc.

Federal Trade Commission. 1971. *Current Trends in Merger Activity 1970*. Washington: U.S. Government Printing Office.

Ferber, Michael. 2013. Sechs „M&A-Wellen" in der Geschichte – Kein Übernahmefieber trotz Aktien-Hausse. *Neue Zürcher Zeitung*, 1. Juni.

Florida, Richard. 2002. The Rise of the Creative Class. And How It's Transforming Work, Leisure, Community and Everyday live, 1. Aufl. New York.

Florida, Richard. 2005. The Flight of the Creative Class: The New Global Competition for Talent, 1. Aufl. New York.

Freye, Saskia. 2009. *Führungswechsel: Die Wirtschaftselite und das Ende der Deutschland AG*. Bd. 67, Frankfurt/Main, New York: Campus Verlag.

Friedman, Thomas L. 2005. The World Is Flat: A Brief History of the Twenty-first Century, 1. Aufl. New York.

Gaughan, Patrick. 1994. Introduction: The Fourth Merger Wave and Beyond. In *Readings in Mergers & Acquisitions*, Hrsg. Gaughan, P. Gaughan, 1–14. Cambridge, MA.

Gerpott, Torsten J. 1993a. *Integrationsgestaltung und Erfolg von Unternehmensakquisitionen*. Stuttgart: Schäffer-Poeschel Verlag.

Grimpe, Christoph. 2007. Der ZEW ZEPHYR M&A-Index: Kontinuierliches Monitoring weltweiter Fusionen und Übernahmen. *FinanzBetrieb* 2007(03): 149–154.

von Hayek, Friedrich A. 1969. *Freiburger Studien – Gesammelte Aufsätze*. Tübingen: J.C.B. Mohr (Paul Siebeck).

Hecking, Claus. 2014. Diese beiden Menschen haben etwas gemeinsam. *Capital*, 1. Februar.

Höpner, Martin. 2000. Unternehmensverflechtung im Zwielicht – Hans Eichels Plan zur Auflösung der Deutschland AG. *WSI-Mitteilungen*, 53: 655–663.

Höpner, Martin, und Lothar Krempel. 2003. *The Politics of the German Company Network, MPIfG Working Paper 03/9, September*. http://www.mpi-fg-koeln.mpg.de/pu/workpap/wp03-9/wp03-9.html. Zugegriffen: 15.02.2007.

Ivashina, Victoria, und David Scharfstein. 2010. Bank lending during the financial crisis of 2008. *Journal of Financial Economics* 97: 319–338.

Jansen, Stephan A. 2001a. Pre- und Post Merger-Integration bei grenzüberschreitenden Zusammenschlüssen. In *Internationales Fusionsmanagement – Erfolgsfaktoren grenzüberschreitender Zusammenschlüsse*, Hrsg. S.A. Jansen, Gerhard Picot, Dirk Schiereck, 3–34. Stuttgart: Schäffer-Poeschel in Zusammenarbeit mit dem Institute for Mergers & Acquisitions (IMA) und der M&A REVIEW.

Jansen, Stephan A. 2001b. „Schluckbeschwerden", Interview mit Gabriele Fischer und Christiane Sommer. *brandeins* 2001(09): 78.

Jansen, Stephan A. 2004a. *Management von Unternehmenszusammenschlüssen – Theorien, Thesen, Tests und Tools*. Stuttgart: Klett-Cotta Verlag.

Jansen, Stephan A. 2004b. Public Merger Management – Theoretische und empirische Analysen zum Vergleich von Zusammenschlüssen in der Privatwirtschaft und im öffentlichen Sektor. In *Public Merger*, Hrsg. Andreas Huber, Stephan A. Jansen, Harald Plamper, 3–37. Wiesbaden: Gabler.

Jansen, Stephan A. 2012. Grenzwertiges Management – Theoretische Grenzgänge der Organisationstheorie. In *Positive Distanz – Multidisziplinäre Annäherungen an den wahren Abstand und das Abstandwahren in Theorie und Praxis*, Hrsg. Stephan A. Jansen, Eckhard Schröter, Nico Stehr, 83–108. Wiesbaden: SpringerVS.

Jansen, Stephan A., und Clemens Mast. 2014. Konvergente Geschäftsmodell-Innovationen in Deutschland – Studienergebnisse zu Treibern, Hemmnissen und Erfolgsfaktoren. *Zeitschrift für Organisation (zfo)* 82(201): 25–31.

Jansen, Stephan A., und Müller-Stewens, Günter. 2000. Endet die fünfte Welle auf dem Markt für Unternehmensübernahmen in einer neuen Rezession? Geschichte, Trends und Erfolgsfaktoren von Zusammenschlüssen. *Frankfurter Allgemeine Zeitung*, 230, 4. Oktober, S. 49.

Jarillo, Carlos J. 1988. On Strategic Networks. *SMJ* 9: 31–41.

Jensen, Michael C., und Richard Ruback. 1983. The Market of Corporate Control – The Scientific Evidence. *JFE* 11: 5–50.

Kay, R., und Olga Suprinovič. 2013. *Unternehmensnachfolgen in Deutschland 2014 bis 2018* Daten und Fakten, Bd. 11. Bonn, Institut für Mittelstandsforschung Bonn.

Keller, Michael. 2006a. Das Reich der Mitte nimmt Expansionskurs auf den deutschen Mittelstand. *M & A Review* 4: 161–165.

Keller, Michael. 2006b. Indische Investoren auf dem Vormarsch in den deutschen Mittelstand. *M&A Review* 2: 469–473.

Kengelbach, Jens, und Alexander Roos. 2006. Entflechtung der Deutschland AG. *M&A Review* 1: 12–21.

Kengelbach J., Klemmer D. and Roos A. 2013. BRICs versus Mortar? Winning at M&A in Emerging Markets. *The Boston Consulting Group*. http://www.bcg.de/documents/file141993.pdf.

Kleinert, Jörn, und Henning Klodt. 2000. *Megafusionen – Trends, Ursache und Implikationen* Kieler Studien, Bd. 302. Tübingen: J.C.B. Mohr (Paul Siebeck).

Knill, April, Lee Bong-Soo, und Nathan Mauck. 2012. Bilateral political relations and sovereign wealth fund investment. *Journal of Corporate Finance* 18: 108–123.

Kotter, Jason, und Ugur Lel. 2011. Friends or foes? Target selection decisions of sovereign wealth funds and their consequences. *Journal of Financial Economics* 101: 360–381.

Lauk, Kurt J. 1996. Steuerung des Unternehmens nach Kapitalrentabilität und Cash Flow. In *Globale Finanzmärkte*, Hrsg. Schmalenbach-Gesellschaft, 163–179. Stuttgart: Schäffer-Poeschel Verlag.

Levitt, T. 1983. The globalization of markets. *Harvard Business Review* 20(5): 92.

Littmann, Peter, und Stephan A. Jansen. 2000. *Oszillodox! Virtualisierung – Die permanente Neuerfindung der Organisation*. Stuttgart: Klett-Cotta Verlag.

Lowenstein, Roger. 2000. *When Genius Failed. The Rise and Fall of Long Term Capital Management*. New York: Random House.

Maaß, Ingrid, und Matthias Müller. 2006. Chinas „Going Global" – eine Chance für deutsche Mittelständler. *M&A Review* 10: 428–434.

Manager Spezial. 1996. Das Comeback der Multis, 1.

Markowitz, Harry M. 1952. Portfolio Selection. *JoF* 7: 77–91.

Martynova, Marina, und Luc Renneboog. 2008. A century of corporate takeovers. What have we learned and where do we stand?. *Journal of Banking & Finance* 32: 2148–2177.

Moser, Christopher. 2011. Der Einfluss makroökonomischer Faktoren auf die Höhe von Übernahmeprämien. *M&A Review* 5: 224–230.

MPI. 2008. http://www.mpifg.de/aktuelles/themen/d-ag.asp

Müller-Stewens, Günter. 2000. Akquisitionen und der Markt für Unternehmenskontrolle: Entwicklungstendenzen und Erfolgsfaktoren. In *Management von Akquisitionen*, Hrsg. Arnold Picot, Andreas Nordmeyer, Peter Pribilla, 41–61. Stuttgart: Schäffer-Poeschel Verlag.

Müntefering, Franz. 2005. *Freiheit und Verantwortung, Das neue Grundsatzprogramm der SPD, in: SPD-Bundesvorstand, Tradition und Fortschritt – Start der Programmdebatte, Januar.* http://www.partei.spd.de/servlet/PB/show/1043150/221204_programmheft_1.pdf. Zugegriffen: 15.02.2007.

Nelson, R.L. 1959. *Merger Movements in American Industry 1895–1956.* Princeton: Princeton University Press.

Niehans, Jürg. 1995. Geschichte der Außenwirtschaftstheorie im Überblick. Tübingen.

Nölting, Andreas. 1996. Stein des Anstoßes. *manager magazin* 12: 146–161.

OECD. 2008. OECD Journal: Financial Market Trends, Vol. 2008/2. Statistics on Institutional Investors – Data from 1980 onwards. Institutional Investors – Statistical Yearbook

o. V. 2006. To the barricades – A Wave of Cross-Border Mergers in Europe Provokes Nationalist Backlash. *The Economist* 378: 57–58.

Ovtchinnikov, Alexei V. 2013. Merger waves following industry deregulation. *Journal of Corporate Finance, 21,* 51–76.

Peters, Tom. 1993. *Jenseits der Hierarchien – Liberation Management.* Frankfurt am Main: Econ Verlag.

Picot, Gerhard (Hrsg.). 2000. *Handbuch Mergers & Acquisitions, – Planung, Duchfu¨hrung, Integratio.* Stuttgart: Schäffer-Poeschel Verlag.

Picot, Arnold, Ralf Reichwald, und Rolf T. Wigand. 1996. *Die grenzenlose Unternehmung – Information, Organisation und Management*, 2. Aufl. Wiesbaden: Gabler Verlag.

Pine, I.I., und B. Joseph. 1993. *Mass Customization.* Boston (MA): Harvard Business Review Press.

Porter, Michael E. 1990. The Competitive Advantage of Nations. New York. 2:73–91

Porter, Michael. 1991. Towards a Dynamic Theory of Strategy. *SMJ* 12: 95–117.

Porter, Michael E. 1996a. *Wettbewerbsvorteile – Spitzenleistungen erreichen und behaupten*, 4. Aufl. Frankfurt am Main: Campus Verlag.

Porter, Michael E. 1996b. What is Strategy? *HBR* November–December: 61–78.

Prahalad, Coimbatore K. und Hamel, Garry. 1990. The Core Competence of the Corporation. *HBR* May–June: 79–91.

PWC, Silicon Deutschland. 2015. Der Hightech-Standort zieht wieder Investoren an. http://www.pwc.de/de/pressemitteilungen/2014/silicon-deutschland_der-hightech-standort-zieht-wieder-investoren-an.jhtml. Zugegriffen: 1.2.2015.

Rau, P. Raghavendra, und Theo Vermaelen. 1998. Glamour, Value and the Post-Acquisition Performance of Acquiring Firms. *Journal of Financial Economics* 49: 223–253.

Rothnie, David. 1998. Break for the Border. *Acquisitions Monthly* 1: 32–40.

Scharpf, Fritz W. 1992. Weltpolitik oder Weltökonomie. In *Die politische Logik wirtschaftlichen Handelns*, Hrsg. H. Abromeit, U. Jürgen Berlin: Wissenschaftszentrum Berlin für Sozialforschung.

Scherer, F.M. 1988. Corporate Takeovers: The Efficiency Arguments. *Journal of Economic Perspectives* 2(1): 69–82.

Schmalensee, Richard. 1987. Competitive Advantage and Collus ive Optima. *International Journal of Industrial Organization*, 5, 351–367.

Schmitt, Dirk, und Rüdiger Moll. 2007. Übernahmeprämien am deutschen Kapitalmarkt. *FinanzBetrieb* 4: 201–209.

Seith, Anne. 2006. Hoch die Barrikaden. *Spiegel Online*, 3. März.

S.G. Warburg Securities (Hrsg.). 1991. VEBA, Researchstudie, Mai, zitiert nach: Leber, H. und Oberhausberg, U. 1994, S. 158.

Shleifer, Andrei, und Robert W. Vishny. 1986. Large Shareholders and Corporate Control. *Journal of Political Economy* 94(3): 461–488.

Shleifer, Andrei, und Robert W. Vishny. 1990. The Takeover Wave of the 1980s. *Science* 249: 745–749. August.

Simon, H. 1996. *Die heimlichen Gewinner – Die Erfolgsstrategien unbekannter Weltmarktführer*. Frankfurt am Main: Campus Verlag.

Simon, H. 1997. Unter Dampf. *manager magazin* 2: 84–87.

Spence, Andrew Michael. 1974. *Market Signalling: Information Transfer in Hiring and Related Processes*. Cambridge: Harvard Business Review Press.

Stein, I. 1993. Internationale Unternehmensakquisitionen: Trends und Motive. In *Management von Unternehmensakquisitionen*, Hrsg. G.M. Frank, Ingo Stein, 83–98. Stuttgart: Schäffer-Poeschel Verlag.

Steltzner, Holger. 2006. Albtraum Festung Europa. *FAZ* 61: 11. 13. März.

Storck, Joachim. 1993. *Mergers & Acquisitions: Marktentwicklung und bankpolitische Konsequenzen*. Wiesbaden: Gabler Verlag.

Streeck, Wolfgang, und Anke Hassel. 2003. Deutschland AG ist Passé. *MAXPLANCKFORSCHUNG* 1: 72–76.

Stulz, René M. 1988. Managerial Control of Voting Rights – Financing Policies and the Market for Corporate Control. *Journal of Financial Economics* 20: 25–54.

Sydow, Jörg. 1992. *Strategische Netzwerke – Evolution und Organisation*. Wiesbaden: Gabler Verlag.

Thursby, Jerry, und Marie Thursby. 2006. *Here Or There? A Survey Of Factors In Multinational R&D Location*. Washington: The National Academies Press.

Tschöke, Kai, und Karsten Hofacker. 2007. Der globale M&A-Markt – Ausblick und Rückblick. *M&A Review* 2: 69–75.

Wang, Y. 2012. Secondary buyouts – Why buy and at what price?. *Journal of Corporate Finance* 18: 1306–1325.

Warnecke, Hans Jürgen. 1996. *Die Fraktale Fabrik – Revolution der Unternehmenskultur*. Hamburg: Rowohlt Verlag.

Wegner, Gerhard. 1996. *Wirtschaftspolitik zwischen Selbst- und Fremdsteuerung – ein neuer Ansatz*. Baden-Baden: Nomos Verlag.

Williamson, Oliver E. 1988. Mergers, Acquisitions, and Leveraged Buyouts: An efficiency Assessment. In *Corporate reorganization through mergers, acquisition, and leveraged buyouts*, Hrsg. Gary Libecap, 55–80. Greenwich (CT): JAI Press.

Williamson, Oliver E. et al. 1991. Comparative Economic Organization. In *Betriebswirtschaftslehre und Ökonomische Theorie*, Hrsg. D. Ordelheide Stuttgart: Schäffer-Poeschel Verlag.

Willke, Helmut. 1989. Controlling als Kontextsteuerung. In *Supercontrolling: Vernetzt denken, zielgerichtet entscheiden*, Hrsg. Rolf Eschenbach, 63–93. Wien: Fachverlag a. d. Wirtschaftsuniversität Wien.

Windolf, Paul. 2007. Unternehmensverflechtung im organisierten Kapitalismus – Deutschland und USA im Vergleich 1896–1938. Working Paper, Universität Trier. http://www.uni-trier.de/uni/fb4/soziologie/apo/netzwerk1896.pdf. Zugegriffen: 01.02.2007

Windolf, Paul, und Jürgen Beyer. 1995. Kooperativer Kapitalismus. Unternehmensverflechtungen im internationalen Vergleich. *Kölner Zeitschrift für Soziologie und Sozialpsychologie* 17(1): 1–36.

Wirtz, Bernd W. 2003. *Mergers & Acquisitions Management*. Wiesbaden: Gabler Verlag.

Zimmerer, Carl. 1991. Zur Entwicklung des Marktes für den Handel mit Unternehmen in der Bundesrepublik. In *Unternehmerische Finanzierungen – Corporate Finance im Spannungsfeld von Banken und Industrie*, Hrsg. Bernd Rudolph, 11–26. Frankfurt am Main: Knapp Verlag.

Begriffe, Formen, Regulierungen

2

In den letzten Jahrzehnten haben wohl immer wieder bestimmte Begriffe, Entwicklungen und Moden eine überragende Prominenz in der internationalen Wirtschaftswelt erlangt. Einer der schillerndsten Begriffe ist sicherlich der der *Mergers & Acquisitions* – oder eben kurz: *M&A*. Wie häufig bei solchen Phänomenen ist darin nicht etwa eine inhaltliche und konzeptionelle Innovation unserer Zeit zu vermuten, sondern – nicht zuletzt aufgrund der Wachstumsraten – eine Prominenzverleihung in den Medien zu suchen (vgl. die historische Darstellung im Abschn. 1.4.6). Das folgende zweite Kapitel der Arbeit dient der Einführung in die Begriffe und Formen. Eine ausführliche Behandlung des Kooperationsbegriffes erfolgt in Kap. 4, während folgend vorrangig die Spielarten des *Mergers & Acquisitions* diskutiert werden. Dabei wird neben den einzelnen Erscheinungsformen der *Kooperation* und *Akquisition* auf die Finanzierungsformen und ebenso auf zyklisch auftretenden feindlichen Übernahmen sowie auf deren Abwehrmöglichkeiten eingegangen.

2.1 Begriff der Mergers & Acquisitions

Während der Begriff in den USA hinreichend bestimmt ist und viele landesspezifische Publikationen, Leitfäden und Lehrbücher vorliegen (für viele Jensen 1986a; Hooke 1997; BenDaniel und Rosenblom 1990; Weston et al. 1990; Herzel und Shepro 1990; Cooke 1986; Keenan und White 1982), wurde dieses Phänomen in Deutschland erst zu Beginn der 1980er Jahre wissenschaftlich intensiver aufgearbeitet. Das Thema stellt im Kern eine wirtschaftswissenschaftliche Fragestellung mit den Schwerpunkten Strategisches Management, Organisations-, Kapitalmarkttheorie und Volkswirtschaftslehre dar. Es sind weiterhin juristische (auf der vertrags-, gesellschafts-, arbeits- und steuerrechtlichen Ebene sowie mit kartellrechtlichen und umweltrechtlichen Implikationen) und (organisations-)soziologische und psychologische Aspekte vorliegend. Die vorliegende Arbeit stellt somit einen Versuch dar, in einführender Weise der Notwendigkeit einer Integration dieser verschiedenen Themen- und Theoriegebiete Rechnung zu tragen.

© Springer Fachmedien Wiesbaden 2016
S. A. Jansen, *Mergers & Acquisitions*, DOI 10.1007/978-3-8349-4772-7_2

2.1.1 Deutsche Bestimmung und Verwendung

Die Unterscheidung zwischen *Merger* (Fusion) und *Acquisition* (Übernahme, Erwerb, Kauf als hundertprozentiger Erwerb der Anteile) wird nicht einheitlich verwendet. Eine Ursache kann in der fehlenden Definition des Unternehmensbegriffes im deutschen Recht liegen (vgl. Picot 1998, S. 16). Häufig wird ein Unterscheidungskriterium bezüglich der rechtlichen Selbständigkeit der beteiligten Akteure vorgeschlagen. Bleibt die rechtliche Selbständigkeit bestehen, handele es sich um eine Akquisition, während bei einer für die Fusion erforderlichen Neugründung beide Gesellschaften ihre Rechtspersönlichkeiten verlören.

Becker (1994) hebt bei der Unterscheidung auf die bare (bei *Acquisitions*) oder unbare (bei *Mergers* durch Aktienausgabe des Käuferunternehmens) Kaufpreisbegleichung ab. Das Aufgeben der Selbständigkeit bei Fusionen im Sinne des deutschen Verschmelzungsrechtes sieht er hingegen nicht als zwingend an. Die Differenz spielt in der Praxis häufig keine bedeutende Rolle. So werden viele veröffentlichte Fusionen – wie am Beispiel des DaimlerChrysler-Deals – auch als Akquisitionen eines Unternehmens angesehen.

Auffällig war jedoch in den 1990er Jahren neben der Tatsache, dass dieser Begriff in keiner der großen Einführungen der Betriebswirtschaftslehre (z. B. Heinen 1991; Wöhe 1993) erläutert wird; vielmehr, dass er auch in der spezifischen Literatur und den diversen Sammelbänden zu diesem Thema nur selten expliziert wurde. Dies hat sich zum Ende der 1990er Jahre deutlich geändert. Die Zahl der Veröffentlichungen und der spezifischen Forschung im Zuge zahlreicher Dissertationen und Praktiker-Handbücher hat seitdem stark zugenommen.

Wenn eine Einführung und Begriffsklärung vorgenommen wird, dann gibt es jedoch über die Verwendung durchaus unterschiedliche Auffassungen, die meist durch den spezifischen Hintergrund der Autoren geprägt sind. Während beispielsweise Storck (1993) eine Unterscheidung zwischen „M&A im *engen* Sinne" (die im Rahmen von Unternehmenstransaktionen auftretenden Dienstleistungen) und „M&A im *weiteren* Sinne" (der Markt für Unternehmenskontrolle) vornimmt (vgl. Storck 1993, S. 22) sieht Wöhe (1993, S. 913–959) einen Großteil der – von ihm nicht als solche bezeichneten – M&A-Geschäfte als „Sonderfälle der betrieblichen Außenfinanzierung" an.

In der Einleitung des deutschen *Handbuchs Mergers & Acquisitions* wird in der Einleitung das M&A-Geschäft wie folgt definiert:

„Mergers & Acquistions [beinhalten] erhebliche verfahrensmäßige Besonderheiten aufgrund ihrer vielfältigen nationalen und internationalen Erscheinungsformen, insbesondere der Unternehmenskäufe und -verkäufe, Unternehmenszusammenschlüsse, Kooperationen, Allianzen und Joint Ventures, Unternehmenssicherungen und -nachfolgen, Management Buy-out und Buy-in, Börsengänge/IPO, Umwandlungsmaßnahmen, Restrukturierungen" (Einleitung von Herausgeber Picot 2005, S. V).

2.1.2 Angelsächsische Bestimmung und Verwendung

In der angelsächsischen Literatur wird schon recht früh eine weite Verwendung des M&A-Begriffes gewählt. So sehen beispielsweise Copeland und Weston, dass „the traditional subject of M&A's has been expanded to include takeovers and related issues of corporate restructuring, corporate control, and changes in the ownership structure of firms" (Copeland und Weston 1988, S. 676).

Abbildung 2.1 bietet einen breiten Einblick in die Bereiche des M&A. Dennoch fällt bei dieser Vorgehensweise auf, dass hier nicht – wie in den anfänglichen deutschen Diskussion – das Dienstleistungsmoment, also die Beratung und Finanzierung durch Dritte im Vordergrund steht, sondern die Unternehmens- und Marktperspektive insbesondere hinsichtlich der Restrukturierung, Sanierung und Unternehmenskontrolle bzw. -steuerung mit in die Betrachtung einbezogen wird. Auch in der heutigen M&A-Literatur in Deutschland fehlt allerdings noch immer der Fokus auf die spezifische Marktperspektive (wie z. B. die jüngeren Publikationen Wirtz 2003, 2006; Keuper et al. 2006; oder die Abschlussarbeit von Dreher gemeinsam mit Ernst 2014). So ist es auch zu erklären, weshalb der im angel-

I. EXPANSION	
Mergers:	horizontale, vertikale oder konglomerate Fusionen
Tender offers:	direkt an die Aktionäre gerichtetes monetäres Angebot mit oder ohne Einverständnis des Vorstandes
Joint ventures:	zeitlich beschränkte Zusammenarbeit zweier oder mehrerer Parteien für einen begrenzten Bereich der Geschäftsaktivitäten
II. SELL-OFFS	
Spinoffs:	für Aktionäre wertneutral bleibende Ausgliederungen von Unternehmens--bereichen (rechtlich selbständig und im Besitz des Mutterunternehmens), Sonderform *split-up*, d.h. Auflösung der Holding zugunsten der einzelnen Bereiche
Devestitures:	Veräußerung von Unternehmensteilen (bei Börsengang auch *carve out*)
III. CORPORATE CONTROL	
Premium buybacks:	Rückkauf von größeren Aktienpaketen von Aktionären mit einer oberhalb des Marktpreises liegenden Prämie
Standstill Agreements:	freiwilliger Vertrag, der regelt, dass die derzeitigen Großaktionäre keine Erhöhung ihres Anteils oder die ausgekauften Aktionäre (im Rahmen eines buy backs) keine weiteren Investitionen in die Firma vornehmen
Antitakeover Amendments:	Erschwerungen oder Verteuerungen der Übernahme
Proxy Contests:	direkt gegen das alte Management gerichtete Versuche der Übernahme der Vorstandspositionen auf Hauptversammlungen (sog. *competing management teams*)
IV. CHANGES IN OWNERSHIP STRUCTURE	
Exchange offers:	Veränderung der Kapitalstruktur durch Austausch von Schulden oder Vorzugsaktien in normale Stammaktien vice versa: Erhöhung bzw. Senkung der Fremdkapitalhebelung
Share repurchase:	Rückkauf eigener Aktien, z.B. durch *self-tender offers*; Ziel: Erhöhung des Aktienwertes für die verbliebenen Aktionäre
Going private:	Kauf des Eigenkapitals einer staatlichen Unternehmung durch eine Investorengruppe
Leveraged buyouts:	breit gestreuter Aktienbesitz wird durch hohen Fremdfinanzierungsantei auf eine kleine Eigentümergruppe konzentriert

Abb. 2.1 Überblick über amerikanisches Verständnis der vier M&A-Teilbereiche. (Quelle: eigene Aufstellung in Anlehnung an Gliederung von Copeland und Weston 1988, Kap. 19, S. 676)

sächsischen Raum dominierende terminus technicus „*market for corporate control*" hier noch keine rechte Entsprechung gefunden hat. Im Folgenden werden die Bereiche des M&A nochmals erweitert und anschließend für die Verwendung in dieser Arbeit fokussiert.

2.1.3 Klassische und weitere Bereiche der M&A – Eine Übersicht

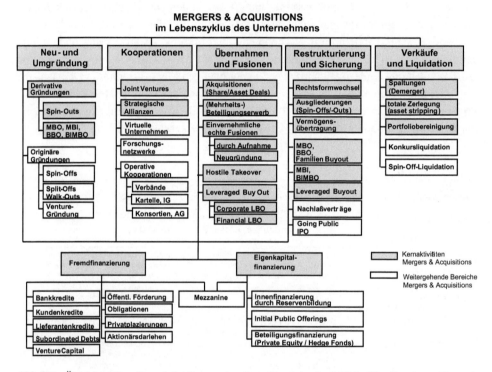

Abb. 2.2 Übersicht über Kernaktivitäten und weitere Bereiche des M&A. (Quelle: eigene Darstellung)

2.1.4 Fokussierung: Inhalt weiterer Auseinandersetzung

Das in der obigen Abbildung explizierte M&A-Verständnis am Gesamtlebenszyklus einer Unternehmung macht aufgrund der Bandbreite der Aktivitäten, von der Gründung über die Kooperation und Restrukturierung bis zur Liquidation eine Fokussierung für die weitere Vorgehensweise unerlässlich. Im Rahmen dieser Arbeit wird im Wesentlichen die Unternehmensakquisition, d. h. die Übernahme eines Unternehmens durch ein anderes aus der Perspektive des übernehmenden Unternehmens, im Vordergrund stehen. Daneben werden

Unternehmenskooperationen, d. h. *Joint Ventures* und *Strategische Allianzen* als Alternativen zur Übernahme ausgeführt werden. Weitere zentrale Aspekte des M&A werden dabei zumindest punktuell mitbehandelt.

Dabei geht es in diesem Kapitel zunächst um die Erscheinungsformen von Akquisitionen und Kooperationen. Im Kap. 3 werden die Theorien zur Unternehmensübernahme und die dahinter stehenden Strategiekonzepte expliziert. Im Kap. 4 werden Joint Ventures und Strategische Allianzen und im Kap. 5 entsprechend die Unternehmensakquisition in übersichtsartigen Phasen zusammenfassend dargestellt. Mit der gewählten strategischen, organisatorischen und kapitalmarkttheoretischen Perspektive und der genannten Fokussierung werden die Bereiche der Gründung, der Restrukturierung, Unternehmenssicherung sowie der Verkäufe und Liquidation nur partiell mitbehandelt werden können.

2.2   Akquisitions- und Kooperationsformen

Zunächst lassen sich Unternehmensverbindungen anhand von Abb. 2.3 hinsichtlich der wirtschaftlichen und rechtlichen Selbständigkeit in die zwei hier interessierenden Erscheinungsformen unterscheiden: in Kooperationen und Konzentrationen (i. S. von Akquisitionen).

Abb. 2.3 Systematisierung nach wirtschaftlicher und rechtlicher Selbständigkeit. (Quelle: vgl. Wöhe 2013, S. 242)

2.2.1 Rechtliche Klassifizierungen: Unternehmenskonzentrationen und -kooperationen

Anhand der Abb. 2.4 und 2.5 können Erläuterungen zu den einzelnen Kooperations- und Konzentrationsformen hinsichtlich der rechtlichen und wirtschaftlichen Selbständigkeit, der üblichen Rechtsform sowie zu weitergehenden rechtlichen Regelungen gegeben werden.

Interessengemeinschaft
Im allgemeinen ein horizontaler Zusammenschluss von Unternehmungen auf vertraglicher Basis zur Wahrung und Förderung dauerhafter gemeinsamer Interessen. Sie bleiben rechtlich und wirtschaftlich selbständig. Sie werden i.d.R. als BGB-Gesellschaften (§§ 705ff. BGB) geführt. Prototyp: Gewinngemeinschaft (oder Interessengemeinschaft im engeren Sinn z.B. nach §292, I AktG).

Arbeitsgemeinschaft
I.d.R. horizontale Zusammenschlüsse rechtlich und wirtschaftlich selbständiger Unternehmen, die das Ziel verfolgen, eine bestimmte Aufgabe, einen einzigen Werkvertrag (§ 631 BGB) oder Werklieferungsvertrag (§ 651 BGB) bzw. eine begrenzte Anzahl derartiger Verträge gemeinschaftlich zu erfüllen (vorrangig im Bau- und Bankgewerbe). In der Regel BGB-Gesellschaft (§§ 705 ff. BGB).

Konsortium
Unternehmensverbindungen auf vertraglicher Basis, die zur Durchführung bestimmter, abgegrenzter Projekte gebildet werden. I.d.R. BGB-Gesellschaft (§§ 705 ff. BGB), die als Außengesellschaft fungiert. Vertretung gegenüber Dritten durch von den Mitgliedern bestellte Konsortialführer.

Gemeinschaftsunternehmen
Im internationalen Bereich Joint Ventures genannte Kooperationen sind eine Form der wirtschaftlichen Zusammenarbeit zwischen zwei oder mehreren voneinander unabhängigen Unternehmen – sog. Gesellschafterunternehmen –, bei der ein rechtlich selbständiges Unternehmen gemeinsam mit dem Ziel gegründet oder erworben wird, Aufgaben im gemeinsamen Interesse der Gesellschafterunternehmen auszuführen. I.d.R. gleichmäßige prozentuale Beteiligung und gemeinsame Leitung, aber im Gegensatz zum Konzernunternehmen keine einheitliche Leitung.

Kartelle
Horizontaler Zusammenschluss, bei dem nur vertragliche Absprachen erfolgen, bei dem keine kapitalmäßige Verflechtung erfolgt und die rechtliche Selbständigkeit der beteiligten Betriebe unangetastet bleibt. Ziel ist die Marktbeherrschung durch die Beseitigung oder zumindest die Beschränkung des Wettbewerbs. Die Rechtsform hängt von der Art und des Ziels des Kartells ab. Kartelle niedriger Ordnung, die nach außen nicht in Erscheinung treten, sind i.d.R. BGB-Gesellschaften. Bei Kartellen höherer Ordnung entsteht zur eigenen Rechtsfähigkeit eine Doppelgesellschaft (GmbH, GbR), die z.B. mit den Syndikaten (meist absatzgetrieben) den höchsten Bindungsgrad aufweisen.

Kartellabsprachen beziehen sich auf
- die Absatz- und Geschäftsbedingungen (Konditionenkartelle)
- die Festsetzung der Absatzpreise (Preiskartelle)
  - a. Einheitspreiskartell
  - b. Mindestpreiskartell
  - c. Submissionskartell (bei öffentlichen Ausschreibungen)
  - d. Gewinnverteilungskartelle
  - e. Markenschutzkartell (unverb. Preisempfehlungen, Preisbindung der 2. Hand)

- die Produktion (Produktionskartelle)
  - a. Normen- und Typenkartell
  - b. Spezialisierungskartelle
  - c. Patentverwertungskartelle
  - d. Kontingentierungskartelle
- den Absatz (Absatzkartelle)
  - a. Syndikat (Zentralisierung des Absatzes)
  - b. Gebietskartelle

Anmeldungspflichtige Kartellarten
- Konditionenkartelle
- Rabattkartelle
- Spezialisierungskartelle
- Kooperationskartelle

- Einkaufskartelle
- Normen- und Typenkartelle
- Kalkulationsverfahrenskartelle
- Exportkartelle

Abb. 2.4 Erläuterungen zu den einzelnen Kooperationsformen. (Quelle: vgl. z.B. Wöhe 2013, S. 242 ff. und eigene Recherchen)

(1) Mehrheitsbesitz und Mehrheitsbeteiligung (§16 AktG)
Begriff der Mehrheitsbeteiligung bezieht sich sowohl auf die Kapitalmehrheit (nennwertbezogen) als auch auf die Mehrheit der Stimmrechte (relevant bei Vorzugsaktien).

(2) Abhängige und herrschende Unternehmen (§17 AktG)
Nach §17 Abs. 1 AktG sind abhängige Unternehmen rechtlich selbständige Unternehmen, auf die ein anderes Unternehmen (herrschendes Unternehmen) unmittelbar oder mittelbar einen herrschenden Einfluss ausüben kann. Bei dieser Form reicht im Gegensatz zum Konzern mit dem Abhängigkeitsverhältnis bereits die Möglichkeit der Einflussnahme. Es gilt eine nach § 18 Abs. 1 Satz 3 AktG geregelte „Konzernvermutung".

(3) Konzernunternehmen (§18 AktG) (im angelsächsischen Sprachgebrauch auch „Trust")
- *Unterordnungskonzern (Abhängigkeitsverhältnis und eine einheitliche Leitung des herrschenden Unternehmens (§ 18 Abs. 1 Satz 1AktG).*
- *Gleichordnungskonzern (nur unter einheitlicher Leitung §17 und §18 Abs. 2 AktG)*
- *Vertragskonzern (Abschluss eines Beherrschungsvertrages i.S. von §291, Abs. 1 AktG)*
- *faktischer Konzern (tatsächliche Beherrschung durch Beteiligungsbesitz)*

Beherrschung der Konzernmitglieder kann auch durch eine Holding-Gesellschaft (Dachgesellschaft) erfolgen. Mehrere Gesellschaften bringen ihre Aktien in eine neue gegründete Gesellschaft ein, wobei die rechtliche Selbständigkeit der Konzernglieder weiterhin erhalten bleibt.

(4) Wechselseitige Beteiligung (§19 AktG)
Nach § 19 Abs. 1 AktG sind wechselseitig beteiligte Unternehmen solche Unternehmen mit Sitz im Inland in der Rechtsform der Kapitalgesellschaft, bei dem jeder Unternehmung mehr als ein Viertel der Anteile der anderen Unternehmung gehört. Es können drei Fälle unterschieden werden: a). keines der Unternehmen kann einen beherrschenden Einfluss nehmen, b). ein Unternehmen besitzt eine Mehrheitsbeteiligung oder kann mittelbar oder unmittelbar einem beherrschenden Einfluss nehmen, c). jedes der beteiligten Unternehmen besitzt eine Mehrheitsbeteiligung oder kann unmittelbar oder mittelbar Einfluss nehmen.

(5) Durch Unternehmensvertrag verbundene Unternehmen (§291, 292 AktG)
Nach §§293, 294 AktG mit der Voraussetzung einer Dreiviertelmehrheit der Hauptversammlung mit Eintragung im Handelsregister. Darunter fallen: Beherrschungsvertrag, Gewinnabführungsvertrag, (Teil-) Gewinngemeinschaftsvertrag, Betriebspacht- und Betriebsüberlassungsvertrag (§§291, 292 AktG).

(6) Fusionen (Verschmelzung) (UmwG)
Als Fusion bezeichnet man einen Konzentrationsvorgang, der zu einem Unternehmenszusammenschluss führt, bei dem die sich zusammenschließenden Unternehmen nicht nur zu einer wirtschaftlichen, sondern auch zu einer rechtlichen Einheit zusammengefasst werden und zwar dadurch, dass das Betriebsvermögen zweier oder mehrerer bisher selbständiger Unternehmen zu einem einzigen Betriebsvermögen verschmolzen wird. Rechtsträger können nach § 2 UmwG unter Auflösung ohne Abwicklung verschmolzen werden: (1) im Wege der Aufnahme (§§ 4 – 35 UmwG) bzw. (2) im Wege der Neugründung (§§ 36 – 38 UmwG).

Abb. 2.5 Erläuterungen zu einzelnen Konzentrationsformen nach dem Aktiengesetz (AktG) bzw. Umwandlungsgesetz (UmwG). (Quelle: Eigene Darstellung, vgl. auch die Aufstellungen von Wöhe 2013; Kappler und Rehkugler 1991, S. 205–217)

2.2.2 Wirtschaftliche und organisatorische Klassifizierungen von Unternehmenszusammenschlüssen

Vor dem Hintergrund der organisationalen Aspekte bei Mergers & Acquisitions interessieren für diese Arbeit lediglich zwei Formen der Unternehmenszusammenschlüsse, bei denen die wirtschaftliche Selbständigkeit zumindest des Zielunternehmens aufgegeben wird. Unterscheidungen, selbst in diesem eng definierten Bereich, sind in der bisherigen Literatur noch unterentwickelt und führen zu erheblichen Irritationen, mitunter selbst bei Insidern (vgl. z. B. die erste allgemeinere Darstellung von Grüter 1990, S. 28 und 31). In Abb. 2.6 erfolgt ein Systematisierungsvorschlag, in dem alle relevanten Unterscheidungen für Unternehmenszusammenschlüsse aufgeführt werden. Einige sind bereits im Kap. 1 ausführlich erörtert worden, andere werden im Rahmen dieses Kapitels bzw. im Kap. 3 ausgeführt werden.

Merkmale	Ausprägungen von Unternehmenszusammenschlüssen				
1. Typus des Zusammenschlusses	Akquisition (Erhalt der rechtlichen Selbständigkeit)			Verschmelzung (Bildung einer rechtlichen Einheit)	
2. Partnersymmetrie aus Sicht des Verkäufers	Unterordnung (Akquisition)		Überordnung (Reverse Merger)	Gleichordnung (Merger of Equals)	
3. Finanzierung	Barzahlung (Cash Offer)		Fremdfinanzierung (Leveraged Buy Out)	Aktientausch (Share Offer)	
4. Vertragsweise beim Ziel-Management	Freundlich (Friendly Takeover)			Unfreundlich (Unfriendly/Hostile Takeover)	
5. Vertragsform	Auktion/ Bietungsverfahren		Direktangebot an Verkäufer	Indirektes Angebot über Makler	
6. Erwerbertyp	Finanzinvestor		Private Equity	Strategischer Investor	
7. Wertschöpfungs-richtung	Wettbewerber (horizontal)	vor-/nachgelagerte Prozesse (vertikal = Up-/Down-stream)	Komplementäre Geschäftsbereiche (konvergent)	Unverwandte Geschäftsbereiche (lateral/konglomeral)	
8. Zielstellung/Motive	Operative Ziele (Kosten-/Wachstums-synergie = economies of scale and scope)	Strategische Ziele (Zugang zu HR, Technologie, -Wissen, Markt, Standardisierung)	Spekulative Ziele (Gewinn bei Desinvestition bzw. Exit)	Management-Motive (Jobsicherung, Gehalt, Erhöhung von Macht und Einfluß)	Zeit-Motive (Zeitgewinn gegenüber Eigen-entwicklung = economies of speed)
9. Nationalität	Grenzüberschreitender Zusammenschluß (Cross Border Transaction)			Nationaler Zusammenschluß	
10. Exit	Verkauf an Dritte (Trade Sale)		Börsengang/Teilplazierung (IPO bzw. Equity Carve Out)	Kein Exit	

Abb. 2.6 Merkmalsausprägungen von Unternehmenszusammenschlüssen. (Quelle: M&A im engeren Sinne nach Jansen 2004a, S. 46)

2.2.3 Unternehmensakquisitionen aus der Perspektive der Außenfinanzierung

Unternehmensakquisitionen werden vielfach aus der Perspektive der Außenfinanzierung charakterisiert. Die Außenfinanzierung lässt sich in die Eigenfinanzierung, d. h. eine Einlagen- und Beteiligungsfinanzierung, und die Fremdfinanzierung, d. h. eine Kreditfinanzierung, unterscheiden.

2.2.3.1 Beteiligungsfinanzierung und Finanzierungsinstrumente

Bei der Eigenfinanzierung emissionsfähiger Unternehmen handelt es sich bei der Aktiengesellschaft um die Ausgabe von Aktien (als Nennwert-, Quoten-, Stamm-, Vorzugs-, Vorrats- und Inhaberaktien sowie vinkulierte und nicht vinkulierte Namensaktien), bei der GmbH entsprechend um die Übernahme von Stammanteilen. Die Beteiligungsfinanzierung nicht-emissionsfähiger Unternehmen läuft über keinen organisierten Markt für Eigenkapital wie es bei großen Aktiengesellschaften der Börse der Fall ist. Mit dem seit 1997 initiierten so genannten *Neuen Markt* (NEMAX) wurde zumindest ein Versuch einer risikoreicheren Kapitalisierung mit zunächst auch gewissem Erfolg unternommen. 2003 im Zuge der Dotcom-Krise und der einhergehende Skandale wurde im Zuge der Einstellung zum 30. Dezember 2004 dann der TecDAX ins Leben gerufen.

Insbesondere für kleine Aktiengesellschaften und GmbHs war es in Deutschland lange Zeit schwer, neben der Innenfinanzierung bzw. der Aufnahme weiterer (stiller) Gesellschafter entsprechendes Kapital für Investitionen, Produkteinführungen, Technologieentwicklungen und eben auch für Firmenkäufe zu erhalten. Vorschläge der direkten Zulassung von GmbH- und KG-Anteilen an Börsen sind bisher nicht umgesetzt worden. Damit werden diese Firmen häufig selbst zu einem Übernahmekandidaten, da sie aus eigener Kraft häufig nicht den eingangs skizzierten Herausforderungen des sich globalisierenden Marktes entsprechen.

Um zum einen diesen Mangel an Beteiligungskapital nicht-emissionsfähiger Unternehmen zu beheben und um andererseits aufkaufwillige börsennotierte Unternehmen vom Markt zu nehmen (*Delisting*), haben sich mittlerweile auch in Deutschland in den 1990er sowie den ersten Jahren des neuen Jahrhunderts mehrere Institutionen und Instrumente etabliert, die im Folgenden in Kürze dargestellt werden:

2.2.3.1.1 Kapitalbeteiligungsgesellschaften und Private Equity-Gesellschaften

Waren es früher in der Regel noch von Banken gegründete Tochtergesellschaften sind es heute vermehrt die eigenständigen *Private Equity-Gesellschaften* und *Hedge Fonds-Gesellschaften*, die außerbörsliches Eigenkapital zur Verfügung stellen. Dies erfolgt entweder im Rahmen von offenen Beteiligungen durch den Erwerb von Gesellschaftsanteilen oder in Form von stillen Beteiligungen. Während früher dabei häufig Gewinnbeteiligungen für die Kapitalbeteiliger vorlagen und ausschließlich eine Finanzierungsfunktion verfolgt wurde, d. h. keine unmittelbare Einflussnahme auf das Management einherging, hat sich dies mittlerweile deutlich geändert.

Warburg Pincus waren die Ersten, die dem heutigen Begriff von *Private Equity* (PE) entsprechend anfingen, mit Krediten und dem Geld ihrer Investoren Unternehmen zu kaufen und sie nach entsprechenden Änderungen gewinnbringend wieder zu veräußern.

In den 1980er Jahren trat Private Equity zum ersten Mal in das breitere Bewusstsein der US-amerikanischen Öffentlichkeit: Eine Welle feindlicher, kreditfinanzierter Übernahmen großer Konzerne durch private Investoren erschütterte damals die dortige Unternehmenslandschaft. Eine beträchtliche Anzahl ineffizient geführter Unternehmen mit verhältnismäßig leicht realisierbaren Verbesserungspotentialen bot Private Equity-Investoren und Firmenjägern eine Menge an attraktiven Zielobjekten. Als legendär – auch wegen der literarischen Verwertung in dem Bestseller „The Barbarians at the Gate" ist die Übernahmeschlacht zwischen *Kohlberg Kravis Roberts & Co.* und *Forstman Little* um den *Mischkonzern RJR Nabsico* im Jahr 1988.

1988 war auch das Gründungsjahr des *Bundesverbandes Deutscher Kapitalbeteiligungsgesellschaften* (BVK) als die umfassende Organisation der deutschen und der in Deutschland tätigen Repräsentanten ausländischer Kapitalbeteiligungsgesellschaften. Am 8. Dezember 1989 schloss er sich mit dem *Deutschen Venture Capital Verband* (DVCA) zusammen, in dem die Mitgliederzahl von 65 im Jahr 1991 auf nunmehr vergleichsweise stabil bleibende 187 im Jahr 2014 stieg (BVK 2015). Tabelle 2.1 zeigt die Entwicklung des Beteiligungsgeschäftes in Deutschland im Vergleich.

Tab. 2.1 Entwicklung der deutschen Kapitalbeteiligungsgesellschaften 2006, 2012/13. (Quelle: BVK 2007, 2013, 2015)

	31.12.2006	31.12.2012	31.12.2013
Verwaltetes Kapital	28,7 Mrd. €	42,03 Mrd. €	40,26 Mrd. €
Fundraising	2,8 Mrd. €	1,97 Mrd. €	1,1 Mrd. €
Investitionen	3,6 Mrd. €	6,63 Mrd. €	4,68 Mrd. €
Portfolio	23,1 Mrd. €	35,8 Mrd. €	36,36 Mrd. €
Portfoliounternehmen	5986	5810	5950
Indirekt Beschäftigte	800.000	990.000	995.000

In der Vergleichsübersicht der Jahre 2006 und 2013 zeigt sich einerseits, dass das verwaltete Kapital (*capital under management*) über die Jahre deutlich zugenommen hat. Das Fundraising hingegen ist in den vergangenen Jahren nach der Krise in Deutschland deutlich stärker eingebrochen (vgl. Abb. 2.7) als im internationalen Vergleich: Weltweit wurden 2006 140 Mrd. Euro frisches Geld *gefundraist* (Haacke 2006, S. 128). 2013 war nach Angaben von *Bain & Company* das beste Jahr seit der Krise, in dem die 902 Fonds 461 Mrd. US-Dollar akquirierten und damit einen Zuwachs von 21 Prozess im Vergleich zu 2012 erzielten (vgl. Global Private Equity Report 2014, S. 17). Abbildung 2.8 zeigt die Steigerung in Anzahl und Volumen weltweit.

Eine Besonderheit für den deutschen M&A-Markt, der von vielen kleineren Familienunternehmen geprägt ist, und dem deutschen Private Equity-Markt, der zunehmend durch die das private Vermögen managende sogenannten *Family Offices* geprägt wird, sind sogenannte *Family Club Deals*, also Direktinvestitionen von privaten Vermögenden – gemeinsam mit anderen. Yvonne Brückner untersuchte dazu 48 *Family Offices* der DACH-Region als im internationalen Vergleich relativ homogenem Kultur- und Sprachraum, davon 23 Single- und 25 Multi-Family-Einheiten (vgl. Brückner 2014). Damit entsteht ein neuer Akteur im Markt für die Finanzierung von M&A-Transaktionen – aus den Familienunternehmen und den daraus entstandenen Vermögen für Familienunternehmen (vgl. Abb. 2.9 und 2.10).

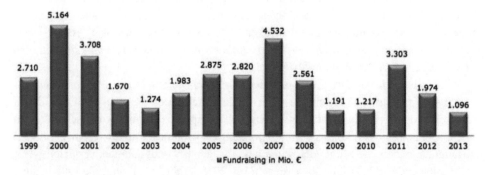

Abb. 2.7 Fundraising deutscher Beteiligungsgesellschaften 1999–2013. (Quelle: BVK 2015)

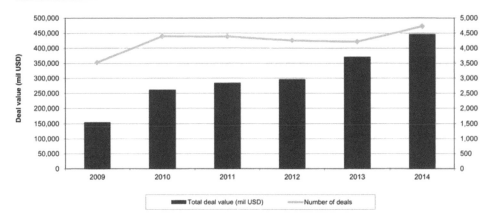

Abb. 2.8 Anzahl und Volumen der weltweiten Private Equity Deals 2009–2014. (Quelle: Zephyr 2014)

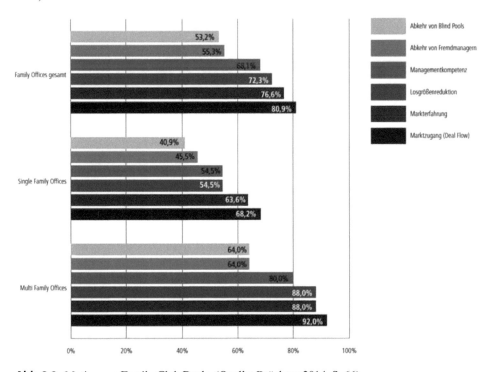

Abb. 2.9 Motive von Family Club Deals. (Quelle: Brückner 2014, S. 66)

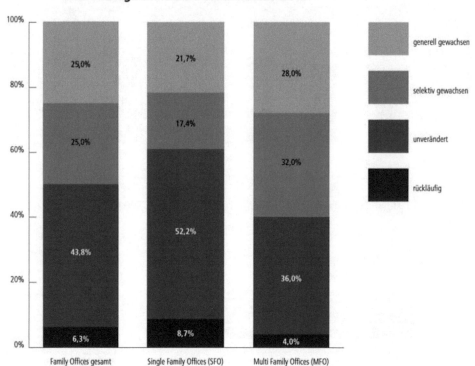

Abb. 2.10   Motive von Family Club Deals. (Quelle: Brückner 2014, S. 67)

2.2.3.1.2   Venture Capital-Gesellschaften

Venture Capital-Gesellschaften stellen insbesondere jungen und innovativen Firmen (in der Regel Existenzgründungen) Risiko- bzw. Wagniskapital bereit. Ihre Refinanzierung läuft über Banken, Versicherungen und Großunternehmen sowie Privatpersonen durch die Auflage entsprechender Venture Capital-Fonds. Im Gegensatz zu den Gewinnbeteiligungen bei den Kapitalbeteiligungsgesellschaften sind hier insbesondere die Realisierungen der Wertsteigerungen einzelner Beteiligungen für die kapitalgebende Gesellschaft interessant. Diese müssen durch realistische Optionen des Ausstiegs nach zwei bis fünf Jahren realisierbar sein (Exit-Strategien durch Börsengänge, *Trade Sales* an Wettbewerber des Beteiligungsunternehmens oder *Secondary Buyouts* an andere Kapitalbeteiligungsgesellschaften). Sie stellen neben der Finanzierungsfunktion auch Managementberatungsleistungen zur Verfügung.

Auch wenn die Datenbasen hier systematisch problematisch sind, werden folgend die Daten gemäß der Datebanken von *Preqin* zur Beschreibung der aktuellen Entwicklung aufgenommen (vgl. auch https://www.preqin.com):

(1) Weltweite Entwicklung: Das investierte *Venture Capital* betrug 87 Mrd. US-Dollar in 2014, und damit 58 % mehr als in 2013. Für die Entwicklung in den USA siehe Abb. 2.11.

Die insgesamt 7474 Finanzierungen zeigen hingegen einen Rückgang von 11 % auf. Damit ist das Volumen pro Beteiligung sehr deutlich gestiegen. Insbesondere Asien und andere Nicht-US- und Nicht-EU-Staaten haben von diesem absoluten Wachstum profitiert – um 160 % von 2014 auf 2013.

(2) Europäische Entwicklung: Ein Rückgang von 18 % bei der Anzahl der Deals bei einem leichten Anstieg um 100 Mio. US-Dollar auf 9,2 Mrd. US-Dollar in 2014.

(3) Chinesische Entwicklung: Wachstum in der Anzahl um 15 % auf 504 Transaktionen in 2014 mit einem Anstieg um 212 % beim Beteiligungswert auf 12,8 Mrd. US-Dollar.

(4) Indische Entwicklung: Wachstum in der Anzahl um 14 % in 2014 mit einem Anstieg um 217 % beim Beteiligungswert auf 5,4 Mrd. US-Dollar.

(5) Top 10: Fünf aus den USA, zwei aus China, drei aus Indien. Europa zeigte eine tatsächlich vergleichsweise schwache Entwicklung in diesem Wachstumsfinanzierungsmarkt für junge Unternehmen (vgl. auch Tab. 2.2).

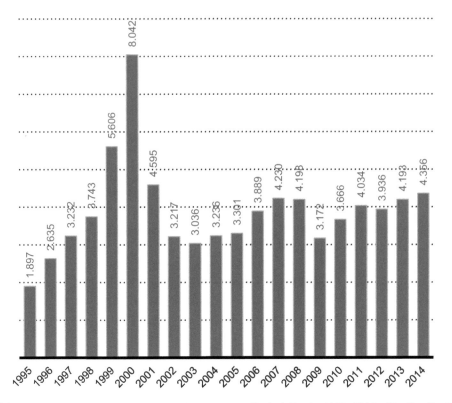

Abb. 2.11 Anzahl der US-amerikanischen Venture Capital Deals 1995–2014. (Quelle: PwC/ Thomson Reuters/NVC 2014)

Tab. 2.2 Größte Venture Capital-Beteiligungen 2014. (Quelle: Preqin 2015)

Company Name	Deal Date	Stage	Deal Size (mn)	Currency	Investors	Industry	Location
Uber Technologies, Inc.	Jun-14	Series D/Round 4	1,200	USD	BlackRock, Fidelity Equity Partners, Google Ventures, Kleiner Perkins Caufield & Byers, Menlo Ventures, Summit Partners, Wellington Management	Telecoms	US
Uber Technologies, Inc.	Dec-14	Series E/Round 5	1,200	USD	Lone Pine Capital, New Enterprise Associates, Qatar Investment Authority, Valiant Capital Partners	Telecoms	US
Flipkart	Dec-14	Unspecified Round	1,100	USD	All-Stars Investment, DST Global, GIC Private Limited, Hopu Investment Management, Yunfeng Capital	Telecoms	China
Cloudera	Jul-14	Unspecified Round	1,000	USD	Accel Partners, DST Global, GIC Private Limited, Iconiq Capital, Morgan Stanley Alternative Investment Partners, Naspers, Sofina, Tiger Global Management	Internet	India
Didi Taxi	Mar-14	Series F/Round 6	740	USD	Intel Capital	Software	US
Snapdeal.com	Dec-14	Series D/Round 4	700	USD	DST Global, Temasek Holdings, Tencent	Telecoms	China
Flipkart	Dec-14	Series H/Round 8	700	USD	Baillie Gifford, DST Global, GIC Private Limited, Greenoaks Capital Management, Iconiq Capital, Naspers, Qatar Investment Authority, Steadview Capital Management, T Rowe Price, Tiger Global Management	Internet	India
Huayi Brothers	Oct-14	Unspecified Round	627	USD	Recruit Holdings, ru-Net Ltd., Softbank	Internet	India
Magic Leap, Inc	Dec-14	Unspecified Round	600	USD	Baidu	Telecoms	US
Beingmate Group Co., Ltd	Oct-14	Series B/Round 2	542	USD	Andreessen Horowitz, Google, KKR, Kleiner Perkins Caufield & Byers, Legend Pictures, LLC, Obvious Ventures, Qualcomm Ventures, Vulcan Capital	Software	US

(6) Performance-Entwicklung: Die analysierte Verbesserung der Renditeerzielung lag in 2014 25,9 % und damit höher als alle anderen Private Equity-Typen.

(7) Marktführer USA: Auch wenn die USA auch in 2014 die prominenteste Region für Venture Capital Investitionen mit 4594 Transaktionen in einem Investitionsvolumen von 53,9 Mrd. US-Dollar war, ist die relative Anzahl an allen globalen Transaktionen der niedrigste seit 2007.

Beispiele für Venture Capital-Investitionen waren in 2014 die beiden Beteiligungen an Uber Technologies für mehr als 2,4 Mrd. US-Dollar, die Beteiligungen an Flipkart (1,8 Mrd. US-Dollar), Cloudera (1 Mrd.), Didi Taxi (740 Mio.), Snapdeal (700 Mio.).

Mit Blick auf das Fundraising von Venture Capital-Funds wurden nach Angaben von *Thomson Reuter* und *Dow Jones LP Source* 85,07 Mrd. US-Dollar eingeworben, davon allein in den USA ca. 33 Mrd. US-Dollar in 2014 eingeworben, was einem Anstieg um 62 % zum Vorjahr entspricht.

Und die Investitionserträge steigen ebenfalls, was an insgesamt 273 Börsengängen lag, in denen Venture Capital eingebunden war – die höchste Anzahl nach 2000, so die Zahlen von *Dow Jones VentureSource*.

Dabei zeigt sich, dass das weltweite Wachstum wir folgt auf die Finanzierungsphasen verteilt: *early-stage* +33,1 Prozent, late-stage +41,1 und multi-stage +157,2 Prozent (Dow Jones LP Source 2015). Zu den Investitionen nach Lebenszyklusphasen in Deutschland die beiden folgenden Abb. 2.12 und 2.13:

2.2.3.1.3 Investitionen nach Lebenszyklusphasen des Zielunternehmens

	2009		2013	
	Mio. Euro	Unternehmen	Mio. Euro	Unternehmen
Nach Finanzierungsanlass				
Seed	55,78	152	44,07	168
Start-up	345,95	417	372,97	436
Later stage-Venture Capital	257,23	381	256,85	136
Venture Capital insgesamt	**658,96**	**929**	**673,89**	**723**
Growth	519,05	143	346,03	456
Turnaround	98,74	46	27,97	17
Replacement Capital	96,01	20	40,40	11
Buy-Outs	1.651,07	88	3.589,73	86
Gesamt	**3.023,83**	**1.216**	**4.678,00**	**1.288**

Abb. 2.12 Investitionen nach Phasen 2009–2013. (Quelle: BVK 2015)

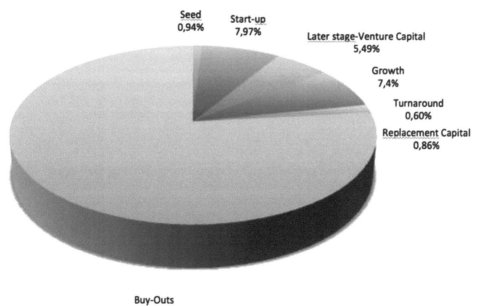

Abb. 2.13 Investitionen nach Finanzierungsphasen 2013. (Quelle: BVK 2015)

2.2.3.1.4 Wertsteigerungshebel für Private Equity-Investitionen

Die Investitionsaufteilungen belegen auch für Deutschland die vorrangige Übernahme-technik über den *Leveraged Buy Out (LBO)*, wie auch die klassische Vorgehensweise bei Private Equity-Investitionen zeigten (vgl. Abb. 2.14).

Auf die konkreten Übernahmeformen wird im kommenden Abschnitt ausführlicher eingegangen werden.

2.2.3.1.5 Erste Erfolgsbewertungen der 1980er und 1990er Jahre

Der Erfolg der Kapitalbeteiligungsgesellschaften ist nach einer Studie von *Steve Kaplan* von der University of Chicago und *Antoinette Schoar* vom MIT zu differenzieren (Kaplan und Schoar 2003). So haben *Private Equity-Fonds* über den Zeitraum von 1980 bis 2001 ihren Investoren geringere Erträge erwirtschaftet, als wenn diese ihr Kapital im „Standard & Poors 500" investiert hätten. Während das obere Viertel der *Private Equity*-Gesell-schaften im Durchschnitt eine Ertragsrate von jährlich 23 % erzielten und sich damit deutlich vom Erfolg traditioneller Anlageformen abheben konnte, verdiente das untere Viertel durchschnittlich nur 4 %. Andere Studien kommen zu ähnlichen Schlüssen: Nach Aussage von *Greenwich Associates*, einer Beratungsfirma für Pensionsfonds, können nur die besten 25 *Private Equity*-Fonds bessere Erträge generieren als der S&P-Index (vgl. Abb. 2.15).

- **Rationalisieren und Steigerung der operativen Effizienz.** Verbesserung der Rentabilität der erworbenen Beteiligungen durch Mittel des Financial Engineering, Kostenkürzungen und die Optimierung von Geschäftsprozessen. Dabei sind die operativen Wertsteigerungshebel durch Prozess-Optimierung weitaus häufiger Werttreiber als die vermutete Kostensenkung und Entlassungspolitik.
- **Günstig kaufen, teuer verkaufen.** Manchmal sind Unternehmen bei den Investoren zu Unrecht in Ungnade gefallen und daher unterbewertet. Dies macht es für Private Equity-Firmen besonders interessant, sie zu kaufen und bei einem freundlicheren Marktumfeld mit Gewinn wieder zu veräußern.
- **Wachstumsschwellen überwinden.** Nicht selten wird mit dem Eigenkapital für das Ziel-Unternehmen Wachstumsschwellen z.B. wiederum durch Wettbewerberaufkäufe bzw. durch die Umsetzung einer Internationalisierungsstrategie.
- **Zerschlagen.** Insbesondere bei Mischkonzernen sind die Einzelteile oftmals alleine mehr wert als ihre Summe (Conglomerate Discount). Filettiert man diese Unternehmen, und verkauft die einzelnen Geschäftsbereiche, kann man auf diesem Wege einen höheren Verkaufspreis erzielen als den Preis, zu dem die Unternehmensgruppe erworben wurde.
- **Incentivierung.** Schaffung von Anreizen, indem man das Management am Unternehmen beteiligt. Angestellte werden Unternehmer.
- **Leverage-Effekt nutzen.** Mit einer Kreditfinanzierung, deren Zinssatz unter der mit dem eingesetzten Eigenkapital erzielten Rendite liegt, können die mit den oben genannten Maßnahmen erzielten Erträge nochmals vervielfacht werden.

Abb. 2.14 Klassische Methoden zur Wertsteigerung bei Private Equity-Investitionen. (Quelle: Ei-gene Zusammenstellung)

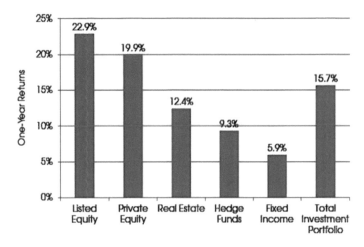

Abb. 2.15 Ertragsentwicklung von Private Equity im Vergleich zu anderen Asset-Klassen. (Quelle: Preqin 2015)

2.2.3.2 Unternehmensübernahmetechniken

In den 1990er Jahren hatten sich in Deutschland insbesondere durch die Wiedervereinigung und das Treuhandgeschäft weitere Übernahmetechniken durchgesetzt (vgl. Abb. 2.16). Die wichtigsten durch die USA geprägten Techniken sind in der Regel Instrumente der Außenfinanzierung. Es lassen sich Unterscheidungen hinsichtlich der *Finanzierungsform* (so genannte *Leveraged Buyout*) einerseits und des Bezugs auf die *Person des Übernehmers* („Management Buyout", „Management Buyin" oder „Belegschafts Buyouts" etc.) andererseits treffen.

FINANZIERUNGSBEZOGENE ÜBERNAHMETECHNIKEN
Levarage Buy-Out (LBO): Spezielle Finanzierungskombination im Falle der Übernahme bzw. des Aufkaufes eines Unternehmens durch neue Eigentümer. Es erfolgt eine Konzentration des zuvor meist breit gestreuten Aktienbesitzes (free float) in eine kleine Eigentümergruppe. Ein wesentliches Merkmal liegt im hohen Maße steigenden Fremdkapitalanteil aufgrund der Kauffinanzierung (LeverageEffekt).
PERSONENBEZOGENE ÜBERNAHMETECHNIKEN
Management Buyout (MBO): Kauf des Unternehmens durch die bisherigen Manager. Die Finanzierung derartiger MBOs wird in der Regel durch einen LBO realisiert. Daher sind die personenbezogenen Übernahmetechniken zum größten Teil nichts anderes als die Spezifizierung der Käuferseite für einen LBO. Es wird steuerlich zwischen dem direkten Auskauf (single stage MBO) und der GmbH-Gründung, die entsprechend den Auskauf tätigt (two stage MBO), unterschieden.
Management Buyin (MBI): Kauf des Unternehmens durch externe Manager.
Belegschafts bzw. Employee Buyout (BBO/EBO): Wenn mehr als 50% der Kapitalanteile (und der Stimmrechte) durch die Belegschaft ausgekauft werden und damit nicht in der Hand der Unternehmensleitung sind.
BIMBO: Mischform aus dem MBI und dem MBO. Damit kaufen interne und externe Manager das Unternehmen gemeinsam und teilen sich entsprechend die Leitung mit unternehmensspezifischen Know-how und mit externem Wissen.
Familien bzw. Owner Buyout (OBO): Spezialfall in Familienunternehmen bei Auszahlung der Erbengemeinschaft oder einzelner Stämme durch einen einzelnen Erben.

Abb. 2.16 Übernahmetechniken. (Quelle: Eigene Zusammenstellung)

Zunächst wird die dahinter stehende Diskussion über den Zusammenhang zwischen Kapitalstruktur und Unternehmenswert anhand der verschiedenen Positionen geführt werden. Insbesondere die kapitalmarkttheoretische Diskussion in den 1960er und 1970er Jahren drehte sich um die Wirkungen der Kapitalstruktur auf den Marktwert der Unternehmen. Hier bereits mehrfach angeführt ist in diesem Zusammenhang der so genannte „Leverage Effekt": Er beschreibt die Hebelwirkung der Kapitalstruktur.

So lässt sich eine Erhöhung der Eigenkapitalrentabilität r_E durch weitere Verschuldung bei einer über dem Fremdkapitalzins r_D liegenden Gesamtkapitalrentabilität r_A erzielen. Dabei gilt, dass die Gesamtkapitalrendite r_A größer sein muss als die Fremdkapitalzins r_D. Aus der Annahme der Unabhängigkeit des Fremdkapitalzinses vom Verschuldungsgrad folgt, dass die Eigenkapitalrendite linear mit dem Verschuldungsgrad ansteigt. Dieser Effekt kann aber ebenso in umgekehrter Richtung laufen. 1958 haben Modigliani/Miller in ihrem Aufsatz zu den „cost of capital" ihre zwei Propositionen dargelegt, die eben diesen Leverage Effekt vollständig in Frage stellen (vgl. einführend auch Brealey und Myers 1991, S. 406 und folgende Abb. 2.17 und 2.18).

Proposition 1:   Separation von Finanzierungs- und Investitionsentscheidung
                   Nur Investitionsentscheidungen haben einen Einfluss auf den Unternehmenswert,
                   nicht der finanzielle Leverage!

Der Unternehmenswert kann nicht dadurch gesteigert werden, dass man die Passivseite in zwei unterschiedliche Ströme unterteilt. Bestimmungsgröße des Unternehmenswertes ist ausschließlich die Aktivseite. Dadurch wird die Separierung von Investitionsentscheidung von ihrer Finanzierung möglich. Hierbei stellen die Annahmen der Konkursfreiheit, des Fehlens von Steuern und die Annahme, dass der Manager im Sinne der Prinzipale (Gesellschafter) agiert wesentliche Konstruktionsmerkmale dar, die diese Aussage ermöglichen.

Proposition 2:   Die erwarteten Eigenkapitalkosten steigen mit zunehmendem Verschuldungsgrad!

Die Steigerungsrate von r_E hängt von dem Spread zwischen den Gesamtkapitalkosten r_A und den Fremdkapitalkosten r_D ab. Es besteht eine Indifferenz hinsichtlich der höheren Eigenkapitalkosten bei höherem Verschuldungsgrad, da das Risiko durch die Verschuldung steigt.

Abb. 2.17 Kapitalstruktur und Unternehmenswert nach Modigliani und Miller. (Quelle: eigene Aufstellung, vgl. auch Brealey und Myers 1991)

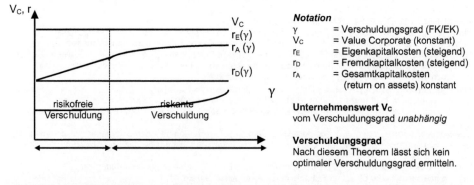

Abb. 2.18 Modigliani/Miller: Das Irrelevanz-Theorem. (Quelle: Darstellung angelehnt an Brealey und Myers 1991, S. 406)

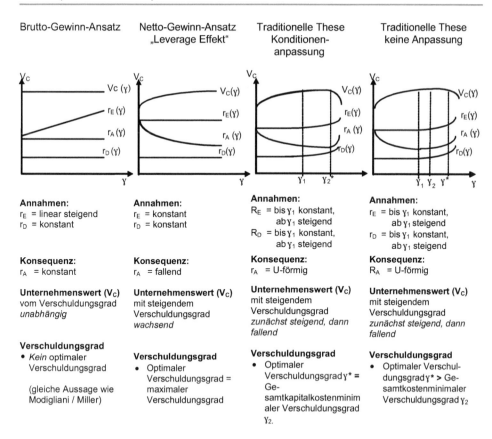

Abb. 2.19 Verschiedene Thesen der Kapitalkostenkurvenverläufe. (Quelle: eigene Darstellung)

Zu dieser Position von Modigliani und Miller gab es im Vorfeld und im Nachgang kontroverse Diskussionen, die in der Abb. 2.19 anhand von anderen Ansätzen dargestellt sind.

Während Modigliani und Miller systematisch keinen Ansatz für die Bestimmung der *optimalen* Kapitalstruktur entwickelt haben, sind bei den anderen Ansätzen bis auf den Brutto-Gewinn-Ansatz entsprechend optimale Verschuldungsgrade anzugeben und damit auch maximale Unternehmenswerte. Die Einführung von Konkurskosten und Steuervorteilen präjudiziert die theoretische Ableitung der optimalen Kapitalstruktur, die genau dann erreicht ist, wenn die eigenkapitalrentabilitätssteigernde Wirkung des Leverage-Effekts gerade durch die infolge des erhöhten Kapitalstrukturrisikos zunehmenden Eigenkapitalkosten kompensiert wird. Dennoch bleibt die Theoriebildung damit noch immer unvollständig, da hier wichtige Determinanten der Kapitalstruktur vernachlässigt werden: Die so genannten *agency costs* (vgl. hierzu Jensen und Meckling 1976, S. 308). Nach dieser Überlegung sinken die *agency costs* (verstanden als *monitoring costs*, d. h. Steuerungs- und Kontrollkosten, als *bonding costs*, d. h. Garantiekosten z. B. bei Investor Relations, und dem *residual claim*, d. h. die Kosten des Wohlfahrtsverlustes) bei Verschiebungen der Kapitalstruktur zu Lasten des Eigenkapitals, da das Management sich bei Fremdkapitalaufnahme der Kontrolle des Marktes (z. B. der Banken) aussetzen muss, die sich in dem festgesetzten Marktpreis manifestiert (in der Regel dem Zins). Weiterhin wirkt die durch Kapitaldienst entstehende *Free Cash Flow*-Bindung (zur Definition des Free Cash-Flow siehe Abschn. 4.5.1.2.1) disziplinierend auf die Manager (vgl. Jensen 1986a). Es lassen sich dafür anhand von Analysen der Veränderungen von Börsenbewertungen auf Ankündigungen der Kapitalstrukturänderungen Belege finden (vgl. z. B. Huemer 1991, S. 115–125 und die dort angegebene Literatur), die zwei Determinanten für die Marktwertveränderung herauskristallisieren: (1) die implizite Änderung im Cash Flow des Unternehmens und (2) die Änderung im Leverage-Niveau.

Ad (1): Bekanntwerden von Aktienrückkäufen, Dividendenerhöhungen oder Investitionssteigerungen werden vom Markt als Orientierungspunkte für bestehende starke Cash Flow-Positionen des Unternehmens betrachtet und folglich positiv bewertet, da eine ökonomisch sinnvolle Kapitalallokation angenommen wird. Wertpapier-Emissionen, Dividendenkürzungen und Einschränkungen des Investitionsbudgets hingegen sind *bad news* und werden mit Preisabschlägen geahndet (empirische Tests von Smith 1986; Jensen 1988 zusammengefasst in Huemer 1991, S. 115–125). Damit ist aber noch keine Erklärung für die empirisch beobachtbaren, starken Bewertungsdifferenzen zwischen Eigen- und Fremdkapital gefunden.

Ad (2): Stammkapital weist eine wesentlich höhere Sensitivität gegenüber der Entwicklungsaussicht von Unternehmen auf, da die Vorzugsaktien und das Fremdkapital prioritären Anspruch besitzen. So ist, wie bereits gezeigt (vgl. Abb. 1.40) aufgrund der gesenkten *agency costs* und der höheren Bindungsintensität die Strukturverschiebung zugunsten des Fremdkapitals mit Marktwertsteigerungen versehen. Dennoch scheint empirisch einiges gegen die Disziplinierungsthese der Instrumentalisierung des Fremdkapitals zu sprechen: So wurden nach Untersuchungen die Fremdkapitalquoten innerhalb von einem bis drei Jahren auf übliche 65 % zurückgeführt. Der Kapitaldienst überstieg die Rückzahlungsverpflichtung um bis zu 600 % (vgl. Anslinger und Copeland 1996, S. 126).

2.2.3.3 Spezifische Merkmale des Leveraged Buyouts

2.2.3.3.1 Abgrenzung des LBO zur gewöhnlichen Akquisition

Ein LBO unterscheidet sich von gewöhnlichen Akquisitionen in zweierlei Hinsicht: Erstens ist – wie bereits angeführt – ein großer Anteil des Kaufpreises kreditfinanziert. Zweitens werden bei einer börsennotierten Gesellschaft die Aktien einer im LBO übernommenen Firma nicht länger an der Börse gehandelt, allenfalls ein kleiner Teil (*Delisting* oder *Going Private*). Die verbleibenden Aktien werden von einer kleinen Investmentgruppe oder bei einem MBO bzw. MBI vom neuen Management gehalten. LBOs hatten lange Zeit in Deutschland nicht die Bedeutung und das Volumen erlangt wie in den USA oder in Großbritannien. Dies lag nicht nur an der scheinbar unterschiedlichen Risikofreudigkeit der Investoren, sondern hatte vor allem rechtliche und steuerliche Gründe (vgl. Picot 1998).

2.2.3.3.2 Anforderungen an einen LBO-Kandidaten

Vereinfacht kann das Risiko eines Unternehmens in ein Geschäftsrisiko und ein Finanzierungsrisiko unterschieden werden. Wenn das Geschäftsrisiko hoch ist, werden Handlungsspielräume mit einer konservativen Gestaltung der Finanzierungsstruktur geschaffen. Unternehmen, die hingegen nur ein mäßiges Geschäftsrisiko aufweisen, verfügen eher über die strukturellen Voraussetzungen für die Übernahme eines wesentlich höheren Risikos durch eine veränderte Struktur der Finanzierung im Rahmen eines LBO. Zu den Anforderungen und Finanzierungsquellen von LBOs siehe die beiden folgenden Abb. 2.20 und 2.21.

- Ein hoher Netto Cash Flow,

- Ein entsprechend niedriger dynamischer Verschuldungsgrad (als Verhältnis der Nettoverbindlichkeiten zum Netto Cash Flow gibt der dynamische Verschuldungsgrad die Anzahl der Jahre an, die benötigt werden, um bei gleichbleibendem Verhältnis das gesamte Fremdkapital durch Eigenfinanzierung abzubauen),

- Branchenübliche Effektivverschuldung,

- Erfolgsaussichten bei mittelfristigen Restrukturierungsmaßnahmen, d.h. Verkaufsmöglichkeiten von nicht betriebsnotwendigem Aktiva, und

- Geringe Kapitalintensität, da andernfalls nach einem LBO eine in der Regel fremdzufinanzierende technische Neuentwicklung nicht zu leisten wäre.

Abb. 2.20 Ideal-Anforderungen an einen LBO-Kandidaten. (Quelle: eigene Zusammenstellung)

1. **Senior Debts:** Konventionelle Darlehensfinanzierung in Form von vorrangig besicherten Bankdarlehen. *Cash Flow Lending* (Cash Flow Analyse) und *Asset Backed Lending* (Sicherheiten wie Grund- und Pfandrechte zur Beleihung). Der Anteil an der Gesamtfinanzierung ist ca. 50%.

2. **Mezzanine Financing:** Zwischenformen von Eigen- und Fremdkapital, die die Finanzierungslücken von Eigenkapital und den *Senior Debts* decken. Eine Form sind die Subordinated Debts, die bis zu 40% der Gesamtfinanzierung ausmachen können. Wesentlich bei dem *Mezzanine Financing* ist, dass keine dingliche Besicherung erfolgt, d.h. die Basis für den Kredit lediglich die prospektiven Cash Flows sein werden.

3. **Subordinated Debts (verbrieft in Junk Bonds):** Bei Konkurs werden die dinglich nicht besicherten Kredite nach den Senior Debts aber vor dem Eigenkapital bedient. Die entsprechend dem größeren Risiko höheren Zinsen sind neben den zusätzlichen Rechten (Wandlungs- bzw. Optionsrecht auf Eigenkapitalanteile) Anreiz zur Vergabe. Diese Form der *junk bond*-finanzierten Zerschlagung von Unternehmen durch *Raider* ist in den USA stark in die Kritik geraten.

4. **Eigenkapital:** Diese risikoreichste Finanzierungsschicht liegt in der Regel mit nur 10% vor. Sie verspricht dafür nicht selten Renditen von 30 – 60%. Die Grenzen zwischen Eigen- und Fremdkapital verschwimmen aber zusehend, da das *Mezzanine Financing* aufgrund der fehlenden Besicherung Eigenkapitalcharakter aufweist.

Abb. 2.21 Finanzierungsquellen für einen LBO. (Quelle: eigene Darstellung)

2.2.3.3.3   Zwei Fallstudien: RJR Nabisco (1988) und Cognis (2001)

Fall 1: RJR Nabisco

Sicherlich der spektakulärste und daher auch bestdokumentierte LBO war die Übernahme von RJR Nabisco (u. a. Nahrungsmittel und Tabak) durch Kohlberg, Kravis und Roberts (KKR) im Wert von 25 Mrd. Dollar (vgl. Brealey/Myers, S. 843 ff.). Der Vorstandsvorsitzende F. Ross Johnson kündigte am 28. Oktober 1988 zusammen mit seinen Vorstandskollegen an, Nabisco für 75 Dollar pro Aktie, also umgerechnet für 17,6 Mrd. Dollar zu übernehmen. Der Kurs sprang auf 77 Dollar und brachte an einem Tag für die Aktionäre einen Gewinn von 36 % zum Vortageskurs. Dadurch wurden andere Übernahmespezialisten aus New York aufmerksam, die die Transaktion verteuerten. Schließlich wurde die Übernahme von KKR gegen viele Wettbewerber entschieden. KKR ist mit weitem Abstand die größte LBO-Firma der Welt (vgl. zu den verschiedenen Firmen Anslinger und Copeland 1996, S. 129). 1991 besaßen sie Firmen mit einem Gesamtumsatzvolumen von mehr als 60 Mrd. Dollar. Neben der Transaktion mit Nabisco gehörten 1991 in ihr Portfolio Safeway, einer der größten Lebensmittelhändler der USA, Owen-Illinois, Amerikas größter Glashersteller, Duracell, der Batterienproduzent und Jim Walter, ein großer Baustoffkonzern. Bei KKR arbeiten lediglich 60 Mitarbeiter und diese fast vollkommen dezentral. Die *Chief Executive Officers* der KKR-Geschäftsbereiche haben einen signifikanten Eigenkapitalanteil in den von ihnen geführten Bereichen und bekommen so eine eindeutigere Anreizstruktur als vergleichbare Vorstände von Unternehmen. So erhielten Manager von LBO-Firmen 6,40 Dollar pro 100 Dollar erzielter Werterhöhung, während normale Manager nur 20 Cents verbuchen konnten (vgl. hierzu Jensens Analyse in Stewart 1991, S. 602). Es gab zahlreiche Untersuchungen, die eine höhere Rentabilität der LBO-Firmen gegenüber Unternehmensakquisiteuren belegten (vgl. z. B. Anslinger/Copeland, S. 127). Kennzeichnend für KKR ist das Motto „Buy, build and harvest!", welches sie fremdfinanziert, ohne jegliche Querverbindungen zu anderen Bereichen handhaben – d. h. ohne Berücksichtigung von Synergien – und durch den Einkauf der besten Manager zu realisieren versuchen. Der Gewinn für die ausgekauften Aktionäre von RJR waren dabei rund 8 Mrd. Dollar. Die Gründe für die hohen Angebote, die z. T. noch höher lagen als das von KKR, sind exemplarisch für die Bandbreite der LBOs. Sie sind in der Steuerersparnis zu suchen (mit ca. 1,8 Mrd. Dollar) sowie in dem Verkauf von Aktiva („Equity-Kicker"), die nicht zu dem Kerngeschäft gehören (mit ungefähr einem Volumen von 5 Mrd. Dollar) und in radikalen Kostensenkungen im Verwaltungsbereich (hohe Anzahl von Freisetzungen). Weiterhin werden die zuvor besicherten Kredite nun einem stark erhöhten Risiko ausgesetzt. Im Zuge der Aktienhausse fielen die Kurse der Anleihen von RJR erheblich mit einem Nettoverlust von 575 Mio. Dollar für die Bondholder. Als ein weiterer Grund für den Kaufpreis und die Gewinne der ausgekauften Aktionäre ist die bereits erwähnte Erhöhung der Managementleistung durch die Erbringung des Kapitaldienstes. Im weiteren Verlauf wurde diese LBO-Transaktion Höhepunkt einer in den 1980er Jahren tobenden Welle: Im starken Wettbewerb mit dem Philip Morris Konzern stehend, und durch die hohe Cash Flow-Bindung einer auf 28 Mrd. Dollar angewachsenen Tilgungs- und Zinslast konnten keine der erforderlichen Investitionen in das operative Geschäft getätigt werden. Mit Lou Gerstner wurde der bisher bei American Express erfolgreiche Manager engagiert, der bereits im ersten Jahr im Wert von 6 Mrd. US-Dollar Desinvestitionen, darunter z. B. den Fruchtkonzern Del Monte, vornahm. KKR zogen sich sukzessive aus dem Engagement heraus; und hielten Ende der 1990er Jahre nur noch rund 17,5 % am Eigenkapital. Dieser Fall scheint symptomatisch für die Entwicklung der LBO-Transaktionen. Während einerseits noch die hohen Renditen von LBO-Firmen durch Transaktionen ohne Synergien als Argument angeführt werden, geht die Diskussion indes weiter: „*Leveraged Build Up*" als eine ebenfalls hochverschuldete, auf Synergie abgestellte Strategie des Aufbaus eines Unternehmensportfolio.

Fall 2: Cognis
Die Tochter *Cognis* des Düsseldorfer Waschmittelkonzerns *Henkel* stand 2001 aus strategischen Gründen zum Verkauf. Die Eigenkapitalquote lag bei 30 %, der Gewinn vor Steuern und Zinsen bei 221 Mio. Euro, so dass unterm Strich ein Gewinn von 109 Mio. Euro in der Kasse blieb. Der auf den 11. September 2001 terminierte Verkauf an Permira und Goldman Sachs mit einem Kaufpreis von 2,5 Mrd. Euro wurde um einen Tag verschoben durchgeführt. Der Eigenkapitalanteil bei der Finanzierung betrug knapp 20 %, so dass die Eigenkapitalquote auf 4,1 % fiel. Die Kredite lagen bei 1,8 Mrd. Euro, so dass allein die Zinslast den Vorjahresgewinn im Dezember 2001 zu einem Verlust von 25 Mio. Euro umdrehte. Es folgte neben von *Cognis* zu bezahlenden Beratermandaten an die Gesellschafter eine Sonderdividende (*recap*), „das Kokain für die Private Equity-Branche", wie der Wettbewerber und Carlyle-Mitgründer David Rubinstein formulierte. Im Jahr 2004 wurden dafür zwei Anleihen über fast 600 Mio. Euro begeben, die das Kreditvolumen auf über 2 Mrd. Euro ansteigen ließ und von denen 300 Mio. Euro als Sonderdividende ausgezahlt werden konnte. Im Januar 2005 war es erneut Goldman Sachs, die ein Schuldenpapier in Höhe von 530 Mio. Euro bei Hedge Fonds platzierte. Zu diesem Zeitpunkt wurden aus den investierten 450 Mio. Euro bereits 850 Mio. Euro an die Investoren ausgeschüttet – wobei Cognis noch immer in ihrem Besitz war. Das operative Geschäft lief und deckte den Kapitaldienst, dennoch war ein neuer Rekordverlust von 136 Mio. Euro zu verbuchen. Das Unternehmen sollte nun in 2006 verkauft werden, doch es war ein „Ladenhüter", wie die FAZ schrieb. Am Ende des ersten Quartals 2007 wies das Unternehmen ein negatives Eigenkapital und Nettofinanzschulden von 1,5 Mrd. Euro aus. Analysten rechnen anders und kommen auf ca. 2,25 Mrd. Euro Schulden. Trotz der Konjunktur schaffte *Cognis* im ersten Quartal nur acht Millionen Euro Gewinn. 2015 ist eine sich aufzinsende, nicht öffentliche Anleihe über derzeit 362 Mio. Euro zu bedienen. 2013 werden im Mai ausgegebene Anleihen und Darlehen von 1,65 Mrd. Euro fällig. Der Umsatz der *Cognis* im Jahr 2006: 3,4 Mrd. Euro (vgl. zu dem Fall Balzli et al. 2006, S. 74 f.).

2.2.3.3.4 Anreizwirkungen und Post Merger-Performance
Während bisher kaum Vergleiche in der *Post Merger-Performance* zwischen einer aktien- und einer barfinanzierten Übernahme angestellt wurden, lassen sich auf Basis zweier

Studien in Bezug auf fremdkapitalfinanzierte Übernahmen ganz spezifische Unterschiede zeigen (vgl. hierzu die Analysen in Anslinger und Copeland 1996, S. 127 f., sowie darauf bezugnehmend Aiello und Watkins 2000): So sind die LBOs im Hinblick auf den Börsenwert nach zahlreichen Analysen im Post Merger-Management erfolgreicher als eigenkapital- oder barfinanzierte Transaktionen. Nach einer Analyse von Patricia L. Anslinger und Thomas E. Copeland erwirtschafteten 80 % der untersuchten LBOs einen die Kapitalkosten übersteigenden Ertrag. Die Rendite war damit rund 17 %punkte höher als bei normalen Unternehmensakquisitionen, was in deutlichem Gegensatz zu den sonstigen Erfolgsanalysen im Bereich der Unternehmenszusammenschlüsse steht.

Auch bei der Vergütung zeigen sich erhebliche Diskrepanzen: So erhielten Manager von LBO-Firmen einer weiteren Studie zufolge durchschnittlich 6,40 US-Dollar pro 100 US-Dollar erzielter Wertsteigerung, während normale Manager in den 1980er Jahren gerade einmal 20 Cents verbuchen konnten (siehe hierzu die alten Studien Stewart 1991, S. 602). Die theoretischen Gründe für diese positive Entwicklung von LBOs ist in den unterschiedlichen Anreizstrukturen zu vermuten: So wird auch hier agenturtheoretisch die Disziplinierungsthese durch den Kapitaldienst für das Fremdkapital herangezogen. Bei den Motiven für Zusammenschlüsse geht Michael Jensen auf die sog. „Free Cash Flow-Hypothese" ausführlicher ein, die diesen Disziplinierungsdruck, insbesondere in reifen Industrien, noch einmal pointiert (vgl. Jensen 1986a). In der Tat führten nach den Untersuchungen hochverschuldete LBO-Firmen die Fremdkapitalquoten innerhalb von einem bis drei Jahren auf übliche 65 % zurück. Der geleistete Kapitaldienst überstieg die Rückzahlungsverpflichtung um bis zu 600 %. Das Management baut seine eigene Anreizstruktur im Nachgang der Akquisition wieder ab und agiert paradoxerweise damit anreizkompatibel zu den Investoreninteressen, indem es die Anreizstruktur durch die Übererfüllung verwässert.

2.2.4   Hostile Takeover – „feindliche Übernahmen"

Feindliche Übernahmen, also Übernahmen, die durch das bestehende Management des Zielunternehmens nicht gebilligt werden, sind ein sich seit den 1970er Jahren im angelsächsischen Raum parallel zum gesamten M&A-Markt entwickelndes Phänomen. In Deutschland war die „feindliche Übernahme" bis zum Beginn der 1990er Jahren ein nahezu unbekanntes Phänomen.

2.2.4.1   Feindliche Übernahmeversuche mit deutscher Beteiligung und weltweit

Vergleichsweise kurz ist die Liste der erfolgreichen wie gescheiterten Versuche der feindlichen Übernahme von und durch deutsche Unternehmen (vgl. Abb. 2.22).

„Die nächste Übernahmewelle wird aggressiver, es wird emotionaler und vor allem feindlicher", so lautete die Prognose von Dietrich Becker vom *Perella Weinberg Partners* zu Beginn des Jahres 2007 (vgl. Seidlitz 2007, S. 12). Treiber seien neben den Hedge

Zeitraum	Käuferunternehmen	Zielunternehmen	Ergebnis
1988	Flick	Feldmühle Nobel	erfolglos
1990 – 1991	Pirelli	Continental	Widerstand des Großaktionärs Deutsch Bank
1991	Krupp	Hoesch	erfolgreich durch heimlichen Aufkauf der Aktien, dann freundlich
1996 – 1997	Post	Postbank	abgewehrt
1997	Krupp	Thyssen	erst abgewehrt, dann erfolgreich
1999	Olivetti, Deutsche Telekom	Telecom Italia	Bietersieger war Olivetti
1999	Vodafone Airtouch	Mannesmann	feindlicher Start, freundliches Ende
2000	WCM	Klöckner-Werke	nur Mehrheitsanteil mit Votum der Gremien
2001 – 2003	Bosch	Buderus	feindlich begonnen, Aufkauf von Aktien in 2003, freundlich geendet
2001	INA	FAG Kugelfischer	feindlicher Start, freundliches Ende
2002	Barilla	Kamps	feindlicher Start, freundliches Ende
2003	Eurocin	Winter	BAFin legte Veto ein
2004	Continental	Phoenix	feindlicher Start, freundliches Ende
2004	Sanofi	Aventis	feindlicher Start, freundliches Ende
2005	OEP	Südchemie	feindlicher Start, Ablehnung der Gremien, dann Mehrheitsübernahme
2006	Merck KGaA	Schering	feindlicher Start, Bayer als „Weißer Ritter"
2006	Macquarie	Techem	feindlicher Start, BC Partner als „Weißer Ritter", freundliches Ende
2006	Bureau Veritas	Germanischer Lloyd	TÜV Süd und Herz-Familie als „Weiße Ritter"
2006	Audley Capital	Balda	abgebrochen
2006	BASF	Engelhard	feindlicher Start, freundliches Ende
2006	MAN	Scania	feindlicher Start, Gremienveto
2007	Eon	Endessa	gescheiterte Übernahme, nach Einstieg von Acciona und Enel in den Bieterwettstreit
2005-2009	Porsche	Volkswagen	Zunächst Kauf von Aktienoptionen von VW durch Porsche, durch Schuldenlast umgekehrte Übernahme von Porsche durch VW
2008-2009	Schaeffler	Continental	Feindlich gestartet, friedliche Einigung, Finanzierungsprobleme im Zuge der Finanzmarktkrise
2010	ACS	Hochtief	Abwehr mit Giftpillen, Erhöhung der Beteiligung auf über 30% mit dem Ziel in Zukunft weitere Aktien ohne Pflichtangebot erwerben zu können
2011	Daimler/Rolls Royce	Tognum	Tognum hat Nicht-Verkaufsempfehlung nach Übernahmeangebot von Daimler und Rolls Royce gegeben, nach Erhöhung gelingt Übernahme
2011	Terex	Demag Cranes	Feindlicher Start, freundliches Ende

Abb. 2.22 Feindliche Übernahmeversuche mit deutscher Beteiligung. (Quelle: eigene Recherche)

Fonds und Private Equity-Gesellschaften vor allem die kapitalstarken Schwellenländer Russland, Indien und China. Während die indischen Mischkonzerne *Mittal* und *Tata* im großen Stil einzukaufen versuchen, sind auch die Finanzinvestoren nunmehr an deutschen DAX-Unternehmen interessiert – eine Vorstellung, die noch vor wenigen Jahren unvorstellbar gewesen wäre. Nach dem Übernahmeangebot von *Continental* durch *Bain Capital* zog Vorsicht in die Vorstandsetagen der *Deutschen Telekom* und *Post*, der *Commerzbank* oder bei *Linde*, *MAN* und *TUI* ein, wie eine interne Studie der DZ-Bank aus dem Jahr 2006 identifiziert haben will. Gerüchte gab es immer wieder. Selten sind sie auch so eingetreten. Dennoch steigt – wie im Kap. 1 – gezeigt das Interesse an der gerade erst entflochtenen „*Deutschland AG*" wieder auf.

Während sich in der fünften Welle die feindliche Übernahmetechnik auf das Jahr 1999 beschränken lässt, zeigte sich in der sechsten Welle weltweit eine gewisse ansteigende Kontinuität. Aber in Folge der Finanzmarktkrise sank die Zahl der feindlichen Übernahmen signifikant und sprang erst 2014 wieder an (vgl. Abb. 2.23).

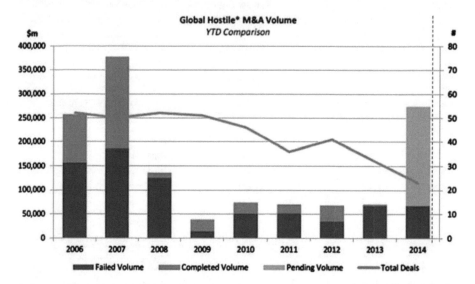

Abb. 2.23 Anzahl und Volumen feindlicher Übernahmen weltweit 2006–2015. (Quelle: Dealogic 2014)

2.2.4.2 Institutionenökonomische Betrachtung des Phänomens sowie des Erfolges feindlicher Übernahmen

Zunächst ist die Unterscheidung zwischen *feindlichen* und *freundlichen* Übernahmen eine, die ausschließlich auf der Ebene des Top-Managements vorliegt. Feindliche Übernahmen sind Übernahmeangebote, die ohne Zustimmung des Managements des Zielunternehmens erfolgen. Hierbei ist noch keine Wertung vorgenommen ist, ob der Zusammenschluss ökonomisch sinnvoll ist oder nicht, ob die Mitarbeiter und Kunden davon profitieren oder nicht. Allerdings werden in der Öffentlichkeit bis heute feindliche Übernahmen – was bei der Bezeichnung auch intuitiv erscheinen mag – weitgehend negativ aufgefasst, wie auch die öffentlichen wie politischen Reaktionen bei dem *Vodafone-Mannesmann-Deal* belegten. In vielen Fällen – dies trifft allerdings tatsächlich nicht für das Management der Mannesmann AG zu – ist gerade eine schlechte Unternehmensführung ein Hauptmotiv für die Unterbewertung von Unternehmen, die bei einer feindlichen Übernahme und dem resultierenden Austausch des Managements eine Wertsteigerung erzielen können. Feindliche Übernahmen werden in der Literatur dennoch in der Regel unter dem Aspekt der Abwehr betrachtet (vgl. dazu Bästlein 1997). Es ist weiterhin umstritten, welche Legitimationszusammenhänge für oder gegen feindliche Übernahmen herangezogen werden. Werden auf der einen Seite Argumente der „angelsächsischen Irrwege des Kapitalismus" bemüht, die reine Unternehmensinteressen betonen, so ist auf der anderen Seite die Eigentümerlogik bestechend, nach der das Management des Zielunternehmens entsprechend des Shareholder Value-Prinzips kein Angebot ablehnen darf, das die Aktionäre an einer Verkaufsmöglichkeit zu einem Kurs oberhalb des aktuellen Aktienkurses hindert. Damit wären alle Abwehrmaßnahmen auch unter dem Aspekt der Wertvernichtung zu begutachten. Investmentbanken wie Goldman Sachs betonen daher die Berechtigung von feindlichen Übernahmen; allerdings nicht ohne auf die inhärenten Problembereiche hinzuweisen, die einerseits durch die Informations- und Preisgestaltungsprobleme und bei operativen Käufern (also nicht finanziell motivierten) andererseits durch die Integrationsaufgaben bedingt sind (Herden und Karbe 1998; Jansen 2004a).

Die angelsächsische Literatur führt die Diskussion emotionsloser und zieht insbesondere institutionenökonomische und hier vorrangig agenturtheoretische Argumente heran als nationalstaatliche Ängste. *Mark L. Mitchell* und *Kenneth Lehn* wiesen in einer Analyse zur Fragestellung „ob schlechte Bieter zu guten Zielen werden" empirisch nach (vgl. Mitchell und Lehn 1990), dass die durch die „Kapitalmarktkultur" ermöglichte Option feindlicher Übernahmen eine Selbstdisziplinierung von potentiellen Zielmanagements darstellt und damit die Agentur-, bzw. konkreter die Monitoring-Kosten senkt (die so genannten Agenturkosten setzen sich aus den *monitoring costs*, den *bonding costs* und dem *residual claim* zusammen, siehe hierzu Jensen und Meckling 1976, S. 308).

Ähnliche Begründungen der Effizienz dieser Form der Externalisierung von Kontrolle bei einem Versagen der internen Kontrolle lassen sich bei *Andrei Shleifer* und *Robert W. Vishny* finden, die mit der Möglichkeit einer feindlichen Übernahme auf die Synchronisierbarkeit von Management- und Aktionärsinteressen im Hinblick auf wertsteigernde Entscheidungen abzielen (vgl. zur Effizienzhypothese von feindlichen Übernahmen Morck et al. 1988). Positiv reformuliert bedeuten feindliche Übernahmeversuche lediglich einen Wettbewerb um Management-Positionen in Unternehmen, ein Wettbewerb – in der kapitalmarkttheoretischen *Corporate Governance*-Diskussion als *„proxy contest"* bezeichnet –, der in vielen Ländern nahezu unbekannt ist (vgl. stellvertretend z.B. Dodd und Warner 1983; Jensen und Meckling 1976; sowie die Langzeit-Analyse der Kurseffekte nach *proxy contests* bei Ikenberry und Lakonishok 1993). Intuitiv mag der Gedanke einleuchten, dass feindliche Übernahmen mit der externalisierten Kontrolle zu einer volkswirtschaftlichen Effizienz beitragen. So belegte beispielsweise die Untersuchung eines Samples von 97 untersuchten Fällen in der Zeit von 60 Monaten vor der Ankündigung der feindlichen Übernahme empirisch eine negative Aktienkursentwicklung von −34 % (vgl. Ikenberry und Lakonishok 1993, S. 432). Nach der Ankündigung steigen die Kurse der Analyse von *Michael C. Jensen* und *Richard S. Ruback* zufolge um 8 % (vgl. Jensen und Ruback 1983, S. 7).

Dennoch – und das ist die wichtigste und gleichzeitig vernachlässigte Erkenntnis – gilt es hier zwischen Ankündigung und dem tatsächlichen Durchführen einer feindlichen Übernahme bzw. eines *„proxy contests"* zu unterscheiden. Während die Ankündigungsmöglichkeit in der Tat für eine kontrollkostenorientierte Kapitalmarktkultur spricht, zeigt sich auf der anderen Seite, dass es nicht der faktischen Durchführung bedarf. Der Grund liegt in der Post Merger-Phase. Aufgrund der geringen Grundgesamtheit in Deutschland lassen sich bisher nur amerikanische Studien für Langzeitanalysen der Auswirkungen von erfolgreich vorgetragenen Übernahmeversuchen heranziehen: Hier war in einer Untersuchung der Aktienkursreaktion innerhalb von 24 Monaten nach der Ankündigung eines dann auch erfolgreichen *proxy contests* ein Rückgang von kumulativ 40,1 % zu verzeichnen – für den Fall eines nicht erfolgreichen Vortrages wurde hingegen keine kumulative Veränderung beobachtet (vgl. Ikenberry und Lakonishok 1993, S. 424 ff.). Interessant ist weiterhin, dass sich bei der großen Überzahl von feindlichen Übernahmeversuchen letztlich doch eine freundliche Übernahme herausstellt, wie auch die wenigen deutschen Beispiele von Krupp AG und Thyssen AG, Vodafone und Mannesmann AG sowie INA Holding Schaeffler KG und FAG Kugelfischer AG belegen.

Zusammenfassend lässt sich auch bei dieser Unterscheidung zwischen freundlichen und feindlichen Übernahmen der Anfangsverdacht einer beobachterabhängigen Rhetorik bestätigen, da die Unterscheidung eben nur auf die Veräußerungsbereitschaft des Zielmanagements abstellt und nicht etwa auf Shareholder- oder Stakeholder-Interessen. Diese Kommunikationsstrategien sind allerdings für Werbeagenturen und Zielvorstände durchaus lukrativ, wobei hier übereilte Vorwürfe der unmoralischen Bereicherung nicht immer berechtigt sind. Während die neoklassisch-ökonomische Theorie grundsätzlich von vollständiger Information ausgeht, wird in diesen Situationen deutlich, welchen Wert zusätzliche Informationen beispielsweise über stille Reserven haben können. Bei feindlichen Übernahmeankündigungen sind verteidigende Vorstände die Parasiten der größtenteils unternehmerisch bewusst selbstproduzierten Informationsineffizienz von Märkten, von deren Ausbeutung im Zuge der Ankündigung alle Aktionäre der Zielgesellschaft profitieren. Das werden selbst Mannesmann-Aktionäre akzeptieren, die eine Prämie von ungefähr 80 % erhielten – gemessen zum Zeitpunkt vor der Ankündigung. Für die weitere Arbeit wird hier – soweit nicht anders adressiert – immer von einer freundlichen Vortragsweise ausgegangen, da für die feindlichen zumindest in Deutschland keine Grundgesamtheit mit validen Primärdaten vorliegt. Auch die bestehende Literatur ist zu den Auswirkungen noch kaum entwickelt. bzw. fokussiert lediglich ökonomische und eben nicht organisationale Aspekte (vgl. zu den ökonomischen Auswirkungen die Arbeit von Bästlein 1997).

2.2.4.3 Abwehrstrategien von „feindlichen Übernahmen"

Es wurden in dem Zeitraum der Übernahmewelle während der 1980er Jahre in den USA vor allem durch die Opfer von feindlichen Übernahmen Abwehrtechniken entwickelt (Abb. 2.24).

Wenn in den USA ein börsennotiertes Unternehmen übernommen werden soll, muss ein entsprechendes öffentliches Angebot, ein so genannter *tender offer*, vorliegen. Es herrschen *tender offer*-Regeln vor, nach denen bereits beim Kauf von 5 % der Aktien eine Meldung an die US-Wertpapierbehörde erfolgen muss. Es bestehen weit reichende Informationspflichten z. B. über die Finanzierungsquellen (Kreditverträge). Das Angebot muss mindestens 20 Tage gültig sein. Innerhalb dieser Frist dürfen keine Aktien über die Börse oder private Verhandlungen erworben werden. Es besteht für diese Zeit ein Kontrahierungszwang und Aufpreisverbot. Bei freundlichen Übernahmen wird das bestehende Management den Verkauf von Aktien empfehlen.

All diese Maßnahmen unterliegen dem Wettbewerbs- und Gesellschaftsrecht sowie den nationalen Übernahme- und Wertpapierhandelsgesetzgebungen sowie der Aufsicht der jeweils zuständigen Wettbewerbsbehörden. Im folgenden Abschnitt wird der Versuch einer sehr knappen Skizze unternommen, das regulatorische Umfeld des Marktes für Unternehmenskontrolle aufzuzeigen.

PRÄVENTIVE MASSNAHMEN

(1) **Pac-Man-Abwehr:** Die nach dem Videospiel benannte Strategie zielt auf ein entgegen gerichtetes
     Übernahmeangebot durch das Objekt ab. Das attackierte Unternehmen richtet an die freien Aktionäre des
     feindlichen Übernehmers ein Gegenangebot. Hierbei ist allerdings entweder Streubesitz bzw. die
     Möglichkeit des Erwerbes von Aktienpaketen Voraussetzung. Bei der Einbringung des Kapitals
     beispielsweise in eine Stiftung scheidet diese Strategie aus, wie in dem Fall Krupp/Thyssen.

     → § 328 AktG: Zulässig nur, wenn Anteil des Angreifers an der Zielgesellschaft nicht über 35% liegt.

(2) **Poison Pill und Poison Put:** Viele Unternehmungen haben in ihren Satzungen Abwehrmaßnahmen
     vorgesehen. Dies erfolgt z.B. durch preiswerte Bezugsrechte für Altaktionäre oder durch
     Wandelschuldverschreibungen, die im Ereignisfall gegen Aktien oder Geld zu tauschen sind (*Poison
     Debt*). Dies wird durch Überschreiten eines bestimmten Anteils des Gesamtkapitals ausgelöst (10%). Die
     Aktienvermehrung durch die Ausübung des genehmigten Kapitals führt zu einer entsprechenden
     Verteuerung der Übernahme. Dies kann nach der Börsensachverständigenkommission allerdings nur
     erfolgen, wenn die Kapitalerhöhung ohnehin aus geschäftlichen Gründen geplant war. Der "Poison Put"
     ist eine Sofortfälligstellung von Kreditrückzahlungen bei Eigentümerwechsel.

     → Grundsätzlich in Deutschland möglich, wenn der Gleichbehandlungsgrundsatz eingehalten ist. Gem. §
     33 Abs. 1 und 2 WpÜG bedarf es eines Vorratsbeschlusses oder eines Hauptversammlungsbeschlusses.

(3) **Staggered Board:** Das bisherige Management kann von der neuen, bereits vom Käufer beherrschten
     Gesellschafterversammlung nur gestaffelt und mit einer qualifizierten Mehrheit abgesetzt werden.

(4) **Golden Parachutes:** Absicherung des Managementpositionen durch extrem hohe Abfindungen bei einer
     Absetzung.

     → Instrument nur begrenzt einsetzbar, da die Vergütung des Vorstandsmitgliedes gemäß § 87 Abs 1 S. 1
     AktG zu den Aufgaben und zur Lage der Gesellschaft in einem angemessenen Verhältnis zur Leistung
     stehen dahinter stehenden (analog für Aufsichtsräte § 113 Abs. 1 S. 3 AktG).

(5) **Greenmailing:** Greenmailing – als zusammengesetztes Wort aus *blackmailing* (Erpressung) und
     Greenback (Dollar-Noten) – ist eigentlich keine Abwehrtechnik im engeren Sinne, da es sich beim
     Greenmailing als Abwehrstrategie um die Regelung des Rückkaufs von bereits erworbenen Aktien von
     dem feindlichen Übernehmer zu einem erhöhten Preis durch das Zielunternehmen handelt. In der Regel
     wird das mit einer preissteigernden Drohung der Übernahme verbunden.

     → Der Rückkauf von eigenen Aktien ist in Deutschland aufgrund des Gesetzes zur Kontrolle und
     Transparenz im Unternehmensbereich (KonTraG) seit 1. Mai 1998 prinzipiell möglich. Das Greenmailing
     dürfte in Deutschland nur bedingt zur Abwehr eingesetzt werden können, da nach § 71 Abs. 2 WpÜG nur
     bis zu 10 Prozent des Grundkapitals erworben werden dürfen, zudem ist ein
     Hauptversammlungsbeschluss erforderlich (§ 33 Abs. 2 WpÜG).

AD HOC MASSNAHMEN

(6) **White Knight:** Hier kann der Vorstand des zu übernehmenden Unternehmens einen ihm angenehmeren
     Käufer suchen, einen weißen Ritter. Das kann ein befreundetes Unternehmen sein oder die Hausbank,
     die sich ebenfalls an der Börse um den Aktienkauf bemüht und so für einen starken Anstieg der Kurse
     sorgt. Im günstigsten Fall verteuert sich dadurch die feindliche Übernahme derart, dass die potentiellen
     Synergien diese Kosten nicht mehr einbringen.

     → § 33 Abs. 1 WpÜG lässt die aktive Suche zu – ohne vorherige Ermächtigung des Hauptversammlung
     der Zielgesellschaft.

(7) **Crown-Jewels-Abwehr:** Die Übernahme von Unternehmen lohnt sich in vielen Fällen insbesondere
     aufgrund der vorliegenden stillen Reserven. Bei einem Verkauf – empfehlenswerter Weise an ein
     befreundetes Unternehmen mit Rückkaufoption – der für den Angreifer interessanten Bereiche an
     Mitbewerber durch den Übernahme-Kandidat kann das Interesse stark reduziert werden.

     → Die Mitwirkungspflicht der Hauptversammlung ist nun in $ 33 Abs. 1 und 2 WpÜG normiert (früher
     Holzmüller-Entscheidung).

Abb. 2.24 Illustrative Abwehrstrategien von feindlichen Übernahmen (Anwendbarkeit in Abhängigkeit der nationalen Gesetzgebung, deutsche Anwendbarkeit durch *Pfeil* gekennzeichnet).
(Quelle: eigene Darstellung)

2.3   Regulatorisches Umfeld im „Market for Corporate Control"

Ziele aller Regulierungen, die den Bereich der Unternehmenszusammen-schlüsse bzw. der Beteiligungen betreffen, sind in erster Linie Anlegerschutz, Fairness, Schnelligkeit sowie Rechtssicherheit.

2.3.1   Wettbewerbsrecht

Freundliche wie feindliche Übernahmen unterliegen der Aufsicht der zuständigen Wettbewerbsbehörden. Innerhalb der Europäischen Union stellt sich dabei die Frage, ob die *EU-Fusionskontrollverordnung (KKVO)* oder die nationale Fusionskontrolle, in Deutschland das *Gesetz gegen Wettbewerbsbeschränkungen (GWB)* als die Zentralnorm des deutschen Kartell- und Wettbewerbsrechtes, Anwendung findet. Ausschlaggebend ist das so genannte Auswirkungsprinzip (§ 130 Abs. 2 GWB). Bei Unternehmensübernahmen, die nichteuropäische Märkte betreffen, sind, je nach Auswirkung, weitere Kartellbehörden eingebunden.

2.3.1.1   Gesetz gegen Wettbewerbsbeschränkungen (GWB)

§ 1 GWB beschreibt die Grundfunktion der deutschen Fusionskontrolle: „Vereinbarungen zwischen Unternehmen, Beschlüsse von Unternehmensvereinigungen und aufeinander abgestimmte Verhaltensweisen, die eine Verhinderung, Einschränkung oder Verfälschung des Wettbewerbs bezwecken oder bewirken, sind verboten." Damit sind alle Bereiche des Mergers & Acquisitions betroffen, von der Fusion bis zum Gemeinschaftsunternehmen, soweit mit ihrer Gründung eine Koordinierung des Wettbewerbsverhaltens der Muttergesellschaften verbunden ist (so genannter „Gruppeneffekt").

Das Gesetz gegen Wettbewerbsbeschränkungen wird durch europäisches Wettbewerbsrecht beeinflusst und überlagert. Das europäische Kontrollregime findet vor allem (1) für Wettbewerbsbeschränkungen das europäische – und nicht das deutsche – Kartellverbot aus Art. 81 des *EG-Vertrages* gilt, und (2) für Unternehmenszusammenschlüsse, sofern sie die entsprechenden Umsatzschwellen erreichen, seine Anwendung.

Andernfalls gilt das GWB. Der Ursprung liegt im Jahr 1948, in dem drei konkurrierende Gutachten für ein Kartellgesetz in Auftrag gegeben wurden.

Im Jahr 1951 gab es den ersten Referentenentwurf und mit mehreren Regierungsentwürfen und Gutachten wurde nachdem es im Jahr 1956 nach Auseinandersetzungen um die Fassung die Zusammenschlusskontrolle gestrichen wurde das GWB am 3. Juli 1957 im Bundestag verabschiedet. Am 1. Januar 1958 trat es in Kraft, wobei unmittelbar die erste Novelle notwendig wurde. 1973 trat die 2. Novelle in Kraft, in der die Maßstäbe für das Anzeigen von Unternehmenszusammenschlüssen präzisiert wurden.

1976 erfolgte die 3. Novelle mit der Einführung besonderer Regeln für Fusionen von Presseunternehmen. 1980 trat die 4. Novelle in Kraft, in der die Bestimmungen für Unternehmenszusammenschlüsse verschärft wurden. Im Jahr 1999 wurde die 6. Novelle verabschiedet, in der vor allem in § 37 Abs. 1 Nr. 2 GWB die Harmonisierung mit dem europäischen Wettbewerbsrecht erreicht und z. B. das Kartellverbot sowie der Missbrauch der marktbeherrschenden Stellung als Verbotstatbestand aufgenommen wurde. Aus Anlass der Modernisierung des so genannten sekundären europäischen Wettbewerbsrechts im Zusammenhang mit der Osterweiterung der Europäischen Gemeinschaft mit Wirkung zum 1. Mai 2004 wurde auch das GWB einer umfassenden Revision unterzogen, die insbesondere die Bestimmungen über Wettbewerbsbeschränkungen, namentlich das Kartellverbot, grundlegend umgestalten und den europarechtlichen Bestimmungen angleichen wird. Im Jahr 2005 ist nun die 7. Novelle in Kraft getreten. Die Fragen des Pressekartellrechts wurden jedoch ausgeklammert. Die 8. Novelle wurde am 26. Juni 2013 verabschiedet (http://www.gesetze-im-internet.de/bundesrecht/gwb).

Ausgeführt und überwacht wird das Gesetz gegen Wettbewerbsbeschränkungen (mit Ausnahme des Vergaberechts) vor allem durch das Bundeskartellamt bzw. – soweit das GWB dies zulässt – durch die Landeskartellbehörden in solchen Fällen, deren Bedeutung nicht über das Gebiet eines Bundeslandes hinausreicht.

Im GWB sind folgende Zusammenschlusstatbestände zu unterscheiden:

- Vermögenserwerb (§ 37 Abs. 1 Nr. 1 GWB);
- Kontrollerwerb (§ 37 Abs. 1 Nr. 2 GWB);
- Kapitalanteils- oder Stimmrechtserwerb (§ 37 Abs. 1 Nr. 3 GWB);
- Erwerb eines wettbewerblichen erheblichen Einflusses (§ 37 Abs. 1 Nr. 4 GWB).

Nicht zu verwechseln ist das Gesetz gegen Wettbewerbsbeschränkungen mit dem *Gesetz gegen den unlauteren Wettbewerb (UWG)*. Anders als das GWB fokussiert das UWG vor allem die Sittlichkeit, Lauterkeit und Fairness des Wettbewerbs.

Aufgabe der nationalen wie europäischen Fusionskontrolle ist es, strukturelle und dauerhafte Veränderungen der Wettbewerbssituation in den betroffenen Märkten zu überwachen und ggf. regulierend einzugreifen. Wesentliche materielle Beurteilungen werden hinsichtlich der Marktabgrenzung, der Marktbeherrschung, der Begründung oder Verstärkung von Marktbeherrschung sowie Nebenabreden vorgenommen. Verfahrensbezogene Regelungen sind hinsichtlich der Anmeldung, dem Verzugsverbot, dem Verfahrensablauf, der Zusagen, Auflagen und Bedingungen, der Rücknahme der Anmeldung, der Rechtsmittel und Rechte Dritter, der Entflechtung vollzogener Zusammenschlüsse, sowie dem Verhältnis zu Art. 81 und Art 82 EG-Vertrag zur nationalen Fusionskontrolle aufgenommen (vgl. hierzu ausführlich Bergmann 2005).

Eine Spezialität ist die so genannte *Ministererlaubnis*. Nach § 42 GWB kann auch bei einer Untersagung eines Zusammenschlussvorhabens seitens des Bundeskartellamtes aufgrund von einer Begründung und marktbeherrschenden Stellung vom Bundeswirtschaftsminister im Zuge eines weiten Beurteilungsspielraums erlaubt werden.

2.3.1.2 Europäische Fusionskontrollverordnung (FKVO)

Auf EU-Ebene ist die Zusammenschlusskontrolle seit dem 20. Januar 2004 durch die so genannte *Fusionskontrollverordnung (FKVO)* (Verordnung Nr. 139/2004 EWG) geregelt (http://eur-lex.europa.eu/legal-content/DE/TXT/?qid=1399118918530& uri=CELEX:32004R0139). Aufgabe wie materielle Beurteilungen und verfahrensbezogene Regelungen sind hier analog der deutschen Fusionskontrolle reguliert.

Der Zusammenschluss darf nicht vollzogen werden, solange von der Kommission keine Freigabe erteilt wurde (vgl. zu den Unmsatzschwellen Abb. 2.25). Die Freigabe wird nach europäischem Recht nicht erteilt, wenn durch den Zusammenschluss der wirksame Wettbewerb im gemeinsamen Markt verhindert wird, insbesondere wenn eine Begründung und eine Verstärkung einer marktbeherrschenden Stellung vorliegt. Für einen Zusammenschluss, der EU-Fusionskontrolle unterliegend, findet eine mitgliedstaatliche Fusionskontrolle grundsätzlich nicht mehr statt. Nach Art. 9 FKVO besteht ein Mitteilungsrecht der Mitgliedstaaten, die Kommission zu unterrichten, wenn in diesem Land die Entstehung oder Verstärkung einer beherrschenden Stellung durch einen Zusammenschluss droht (so genannte *„deutsche Klausel"*). Die Kommission entscheidet daraufhin, ob der Fall auf nationaler oder EU-Ebene behandelt wird.

Der Zusammenschlusskontrolle durch die Kommission der Europäischen Gemeinschaften (Generaldirektion Wettbewerb) unterliegen Zusammenschlüsse nach Art. 1 Abs. 2 FKVO bei gemeinschaftsweiter Bedeutung, „wenn folgende Umsätze erzielt werden:
  a) ein weltweiter Gesamtumsatz aller beteiligten Unternehmen zusammen von mehr als 5 Mrd. EUR und
  b) ein gemeinschaftsweiter Gesamtumsatz von mindestens zwei beteiligten Unternehmen von jeweils mehr als 250 Mio. EUR;
dies gilt nicht, wenn die beteiligten Unternehmen jeweils mehr als zwei Drittel ihres gemeinschaftsweiten Gesamtumsatzes in ein und demselben Mitgliedstaat erzielen.
Ein Zusammenschluss, der die in Absatz 2 vorgesehenen Schwellen nicht erreicht, hat gemeinschaftsweite Bedeutung, wenn
  a) der weltweite Gesamtumsatz aller beteiligten Unternehmen zusammen mehr als 2,5 Mrd. EUR beträgt,
  b) der Gesamtumsatz aller beteiligten Unternehmen in mindestens drei Mitgliedstaaten jeweils 100 Mio. EUR übersteigt,
  c) in jedem von mindestens drei von Buchstabe b) erfassten Mitgliedstaaten der Gesamtumsatz von mindestens zwei beteiligten Unternehmen jeweils mehr als 25 Mio. EUR beträgt und
  d) der gemeinschaftsweite Gesamtumsatz von mindestens zwei beteiligten Unternehmen jeweils 100 Mio. EUR übersteigt;
dies gilt nicht, wenn die beteiligten Unternehmen jeweils mehr als zwei Drittel ihres gemeinschaftsweiten Gesamtumsatzes in ein und demselben Mitgliedstaat erzielen."

Abb. 2.25 Europäische Fusionskontrollverordnung – Umsatzschwellen. (Quelle: eigene Zusammenstellung)

2.3.2 Gesellschaftsrecht

Das deutsche Gesellschaftsrecht stellt die grundlegendste rechtliche Basis für Zusammenschlüsse dar. Es regelt die Pflichten und Rechten der Leitungs- und Geschäftsorgane sowie dem Aktionärsschutz. Das deutsche Konzernrecht regelt die Maßnahmen wie Verschmelzung, Umwandlung, Unternehmensverträge oder Eingliederungen. Hier findet insbesondere das *Aktiengesetz (AktG)* Anwendung. Weitere Vorstandspflichten bei Zusammenschlüssen ergeben sich aus dem *Gesetz zur Kontrolle und Transparenz im Unternehmensbereich (KonTraG),* dessen Einführung das Aktiengesetz maßgeblich reformiert hat. Das KonTraG ist ein umfangreiches Artikelgesetz, das vom Deutschen Bundestag am 5. März 1998 verabschiedet wurde und bis auf einige Vorschriften am 1. Mai 1998 in Kraft trat. Ziel des KonTraG ist, die *Corporate Governance* in deutschen Unternehmen zu verbessern. Dieses Artikelgesetz hat etliche Vorschriften aus dem Handels- und Gesellschaftsrecht verändert – insbesondere des Handelsgesetzbuches und des Aktiengesetzes. Insbesondere die Berichtspflichten der Vorstände gegenüber den Aufsichtsräten wurden verschärft, da nun auch Angaben zu zukünftigen Geschäftspolitiken zu machen sind. Hinzu kommen die Pflichten, die Aktionäre über die Hintergründe eines Zusammenschlusses aufzuklären bzw. zu dem Übernahmeangebot Stellung zu nehmen. Der Vorstand der Zielgesellschaft ist dabei an den in § 53a AktG normierten Gleichbehandlungsgrundsatz aller Aktionäre seiner Gesellschaft gebunden. Dies betrifft auch die Umgangsweise bei „feindlichen" Übernahmeangeboten.

2.3.3 Wertpapierhandelsgesetz (WpHG)

Im Zuge des zweiten und dritten *Finanzmarktförderungsgesetzes* sind einige neue Vorschriften im *Wertpapierhandelsgesetz (WpHG)* geführt, die bei jedem Zusammenschluss beachtet werden müssen (www.gesetze-im-internet.de/wphg/):

Das *WpHG* reguliert den Wertpapierhandel und dient insbesondere der Kontrolle der Dienstleistungsunternehmen, die Wertpapiere handeln sowie Finanztermingeschäfte abschließen, als auch dem Anlegerschutz. Konkretisiert werden die Veröffentlichungspflichten börsennotierter Unternehmen. Für die Verletzung dieser Pflichten durch die Vorstände entstehen Schadensersatzansprüche und nicht unbeachtliche Bußgelder. Die erforderlichen Angaben nach § 37i WpHG und die erforderliche Anzeige nach § 37m WpHG werden in der *Marktzugangsangabenverordnung (MarktAngV)* geregelt. Das WpHG verbietet weiterhin so genannte Insidergeschäfte. Verstöße werden mit Freiheitsstrafen bis zu fünf Jahren oder mit Geldstrafe bestraft. Das Wertpapierhandelsgesetz gehört damit zum Nebenstrafrecht. Die *Bundesanstalt für Finanzdienstleistungsaufsicht (BAFin)* ist zur Kontrolle eingerichtet worden. Es wurde weiterhin eine Veröffentlichungspflicht beim Überschreiten von Anteilen aufgenommen, um ein schrittweises, unbemerktes Aufkaufen zu erschweren (vgl. Abschn. 2.3.6 zum *Transparenzrichtlinie-Umsetzungsgesetz (TUG)).* Die Einführung der Ad-hoc-Mitteilungspflicht bei wesentlichen preissensitiven Unternehmenstatbeständen verbietet es dem Vorstand eines Zielunternehmens, Übernahmevorhaben unverhältnismäßig lange geheim zu halten.

2.3.4 Wertpapiererwerbs- und Übernahmegesetz (WpÜg)

Bis zum Jahr 1979 lag kein umfassendes und systematisiertes Regelwerk für Unternehmenszusammenschlüsse vor, sodass die *Börsensachverständigenkommission (BSK)* erstmalig entsprechende Leitsätze für Übernahmenangebote vorlegte (www.gesetze-im-internet.de/wp_g/). Damit lag keine gesetzliche Regelung vor, sondern die Empfehlung einer unabhängigen Expertenkommission mit nur subsidiärer Wirkung und faktisch geringer praktischer Relevanz.

Aus diesem Grunde wurde im Jahr 1995 der so genannte *Übernahmekodex* durch die BSK vorgelegt, der sich stark an den Londoner *City Code* anlehnte. Die Kontroll- und Weiterentwicklungsfunktion übernahm die so genannte *Übernahmekommission* mit Geschäftsstelle bei der *Deutsche Börse AG*. Der Kodex entfaltete seine verbindliche Wirkung nur dann, wenn sich ein Bieterunternehmen in einem öffentlichen Übernahmeangebot vertraglich zu der Einhaltung verpflichtete. Daher vermag es nicht zu überraschen, dass kein einziger Anwendungsfall bekannt wurde, wie auch das Bundesfinanzministerium im Jahr 2001 mit Blick auf das *Wertpapiererwerbs- und Übernahmegesetz (WpÜG)* konstatierte. So wurden der Übernahmekommission bis Ende 1999 59 Übernahmepläne gemeldet, in 25 Fällen aber gaben die Übernahmeinteressierten kein Angebot an die anderen Aktionäre ab, wie es der Kodex vorsah.

Am 01. Januar 2002 trat das WpÜG in Kraft mit dem Ziel eines verlässlichen Rechtsrahmens für die unmittelbar an Zusammenschlüssen Beteiligten. Wesentliche Regelungsinhalte umfassen Informations- und Verhaltenspflichten der an den Transaktionen beteiligten Parteien sowie grundsätzliche Verfahrensregeln für Übernahmeangebote. Dabei sind folgende Regelungsschwerpunkte hervorzuheben:

- faire und gleiche Behandlung aller Aktionäre, umfassende Transparenz und rasche Verfahren,
- Verfahrensvorschriften für öffentliche Angebote zum Erwerb von Wertpapieren, freiwillige Übernahmeangebote und Pflichtangebote,
- Gegenleistung des Bieters bei Übernahmeangeboten und Pflichtangeboten,
- Verhaltenspflichten des Vorstands und des Aufsichtsrates der Zielgesellschaft während des Angebotsverfahrens sowie der Zulässigkeit von Abwehrmaßnahmen,
- Regelungen zum Ausschluss von Minderheitsaktionären (so genanntes Squeeze Out).

Wie bereits beim Übernahmekodex ist eine sehr enge Anlehnung an den Londoner *City Code* erkennbar. Während es in London ein *Panel of Takeovers and Mergers* ist, welches als Aufsichtsorgan die Einhaltung des freiwilligen Kodex überwacht, hat diese Funktion der gesetzlichen Regelung in Deutschland die BAFin gemeinsam mit einem gesonderten Beirat inne.

Seitens der Kapitalmärkte wie auch der Unternehmen gibt es Kritik an dem Gesetz: es leiste nur bedingt einen schnellen und rechtssicheren Kontrollwechsel, da bereits ab 30 % der Stimmrechte ein Pflichtangebot notwendig wird. Selbst bei Stimmrechtsmehrheit auf Hauptversammlungen (durch geringe Präsenzen) bestehe kein Mitspracherecht bei der Unternehmensführung. Es komme zur Behinderung der Realisierung operativer Synergien sowie des Zugriffs auf den Cash Flow des Unternehmens durch Finanzinvestoren (vgl. Dibelius 2005, S. 64 f.).

2.3.5 Corporate Governance Kodex (CGK)

„Corporate Governance" war zum Ende der 1990er Jahre einer der Schlüsselbegriffe in Deutschland. Die damalige Bundesregierung hatte eigens im Mai 2000 eine Regierungs-kommission „*Corporate Governance – Unternehmensführung – Unternehmenskontrolle – Modernisierung des Aktienrechts*" unter dem Vorsitz des Juristen *Theodor Baums* einge-setzt. Diese Kommission empfahl einen so genannten „*Code of Best Practice*" für deutsche Unternehmen zu entwickeln. Das Bundesministerium der Justiz hatte darauf folgend im September 2001 die „*Regierungskommission Deutscher Corporate Governance Kodex*" gebildet, die am 26. Februar 2002 den von ihr erarbeiteten „*Deutschen Corporate Gover-nance Kodex (CGK)*" präsentierte. Die Erstveröffentlichung des Kodex im elektronischen Bundesanzeiger erfolgte am 30. August 2002. Der Kodex wird seitdem jährlich von der Regierungskommission überprüft und laufend angepasst (vgl. www.dcgk.de//files/dcgk/usercontent/de/download/kodex/D_CorGov_Endfassung_2013.pdf).

Aktualisierungen der letzten Jahre bezieht sich insbesondere auf das Thema „Diversi-ty" (Vielfalt) bei der Zusammensetzung der Aufsichtsräte, Frauenbeteiligung in Vorstand und Aufsichtsrat, Unabhängigkeit von Aufsichtsratmitgliedern und letztliche Vorstands-vergütungen (Empfehlung von Höchstgrenzen inkl. variabler Anteile).

Der Deutsche CGK dient dazu, dass die in Deutschland geltenden Regeln für Un-ternehmensleitung und -überwachung sowohl für nationale als auch für internationale Investoren transparent werden. Es geht um das Vertrauen in die Unternehmensführung deutscher Unternehmen und letztlich auch um den deutschen Kapitalmarkt. Die vor al-lem von internationaler Investorenseite geäußerten Kritikpunkte an der deutschen Un-ternehmensverfassung, wie z. B. die mangelhafte Ausrichtung auf Aktionärsinteressen, mangelnde Transparenz deutscher Unternehmensführung oder nur bedingte Unabhängig-keit deutscher Aufsichtsräte wurden hier aufgegriffen. Durch den CGK hat das deutsche Recht eine neue Normen-Gattung erhalten (so genanntes *Soft Law*, auch wenn es sich nicht um Recht, sondern wie auch von der Kommission empfohlen um *Best Practice* han-delt). Damit erklärt sich, dass der Kodex in weiten Teilen geltendes Gesetzesrecht enthält und einige weitere Empfehlungen. Es besteht eine Offenlegungs- und Begründungspflicht für Empfehlungsabweichungen. Nicht zuletzt enthält er auch Anregungen, bei deren Abweichungen eine Offenlegung nicht notwendig ist. Der Gesetzgeber hat den im Kodex aufgeführten Prinzipien Nachdruck verliehen, da nun gemäß § 161 AktG Vorstand und Aufsichtsrat einer jeden börsennotierten Gesellschaft jährlich eine so genannte *Entsprechenserklärung* abgeben müssen, dass den Empfehlungen des Kodex entsprochen wurde und wird, bzw. welche Empfehlungen nicht angewendet wurden oder werden.

2.3.6   Transparenzrichtlinie-Umsetzungsgesetz (TUG)

Auf börsennotierte Gesellschaften kamen – wie gezeigt wurde – in den vergangenen Jahren deutliche Veränderungen im regulatorischen Umfeld von Unternehmenszusammenschlüssen zu. Im Dezember 2006 hatte der Bundesrat die Regelungen verabschiedet, mit denen Vorgaben der Europäischen Union umgesetzt werden und ist als so genanntes Transparenzrichtlinie-Umsetzungsgesetz (TUG) zum 20. Januar 2007 in Kraft getreten (http://www.gesetze-im-internet.de/transprlg/).

Wesentliche Änderungen ergeben sich für die Meldepflichten bei Stimmrechten an börsennotierten Gesellschaften gegenüber der Bundesanstalt für Finanzdienstleistungsaufsicht (BaFin). Nun ist offenzulegen, wenn 3 % oder mehr einer Gesellschaft gehalten werden. Dies ist als eine gesetzgeberische Reaktion auf die Auseinandersetzung zwischen der Deutsche Börse AG und den verschiedenen Hedge-Fonds zu verstehen und soll das so genannte „Anschleichen" zumindest erschweren. Meldepflichten bestehen innerhalb von vier Handelstagen für das Über- oder Unterschreiten von Beteiligungen in Höhe von 3, 5, 10, 15, 20 und 30 %. Zusätzlich zu den bestandenen Regelungen müssen nun auch Optionen und ähnliche Finanzinstrumente angezeigt werden, wenn sie eine Schwelle von 5 % übersteigen.

Das Unternehmen ist nach § 26 innerhalb von vier Handelstagen ebenfalls meldepflichtig, sobald es selbst oder über eine andere Person aber auf eigene Rechnung eigene Aktien erwirbt oder veräußert und dadurch (oder auf andere Weise) die Schwellen von 5 % oder 10 % erreicht, über- oder unterschreitet.

Eine der wesentlichen Änderungen stellt die Erweiterung der Mitteilungsgrenze auf „*sonstige Finanzinstrumente*" darstellen. Damit erstreckt sich die Offenlegungspflicht mit einer Schwellengrenze von 5 % nun erstmals auf Termingeschäfte, bei denen der Aktienerwerb zeitverzögert eintritt und im Ermessen des Inhabers liegt, zum Beispiel Fest- und Optionsgeschäfte. Der Grund für die Ausdehnung der Offenlegungspflicht liegt hier darin, dass in solchen Fällen der Aktienerwerb ausschließlich vom Willen des Wertpapierinhabers und nicht von äußeren Umständen abhängt.

Neu im WpHG sind die verschärften Veröffentlichungspflichten für Inlandsemittenten nach §§ 2, 2b. Welches Unternehmen als Inlandsemittent gilt, richtet sich danach ob (aufgrund eigener Wahl des Unternehmens) Deutschland als sogenanntes Herkunftsland gilt. Inlandsemittent können danach Unternehmen mit Sitz in Deutschland sein, deren Aktien zum Handel in Deutschland oder einem anderen Land der EU/des EWR zugelassen sind. Unternehmen mit Sitz in einem anderen EU-Staat können Inlandsemittent sein, wenn sie

Deutschland als Herkunftsland wählen und ihre Aktien auch in Deutschland zum Handel zugelassen sind. Unternehmen aus dem EWR (so genannte Drittstaaten) gelten als Inlandsemittent, wenn sie sich für Deutschland als Herkunftsland entscheiden und ihre Aktien nicht nur in Deutschland sondern auch in mindestens einem weiteren Land der EU/EWR zum Handel zugelassen sind.

Inlandsemittenten müssen sowohl Zwischenmitteilungen der Geschäftsführung als auch Jahres- und Halbjahresfinanzberichte veröffentlichen und speichern.

Um die Kontrolle der Bundesanstalt für Finanzdienstleistungsaufsicht (BaFin) zu verbessern, gilt nun ein zweigleisiges Veröffentlichungsverfahren: Mitteilungen sind nun einerseits europaweit in einem Bündel von Medien zu veröffentlichen (geregelt wiederum in der WpAIV – Wertpapierhandelsanzeige- und Insiderverzeichnisverordnung) und andererseits auch der BaFin zu übermitteln.

Literatur

Aiello, Robert J., und Michael Watkins. 2000. The Fine Art of Friendly Acquisition. *Harvard Business Review*, *78*(11/12), 100–107.

Anslinger, Patricia L., und Thomas E. Copeland. 1996. Growth through Acquisitions: A Fresh Look. *HBR* 1: 126–135.

Balzli, Beat, Christoph Pauly, Marcel Rosenbach, und Thomas Tuma. 2006. Der große Schlussverkauf. *DER SPIEGEL* 51: 64–79.

Bästlein, Hanno M. 1997. Zur Feindlichkeit öffentlicher Übernahmeangebote. Frankfurt am Main. (Zugl.: Freiburg i.Br., Univ. Diss., 1997)

Becker, Gernot. 1994. Mergers and Acquisitions als Instrument zur Umsetzung von Konzernstrategien. *WISU* 3: 198–200.

BenDaniel, David J., und Arthur H. Rosenblom. 1990. *The Handbook of Mergers and Acquisitions.* London: Prentice Hall.

Bergmann, Helmut. 2005. Zusammenschlusskontrolle. In *Handbuch Mergers & Acquisitions*, 3. Aufl. Hrsg. Gerhard Picot, 353–408. Stuttgart: Schäffer-Poeschel Verlag.

Brealey, Richard A., und Stewart C. Myers. 1991. *Principles of Corporate Finance*, 4. Aufl. New York: McGraw-Hill Inc., US.

Brückner, Yvonne. 2014. Family Equity und M&A. *M&A REVIEW* 2: 61.

Bundesverband Deutscher Kapitalbeteiligungsgesellschaften (BVK). 2012. *Analyse der Beteiligungsdauer bei Private Equity-Finanzierungen in Deutschland.* Berlin: BVK.

Bundesverband Deutscher Kapitalbeteiligungsgesellschaften (BVK). 2007. *BVK-Statistik – Das Jahr 2006 in Zahlen.* Berlin. 20.02.2007.

Bundesverband Deutscher Kapitalbeteiligungsgesellschaften (BVK). 2015. BVK-Statistik – Das Jahr 2014 in Zahlen. Berlin 02.2014.

Cooke, Terence E. 1986. *Mergers and Acquisitions.* Oxford/ New York: B. Blackwell.

Copeland, Tom, und Fred J. Weston. 1988. *Financial Theory and Corporate Policy*, 3. Aufl. Menlo Park (CA): Irwin Printing.

Dodd, Peter, und Jerold B. Warner. 1983. On Corporate Governance: A Study of Proxy Contests. *Journal of Financial Economics* 11: 401–438.

Dreher, Maximilian, und Dietmar Ernst. 2014. *Mergers & Acquisitions*. Konstanz: UTB GmbH.

Global Private Equity Report. 2014. Studie von Bain & Company. http://resultsbrief.bain.com/pdfs/Bain_and_Company_Global_Private_Equity_Report_2014.pdf

Grüter, Hans. 1990. *Unternehmensakquisitionen: Bausteine eines Integrationsmanagements*. Dissertation. Universität Zürich.

Haacke, Brigitte. 2006. Zenit überschritten. *WirtschaftsWoche*, 51: 127–132. 18.12.2006.

Heinen, Edmund (Hrsg.). 1991. *Industriebetriebslehre – Entscheidungen im Industriebetrieb*, 9. Aufl. Wiesbaden: Gabler Verlag.

Herden, Raimund W. und Karbe, Frank. 1998. Keine Angst vor feindlichen Übernahmen. *Handelsblatt*, 81: 27. 28.4.1998.

Herzel, Leo, und Richard W. Shepro. 1990. *Bidders and Targets: Mergers & Acquisitions in the U.S.* Cambridge (MA): Wiley.

Hooke, J.C. 1997. *M&A – A Practical Guide to Doing the Deal*. New York: Wiley.

Huemer, Friedrich. 1991. *Mergers & Acquisitions: strategische und finanzielle Analyse von Unternehmensübernahmen*. Frankfurt am Main: Peter Lang.

Ikenberry, David, und Josef Lakonishok. 1993. Corporate Governance through the Proxy Contest: Evidence and Implications. *Journal of Business* 66(3): 405–435.

Jansen, Stephan A. 2004a. *Management von Unternehmenszusammenschlüssen – Theorien, Thesen, Tests und Tools*. Stuttgart: Klett-Cotta Verlag.

Jensen, Michael C. 1986a. Agency Cost of Free Cash Flow, Corporate Finance, and Takeover. *AER* 76: 323–329.

Jensen, Michael C., und W.H. Meckling. 1976. Theory of the Firm: Managerial Behaviour, Agency Costs, and Ownership Structure. *JFE* 3: 305–360.

Michael C. Jensen, und Richard S. Ruback. 1983. The Market for Corporate Control: The Scientific Evidence. *Journal of Financial Economics* 11: 5–50.

Kaplan, Steve, und Antoinette Schoar. *Private Equity Performance: Returns, Persistence and Capital Flows*. MIT-Working Paper 4446-03 November 2003.

Kappler, Ekkehard, und Heinz Rehkugler. 1991. Konstitutive Entscheidungen" und „Kapitalwirtschaft. In *Industriebetriebslehre – Entscheidungen im Industriebetrieb*, 9. Aufl. Hrsg. Edmund Heinen Wiesbaden: Gabler Verlag.

Keenan, Lawrence J., und Michael White (Hrsg.). 1982. *Mergers and Acquisitions: Issues from the Mid-Century merger Wave*. Washington D.C.: D. C. Heath and Company.

Keuper, Frank, Michael Häfner, und Carsten von Glahn. 2006. *Der M&A-Prozess. Konzepte, Ansätze und Strategien für die Pre- und Post-Phase*. Wiesbaden: Gabler Verlag.

Mitchell, Mark L., und Kenneth Lehn. 1990. Do Bad Bidders Become Good Targets? *Journal of Political Economy* 98: 372–398.

Morck, Randall, Andrei Shleifer, und Robert W. Vishny. 1988. Characteristics of Targets of Hostile and Friendly Takeovers, in: Alan J. Auerbach (Hrsg.), *Corporate Takeovers: Causes and Consequences*, S. 101–136. Chicago: University of Chicago Press.

Picot, Gerhard. 2005. *Handbuch Mergers & Acquisitions*. Stuttgart: Schaeffer-Poeschel.

Picot, Gerhard (Hrsg.). 1998. *Unternehmenskauf und Restrukturierung*. München: Beck Verlag.

S.G. Warburg Securities (Hrsg.). 1994. VEBA, Researchstudie, Mai 1991, zitiert nach: Leber, H. und Oberhausberg, U., 158.

Seidlitz, Frank. 2007. Angriff auf Standort D. *DIE WELT* 13.01.2007: 12.

Stewart, B.G. III. 1991. *The Quest for Value – The EVA Management Guide*. London: Harper Business.

Storck, Joachim. 1993. *Mergers & Acquisitions: Marktentwicklung und bankpolitische Konsequenzen*. Wiesbaden: Gabler Verlag.

Weston, Fred J., Kwang S. Chung, und Susan E. Hoag. 1990. *Mergers, Restructuring, and Corporate Control*. Englewood Cliffs (NJ): Pearson Education.

Wirtz, Bernd W. 2003. *Mergers & Acquisitions Management*. Wiesbaden: Gabler Verlag.

Wirtz, Bernd W. (Hrsg.). 2006. *Handbuch Mergers & Acquisitions Management*. Wiesbaden: Gabler Verlag.

Wöhe, Günter. 1993. *Einführung in die Allgemeine Betriebswirtschaftslehre*, 18. Aufl. München: Vahlen Franz GmbH.

Wöhe, Günter. 2013. *Einführung in die Allgemeine Betriebswirtschaftslehre*, 25. Aufl. München: Vahlen Franz GmbH.

Theorien zu Unternehmensübernahmen

3

3.1 Einleitung

In diesem Abschnitt stehen die ökonomischen und betriebswirtschaftlichen Theorien sowie (angelsächsische) „Managementphilosophien" mit ihren Beiträgen zur Strategiediskussion im Hinblick auf Kooperationen und Akquisitionen im Mittelpunkt. Diese Diskussion verfolgt seit Ende des letzten Jahrhunderts unterschiedliche Schwerpunkte, die aber immer direkte Auswirkungen auf die Unternehmensverfassung bzw. auf die Organisation hinsichtlich der Diversifikation und Konzentration hatten. Damit stehen auch immer Entscheidungen über den Umfang, über die Dimensionierung des Geschäftes und seine Diversifikation selbst im Zentrum der strategischen Analyse. Ohne hier einen bestimmten Strategiebegriff vertreten zu wollen (so stellte doch selbst Porter Ende 1996 wieder die Frage „What is Strategy?"), soll hier ein integrierender Ansatz angeführt werden, der den Strategiebegriff seit den 60er Jahren einfangen soll: *„A company's mission or strategy built upon ‚distinctive competence', consituted the firm's method of expansion, involved a balanced consideration of the firm's strengths and weakness', and defined its use of ‚synergy and competitive advantage' to develop new markets and new products."* (Rumelt et al. 1991, S. 7)

In den 1970er Jahren verdankte die *Strategie* ihre Prominenz einer sich in dieser Zeit schnell entwickelnden Beratungsbranche, die sich auf Strategieberatung fokussierte und analytische Tools und Konzepte erarbeitete, die gute Implementierungsmöglichkeiten aufwiesen (wie beispielsweise das *experience curve concept* oder die *growth share matrix* von des Beratungshauses Boston Consulting Group). Die 1980er Jahre hingegen waren stark von Porters Konzepten der Wettbewerbsstrategien und der Wettbewerbsvorteile geprägt, auf denen bzw. in deren Abgrenzung weitere Konzepte entstanden.

Im folgenden Abschnitt werden die Argumentationen der einzelnen Konzepte nachgezeichnet. Dabei werden die Ansätze der ökonomischen Theorie und der Transaktionskostentheorie ebenso vorgestellt wie eine Anzahl von Hypothesen für die Übernahme von Unternehmen. Es folgen die beiden theoretischen Ausprägungen der Portfolioanalyse.

© Springer Fachmedien Wiesbaden 2016   167
S. A. Jansen, *Mergers & Acquisitions*, DOI 10.1007/978-3-8349-4772-7_3

Zum einen wird das kapitalmarkttheoretische Modell von Harry Markowitz, zum anderen der Ansatz der Boston Consulting Group – ein in den 1970er Jahren entwickeltes und bis heute recht prominentes Instrument der Unternehmensstrategie – erläutert. Anschließend werden die wesentlichen Konzepte der 1980er und 1990er Jahre stellvertretend mit Porter sowie Prahalad und Hamel in ihren Grundgedanken skizziert. Mit ihnen werden die viel thematisierten Begriffe der Synergie und der vertikalen Integration im Zusammenhang mit dem M&A-Geschäft diskutiert. Abschließen folgen einige Überlegungen zu dem so genannten *„Patching-Ansatz"*, der als eine neue Interpretation des Portfolio-Ansatzes gehandelt wird.

In Tab. 3.1 wird nochmals einleitend ein Überblick über die historischen Zyklen des amerikanischen M&A-Marktes gegeben. Anhand der idealtypisch abgegrenzten fünf Wellen werden die unterschiedlichen Theorien deutlich, die in der damaligen Zeit für wettbewerbsentscheidend gehalten wurden.

Das Entscheidende an dieser historischen Analyse sind neben der Identifizierung von ersten Erklärungsansätzen vor allem zwei Sachverhalte:

Zum einen zeigt sich, dass bei den einzelnen Strategien der vergangenen Wellen nur in einigen wenigen Transaktionen tatsächlich hohe Post Merger-Kompetenz im Sinne einer Integrationsanforderung notwendig war. Vertikale wie auch konglomerale Integrationen haben eine vergleichsweise geringe Integrationstiefe. Rein spekulative Finanztransaktionen hingegen systematisch gar keine. Die „Buy-and-Build-Strategien" in fragmentierten Branchen seitens Private Equity-Häusern sind in der sechsten Welle deutlich höheren Anforderungen ausgesetzt. Aber auch bei den früheren horizontalen Übernahmen beschränkte sich die Integrationskompetenz vielfach auf einige wenige Bereiche, die die Marktmacht ausbauen sollte, z. B. im Einkauf. Daraus kann gefolgert werden, dass das Thema des Post Merger-Management in den 1990er Jahren aufgrund der Erfahrungslosigkeit seine Relevanz – praktisch wie eben auch wissenschaftlich – erhalten hat (vgl. ausführlich Jansen 2004a).

Der zweite Aspekt ist hingegen eher volkswirtschaftlicher Natur: es ist auffällig, dass jedes Ende einer Fusionswelle mit dem Beginn einer Rezession einherging. Abbildung 3.1 bringt diesen möglichen Zusammenhang zum Ausdruck.

Es konnte bislang nicht hinreichend belegt werden, ob hier Korrelationen oder Autokorrelationen vorliegen. Es konkurrieren daher zwei Thesen: Zum einen ist es denkbar, dass Zusammenschlüsse aufgrund ihrer empirisch durchweg eher schwachen Erfolgsaussichten volkswirtschaftliche Krisen und Börseneinbrüche auslösen können. Das Argument wäre hier, dass die gezahlten Prämien auf den Unternehmenswert, der ebenfalls auf zukünftigen Erträgen basiert, in der Zukunft nicht wieder erwirtschaftet werden können. Die These zwei würde genau andersherum lauten: Eine Rezession, ein Zinsanstieg, eine Verknappung von Liquidität führen dazu, dass Manager verstärkt Abstand von Unternehmenszusammenschlüssen nehmen.

Tab. 3.1 Historische Entwicklung des M&A-Marktes

Zeitraum	Strategische Zielrichtung
1880–1904	1. Welle Erreichung einer **Monopolstellung durch horizontale Integration** Aufbau von Trusts (1904 Sektion I des Sherman Acts verbot die Trustbildung)
1925–1930	2. Welle **Vertikale Integration** Kontrolle des gesamten Produktionszyklus
1930–1935	**„Defensive Merger":** Eliminierung von horizontalen Wettbewerbern durch Aufkauf und Schließung
Um 1955	**Konglomerale Integration** Konglomeratsbildung (erste feindliche Übernahmeangebote)
1965–1973	Ebenfalls **Konglomeratsbildung** Vorrangiges Ziel: „economies of scale and scope", (Extreme Rationalisierung)
1965–1974	3. Welle vorrangig in den USA **„anti-zyklisches Portfolio":** Balance zwischen Unternehmen mit verschiedenen Produktlebenszyklen
Ab 1981	4. Welle **Horizontale Integration durch Strategische M&A-Transaktionen** Operative Synergien und Verbesserung des ROI, Strategien: Dekonglomerisierung „back to core-business"
Ab 1985	**M&A als Finanztransaktionen** Leveraged Buy-Out
1990er Jahre	5. Welle **Shareholder Value** und **Globalisierung** Konzentration durch Fokussierung der einzelnen Geschäftsfelder Rückgang der Finanztransaktionen und Konzentration durch horizontale Akquisitionen
2000er Jahre	6. Welle **Renaissance der Finanzinvestoren** und **Patching** Verstärktes Kaufverhalten von Finanzinvestoren (vor allem Private Equity-Häusern, aber auch Hedge Fonds). Tendenz zu „Secondary Buyouts" oder zu „Buy and Build-Strategien". Industrielle Käufer – durch Imitation der Refinanzierungslogiken der Finanzinvestoren – stärker im so genannten „Patching"
Seit 2014	7. Welle **Zweite globale Integration und IT-basierte Integration** Konzentration durch Fokussierung der einzelnen Geschäftsfelder Rückgang der Finanztransaktionen und Konzentration durch horizontale Akquisitionen

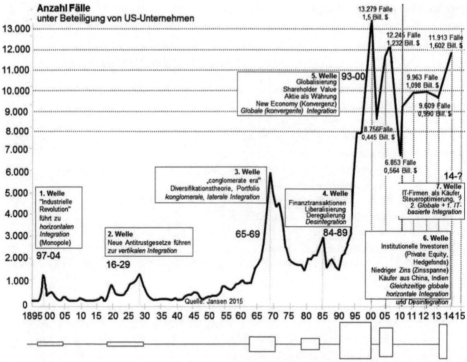

Daten: Erste Welle 1895 – 1920: Nelson 1959; Zweite Welle 1921 – 1939: Thorp/Crowder 1941; Dritte Welle 1940 – 1962:
         Federal Trade Commission 1971, 1963 – 2006: MergerStat Review und Thomson Financial und eigene Schätzungen.

Abb. 3.1 Die sechs M&A-Markt-Wellen: Integrationsstrategien und „ihre" volkswirtschaftlichen
Rezessionen. (Quelle: ergänzte, aktualisierte Darstellung von Jansen und Müller-Stewens 2000; Jansen 2004a, S. 67)

3.2   Erklärungsansätze der ökonomischen Theorie

In der ökonomischen und betriebswirtschaftlichen Analyse lassen sich eine Vielzahl von
Erklärungsansätzen für Unternehmenszusammenschlüsse finden. Informativ ist die Unterscheidung der Motivstrukturen, die idealtypisch in drei Kategorien vorgenommen werden
könnte.

Im Folgenden werden nur ausgewählte Motive bzw. Strategieansätze vorgestellt (vgl.
zur ausführlichen Diskussion aller Motivlagen Jansen 2004, S. 82–107 und Abb. 3.2).

Reale Motive	Spekulative Motive	Management Motive
Die Monopol- bzw. Oligopol-Hypothese	Die Market Myopia-Hypothese	Die Hybris-Hypothese
Die Skalenerträge-Hypothese	Die Economic Disturbance-Hypothese	Die Managerial Myopia-Hypothese
Die Portfolio-Hypothese	Die Bargain-Hypothese	Die Free-Cash-Flow-Hypothese
Die Steuer-Hypothese	Die Raiding-Hypothese	Die Absicherungs-Hypothese
Die Synergie-Hypothese (Kosten, Wachstum, Zeit)	Die Exit-Hypothese (Demerging, Divestiture, Equity Carve Out)	Die M&A-Kompetenz-Hypothese
Die (Wettbewerbs-) Strategie-Hypothese		Die Prestige-Hypothese
		Die Unabhängigkeits-Hypothese
		Die Change Management-Hypothese

Abb. 3.2 Motivstrukturen für M&A – Eine Übersicht. (Quelle: Jansen 2004a, S. 84)

3.2.1 Die Monopolhypothese

Die Erlangung von Marktmacht ist im Rahmen dieses Erklärungsansatzes das wichtigste Ziel. Damit soll eine Preissetzungsmöglichkeit auf Absatz- und Faktormärkten durchgesetzt werden (vgl. z. B. Pausenberger 1993, S. 4442; Copeland und Weston 1988, S. 676 ff.). Diese mikroökonomische Figur stellt das Monopol als Optimierungsaufgabe dar, die Identität von Grenzkosten (MC) und Grenzerlösen (MR) herzustellen (vgl. z. B. Varian 1991, S. 380 ff.). Als Referenz dient das Modell der vollkommenen Konkurrenz mit seiner Optimumsbedingung, nach der die Grenzkosten (MC) gleich dem (annahmegemäß nicht beeinflussbaren) Marktpreis sind. Im Gegensatz zum Konkurrenzmodell operiert der Monopolist somit aufgrund seiner Markmacht mit einem Preis, der die Grenzkosten übersteigt und einem Outputniveau, das im Vergleich niedriger ist (daraus resultiert die wohlfahrtsminimierende Gesamtwirkung). Das Abzielen auf die entstehenden Monopolrenten wird bei fehlender „Natürlichkeit des Monopols" durch Unternehmenszusammenschlüsse versucht. Die Antwort auf die Frage, wie die Monopolstellung erreicht wird, liegt in der Beziehung zwischen den Durchschnittskosten und der Nachfragekurve. Das entscheidende Maß ist die so genannte minimale effiziente Größe, *minimum efficient scale* (MES), jenes Outputniveau, bei dem die Durchschnittskosten, relativ zum Ausmaß der Nachfrage, im Minimum sind. So liegen monopolistische Tendenzen vor, wenn die Nachfrage im Verhältnis zur MES relativ klein ist, d. h. fast der gesamte Markt von einem Hersteller bedient werden kann, der das gesamte Volumen im Minimum seiner Durchschnittskostenkurve produzieren kann. Wenn auch die vertikalen und konglomeralen Diversifikationen zu einer gewissen Konzentration und Marktmacht führen können, werden vorrangig die horizontalen Unternehmenszusammenschlüsse zur Erreichung einer marktbeherrschenden Position als geeignet eingeschätzt.

Weiterhin wird von der so genannten *Monopolhypothese* gesprochen, wenn im Kontext der Industrieökonomik die Auswirkungen von Unternehmensübernahmen auf die Marktstruktur (*structure*), auf das Marktverhalten (*conduct*) und die Konsequenzen in Bezug auf die Marktleistung (*performance*) untersucht werden. Die übliche Argumentation sieht bei Unternehmenskonzentrationen unerwünschte Marktstrukturen im Sinne einer Verzerrung des Marktmechanismus entstehen, die eine Fehlallokation der Ressourcen befürchten lassen. Damit wurde eine unter dem Titel „Marktmacht versus Effizienz" von Joe Bain und George Stigler geführte Debatte ausgelöst (vgl. Stigler 1950; Bain 1950). Stigler sieht bei den Akquisitionen vor allem den Monopolisierungseffekt als Ursache für die Wertsteigerung, während Bain in der Argumentation auf Skaleneffekte (siehe dazu Abschn. 3.2.2) und Kostendegression abzielte.

Empirische Analysen hingegen sehen hierbei keine deutliche Unterstützung der Monopolhypothese bezogen auf die Unternehmenswertsteigerung. So wird nach einer Argumentation auch für die in Konkurrenz zu den sich monopolisierenden Unternehmen stehenden Wettbewerbern der Preiserhöhungsspielraum und damit der Marktwert des Eigenkapitals höher. In Untersuchungen der Aktienkursentwicklung von Wettbewerbern in elf horizontalen Fusionen wurden in neun Fällen keine statistisch signifikanten Kurszuwächse analysiert (vgl. Stillman 1983). Umgekehrt wurden bei Ankündigungen von Antitrustklagen durch Wettbewerber und – damit verbunden – die geringere Wahrscheinlichkeit der Durchsetzung höherer Preise für Wettbewerber keine Kursverluste verzeichnet. So wird in der Literatur die empirische Evidenz der Monopolhypothese stark bezweifelt (vgl. hierzu die Argumentationen von Stillman 1983; Eckbo 1983). Bei all diesen Überlegungen wird allerdings implizit vorausgesetzt, dass der anstrebende Monopolist keinen Verdrängungswettbewerb mit erheblichen Preissenkungen initiiert. Genau dies könnte aber ein Interesse auf die endgültige Erreichung einer Monopolstellung darstellen. So kann bei den oben ausgeführten Überlegungen beispielsweise an die stackelbergsche Oligopoltheorie gedacht werden, die eine Mengenführerschaft des sich monopolisierenden Unternehmens bei simultanem Vorgehen vorsieht. Ähnlich könnte mit einem Preisführerschaftsmodell argumentiert werden (vgl. zur Oligopoltheorie einführend Varian 1991, S. 423 ff.). Zusammenfassend kann die Monopolhypothese aufgrund der fehlenden empirischen Evidenz, der kartellrechtlichen Kontrolle und der fehlenden Erklärungsmöglichkeit für finanziell motivierte Übernahmen (z. B. für LBOs, bei denen nur eine Änderung in der Eigentümer- und Kapitalstruktur vorgenommen wird und keine Änderungen der Marktstruktur selbst) nicht als hinreichende Erklärung für Transaktionen angenommen werden. Michael Jensen zieht am Ende seiner Tests das Fazit: „Takeover gains do not come from the creation of monopoly power." (Jensen 1986b, S. 23).

Auch die amerikanische *Federal Trade Commission* (FTC) hat erkannt, dass der Wettbewerb sich trotz der Fusionswelle verstärkt hat und ein oligopolistischer Markt einen weitaus stärkeren Wettbewerb entfacht als ein Markt mit vielen kleinen Anbietern. Jürgen Schrempp, damaliger Vorstandsvorsitzender der DaimlerChrysler AG, hat bei der Internationalen Kartellkonferenz im Mai 1999 für seine Branche vorgerechnet: „In den sechziger Jahren hatten wir in der Triade 40 Hersteller, und General Motors erzielte einen Marktanteil von 25 Prozent. Heute gibt es lediglich noch 15 unabhängige Hersteller, aber GM kommt nur noch auf einen Marktanteil von 16 Prozent" (Schmid 2000, S. 32).

3.2.2 Die „Economies of ..."-Hypothesen

3.2.2.1 Economies of scale

Das vor allem in den 60er Jahren verstärkt diskutierte Konzept der *economies of scale* zielt auf die Beziehung zwischen Größenordnung der Produktion und Wirtschaftlichkeit ab. Bereits 1910 wurde das so genannte „Gesetz der Massenproduktion" von Karl Blücher formuliert. Bei wachsender Betriebs- und Unternehmensgröße entstehen demgemäß Möglichkeiten der Kostendegression in den Bereichen Beschaffung, Fertigung, Absatz, Organisation, F&E etc. Kosten werden hierbei als Stückkosten verstanden. Insbesondere bei einer partiellen Faktorvariation, also beim Vorliegen von Fixkosten, stellt sich die erwünschte Stückkostendegression ein. Je höher die Ausbringungsmenge pro Periode bei konstantem Fixkostenblock und einer linear homogenen Produktionsfunktion, desto geringer sind die Kosten je Einheit. Allerdings scheint das Konzept der *economies of scale* nach der gängigen Unterscheidung des Unternehmenswachstums zwischen internem und externem Wachstum eher ein Argument für internes Wachstum zu sein, „da es auf Betriebsgrößenvorteile im Produktionsbereich hinweist" (Pausenberger 1993, S. 4443). Aber auch für externes Wachstum gibt das Konzept indirekte Unterstützung: So wäre eine Zusammenschließung zweier Unternehmen mit mehreren Produkten denkbar, die sich dann auf jeweils wenige spezialisieren und somit beide Skaleneffekte erzielen können. Auch in anderen Unternehmensbereichen als in der Produktion (insbesondere im Bereich der F&E und des Marketing) können gemäß der Theorie der *economies of scale* erreicht werden, die als *multiplant economies of scale* bezeichnet werden. Hier erscheint Skepsis angebracht, da beispielsweise im Bereich des Marketing bei einem einheitlichen Auftritt erhebliche Investitionen in die Kommunikation (Werbung, Verpackung, aber auch das Corporate Design) getätigt werden müssen und mit einem weiterhin erheblichen organisatorischen Integrationsbedarf deutliche Gegenpositionen zu den größenbedingten Einsparungseffekten entstehen können. Auch in der Literatur ist die praktische Realisierung von produktionsfernen *economies of scale* umstritten (vgl. Pausenberger 1993).

3.2.2.2   Economies of scope

Das Konzept der *economies of scope* besitzt nicht die gleiche Prominenz in der Diskussion der Unternehmensübernahmen wie die *economies of scale*. Der Begriff und vor allem die empirische Relevanz sind noch ungeklärter als dies bei den *economies of scale* der Fall ist. Dieses Konzept versucht, Kostenvorteile von Unternehmensgröße bei heterogenen Produktprogrammen zu begründen. Die Beziehung in diesem Konzept liegt also zwischen Produktvielfalt und Wirtschaftlichkeit. Die Kosten der gemeinsamen Produktion eines diversifizierten Produktionsprogramms wären demnach geringer als die Kosten mehrerer getrennter, einzelner Produktionen. Möglichkeiten der Ausnutzung liegen dementsprechend bei Mehr-Produkt-Unternehmen vor, bei denen gleiche Faktoren in unterschiedlichen Produktbereichen bzw. Produktionsprozessen genutzt werden können, „ohne in entsprechendem Maße zusätzliche Kosten zu verursachen" (Pausenberger 1993, S. 4444). Aktuelle Beispiele lassen sich etwa mit der Modularbauweise anführen. Insbesondere die so genannten „Plattformkonzepte" der Automobilhersteller, die die Nutzung von gleichen Bauteilen in unterschiedlichen Fahrzeugtypen ermöglichen oder auch die gemeinsame Nutzung von Stabsabteilungen können hier angeführt werden.

3.2.2.3   Kritiken: Bürokratiekosten und unrentables Wachstum

Transaktionskostentheoretische Analysen (siehe Abschn. 3.2.3) sehen vielmehr, dass Unternehmenszusammenschlüsse die vermeintlichen Vorteile der *economies of scale* mit *diseconomies of bureaucracy* (Williamson 1988b, S. 59) mitunter überbezahlen. Die Verwaltung der Größenvorteile ist in einigen Branchen kostenintensiver als die größenbedingten Einsparungen.

Eine neue Form der Theorie über die „Grenzen des Wachstums" sind von Georg von Krogh und Sebastian Reisch vorgestellt worden, die über die Ermittlung eines so genannten Wachstumskorridors „innere Gleichgewichte" für „gesundes Wachstum" herstellen wollen. Der Wachstumskorridor bestimmt sich durch die untere Wachstumslinie – mit Blick auf das Minimum des durchschnittlichen Marktwachstums – und der oberen, „nachhaltigen Wachstumsrate", die anzeigt, wieviel Wachstum das Unternehmen aus seinen eigenen Erträgen finanzieren kann. Wächst es stärker, muss es Schulden oder sinkende Erträge in Kauf nehmen. Dabei wurden die 500 größten Unternehmen der Welt analysiert. Das Ergebnis: Unternehmen, die innerhalb des Wachstumskorridors wuchsen, erzielten im Durchschnitt fast doppelt so hohe Aktienrenditen wie langsamere oder schnellere Wachstumsunternehmen (von Krogh 2007, S. 67). Akquisitionen sind nach diesem Ansatz dann nicht notwendig, wenn das allgemeine Marktwachstum hoch ist und die Erträge ein organisches Wachstum ermöglichen.

3.2.3   Transaktionskosten- und Institutionenökonomie

Mit der (neo-)klassischen Wirtschaftstheorie konnte keine Erklärung für die zum Teil vorliegende Überlegenheit der Koordination qua hierarchischer Anweisung (relationale Arbeitsverträge) gegenüber der marktlichen Koordination qua Vereinbarung (neoklassische Kaufverträge) geliefert werden. Nobelpreisträger Ronald Coase begründete im Jahr 1937 die „Theorie der Firma" und wies auf empirische Marktunvollkommenheiten gegenüber der Theorie hin. Er zog dabei die so genannten Transaktionskosten als eine Begründung für die ökonomische Notwendigkeit von Unternehmungen heran. Bei der Übertragung von Verfügungsrechten (Property Rights) entstehen Transaktionskosten, also Kosten der Information und Kommunikation für die Anbahnung, Vereinbarung, Abwicklung, Kontrolle und nachträgliche Anpassung von Verträgen. Die entscheidungsrelevanten Opportunitätskosten für eine kostengünstigere Koordinationsform ergeben sich somit aus der Summe der Produktions- und Transaktionskosten.

So kann, wie in der Weiterentwicklung der Transaktionskostentheorie vorrangig durch Oliver E. Williamson (Williamson 1991) geschehen, vereinfachend zwischen drei grundlegenden Koordinationsformen unterschieden werden:

- marktliche Koordinationsformen („neoklassische Kaufverträge"),
- (hybride) Koordinationsformen („klassische Kooperationsverträge"),
- hierarchische Koordinationsformen („relationale Arbeitsverträge").

Eine Ersetzung der kaufvertraglichen Koordination von (Markt-)Transaktionen durch die arbeitsvertragliche Koordination in der Hierarchie wird von Coase als „Internalisierung" von Transaktionen aus dem Markt in das Unternehmen hinein bezeichnet. Unter bestimmten Voraussetzungen werden Transaktionen in der Hierarchie effizienter abgewickelt als zwischen unabhängigen Marktparteien. Die Vorteile liegen in der nicht möglichen Antizipation der zukünftigen Umweltzustände und Verhaltensweisen der Akteure, die vertragsmäßig eine vielfach nicht zu leistende ex ante-Regelung mit hohen Transaktionskosten bedeuten würden. Pausenberger (1993) führt zur Illustrierung für prohibitiv hohe Transaktionskosten bei Transferierung den Markt für Know-how an. Neben dem Vertragsrecht werden zusammenfassend die „Instrumente" *Anreizstärke, administrative Kontrollmöglichkeiten* sowie *Anpassungsfähigkeiten* für eine diskret komparative Analyse der Koordinationsformen Markt und Hierarchie, unter den Annahmen der begrenzten Rationalität und des Opportunismus herangezogen (Williamson 1991). Weiterhin sind die transaktionskostenrelevanten Eigenschaften der *Spezifität, Veränderlichkeit* und *Häufigkeit* zu betrachten, wenn es um die Entscheidung der Koordinationsform geht. Die *Spezifität* zeigt den Wertverlust an, der entsteht, wenn die bei der für die Transaktion benötigten Human- und Sachvermögen einer nächstbesten Verwendungsmöglichkeit anstatt der intendierten Leistungsbeziehung zugeführt werden. Spezifitäten lassen sich standort-, anlagen- bzw. abnehmerbezogen differenzieren (vgl. zusammenfassend Williamson 1991, S. 32). Unspezifische, standardisierte Vorgänge lassen sich gemäß der obigen Diskussion effizient über Marktverträge koordinieren. *Veränderlichkeit* lässt sich mit der Opportunismusgefahr beschreiben, die um so höher ist, je größer die Veränderungen sind, denen die zu untersuchende Transaktion z. B. aufgrund unsicherer Umweltentwicklungen im Zeitablauf unterliegt. Die *Häufigkeit von Transaktionen* stellt kein eigenständiges Entscheidungskriterium dar, verstärkt aber bereits vorhandene Tendenzen des Marktversagens. Eine hohe Frequenz verkürzt dann die Amortisation der jeweiligen Koordinationsform.

Unternehmensübernahmen und – bedingt auch – Strategische Allianzen lassen sich im Kontext dieses Ansatzes als eine Internalisierungstendenz auffassen, wobei der Nettosaldo der internalisierten Transaktionskosten gegenüber denen aus Akquisitionen und Kooperationen entstehenden Transaktionskosten Einsparungspotentiale hinsichtlich der Informations- und Kommunikationskosten bei marktlicher Koordination vermuten lassen muss. Hiermit wird ein kompakter Erklärungsansatz für vertikale Integration, also letztlich für die Entscheidung über vertikale Leistungs- und Fertigungstiefe, geliefert. Er ist allerdings aufgrund der diskretionären Theorieanlage nur bedingt in der Lage, hybride Formen der Unternehmenskooperation zu beschreiben (vgl. Powell 1996). In der weiteren Perzeption wird auch bei Hybriden insbesondere über die Spezifität argumentiert. Werden bei hoher Spezifität Entscheidungen hinsichtlich der vertikalen Integration getroffen, sind die Leistungsbeziehungen mittlerer Spezifität mit Konkurrenten oder Diversifikationsbeziehungen mit branchenfremden Unternehmen durch Kooperationsverträge, Mindestbeteiligungen etc. effizient koordiniert. Für die unspezifischen Leistungsbeziehungen stellen die kurzfristigen marktlichen Koordinationen nach der Transaktionskostentheorie die effizienteste Form der Abwicklung dar (vgl. zu der Anwendung der Transaktionskostentheorie auf Kooperationsformen und das Kernkompetenzkonzept Picot et al. 1996 und Abschn. 3.3.3.3).

3.2.4   Weitere Hypothesen der Unternehmensübernahme

Im Folgenden sollen weitere Hypothesen zur Unternehmensübernahme kurz vorgestellt werden. Diese sind unterschiedlicher theoretischer Herkunft, nicht immer auf rein ökonomische Argumente reduzierbar und deswegen umso interessanter hier zu behandeln.

3.2.4.1   Die Steuerhypothese
Eine weitere Hypothese, mit der Unternehmensübernahmen erklärt werden können, ist die Annahme, dass Steuervorteile ein wesentliches Motiv darstellen. Dabei sind vor allem stille Reserven und entsprechende Abschreibungsmöglichkeiten sowie der Kauf von Gesellschaften, die über einen unausgenutzten Verlustvortrag verfügen, zu nennen. Ein weiteres Motiv kann in der Erhöhung des steuerlich abzugsfähigen Zinsaufwandes bei einer entsprechenden Fremdkapitalfinanzierung vermutet werden. In empirischen Analysen haben sich allerdings lediglich 20 % der Transaktionen mit dieser Hypothese belegen lassen (vgl. dazu Huemer 1991).

3.2.4.2   Die Hybris-Hypothese
Mit der Hybris-Hypothese bietet Richard Roll einen Ansatz an, der gleichzeitig eine Erklärung für die oft entstehenden Misserfolge bei Unternehmensübernahmen anzugeben vermag (Roll 1986, S. 197 f.): Übernahmen von Unternehmen sind auf die Hybris, auf die Selbstüberschätzung des übernehmenden Managements zurückzuführen. Ausgehend

von einer (selbst als Hybris zu verdächtigenden) Informationseffizienz der Aktienmärkte wertet Roll die Bereitschaft von Managern Preise zu zahlen, die oberhalb der Marktpreise liegen, als ein Hybris der eigenen Potentialeinschätzung hinsichtlich der Führungs- und Problemlösungsfähigkeiten, der Integrationskompetenz und der Synergieerzielung.

3.2.4.3 Die Free Cash Flow-Hypothese

Basierend auf der Agenturtheorie (oder *Principal Agent-Theory*) mit der Unterscheidung zwischen den Prinzipalen als Gesellschafter und den Agenten als Manager sind weitere Hypothesen zu Unternehmensübernahmen abzuleiten. Die erste dieser Hypothesen wurde im Wesentlichen von Jensen als die *Free Cash Flow-Hypothese* vorgetragen (Jensen 1986a). Danach entstehen insbesondere in reifen und schrumpfenden Branchen hohe *Free Cash Flow*-Positionen (zur Definition des Free Cash Flow siehe Abb. 4.25), die aber nur bedingt für Ersatz- oder Neuinvestitionen verwendet werden, so dass sie zur effizienten Allokation des Kapitals an die Aktionäre ausgeschüttet werden sollten. Jensen konnte eine Tendenz von Gewinnthesaurierung erkennen, die von ihm als Verhinderung von Ausschüttung an die Gesellschafter (Prinzipale) mit der Folge der Reduzierung des Einflussbereiches durch das Management (Agent) sowie einem stärkeren Kontrollzusammenhang bei späterer Aufnahme von neuem Kapital begründet wurde. Ebenso werden die Reserven zur Ertragsstabilisierung und -glättung (bei gleichzeitigem Substanzverlust) eingesetzt. Bedingt durch die *Free Cash Flows* entstehen also erhöhte Freiheitsgrade, da das Management sich nicht unmittelbar der Kapitalmarktkontrolle aussetzen muss. Diese Freiheitsgrade ermöglichen auch das Verfolgen eigener Interessen, die in der Agenturtheorie mit Einkommensmaximierung und Zunahme des Machteinflusses angenommen werden. Somit werden vom Management Investitionen getätigt, die häufig unterhalb der Kapitalkosten rentieren, aber sowohl ihre Einkommenssituation (steigend mit der Unternehmensgröße) als auch ihre Machtposition erhöhen. Darunter fallen vielfach auch Investitionen in externes Wachstum, d. h. Akquisitionen in fremde Branchen, die aufgrund der fehlenden Branchenkenntnisse nicht entsprechend unternehmenswertsteigernd verlaufen.

3.2.4.4 Die Corporate Control-Hypothese

Die zweite auf der Agentur-Theorie beruhenden Hypothese, die zur Erklärung von Unternehmensübernahmen herangezogen werden kann, ist die vor allem durch Jensen und Ruback bekannt gewordene *Corporate Control-Hypothese* (Jensen und Ruback 1983). Ausgehend von der aus der *Free Cash Flow* ableitbaren Konsequenz des unternehmenswertmindernden Unternehmenskaufs für die Gesellschafter als Prinzipale durch das an Einkommenszuwachs interessiertem Management als Agenten, wird die Corporate Control-Hypothese als Korrekturmechanismus eingeführt. Danach wird die Unternehmenskontrolle einem Marktmechanismus unterworfen. Auf diesem *Market for Corporate Control* besteht nach dieser Vorstellung ein „competition among managerial teams", um das Recht der Unternehmensführung zu erhalten (Jensen und Ruback 1983, S. 5 f. und 42 f.). Auf diesem Markt wird nach unterbewerteten Unternehmen gesucht, bei denen durch die Ablösung eines ineffizienten (Alt-)Managements eine entsprechende Steigerung des Unternehmenswertes durch die übernehmenden Managementteams erzielt werden kann. Daher werden in der Regel Kaufpreise von dem übernehmenden Management gezahlt, die über dem derzeitigen Marktwert liegen. Nach dieser These dienen Akquisitionen zu einem Kapitaltransfer in ineffizient genutzte und damit unterbewertete Ressourcen.

Der *Market for Corporate Control* weist nach Jensen auf folgende Zielrichtungen und Korrekturmechanismen hin: „1. Creating organizational change, 2. motivating the efficient use of resources, and protecting shareholders when the corporations' internal controls and board-level control mechanism are slow, clumsy, or defunct." (Jensen 1986b, S. 10) Die zugrunde liegenden Annahmen der zumindest halbstarken Informationseffizienz der Kapitalmärkte sowie die Begründung der niedrigeren Börsenkurse durch ein ineffizientes Management wurden in der weiteren Diskussion angezweifelt. Diese Zweifel werden durch zahlreiche Analysen bestätigt, nach denen ein Großteil sogar unterdurchschnittliche Renditen bei Unternehmensübernahmen erzielte (vgl. z. B. Ravenscraft und Scherer 1987). Ein wesentlicher Aspekt dürfte weiterhin in der Tatsache liegen, dass sich durch die Übernahme über in der Regel deutlich gestiegene Kurse die Basis für die Rendite erhöht und damit eine vergleichsweise höhere Rendite zu erzielen ist, um das Ausgangsniveau zu halten. Gerpott hat für den deutschen Markt 1993 analysiert, dass der Zusammenhang zwischen Renditesteigerung und Gesellschafterwechsel mit dem Ausscheiden des Top-Managements keinen „Segen" zu bringen scheint, sondern sich im Gegenteil negativ bedingt (Gerpott 1993, S. 1280 f.).

3.2.4.5 Zusammenfassende Bemerkung

Keiner der skizzierten Ansätze der Theorien zur Unternehmensübernahme weiß für sich allein zu überzeugen. Das empirische Datenmaterial, das zur Belegung und Widerlegung der einzelnen Hypothesen erarbeitet und herangezogen wurde, legt keine eindeutigen Erklärungsmuster nahe. So kann vermutet werden, dass der gleichzeitige Einfluss mehrerer Faktoren wirksam wird. Dennoch sind die Beiträge hinsichtlich der Identifikation und Beschreibung verschiedener Erklärungsansätze zu würdigen.

3.3 Erklärungsansätze der Strategiediskussion

3.3.1 Portfoliotheorien

Die Portfoliotheorie hat zwei aufeinander folgende und aufbauende Ausformungen erlebt. Sie wurde in den 1950er Jahren durch Markowitz begründet und wies einen deutlich kapitalmarkttheoretischen Bezug auf. In den 1970er Jahren wurde durch die Boston Consulting Group (BCG) und später auch durch andere Beratungsgesellschaften ein Bezug der Portfoliotheorie zur strategischen Unternehmensführung hergestellt. Beide Strömungen dienten und dienen der Erklärung von Entscheidungen über die Unternehmensdimensionierung und damit vor allem über Unternehmensakquisitionen.

3.3.1.1 Portfoliotheorie von Markowitz

3.3.1.1.1 Risikoarten und deren Reduzierungsmöglichkeiten

Das Stichwort Risikostreuung und Diversifikation war insbesondere in den 1970er Jahren die theoretische Induzierung für die aufkommenden Mischkonzerne und entsprechende Akquisitionsstrategien. In dem in der Kapitalmarkttheorie Mitte der 1960er Jahre von William Sharpe (1964), John Lintner (1965) und Jack Treynor entwickelten *Capital Asset Pricing Model* (CAPM) wird unter der Annahme der Risikoaversion der Akteure die Beziehung zwischen dem Ertrag und dem Risiko analysierbar. Der Grundgedanke, der diesem Modell unterliegt, ist die Portfoliotheorie von Harry Markowitz aus dem Jahre 1952. Nach diesem Ansatz ist – vereinfachend zusammengefasst – die Anlagenstreuung auf mehrere Investitionen vorteilhaft, da sie zu einer Risikoreduzierung des gesamten Portfolios beiträgt. Risiko wird dabei üblicherweise in der Portfoliotheorie als Varianz (σ^2) oder als Standardabweichung (σ) der erwarteten Renditen gemessen. Das Risiko lässt sich, wie aus Abb. 3.3 ersichtlich, hinsichtlich der Diversifizierbarkeit differenzieren.

Bei einem gewogenen arithmetischen Mittel der erwarteten Erträge der Einzelinvestitionen kann die Portfoliovarianz unter das Durchschnittsrisiko der Einzelinvestitionen gesenkt werden. Somit kann durch Diversifikation entweder bei gleicher erwarteter Rendite das Risiko gesenkt werden oder aber bei gleichem Risiko die erwartete Rendite erhöht werden. Diese Reduzierung des Risikos lässt sich am Fall zweier Investitionen anhand der in Abb. 3.4 dargestellten Matrix mathematisch herleiten.

Für den Fall, dass die Erträge der beiden Investitionen unvollständig bzw. negativ korreliert sind, ergeben sich durch die Negativität des letzten Terms die Reduzierungen der (Portfolio-)Varianz unterhalb des arithmetischen Mittels. Die beiden grau unterlegten Felder in der obigen Matrix sind maßgeblich für die Varianzreduzierung verantwortlich. Für die Messung des Beitrages einer zusätzlichen Investition zu einem bereits bestehenden („wohl-diversifizierten") Portfolio ist eine isolierte Betrachtung der neuen Investition aus den Gründen der Kovarianz nicht sinnvoll, da auch eine negative bzw. unterhalb der Portfoliorendite rentierende Investitionsmöglichkeit einen positiven Beitrag zur Risikoreduzierung erbringen kann. Es bedarf eines Maßes für das *market risk;* d. h. es ist die Sen-

Hier wird das Phänomen beschrieben, dass die Portfoliovarianz *nicht* dem Durchschnitt der Varianzen der einzelnen Bestandteile entspricht. Diversifikation senkt die Varianz!

Dieses Risiko, das durch Diversifikation reduziert werden kann, nennt man *unsystematisches Risiko*. Das Risiko, das nicht diversifiziert werden kann (Streiks, neue Wettbewerber, Managementfehler, Innovationen) nennt man Marktrisiko oder *systematisches Risiko*.

Abb. 3.3 Risikoarten in der Portfoliotheorie. (Quelle: vgl. Brealey und Myers 1991, S. 139)

	Investition 1	Investition 2	Notation:
Investition 1	$x_1{}^2\sigma_1{}^2$	$x_1x_2\sigma_{12} =$ $x_1x_2p_{12}\sigma_1\sigma_2$	x_i = Anteil der Investition i am Gesamt-portfolio
Investition 2	$x_1x_2\sigma_{12} =$ $x_1x_2p_{12}\sigma_1\sigma_2$	$x_2{}^2\sigma_2{}^2$	

Notation:
x_i = Anteil der Investition i am Gesamtportfolio
σ_i = Standardabweichung von Investition i
σ_{12} = $p_{12}\sigma_1\sigma_2$
    = Kovarianz der Investitionen i
$\sigma_i{}^2$ = Varianz von Investition i
p_{12} = Korrelationskoeffizient
$\sigma_p{}^2$ = Portfoliovarianz

Bei Berechnung dieser Matrix erhält man als Summe die
Portfoliovarianz $= x_1{}^2\sigma_1{}^2 + x_2{}^2\sigma_1{}^2 + 2(x_1x_2p_{12}\sigma_1\sigma_2) = \sigma_p{}^2$

Abb. 3.4 Bestimmung der Portfoliovarianz. (Quelle: eigene Darstellung)

sitivität der neuen Investitionsmöglichkeit in Bezug auf Marktänderungen zu bestimmen. Dieses Sensitivitätsmaß heißt *Beta* (β). Beta bestimmt sich in der Regel mathematisch durch lineare Regression der Vergangenheitsrenditen der spezifischen Investition und den Vergangenheitsrenditen bestimmter Aktienindizes. Aus der oben angeführten Formel zur Bestimmung der Portfoliovarianz lässt sich das Beta von i wie folgt bestimmen:

$$\beta_i = \frac{\sigma_{im}}{\sigma_m^2} = \frac{\text{Kovarianz von i und m}}{\text{Varianz des Marktertrages}} \qquad \text{(i = neue Investition, m = Markt)}.$$

Aktien mit einem Beta größer als 1 verstärken demzufolge die Bewegungen des Marktes. Aktien, die ein Beta zwischen null und eins aufweisen, tendieren in die gleiche Richtung wie der Markt aber in einer geringeren Stärke. Man kann sich β als die Steigung eine Funktion vorstellen, in der der individuelle Kapitalertrag in Abhängigkeit von dem Marktertrag angegeben wird. Gemäß dieser Formel lassen sich folgende Aussagen treffen:

$\beta = 1$ (Korrelationskoeffizient 1): Portfoliovarianz ist gleich der Varianz des Marktes,

$\beta > 1$ bzw. $\beta < 1$: Portfoliovarianz beträgt das β-fache der Varianz
des Marktes.

3.3.1.1.2 Anwendung der Portfoliotheorie für die strategische Unternehmensplanung

Die in der Unternehmenspraxis entwickelte und intuitiv überzeugende Idee, nach der die Zusammensetzung eines Unternehmensportfolios auf unterschiedliche Konjunkturzyklen in verschiedenen Branchen abzielt und somit auf eine Glättung der Gesamtertragssituation, wird mit der Portfoliotheorie nicht vollständig unterstützt. Es wurde zwar mit Markowitz gezeigt, dass Diversifikation Risiko reduziert, aber bei (börsennotierten) Unternehmen gibt es zumindest zwei Kategorien von Investoren: den Investor auf Unternehmensebene und den privaten bzw. institutionellen Finanzinvestor.

So stellt sich insbesondere für Letzteren aber auch für den Käufer eines diversifizierten Unternehmens die Frage: Ist ein diversifiziertes Unternehmen mehr wert als ein nicht diversifiziertes? Damit wird die Frage nach dem vorherrschenden Prinzip der Wertadditivität einzelner Investitionsprojekte gestellt. Wenn die diversifizierte Firma interessanter wäre, dann würde der Wert eines diversifizierten Paketes größer sein als die Summe seiner Teile. Dann würden die Einzelwerte nicht länger zu addieren sein, wie es das *Present Value-Konzept* nahelegt. Die Argumentation bei den Vertretern des Portfoliomodells läuft über die Figur der Duplizierung der diversifizierenden Unternehmensentscheidungen durch private bzw. institutionelle Anleger.

Wenn private Investoren also ihr eigenes Depot diversifizieren können, werden sie für eine bereits diversifizierte Firma keine gesonderte Prämie zahlen. Sie können mit ihren Anteilen die Diversifikation des unsystematischen Risikos selbst erzeugen. In Ländern mit kompetitiven Kapitalmärkten wird demnach die Diversifikation nicht den Wert erhöhen oder senken, so dass der Additionsgedanke des *Present Value-Konzeptes* weiterhin Bestand hat. Die zugrunde liegenden Annahmen der neoklassischen Kapitalmarktperzeption mit vollständiger Information, Absenz von Steuervorteilen bei Verlustausgleich lassen Unternehmensübernahmen im Hinblick auf die Diversifikation und somit eine Risikovermeidung auf Unternehmensebene als unnötig erscheinen, da sie von den Anlegern dupliziert und nicht durch entsprechende Prämien auf dem Kapitalmarkt honoriert werden. Diese Annahmen sind empirisch leicht zu falsifizieren.

Die systematischen Informationsasymmetrien zwischen Unternehmen und Anlegern und die zum Teil vorliegende Existenz von Steuervorteilen bei Unternehmenszusammenschlüssen lassen ein Risikomanagement durch Diversifikation nicht obsolet erscheinen, wie dies bei der „reinen Kapitalmarkttheorie" nahe gelegt wird (vgl. zu Marktunvollkommenheiten Porter 1992, S. 438 ff.; Pausenberger 1993, S. 4445).

Dieser Zusammenhang wird häufig auch als „Informationshypothese" bezeichnet. Sie basiert auf den von Roberts und später von Fama differenzierten drei Formen der Informationseffizienz von Kapitalmärkten in eine „*weak*", eine „*semi strong*" und eine „*strong form of efficiency*" und sieht ein weiteres Motiv für Fusionen darin, „dass der Markt für Informationen über das zu erwerbende Unternehmen unvollständig ist" (Huemer 1991, S. 21). Somit ist die unvollkommene Information konstitutiv für Unternehmensakquisitionen bzw. -kooperationen.

3.3.1.2 Portfolioanalyse: Die Marktanteils-Marktwachstums-Matrix

Die explizite kapitalmarkttheoretische Portfoliotheorie kann als Grundlage für Portfoliokonzepte der strategischen Unternehmensführung angesehen werden. Hierbei besitzt die in den weiteren Jahren durch McKinsey und Arthur D. Little immer mehr verfeinerte Marktanteils-Marktwachstums-Matrix von der Boston Consulting Group bis heute hohe Relevanz in der strategischen Unternehmensplanung. Diese Heuristik stellt eine Methode zur Durchführung einer strategischen Unternehmensanalyse dar, d. h. sie gibt durch die Beschreibung einer zielgerichteten, expliziten Vorgehensweise durch Normstrategien eine systematische Verfahrens- und Prozessvorschrift für die Erstellung und Beurteilung eines Unternehmensportfolios vor (vgl. auch Mauthe 1984, S. 226). Ziel ist es, bestimmte Marktpositionen zu erreichen bzw. zu halten sowie im Rahmen des verfügbaren Finanzierungspotentials zu verbleiben.

3.3.1.2.1 Lernkurvenkonzept und Produktlebenszyklus

Den theoretischen Bezugsrahmen stellen das Lern- oder Erfahrungskurven-Konzept sowie das Produktlebenszykluskonzept dar, deren Entwicklung beide der Unternehmensberatung BCG zugeschrieben werden. Das Lernkurvenkonzept nimmt bei einer Verdopplung der im Zeitablauf kumulierten Produktmenge eine Reduzierung der Stückkosten um 20 bis 30 % an (vgl. Abb. 3.5). Die neben den Skaleneffekten entstehenden Lernprozesse und technologieinduzierten Rationalisierungspotentiale sind dafür hauptverantwortlich.

Das bekannte Produktlebenszykluskonzept sieht eine Unterteilung in vier Phasen vor: (I) Einführung, (II) Wachstum mit negativem Einfluss auf den Return on Investment (ROI), Cash Flow, (III) Reife sowie (IV) Sättigung mit positivem Einfluss auf ROI und Cash Flow (vgl. Abb. 3.6).

Ausgangspunkt stellt dabei die entscheidende Komplexitätsreduktion des Markterfolges – im Verständnis des *Return on Investment* (ROI), von Deckungsbeiträgen bzw. von Cash Flow-Größen – einer Unternehmung auf zwei Faktoren dar: Die zumindest parti-

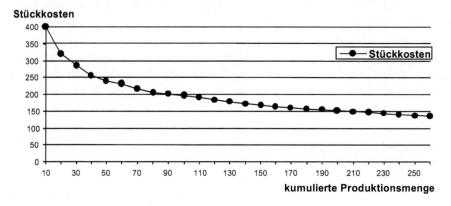

Abb. 3.5 Erfahrungskurve und Kostensenkungspotentiale. (Quelle: eigene Darstellung)

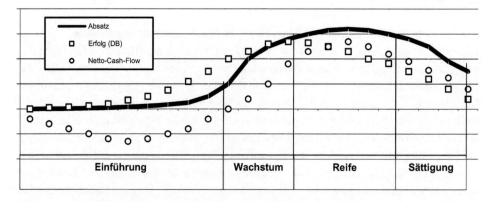

Abb. 3.6 Idealtypischer Produktlebenszyklus. (Quelle: eigene Darstellung)

ell endogen beeinflussbaren Größen wie Marktanteil einerseits und die exogenen Größen wie das Marktwachstum andererseits. Untrennbar mit der Portfolioanalyse verbunden, ist der Gedanke der Strategischen Geschäftseinheiten (SGE). Er wird auch in der folgenden Diskussion der strategischen Konzepte immer prominent diskutiert werden. Danach muss eine Eigenständigkeit und Unabhängigkeit von anderen Unternehmensbereichen hinsichtlich der Marktaufgabe, der Entscheidungen und Strategiesetzung gegeben sein. Bei der Kapitalallokation hingegen sind isolierende Betrachtungen gemäß dem Portfoliogedanken bei Markowitz zu vermeiden.

3.3.1.2.2 Zusammenhang von Produktlebenszyklus und Erfahrungskurvenkonzept

In Abb. 3.7 ist der Zusammenhang der beiden gezeigten Konzepte in die Vier-Felder-Matrix von BCG dargestellt. Die beiden Dimensionen der Matrix sind zum einen der *relative Marktanteil*, der annahmegemäß positiv mit dem ROI korreliert und sich aus dem Verhältnis der eigenen Absatz- oder Umsatzzahlen zum größten Konkurrenten ergibt. Die andere Dimension stellt auf das *Marktwachstum* ab, das annahmegemäß negativ mit dem Finanzmittelbedarf korreliert, und sich aus dem Verhältnis des zukünftig prognostizierten zum aktuellen Marktvolumen ermittelt.

Daraus wird ableitbar, dass das Modell für die Innenfinanzierung ein ausgeglichenes Portfolio der unterschiedlichen Investitionsbedarfe und der unterschiedlichen Beiträge für die (Überschuss-)Liquidität anrät.

3.3.1.2.3 Weiterentwicklungen durch McKinsey und Arthur D. Little

Weiterentwicklungen wurden von anderen Strategieberatern vorgenommen. So haben die Berater von McKinsey eine Neunfeldermatrix mit ausdifferenzierten Dimensionen ent-

Abb. 3.7 Vier-Felder-Matrix von BCG mit Normstrategien. (Quelle: eigene Darstellung)

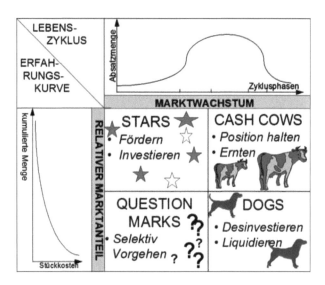

wickelt (vgl. Abb. 3.8). Die Dimension *Marktwachstum* wird durch *Marktattraktivität* ersetzt, bei der neben Marktgröße und -wachstum auch die Marktqualität (Rentabilität der Branche, Investitionsintensität, Markteintrittsbarrieren, Substitutionsgefahr etc.) sowie die Umweltsituation mit einbezogen wird. Die Dimension *Marktanteil* wird in *relative Wettbewerbsvorteile* verändert, womit die relative Marktposition (Marktanteil, Rentabilität, Finanzkraft etc.) und das relative Produktions- und F&E-Potential einbezogen wird. Die in jeweils drei Bewertungsstärken aufgeteilten Dimensionen legen nun differenziertere Normstrategien nahe.

3.3.1.3 Anwendungen und kritische Würdigung der Portfolioanalyse für den M&A-Bereich

Die Portfolioanalyse ermöglicht eine Visualisierung der Ist- und Soll-Situation einzelner Geschäftsbereiche in einem Unternehmen und stellt somit erstmalig eine differenzierte Betrachtung im Hinblick auf die Ertrags- und Finanzierungsrelevanz dar. Weiterhin bietet sie anhand der Normstrategien konkrete Maßnahmen zur Realisierung an. Es können somit bestimmte SGEs desinvestiert werden bzw. fremde SGEs zur Optimierung des eigenen Portfolios gekauft werden. Hierbei ist die Berücksichtigung der Finanzierungsbedarfe, der Liquiditätssituation und der Rentabilität idealtypisch simultan vorgesehen. Weiterhin wird der Versuch des Zyklen- und Risikoausgleichs unternommen, d. h. es werden unterschiedliche Konjunkturzyklen als Instrument für die Ertragsverstetigung genutzt. Auch die Verbesserung der internen Kommunikation durch eine plakative und einheitliche Heuristik kann zunächst als Vorteil gewertet werden.

Insgesamt ist jedoch die Bewertungsproblematik bei der jeweiligen Positionierung innerhalb der Matrix nicht unerheblich. So ist der idealtypische Verlauf der Produktlebenszykluskurve empirisch nur selten gegeben, und auch die die Achsen bestimmenden

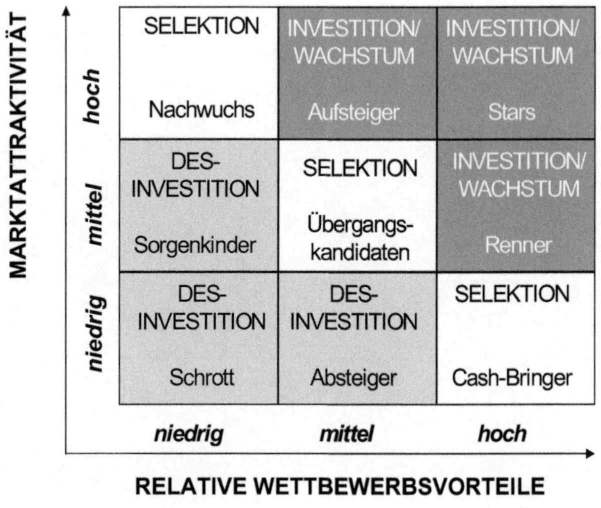

Abb. 3.8 Neun-Felder-Matrix von McKinsey mit differenzierten Normstrategien. (Quelle: eigene Darstellung, vgl. z. B. Heinen 1991, S. 670)

Marktanteile und Marktwachstumsgrößen unterliegen einer in der Regel subjektiven Marktdefinition (vgl. zur Marktdefinitionsheuristik Abbel 1980). Die Unternehmenssegmentierung in die SGEs lässt neben den Abgrenzungsschwierigkeiten auch keine Möglichkeit der Erfassung von Verbundeffekten zu. Diese Kritik wird beispielsweise von Porter und später von Prahalad und Hamel ausgeführt, die die Notwendigkeit von Horizontalstrategien bzw. die Entwicklung von Kernkompetenzen durch eine derartig aufgebaute Organisation nicht zulässt bzw. vorhandene zerstört (vgl. Porter 1992 und Prahalad und Hamel 1990 und die folgenden Ausführungen).

Aber auch bei der Erfassung und Zurechnung von Gemeinkostenblöcken ist eine vorsichtige Anwendung der Normstrategien anzuraten, da die mengenmäßig am häufigsten anzutreffenden *dogs* empirisch auch ihre Ergebnisbeiträge bringen (vgl. Mauthe 1984, S. 309 ff.). Bruppacher unterscheidet bei der Portfolioanalyse im Rahmen des Unternehmensverkaufs daher bei Bereichen mit niedrigerem Marktwachstum und relativen Marktanteil (*dogs*) zwischen noch zu haltenden Auslaufprodukten (*cash traps*) und richtigen Desinvestitionsbereichen (Bruppacher 1990, S. 274). Diese Problematik macht die Schwierigkeiten mit den generalisierenden Normstrategien deutlich (vgl. dazu auch Heinen 1991, S. 672). Normstrategien werden heute vielfach in großen Mischkonzernen – nach dem Vorbild von General Electric – selbst generiert: Bei Mannesmann beispielsweise galten seinerseits zwei Kriterien für die Portfolioentscheidung: (1) Einer der drei Größten in der Branche, und (2) Mindestumsatz von zwei Milliarden DM. Bei Hoechst wird eine ähnliche Vorgehensweise gewählt. Wenn sie in ihren einzelnen Sparten nicht zu den weltweit drei größten Unternehmen gehören, wird desinvestiert (Dormann, zitiert in Schlote 1996). Weiterhin ist auffällig, dass für die häufig zusammen genannten Konzepte der Portfolio-Analyse und der Maximierung des Shareholder Value nicht unbedingt eine Kompatibilität aus der Perspektive der Anleger angenommen werden kann: „The emphasis on growth and/or portfolio balance may be inconsistent with maximization of shareholder value." (Weston et al. 1990, S. 67)

Somit ist der Rekurs auf derartige Strategieansätze auf die für den Aktionär wesentliche Unterscheidung der Unternehmenspolitik „Rhetorik versus fundierte Konzeptionalität" zu überprüfen. Die intransparente Quersubventionierung mit dem strategischen Instrument der Portfoliotechnik und dem metaphysischen Prinzip Hoffnung ist immer noch eines der schlagkräftigsten Argumente, das dem Shareholder Value entgegenzustehen scheint. Die plausible ökonomische Begründung der Diversifikation dürfte wohl auch die prioritäre Aufgabe der Investor Relations-Abteilungen bleiben.

3.3.1.4 Renaissance des Portfolioansatzes: Patching

Das Pendel der Managementphilosophie schlägt zurück: Während in den 1990er Jahren die Fokussierung auf ein Geschäftsbereich bzw. auf die Kernkompetenz (siehe dazu den Abschn. 3.3.3) im Vordergrund steht, scheint sich nun eine Renaissance anzukündigen – zumindest rhetorisch. Kathlein M. Eisenhardt und Shona L. Brown haben dazu 1999 einen ersten Ansatz vorgestellt; Boston Consulting im Jahr 2006 einen eigenen *Conglomerate Report*.

Eisenhardt und Brown haben das aktive Portfoliomanagement eines Unternehmens unter dem Konzeptnamen *Patching* einzuführen versucht. *Patching* wird dabei als strategischer Prozess verstanden, mit dem Unternehmen routinemäßig „remap businesses to changing market opportunities. It can take the form of adding, splitting, transferring, exiting, or combining chunks of businesses" (Eisenhardt und Brown 1999, S. 73). Ohne expliziten Bezug zu Unternehmenskäufen gehen die beiden Autorinnen auf eine neue Form der strategischen, schnellen Reorganisation durch Rekombination, Neuzusammensetzung oder Auflösung von Geschäftsbereichen ein.

Ähnliche Überlegungen haben auch Jay P. Brandimarte, William C. Fallon und Robert S. McNish von McKinsey im Jahr 2001 angestellt: Sie versuchen eine Emulation der Dynamik von Kapitalmärkten innerhalb des Konzerns. Unternehmen stellen mit der Entwicklung eines ausgeglichenen M&A-Programms aktiv Kapital zur Akquisition neuer Geschäftsbereiche bereit, fördern deren Wachstum und veräußern dieses schließlich wieder. Mit dieser transaktionsreichen Methode können Unternehmen ihren Anteilseignern größere Erlöse generieren als mit passiveren Strategien. Die Autoren gehen auf Basis einer eigenen Analyse von ca. 30 % Outperformance aus.

Grundsätzlich stellt sich bis heute die immerwährende Frage, ob aufgrund von verbesserten Methoden zum Management von Komplexität eines diversifizierten Unternehmens, ein eindeutiger Zusammenhang zwischen Diversifikationsgrad und Unternehmenserfolg besteht. Insbesondere – weil trotz der verbreiteten Kapitalmarkttheorie und trotz aller Fokussierungsaktivitäten – die meisten der größeren Unternehmen sehr wohl breit diversifiziert sind. Hierzu hat der *Conglomerate Report 2006* der Unternehmensberatung Boston Consulting Group auf Basis von 300 der größten diversifizierten Unternehmen weltweit einerseits und fokussierten Unternehmen in USA, Europa und Asien andererseits einige Ergebnisse anzubieten (vgl. Abb. 3.9):

Die landläufig verbreitete Annahme, dass diversifizierte Unternehmen systematisch eine geringere Performance im Vergleich mit fokussierten Unternehmen aufweisen, lässt sich aus dieser Analyse nicht bestätigen. Damit wird das Ergebnis des ersten Berichts aus dem Jahr 2002 bestätigt: 52 % der untersuchten Unternehmen mit mehreren Geschäftsfeldern können einen mitunter deutlich höheren relativen *Total Shareholder Return* (TSR) ausweisen, als der am Aktienmarkt durchschnittlich erzielte TSR – und auch von 57 % der verglichenen fokussierten Unternehmen. Umgekehrt konnte nicht belegt werden, dass das Zerschlagen eines diversifizierten Portfolios den TSR verbessert. Nur bei drei von acht untersuchten Fällen der Restrukturierung bzw. des Desinvestments von europäischen Portfolio-Unternehmen war dies der Fall. Es besteht vielmehr eine relativ hohe Wahrscheinlichkeit, dass mit diesen Fokussierungsmaßnahmen Unternehmenswerte vernichtet wurden. Voraussetzung für erfolgreiche Fokussierungsstrategien ist eine klar kommunizierte aktive Wachstumslogik bei der Fokussierung. In Europa werden diversifizierte Unternehmen noch immer stärker mit einem *Conglomerate Discount,* also einem Abschlag bei der Unternehmensbewertung im Vergleich zur rein summativen Bewertung, belegt, als in den USA oder in Asien.

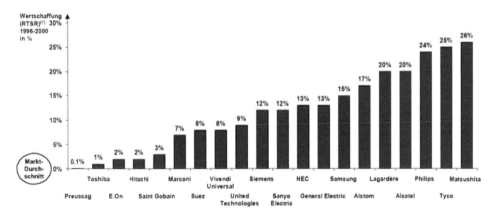

Abb. 3.9 Outperformance von Konglomeraten gegenüber fokussierten Firmen. (Quelle: BCG 2006)

Die erfolgreichsten diversifizierten Unternehmen bedienen sich insbesondere folgender fünf Wertsteigerungshebel: Effiziente interne Kapitalallokation, Verfolgen einer klaren und konsistenten Portfolio-Strategie, Implementierung einer möglichst schlanken Organisationsstruktur, Verfolgen weniger ausgewählter und durch den CEO getriebener, geschäftsbereichsübergreifender strategischer Initiativen, systematische Managemententwicklung und geschäftsbereichsübergreifender Transfer von Managementfähigkeiten.

Auch wenn die damals gezeigten Unternehmenserfolge sich in den nachfolgenden Jahren auflösten, mussten zusammenfassend – und das in Übereinstimmung mit Eisenhardt und Brown sowie mit Brandimarte, Fallon und McNish – konstatiert werden, dass die Frage nach dem optimalen Diversifikationsgrad nicht eindeutig beantwortet werden kann, da für den Erfolg die Kompetenz und Professionalität im aktiven Portfolio-Management eines diversifizierten Unternehmens ausschlaggebend ist.

Im Zuge der Weltfinanzmarktkrise wurde von BCG und der Handelshochschule Leipzig eine aktualisierte Studie von 1100 diversifizierten wie fokussierten Unternehmen zu „The Power of Diversified Companies During Crises" (BCG/HHL 2012): Diversifizierte Unternehmen weisen keine signifikante Unterschiede in der Wertentwicklung auf – haben aber einen messbaren finanziellen Vorteil während ökonomischer Krisen – sowohl in der Outperformance als auch in der Resilienz. Mit diesem Vorteil könnte auch die empirisch gezeigte Reduzierung des bisherigen *conglomerate discount* einhergehen. Damit werden letztlich die Befunde von Markowitz nochmals bestätigt.

Die Abb. 3.10 zeigt den Vergleich von diversifizierten Unternehmen zur Gesamt-Entwicklung des generellen Börsenmarktes.

Abb. 3.10 Outperformance von Konglomeraten gegenüber Börsen-Wertentwicklung. (Quelle: BCG 2006)

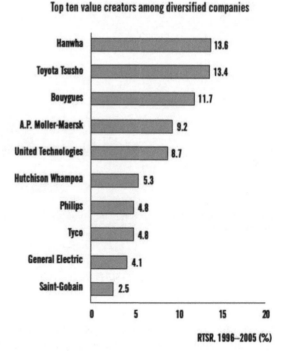

Top ten value creators among diversified companies

Hanwha	13.6
Toyota Tsusho	13.4
Bouygues	11.7
A.P. Moller-Maersk	9.2
United Technologies	8.7
Hutchison Whampoa	5.3
Philips	4.8
Tyco	4.8
General Electric	4.1
Saint-Gobain	2.5

RTSR, 1996–2005 (%)

3.3.2 Porters wettbewerbstheoretischer Beitrag

Michael E. Porter hat seit Ende der 70er Jahre wesentliche Beiträge zur strategischen Unternehmensführung geleistet (vgl. vor allem Porter 1987, 1990, 1991, 1992, 1996a, 1996b). Seine Heuristik basiert auf einem wettbewerbstheoretischen Zugang der Unternehmensstrategie. Der hier in seinen Grundzügen nur kurz skizzierbare Ansatz der Strategieentwicklung lässt sich vereinfachend mit drei Grundaussagen darstellen:

- Auswahl einer attraktiven Industrie,
- Entwicklung von Wettbewerbsvorteilen durch Kostenführerschaft oder Differenzierung,
- Konfiguration einer effizienten Wertkette.

Nach einer kurzen Darstellung der Grundkonzeption (Abschn. 3.3.2.1–3.3.2.3) wird der Bezug zur Thematik der Akquisition und Kooperation mittels der strategischen Analyse von vertikaler Integration, des Markteintrittes durch Akquisitionen sowie durch Verflechtungen und Horizontalstrategien hergestellt.

3.3.2.1 Auswahl einer attraktiven Industrie

Eine attraktive Branche ist nach Porters Strukturanalyse von Branchen (Porter 1992, S. 25–61) und der brancheninternen Strukturanalyse (Porter 1992, S. 173–207) eine, in der „entry barriers are high, suppliers and buyers have only modest bargaining power, substitute products or services are few, and the rivalry among competitors is stable. An unattractive industry like steel will have structural flaws, including a plethora of substitute materials, powerful and price-sensitive buyers, and excessive rivalry caused by high fixed costs and a large group of competitors, many of whom are state supported" (Porter 1987, S. 46).

Diese Bestimmung kann anhand seiner fünf Triebkräfte des Branchenwettbewerbs vorgenommen werden (Abb. 3.11).

Weiterhin kann mit Porter eine Analyse der Rentabilität von Branchen anhand der Ein- *und* Austrittsbarrieren vorgenommen werden (Abb. 3.12).

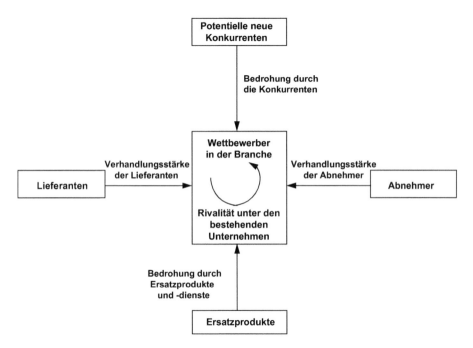

Abb. 3.11 Das Five-Forces-Modell: Triebkräfte des Branchenwettbewerbs. (Quelle: Porter 1992, S. 26)

| | | Austrittsbarrieren | |
		Niedrig	Hoch
	Niedrig	Niedrige, stabile Erträge	Niedrige, unsichere Erträge
Eintrittsbarrieren			
	Hoch	Hohe, stabile Erträge	Hohe, unsichere Erträge

Abb. 3.12 Ein- und Austrittsbarrieren. (Quelle: Porter 1992, S. 46)

Insbesondere hinsichtlich der Markteintrittsbarrieren gab es anschließend verstärkte Diskussionen, da gerade in Branchen mit hohen Eintrittsbarrieren empirisch hohe Markteintritte verzeichnet wurden. So kann vermutet werden, dass erst der Vergleich von Barrieren einerseits und den genau daraus entstehenden Anreizen, den *„enticement to enter"* andererseits, den Ausschlag über Eintrittswahrscheinlichkeiten gibt.

3.3.2.2 Entwicklung von Wettbewerbsvorteilen durch Kostenführerschaft oder Differenzierung

Porter schlägt drei grundlegende Strategien zur Generierung von Wettbewerbsvorteilen vor. Sie beziehen sich grundsätzlich auf den bzw. die jeweiligen Wettbewerber (Abb. 3.13).

Die *Strategie der Kostenführerschaft* basiert auf dem Lernkurvenkonzept sowie den *economies of scale*. Es wird für die Ausnutzung dieser Effekte ein hoher Marktanteil erforderlich sein, wobei der Zusammenhang von Marktanteil und Kostenminimierung häufig ein wechselseitiger ist. Diese Strategie der Kostenführerschaft kann auf Dauer nur von einem Wettbewerber der Branche mit Aussicht auf Erfolg verfolgt werden. Die *Differenzierungsstrategie* bedeutet hingegen eine Abhebung des Leistungs- und Qualitätsniveaus von der Konkurrenz. „Differenzierung kann unter Umständen einen hohen Marktanteil ausschließen." (Porter 1992, S. 66) Die *Konzentration auf Marktnischen* ist die Verfolgung einer der beiden anderen Strategietypen oder ein Mix. Vorrangig ist die Fokussierung auf ein enges Branchenziel, d. h. auf eine bestimmte, eng abgegrenzte Abnehmergruppe. Der bereits angedeutete Zusammenhang von Marktanteil, Rentabilität und Strategietyp kann mit Abb. 3.14 veranschaulicht werden.

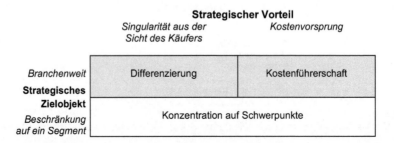

Abb. 3.13 Wettbewerbsstrategien nach Porter. (Quelle: Porter 1992, S. 67)

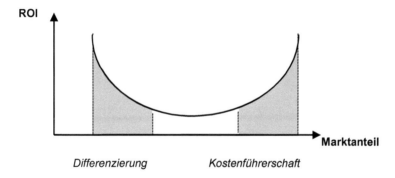

Abb. 3.14 Strategietyp, Marktanteil und Rentabilität. (Quelle: modifizierte Darstellung nach Porter 1992, S. 73)

3.3.2.3   Konfiguration einer effizienten Wertkette

In seinem Buch *Wettbewerbsvorteile* hat Porter das Modell der Wertkette eingeführt (1996a, S. 59–92). Alle Tätigkeiten der Herstellung, des Vertriebes und der Auslieferung lassen sich in einer solchen Wertkette wie in Abb. 3.15 gezeigt darstellen.

Die unterstützenden Aktivitäten dienen der Aufrechterhaltung der primären Aktivitäten. Die Wertkette eines Unternehmens ist in ein umfassendes System von Wertketten eingebettet (siehe Abb. 3.16). Insbesondere hier ist im Rahmen der vertikalen Integration die Konfiguration der eigenen Wertkette und damit verbunden eine effiziente Einbettung in das Wertkettensystem zur Generierung von Wettbewerbsvorteilen erforderlich.

Abb. 3.15 Modell der Wertkette. (Quelle: modifizierte Darstellung nach Porter 1992, S. 62)

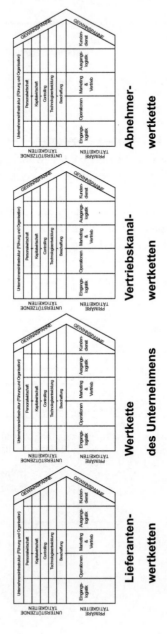

Abb. 3.16 Das Wertsystem. (Quelle: vgl. Darstellung Porter 1996a, S. 60)

3.3.2.4 Vertikale Integration, Verflechtung, Horizontalstrategie, Diversifikation

3.3.2.4.1 Die strategische Analyse der vertikalen Integration

Porter versteht unter der *vertikalen Integration* „die Kombination von technologisch eigenständigen Produktions-, Vertriebs-, Verkaufs- und/oder anderen ökonomischen Prozessen innerhalb eines Unternehmens" (Porter 1992, S. 375). Er diskutiert den Nutzen und die Kosten einer vertikalen Integration unter der Prämisse, dass ein effizientes Mindestvolumen – d. h. die Ausnutzung sämtlicher Betriebsgrößenersparnisse – vorliegt (vgl. auch Tab. 3.2).

Porter führt im Anschluss daran die *partielle Integration* an, unter der „eine abgestufte, teilweise (Vorwärts- und Rückwärts)-Integration zu verstehen [ist], bei der das Unternehmen den Rest seines Bedarfs auf dem freien Markt befriedigt" (ebd., S. 398). Somit ergeben sich einige Milderungen der Nachteile, wie beispielsweise das Ausgleichsproblem der Kapazitäten und die Fixkostenintensität. Eine weitere Zwischenform beschreibt er mit dem Begriff der *Quasi-Integration*. Darunter versteht Porter „eine Beziehung zwischen vertikal verbundenen Geschäften, die zwischen langfristigen Verträgen und vollem Eigentum liegen" (ebd., S. 400). Konkrete Formen wären beispielsweise Minderheitsbeteiligungen, exklusive Geschäftsvereinbarungen, kooperative F&E, spezialisierte Logistikeinrichtungen.

Tab. 3.2 Vorteile und Nachteile der vertikalen Integration. (Quelle: eigene Aufstellung nach Gliederung von Kap. 14, Porter 1992, S. 378–386 und 386–392)

Vorteile	Nachteile
• Einsparungen durch Integration, z. B. kombinierter Einsatz von unterschiedlichen Produktionsprozessen bei vorhandenen Kapazitäten, durch Kontroll- und Koordinationskostensenkung oder Einsparungen bei langfristigen Geschäftsbeziehungen • Anschluss an Technologien • Sicherung der Versorgung und/oder Absatz • Verbesserte Fähigkeit zu Differenzierung (z. B. bei Vorwärtsintegration: hochwertiger Service) • Erhöhung von Eintritts-/Mobilitätsbarrieren • Eintritt in ein rentableres Geschäft in der Gesamtwertkette, und • Schutz gegen Marktausschluss	• Erhöhter *operating leverage*, d. h. Geschäftsrisiko-erhöhung durch zunehmenden Fixkostenanteil • Geringere Flexibilität beim Wechsel von Geschäftspartnern • Höheres allgemeines Niveau der Austrittsbarrieren • Bedarf an Kapitalinvestitionen • Versperrter Zugang zur Forschung oder zum Know-how von Kunden oder Lieferanten • Ausgleich von Kapazitäten bei Gefahr des Ungleichgewichts (z. B. bei Überkapazitäten ggf. Verkauf an Konkurrenten) • Verminderte Anreize durch fehlenden Wettbewerb • Unterschiedliche Führungsanforderungen bei Produktions- und Verarbeitungsprozessen

3.3.2.4.2 Verflechtungen zwischen Unternehmenseinheiten: Die Horizontalstrategie

In seinem 1985 erstmals erschienenen Buch *Wettbewerbsvorteile* (Porter 1996a) legt er die für die strategische Planung diversifizierter Unternehmen grundlegende Unterscheidung zwischen der Strategie der Unternehmenseinheiten (SGEs) und der Strategie des Gesamtunternehmens dar. Während die erste strategische Ebene der SGEs auf die Erlangung von Wettbewerbsvorteilen in Geschäftsfeldern abzielt, geht es auf der darüber liegenden Ebene um die Konzernstrategie. Eine gute Konzernstrategie sollte demnach einen Mehrwert über die Summe der einzelnen Teile (SGEs) hinaus bewirken: Sie sollte Synergien im Unternehmen erzielen. Wenn dies nicht geleistet wird, ist ein diversifiziertes Unternehmen auch nach Porters Ansicht nichts, was eine Investmentgesellschaft nicht auch erreichen könnte.

Auf die breite Kritik an der Synergiehypothese reagierend (vgl. hierzu ausführlich Abschn. 3.4.1), sieht Porter die Abkehr von ihr nur in dem Fehlen eines Instrumentariums der Analyse und Implementierung von Synergien begründet. Die konzeptionelle Grundüberlegung selbst sei aber sinnvoll. So sieht er in den Verflechtungen zwischen unterschiedlichen, aber verwandten Geschäftsbereichen „greifbare Möglichkeiten zur Kostensenkung oder weiterer Differenzierung bei praktisch jeder Aktivität in der Wertkette" (Porter 1996a, S. 406). Er betrachtet in diesem Zusammenhang die bereichsübergreifende *Horizontalstrategie* als wichtigsten Punkt auf der strategischen Tagesordnung eines diversifizierten Unternehmens. Eine Horizontalstrategie wird definiert als „eine koordinierte Gesamtheit von Zielen und Grundsätzen, die unterschiedliche, aber miteinander verflochtene Unternehmenseinheiten umfassen" (ebd. S. 407). Damit positioniert er sich gegen die Portfoliostrategie und begründet die Horizontalstrategie als Kern der Strategie für diversifizierte Unternehmen (vgl. Tab. 3.3).

Es werden drei Typen möglicher Verflechtungen zwischen Unternehmenseinheiten unterschieden, die gleichzeitig auftreten können (Tab. 3.4).

Demnach kann die Synergie nach Porter aus drei recht unterschiedlichen Konzepten begründet werden. Bei der Einschätzung geht Porter davon aus, dass die häufigste Form des intuitiven Gebrauchs des Synergiekonzeptes bei der immateriellen Verflechtung zu suchen ist. Gerade diese Form ist jedoch die kurzlebigste und in der Regel die unsicherste hinsichtlich der Generierung von Wettbewerbsvorteilen (vgl. Porter 1996a, S. 415).

Tab. 3.3 Gründe für die Bedeutung der Horizontalstrategie. (Quelle: eigene Aufstellung nach Porter 1996a, S. 408–412)

- Veränderung der Diversifikationsphilosophie zu *verwandter* Diversifikation
- Verlagerung des Schwerpunkts von Wachstum zur Leistung
- Technologischer Wandel („flexible Automatisierung", Informationsmanagement, hier: GroupWare, Intranets, Warenwirtschaftssystem etc.), Zunahme des Mehrpunktwettbewerbs (Unternehmen konkurrieren miteinander in mehreren Produktbereichen auf mehreren Märkten)

Tab. 3.4 Charakterisierungen der drei Verflechtungstypen. (Quelle: eigene Aufstellung nach Porter 1996b, S. 413–460)

Materielle Verflechtung	Immaterielle Verflechtung	Konkurrentenverflechtung
Definition Gemeinsame Durchführung von Aktivitäten in der Wertkette mit verwandten Unternehmenseinheiten **Realisierung der Strategietypen** *1. Kostenführerschaft*  *2. Differenzierung* Systemlösungen, Produktkompatibilität, Standardisierungen, nur ein Ansprechpartner beim Kundendienst etc. **Kosten der materiellen Verflechtung** (1) Koordinierungskosten sowie (2) Kompromisskosten und (3) Inflexibilitätskosten (d. h. Reaktionsgeschwindigkeit, Austrittsbarrieren) **Formen materieller Verflechtungen** Produktionsverflechtung Beschaffungsverflechtung Technologische Verflechtung Infrastrukturverflechtung Marktverflechtungen	**Definition** Transfer von Management-Know-how zwischen getrennten Wertketten (Beispiele: Marketingtransfer, gemeinsame Abnehmergruppen) **Erkennung** Immaterielle Verflechtungen entstehen aus einer typbedingten Ähnlichkeit zwischen Unternehmenseinheiten: • Gleicher Strategietyp, • Gleicher Abnehmertyp, • Ähnlicher Aufbau der Wertkette, • Ähnliche wichtige Wertaktivitäten. **Voraussetzung der immateriellen Verflechtung** Die zu ermittelnden Ähnlichkeiten der Wertaktivitäten *müssen* eine Relevanz für den Wettbewerb darstellen. **Scheiterndes Synergiekonzept** Die Schwierigkeit der Erkennung ist einer der wesentlichen Gründe für die Enttäuschung über das Synergiekonzept	**Definition** Zwangsläufige Verbindung von Mehrpunktkonkurrenten, da Maßnahmen in einem Bereich Implikationen für andere Bereiche haben. **Wettbewerbsposition** Wettbewerbsvorteile und -position eines Mehrpunktkonkurrenten ist eher Funktion seiner Gesamtposition in einer Gruppe verwandter Branchen als seines Marktanteils der einzelnen Branchen. **Strategische Implikation** Konkurrentenanalyse muss das gesamte Portfolio der Unternehmenseinheiten des Konkurrenten umfassen, anstatt der isolierten Betrachtung. **Erkennung von potentiellen Konkurrenten** Unternehmen, für die jeweilige Branche • ein logisches Mittel zur Bildung oder zum Ausbau wichtiger Verflechtungen ist, • eine notwendige Erweiterung ist, um den Verflechtungen der Konkurrenten entsprechen zu können

3.3.2.4.3 Diversifikationsstrategien

Eine *verflechtungsorientierte Diversifikation* ist nach Porter „eine Diversifikationsform, bei der die Wettbewerbsvorteile in den vorhandenen Branchen mit größerer Wahrscheinlichkeit zunehmen oder dauerhafte Wettbewerbsvorteile in neuen Branchen sich erreichen lassen" (Porter 1996a, S. 474). Porter sieht die Nutzung der Verflechtungsmöglichkeiten und damit den Gewinn der Diversifikation durch zwei Wege realisiert: (1) durch interne Entwicklung und/oder (2) durch Kauf. Die Akquisition diskutiert er explizit als Option des kostengünstigeren Überwindens von Markteintrittsbarrieren (Porter 1992, S. 436 ff.). Auch hier sind die Verflechtungen maßgeblich: „Wo Verflechtungen vorhanden sind, wird der Eintritt durch den Erwerb eines anderen Unternehmens leichter, da es für den Käufer größeren Wert hat als für seine augenblicklichen Besitzer oder andere Kaufinteressenten ohne ähnliche Verflechtungen" (Porter 1996a, S. 475).

Die zwei beschriebenen Wege zur Diversifikationsstrategie sind also, „nach Branchen mit attraktiver Struktur *und* Verflechtungen zu suchen, die dem Unternehmen in diesen Branchen Wettbewerbsvorteile verschaffen" (Porter 1996a, S. 475; Hervorhebung im Original). Hierbei sind vor allem die Markt-, Produktions- und technologischen Verflechtungen wesentlich. Dem Weg der internen Entwicklung gibt er aber an anderer Stelle eindeutig den Vorzug. Begründet wird dies mit der Erfordernis der von ihm so bezeichneten *Horizontalen Organisation*, die die Mechanismen der vertikalen organisationalen Steuerung überlagert und sicherstellen soll, dass die wettbewerbsrelevanten Verflechtungen genutzt werden. Somit steht die organisatorische Integration der Akquisitionen mit hoher Wahrscheinlichkeit im Hintertreffen gegenüber einer „gewachsenen" Struktur bei der internen Entwicklung: „Bei Unternehmensübernahmen ist es andererseits erforderlich, Verflechtungen mit einer bislang eigenständigen Organisation zu schmieden – welche Widerstände damit auch verbunden sein mögen. Der Unternehmenserwerb hat auch den Nachteil, dass Strategiekompromisse zugunsten von Verflechtungsmöglichkeiten erforderlich werden." (Porter 1996a, S. 515).

Er empfiehlt, „dass Unternehmen bei der Entscheidung zwischen Erwerb und internem Brancheneintritt eine strenge Prüfung anstellen sollten, und dass bei der Suche nach zum Erwerb geeigneten Unternehmen die Frage der horizontalen Strategie im Vordergrund stehen sollte" (Porter ebd.).

Die Portfolioanalyse, bei Porter ein „eng umrissenes Instrumentarium, mit dessen Hilfe ein differenzierter Konzern ein finanziell ausgeglichenes Portfolio erreichen können soll" (Porter 1996a, S. 481), ist bei der Diversifikationsstrategie nach Porters Einschätzung die schlechtere Wahl. Die Begründung für die eingangs bereits erwähnte Kontraposition Porters zur Portfolioanalyse liegt in der von ihm anhand der Verflechtungen gezeigten Interdependenz der Entscheidungen über der mittels der Normstrategien festgelegten Investitionen und Desinvestitionen einzelner SGEs. Porter sieht drei Tests für die Diversifikationsstrategie als unverzichtbar an (Porter 1987, S. 46) (Tab. 3.5).

Tab. 3.5 Drei unverzichtbare Diversifikationstests. (Quelle: Porter 1987, S. 46)

Der Attraktivitätstest: Die ausgewählten Branchen müssen eine durch die Branchenstruktur-analyse ermittelte Attraktivität aufweisen oder von dem Käufer attraktiv gestaltet werden können

Der Eintrittskostentest: Die Eintrittskosten dürfen nicht höher sein als der Barwert der zukünftigen Erträge

Der Synergietest: Die neuen Geschäftseinheiten müssen aus der Verbindung zu dem Konzern Wettbewerbsvorteile schöpfen und umgekehrt

3.3.2.4.4 Konzernstrategien

In seinem Aufsatz „From Competitive Advantage to Corporate Strategy" aus dem Jahre 1987 beschreibt er vier unterschiedliche Konzernstrategien, die in Tab. 3.6 aufgeführt werden.

3.3.3 Das Kernkompetenzenkonzept von Prahalad/Hamel

Hamel und Prahalad haben mit ihrem Aufsatz *The Core Competences of the Corporation* (1990) und ihrem nachfolgenden Buch *Competing for the Future* (1995) einen weiteren Vorschlag der Diskussion um die Konzernstrategie hinzugefügt. Sie versuchen anhand der Frage nach den Gründen der sehr unterschiedlichen Entwicklung zweier Firmen (GTE und NEC) mit relativ ähnlichen Portfolios ihr Konzept der Kernkompetenzen als Erklärungsmöglichkeit darzustellen. Dabei setzen sie ähnlich wie Porter mit einem wettbewerbstheoretischen Zugang an, verfolgen aber dann vorrangig die unternehmensinterne Entwicklung von Wettbewerbsvorteilen. Auch hier ist die Suche nach und die Nutzung von Synergien *zwischen* den einzelnen Strategischen Geschäftseinheiten strategisches Ziel auf der Konzernebene. Aus diesem Ansatz kann dann eine Akquisitions-, Desinvestitions- und Kooperationsstrategie abgeleitet werden.

3.3.3.1 Das diversifizierte Unternehmen: Die Baum-Organisation

Die Kernkompetenzen als die Wurzel der Wettbewerbsvorteile verstehen die Autoren als „the collective learning in the organization, especially how to coordinate diverse production skills and integrate multiple streams of technologies. [...] Core competence is communication, involvement, and a deep commitment to working across organizational boundaries" (Prahalad und Hamel 1990, S. 82 und 83).

Mit diesem – noch recht unscharfen – Begriff grenzen sie sich explizit gegen die Verwandtschaft mit den Theorien der *economies of scale* und *scope* ab. Sie sehen mit ihrem Konzept der Kernkompetenzen eine über die vertikale Integration hinausgehende Möglichkeit, langfristig Wettbewerbsvorteile zu generieren, „from the ability to build,

Tab. 3.6 Konzepte der Konzernstrategien nach Porter. (Quelle: übersetzte Darstellung von Porter 1987, S. 53)

	Portfoliomanagement	Restructuring	Transferring skills	Sharing activities
Strategische Voraussetzungen	Kompetenz im Auffinden von unterbewerteten Unternehmen, Bereitschaft der Desinvestition von Verlustbringern, Begrenzung des Branchenspektrums (wegen Management-Know-how), Unterentwickelte Kapitalmärkte oder Firmen in Privatbesitz	Kompetenz im Auffinden von sanierungsfähigen Unternehmen, Bereitschaft und Fähigkeit der fundamentalen Neugestaltung von übernommenen Firmen, Strukturelle Gemeinsamkeit der Einheiten, Bereitschaft der Desinvestition zwecks Verlustbegrenzung, Verkauf bei gelungenem *turn-around*	Wissens- und Erfahrungsvorsprung bei Aktivitäten der Wertkette mit Bedeutung für die Wettbewerbsvorteile, Fähigkeit des anhaltenden Know-how-Transfers zwischen den Einheiten, Akquisition von *beachheads* (Brückenköpfen) in neuen Geschäftsfeldern	Gemeinsame Ausübung der Wertkettenaktivitäten mit den neuen Geschäftseinheiten, Nutzen der Aufgabenzentralisierung überwiegt die Kosten der Diversifikation, Neugründungen und Akquisitionen sind gleichberechtigte Instrumente der Diversifikation, Überwindung von organisationalen Widerständen gegen die Zusammenarbeit
Organisatorische Voraussetzungen	Autonome Geschäftseinheiten, Kleine, günstige Stäbe in der Hauptverwaltung, Leistungsanreize anhand der SGE-Ergebnisse	Autonome Geschäftseinheiten, Konzernleitung überwacht den *turn-around* und die strategische Neupositionierung akquirierter Einheiten, Leistungsanreize anhand der SGE-Ergebnisse	Autonome, aber kooperierende Geschäftseinheiten, Aufgabe der Konzernleitung: Integration, Expertenteams als Schaltstellen des Know-how-Transfers, Leistungsanreize orientieren sich am Ergebnis des Gesamtunternehmens	SGE werden zur innerbetrieblichen Kooperation ermutigt, Strategische Planung auf SGE-, Unternehmensbereich- und Konzernebene, Aufgabe der Konzernleitung: Integration, Leistungsanreize orientieren sich an den Ergebnissen der Unternehmensbereiche und des Gesamtunternehmens
Häufig begangene Fehler	Portfoliomanagement in Ländern mit effizienten Kapitalmärkten und einem gut ausgebildeten Pool von professionellen Managern, Branchenstrukturen werden nicht beachtet	Rasches Marktwachstum wird (fälschlicherweise) als hinreichender Indikator für Sanierbarkeit angenommen, Entschlossenheit oder die Ressourcen, aktiv in das Management einzugreifen, fehlen, Tatsächlich nur passives Portfoliomanagement	Nicht spezifizierte Gemeinsamkeiten mit dem Stammgeschäft werden als Diversifikationsbasis betrachtet, Keine praktikablen Möglichkeiten eines Know-how-Transfers vorhanden, Unattraktive Branchenstrukturen werden nicht beachtet	Aufgabenzentralisierung um ihrer selbst willen anstatt zum Aufbau von Wettbewerbsvorteilen, Keine aktive Beteiligung des Top-Managements bei der Aufgabenzentralisierung, Unattraktive Branchenstrukturen werden nicht beachtet

Tab. 3.7 Drei Identifikationstests für Kernkompetenzen. (Quelle: Prahalad und Hamel 1990, S. 83–84)

Marktzugangspotential: Kernkompetenzen ermöglichen einen potentiellen Zugang zu einer großen Vielfalt von Märkten
Substantieller Kundennutzen: Die Endprodukte müssen einen signifikant wahrnehmbaren Kundennutzen aufweisen
Imitationsschutz: Für die Wettbewerber sollte es schwierig sein, die eigenen Kernkompetenzen zu imitieren

at lower cost and more speedily than competitors, the core competencies to spawn unanticipated products" (ebd., S. 81). Den Ursprung der langfristigen Wettbewerbsvorteile sehen sie – entgegen der in der Regel nur kurzfristig greifenden Verbesserung der Preis/Leistungs-Relation – in der Managementfähigkeit, die unternehmensweiten Technologien und Produktionsfertigkeiten in Kompetenzen zu konsolidieren, die eine schnelle Anpassungsfähigkeit an neue Chancen und Risiken ermöglichen. Damit werden Parallelen zu dem Verflechtungsansatz von Porter offenbar. Die Kernkompetenzen werden zu einem Kristallisationspunkt, der eine Kohärenz und eine Harmonisierung der verschiedenen Technologien und Geschäftsbereiche herstellen soll. Mit der Terminologie Porters kann dieser Ansatz als ein Versuch der Generierung von integrierten Wertketten und der Horizontalen Organisation angesehen werden.

Prahalad und Hamel geben drei Identifikationstests für diese unternehmensoriginären Kernkompetenzen an, die aufgrund ihrer Unschärfe der weiteren Diskussion viel Stoff gaben (Tab. 3.7).

Prahalad und Hamel bieten eine Organisationsform an: Die Baumorganisation als „hierarchy of core competencies, core products, and market-focused business units" (ebd. S. 91) (Abb. 3.17).

Die Wettbewerbsanalyse darf hier nicht auf der Ebene der Endprodukte verbleiben, da die Stärke eines Baumes – mit diesem Bild gesprochen – nicht in dessen Blättern, sondern in den Wurzeln steckt. Es ist für die beiden Autoren entscheidend, zwischen diesen drei Ebenen der Kernkompetenzen, der Kern- und Endprodukte zu unterscheiden, da der globale Wettbewerb in jedem Level mit seinen eigenen Regeln spielt (ebd., S. 85). Auf der Ebene der *Kernkompetenzen* wäre das Ziel der Aufbau der Weltführerschaft im Design und in der Entwicklung von bestimmten Klassen von Produktfunktionalitäten; auf der Ebene der *Kernprodukte* ist das nachhaltige Streben der Maximierung des Produktionsanteils vorrangig. Auf der Ebene der *Endprodukte* wird hingegen mit verbesserten Produkteigenschaften und über das Preis/Leistungs-Verhältnis konkurriert.

Sie bieten in ihrem Buch *Wettlauf um die Zukunft* eine Kompetenz-Produkt-Matrix an, die von ihnen als hilfreich angesehen wird, „wenn es darum geht, spezifische Ziele für Akquisition und Einsatz von Kompetenzen festzulegen" (Hamel und Prahalad 1995, S. 341 und Abb. 3.18).

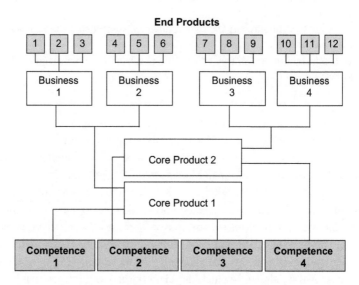

Abb. 3.17 Baumorganisation des Kernkompetenzenkonzepts. (Quelle: Prahalad und Hamel 1990, S. 81)

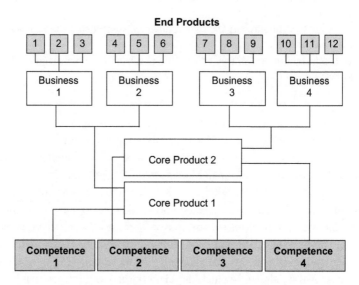

Abb. 3.18 Kompetenz-Produkt-Matrix von Hamel und Prahalad. (Quelle: Hamel und Prahalad 1995, S. 341)

Tab. 3.8 Argumente gegen Strategische Geschäftseinheiten. (Quelle: eigene Darstellung nach Prahalad und Hamel 1990, S. 88–89)

Underinvestment in Developing Core Competencies and Core Products: Wenn die Organisation als eine Vielzahl von SGEs aufgefasst wird, fehlt häufig die Verantwortlichkeit für die Aufrechterhaltung bestimmter Kernprodukte und es besteht eine Tendenz der Unterinvestition
Imprisoned Ressources: Eine kompetitive Kapitalallokation wird entgegen des Wettbewerbs um die Schlüsselpersonen akzeptiert, d. h. Kompetenzträger in einer SGE werden in der Regel nicht „verliehen", um neue Möglichkeiten zu verfolgen; dadurch fehlt der Know-how-Transfer
Bounded Innovation: Einzelne SGEs verfolgen ausschließlich die naheliegenden Innovationsmöglichkeiten – marginale Eigenschaftsausweitungen des Produktes und geographische Expansion. Hybride Möglichkeiten können nur entstehen, wenn die Kernkompetenzen durch Integration entdeckt und verfolgt werden

3.3.3.2 Kernkompetenzen, Organisation und die strategischen Geschäftseinheiten

Eine angeführte Unterscheidung zwischen erfolgreichen und nicht erfolgreichen Unternehmen ist die zwischen „a portfolio of competencies versus a portfolio of businesses" (Prahalad und Hamel 1990, S. 81). Die kritische Sichtweise gegenüber den SGEs wird von Prahalad und Hamel in der auf das heutige Geschäft beschränkten Orientierung und in einer sankrosanten Ressourcenautonomie mit deutlichen Eigentumsansprüchen gesehen. Drei Argumente werden gegen die Logik der Strategischen Geschäftseinheiten angeführt (Tab. 3.8).

Sie heben die wichtige Funktion der Konzernstrategie heraus, die eine eigene Wertschöpfungsfunktion aufweisen muss: „Wenn die einzelnen Unternehmenseinheiten völlig unabhängige strategische Ziele verfolgen, bleiben ‚weiße Flecken' ungenutzt, bröckeln bestehende Kernkompetenzen ab und brechen die F&E- und Markenbudgets auseinander" (Hamel und Prahalad 1995, S. 426). Die dichotom gedachten Dezentralisierungs- und Zentralisierungsstrategien gilt es ihrer Ansicht nach zu überwinden, um solche branchenübergreifenden Chancen zu realisieren.

3.3.3.3 Kernkompetenzen und Kooperation bzw. Akquisition von Unternehmen

Die Herausforderung besteht darin die bei Prahalad und Hamel breit ausgeführten Dichotomien zwischen Konzern und Geschäftseinheiten, Zentralisierung und Dezentralisierung, Bürokratie und *Empowerment*, Klone und Renegaten bzw. Technologiebezug und Kundenorientierung ebenso auszuschalten wie den in dieser Arbeit nun bereits vielfältig diskutierten Gegensatz zwischen Diversifizierung und Kerngeschäft. Diese Überwindung sehen sie in der Wachstums- und Diversifikationsausrichtung „rund um Kernkompetenzen" (Hamel und Prahalad 1995, S. 433). Das „Bindegewebe" stellen die Kernkompetenzen dar. An ihnen soll die Fundierung für die Akquisitions- und Kooperationsstrategie erfolgen.

Kernkompetenzen sind in einem engen Zusammenhang zur Auslagerung von Aktivitäten (*Outsourcing*), zum Aufbau von Allianzen und zu Investitions- und Desinvestitionsentscheidungen zu sehen. So ist erst nach einer erfolgten Definition der Kernkompetenzen und deren anschließender Ausrichtung eine fundierte Entscheidung hinsichtlich der vertikalen Integration und dem Aufbau von Allianzen sowie von Akquisitionsentscheidungen möglich. Bei Unkenntnis der Kernkompetenzen werden bestimmte Prozesse aus vorrangig kostensenkenden Motiven entweder nicht entsprechend investiv bedacht oder im Rahmen von Fremdfertigung bezogen. „Outsourcing can provide a shortcut to a more competitive product, but it typically contributes little to building the people embodied skills that are needed to sustain product leadership." (ebd., S. 84) Die Entwicklung der eigenen Produktionsanlagen kann als ein weiterer Grund gesehen werden, spezifisches Know-how aus Wettbewerbsüberlegungen in Eigenentwicklung zu generieren und so den erwähnten Imitationsschutz für die Kernkompetenzen zu erreichen. So werden beispielsweise in Japan Fertigungsanlagen einzelner Hersteller und Zulieferer entgegen reiner Kostengesichtspunkte in Eigenentwicklung und -produktion hergestellt.

Bei NEC wurde 1987 mit einer Vielzahl von Strategischen Allianzen für das zuvor definierte Kernprodukt „Halbleiter" auf einen schnellen Kompetenzaufbau und niedrige Kosten abgezielt. Es ging hierbei in erster Linie um das Lernen und die Internalisierung von Fähigkeiten und Fertigkeiten der anderen Partnerunternehmen. Derart intelligente Allianzen und strategisches *Sourcing* lassen sich aber nach der Meinung der Autoren nur nach einer deutlich kommunizierten Entscheidung über die Art der Kompetenzen ermöglichen, die zur Weltführerschaft aufgebaut werden sollen. Auch ist bei unklarer Definition von Kernkompetenzen immer die Gefahr zu sehen, dass unbeabsichtigt spezifisches Wissen transferiert wird. Akquisitionen sollten deswegen auf zuvor identifizierte technologische Lücken und spezifizierte Komponenten fokussiert werden, um einen gezielten Ausbau der Kernkompetenzen voranzutreiben. Somit kann festgehalten werden, dass hier die Überlegung des Shareholder Value nicht unmittelbar zu greifen scheint. Denn mit den zwischen den SGEs liegenden Verbundeffekten und der nicht in allen Bereichen genau zu leistenden Kostenschlüsselung können aus diesem Konzeptverständnis heraus auch Unternehmensbereiche, die unterhalb ihrer Kapitalkosten rentieren für die Generierung von Kernkompetenzen und somit für die nachhaltige Wettbewerbsposition unabdingbar sein. Desinvestitionen dürfen daher nicht eindeutig favorisiert werden. Ein intelligentes Wertmanagement müsste dies abbilden können.

3.3.3.4 Kritische Würdigung des Konzeptes der Kernkompetenzen

Zusammenfassend kann gesagt werden, dass mit dem vorgestellten Konzept keine Entscheidung über eine spezifische Strategie präjudiziert wird, sondern lediglich die Betrachtung der eigenen Konzern- und Produktstrategie und somit letztlich die „wurzelnden"

Kernkompetenzen in den Fokus gerückt werden. Diese stehen dann als ein Selektions-kriterium für Allianzen und Akquisitionen zur Verfügung. Die zum größten Teil recht willkürlichen Segmentierungen von Organisationen können mit dem integrierenden Konzept der Kernkompetenzen überdacht werden und Raum für mögliche grenzüberschreitende Innovationen schaffen. Es fehlt – trotz der Exemplifizierung des in der damaligen Zeit so häufig angeführten Vergleiches des westlichen mit dem asiatischen Management (GTE und NEC) an einer klaren Vorstellung, was die Kernkompetenzausrichtung auf der organisationalen Ebene konkret bedeutet und wie die Integrationsleistung auf Konzernebene erreicht werden soll. Dennoch bleibt die Heuristik aufgrund der Differenz zur bisherigen Strategiepraxis ein Gewinn, selbst wenn die Originalität aufgrund der in einigen Punkten Porters Argumentation recht ähnlichen Modellierung bezweifelt werden kann. In der Praxis hat sich das Konzept insbesondere bei breit diversifizierten Mischkonzernen durchgesetzt. Insbesondere der Begriff der Kernkompetenz – im Gegensatz zu dem Konzept – fehlt in keinem aktuellen Aufsatz zum Thema Restrukturierung und Mergers & Acquisitions. Dennoch ist auch hier wieder eine deutliche Inkompatibilität der strategischen Konzepte der Core Competencies, des Portfoliomanagements und des Shareholder Value zu vermuten. Genau dies wird aber in der Praxis häufig unbeachtet gelassen, und so steht weiterhin zu vermuten, dass viele der Begriffe zu Worthülsen einer ex post-Rationalisierung unspezifischer Unternehmensstrategien verkommen.

3.3.4 Geschäftsmodell-Innovationen

2014 legten Jansen und Mast im Kontext der sogenannten „Forschungsunion" der Bundesregierung eine erste Studie zu Geschäftsmodell-Innovationen (GMI) deutscher Konzerne vor (Jansen und Mast 2014 und zur Definition Tab. 3.9). In diesem neuartigen Innovationstypus werden M&A aber vor allem strategische Partnerschaften neu verhandelt, so die Ausgangsthese.

Während die Akquisitionsmotive mit Innovationen zunehmend auch in Studien Biederschlag finden (vgl. PwC Studie 2014), bleiben Geschäftsmodell-Innovationen noch unterberücksichtigt.

Die bisherige betriebswirtschaftliche Innovationsforschung hat hier bisher unbefriedigende und unsystematische Vorschläge vorgelegt, die die Typologie oder auch Ebenunterscheidung zwischen Regulierung, Kooperation und innerbetrieblicher Ebene unberücksichtigt liegen. Für die eigene Interview-Serie wurde ein Definitionsvorschlag für GMI als Ausgangspunkt entwickelt.

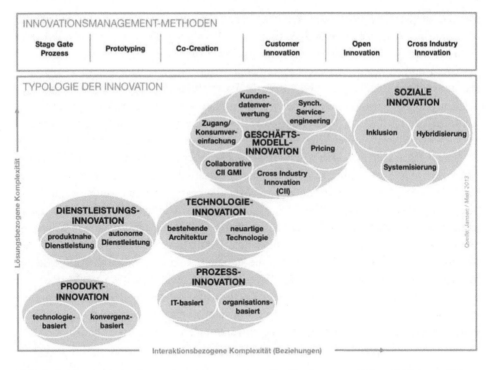

Abb. 3.19 Typologie des Innovations-Managements. (Quelle: Jansen und Mast 2013 (unveröffentlicht))

3.3.4.1 Definition von Geschäftsmodell-Innovationen

Tab. 3.9 Arbeitsversion der Definition von Geschäftsmodell-Innovationen. (Quelle: Jansen und Mast 2014, S. 26 f.)

(1)	Eine Geschäftsmodell-Innovation ist ein eigenständiger Innovationstypus der Rekonfiguration von Regeln in Märkten einerseits und der Rekonfiguration von Ressourcen der Organisation (Kapital, Personal, Wissen, Beziehungen etc.) anderseits, der eine interdependente Komplementarität zu klassischen Technologie-, Produkt- und Prozessinnovationen aufweist
(2)	Die Eigenständigkeit entsteht durch eine holistische Perspektivierung von bisherigen Industriestrukturen und den bestehenden Wertschöpfungsnetzwerken – mit dem Ziel der kunden- wie anbieterbezogenen Innovierung für maximalen Nutzen bzw. betrieblichen Erlösstrukturen
(3)	GMI sind einerseits Innovationen im *Makro-Design* von Industriestrukturen mit dem Ziel der Regeländerung von Standardisierungs-, Regulierungs-, Konvergenz-, Wertschöpfungs- und Ertragsspielen in Märkten
(4)	GMI fokussieren andererseits auf Innovationen im *Mikro-Design* von endkundenbasierten Wertschöpfungsnetzwerken – koordiniert durch eine (fokale) Organisation mit dem Ziel der auf Ressourcen-Rekonfiguration basierenden Erlös- und Ertragsformel-Verbesserung

3.3.4.2 Ermergenz-Mechanismen von Geschäftsmodell-Innovationen

Es wurden sechs prinzipielle Mechanismen zur Entwicklung GMI angenommen, die als abstrakte Heuristik dienen (Abb. 3.20).

(1) **Synchronisiertes Service-Engineering:** Die Fähigkeit zur, mit der Technologienentwicklung synchronen Dienstleistungsentwicklung. Bespiel: Caterpillar und Zeppelin bieten Mietservice und Baustellenkomplettgeschäft an.

→ *Wirkung: Verstetigung Innovationsrente durch service-orientierte Technologie-Amortisation bei abnehmenden Lebenszyklen.*

(2) **Preisgestaltung und Ertragskonfiguration:** Eine Innovation des eigenen Bezahlmodells führt zu neuen Erlösmodellen. Beispiel: Umstellung der Bezahlmodelle, Zeiträume, Preisreferenzierungen im Rahmen des gesellschaftlichen Mega-Trends: „Nutzung statt Kauf." Beispiel: Unternehmen wie Hilti oder Miele mit Nutzungsbepreisung statt Verkauf.

→ *Wirkung: Erleichterung von Nutzer-Entscheidungen (Konsum- wie Investitionsgüter).*

(3) **Cross-Industrie-Geschäftsmodell-Innovation:** Adaptierung Geschäftsmodellen bzw. Konvergenz von Fähigkeiten aus nicht-verwandten Industrien. Beispiele „Fähigkeiten": Geberit und Kraftwerksplaner für Sanitärplanungen. Fischer Ski und Georg Ignatius für Ski-Entwicklung aus dem Geigenbau. Beispiele „Geschäftsmodelle": DeinBus.de (Mitfahrzentralen-Modell für Omnibusse), Car2Go, SixtyClub – Autovermietung und Carsharing mit Mobilfunktarifierung.

→ *Wirkung: Kreativere, kostengünstige Produktentwicklung und -fertigung und Entwicklung von Geschäftsmodellen.*

(4) **Kollaborative Cross-Industrie-Geschäftsmodell-Innovationen**: Mit der Neuentwicklung ganzer Geschäftsmodelle bzw. -systeme aus der Konvergenz bzw. Sys-

Abb. 3.20 Emergenz-Mechanismen der GMI. (Quelle: Jansen und Mast 2014, S. 27)

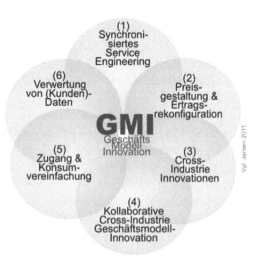

temisierung von mehreren Branchen findet. Dieser Geschäftsmodell-Mechanismus wird durch die Forderung und Notwendigkeit komplexer Komplettlösungen weiter an Bedeutung gewinnen.

Beispiele: Konsortiallösungen für komplexe Verbundlösungen z. B. im Kontext von Städten eigene Geschäftsmodelle in Logistik-, Versorgungs-, Kommunikations-, Sicherheits- oder Mobilitätssysteme (Bahn, Häfen, Flughäfen) wie z. B. ABB, Deutsche Bahn, Deutsche Post, Fraport, Siemens.

→ *Wirkung: Konvergenter Transfer aus verschiedenen Branchen zu einer kooperativen systemischen Geschäftsmodellentwicklung.*

(5) **Zugang und Konsumvereinfachung:** Der Grund für fehlenden Verkauf ist die aus Kundensicht schwierige Unzugänglichkeit. Bestimmte Konsum- und Investitionsgüter werden nach Leasings-Ära weiter finanziell und materiell „virtualisiert" – d. h. „schwerelos" zugänglich.

Beispiel *„finanziell"*: Sahay Solar Solution verkauft in Mikrofinanzierung Solarpanels in Äthiopien im Austausch von Öllampen – mit Zins- und Tilgungsraten in Höhe der Ölkosten. Beispiel *„materiell"*: Digitale Geschäftsmodell-Innovationen (Medien, Informationen, 3D-Drucker). Beispiel *„logistisch"*: Medikamentenversorgung durch Einlagerung in Coca-Cola-Kästen in schwer zugänglichen Entwicklungsländern (colalife.org).

→ *Wirkung: Senkung von Zugangsschwellen und Erschließung neuer Kundengruppen bzw. -regionen.*

(6) **Verwertung von (Kunden-)Daten:** Das intelligente Management von Kundendaten und deren Einbindung in neue bzw. bestehende Geschäftsmodelle führt zu neuen Produkten und Dienstleistungen, die stärker an den individuellen Kundenbedürfnissen angepasst werden können und so einen deutlichen Mehrwert für einzelne Kunden generieren. Beispiele für Big-Data sind Social Media, der Handel, die Gesundheits- und Versicherungsbranche etc.

→ *Wirkung: Kundendaten dienen Geschäftsmodell-Innovationen insbesondere im Bereich der Angebotsentwicklung.*

3.4   Abschließende und zusammenfassende Bemerkungen

Es wurde mit diesem Abschnitt auf recht breiter Basis versucht, die unterschiedlichen theoretischen Erklärungsansätze und Argumentationen der Strategiediskussion der letzten drei Jahrzehnte für Allianzen, Fusionen und Akquisitionen aufzunehmen. In diesem Abschnitt wurde anhand der einzelnen Konzepte die Gründe für Unternehmenskonzentrationen und -kooperationen diskutiert. Zwei sich durch weite Teile der zurückliegenden Diskussion ziehende Konzepte stellen zum einen die Synergie-Hypothese und zum anderen die Entscheidung zwischen internem und externem Wachstum dar. Zu diesen beiden Aspekten sollen noch einige Überlegungen angefügt werden.

3.4.1 Die Synergie-Hypothese

Der Synergiebegriff ist sicherlich einer der häufig verwendeten bei der Begründung von Akquisitionen und Kooperationen in der Praxis. Theoretisch hingegen ist er komplexer und sei anhand seines naturwissenschaftlichen Ursprungs eingeführt, der in griechischer Bedeutung das „Zusammenwirken" von Substanzen mit überadditivem Resultat beschreibt. Insbesondere Ansoff hat den Begriff als Verbundwirkung durch das Zusammenwirken der einzelnen Geschäftsbereiche in die Wirtschaftswissenschaften eingeführt (Ansoff 1966). Ähnlich sehen Jensen und Ruback in Bezug auf die Akquisition, dass „some of the gains are also likely to result from [...] synergies in combining independent organizations" (Jensen und Ruback 1983, S. 25). Das Synergiekonzept besteht nach ihrer Einschätzung in der „potential reduction in production or distribution costs", die durch den Zusammenschluss realisiert werden können (ebd., S. 23). Die Synergie-Hypothese im Rahmen von Akquisitionen und Kooperationen konnte in diesem Abschnitt inhaltlich recht unterschiedlich gefasst werden: So wird die Synergie bei den Theorien der *economies of scale* und *scope* im Hinblick auf größen- bzw. produktionsumfangsbedingte Degression der Produktions- und Vertriebskosten interpretierbar. Weiterhin konnte der Synergieeffekt bei einer Akquisition im Rahmen der Portfoliotheorie in der Risikominimierung und der Verstetigung der Ertragssituation sowie in einer stabileren Innenfinanzierung gesehen werden. Bei Porter spielt, wie gezeigt, die Synergie die entscheidende Rolle, die bei ihm insbesondere durch die drei Verflechtungstypen von Wertaktivitäten der Generierung von Wettbewerbsvorteilen hinsichtlich der Kostenführerschafts- und der Differenzierungsstrategien dient. Dabei sind Verflechtungen prinzipiell bei sämtlichen unterstützenden und primären Aktivitäten denkbar. Bei Prahalad und Hamel schließlich wäre man beinahe geneigt, den Kernkompetenzbegriff als integrierende und SGE-übergreifende Konzernstrategie synonym zum Synergiebegriff zu setzen. Erst durch die potentielle Ausnutzung von identifizierten Synergien wird eine kommunizierbare Strategie für Unternehmensübernahmen und somit letztlich auch für die Aufgelder geliefert, die die Vermutung der Vergrößerung des Machteinflusses der übernehmenden Manager in den Hintergrund treten ließen.

Der bisher wahrscheinlich tragfähigste Erklärungsansatz der Synergie hat mit dem bereits angeführten Aufsatz von Anslinger und Copeland (1996) mit seiner darin explizierten und empirisch überprüften Option der *nonsynergistic acquisitions* durch LBO-Firmen zumindest eine Relativierung gefunden. Hier wurden nicht die akquirierenden Industrie- und Dienstleistungsunternehmen analysiert, sondern die Leveraged Buyout Firms (LBO-Firmen), die im jährlichen Durchschnitt der letzten 10 Jahre mit 35 % *total return* rund 17 Prozentpunkte höher rentierten als die Unternehmensakquisiteure (ebd., S. 127): „The common wisdom on succesful corporate acquisitions is short and simple: Make them small and make them synergistic." (ebd., S. 126) Aber ihr über mehrere Jahre laufendes Forschungsprojekt zeigte, „that companies can pursue a nonsynergistic strategy profitable" (ebd., S. 126). Hier scheint die Synergie-Hypothese der *Market for Corporate Control*-Hypothese zu weichen, nach der es um eine gezielte Suche nach Übernahmekandidaten geht, die ein ineffizientes Management aufweisen. Diese These wäre damit zu unterstützen, dass Anslinger und Copeland ein langes Kapitel dem Reward-System im Rahmen des Post Merger-Managements gewidmet haben. Um ein ineffizientes Unternehmen effizient zu gestalten, bedarf es für die Realisierung einer Ergebnissteigerung nach dieser Analyse zunächst keiner entsprechenden Synergien mit anderen Firmen. Damit wäre auf ein weiteres Phänomen in diesem Zusammenhang verwiesen. Die Kollegen von Anslinger und Copeland bei McKinsey haben in einer Untersuchung 1988 herausgefunden, dass nur 15 % der im S&P 400 Index erfassten Gesellschaften ihre Kapitalkosten im 10-Jahresdurchschnitt erwirtschafteten (vgl. Gluck 1988, S. 10).

Erschließbare Synergien durch Akquisitionen können entweder funktional differenziert werden (vgl. Paprottka 1996, S. 77 f. und Tab. 3.11) oder aus der Sicht des potentiellen Erwerbers (Tab. 3.10).

Tab. 3.10 Synergiekategorien aus Sicht des Erwerbers. (Quelle: eigene Darstellung nach Pursche 1989, in: Huemer 1991, S. 209)

Universelle Synergien: Von jedem Erwerber erzielbare Synergien, die vor allem im Verwaltungsbereich des Unternehmens und anderen einer synergetischen Nutzung leicht zugänglichen Bereiche bzw. Systeme liegen
Endemische Synergien: Sind nur von einem Teil der Erwerber durch Bereinigung von Doppelaktivitäten erschließbar
Einzigartige Synergien: Nur ein spezieller Käufer bringt die Fähigkeiten mit, Synergien zu generieren und auszunutzen. Der Kaufpreis liegt häufig unter dem Wert, den das Unternehmen für den Erwerber darstellt

Tab. 3.11 Synergie-Konzept aus funktionaler Perspektive. (Quelle: eigene Übersicht)

Funktionale Orientierung	Wertkettenorientierung	Spezifität
Allgemeine Synergietypen • Kostensynergien • (economies of scale and scope) • Wachstumssynergien • Finanz- und Steuersynergien • Zeitsynergien (economies of speed)	*Synergie durch totale Addition:* Identische Wertschöpfungsketten von Käufer und Verkäufer. Hier ist ein aktives Synergiemanagement unerlässlich (Gleichartigkeit)	• *Universelle Synergien:* Von jedem Erwerber erzielbare Synergien, die vor allem im Verwaltungsbereich des Unternehmens und anderen einer synergetischen Nutzung leicht zugänglichen Bereichen bzw. Systemen liegen
Spezifisch funktionale Synergien • Administration • Beschaffung • Marketing/Vertrieb • Produktion • Technologie • Management • Human Resources • Corporate Finance • Logistik • IT-Entwicklung/Investitionen	*Synergie durch Stärkung:* Elemente der Wertschöpfungskette der akquirierten Unternehmen verstärken die Wettbewerbsposition des Käufers (gewisse Gleichartigkeit)	*Endemische Synergien:* Sind nur von einem Teil der Erwerber durch Bereinigung von Doppelaktivitäten erschließbar
	Synergie durch Transfer: Die zwei Wertschöpfungsketten sind verschieden. Bestimmte Teile der Wertschöpfungskette sind wechselseitig auf das andere Unternehmen übertragbar (gewisse Komplementarität)	*Einzigartige Synergien:* Nur ein spezieller Käufer bringt die Fähigkeiten mit, Synergien zu generieren und auszunutzen. Der Kaufpreis liegt häufig unter dem Wert, den das Unternehmen für den Erwerber darstellt
Zugangssynergien • Beziehungen (Kunden/Zulieferer/Politik) • Wissen (Patente, Muster etc.) • Märkte (Internationalisierung) • Standards	*Synergie durch Zusatz:* Die beiden Wertschöpfungsketten sind vollkommen unverwandt. Durch Konvergenz der beiden Wertschöpfungsketten lassen sich Synergien erzielen (Komplementarität)	

3.4.2 Optionen der Unternehmensentwicklung – Internes oder externes Wachstum

Ein weiterer Aspekt in der skizzierten Diskussion behandelte die beiden Expansions- bzw. Diversifikationsstrategien aus einem internen Wachstum oder externen Wachstum heraus. Gomez und Weber (1989) bieten hier eine Matrix mit den Möglichkeiten der Unternehmensentwicklung an (Abb. 3.21).

Weston et al. (1990) bieten eine Vielzahl von Gründen für ein externes Wachstum an. Bei nur geringer Ausprägung dieser Merkmale ist eine interne Entwicklung vorzuziehen.

Bei einer Gegenüberstellung der Gründe für internes und externes Wachstum wird ersichtlich, dass diese Entscheidung einer sorgfältigen Abstimmung auf die finanzielle und strategische Ausrichtung der Unternehmung bedarf (vgl. Tab. 3.13).

Es konnte gezeigt werden, wie vielfältig die Erklärungsansätze zu Unternehmensübernahmen und -kooperationen ausfallen und wie unterschiedlich die jeweiligen Argumentationen sind. In der folgenden Übersicht wird zusammenfassend ein idealtypischer Ablauf einer Expansions- bzw. Diversifikationsentscheidung mit den einzelnen vorzunehmenden Analysen skizziert. Die Optionen der Umsetzung werden mit dem hier relevanten externen Wachstum durch Kooperationen und Akquisitionen von Unternehmen ausführlich beschrieben (Tab. 3.12). Am Ende dieses Abschnittes findet sich in Abb. 3.22 eine idealtypische Phasendarstellung der Wachstums- und Diversifikationsentscheidung.

	Expansion (*Angestammte* Produkte/Märkte)	**Diversifikation** (*Neue* Produkte/Märkte)
Internes Wachstum	■ Marktdurchdringung	■ Produktentwicklung ■ Marktentwicklung
Externes Wachstum	■ Franchise ■ Joint Ventures ■ Akquisition	■ Lizenzen ■ Beteiligung ■ Joint Ventures ■ Akquisition

Abb. 3.21 Optionen der Unternehmensentwicklung. (Quelle: Gomez und Weber 1989, S. 15)

Tab. 3.12 Gründe für externes Wachstum. (Quelle: Darstellung angelehnt an Weston et al. 1990, S. 74)

Some goals and objectives may be achieved more speedily through an external acquisition („to buy time")
The cost of building an organization internally may exceed the cost of acquisition
There are many fewer risks, lower costs, or shorter time requirements involved in achieving an economically feasible market share by the external route
Others firms may not be utilizing their assets or managements as effectively as they could be utilized by the acquiring firm
There may be tax advantages
There may be opportunities to complement the capabilities of other firms

Tab. 3.13 Gründe für externes und internes Wachstum. (Quelle: eigene Aufstellung)

Gründe für Externes Wachstum und	Für Internes Wachstum
• Schnellere Erreichung strategischer Ziele durch Unternehmensakquisitionen (Zeitfaktor relevant bei sich beschleunigenden Produktlebenszyklen, Amortisierung der F&E-Kosten etc.) • Synergiepotentiale schneller nutzbar • Überwindung von Markteintrittsbarrieren • Verminderung des Innovationsrisikos bei „First Mover-Strategie" durch Aufkauf vorhandener Erfolge, Märkte bzw. Marktanteile des Akquisitionsobjektes • Technologievorsprünge des Akquisitionsobjektes • Übernahme der vorhandenen Kapazitäten, so dass die Gesamtkapazität auf dem Markt konstant bleibt und somit keine Wettbewerbsverschärfung eintritt • Wettbewerbsberuhigung durch den Aufkauf von Konkurrenten (mit ggf. Stilllegung der Kapazitäten) • keine Rekrutierung von entsprechend qualifiziertem Personal für Eigenentwicklung	• Grundsätzlich, wenn Gründe für externes Wachstum nicht vorliegen • Entwicklung eines passgenauen Objektes hinsichtlich der Standortwahl, dem Personal, der Produktstruktur, der Organisation • Verminderung von Risiken (Vertragsrisiken, Altlastenrisiken) • Einflusssicherung des Managements • Integrationsprobleme und die damit verbundenen Kosten entstehen in vermindertem Maße • Finanzierung der Eigenentwicklung kann nach Mittelverfügbarkeit erfolgen, d. h. Aufbau richtet sich nach der Mittelverfügbarkeit, Imagesicherung • Angst vor Fehlakquisitionen • Imitationsschutz durch Eigenentwicklung

3.4.3 Übersicht über die strategische Expansions- oder Diversifikationsentscheidung

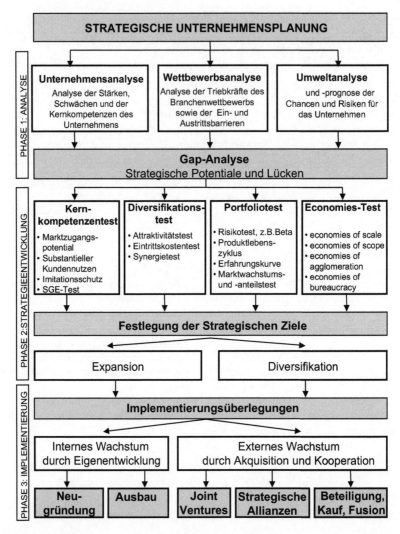

Abb. 3.22 Idealtypische Phasen der Expansions- und Diversifikationsentscheidung. (Quelle: eigene Darstellung)

Literatur

Abbel, D.F. 1980. *Defining the Business: The Starting Point of Strategic Planning*. Engewood Cliffs (NJ).

Anslinger, Patricia L., und Thomas E. Copeland. 1996. Growth through Acquisitions: A Fresh Look. *HBR* 1: 126–135.

Ansoff, H. Igor. 1966. *Management-Strategie*. München: Verlag Moderne Industrie.

Bain, J.S. 1950. Monopoly and Oligopoly by Mergers. *AER* 40: 23–34.

BCG/HHL. 2012. http://www.bostonconsulting.com.au/documents/file96362.pdf.

Boston Consulting Group. 2006. *Conglomerates Report*. http://www.bcg.com/about_bcg/media_center/press_releases.jsp?id=2068. Zugegriffen: 12.02.2007.

Brealey, Richard A., und Stewart C. Myers. 1991. *Principles of Corporate Finance*, 4. Aufl. New York: McGraw-Hill Inc., US.

Bruppacher, Peter R. 1990. Unternehmensverkauf als strategischer Erfolgsfaktor. In *Mergers & Acquisitions*, Hrsg. Hans Siegwart, 267–282. Stuttgart/Basel: Helbing & Lichtenhahn.

Copeland, Tom, und Fred J. Weston. 1988. *Financial Theory and Corporate Policy*, 3. Aufl. Menlo Park (CA): Campus Verlag.

Eckbo, B.E. 1983. Horizontal Mergers, Collusions, and Stockholder Wealth. *JFE* 11: 241–274.

Eisenhardt, Kathleen M., und Shona L. Brown. 1999. Patching. Restitching Business Portfolios in Dynamic Markets. *Harvard Business Review* 77(3): 72–82.

Gerpott, Thorsten J. 1993. Ausscheiden von Top-Managern nach Akquisitionen – Segen oder Fluch?. *ZfB* 63: 1271–1295.

Gluck, Frederick W. 1988. The Real Takeover Defense. *McKinsey Quaterly* 4: 2–16.

Gomez, Peter. 1989. Wertsteigerung durch Akquisition. *DU* 9: 34–38.

Gomez, Peter, und B. Weber. 1989. *Akquisitionsstrategie – Wertschöpfung durch die Übernahme von Unternehmungen*. Stuttgart: Schäffer Verlag.

Hamel, Garry, und C.K. Prahalad. 1995. *Wettlauf um die Zukunft*. Wien: Ueberreuter Verlag.

Heinen, Edmund (Hrsg.). 1991. *Industriebetriebslehre – Entscheidungen im Industriebetrieb*, 9. Aufl. Wiesbaden: Gabler Verlag.

Huemer, Friedrich. 1991. *Mergers & Acquisitions: strategische und finanzielle Analyse von Unternehmensübernahmen*. Frankfurt am Main: Peter Lang.

Jansen, Stephan A. 2004a. *Management von Unternehmenszusammenschlüssen – Theorien, Thesen, Tests und Tools*. Stuttgart: Klett-Cotta Verlag.

Jansen, Stephan A. 2004b. Public Merger Management – Theoretische und empirische Analysen zum Vergleich von Zusammenschlüssen in der Privatwirtschaft und im öffentlichen Sektor. In *Public Merger*, Hrsg. Andreas Huber, Stephan A. Jansen, Harald Plamper, 3–37. Wiesbaden: Gabler Verlag.

Jansen, Stephan A., und Clemens Mast. 2014. Konvergente Geschäftsmodell-Innovationen in Deutschland – Studienergebnisse zu Treibern, Hemmnissen und Erfolgsfaktoren. *Zeitschrift für Organisation (zfo)* 82(201): 25–31.

Jansen, Stephan A. und Müller-Stewens, Günter. 2000. Endet die fünfte Welle auf dem Markt für Unternehmensübernahmen in einer neuen Rezession? Geschichte, Trends und Erfolgsfaktoren von Zusammenschlüssen. *Frankfurter Allgemeine Zeitung* 230: 49. 4.10.2000.

Jensen, Michael C. 1986a. Agency Cost of Free Cash Flow, Corporate Finance, and Takeover. *AER* 76: 323–329.

Jensen, Michael C. 1986b. The Takeover Controversy: Analysis and Evidence. *Midland Corporate Finance Journal* 4: 5–32.

Jensen, Michael C., und Richard Ruback. 1983. The Market of Corporate Control – The Scientific Evidence. *JFE* 11: 5–50.

Krogh, Georg von. 2007. Inneres Gleichgewicht – Grenzen des gesunden Wachstums. *Wirtschafts-Woche* 28: 67. 09.07.2007.

Lintner, John. 1965. The Valuation of Risky Assets and the Selection of Risky Investments in Stock Portfolio and Capital Budgets. *Review of Economics and Statistics* 2: 13–37.

Mauthe, Klaus Dieter. 1984. *Strategische Analyse*. München: B. Kirsch.

Paprottka, Stephan 1996. *Unternehmenszusammenschlüsse – Synergiepotentiale und ihre Umsetzungsmöglichkeiten durch Integration*. Wiesbaden: Gabler Verlag.

Pausenberger, Ehrenfried. 1993. Unternehmenszusammenschlüsse. In *Handwörterbuch der Betriebswirtschaft*, 5. Aufl., Hrsg. Waldemar Wittmann, 4436–4448. Schaeffer-Poeschel.

Picot, Arnold, Ralf Reichwald, und Rolf T. Wigand. 1996. *Die grenzenlose Unternehmung – Information, Organisation und Management*, 2. Aufl. Wiesbaden: Gabler Verlag.

Porter, Michael. 1987. From Competitive Advantage to Corporate Strategy. *HBR* May/June: 43–59.

Porter, Michael. 1991. Towards a Dynamic Theory of Strategy. *SMJ* 12: 95–117.

Porter, Michael E. 1990. The Competitive Advantage of Nations. New York. March/April 1990.

Porter, Michael E. 1992. *Wettbewerbsstrategie – Methoden zur Analyse von Branchen und Konkurrenten*, 7. Aufl. Frankfurt am Main: Campus Verlag.

Porter, Michael E. 1996a. *Wettbewerbsvorteile – Spitzenleistungen erreichen und behaupten*, 4. Aufl. Frankfurt am Main: Campus Verlag.

Porter, Michael E. 1996b. What is Strategy?. *HBR* November/December: 61–78.

Powell, Walter W. 1996. Weder Markt noch Hierarchie: Netzwerkartige Organisationsformen. In *Organisation und Netzwerk: Institutionelle Steuerung in Wirtschaft und Politik*, Hrsg. Patrick Kenis, Volker Schneider, 213–271. Frankfurt: Campus Verlag.

Prahalad, Coimbatore K., und Garry Hamel. 1990. The Core Competence of the Corporation. *HBR* May/June: 79–91.

PWC. Silicon Deutschland: Der Hightech-Standort zieht wieder Investoren an. http://www.pwc.de/de/pressemitteilungen/2014/silicon-deutschland_der-hightech-standort-zieht-wieder-investoren-an.jhtml. Zugegriffen: 1.2.2015.

Ravenscraft, David J., und Frederic M. Scherer. 1987. *Mergers, Sell offs, and Economic Efficiency*. Washington: Brookings Institution Press.

Roll, Richard. 1986. The Hubris Hypothesis of Corporate Takeovers. *JoB* 59: 197–216.

Rumelt, Richard P., Dan Schendel, und David J. Teece. 1991. Strategic Management and Economics. *SMJ* 12: 5–29.

Schlote, Stephan. 1996. Kater nach dem Kaufrausch. *manager magazin* 5: 112–124.

Schmid, Klaus-Peter. Fressen und Herrschen. *Die Zeit* 8: 32. 17.2.2000.

Sharpe, William F. 1964. Capital Asset Prices: A Theory of Market Equilibrium under Conditions of Risks. *JoF* 3: 425–442.

Stigler, George J. 1950. Monopoly and Oligopoly by Mergers. *AER* May: 68–96.

Stillman, Robert S. 1983. Examining Antitrust Policy towards Horizontal Mergers. *JFE* 11: 225–240.

Varian, H.R. 1991. *Grundzüge der Mikroökonomik*, 2. Aufl. München: Oldenbourg Wissenschaftsverlag.

Weston, Fred J., Kwang S. Chung, und Susan E. Hoag. 1990. *Mergers, Restructuring, and Corporate Control*. Englewood Cliffs (NJ): Pearson Education.

Williamson, Oliver E. 1988. Mergers, Acquisitions, and Leveraged Buyouts: An efficiency Assessment. In *Corporate reorganization through mergers, acquisition, and leveraged buyouts*, Hrsg. Gary Libecap, 55–80. Greenwich: JAI Press.

Williamson, Oliver E. 1991. Comparative Economic Organization. In *Betriebswirtschaftslehre und Ökonomische Theorie*, Hrsg. R. Ordelheide Stuttgart: Schäffer-Poeschel Verlag.

Unternehmenskooperationen

4

4.1 Einleitung

Unternehmensakquisitionen und -kooperationen sind zwei Grundformen der interorganisationalen Zusammenarbeit. In den 1990er Jahren waren Praktiker wie auch Wissenschaftler von dem Kooperationsgedanken offenkundig sehr angetan, wie zwei Autoren in einem jüngst erschienenen Praktiker-Handbuch ausführen: „Allianzen haben sich als wichtiges, wenn nicht gar als das wichtigste Instrument unternehmerischer Ziele etabliert." (Krings und Baertl 2006, S. 380).

Trotz einer – wie später noch auszuführen ist – sehr schwachen Datenbasis für Unternehmenskooperationen allgemein wird einhellig davon ausgegangen, dass ein deutlich steigender Anteil der Umsätze direkt auf Unternehmenskooperationen zurückzuführen ist. Aktuelle Studien schätzen den Kooperationsanteil am Umsatz, an den Assets und dem Gewinn auf 15 bis 20 % des Gesamtumsatzes (vgl. Ernst und Bamford 2005, S. 133 ff.). Nach einer Studie der Boston Consulting Group lassen sich 35 % der globalen Unternehmensumsätze aus dem Jahr 2002 direkt auf Allianzen zurückführen. Im Jahr 1980 waren dies lediglich 2 % (Cools und Roos 2005, S. 6).

Interessant hingegen das Ergebnis einer Befragung von 200 US-amerikanischen Unternehmen, die von Jeffrey H. Dyer, Prashant Kale und Harbir Singh im Jahr 2004 vorgestellt wurden: 82 % der befragten Vorstandsvorsitzenden sahen tatsächlich beide Typen als gleichwertige Strategiemittel für das Unternehmenswachstum an, aber 76 % haben bei einer Wachstumsstrategie die Unternehmenskooperation zu einer Akquisition nicht alternativ geprüft (Dyer et al. 2004, S. 110). Nur 14 % der Unternehmen haben ein entsprechendes Instrument mit dem sie nach definierten Kriterien diese „make or co-operate"-Entscheidung überhaupt treffen könnten.

Grund genug, in diesem Kapitel zunächst die verschiedenen Kooperationsformen von Unternehmen vorzustellen und dann sich die bestehenden Daten genauer zu prüfen – immer in Bezug zu den Unterschieden zu den Akquisitionen.

© Springer Fachmedien Wiesbaden 2016
S. A. Jansen, *Mergers & Acquisitions*, DOI 10.1007/978-3-8349-4772-7_4

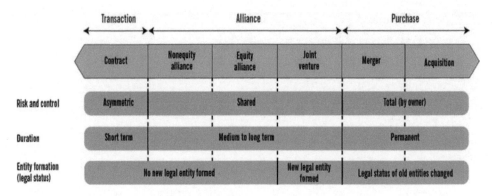

Abb. 4.1 Betriebswirtschaftliches Spektrum der Interorganisationsbeziehung – von gewöhnlicher Kaufbeziehung über Allianzen und M&A. (Quelle: Boston Consulting Group 2005, S. 8)

Mittlerweile ist ein weites Feld von Kooperationsformen im Verständnis von Interorganisationsbeziehungen entstanden, die zum Teil eigene theoretische Basierungen hervorgebracht haben und insbesondere im Rahmen der Netzwerkanalyse und -theorie einen neuen Kristallisationspunkt gefunden haben (vgl. für einen betriebswirtschaftlichen Überblick einführend Sydow 1992). So lassen sich Formen finden wie *Regionale Netzwerke* bzw. *Industrial Districts* (z. B. Brusco 1982), *Hollow Organizations* (vgl. Business Week Oktober 1993), *Strategische Netzwerke* (z. B. Jarillo 1988; Sydow 1992), *Brand Network Companies* (z. B. Linden 1997), *Cyber Corporation* (Martin 1997), *Value Adding Partnerships* (Johnston und Lawrence 1988), *Interorganizational Fields* (DiMaggio und Powell 1983), *Organisationale Populationen* (Hannan und Freeman 1977), *Organisationale Föderationen* (Pfeffer und Salancik 1978), *Symbiosen* (Picot et al. 1996), *Clans* (Ouchi 1980), *Quasi-Unternehmungen* (Eccles 1981), *Hybrid-Organisationen* (Powell 1996), *Dynamische Netzwerke* (Snow et al. 1992), *Virtuelle Unternehmen* (z. B. Davidow und Malone 1993; Littmann und Jansen 2000) bis hin zu *Schwärmen* (Bonabeau und Meyer 2001).

In der betriebswirtschaftlichen Literatur sind die eingeführten Unterscheidungen gegenüber den organisations- und netzwerktheoretischen Analysen leichter eingängig (Abb. 4.1).

In diesem Abschnitt werden die empirisch häufigsten Formen der Unternehmenskooperation in einer praxisorientierten Weise behandelt werden: Joint Ventures und Strategische Allianzen. Damit sind aber auch für viele der genannten Formen der Unternehmenskooperationen anhand der einzelnen Phasen wichtige Aspekte angesprochen. Bei der Betrachtung dieser zwei Formen wird zunächst die Notwendigkeit der genauen analytischen Trennung zwischen Joint Ventures und der Strategischen Allianz deutlich. In vielen Publikationen werden die beiden Kooperationsformen häufig identisch behandelt.

Bei derart unklarer Begriffshierarchie wird in dieser Arbeit der Weg beschritten, zunächst die Joint Ventures mit ihren Spezifika kurz isoliert zu behandeln, um anschließend

JointVentures	**StrategischeAllianzen**
▦ Zur Erreichung vorrangig operativer Ziele,	▦ Zur Erreichung strategischer Erfolgspositionen,
▦ in einer institutionalisierten Form (d.h. eigene Rechtspersönlichkeit, Unternehmensgründung),	▦ mit geringerem Institutionalisierungsgrad (d.h. keiner eigener Rechtspersönlichkeit),
▦ zeitlich i.d.R. unbegrenzt.	▦ zeitlich i.d. R. begrenzt.

Abb. 4.2 Joint Ventures und Strategische Allianzen im Vergleich. (Quelle: eigene Darstellung, vgl. auch Bleicher 1992, S. 268)

gemeinsame Punkte zusammen mit den Strategischen Allianzen zu diskutieren. Bleicher weist im Einklang mit der hier gewählten Vorgehensweise darauf hin, dass die Joint Ventures als „eigenständige Variante unternehmerischer Zukunftsgestaltung" neben Strategischen Allianzen stehen (Bleicher 1992, S. 268) (Abb. 4.2).

4.2 Kooperationsbegriffe

Der Begriff der Kooperation wird im Alltagsgebrauch nur recht vage umrissen (vgl. zu theoretischen und betriebswirtschaftlichen Grundlagen vor allem Axelrod 1988 (spieltheoretisch), Jansen 2000 (soziologisch-systemtheoretisch) und aktuell aus betriebswirtschaftlicher Perspektive Child et al. 2005).

Dabei wird häufig die innerbetriebliche wie auch zwischenbetriebliche Kooperation als eine Zusammenarbeit, im Sinne eines Ko-Operierens verstanden. Hier wollen wir lediglich die interorganisationale, d.h. die zwischenbetriebliche Kooperation behandeln. Zunächst wird daher die Bestimmung des Kooperationsbegriffes vorgenommen, bevor die Begriffe des Joint Ventures bzw. der Strategischen Allianz entwickelt und ausführlich vorgestellt werden. Es sollen hier verschiedene Perspektiven der Entwicklung des Kooperationsbegriffs verfolgt werden. Im Abschn. 3.2.3 wurde bereits anhand der Transaktionskostenökonomik auf die Unterscheidung von Markt, Hierarchie und den so genannten hybriden Kooperationsformen hingewiesen. Die Positionierung der Kooperation in das Kontinuum zwischen den Extremen der preisvermittelten Koordination der Märkte auf der einen Seite und der durch Anweisungen vermittelten Allokationsentscheidungen in der Hierarchie auf der anderen Seite stellt die übliche Vorgehensweise dar (vgl. Sydow 1992; siehe aber auch zur Kritik: Granovetter 1982; Powell 1996; Teubner 1992).

4.2.1 Gesetzliche Definition

Eine gesetzliche Definition des Kooperationsbegriffes liegt im engeren Sinne nicht vor. In deutschen Gesetzen wird der Kooperationsbegriff nur im „Gesetz gegen Wettbewerbsbeschränkungen (GWB)" verwendet (Schönfelder, Nr. 74) – das so genannte Kartellrecht.

Das Gesetz enthält Regelungen, die dem Zweck dienen, wettbewerbsbeschränkende Umstände zu beseitigen. Zu diesen Umständen zählen vor allem Kartelle.

Dieser negativ behaftete Begriff „Kartell" steht gegenüber dem positiv besetzten Begriff der „Kooperation". Das Gesetz hingegen verwendet trotz aller Schattierungen und Modewellen nach wie vor den ursprünglichen Begriff „Kartell".

An der Spitze des GWB steht in § 1 das grundsätzliche Kartellverbot. Mit der Neufassung vom 15. Juli 2005 wurden wesentliche Änderungen vorgenommen worden: Hiernach sind verboten *Vereinbarungen zwischen Unternehmen, Beschlüsse von Unternehmensvereinigungen* und *aufeinander abgestimmte Verhaltensweisen*, die eine Verhinderung, Einschränkung oder Verfälschung des Wettbewerbs bezwecken (subjektiv) oder bewirken (objektiv). In § 2 sind die „freigestellten Vereinbarungen" aufgeführt: „Vom Verbot des § 1 freigestellt sind Vereinbarungen zwischen Unternehmen, Beschlüsse von Unternehmensvereinigungen oder aufeinander abgestimmte Verhaltensweisen, die unter angemessener Beteiligung der Verbraucher an dem entstehenden Gewinn zur Verbesserung der Warenerzeugung oder -verteilung oder zur Förderung des technischen oder wirtschaftlichen Fortschritts beitragen, ohne dass den beteiligten Unternehmen 1. Beschränkungen auferlegt werden, die für die Verwirklichung dieser Ziele nicht unerlässlich sind oder 2. Möglichkeiten eröffnet werden, für einen wesentlichen Teil der betreffenden Waren den Wettbewerb auszuschalten." (§ 2 Abs. 1 GWB).

In § 3 Abs. 1 sind die so genannten „Mittelstandskartelle" als ebenfalls freigestellte Vereinbarungen ausgeführt: Vereinbarungen zwischen miteinander im Wettbewerb stehenden Unternehmen und Beschlüsse von Unternehmensvereinigungen, die die Rationalisierung wirtschaftlicher Vorgänge durch *zwischenbetriebliche Zusammenarbeit* zum Gegenstand haben, erfüllen die Voraussetzungen des § 2 Abs. 1, wenn dadurch der Wettbewerb auf dem Markt nicht wesentlich beeinträchtigt wird und die Vereinbarung oder der Beschluss dazu dient, die Wettbewerbsfähigkeit kleiner oder mittlerer Unternehmen zu verbessern.

Am 26. Juni 2013 trat die 8. Novelle in Kraft. Wesentliche Anpassungen der Fusionskontrolle durch die Übernahme der EU-rechtlichen SIEC-Tests, eine anwenderfreundliche Neuordnung der Vorschriften zum Missbrauch marktbeherrschender und marktstarker Stellungen sowie diverse sektorspezifische Regelungen (Presse, Wasser, Krankenkassen).

4.2.2   Betriebswirtschaftliche Begriffsbildung

Der Kooperationsbegriff wurde in der Betriebswirtschaftslehre vielfältig diskutiert und definiert. Ohne die unzähligen Beiträge im Einzelnen auszuführen – die in vielen Dissertationen bereits zusammenfassend dargestellt worden sind (z. B. Rupprecht-Däullary 1994; Wurche 1994; Vornhusen 1994; Schallenberg 1995) – sollen hier gleich die konstitutiven Merkmale zusammengeführt werden (Abb. 4.3 und 4.4).

1. Abstimmung (Koordination) und gemeinsame Erfüllung von Teilaufgaben,

2. rechtlich und – außerhalb des Aufgabengebietes der Kooperation – auch wirtschaftlich selbständige Unternehmen,

3. Vorliegen einer vertraglichen Vereinbarung (d.h. Ausschluß von „stillschweigenden Übereinkünften"),

4. Entstehung auf freiwilliger Basis (d.h. Ausschluß von Pflichtmitgliedschaften in Verbänden),

5. rechtliche Zulässigkeit (d.h. „freigestellte Vereinbarungen" gem. § 2 Abs. 1 GWB),

6. Verfolgung eines gemeinsamen Zieles, und

7. im Vergleich zum Alleingang höhere Zielerreichung.

Abb. 4.3 Konstitutive Merkmale eines Kooperationsverständnisses. (Quelle: eigene Aufstellung, vgl. z. B. Wöhe 1993, S. 403 ff.; Vornhusen 1994, S. 27 ff.; Schallenberg 1995, S. 9)

4.2.3   Operationales Begriffsverständnis der Kooperation für die vorliegende Arbeit

Als Ausgangsposition kann ein Begriffsverständnis der Unternehmenskooperation vorgestellt werden, das eine vergleichsweise übliche Konkretisierung der obigen Merkmale 1.–4. darstellt: „Der Begriff ‚Unternehmenskooperation' bezeichnet [...] jede Zusammenarbeit zwischen rechtlich und wirtschaftlich selbständigen Unternehmen, die der Förderung eines gemeinsamen Zieles dient und durch wechselseitige Abstimmung (Koordination) oder gemeinsame Erfüllung von Teilaufgaben erfolgt. Die Förderung des gemeinsamen Zieles muss auf freiwilliger Basis vertraglich vereinbart sein." (Vornhusen 1994, S. 29–30).

Demgegenüber wird abweichend in dieser Arbeit das *„gemeinsame Ziel"* und die *„vertragliche Basis"* nicht als konstitutiv für eine Kooperation angenommen. So werden zum einen typischerweise auch Kooperationen mit gänzlich unterschiedlichen Zielstellungen der Kooperationspartner eingegangen. Das ist dann der Fall, wenn die jeweiligen Kooperationspartner in einer Kooperation von den Kompetenzen und Ressourcen des Anderen profitieren wollen, die aber nicht dem gleichen Ziel unterstellt sind. Damit ist die Kooperation zunächst zielunabhängig, wenn die Kooperationspartner in der Kooperation ihre spezifischen Ziele als realisiert ansehen (vgl. als ein Beispiel für die unterschiedlichen Zielvorstellungen in einer Kooperation das Projekt NUMMI im Abschn. 4.3.3.2). Es muss also lediglich eine *Zielkompatibilität* angenommen werden.

Zum anderen sind Kooperationen nach der hier vertretenen Position nicht auf vertragliche Fixierung oder andere Formen der Institutionalisierung beschränkt. Die unterschiedlichen Institutionalisierungsgrade stellen vielmehr ein Unterscheidungskriterium für Kooperationsformen dar. Nicht vertragliche Kooperationsformen wurden verstärkt seit den 1990er Jahren mit den *Virtuellen Unternehmen* diskutiert, die aus einer vertrauensbasierten und gerade nicht-vertraglichen Zusammenarbeit geschwindigkeitsbedingte Wettbewerbsvorteile erzielen (vgl. Littmann und Jansen 2000; Scholz 1994; Sydow 1996).

Die wirtschaftliche Selbständigkeit wird als Voraussetzung für eine reine Kooperation anerkannt. Dabei ist gegenüber marktlichen Beziehungen eine Reziprozität und Interde-

1. Zusammenarbeit zwischen rechtlich und wirtschaftlich selbständigen Unternehmen,
2. Durch wechselseitige Abstimmung (Ko-ordination) und / oder gemeinsame Erfüllung (Ko-operation) von (Teil-)Aufgaben,
3. die auf freiwilligem Entschluß aller Kooperationspartner beruht,
4. zur Verfolgung von gemeinsamen Zielen und/oder verschiedenen, aber miteinander kompatiblen Zielen der Kooperationspartner,
5. mit einer im Vergleich zum alleinigen Vorgehen höheren Zielerreichung.

Abb. 4.4 Begriffsdefinition der Unternehmenskooperation für diese Arbeit. (Quelle: eigene Darstellung)

pendenz der Beziehung vorliegend. Während die Prüfung der rechtlichen Selbständigkeit aufgrund des Feststellens einer eigenen Rechtspersönlichkeit unproblematisch ist, stellt sich die Prüfung der wirtschaftlichen Selbständigkeit als wesentlich schwieriger dar. Es wurde bisher davon ausgegangen, dass die wirtschaftliche Selbständigkeit dann vorliegt, wenn sich die Kooperation nur auf einen Teilbereich der Gesamtaufgabe bezieht. Die Entscheidungsfreiheit hinsichtlich der Aufnahme und Beendigung der Kooperationsbeziehung stellt nach der hier vertretenen Position das zentrale Merkmal der wirtschaftlichen Selbständigkeit dar.

4.3   Joint Ventures

In diesem Abschnitt werden zunächst kurz Begriffe (vgl. Abb. 4.5), Formen, Motive, Beispiele sowie Erfolgsbewertungsmodelle von Joint Ventures behandelt. Es folgt eine Übersicht von vier idealtypischen Phasen eines Joint Ventures, wobei die wesentlichen Aspekte – wie einleitend angemerkt – im Abschn. 4.4 der Strategischen Allianzen ausgeführt werden. Im Abschn. 4.3.7 werden die Spezifika der Joint Venture-Gründung diskutiert.

Abb. 4.5 Differenzierung von Kooperationsformen. (Quelle: eigene Darstellung, vgl. auch Schallenberg 1995, S. 13; Vornhusen 1994, S. 33)

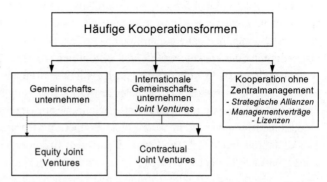

4.3.1 Formen der Joint Ventures

In erster Annäherung kann man eine folgende Aufgliederung dieser Kooperationsformen skizzieren, wobei die deutschen Gemeinschaftsunternehmen und die internationale Ausprägung des Joint Ventures die zentralen Formen dieses Abschnittes sind:

Eine Unternehmenskooperation wird dann als Gemeinschaftsunternehmen bezeichnet, wenn sie (1) eine eigene Rechtspersönlichkeit aufweist, (2) im Eigentum von zwei oder mehr (in der Regel nicht mehr als fünf) rechtlich und wirtschaftlich selbständigen Partnerunternehmen steht, (3) von denen in der Regel mindestens zwei aktiv an der Führung des Unternehmens teilnehmen. Der Begriff des Joint Venture wurde aus der internationalen Betriebswirtschaftslehre eingeführt. Das Joint Venture ist in vielen Publikationen der 1990er Jahren von dem in der deutschen Rechtssprechung üblichen Gemeinschaftsunternehmen hinsichtlich der internationalen Herkunft der Partner unterschieden worden (Wöhe 1993, S. 403, 1227; Vornhusen 1994, S. 33).

In der angelsächsischen Literatur wird der Joint Venture-Begriff mitunter als Oberbegriff für jedwede Art der Kooperation eingesetzt (vgl. Weston et al. 1990, S. 331). In diesem Fall wird eine Unterscheidung zwischen *Equity Joint Venture* und dem *Contractual Joint Venture* getroffen. Bei einem *Equity Joint Venture* ist die Kooperationseinheit ein weiteres rechtlich selbständiges Unternehmen, als dessen Gesellschafter die Partnerunternehmen auftreten (Schallenberg 1995, S. 12). Dies entspricht dem deutschen Verständnis des Gemeinschaftsunternehmens. Als *Contractual Joint Venture* hingegen werden alle Kooperationsformen bezeichnet, „in denen es nicht zur Neugründung einer rechtlichen Einheit kommt" (Vornhusen 1994, S. 36). Hierbei geht es in der Regel lediglich um eine Ressourcenpoolung. Als Alternative zu einem Joint Venture im Rahmen von horizontalen Kooperationen wird häufig der Abschluss eines reinen Managementvertrages angeführt (vgl. z. B. Schallenberg 1995, S. 12). Es wird damit auf die Bildung eines Zentralmanagements verzichtet und die Aufgaben werden in direktem Kontakt zueinander durch die Zusammenarbeit der einzelnen Bereiche und Stellen der beteiligten Unternehmen erledigt.

Ein praktikables Modell für Joint Venture hat – stark vereinfacht – die in Abb. 4.6 dargestellte Logik.

- Die Muttergesellschaften sind die konstituierenden Teile. Die dritte neugegründete Firma ist das daraus entstehende Ganze.
- Das neue Ganze ist kleiner als die Teile, aus denen es sich zusammensetzt.
- Das neue Ganze passt in die vorhandene Branche. Es dient der Übernahme von Aufgaben, die zu groß bzw. zu risikoreich für einen allein sind.
- Die neue Firma kann wegen eines unabhängigen Geschäftsvorteils gebildet werden, der mit den Zielen der Muttergesellschaft nichts zu tun hat.
- Die neue Firma kann von Firmen jeder Größenordnung gebildet werden.
- Die neue Firma betont die Bedeutung der Teile, d.h. der Eltern.

Abb. 4.6 Betriebswirtschaftliche Joint Venture-Konfiguration. (Quelle: modifizierte Darstellung nach Steinöcker 1993, S. 14)

Gemeinschaftsunternehmen können weiterhin in Vollfunktions- und Teilfunktions-Gemeinschaftsunternehmen nach der Übernahme der Funktionen in der selbständigen wirtschaftlichen Einheit unterschieden werden. Vollfunktions-Gemeinschaftsunternehmen sind auf Dauer angelegte, über bloße Hilfsfunktionen für die Mutterunternehmen hinausgehende Unternehmen mit eigenem Marktzugang.

Darauf aufbauend kann nach der Anwendung der einzelnen Gesetzesgrundlagen in (1) konzentrative, (2) kooperativ strukturelle und (3) rein kooperative Joint Ventures differenziert werden (Montag 1998, S. 733 f., 797 f.). Dabei fallen konzentrative Gemeinschaftsunternehmen (seit dem 1. März 1998) als Zusammenschluss unter die Verordnung über die Kontrolle für Zusammenschlüsse oder Fusionskontrollverordnung (FKVO), während kooperative und strukturelle Gemeinschaftsunternehmen sowohl unter Fusionskontrolle als auch unter das europäische Kartellrecht (hier EG) fallen. Vollfunktions-Gemeinschaftsunternehmen sind dabei konzentrative und Teilfunktions-Gemeinschaftsunternehmen kooperative Unternehmen. Unter die strukturell-kooperativen Gemeinschaftsunternehmen fallen alle Unternehmen, „deren Schaffung weitgehende Veränderungen in der Struktur – vor allem in den Bereichen Produktion und Absatz – der beteiligten Unternehmen bewirkt" (Montag 1998, S. 797).

4.3.2   Motive für Joint Ventures

Die Motive für das Eingehen von Joint Ventures können vor allem mit den potentiellen Vorteilen des komplexen Lernens zwischen Organisationen sowie der Risikoreduzierung bei einer internationalen Ausrichtung angegeben werden – insbesondere durch die spezifischen Marktkenntnisse mit den entsprechenden wirtschaftlichen und politischen Kontakten. So konnte die Entwicklung des Markteintrittes ausländischer Firmen in asiatischen Ländern der 1990er Jahre erklärt werden, wie beispielsweise Ende der 1990er in China mit damals knapp 250.000 ausländischen Joint Ventures und einem Investitionsvolumen von 100 Mrd. Dollar (vgl. zur Internationalisierung Picot 1998, Teil IX; sowie zur aktuellen Entwicklung der Auflösung von Joint Ventures Hoffritz 1998).

Einen weiteren Aspekt stellen mögliche Steuerersparnisse dar, die entstehen können, wenn Patente oder lizensierbare Technologien in ein Joint Venture eingebracht werden. Weston, Chung und Hoag führen weitere Motive zur Gründung von Joint Ventures an (Abb. 4.7).

- To augment insufficient financial or technical ability to enter a particular line of business.
- To share technology and/or generic management skills in organization, planning, and control.
- To diversify risk.
- To obtain distribution channels or raw materials supply.
- To achieve economies of scale.
- To extend activities with smaller investment than if done independently.
- To take advantage of favorable tax treatment or political incentives (particulary in foreign ventures) "

Abb. 4.7 Motive für Joint Ventures. (Quelle: Weston et al. 1990, S. 332)

Ein Joint Venture sollte aus der spezifischen Konfiguration der Unternehmenskooperation heraus (1) für gemeinsame Produktionsaktivitäten, die nur einen begrenzten Anteil der Unternehmensaktiva ausmachen, (2) für Produkte, die eine begrenzte Garantiedauer besitzen und (3) für eine Produktion, die nur für einen begrenzten Zeitraum vorgesehen ist, eingesetzt werden.

Sie dienen dabei (4) der Teilung von Kosten und Risiken beim Eintritt in neue Märkte und bei der Entwicklung neuer Technologien (hier z. B. die Halbleiterbranche, die Chemie- und Petroindustrie). Joint Ventures können (5) auch zur Reduzierung von Investments und Engagements in Bereichen der Wertschöpfungskette beitragen, die nicht zum Kerngeschäft gehören (im Sinne eines Outsourcings oder Offshorings). Weiterhin sind Joint Ventures (6) Kooperationsstrukturen vor allem von komplementären Geschäftsbereichen (z. B. Kombination von spezialisierter Hard- und Software zur Biotech-Forschung von IBM, Monsanto und Applied Biosystems) (vgl. zu weiteren Beispielen Ernst und Halevy 2004).

4.3.3 Anzahl von und Beispiele für Joint Ventures

Vergegenwärtigt man sich die Anzahl der eingegangenen Joint Ventures im 20-Jahres-Vergleich, dann fällt schnell auf, dass es eine Hochzeit in den 1990er Jahre hatte und im Zuge der vergangenen zwei Krisen sehr deutliche Rückgänge gegeben hat – und dies jeweils relativ stärker als im M&A-Markt. Im Zuge der Finanzmarktkrise brachen die neuen Vereinbarungen vollständig ein. Die USA und nun China sind die dominierenden Länder, die Dienstleistungs- und Softwareindustrie die dominierenden Branchen (vgl. Abb. 4.8).

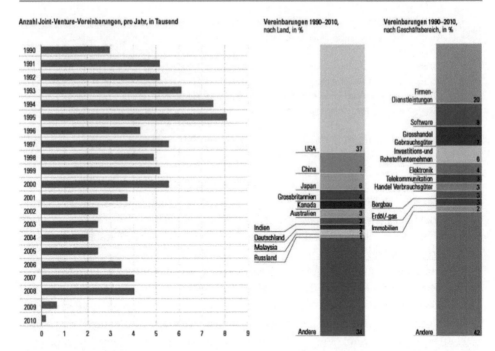

Abb. 4.8 Joint Ventures 1990–2010: Anzahl, Länder, Geschäftsbereiche. (Quelle: International Accounting Standard Board, NZZ-Infografik 5.12.2013, S. 30)

4.3.3.1 Beispiele und Ziele von internationalen Joint Ventures

Über Joint Ventures besteht ein noch weitaus größeres Datenproblem als im Vergleich mit den eingangs beschriebenen Zahlen zu Fusionen und Akquisitionen. So nimmt zwar das Bundeskartellamt entsprechende Zahlen zur Entwicklung der Gemeinschaftsunternehmen in seinem Tätigkeitsbericht auf, aber es wird explizit darauf hingewiesen, dass die Veröffentlichung nichts über die Vollständigkeit der Anmeldungen besagt (http://dip.bundestag.de/btd/16/057/1605710.pdf, hier: Vierter Abschnitt, Teil 1, 4). Im Abschn. 4.4.3 werden die absoluten und relativen Zahlen von Joint Ventures zu Strategischen Allianzen und auch Akquisitionen dargestellt. Abbildung 4.9 zeigt einige illustrative Beispiele.

Partnerunternehmen	Produkte	Strategische Ziele
Ericsson, Nokia, Motorola, Psion	Mobiltechnologie	gemeinsame Standards für Smart Phones
France Telecom / MobilCom AG	Telekommunikation	Erwerb Lizenz für Universal Mobile Telecommunications System (UMTS) (aufgelöst)
Cisco Systems Inc. / Cap Gemini SA	Internet	Beratung und Netzwerkprovider für Internetdienstleistungen
P&O / Nedlloyd	Logistik (Containerschiffe)	Kostensenkung (dann fusioniert und heute: Mærsk Line)
P&O / Stena	Fährbetriebe	Wettbewerb gegen Eurotunnel (später Fusion)
Sharp / Sony	LCD-Flachbildschirme für TV	Gemeinsame F&E
Rolls-Royce / Northern Electric	Energieerzeugung	Erhöhung der Leistung
British Aerospace / Lockheed	Rüstung	Gemeinsame Entwicklung für britisches und amerikanisches Militär
PowerGen / Siemens	Turbinentechnologie	Aufbau eines gemeinsamen Entwicklungs- und Testzentrum
GEC / Finmeccania	Rüstung	Radar- und Steuerungssysteme
Coca Cola / Procter & Gamble	Getränke	Kostenreduktion (wieder aufgelöst)
NTT / Docomo	Internettechnologie	Konvergenz Technologie und Inhalte
Siemens / Fujitsu	Computer	Skalierung des Geschäfts in Europa
Schörghuber Stiftung / Heineken International	Brauerei	Verbund von Paulaner, Kulmbacher, Karlsberg sowie der Südwest-Gruppe zur Brau Holding International (BHI)
DaimlerChrylser, Ford, GM	Automotive	Gemeinsame Beschaffungsplattform covisint.com
Deutsche Post / Yamato	Direktmarketing-Dienstleistungen	Marktentwicklung in Japan
Daimler / Nissan	Fahrzeug-Entwicklung	SUV in den USA (2014)
Tata / Starbucks	Filialeröffnungen in Indien	Gemeinsame Skalierung (2012)

Abb. 4.9   Joint Ventures seit 1996 (z. T. wieder aufgelöst). (Quelle: eigene Recherchen; vgl. Hewitt 1997, S. 2–4; Dyer et al. 2004)

4.3.3.2   Praxisbeispiel 1: NUMMI von GM und Toyota

Das Joint Venture zwischen *Toyota* und *General Motors* (NUMMI) wurde im Dezember 1983 von der *Federal Trade Commission* (FTC) genehmigt. Es sah eine Produktion von Kleinwagen in Fremont/Kalifornien vor. Die Motive für die Kooperation lagen bei GM im Wesentlichen in der Erlangung von Produktionserfahrungen im Kleinwagensegment sowie in der Steigerung der Kosteneffizienz im Produktionsbereich. Für Toyota hingegen war dies der Versuch, Produktionsmethoden in einem gänzlich anderen institutionellen Umfeld kennen zu lernen, insbesondere was die im Vergleich zu Japan unterschiedlichen Arbeitsbedingungen und Zuliefererbeziehungen anging. Die Genehmigung durch das FTC war an detaillierte Auflagen geknüpft. So wurde eine Mengenbeschränkung für das zu produzierende Modell von 25.000 Stück pro Jahr festgesetzt und eine Zeitbeschränkung des Bestandes von längstens 12 Jahren. Trotz dieser Auflagen wurde von vielen Seiten Kritik an der Kooperation laut. Die Kritik zielte auf einen Konzentrationsaspekt ab. Bei diesen in der Regel von den Wettbewerbern vorgebrachten Einwänden spielten allerdings die Marktdefinitionen eine entscheidende Rolle. Andere Zielrichtungen der Kritik wiesen auf mögliche Preisabsprachen zwischen GM und Toyota hin. Auch hier lag nach verschiedener Einschätzung vieler Beobachter aufgrund einer hohen Kreuzelastizität der Nachfrage und stark divergierenden Kostenstrukturen der einzelnen Modelle unterschiedlicher Hersteller keine ernsthafte Gefahr im Sinne von Wettbewerbseinschränkungen vor. Insbesondere die Wettbewerbswirkungen wurden in der früheren Literatur zu den Joint Ventures verstärkt diskutiert. Es gab unzählige Analysen, die die Wettbewerbsbeschränkungen belegen sollten (vgl. z. B. die Zusammenfassung und die kritische Betrachtung derartiger Analysen in Weston et al. 1990, S. 347–349).

4.3.3.3   Praxisbeispiel 2: Deutsche Post und Yamato Holdings

Das Joint Venture der Deutsche Post World Net – genauer die verantwortliche Einheit für das internationale Briefgeschäft *DHL Global Mail* – mit der *Yamato Holdings* in Japan wurde am 10. März 2006 vereinbart. Das Gemeinschaftsunternehmen war das Erste seiner Art in Japan und bietet ein vollständiges Angebot von Direktmarketing-Dienstleistungen an. Dabei hält DHL Global Mail 49 % und Yamato Holdings 51 % der Anteile. Ziel für die Deutsche Post World Net war es, den Einstieg in den japanischen Briefmarkt – den zweitgrößten Briefmarkt der Welt – zu realisieren, auf dem bis zu diesem Zeitpunkt noch kein ausländischer Mitbewerber vertreten war. Die Deutsche Post World Net und Yamato kooperierten bereits seit dem Jahr 2004 im Bereich der internationalen Briefzustellung.

Yamato ist einer der führenden privaten Dienstleister für die Brief- und Paketzustellung in Japan mit einer breit gestreuten Gesellschafterstruktur und einem Umsatz von fast 8 Mrd. Euro. Der japanische Briefmarkt wies im Jahr 2006 ein Volumen von rund 13 Mrd. Euro auf. Die Bereiche „Non-Correspondence" und Direktmarketing sind für den Wettbewerb frei. Das Marktsegment „Non-Correspondence" hat einen Umfang von knapp 4 Mrd. Euro. Weiteres Marktpotential im Bereich Direktmarketing wurde von den Joint Venture-Partnern in Höhe von rund 7 Mrd. Euro prognostiziert. Ziel ist es mit dem Gemeinschaftsunternehmen nationalen und internationalen Kunden in Japan Direktmarketing Lösungen aus einer Hand anzubieten. Die Dienstleistungen reichen von der Planung einer Direktmarketing-Kampagne einschließlich Adressmanagement über die Produktion von Direktmarketingsendungen und die Zustellung in Japan bis hin zur Resonanz-Auswertung.

4.3.4 Erfolgsbewertung: Methoden und ihre Probleme

„Alliances tend to be run by intuition and with incomplete information." So das abschließende Urteil nach einer Analyse von über 500 Unternehmen, die Joint Venture und andere Kooperationen eingegangen sind. James Bamford und David Ernst haben in nur jeder vierten Kooperation ein Erfolgsmessungsinstrumentarium vorfinden können (Bamford und Ernst 2002). Drei Jahre später veröffentlichten die Autoren einen Beitrag zur Restrukturierung von Joint Venture – nicht aufgrund der zu geringen Stabilität der Kooperation, sondern aufgrund der zu hohen Stabilität (Ernst und Bamford 2005). Voraussetzung dafür sei aber eine entsprechende Analyse der tatsächlichen Leistung des Joint Venture.

Dem Management eines Joint Venture kommt also eine besondere Bedeutung zu. Den Chancen eines Joint Ventures stehen nicht unbeträchtliche konfigurationsinhärente Risiken gegenüber (vgl. dazu ausführlich Abschn. 4.5.5). Insbesondere aufgrund der kapitalgestützten Zusammenarbeit mehrerer Unternehmen entsteht die Notwendigkeit der gemeinschaftlichen Entscheidungsfindung. Dies führt zu einer „erheblichen Komplexität der Führung" (Oesterle 1995, S. 988). Es steht zu befürchten, dass viele der Gründe von vorzeitigen Rückzügen aus Joint Ventures oder späteren Übernahmen eines der Teile in den Unsicherheiten und Inkonsequenzen der beteiligten Partner zu suchen sind. Studien zufolge existierten im Durchschnitt Joint Ventures nur halb so lange, wie sie vertragsmäßig vorgesehen waren. Als ein wesentlicher Grund werden Managementschwierigkeiten angeführt (vgl. auch Weston et al. 1990, S. 326).

In unabhängig voneinander durchgeführten Analysen der Beratungshäuser McKinsey sowie Coopers & Lybrand blieben in den 1980er Jahren 70 % der Joint Ventures hinter den Erwartungen zurück oder wurden aufgelöst (vgl. hierzu Business Week 21.7.1986). Diese Zahl scheint sich stabilisiert zu haben, wie die fast zwanzig Jahre später veröffentlichen Nachfolge-Studie von McKinsey ergab (Ernst und Bamford 2005, S. 133).

Daher werden im Folgenden bereits an dieser Stelle spezifische Erfolgsbewertungsmethoden für Joint Ventures ausgeführt. Empirische Analysen für die Strategischen Allianzen und Joint Ventures werden im Abschn. 4.5.6.1 dargestellt.

4.3.4.1 Quantitative Bewertungsmethoden

Aus rein quantitativen Bewertungsmethoden wird anhand von Größen wie dem *Return on Investment* und dem Unternehmenswachstum schnell ein Defizit dieser Form der Erfolgsbewertung ableitbar. Aufgrund der Managementkomplexität durch eine im Vergleich zu einer Einzelunternehmung verstärkt vorliegende Interessenpluralität wird intuitiv plausibel. Aus empirischen Analysen der Joint Ventures von Fortune 500 Unternehmen in den

1990er Jahren, die der Diversifikation in neue Geschäftsfelder dienen, in denen bislang keinerlei Erfahrungen vorliegen, wird eine mittlere Anlaufzeit von sieben bis acht Jahren erkennbar, bis erste positive Cash Flows generiert werden können (vgl. Oesterle 1995, S. 991).

4.3.4.2   Stabilitäts- und managementbezogene Bewertungskriterien

In den vergangenen Jahren wurden zunehmend qualitative Dimensionen der Erfolgsbewertung herangezogen. Neben der Bewertung über Gewinn und Unternehmenswachstum wurden Kriterien wie Stabilität und Perzeption des Managements analysiert (vgl. z. B. zur Dauer, Intensität, Symmetrie von Kooperationsbeziehungen bereits Wurche 1994). Als Indikator für stabilitätsbezogene Bewertungsansätze wird die „Stabilität bzw. deren Mangel über die Zeitdauer bis zur Liquidation des Joint Ventures, dessen Übernahme durch lediglich ein Unternehmen bzw. den Wechsel von beteiligten Unternehmen oder die Neuverhandlung von Joint Venture-Verträgen" betrachtet (Oesterle 1995, S. 992). Bei den Ansätzen der Erfolgsbewertung durch die Perzeption des Managements werden Einschätzungen bezüglich der Bereitschaft zur Wiederholung der Direktinvestition des involvierten Joint Venture-Managements sowie der der Partnerunternehmen abgerufen. Entsprechende Ansätze sind auch bei der Bewertung von Akquisitionen vorzufinden.

4.3.4.3   Bewertung über das „Input-Output-Kontinuum"

Anderson schlägt für ein Joint Venture ein spezifisches Input-Output-Kontinuum vor (vgl. Abb. 4.10). In einer Matrix soll über die Aufspaltung des Erfolgsbegriffs in Effizienz und Effektivität eine Erfassung sowie eine nachfolgende Ableitung von Handlungsempfehlungen ermöglicht werden.

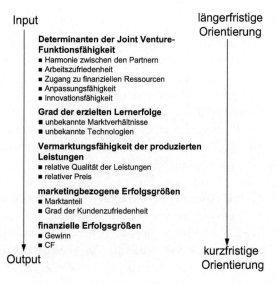

Abb. 4.10 Joint Venture-orientiertes In- und Output-Kontinuum. (Quelle: Anderson 1990, in: Oesterle 1995, S. 997)

Input

längerfristige
Orientierung

Determinanten der Joint Venture-Funktionsfähigkeit
- Harmonie zwischen den Partnern
- Arbeitszufriedenheit
- Zugang zu finanziellen Ressourcen
- Anpassungsfähigkeit
- Innovationsfähigkeit

Grad der erzielten Lernerfolge
- unbekannte Marktverhältnisse
- unbekannte Technologien

Vermarktungsfähigkeit der produzierten Leistungen
- relative Qualität der Leistungen
- relativer Preis

marketingbezogene Erfolgsgrößen
- Marktanteil
- Grad der Kundenzufriedenheit

finanzielle Erfolgsgrößen
- Gewinn
- CF

Output

kurzfristige
Orientierung

	gering	hoch
gering	*Joint Ventures,* ■ deren Produkte sich in der Anfangsphase des Lebenszyklus befinden ■ die sich aus der Sicht der Muttergesellschaft auf neuen Märkten tätig sind ■ die F&E Joint Ventures sind ■ die zur Sondierung zukünftiger Geschäftsfelder der Muttergesellschaft gegründet wurden **Erfolgsbewertung stützt sich auf informelle und implizite Beurteilungen**	*Joint Ventures, die in einer informationsarmen Umgebung operieren* ■ aus der Sicht der Muttergesellschaft in zwar neuen, aber nicht völlig fremden Gebieten tätig sind ■ ungewissem Wettbewerb sowie niedrigeren Markteintrittschranken ausgesetzt sind ■ den Erwerb von Wissen zum Ziel haben ■ der Verringerung des Wettbewerbs dienen **starke Gewichtung inputorientierter Erfolgskriterien** **geringe Gewichtung outputorientierter Erfolgskriterien**
hoch	*Joint Ventures, die in einer informationsreichen Umgebung operieren* ■ In Branchen tätig sind, die nicht von bestimmten, unternehmensspezifischen Strategien dominiert werden ■ in Branchen mit typischerweise kurzen Produktlebenszyklus tätig sind ■ primär dem Ziel der Kostensenkung dienen **starke Gewichtung outputorientierter Erfolgskriterien** **geringe Gewichtung inputorientierter Erfolgskriterien**	*Joint Ventures,* ■ die sich bereits in einer Stabilisierungsphase befinden ■ die sich aus der Sicht der Muttergesellschaft ähnliche Produkte oder Leistungen erstellen bzw. in verwandten Märkten tätig sind ■ die bekannten Wettbewerbsfaktoren gegenüberstehen und den Schutz hoher Markteintrittsbarrieren genießen ■ die aus der der Muttergesellschaft Ziele mit Standardcharakter verfolgen und konventionelle Produktionsmethoden verwendenden **Erzielung valider Meßwerte sowohl durch input- als auch outputorientierte Kriterien** **Bevorzugung der kostengünstigeren Alternativen**

Die linke Spalte ist mit "Grad der Vollständigkeit und Genauigkeit mit dem Outputkriterien erfaßt werden können" beschriftet, wobei "gering" oben und "hoch" unten steht.

Abb. 4.11 Wahl von Kriterien und Verfahren der Joint Venture-Erfolgsbewertung. (Quelle: Darstellung nach Ouchi 1980 und Anderson 1990, in: Oesterle 1995, S. 998–999)

Welche der aufgeführten Kriterien für das Joint Venture am sinnvollsten erscheinen, ist situationsspezifisch zu formulieren. In der folgenden Matrix werden die verschiedenen Erscheinungsformen von Joint Ventures und die entsprechenden Kriterien und Verfahren zur Erfolgsbewertung anhand der Transparenz des Leistungserstellungsprozesses einerseits und des Grades der Vollständigkeit und Genauigkeit der Erfassung von Outputkriterien andererseits zusammengeführt.

4.3.4.4 Balanced Scorecards für Kooperationen

Jim Bamford und David Ernst haben im Jahr 2000 eine Balanced Scorecard-Logik vorgestellt, die auf Basis des Unternehmens Siebel Systems entwickelt worden ist (Bamford und Ernst 2002a) (Abb. 4.12).

Die Kontrolle von Zielerreichungen und letztlich des Erfolgs eines Joint Venture – das Gleiche gilt für Strategische Allianzen – bleibt aber grundsätzlich ein offenes Forschungsfeld, wie auch das Institut für Genossenschaftswesen an der Universität Münster im Jahr 2008 für ihr eigenes Forschungsprofil betonte.

Rodrigo Isidor, Christian Schwens, Rüdiger Kabst haben ein Kapitel über „Die Messung von Joint-Venture-Erfolg" vorgelegt (Isidor et al. 2012, S. 193–205).

Financial fitness
Metrics such as *sales revenues, cash flow, net income, return on investment*, and the *expected net present value* of an alliance measure its financial fitness. Most alliances should also monitor progress in meeting their most important financial goals: *reducing overlapping costs, achieving purchasing discounts,* or *increasing revenues.* In addition, financial fitness can include partner-specific metrics such as *transfer-pricing revenues* and *sales of related products by the parent companies.*
Many alliances are formed to generate future options rather than immediate returns. In this case, executives should track a *deal's option value,* which can change as a result of technical progress or external market conditions, and monitor cash outlays against expected returns.

Strategic fitness
Nonfinancial metrics such as *market share, new-product launches,* and *customer loyalty* can help executives measure the strategic fitness of a deal; other metrics could, for example, track the *competitive positioning* and *access to new customers or technologies* resulting from it.

Operational fitness
The *number of customers visited* and *staff members recruited,* the *quality of products,* and *manufacturing throughput* are examples of operational-fitness metrics, which call for explicit goals linked to the performance reviews and compensation of individuals.

Relationship fitness
Questions such as the *cultural fit* and *trust* between partners, the *speed and clarity of their decision making,* the *effectiveness of their interventions when problems arise,* and the *adequacy* with which they define and deliver their contributions all fall under the heading of relationship fitness. Siebel Systems developed a *sophisticated partner-satisfaction survey,* sent each quarter to key managers of alliance partners, that contains more than 80 questions about issues such as alliance management and partners' loyalty to Siebel.

Abb. 4.12 Alliance Scorecard zur Erfolgsbewertung am Beispiel Siebel System. (Quelle: Darstellung nach Bamford und Ernst 2002a)

Basierend auf der Einteilung von Isidor et al. (2012) unterscheiden die Autoren nach finanziellen, stabilitätsorientierten und multidimensionalen Erfolgsmaßen. Aufbauend auf der Systematisierung und Diskussion der verschiedenen Erfolgsmaße, wird eine konzeptionelle Erfolgsoperationalisierung vorgeschlagen, die Isidor et al. (2012) mittels eines meta-analytischen Strukturgleichungsmodells in einer früheren Untersuchung belegen konnten. Eine wesentliche Erweiterung dieses Forschungsfeldes steht aber noch immer aus.

4.3.5   Konsolidierung von Joint Ventures im Konzernabschluss

Von besonderer Beachtung für ein Joint Venture ist die Konsolidierung in den Konzernabschluss der Muttergesellschaften. Die folgende Übersicht (vgl. Abb. 4.13) veranschaulicht die verschiedenen Stufen, die das Handelsgesetzbuch vorsieht. Die *International Financial Reporting Standards* (IFRS) als internationale Rechnungslegungsvorschriften sahen über die *International Accounting Standards* (IAS) entsprechende Regelungen vor (hier vor allem IAS 28 und 31), die nun durch das IFRS 11 „Joint Arrangements" (http://www.iasplus.com/en/standards/ifrs/ifrs11) und IFRS 12 „Disclosure of Interests in Other Entities" (http://www.iasplus.com/en/standards/ifrs/ifrs12) zum 1. Januar 2013 ersetzt wurden.

Unternehmensverbindung

(1) Mutter- und Tochterunternehmen (§ 290 HGB)

(2) Gemeinschaftsunternehmen (§ 310 HGB)

(3) Assoziierte Unternehmen (§ 311 HGB)

(4) Beteiligungsunternehmen (§ 271 Abs. 1 HGB)

(5) Unternehmen, an denen Anteile gehalten werden

Umfang der Einflußnahme	Abbildungsmethode im KA
(1) Einheitliche Leitung/Kontrollrechte	(1) Vollkonsolidierung
(2) Gemeinsame Führung mit anderem	(2) Quotenkonsolidierung
(3) Maßgeblicher Einfluß	(3) Equity-Bewertung
(4) Dauernde Verbindung	(4) Anschaffungswertmethode
(5) Keine dauernde Verbindung	(5) Anschaffungswertmethode

Abb. 4.13 Konsolidierungskreise beim Konzernabschluss (KA) nach HGB. (Quelle: Ballwieser 2007)

Bei Gemeinschaftsunternehmen können grundsätzlich zwei Bewertungsansätze erfolgen: (1) die *anteilsmäßige Quoten-Kapitalkonsolidierung* und (2) die *Equity-Methode*.

(1) Bei Gemeinschaftsunternehmen mit einer gemeinsamen Führung mit einem anderen Partner wird gemäß § 310 HGB eine anteilsmäßige Kapitalkonsolidierung entsprechend der Beteiligungshöhe des Konzernunternehmens möglich. Gemeinsame Führung schließt eine „gemeinschaftliche einheitliche Leitung" aus. In diesem Fall bestünde zwischen jedem Gesellschafterunternehmen und dem Joint Venture ein „Mutter-Tochter-Verhältnis" und damit die grundsätzliche Vollkonsolidierungspflicht. Die anteilsmäßige (Quoten-)Kapitalkonsolidierung entspricht inhaltlich weitgehend der Vollkonsolidierung – jedoch mit dem Unterschied, dass nur die anteiligen Vermögenswerte und Schulden in die Konzernbilanz übernommen werden. Unter Quotenkonsolidierung versteht man dann die nur in Höhe der Beteiligungsquote anteilige Einbeziehung eines Gemeinschaftsunternehmens bzw. seiner Vermögensgegenstände, Schulden, Erträge und Aufwendungen in den Summenabschluss sowie die entsprechende anteilige Eliminierung konzerninterner Beziehungen. Dieser Tatbestand hat sich begrifflich als Quotenkapitalkonsolidierung etabliert. Weiterhin wird der Begriff „Quotale Schuldenkonsolidierung" verwendet, wenn in die Schuldenkonsolidierung einzubeziehende Positionen in der Bilanz des Gemeinschaftsunternehmens in Höhe des Beteiligungsanteils mit den entsprechenden Forderungen und Schulden des Konzerns verrechnet werden.

(2) Bei assoziierten Unternehmen ist die Equity-Methode anzuwenden (§§ 311, 312 HGB). Ein *assoziiertes Unternehmen* liegt nach § 311 I HGB dann vor, wenn ein in den

Konzernabschluss einbezogenes Unternehmen einen maßgeblichen Einfluss auf die Geschäfts- und Finanzpolitik eines nicht in den Konzernabschluss einbezogenen Unternehmens (assoziiertes Unternehmen) ausübt, an dem es eine Beteiligung nach § 271 Abs. 1 HGB hält. Ein *maßgeblicher Einfluss* wird nach § 311 I Satz 2 HGB bei Verfügung über mindestens 20 % der Stimmrechte vermutet und ist eine schwächere Form des die *Konzernvermutung* begründenden „beherrschenden Einflusses". Die Bewertung der assoziierten Unternehmen erfolgt nach § 312 HGB gemäß der *Equity-Methode*. Bei der Equity-Methode werden anders als bei der Voll- oder Quotenkonsolidierung keine Vermögensgegenstände, Schulden, Erträge und Aufwendungen in den Konzernabschluss einbezogen, sondern es erfolgt eine besondere Form der Beteiligungsbilanzierung, bei der der Beteiligungsbuchwert entsprechend der Eigen-

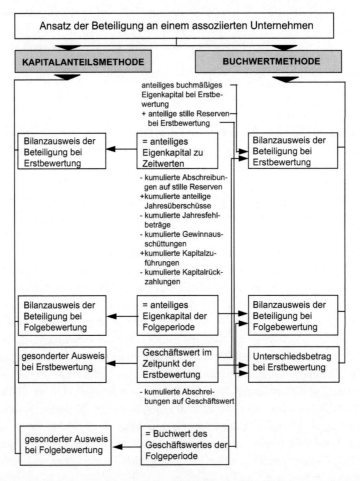

Abb. 4.14 Bewertungsansätze bei assoziierten Unternehmen. (Quelle: Heinen und Kupsch in Heinen 1991, S. 1498)

kapitalentwicklung des Beteiligungsunternehmens fortgeschrieben wird (siehe auch Abb. 4.14). „Bei der Equity-Methode werden einerseits die im Beteiligungswert enthaltenen stillen Reserven gesondert erfasst und fortgeschrieben, sowie andererseits die erfolgswirksamen Vermögensänderungen des assoziierten Unternehmens in der Periode ihrer Entstehung mit dem Wertansatz der Beteiligung verrechnet. Dadurch erfolgt eine zeitkongruente Vereinnahmung der Beteiligungserträge, so dass der Beteiligungswert keine stillen Reserven aus der Gewinnthesaurierung des assoziierten Unternehmens enthält." (Heinen 1991, S. 1496).

4.3.6 Vier idealtypische Phasen eines Joint Ventures

Es werden im Folgenden vier überlappende Phasen einer Joint Venture-Gründung als Übersicht vorgestellt: (1) die strategische Analysephase, (2) die Phase der Partnerwahl sowie (3) die Konfigurationsphase und (4) die des Managements (Abb. 4.15). Aufgrund der Gemeinsamkeiten mit der Strategischen Allianz werden diese einzelnen Phasen im Abschn. 4.5 sowie den anschließenden Abschnitten ausführlich entwickelt.

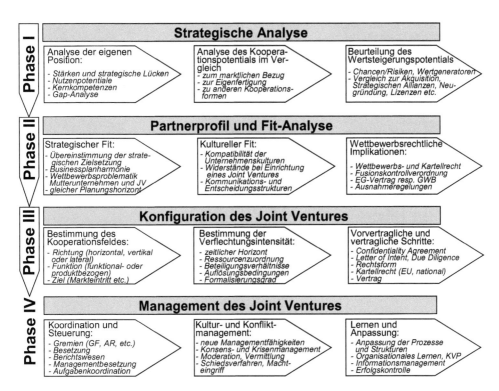

Abb. 4.15 Die vier Phasen eines Joint Ventures. (Quelle: eigene Darstellung, vgl. auch Bronder und Pritzl 1992a, S. 18)

Initial documents
- Confidentiality Agreement /Information Exchange Agreement
- Memorandum of Understanding   *Vgl. Abschn. 5.3.3*

Structure / Commercial issues
- Identify activities and companies to be contributed by each party   *Vgl. Abschn. 4.5.1.2*
- Decide basis for valuation
- Agree form and procedure of any financial audit / Review to be undertaken post-Completion
- Decide legal form of Joint Venture
- Decide location of Joint Venture Company and any supporting tax structures
- Decide legal method of merger (e.g. transfer of subsidaries or transfer of assets)
- Decide principal features of management structure (role of board, representation/ quorum, casting vote etc.)
- Decide capital structure and debt/equity ratio   *Vgl. Abschn. 4.5.5.1*
- Establish whether common accounting principles for Joint Venture Company need to be agreed
- Identify entities to participate in Joint Venture Company as shareholders
- Agree preliminary announcement / press release   *Vgl. Abschn. 5.3.3.5 und den Anhang*

Due Diligence
- Financial/commercial/tax due diligence to be undertaken
- Legal due diligence to be undertaken
- Environmental review or audit

Reorganisation / Preparation
- Establish steps required for any preliminary reorganisation of business/subsidiaries of each venturer to be contributed
- Contracts and other assets: identify any party consents required for transfers of material assets or contracts
- Properties / Intellectual properties: identify and establish arrangements for transfer/lease/licences of properties
- Employees: identify and arrange transfers of employees to Joint Ventures or relevant subsidiaries
- Pension: establish pension position and proposals for ongoing arrangements
- Guaranties/indemnities: identify any guarantees or indemnities given by parents which are to be replaced

Regulatory approvals and other third party consents
- Identify all required notifications, filings, consents of competition or other regulatory authorities including: EC Commission / EC Merger Regulation, Office of Fair Trading (UK) under Fair Trading Act 1973 etc.   *Vgl. Abschn. 4.5.3*
- Identify consents required from major customer and/or suppliers
- Identify material tax consequences and clearances required
- Establish need for any consents under debenture trust deeds or from lenders under any other financing instruments

Settle principal legal documentation (in draft)
- Intra-Group Transfer Agreements relating to preliminary reorganisations
- Framework Agreement covering inter alia: contribution of relevant companies and/or businesses, appropriate warranties and indemnities, valuation/audit procedures, conditions precedent, conduct prior to completion.
- Shareholders Agreement covering inter alia: board representation, reserved matters for shareholders, dividend policy, transfer restriction, dispute resolution, termination/break-up
- Business Plan

Signing
- Board approvals and authorisations confirmed
- Signing of Framework Agreement
- Approval of agreed Shareholder Agreements, Business Plan etc.

Abb. 4.16 Wesentliche Schritte bei der Gründung eines Joint Ventures. (Quelle: zusammenfassende Aufstellung nach Hewitt 2007, S. 12–17)

-   Announcement / Press Release

Pre-Completion
-   Notification to EC Comission (Form CO)
-   Formation of Joint Venture Company and adoption of Memorandum
  and Articles of Association
-   Confirm all fundamental consents and clearances obtained including
  EC Commission
-   Confirm no regulatory action outstanding
-   Confirm all other conditions precedent satisfied
-   Confirm any necessary board authorisations obtained

Completion
-   Transfer shares by each co-venturer to Joint Venture Company
  in specified subsidiaries
-   Issues of shares by Joint Venture Company to each venturer in
  specified numbers
-   Signature of: Shareholders Agreement, Licence Agreements and
  any other ancillary contracts   *Vgl. auch Abschn. 5.4*
-   Appointment of members of board of Joint Venture by the co-ventures
-   Board meeting to adopt Business Plan

Post-Completion actions
-   Appointment of new directors of relevant subsidiaries
-   Post-Completion financial audit/review: prepare completion balance sheets
  and agree any equalisation adjustments.

Abb. 4.16   (Fortsetzung)

4.3.7   Spezifische Schritte der Joint Venture-Gründung

Durch die eigene Firmengründung und die damit verbundenen Investitionen wird im Gegensatz zu Strategischen Allianzen bei Joint Ventures besonderes Augenmerk auf den vorvertraglichen Verhandlungsprozess, d. h. die Konfigurationsphase, gelegt werden müssen. Für internationale Joint Ventures dient die folgende Übersicht (Abb. 4.16) zur Strukturierung der vorvertraglichen und vertraglichen Verhandlungsphase. Wie aus der rechten Spalte ersichtlich, werden für einige Punkte dieses Aktionsplans weiterführende Erklärungen an anderer Stelle (bei den Strategischen Allianzen und den Akquisitionen) gemacht.

Es sollte hierfür ein gesonderter Aktionsplan erstellt werden, der die erforderlichen Dokumente aufnimmt und die Verantwortlichkeiten für die Erstellung, Weiterreichung und den Nachhalt für die Unterzeichnung klärt.

4.4   Strategische Allianzen

4.4.1   Einleitung

4.4.1.1   Begriffliche Diskussion und ihre Kritik

Es gab wohl zu Beginn der 1990er Jahre nur wenige ähnlich faszinierende Themen, die so euphorisch, kontrovers und quer durch alle Unternehmen, durch Wissenschaft und Wirtschaftspolitik diskutiert wurden, wie das der Strategischen Allianz (vgl. die hier zitierte Literatur und die vielen Sonderausgaben von Wirtschaftszeitschriften, z. B. das Sonderheft der Zeitschrift für betriebswirtschaftliche Forschung (zfbf), Backhaus und Piltz 1990). Die Faszination der interorganisationalen Kooperation als Alternative zur Akquisition zieht sich auch durch die aktuelle Diskussion der Netzwerktheorie (vgl. für Deutschland z. B. Sydow 1992; Sydow und Windeler 1994) und schlägt sich jüngst in dem produktbezogenen und organisatorischen Virtualitätsgedanken nieder (Davidow und Malone 1993; Scholz 1994; Klein 1994; Littmann und Jansen 2000), so dass sich diese Kooperationsform zu einem dominanten Konzept im Umgang mit den veränderten Umweltbedingungen entwickelt zu haben scheint.

Yves Doz sieht, bedingt durch „den wettbewerbsbedingten Restrukturierungsprozess in Europa, den ‚harten' Weg über Unternehmenskäufe und -zusammenführungen mehr und mehr durch den ‚weichen' Weg der Strategischen Allianzen ersetzt" (Doz 1992, S. 47).

Diese Euphorien gilt es sorgsam zu prüfen – gut 25 Jahre nach der wissenschaftlich verstärkten Diskussion und einem weiterhin wechselnd, aber starken M&A-Markt.

Bei aller Begeisterung in der Praxis fehlte hingegen lange Zeit die begriffliche Schärfe in der Diskussion. Das *Bundeskartellamt* definierte die Strategische Allianz für eine Sitzung des Arbeitskreises Kartellrecht im Jahr 1991 als *„Kooperationen zwischen zwei oder mehreren multinationalen Unternehmen in demselben Wirtschaftszweig oder in Technologiefeldern mit dem Ziel, ihre Wettbewerbsposition zu stärken oder abzusichern. "* (vgl. Backhaus und Piltz 1990, S. 2; Albach 1992, S. 664).

Ähnlich wird der Begriff von Bronder und Pritzl eingeführt: Eine Strategische Allianz liegt dann vor, *„wenn Wertschöpfungsaktivitäten zwischen mindestens zwei Unternehmen unter Verfolgung kompatibler Ziele zu einer Art Kompetenzgeflecht verknüpft werden, das zur Erhaltung und/oder Erzielung bedeutender Wettbewerbsvorteile dient. "* (Bronder und Pritzl 1999a, S. 17).

Eine weitere begriffliche Herangehensweise sieht dementsprechend eine (1) Kooperation zwischen (2) Großunternehmen zur Erreichung und/oder Erhaltung (3) geschäftsfeldbezogener (4) Wettbewerbsvorteile als konstitutive Merkmale an (vgl. auch Vornhusen 1994, S. 36).

Somit soll eine Abgrenzung gegenüber mittelständischen Unternehmen und den internationalen Joint Ventures mit lokalen Partnern vorgenommen werden, die in der folgenden Auseinandersetzung im Punkt der mittelständischen Kooperation nicht übernommen wird. Das Definitionsmerkmal (1) *Kooperation* bezieht sich auf die Abgrenzung zur Akquisition. Die Beschränkung auf Kooperationen zwischen (2) *Großunternehmen* (1 Mrd. Euro Umsatz) erscheint theoretisch und empirisch nicht sinnvoll, da gerade auch kapitalschwache mittelständische Unternehmen Allianzpartner sein können und daraus Weltmarktführerschaften generieren (vgl. die Untersuchungen von Simon 1996; Doz 1992). Die Definitionsmerkmale (3) und (4) zielen auf das Strategische der Kooperationsform hin: Strategische Allianzen werden nach der letzteren Definition als solche angesehen, „die nicht der Erreichung von operativen Zielen dienen, sondern dem Aufbau von länderübergreifenden Wettbewerbsvorteilen für ein gesamtes Geschäftsfeld" dienen (Vornhusen 1994, S. 36).

Im Hinblick auf die porterschen Strategietypen wird in der Literatur häufig auf die Erlangung einer Kostenführerschaftsstrategie durch strategische Allianzen referiert (vgl. Schäfer 1994, S. 690; Vornhusen 1994, S. 38). Auch hier ist empirisch, insbesondere im Rahmen der Diskussion der Informations- und Kommunikationstechnologien, die Einengung auf die Kostenführerschaft nicht aufrechtzuerhalten, da insbesondere durch informationelle Mehrwertdienste klare Differenzierungsstrategien möglich werden. Aus der vertikalen Kooperation (hier vor allem im Zusammenhang der integrativen Optimierung der Gesamtwertkette, d. h. der Schnittstellen vom Lieferanten zum Hersteller bis zum Handel und Endkonsumenten) sind erhebliche Differenzierungsmerkmale aus Kundensicht zu erzielen. Beispiele können hier mit Konzepten der Systemlieferanten, des *Efficient Consumer Response* (ECR), der auftragsgesteuerten Produktion, dem *Mass Customization*, der *Just-in-Time Logistik*, den Kundenbeiräten, der Einbeziehung von Kunden in die F&E-Prozesse sowie dem *Target Costing* vielfältig angeführt werden.

Auch im Rahmen der Kooperationsrichtung gehen die Definitionen weit auseinander. So sehen beispielsweise Backhaus/Piltz, dass „eine Kooperation zwischen Zulieferern und Abnehmern [...] daher nicht als strategische Allianz identifiziert werden [kann], da sich hier das Ziel der Kooperierenden auf eine Verbesserung der Wettbewerbsposition in unterschiedlichen strategischen Geschäftsfeldern (SGF) bezieht" (Backhaus und Piltz 1990, S. 3). In anderen Veröffentlichungen hingegen wird insbesondere die Bedeutung der vertikalen Ausrichtung hervorgehoben (so genannte *Value Added Partnerships*) und anhand der Transaktionskostenökonomie die Funktionsinternalisierung bzw. -externalisierung mittels „vertikalen Arrangements strategischer Netzwerke" erläutert (vgl. Schäfer 1994, S. 688). Somit wären Aussagen sowohl für horizontale, vertikale und laterale Allianzen möglich. Der Begriff besitzt dennoch keinen originär wissenschaftlichen Ursprung, sondern hat sich eher in einer praktisch ausgerichteten Diskussion in Abgrenzung zu den mitunter synonymen Termini wie *Global Strategic Partnership* (Kanter 1994; Bleeke und Ernst 1995, Müller-Stewens 1993), *Koalition* (Porter 1992) oder *Competitive Alliance* entwickelt.

Während für ein (Equity-)Joint Venture die Kooperationsform mit der Gründung eines neuen (Gemeinschafts-)Unternehmens konstitutiv ist, wird in der hier vorliegenden Arbeit die Strategische Allianz als eine Kooperationsform definiert, bei der nicht die Neugründung, sondern die Vernetzung jeglicher Bindungsrichtung im Vordergrund steht. Diese recht weite Auffassung mit dem Opfer der genauen analytischen Kategorisierung besitzt eine weitaus höhere Adäquanz der empirisch beobachtbaren Erscheinungsformen neben dem klassischen Joint Venture.

4.4.1.2   Reformulierte Definition als Diskussionsvorschlag

Es wird hier eine Definition vorgeschlagen, die den oben ausgeführten Kritiken an den bisher eingeführten Definitionen Rechnung trägt und eine Öffnung hinsichtlich der sich abzeichnenden Entwicklungen zu Virtuellen Unternehmungen darstellt (vgl. zu den Abgrenzungen insbesondere Scholz 1994; Littmann und Jansen 2000) (Abb. 4.17).

Ohne auf alle Merkmale einzugehen – einiges wurde bereits hinreichend erläutert – bleiben einige Punkte erklärungsbedürftig:

Eine Strategische Allianz stellt eine auf die

(1)   Generierung und/oder den Ausbau von Wettbewerbsvorteilen zielende

(2)   Kooperationsform jedweder Bindungsrichtung von rechtlich unabhängigen und wirtschaftlich prinzipiell
        ebenfalls unabhängigen Organisationen mit einem niedrigeren Institutionalisierungsgrad dar, die die

(3)   vornehmlich strategisch ausgerichteten und inhaltlich begrenzten Aktivitäten im Spannungsfeld
        zwischen Markt und Organisation in einem

(4)   relativ stabilen Umfeld, eher langfristigen, aber dennoch zumeist begrenzten Zeithorizont

(5)   gemeinschaftlich und/oder in gegenseitiger Abstimmung ausführen, und dabei die

(6)   jeweiligen Kernkompetenzen berücksichtigen und vernetzen.

Abb. 4.17 Definitionsversuch der Strategischen Allianz. (Quelle: eigene Zusammenstellung)

(1) Mit der Strategischen Allianz als „Kooperationsform jedweder Bindungsrichtung von
    rechtlich unabhängigen und wirtschaftlich prinzipiell ebenfalls unabhängigen Orga-
    nisationen" wird zum einen die oben erwähnte Einschränkung auf die horizontale
    Ausrichtung aufgehoben, wobei allerdings nicht bestritten werden soll, dass sie die
    häufigste Erscheinungsform darstellt. Zum anderen sollen Allianzen nicht nur auf
    Unternehmen beschränkt werden, sondern auch andere organisierte Institutionen wie
    Verbände, Vereine, Universitäten und sämtliche anderen *Stakeholder* in die Koopera-
    tionsverflechtung aufnehmen. Hierbei wäre sogar eine Erweiterung hinsichtlich der
    Allianzierung mit nicht organisierten Kunden denkbar. Diese sicherlich in Zukunft
    häufiger auftretenden Kooperationen unter dem Aspekt der Generierung und/oder dem
    Ausbau von Wettbewerbsvorteilen sind im Bereich des Issue-Managements und der
    strategischen Frühwarnung von Bedeutung. Die *prinzipiell* wirtschaftlich unabhängi-
    ge Position der kooperierenden Unternehmen wird lediglich durch die Einschränkung
    der Entscheidungsspielräume limitiert, die freiwillig und im Tausch mit strategischen
    Vorteilen aus der Kooperation eingegangen wird. Der Aspekt des „niedrigeren Institu-
    tionalisierungsgrad" soll eine Abgrenzung zum Joint Venture leisten, das in der Regel
    durch eine eigene Rechtspersönlichkeit einen hohen Grad der Institutionalisierung
    aufweist.

(2) Die „vornehmlich strategisch ausgerichteten und inhaltlich begrenzten Aktivitäten im
    Spannungsfeld zwischen Markt und Organisation" sehen keine eigene Organisations-
    form im engen Sinne für die Strategische Allianz vor. Nur so ist die Hybridform
    im Sinne einer Zwischenlösung von marktlichen und hierarchisch-organisatorischen
    Beziehungen zu verstehen. Weiter gedacht kann dies als eine *Vermarktlichung or-
    ganisatorischer Beziehungen* und eine *Hierarchisierung der marktlichen Beziehung*
    verstanden werden (vgl. zu diesem Gedanke auch Sydow 1992). Aus diesem Grund
    werden Strategische Allianzen vielfach als Vorstufe und Testphase für spätere Akqui-
    sitionen, Fusionen oder Joint Ventures gesehen.

(3) Strategische Allianzen bewegen sich in einem „relativ stabilen Umfeld eher langfristi-
    gen, aber dennoch zumeist begrenzten Zeithorizont". Demzufolge ist die Strategische
    Allianz nach Meinung vieler Autoren, die sich mit der vergleichenden Analyse der
    Kooperationsformen auseinandersetzen, eine Erscheinung, die sich in einem stabilen

Entwicklungsfokus bewegt und somit auch relativ stabile Beziehungsmuster aufweist (Sydow 1992, S. 82; Zimmermann 1996, S. 2; Bleicher 1996, S. 13; Scholz 1994, S. 14). Ähnlich argumentieren Picot, Reichwald und Wigand hinsichtlich der transaktionskostentheoretischen Konzepte der Spezifität und Veränderlichkeit aufgliedern: Die Strategische Allianz ist aufgrund der langfristigen und nachhaltigen strategischen Ausrichtung mit einer niedrigeren Veränderlichkeit konzipiert. Die Formen des Netzwerkunternehmens und der Virtuellen Unternehmung hingegen werden durch eine hohe Veränderlichkeit gekennzeichnet (vgl. Picot et al. 1996, S. 13). Insbesondere hinsichtlich der hohen kulturellen Anforderungen und der systematischen Schwäche bei Kooperationsformen mit hoher Spezifität und Veränderlichkeit (Probleme entstehen insbesondere aufgrund der Pflege von latenten Beziehungen und der Vertrauensproblematik) sind Strategische Allianzen weitaus häufiger anzutreffen als die sich eher in der wissenschaftlichen Diskussion befindlichen Konzepte der dynamischen Vernetzung und der Virtualisierung.

(4) Die Berücksichtigung der jeweiligen Kernkompetenzen soll komplementäre Ressourcen, Fähigkeiten, strategische Aktiva, aber auch gleichartige Ressourcen (durch deren Bündelung ein Synergieeffekt erzielt werden soll) einschließen (vgl. Rall 1993, S. 33).

4.4.2   Weitere verwandte Konzepte

Albach stellte mit der Strategischen Familie ein weiteres theoretisches Konzept vor und erläuterte den Zusammenhang mit den Strategischen Gruppen (Albach 1992). Dies kann als eine deutsche Adaption der asiatischen, vorrangig japanischen Konzepte der 1970er und 1980er Jahre angesehen werden, die auf ähnlichen Logiken wie der regionalwissenschaftliche Netzwerkanalyse beruhen (hier früh Brusco 1982).

4.4.2.1   Strategische Gruppen

Der Begriff der Strategischen Gruppe wird von Porter definiert als eine „Gruppe der Unternehmen in einer Branche, die dieselbe oder eine ähnliche Strategie entsprechend den strategischen Dimensionen (Lieferanten, Abnehmer, aktueller Wettbewerb, potentieller Wettbewerb, Ersatzprodukte) verfolgen. Eine Branche könnte eine einzige strategische Gruppe sein, wenn alle Unternehmen im Wesentlichen die gleiche Strategie verfolgten. Im anderen Extremfall könnte jedes Unternehmen eine eigene strategische Gruppe bilden. Zwischen den strategischen Gruppen innerhalb einer Branche gibt es Mobilitätsbarrieren. Mobilitätsbarrieren be- oder verhindern den Wechsel der strategischen Position von einer strategischen Gruppe in eine andere." (Porter 1992, S. 177) Damit wird ein Rekurs auf das bereits erläuterte Paradigma der Industrieökonomik *„Structure Conduct Performance"* genommen. Porter hebt hier auf das gleichgerichtete strategische Verhalten innerhalb einer Strategischen Gruppe ab, das *innerhalb* derselben Strategischen Gruppe eine hohe und *zwischen* Strategischen Gruppen aufgrund der Mobilitätsbarrieren verminderte Wettbewerbsintensität induziert (vgl. auch Albach 1992, S. 655). Das identische Verhalten erklärt Albach mit bewährten Strategien im Wettbewerb, die sich durch Kundenbewertung mittels der zwei Dimensionen *Produktnutzen* und *Produktkosten* herauskristallisieren.

4.4.2.2   Strategische Familien

Die Familienmetapher besitzt insbesondere in der japanischen Kultur eine weit reichende Bedeutung. Die konstitutive Unterscheidung ist die zwischen „innerhalb" und „außerhalb" (*uchi* und *soto*). Sie zieht sich von der Beschreibung des eigenen Hauses über die Firma bis hin zur Nation durch. Es hatten sich so genannte *zaibatsu* gebildet (die vier größten waren Mitsui, Mitsubishi, Sumitomo und Yasuda), die zum Kriegsende durch das 1947 erlassene Anti-Trust-Gesetz zerschlagen wurden. Der Name *zaibatsu* setzt sich zusammen aus *zai* für Wert, Geld, Kapital und *batsu* für Gruppe. Es handelte sich um große Konzerne oder Firmengruppen, die eine pyramidenartige Struktur aufwiesen. An deren Spitze stand in der Regel eine Holding-Gesellschaft, die einer wohlhabenden japanischen Familie gehörte. Diese Holding-Gesellschaft kontrollierte und steuerte eine Reihe weiterer Firmen, die wiederum ihrerseits Tochtergesellschaften oder zugehörige kleinere Unternehmen steuerten. Ende des Zweiten Weltkrieges brachten die *zaibatsu* etwa ein Viertel des gesamten einbezahlten Kapitals Japans auf. Jeder dieser *zaibatsu* gehörte eine Bank, eine Versicherungsgesellschaft, ein marktbeherrschendes Produktionsunternehmen und ein Handelsunternehmen an. *Zaibatsu* agierten in unterschiedlichen Wirtschaftsbereichen und waren hauptsächlich durch untereinander bestehende Beteiligungen, gemeinsame Vorstandsmitgliedschaften sowie präferierte Geschäftsbereiche miteinander verbunden. Diese alten, persönlichen Beziehungen zwischen den reichen Familien hingegen bestanden über das Ende des Weltkrieges hinaus weiter und wurden in den so genannten *shacho kais* (Präsidentenclubs) gepflegt. Die in den *kais* repräsentierten Unternehmen stellen auch heute noch den Kern der wirtschaftlichen Aktivitäten dar. In den 80er und 90er Jahren wurde – wenn über die „Nippon AG" berichtet wurde – niemals das Phänomen der *keiretsu* ausgelassen. Bei *keiretsus* handelt es sich um breite Kooperationsnetzwerke, die formal nicht entsprechend geregelt sind und dennoch über eine beträchtliche Persistenz verfügen. *Keiretsu* sind somit die Nachfolgekooperationen der *zaibatsu*.

Es lassen sich horizontale, vertikale und distributive *keiretsu* unterscheiden (vgl. z. B. Streib und Ellers 1994). Horizontale keiretsu, auch *kinyu keiretsu* oder *financial gurûpu* genannt, können als die direkten Nachfolger der *zaibatsu* aufgefasst werden. Jeder der insgesamt sechs in Japan gehört eine Stadt-Bank, eine ehemalige *zaibatsu* Bank (Mitsubishi, Mitsui oder Sumitomo) oder die Fuyo, die Sanwa oder die Dai-ichi Kangyo Bank. Neben den Banken gehören den *kinyu keiretsu* ca. 25 bis 50 Unternehmen an, die gleichzeitig in mehreren *kinyu keiretsus* Mitglied sein können. Weiterhin ist mindestens ein Generalhandelshaus, so genannte *sogo shosha*, Familienmitglied, das in manchen Verbundgruppen als strategisches Zentrum fungiert und „steuert als solches die Produktentwicklung, beauftragt Produzenten mit der Herstellung, stellt notwendige Informationen bereit, erschließt Ressourcen, bietet organisatorische Unterstützung bei Unternehmensgründungen und Großprojekten, organisiert den Technologietransfer und vertreibt die Endprodukte" (Sydow 1992, S. 39). In regelmäßigen Abständen kommen die Präsidenten der Mitgliedsunternehmen und -banken in informellen Treffen zur Sicherung einer koordinierten und aufeinander abgestimmten Politik zusammen. 1992 machten ihre Absätze kumuliert ca. 16 % des Gesamtabsatzes aller nationalen Unternehmen aus (Sydow 1992, S. 39). Wenn auch fälschlicherweise häufig eine Kapitalverbindung angenommen wurde, beträgt der Anteil tatsächlich nur 3 bis 5 % (vgl. Ohmae 1990). Es ist somit in der Regel auch mehr als eine vertikale Integration, sondern eine Netzkonstruktion partnerschaftlicher Zusammenarbeit, die sich häufig um ein global agierendes Unternehmen spinnt (z. B. Toyota, Honda, Nissan, Matsushita etc.). In Japan scheint seit Beginn der 1990er Jahre diese kooperative Form aufgrund der *kudoka* (der industriellen Aushöhlung durch währungsbedingte Erhöhung des Auslandsfertigungsanteils) an Bedeutung zu verlieren. Häufig waren die japanischen Hersteller im Ausland zum Bezug ausländischer Vorprodukte per Auflage verpflichtet (sog. *local content*), so dass Kapazitäten der Zulieferindustrie frei wurden und die familiären Beziehungen überdacht wurden.

4.4.3   Empirische Relevanz von Strategischen Allianzen

4.4.3.1   Anzahl der weltweiten Allianzen im historischen Vergleich

Die Datenlage von Strategischen Allianzen ist als nicht belastbar anzusetzen. Bestehende Daten kommen nahezu durchgängig durch großzahlige Befragungen global tätiger Unternehmensberatungen in Verbindung mit Unternehmensdatenanbietern wie *Thomson Financials*. Die hier recherchierten – und zum Teil widersprüchlichen – Daten sind die jeweils aktuellsten und erlauben lediglich Tendenzaussagen.

In einem 2004 vorgelegten Aufsatz verweisen Jeffrey H. Dyer, Prashant Kale und Harbir Singh auf Erhebungen, die im Zeitraum von 1996 bis 2001 allein für US-amerikanische Unternehmen 74.000 Akquisitionen und 57.000 Allianzen gezählt haben wollen. Im Jahr 2000 seien es 12.460 Akquisitionen und 10.349 Allianzen gewesen. Dann sei nach einer Verlangsamung im Jahr 2002 eine Erholung im Jahr 2003 zu verzeichnen gewesen – auf nunmehr 8385 Akquisitionen und 5789 Allianzen (Dyer et al. 2004, S. 109 ff.). Diese Zahlen lassen sich in anderen Studien so nicht verproben. Im Folgenden werden Daten einer Erhebung der *Boston Consulting Group* aus dem Jahr 2004 vorgestellt, die sich mit Daten von *Thomson Financials* zumindest plausibler verproben ließen.

Anhand dieser Darstellung zeigt sich ein Gegentrend zur begeisterten Diskussion: Die Anzahl der Allianzen ist im Jahr 2004 die niedrigste seit 1989 – und kann nicht als eine substitutive Maßnahme zu Akquisitionen gesehen werden.

Vergleicht man die relativen Anteile, dann wird deutlich, dass die Dominanz der Akquisition nicht konjunkturabhängig verläuft. Die Akquisitionen sind auch in der Nachfolge des letzten Börseneinbruchs im Jahr 2001 noch weiter relational angestiegen, während die Joint Ventures sich nahezu marginalisiert haben und keinerlei Rolle zu spielen scheinen. Die Strategischen Allianzen haben sich auf das Ausgangsniveau der beginnenden 1990er Jahre zurückentwickelt (Abb. 4.18).

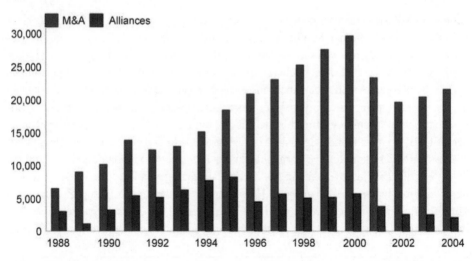

Abb. 4.18 Absolute Entwicklung – Allianzen und Akquisitionen weltweit 1988–2004. (Quelle: Cools und Roos 2005, S. 12)

Vergleicht man die kooperativen Formen direkt, dann fällt auf, dass die Joint Ventures lediglich Mitte der 1990er Jahre die Strategischen Allianzen übertroffen haben und nunmehr nicht mehr als 10 % aller Kooperationen ausmachen (vgl. Abb. 4.19).

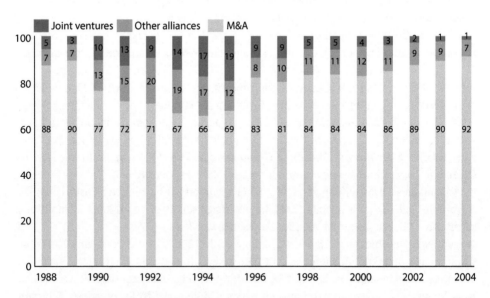

Abb. 4.19 Relative Entwicklung – Joint Ventures, Allianzen, Akquisitionen weltweit in Prozent, 1988–2004. (Quelle: Cools und Roos 2005, ebd.)

4.4.3.2 Entwicklung aus Branchenperspektive

Bestimmte Branchen sind überproportional über Allianzen verflochten. So waren in den 1980er Jahren insbesondere die Elektronik-, die Automobil- und die Aerospace-Industrie zu nennen (vgl. Doz 1992, S. 50–54). In den 1990er Jahren wurden mit zunehmender Liberalisierung der Telekommunikations- und Strommärkte diese Branchen Hauptfeld für Strategische Allianzen. Auch in der Elektronikindustrie, z. B. in der Halbleiterentwicklung und -produktion sowie im Bereich der Computer, wurden Allianzen als unausweichlich angesehen. In der Aviation-Industry fanden insbesondere im Rahmen der zivilen Luftfahrt fast alle Aktivitäten innerhalb von Allianzen statt (in Deutschland war dies mit über 30 % das größte Kooperationsfeld). Es haben sich Strategische Gruppen gebildet (Star Alliance oder ehemals Rolls Royce und BMW oder Pratt & Whitney und MTU).

Auffällig sind hierbei drei Aspekte: Einerseits der nachhaltige – absolute wie relative – Rückgang der Industriealllianzen. Andererseits der relative hohe Anteil der Kooperationen im Bereich der IT-Branche. Im Jahr 2000 machte dieser allein 51 % aller weltweiten Kooperationen aus.

4.4.3.3 Entwicklung aus geographischer Perspektive

Bei der Betrachtung der regionalen Verteilung zeigt sich die gewohnte Triade der USA, Europa und dem asiatisch-pazifischen Raum. Die Entwicklung in den USA ist als sehr volatil zu beschreiben. Im Zuge der New Economy Krise war ein drastischer Einbruch der Allianzenanzahl zu verzeichnen, während die asiatische Region sich nach eher schwerfälligem Start in der Boom-Zeit der 1990er Jahren nun im Wachstumstrend befindet und Europa in den vergangenen Jahren zum Schlusslicht wurde (Abb. 4.20).

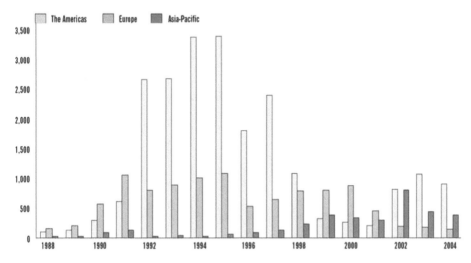

Abb. 4.20 Geographische Entwicklung von Allianzen – 1988–2004. (Quelle: Cools und Roos 2005, S. 13. Ausschluss von allen Allianzen aus Afrika und dem mittleren Osten)

4.4.3.4 Entwicklung aus funktionaler Perspektive

Die Boston Consulting Group schlägt eine grundsätzliche Unterscheidung von Allianzen nach dem Wettbewerbsgrad der Kooperationspartner einerseits und der Breite der Kooperationsaktivitäten andererseits vor, die instruktiv für eine Differenzierung von Allianzformen aus funktionaler Perspektive sind (vgl. aber auch die tiefer gehende Analyse von verschiedenen Formen der Co-opetition-Modelle, also Kooperationen zwischen Wettbewerbern bei Jansen 2000, S. 49 f.) (Abb. 4.21).

Die Bereiche der Produktion sowie der Forschung und Entwicklung waren die zentralen Funktionsbereiche der Strategischen Allianzen in den 1980er Jahren, so waren damals insbesondere marketingorientierte Allianzen mit gleichen Vertriebskanälen selten anzutreffen, da die gemeinschaftlich produzierten Produkte in der Regel separat und im Wettbewerb zueinander vermarktet werden (vgl. Doz 1992, S. 57). Heute haben sich die funktionalen Bereiche auf alle Wertschöpfungsstufen erweitert, wie Industrien der IT-Branche aber auch der Luftfahrt zeigen.

Dennoch zeigt sich aus den relativen Anteilen, dass Allianzen insbesondere zur gemeinsamen Geschäftsfeld- und Markterschließung eingesetzt werden – also Wachstums- und keine Rationalisierungsmaßnahmen sind.

Allianztyp	Betriebswirtschaftliche Funktionen | Beispiele	Relativer Anteil
Experten-Allianzen		
Zwischen Nicht-Wettbewerber zur Teilung von Entwicklung von spezifischen Kenntnisse und Fähigkeiten in einem breitem Spektrum von Funktionen	Standard-Entwicklung in Prozessen, Ressoucenteilung durch gemeinsames Outsourcing z.B. von IT, Lizensierungsverfahren in der Pharma-Industrie	**12 %**
Neugeschäfts-Allianzen		
Partnerschaften zwischen Nicht-Wettbewerber, die ein neues Geschäftsfeld bzw. einen neuen Markt entwickeln wollen	Produktion, Forschung & Entwicklung (bei konvergenten Technologien oder Services), Vertrieb,	**53 %**
Coopetition-Allianzen Partnerschaften zwischen Wettbewerbern zur Erreichung einer kritischen Masse und der	Beschaffung, gemeinsame F&E etc.	**27 %**
Erzielung von Skalenerträgen bzw. Netzwerkeffekten		
M&A-ähnliche Allianzen Partnerschaften von Wettbewerbern, die eine vollständige Integration wünschen, diese aber aus regulatorischen Gründen und durch Kapitalmarktbedingungen nicht können.	Vor allem Beschaffung und Vertrieb (z.B. multi-carrier-Allianzen)	**8 %**

Abb. 4.21 Entwicklung aus funktionalen Perspektiven. (Quelle: eigene Darstellung)

4.4.3.5 Aktuelle Entwicklungen im Kontext der Cross Industry Innovation

Im Abschn. 3.3.4 wurden die Innovationstypiken aufgezeigt. Als ein Typus des Innovationsmanagements wird die sogenannte cross-industrielle Innovation hervorgehoben, also die branchenübergreifende Kooperation (vgl. z. B. Gassmann et al. 2010) mit Blick auf innovative Produkte, Prozesse oder Geschäftsmodelle. Die Agentur z_Punkt hat dazu einige Beispiele zusammengetragen (http://www.z-punkt.de/crossinnovation.html) (Abb. 4.22).

Abb. 4.22 Beispiele für Strategische Allianzen. (Quelle: z_Punkt)

Smart Textiles und Wearables:
> Rimowa, Airbus und T-Systems entwickeln gemeinsam einen intelligenten Koffer
> Google kooperiert mit Novartis bei der Entwicklung intelligenter Kontaktlinsen
> Nike kooperiert mit Apple, Adidas mit Google

Industrie 4.0:
> AT&T, Cisco, GE, IBM und Intel bilden das "Industrial Internet Consortium"
> der Landmaschinenproduzent CLAAS kooperiert mit T-Systems bei der Entwicklung von telematischen Lösungen für das Erntemanagement

Postfossile Mobilität:
> RWE kooperiert mit Schneider Electric bei der Entwicklung von Ladeinfrastruktur für Elektrofahrzeuge
> ABB entwickelt mit Volvo Schnellladesysteme für Elektrobusse

Autonomes Fahren:
> Continental kooperiert mit Google und IBM bei der Entwicklung eines Backends für die Kommunikation zwischen autonomen Fahrzeugen

Energieeffizienz:
> Airbnb arbeitet mit dem Thermostat-Hersteller Nest zusammen, um mehr Apartments mit intelligenten Thermostaten auszustatten

Nachhaltige Produktion:
> BASF, Linde und ThyssenKrupp kooperieren bei einem neuartigen Verfahren, um Synthesegas aus CO_2 herzustellen, für den Einsatz in der Roheisen- und Stahlproduktion

Pharmazeutische Ernährung:
> Nestle will den Markt zwischen Lebensmittel- und Pharma-Industrie neu erfinden und kooperiert z.B. mit dem Anbieter Cellular Dynamics International in der Lebensmittelforschung

4.5   Lebenszyklus der Kooperation

Analog zu der Übersicht beim Joint Venture werden vier Phasen einer Strategischen Allianz in den folgenden Abschnitten vorgestellt. Die nachstehende Abb. 4.23 dient somit quasi als detaillierte Inhaltsangabe der einzelnen Schritte einer interorganisationalen Kooperation in einem *idealtypischen* Lebenszyklus. Es sei explizit darauf hingewiesen, dass die Betrachtung der Auflösung in keine eigene Phase aufgenommen worden ist. Dies wäre sicherlich bedenkenswert, da Kooperationsformen niedriger Institutionalisierungsgrade mehr vom Ende als von der Entstehung gedacht werden sollten. Bei der kooperationsvertraglichen Betrachtung werden Angaben über Regelungsbestandteile für die Auflösung gemacht. Weiterhin ist es wichtig zu betonen, dass die differenzierten Phasen in der Praxis integrativ und iterativ zu betrachten sind.

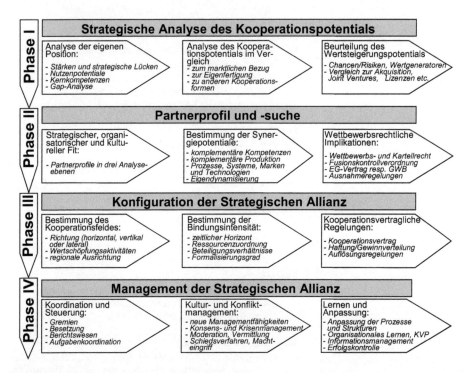

Abb. 4.23 Die vier idealtypischen Phasen der Strategischen Allianz. (Quelle: eigene Darstellung in Anlehnung an Bronder und Pritzl 1992a, S. 18)

4.5.1   Analyse des Kooperationspotentials

Es wird im Folgenden direkt mit dem zweiten Punkt der Analyse der Motive und Zielsetzungen begonnen, da dem ersten Punkt der Unternehmens- und Wettbewerbsanalyse
bereits im Abschn. 3.3 ausreichend Aufmerksamkeit gewidmet wurde.

4.5.1.1   Motive und Zielsetzungen

Bei den Motiven für Strategische Allianzen gibt es eine Vielzahl, die im Folgenden in
Gruppen gemeinsam mit den jeweiligen unternehmerischen Optionen vorgestellt werden
sollen. Es lassen sich zumindest sieben Motivgruppen unterscheiden (Abb. 4.24).

	Technologie- und Ressourcenzugang	Zeitersparnis	Kostenreduktion	Marktzutritt und -ausdehnung	Spekulation	System-kompetenz	Know-how Vorteile
Anforderungen und abgeleitete Motive	▪Technologiezugang ▪F&E Kooperationen ▪Knappe Human- und Finanzressourcen	▪Kürzere Produkt- und F&E Zyklen ▪Schnelleres time to market ▪Sofortige globale Verfügbarkeit von Produkten ▪Risikominimierung von F&E Projekten	▪Verschiebung der Kostenstrukturen zu variablen Kosten ▪Skaleneffekte ▪Lernkurveneffekte ▪Kapazitäten-management	▪Globalisierung ▪lokale Präsenz ▪nationale Kulturberücksichtigung ▪verändertes Nachfrageverhalten ▪Blockade von Wettbewerber ▪Umgehen von Handelshemmnissen ▪Wettbewerbsverminderung	▪Test für eine spätere Akquisition bzw. Fusion ▪Vorstufe eines hostile takeovers ▪rhetorisches Signal an Wettbewerber und Aktionäre	▪Nachfrage nach Systemlösungen ▪Erhöhte Gewinnmarge ▪Markt- und Technologiekonvergenz ▪Standardgenerierung	▪Gegenseitiges Lernen ▪Bei internationalen Allianzen Berücksichtigung von kulturellen Unterschieden ▪Bei Akquisitionen Gefahr des Abwanderns von Kompetenzträgern

Optionen							
horizontal		vertikal		lateral		strategische Familien	
Management-Vertrag			cross sharing			Joint Venture	
Vertriebsallianzen	Fertigungsallianzen		F&E Allianzen		Logistikallianzen		Multifunktionsallianzen

Abb. 4.24 Übersicht der Motive und Optionen strategischer Allianzen. (Quelle: eigene Darstellung,
vgl. Müller-Stewens 1993; Schäfer 1994; Michel 1994; Bronder 1993)

4.5.1.2   Wertsteigerungspotential einer Kooperationsstrategie

4.5.1.2.1   Shareholder Value Analysis

Neben den oben genannten Motivgruppen ist in der langfristigen Perspektive die Wertsteigerung für alle kooperierenden Unternehmen dominantes Kriterium für die Stabilität der Allianz. Diesem Kapitel der Strategischen Allianzen wird daher mittlerweile in der Literatur auch zunehmend Rechnung getragen (vgl. z. B. Bronder 1993; Michel 1994; Mirow 1994; Bleeke und Ernst 1995; Bamford und Ernst 2002; Child et al. 2005). Im Rahmen der *Shareholder Value*-Diskussion des vergangenen Jahrzehnts ist es erforderlich, eine Rendite auf die Investition zu erwirtschaften, die zumindest die Kapitalkosten deckt (vgl. Copeland et al. 1993; Rappaport 1995; Lewis 1995). Da der Aspekt der Unternehmensbewertung und somit auch die Bestimmung der Wertsteigerung im Punkt (vgl. Abschn. 5.3.4) bei der Unternehmensakquisition ausführlich behandelt wird, soll hier lediglich die zugrunde liegende Logik dargelegt werden. Eine zentrale Größe im Rahmen der *Shareholder Value Analysis* stellt der bereits mit Michael Jensen eingeführte *Free Cash Flow* dar. Es gibt keine eindeutige und von allen akzeptierte Definition. Die Bestimmung des so genannten Free Cash Flows wird hier wie in Abb. 4.25 dargestellt vorgenommen.

Die Methode zur Analyse und Ermittlung von Wertsteigerungspotentialen kann mit folgenden Schritten anhand des Konzeptes von Rappaport (1995) grob beschrieben werden (Abb. 4.26). Der Unternehmenswert setzt sich entsprechend dieser Methodik aus den in Abb. 4.27 dargestellten drei Grundkomponenten zusammen.

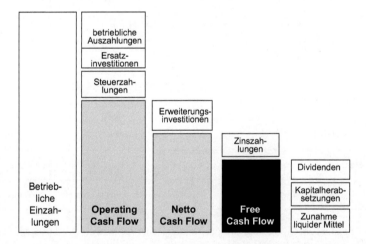

Abb. 4.25 Herkunft und Verwendung des Cash Flows. (Quelle: Darstellung nach Bühner 1994a, S. 15)

1. **Prognose des zukünftig zu erwartenden Free Cash Flows**. Dies erfolgt über einen zu überschauenden Planungshorizont (z.B. fünf Jahre).

2. **Ermittlung der Kapitalkosten.** Bestimmung der Risikoprämie (z.B. über CAPM) und der steuerverminderten Fremdkapitalkosten.

3. **Abdiskontierung der Free Cash Flows** mit dem Kapitalkostensatz (z.B. den gewogenen durchschnittlichen Kapitalkosten) auf den Gegenwartswert.

4. **Bestimmung des Residualwertes**, der sich aus der Berücksichtigung der Free Cash Flows nach der Planungsperiode (also z.B. nach 5 Jahren) ergibt, wird bei Rappaport in einer ewigen Rente angegeben. Die Rendite deckt durch den Wettbewerb genau noch die Kapitalkosten.

Abb. 4.26 Vier Schritte der Shareholder Value Analysis. (Quelle: eigene Darstellung)

1. **Gegenwartswert des betrieblichen Cash Flows** während der Prognoseperiode
2. **Residualwert**, der den Gegenwartswert eines Geschäftes für den Zeitraum **nach der Prognoseperiode** repräsentiert.
3. **Gegenwartswert der börsenfähigen Wertpapiere und anderer Investitionen, die sich liquidieren lassen**, für den eigentlichen Geschäftsbetrieb jedoch *nicht notwendig* sind.

Abb. 4.27 Komponenten des Unternehmenswertes. (Quelle: eigene Darstellung, vgl. auch Rappaport 1995, S. 53 ff.)

Der Shareholder Value wäre dann als der Unternehmenswert abzüglich des Fremdkapitals zu verstehen. Rappaport unterscheidet im Rahmen der Wertsteigerungsanalyse zwischen verschiedenen Wertgeneratoren (so genannten *Value Drivern*) (Abb. 4.28).

Wachstumsrate der Umsätze	Verhältnis des Neuumsatzes zum Altumsatz.
Betriebliche Gewinnmarge	Verhältnis zwischen dem Betriebsgewinn vor Zinsen und Steuern (bei dem auch die unbaren Aufwendungen abgezogen werden) und Umsatz.
Gewinnsteuersatz	Steuern auf den Betriebsgewinn eines Steuerjahres, die entweder in Raten während des Jahres gezahlt werden oder am Jahresende als Verbindlichkeit erscheinen.
Investitionen in Umlaufvermögen	Nettoinvestitionen in Debitoren-, Lager- und Lagerbestände und in Rückstellungen, die für die Stützung des Umsatzwachstums erforderlich sind .
Investitionen in Anlagevermögen	Anlageinvestitionen, die den Abschreibungsaufwand übersteigen.
Kapitalkosten	Gewogenes Mittel der Kosten von Fremd- und Eigenkapital.
	Fremdkapitalkosten: Kosten des neuen FK sind ausschlaggebend und nicht die Kosten des bereits geschuldeten FK (sunk costs). Da die FK-Zinsen steuerlich abzugsfähig sind, entspricht die Rendite, die auf FK gezahlt wird, den Fremdkapitalkosten *nach* Steuern. *Eigenkapitalkosten = Risikofreier Zinssatz + Risikoprämie* *Risikoprämie = β (erwartete Marktrendite – risikofreier Zinssatz)* $$= \beta\,(\,r_m - r_f)$$ *Eigenkapitalkosten = $r_f + \beta\,(\,r_m - r_f)$*

Abb. 4.28 Value Drivers nach Rappaport. (Quelle: eigene Darstellung, vgl. Rappaport 1995, S. 101–102)

4.5.1.2.2 Wertorientierte Strategieplanung

Bronder versucht die kooperationsspezifischen Ziele genau mit derartigen Werttreibern in Beziehung zu setzen. Es geht somit um eine quantitative Bewertung von (Kooperations-) Strategien und somit auch um ihre Vergleichbarkeit (Bronder 1993, S. 44–46). Dieser Aspekt wird im Rahmen des „Wertorientierten Managements" auch als mikropolitische Steuerungsoption z. B. bei der Kapitalallokation auf Holdingebene eingesetzt (vgl. z. B. Bühner 1994b; Lewis 1995; Stelter 1996). Bei der Bewertung der Strategischen Allianzen und insbesondere bei Equity-Kooperationen ist der wertmindernde Einfluss der Koordinationskosten und Transaktionskosten zu beachten (vgl. Bronder 1993, S. 46). Aufgrund der Anbahnungs-, Vereinbarungs-, Kontroll- und Anpassungskosten muss zwischen einer Bruttowertsteigerung und einer Nettowertsteigerung unterschieden werden. Doch genau die Operationalisierung dieser Kostenarten und somit der Differenz zwischen Brutto- und Nettoeffekt bereitet in der Praxis erhebliche Schwierigkeiten. Porter führt diese Problematik unter dem Begriff der *Komplexitätskosten*, die für ihn neben Koordinierungskosten auch Kompromiss- und Inflexibilitätskosten bedeuten. Nachfolgend soll mit Abb. 4.29 eine Übersicht vorgestellt werden, die die oben ausgeführten Punkte der wertorientierten Strategieplanung für Kooperationen, also insbesondere der Strategieziele, der Motive, der Werttreiber etc. aufzunehmen versucht.

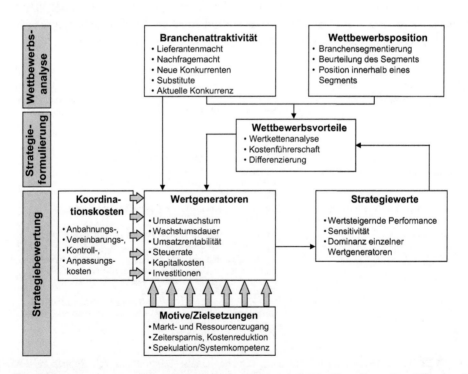

Abb. 4.29 Wertorientierte Strategieplanung der Kooperation. (Quelle: eigene Darstellung, vgl. auch Rappaport 1995; Michel 1994; Bronder 1993)

Die Wertsteigerungspotentiale können demnach in kooperationsinduzierten *internen* Verbesserungen und Restrukturierungen erzielt werden, die im Alleingang mit etlichen Schwierigkeiten zu erreichen wären (z. B. Bereinigung der Vertriebsstruktur, Kapazitätsanpassungen) bzw. in kooperationsinduzierten *externen* Verbesserungen wie z. B. Absatzsteigerung oder der Wettbewerbsposition liegen. Es wäre somit – wie durch die Koordinationskosten angedeutet – eine Gegenüberstellung mit eventuellen Wertminderungspotentialen erforderlich, die durch kooperationsinduzierte Nachteile und Risikoveränderungen entstehen.

4.5.1.3 Anwendungsprobleme der Shareholder Value Analysis bei Kooperationsstrategien

Anknüpfend an die dargestellte Problematik der Operationalisierung von Koordinationskosten und Zielsetzungseffekten auf die Wertgeneratoren sollten die Anwendungsprobleme diskutiert werden. Bronder diskutiert die in Abb. 4.30 dargestellten Problemkategorien insbesondere für Joint Ventures und Strategische Allianzen.

4.5.1.3.1 Berücksichtigung des Optionscharakters bei Strategiebewertungen

Aus den skizzierten Anwendungsproblemen der Shareholder Value Analysis ist der Optionscharakter von strategischen Kooperationen in der so genannten Real Option Theory eine Alternative zur Strategiebewertung. Insbesondere die Risikoprämienproblematik wird bei Investitionen in einem Umfeld mit hoher technologischer und wettbewerblicher Dynamik unter Umständen so gravierend, dass die Vorgehensweise, die zur Bewertung

- **Informationsproblem:** Erfordernis von tieferer Detaillierung. Allerdings Gefahr der Illusion einer Quasi-Genauigkeit. Komplexität der Entscheidungssituation wird durch Quantifizierung wegdefiniert. Vorhandene Geschäftsfelder sind systematisch aufgrund der höheren Planungssicherheit bevorzugt. In der Regel Vernachlässigung von Lerneffekten durch Investitionen in neue Technologien und Kooperationen.

- **Restwertproblem:** 60 – 90% des Wertsteigerungspotentials liegen empirisch in dem Zeitraum *nach* dem Planungshorizont und sind somit entsprechend unsicher für eine gegenwärtige Analyse. Das Konzept der ewigen Rente mit der Entsprechung von Rendite und Kapitalkosten ist eine analytische Abstraktion mit der impliziten Annahme, dass Investitionen ausschließlich Ersatzinvestitionen sind, die sich durch die Abschreibungen finanzieren lassen.

- **Risikoprämienproblem:** Zur Bestimmung der Risikoprämie werden nach der CAPM-Methode aus Regressionen vergangenheitsbezogener Daten Beta-Faktoren ermittelt und entsprechend extrapoliert. Aufgrund von Veränderungen der Branchenattraktivität und der Wettbewerbsposition kann keine Konstanz des Risikoniveaus für den Betrachtungszeitraum angenommen werden.

- **Segmentierungsproblematik:** Die Vornahme von Segmentierungen in Strategische Geschäftseinheiten (SGE) ist für die Bewertung von Strategischen Allianzen und Joint Ventures unerlässlich. Dennoch ist es schwierig, konkrete Beta-Faktoren für die einzelnen Geschäftsbereiche zu ermitteln und die Risikoprämien dementsprechend anzupassen.

Abb. 4.30 Anwendungsprobleme der Shareholder Value-Analysis. (Quelle: eigene Aufstellung in Anlehnung an Bronder 1993, S. 47–49)

von Kauf- und Verkaufsoptionen auf den Kapitalmärkten herangezogen wird, bessere Ergebnisse erzielt (vgl. z. B. Copeland et al. 1993, S. 345 ff.; Herter 1992, S. 320). Insofern wäre der Wert der Investition als die Summe des Kapitalwertes *und* des Optionswertes zu verstehen. Ohne auf die Optionsbewertungstheorie im Einzelnen eingehen zu wollen (vgl. hierzu z. B. Elton und Gruber 1995 mit der Einführung in die Binomialmethode und der Black/Scholes-Formel), soll die zugrunde liegende Logik zu einer Erklärung herangezogen werden, wie es zu großen Unterschieden zwischen den Markt- und den Substanzwerten kommen kann. So hat diese vergleichsweise komplexe Methode insbesondere in der New Economomy-Phase ihre Durchsetzung gefunden. Dementsprechend sind es denn auch häufig nicht-finanzielle Bewertungen von Optionen, die vorgenommen werden: z. B. die Option des Abbruchs oder des Verkaufs (Flexibilität als Verkaufsoption), die Option der Verzögerung bzw. des Lernens (Joint Venture als Kaufoption für eine verzögerte Entscheidung eines Markteintritts), die Option der Erweiterung (Kaufoption durch potentielle Produktausweitungen bei eingeführter Marke) oder die Option des Wechsels (Lieferantenwechsel, Produktfertigung in unterschiedlichen Werken etc.) (vgl. Herter 1992, S. 324–326).

Nach der Identifikation von Optionen sind die Faktoren zu berücksichtigen, die unmittelbaren Einfluss auf den Wert einer Option besitzen. Hier sind insbesondere die Laufzeit, das Risiko der Investitionsentscheidung, die Verbesserung der Informationsbasis, die Höhe der Kapitalkosten und die Exklusivität des Optionsrechtes zu nennen. Da die qualitative Bewertung systematisch subjektiven Kriterien ausgesetzt ist, kann hier eine Validierung über die Delphitechnik oder andere Expertensysteme erfolgen.

4.5.2 Partnerprofil und -suche

Die Prozesse der Partnersuche erfolgen in der Regel über persönliche Kontakte, Kooperationsdatenbanken, Kooperationsbörsen und Beratungen. Insbesondere für den Fall, dass keine persönlichen Kontakte bestehen und der potentielle Partner bereits über längere Zeit bekannt ist, bedarf es für die Partnerselektion einer Analyse des Partnerprofils. Es stellt sich also im Zusammenhang mit der Realisierung von Wertsteigerungspotentialen die Frage nach dem geeigneten Partner. Bei der Wertsteigerungsanalyse gilt es, die international abweichenden Steuer-, Wechselkurs-, Inflations- und Transferpreisbedingungen zu berücksichtigen, da diese bei Partnern aus unterschiedlichen Herkunftsländern auseinander laufende Motivationen induzieren können (vgl. Michel 1994, S. 26; Picot 1998, Teil IX). In dieser Phase werden daher drei Analyseebenen des „Fits", d. h. des Zusammenpassens, diskutiert. Weiterhin müssen wettbewerbsrechtliche Implikationen untersucht werden. Im letzten Punkt werden die kooperationsvertraglichen Rahmenbedingungen und Verhandlungen dargestellt.

4.5.2.1 Typisierung der Strategischen Allianzen nach Kooperationssymmetrie

Zur Typisierung von Strategischen Allianzen gibt es wesentlich weniger Hinweise in der Literatur als zu den Motiven und Zielsetzungen. Bleeke und Ernst (1995), Harrigan (1988) und Sigle (1994) haben Typisierungen vorgeschlagen: Während man bei Sigle eine ziel- bzw. motivbezogene Typisierung mit entsprechenden Beispielen aus dem Mannesmann-Konzern findet, nehmen Harrigan sowie Bleeke und Ernst eine Unterscheidung zwischen verschiedenen Symmetrie- bzw. Asymmetriekonstellationen vor, die hier in Abb. 4.31 vorgestellt werden soll (siehe auch den folgenden Abschnitt zu Partnerprofilen).

- ■ *Absprachen zwischen Wettbewerbern in den Kerngeschäften.* Nur kurze Lebensdauer der Kooperation von zwei starken Wettbewerbern, die zumeist in der Auflösung, dem Kauf durch einen Partner oder einer Fusion enden.
- ■ *Zwei schwache Firmen zur Schaffung einer gestärkteren Wettbewerbsposition.* Auch hier führt diese Allianz zumeist zu einer weiteren Schwächung der Partner und endet in der schnellen Auflösung oder in dem Kauf durch Dritte nach spätestens fünf Jahren.
- ■ *Getarnter Kauf.* Eine Partnerschaft von einem starken und einem schwachen Partner, der ein potentieller Wettbewerber werden könnte, dient zur Erhaltung der Schwäche des einen Partners und zum getarnten Kauf auf Raten durch den starken Partner. Die Zusammenarbeit überdauert nur selten fünf Jahre und endet in der Regel in der Akquisition durch den stärken Partner.
- ■ *Zwei starke Partner und die Evolution des Kaufes.* Zwei zu Beginn starke Partner nehmen eine Partnerschaft auf. Durch evolutive Veränderung der Verhandlungsmacht kommt es langsam zu einem Aufkauf der einen Firma durch die andere. Empirisch lässt sich dies nach sieben Jahren belegen.
- ■ *Allianz von Partnern mit komplementären Kompetenzen.* Die Stärke der beiden Partner wird genutzt und gestärkt. Die beidseitig nutzenbringende Partnerschaft dauert mehr als sieben Jahre an.

Abb. 4.31 Typisierung von Allianzen hinsichtlich der Partnersymmetrie. (Quelle: Aufstellung nach Bleeke und Ernst 1995, S. 103)

4.5.2.2 Partnerprofile anhand des Strategie-, Organisations- und Kulturfits

4.5.2.2.1 Strategiefit

Es wird in der Regel darauf hingewiesen, dass es einer „Harmonisierung zum Strategiefit" bedarf, um langfristige und beidseitige Wertsteigerungspotentiale zu erzielen (Bleicher 1992, S. 271; Bronder 1993, S. 85). Dabei geht es vorrangig um die „Abstimmung unternehmenspolitischer Missionen und strategischer Programme" in der beidseitigen Ausrichtung der Konfiguration der Kooperation.

4.5.2.2.2 Organisationsfit

Insbesondere bei Bleicher taucht der strukturelle Fit als ein weiteres Kriterium des Partnerprofils auf. Darunter sind Kompatibilitäten hinsichtlich der Planungs- und Kontrollsysteme, der Informationssysteme und der Personal- und Anreizsysteme zu fassen. Es geht dabei insbesondere um die Bedeutung eines einheitlichen Berichtswesens, eines koordinierten Recruitings sowie eines abgestimmten Beurteilungs- und Anreizsystems. Unklar bleibt hierbei jedoch zunächst, inwieweit die möglicherweise im Vorfeld recht heterogen ausgestalteten Systeme der einzelnen Partner in ihrer Differenz fruchtbar gemacht werden bzw. inwieweit das Durchsetzungsvermögen einzelner Partner hier das interorganisationale Lernen und die Reflexion der eigenen Strukturen ermöglicht oder verhindert.

4.5.2.2.3 Kulturfit

Dem kulturellen Aspekt einer Kooperation wird in der aktuellen Diskussion viel Platz eingeräumt (vgl. z. B. Kanter 1994; Bronder 1993; Bleicher 1992). Nicht selten werden die kulturellen Kompatibilitäten als der entscheidende Erfolgsfaktor genannt (z. B. Schäfer 1994; Backhaus und Piltz 1990). Kompatibilität heißt in diesem Zusammenhang aber nicht unmittelbar Identität; es kann vielmehr auch eine Heterogenität von Unternehmenskulturen zielfördernd wirken. Der Begriff Unternehmenskultur wird in der Literatur nur selten hinsichtlich seiner Funktionalität und seiner Entstehung expliziert. Dennoch ist auffällig, dass relativ einhellig die Gestaltbarkeit und somit die Instrumentalisierung von Kulturen für die Integrationsleistung angenommen wird, und diese im Rahmen von Analysen bereits im Vorfeld zu antizipieren sei. Der kulturelle Fit wird häufig durch Positionierungen in Dichotomien ermittelt. Diese Dichotomien sind etwa individuelle vs. kollektive Kulturprägung, Offenheit und Umweltorientierung vs. Geschlossenheit und Binnenorientierung oder Kosten- vs. Nutzenorientierung (vgl. Bleicher 1992, S. 282). Bleicher zeigt drei Szenarien der Kulturentwicklung auf (Abb. 4.32).

Diese analytischen Unterscheidungen können mit unzähligen Beispielen hinsichtlich der empirischen Schwierigkeiten illustriert werden. So wird z. B. bei der Bosch-Siemens-Haushaltsgeräte GmbH Wert auf Kulturassimilation und Kulturpluralismus gelegt (vgl. Bronder 1992). Es ließ sich aber erkennen, dass bereits bei Gründung eine recht ähnliche Kultur in den beiden Unternehmen bestand (das Selbstverständnis über die Gründerväter, die Technologieführerschaft, das Innovationsstreben, höchste Qualitätsstandards etc.).

- **Kulturübernahme.** Dominanz und Durchsetzung einer Partnerkultur. Möglichkeit des Kippens durch Misstrauen und Missverständnis.

- **Kulturpluralismus.** Es werden verschiedene Kulturen zugelassen. Als Subkultur-Split wird der Zusammenhang umschrieben, wenn es zu einem Kulturkampf an Schnittstellen kommt, an denen unterschiedliche Kulturen, die die Partner in einzelnen Bereichen einbringen, kollidieren.

- **Kulturassimilation.** Entwicklung eines eigenen, selbständigen Kulturprofils.

Abb. 4.32 Die drei Szenarien der Kulturentwicklung in Kooperationen. (Quelle: Darstellung nach Bleicher 1992, S. 283, vgl. auch Bronder 1993, S. 91)

4.5.2.2.4 Partnerprofile

Es lassen sich – in der Logik der vorhergehenden Ausführungen verbleibend – Partnerprofile hinsichtlich der drei Fit-Ebenen bilden, die mit den unterschiedlichsten Gegensätzen arbeiten und anhand einer Positionierung eine Aussage erlauben, inwieweit die Kooperation der Realisierung des Kooperationszweckes dient und sich somit letztlich wertsteigernd auswirkt. Partnerprofile sind auf die für den Kooperationszweck abgestimmten und entscheidenden Konfigurationsmerkmale auszurichten.

In Abb. 4.33 soll ein Vorschlag für alle drei vorgestellten Ebenen dargestellt werden, wobei die Frage der Homogenität bzw. Heterogenität – oder in Bleichers Terminologie: Kulturübernahme, -pluralismus oder -assimilation – von Partnerprofilen unbeantwortet bleiben muss und quasi als „Meta-Fit" in der Entscheidung der beteiligten Partner verbleibt.

Bleicher (1992, S. 291–292) und Andrey (1992) arbeiten mit ähnlichen Profilanalysen. Sie sehen aber die Kongruenz als wesentliche Zielrichtung im Sinne einer geringeren Beanspruchung der Managementkapazitäten. Bei gleichen Profilen wären dementsprechend

Abb. 4.33 Fiktives Partnerprofil auf drei Analyseebenen. (Quelle: eigene Darstellung)

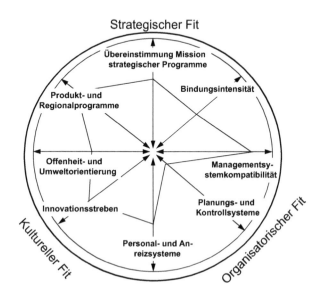

keine wesentlichen Managementleistungen erforderlich, während bei einer Inkongruenz die „Größe der Asymmetrie" (Bleicher 1992, S. 290) zunimmt. Zunächst bleibt aber unklar, welches Unternehmen als Referenz für das andere dienen soll. Die Analyse der Partner und ihrer Asymmetrie sollte nicht unmittelbar die Bedarfe an Führungskapazitäten, sondern auch als eine Möglichkeit Reflektion der eigenen Organisation und für Innovation verstanden werden. Unbestritten kann eine kulturelle Inkongruenz den Erfolg und die Stabilität einer Allianz gefährden, dennoch wird es ebenso Probleme erzeugen, wenn eine Unternehmenskultur als Homogenisierungsmittel instrumentalisiert wird, um eine einheitliche Position zu entwickeln.

Die Entwicklung in die Richtung der Funktionalität von kultureller Heterogenität wird mit so genannten „Stretch-Konzepten" diskutiert. Danach stehen die „Dehnungsmöglichkeiten" der heterogenen Partner hinsichtlich der gerade noch möglichen Zusammenarbeit einerseits und einer gerade noch ausreichenden Heterogenität andererseits im Vordergrund.

4.5.3   Wettbewerbsrechtliche Implikationen der Partnerwahl

4.5.3.1   Sicherung des „Wettbewerbs als Entdeckungsverfahren"

Die Sicherung des „Wettbewerbs als Entdeckungsverfahren" (Hayek 1969) steht bei den wettbewerbspolitischen Betrachtungen im Vordergrund. Strategische Allianzen werden nicht selten in unmittelbarer Nähe zu den als wettbewerbsschädlich erachteten Kartellen und Absprachen gesehen. Der ehemalige, langjährige Vorsitzende des Bundeskartellamtes Kartte spricht von einem „privatwirtschaftlichen Protektionismus" oder von der „globalen Interessenkoordinierung der Großkonzerne". Dabei zielt die Kritik insbesondere gegen horizontale Kooperationen. Hierbei ist es aber wichtig auf der makropolitischen Ebene zwischen nationaler und internationaler Wettbewerbsfähigkeit zu unterscheiden – wie dies bereits in Kapital 1 erfolgte –, und die Unausweichlichkeit des *trade-offs* zu akzeptieren. Bei der Partnerwahl sind solche wettbewerbsrechtlichen und -politischen Implikationen im Vorfeld sorgfältig zu prüfen, um etwaige nachträgliche Komplikationen zu vermeiden.

4.5.3.2   Wettbewerbsrechtliche Grundlagen in Europa und Deutschland

Bronder beschreibt Strategische Allianzen aus wettbewerbsrechtlicher Perspektive als Zwitter, da sie durch die kartellrechtlichen Systematiken nur schwer erfassbar sind. „Die übliche Kartellrechtssysteme unterscheiden nur zwischen Zusammenschlüssen einerseits und einer Verhaltenskoordinierung zwischen Wettbewerbern andererseits" (Bronder 1993, S. 94). Diese Zwitterstellung macht somit eine zweifache Überprüfung notwendig. Diese Überprüfung wird weiterhin durch die Regelungen sowohl auf der nationalen als auch auf der europäischen Ebene komplexer, so dass in vielen Fragestellungen eine externe juristische Beratung unausweichlich wird. Die Schwierigkeit der räumlich begrenzten rechtlichen Souveränität bei internationalen Allianzen ist nach Meinung des Kartellamtes auch im europäischen Recht noch nicht hinreichend geregelt, so dass die in der bereits

1948 verabschiedeten „Havanna-Charta" geforderte Weltkartellbehörde zum Schutz des internationalen Wettbewerbs ihre Aktualität und Notwendigkeit nach Ansicht vieler nicht verloren hat (vgl. Müller-Stewens 1993, S. 4074; de Weck 1998, S. 1 und die Entgegnung von Weizsäcker 1998, in: Behrens 1998, S. 56).

Ergänzend zu den Ausführungen im Abschn. 2.3 werden hier nur kurze Ausführungen zu der *europarechtlichen* sowie zur *national wettbewerbsrechtlichen Prüfung* folgen (vgl. hier die Informationen zum Europäischen Kartell- und Wettbewerbsrecht beim Bundeskartellamt bzw. beim Bundeswirtschaftsministerium (BMWi) sowie die dortigen Downloads der im Folgenden angeführten Verordnungen – insbesondere die *Kartellverfahrensverordnung* sowie die *Fusionskontrollverordnung* http://www.rechtliches.de/EU/info_FKVO.html 15.05.2015):

Der EG-Vertrag (EGV) bzw. Vertrag über die Arbeitsweise der EU (AEUV)
Die Wettbewerbsregeln des bis 30.11.2009 gültigen EG-Vertrags (Art. 81–89 EG) und heutigen Vertrag über die Arbeitsweise der Europäischen Union (AEUV) (Art. 101–109) sind die wesentliche Säule des „Systems, das den Wettbewerb innerhalb des Binnenmarkts vor Verfälschungen schützt" (Art. 3 Abs. 1 lit. g) EG). Ziel der EU-Wettbewerbsregeln ist dabei die Steigerung der Verbraucherwohlfahrt durch den Schutz des Wettbewerbs, der für günstigere Preise und innovativere Produkte sorgt. Art. 81 EG verbietet Vereinbarungen, Beschlüsse oder aufeinander abgestimmte Verhaltensweisen, die den Wettbewerb beschränken.

Die Europäische Kommission widmet sich zum einen schwerpunktmäßig der Verfolgung von Absprachen zwischen Wettbewerbern, die ihre Preise abstimmen, gemeinsam den Absatz beschränken oder die Märkte bzw. Kunden untereinander aufteilen (Kartelle). Die Europäische Kommission kann hierbei Bußgelder verhängen, die bis zu 10 % des weltweiten Umsatzes der beteiligten Unternehmen erreichen können.

Kooperationsvereinbarungen zwischen Unternehmen in anderen Bereichen – wie z. B. über die gemeinsame Entwicklung oder den Vertrieb von Produkten, über gemeinsame Forschung oder über bestimmte Vertriebswege – können ebenfalls Wettbewerbsbeschränkungen im Sinne des Art. 101 Abs. 1 AEUV darstellen und damit verboten und nichtig sein. In vielen Fällen ermöglichen aber gerade bestimmte Kooperationsformen den beteiligten Unternehmen den Eintritt und das Bestehen auf dem Markt. Deshalb sieht Art. 101 Abs. 3 AEUV eine Freistellung vom Kartellverbot vor, wenn

(1) der Verbraucher an dem entstehenden Gewinn angemessen beteiligt wird,
(2) die Warenerzeugung oder -verteilung verbessert wird oder
(3) der technische oder wirtschaftliche Fortschritt gefördert wird und
(4) keine Marktbeherrschung entsteht.

VO 1/2003 (Kartellverfahrensverordnung) und VO 139/2004 (FKVO)
Am 16. Dezember 2002 hat der Rat der Europäischen Union die neue Durchführungsverordnung zu den Artikeln 81 und 82 EG (VO 1/2003) einstimmig verabschiedet, die mit

Art.101

(1) Mit dem Binnenmarkt unvereinbar und verboten sind alle Vereinbarungen zwischen Unternehmen, Beschlüsse von Unternehmensvereinigungen und aufeinander abgestimmte Verhaltensweisen, welche den Handel zwischen Mitgliedstaaten zu beeinträchtigen geeignet sind und eine Verhinderung, Einschränkung oder Verfälschung des Wettbewerbs innerhalb des Binnenmarkts bezwecken oder bewirken, insbesondere

a   die unmittelbare oder mittelbare Festsetzung der An- oder Verkaufspreise oder sonstiger Geschäftsbedingungen;

b   die Einschränkung oder Kontrolle der Erzeugung, des Absatzes, der technischen Entwicklung oder der Investitionen;

c   die Aufteilung der Märkte oder Versorgungsquellen;

d   die Anwendung unterschiedlicher Bedingungen bei gleichwertigen Leistungen gegenüber Handelspartnern, wodurch diese im Wettbewerb benachteiligt werden;

e   die an den Abschluss von Verträgen geknüpfte Bedingung, dass die Vertragspartner zusätzliche Leistungen annehmen, die weder sachlich noch nach Handelsbrauch in Beziehung zum Vertragsgegenstand stehen.

(2) Die nach diesem Artikel verbotenen Vereinbarungen oder Beschlüsse sind nichtig.

(3) Die Bestimmungen des Absatzes 1 können für nicht anwendbar erklärt werden auf

-   Vereinbarungen oder Gruppen von Vereinbarungen zwischen Unternehmen,

-   Beschlüsse oder Gruppen von Beschlüssen von Unternehmensvereinigungen,

-   aufeinander abgestimmte Verhaltensweisen oder Gruppen von solchen,

die unter angemessener Beteiligung der Verbraucher an dem entstehenden Gewinn zur Verbesserung der Warenerzeugung oder -verteilung oder zur Förderung des technischen oder wirtschaftlichen Fortschritts beitragen, ohne dass den beteiligten Unternehmen

a   Beschränkungen auferlegt werden, die für die Verwirklichung dieser Ziele nicht unerlässlich sind, oder

b   Möglichkeiten eröffnet werden, für einen wesentlichen Teil der betreffenden Waren den Wettbewerb auszuschalten.

Art. 102

Mit dem Gemeinsamen Markt unvereinbar und verboten ist die missbräuchliche Ausnutzung einer beherrschenden Stellung auf dem Gemeinsamen Markt oder auf einem Wesentlichen Teil desselben durch ein oder mehrere Unternehmen, soweit dies dazu führen kann, den Handel zwischen Mitgliedstaaten zu beeinträchtigen.

Dieser Missbrauch kann insbesondere in folgendem bestehen:

a) der unmittelbaren oder mittelbaren Erzwingung von unangemessenen Einkaufs- oder Verkaufspreisen oder sonstigen Geschäftsbedingungen;

b) der Einschränkung der Erzeugung, des Absatzes oder der technischen Entwicklung zum Schaden der Verbraucher;

c) der Anwendung unterschiedlicher Bedingungen bei gleichwertigen Leistungen gegenüber Handelspartnern, wodurch diese im Wettbewerb benachteiligt werden;

d) der an den Abschluss von Verträgen geknüpften Bedingung, dass die Vertragspartner zusätzliche Leistungen annehmen, die weder sachlich noch nach Handelsbrauch in Beziehung zum Vertragsgegenstand stehen.

Abb. 4.34 Art. 101 Vertrages über die Arbeitsweise der EU. (Quelle: eigene Zusammenstellung)

Wirkung vom 1. Mai 2004 in Kraft getreten ist. Bis zum Inkrafttreten dieser neuen Kartellverfahrensverordnung erfolgte die Freistellung grundsätzlich in Form einer Einzelfallgenehmigung durch die Europäische Kommission. Die neue Kartellverfahrensverordnung ermöglichte einen grundlegenden Systemwechsel. Die bislang bestehende grundsätzliche Anmelde- und Genehmigungspflicht für wettbewerbsbeschränkende Vereinbarungen im Sinne des Art. 81 Abs. 1 EG ist in ein *System der Legalausnahme* überführt worden. Damit gelten alle wettbewerbsbeschränkenden Vereinbarungen nach Art. 81 Abs. 1 EG *ohne weiteres* als freigestellt gelten, wenn sie die oben genannten Voraussetzungen des Art. 81 Abs. 3 EG erfüllen. Ob diese Voraussetzungen erfüllt sind, können – etwa auf eine Beschwerde oder eine Klage eines Wettbewerbers hin – auch die nationalen Wettbewerbsbehörden oder Gerichte prüfen. Das bisherige Freistellungsmonopol der Europäischen Kommission entfällt.

Ein weiterer Anwendungsbereich des europäischen Wettbewerbsrechts ist das Verbot der missbräuchlichen Ausnutzung einer marktbeherrschenden Stellung. Während sich Art. 101 AEUV mit Vereinbarungen, Beschlüssen und abgestimmten Verhaltensweisen beschäftigt, befasst sich Art. 102 AEUV mit einseitigen Maßnahmen marktbeherrschender Unternehmen (beide im Originaltext sind in Abb. 4.34 aufgeführt). Art. 102 AEUV wendet sich nicht gegen die marktbeherrschende Stellung als solche, sondern begrenzt die wirtschaftliche Handlungsfreiheit marktbeherrschender Unternehmen insoweit, als diese ihre Stellung nicht missbräuchlich ausnutzen dürfen. Ergänzt wurden die Wettbewerbsregeln des AEUV durch die „VO 139/2004 über die Kontrolle von Unternehmenszusammenschlüssen" (FKVO) (vgl. hierzu Abschn. 2.3.1.2).

Nachdem in den vergangenen Jahren insbesondere Art. 101 AEUV und die Fusionskontrollverordnung im Zentrum des Reforminteresses der Europäischen Kommission standen, widmet sich die Europäische Kommission seit 2005 einer umfassenden Überprüfung der bisherigen Anwendungspraxis von Art. 102 AEUV. Ziel dieser Überprüfung soll es sein, die ökonomischen Grundlagen, die dem Verbot des Missbrauchs einer marktbeherrschenden Stellung zugrunde liegen, genauer zu erfassen und bei der Anwendung des Art. 102 AEUV auf verschiedene Verhaltensweisen, wie z. B. Rabattstrategien oder Kopplungsangebote, stärker zu berücksichtigen.

Eine abschließende Übersicht über die europäischen und nationalen Prüfungen bei der Gründung eines Gemeinschaftsunternehmens ist in der folgen Abbildung zusammengefasst (Abb. 4.35). Dazu einige Anmerkungen (vgl. auch Krebs 2007, S. 2–6): Zunächst ist die gemeinschaftsweite Bedeutung nach Art. 1 Abs. 2, 3 FKVO zu prüfen, womit sich die exklusive Anwendbarkeit der europäischen Fusionskontrolle oder der nationalen Fusionskontrollvorschriften entscheidet. Im positiven Falle werden bei Vollfunktions-Gemeinschaftsunternehmen (Unternehmungen mit eigenem Marktzugang, selbständiges Tragen der wirtschaftlichen Risiken, selbständiges Entscheiden über Marketingpolitiken, nicht bedingt vorliegende Lieferbeziehungen mit den Mutterunternehmen sowie eine Dauerhaftigkeit (bei ca. sieben Jahren)) die FKVO anwendbar. Es ist dann nach Art. 101 AEUV i. V. m. Art 2 Abs. 4, 5 FKVO zu prüfen, ob Koordinierungseffekte, so genannte Gruppeneffekte, oder Spill-Over-Effekte vorliegen. Liegen die Eigenschaften eines Vollfunktions-

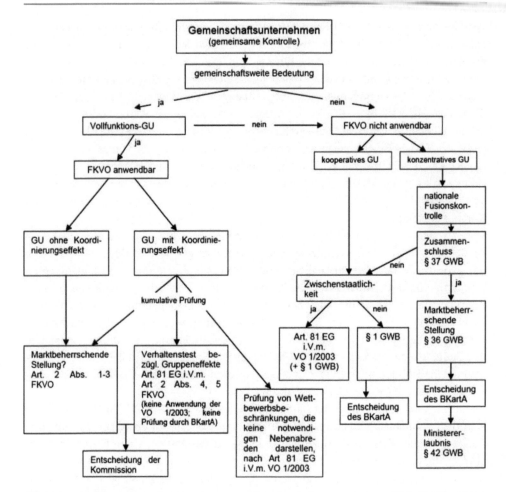

Abb. 4.35 Prüfungsschema bei Gründung eines Gemeinschaftsunternehmens (GU). (Quelle: Krebs 2007, S. 1 Art. 81 und 82 EG = 101 und 102 AEUV)

Gemeinschaftsunternehmens nicht vor, gelten die nationalen Fusionskontrollvorschriften (§§ 35 ff. GWB) bei konzentrativen Gemeinschaftsunternehmen sowie bei kooperativen die Kartellvorschriften mit den Kartelldurchführungsverordnungen (Art. 101 AEUV i. V. m. VO 1 /2003) bzw. bei fehlender Zwischenstaatlichkeit § 1 GWB entsprechend. Bei den konzentrativen Gemeinschaftsunternehmen wird über §§ 37 und 36 der Zusammenschluss und die marktbeherrschende Stellung geprüft.

4.5.4 Konfiguration der Strategischen Allianz

Nach der strategischen Analyse der Kooperationspotentiale und der Partnerwahl kommt der Konfiguration der Allianz entscheidende Bedeutung für den Erfolg zu. Es lassen sich mit der Bestimmung des Kooperationsfeldes und der Bindungsintensität zwei große Gestaltungsbereiche identifizieren. Diesen soll im Folgenden nachgegangen werden.

4.5.4.1 Bestimmung des Kooperationsfeldes

4.5.4.1.1 Bindungsrichtung

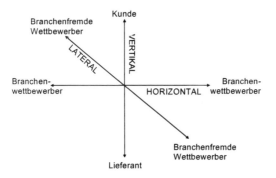

Abb. 4.36 Bindungsrichtungen. (Quelle: Bronder 1993, S. 66)

4.5.4.1.2 Wertschöpfungsaktivitäten

Kooperationen können die gesamte Wertschöpfungskette der Partner oder (üblicherweise) ausgewählte Teilaktivitäten umfassen. Auch hier wird die Konfiguration hinsichtlich des Aktivitätenumfangs von der Zielformulierung der Allianz abhängen. Es lassen sich zunehmend auch Kooperationen in den unterstützenden Aktivitäten erkennen.

4.5.4.1.3   Regionale Ausrichtung

Die regionale Ausrichtung ist wesentlich von der Strategie geprägt – bei Kooperationen im Produktionsbereich ist regionale Nähe entscheidend, bei neuen Geschäftsmodellen wiederum weniger. Für eine regionale Markteintrittstrategie im Zuge einer Internationalisierung hingegen sind grenzüberschreitende Allianzen angezeigt. Es wurde in der Skizzierung der Ausgangsituation im Eingangskapitel über die Notwendigkeit der Amortisierung von hohen Entwicklungskosten und Investitionen sowie die globale Reichweite angesprochen. Empirisch lässt sich zeigen, dass bei geringer geographischer Überlappung die Erfolgsaussichten besser zu sein scheinen (vgl. die Ergebnisse der empirischen Untersuchungen hinsichtlich der geographischen Überlappungen bei Bleeke und Ernst 1991 und Abschn. 4.5.6.1).

4.5.4.2   Bindungsintensität

Bei der Bestimmung der Bindungsintensität sind insbesondere drei Faktoren zu berücksichtigen, die in der in Abb. 4.37 dargestellten Übersicht zusammengeführt werden.

Die Intensität der Allianz ist kooperationsspezifisch zu systematisieren. Die Positionierung innerhalb dieses Kreises kann für die Partnerprofilbildung verwendet werden und gibt weiterhin Auskunft über den Autonomie- bzw. Abhängigkeitsgrad der Kooperationspartner.

Abb. 4.37 Bindungsintensität einer Strategischen Allianz. (Quelle: Bronder/Pritzl 1992a, S. 34)

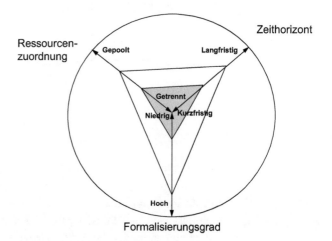

4.5.4.2.1 Zeitlicher Horizont

Im Rahmen der Wertsteigerung müssen Analysen über die freien Cash Flow-Entwicklungen angefertigt werden. Diese sind von den Zielen der Allianz abhängig. Projektbezogene Allianzen mit dem Ziel des Know-how-Vorteils sind zeitlich kürzer terminiert (siehe beispielsweise das grau unterlegte Profil), während für das Ziel der Kostenreduktion im Produktionsbereich eine längere Zusammenarbeit erfolgt (vgl. dazu Bronder 1993, S. 76).

4.5.4.2.2 Ressourcenzuordnung

Bei der Ressourcenzuordnung muss zwischen zwei Alternativen unterschieden werden (Bronder 1993): (1) Die Arbeitsteilung erfolgt in verschiedenen Wertschöpfungsaktivitäten der einzelnen Kooperationspartner, d. h. z. B. durch Lizensierung von Technologien, die in die Produktion des Partnerunternehmens einfließen. (2) Gemeinsame Durchführung von Wertschöpfungsaktivitäten, die mit einem eigenständigen Ressourcenpool ausgestattet werden, z. B. bei F&E-Kooperationen.

4.5.4.2.3 Formalisierungsgrad

Bei dem Formalisierungsgrad ist eine Passung zu dem hier eingeführten Institutionalisierungsgrad erkennbar. Dabei sind insbesondere die Ausrichtung der Organisationsstruktur, die Vertragsgestaltung und die Ausrichtung der Rechtsform zu nennen. Bei der Ausrichtung der Organisationsstruktur wird berücksichtigt, ob die Realisierung von Kooperationsvorhaben eine Spezialisierung der Aktivitäten und eine Zuordnung zu bestimmten Stellen erforderlich macht, oder ob kooperationsspezifische Ablaufroutinen entwickelt und organisatorisch umgesetzt werden müssen (vgl. Bronder 1993, S. 77). Bei der Rechtsform wurde bereits im Abschnitt der Joint Ventures auf die Kooperationsformen und deren Unterscheidung zwischen Management- bzw. Lizenzverträgen (*Contractual Joint Ventures* und *Equity Joint Ventures*) mit unterschiedlichen Mehrheitsverhältnissen und den wechselseitigen Beteiligungen (*cross sharing*) hingewiesen.

4.5.4.2.4 Multiplikationsanalyse

Das Netzwerkmanagement wird zunehmend selbst zu einer der entscheidenden Kernkompetenzen, die sich Unternehmen für das nächste Jahrhundert aneignen müssen (so auch Sydow 1992). So wäre das Führen von einer Vielzahl von Strategischen Allianzen auch unter dem Aspekt der Kompetenzentwicklung zu betrachten. Die Netzwerkstrategie wurde zunächst in dem Büromaschineneinzelhandel mit 51 % Beteiligungen bei über 60 Firmen unter Beibehaltung des derzeitigen Managements über mengenbedingte Einkaufsvergünstigungen realisiert. Diese Kernkompetenz der Vernetzung wurde auf die Textilindustrie (Loden) ausgeweitet und in den Bereichen Fassadenbau, Spielwaren, Sanitärtechnik und Blasinstrumente ebenfalls erprobt. Ein anderes Beispiel ist die Augusta AG, die ertragsstarke Mittelständler unter der Voraussetzung kaufen, dass die bisherigen Unternehmer zwei Jahre im Management bleiben.

Abb. 4.38 Konfigurationswirkungen im Hinblick auf
die Wertsteigerung. (Quelle:
eigene Darstellung)

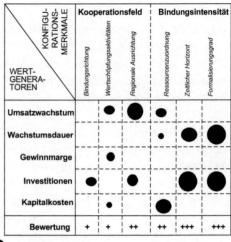

Intensitätsausprägung je nach Größe des Kreises

4.5.4.3　Verbindung der Konfigurationsmerkmale mit den Werttreibern

Die Konfiguration der Allianz hängt im Wesentlichen von der in der Phase der strategischen Kooperationspotentiale erarbeiteten Zielformulierung ab. So würden beispielsweise im Rahmen einer Lebenszyklusanalyse bei einem Wachstumsunternehmen im Wesentlichen vertriebs- und marketingorientierte Kooperationsfelder konfiguriert werden, während bei Unternehmen im Reifestadium die F&E-Kooperationen ein deutlicheres Gewicht erhielten. Weiterhin müssen anhand einer in Abb. 4.38 vorgeschlagenen Konfigurationsmerkmal-Werttreiber-Matrix die Wertsteigerungswirkungen den einzelnen Konfigurationsmöglichkeiten gegenübergestellt werden.

4.5.4.4　Kooperationsvertragliche Regelungen

Ein Kooperationsvertrag wird als ein rechtlich anerkannter Business Plan verstanden, der die wesentlichen Vereinbarungen und Zielsetzungen eines Kooperationsgeschäftes enthält. Bei der Konfiguration der Allianz wurde von dem Formalisierungsgrad bzw. dem Institutionalisierungsgrad gesprochen, der sich hier nach der Tiefe der vertraglichen Regelung richtet. Es können an dieser Stelle aufgrund der situationsspezifischen Kooperationsziele nur Mindestinhalte von Kooperationsverträgen angegeben werden. Dabei scheint sich herauszustellen, dass auch sehr detaillierte und sorgfältig abgestimmte Eventualregelungen nicht unmittelbar positiv mit dem Erfolg der Allianz korrelieren. Auch hier ist der kulturelle Aspekt entscheidend, da eine vertrauensbasierte Kooperation stärker von Regelungen der ohnehin nur schwer zu antizipierenden Ereignisse im Zeitverlauf absehen und situative Lösungen erarbeiten kann.

- Name und Sitz der Kooperation (für Joint Venture)
- Zielregelung: Zweck der Kooperation/Beginn/Dauer
- Beitragsregelung: Beiträge/Einlagen/Stammkapital
- Organisationsregelung: Rechte und Pflichten der Partner, Leistungsumfang der Kooperation, Koordinationsstruktur (Geschäftsführung und Vertretung, Rechnungs-legung, Entscheidungs- und Kommunikationsstrukturen, Informations- und Kontrollrechte
- Ergebnisregelung: Gewinn- und Verlustbeteiligung, Verwertung von Schutzrechten, Inventionen
- Vertrauensregelung: Wettbewerbsverbot, Geheimhaltung, Vertragsstrafen
- Auflösungsregeln: Ausschluss und Ausscheiden eines Gesellschafters, Abfindung
- Konfliktregelung: Schiedsgericht
- Anlagen: Businessplan für die nächsten drei bis fünf Jahre

Abb. 4.39 Punkte eines Kooperationsvertrages (Fokus: Joint Venture). (Quelle: Darstellung nach Staudt et al. 1992, S. 146)

Nach anderer Meinung hingegen ist der Vertrag erst die Grundlage für die vertrauensbasierte Zusammenarbeit. Trotz des evolutionären Charakters sollte eine Definition des Kooperationsfeldes vorgenommen werden, in der die zeitliche Dauer und Szenarioanalysen für die angestrebten Wertsteigerungen aufgeführt sein sollten. Weiterhin ist die Aufnahme der Rechtsform (bei Joint Venture), der Haftungsverhältnisse zwischen den Kooperationspartnern und die Höhe der Kapitalbeteiligungen (bei Equity Joint Ventures) ebenso zwingend wie Regelungen über die Gewinnverwendung (Thesaurierung, Gewinnverteilung etc.).

Auch die Zusammensetzung der wichtigsten Gremien wird im Vorfeld zu diskutieren und entsprechend vertraglich festzuhalten sein (geschäftsführende Organe und Aufsichtsrat). Es können in bestimmten Fällen Exklusivitätsvereinbarungen schriftlich fixiert werden. Bleeke und Ernst weisen auf die Notwendigkeit hin, die Allianz nicht nur von der Aufbauphase, sondern auch von der Beendigung her zu denken (Bleeke und Ernst 1995). Diesem Punkt kommt eine wesentliche Bedeutung zu, da ein möglicher Schaden für nur eine Vertragsseite im Auflösungsfall deutliche Auswirkungen auf das Verhalten während der Allianz hat.

Es sind demzufolge Regelungen für die Auflösung der Kooperation und die Vorgehensweise bei Veränderungen in den Beziehungen zu den Muttergesellschaften bzw. bei deutlichen Verschiebungen der Partnerprofile aufzunehmen. Die in Abb. 4.39 dargestellte Auflistung gibt einen Überblick über die typischen Vertragselemente, die im Wesentlichen die Punkte für eine Joint Venture-Konfiguration aufnehmen.

4.5.5   Management der Strategischen Allianz

Unter dem Management von Strategischen Allianzen sollen hier ausgewählte Punkte verstanden werden, die die Koordination und Steuerung von Allianzen, das Kultur- und Kommunikationsmanagement sowie das (präventive) Konfliktmanagement umfassen. Letztlich kann sich trotz aller guten Analyse- und Vorbereitungsarbeit der vorhergehenden Phasen eine Wertminderung durch Schwierigkeiten im Management der Allianz ergeben (vgl. auch Bamford et al. 2004, S. 90 ff.). Ausgangspunkt ist eine deutlich stärkere Management-Komplexität durch die interorganisationale Kooperationsebene einerseits und die Ebene der darüber liegenden Muttergesellschaften – insbesondere in internationalen, grenzüberschreitenden Kooperationen. Seit den 1990er Jahren ist die Forschung sehr differenziert – mit starken Fokus auf das Personalmanagement sowie Fragen der Kultur. Hier können nur wenige Ausschnitte dieses komplexen und noch in Entwicklung befindlichen Forschungsfeldes gezeigt werden.

4.5.5.1   Koordination und Steuerung – und deren Erfolg

Während es bei der Koordination und Steuerung von Strategischen Allianzen nur bedingt belastbare Forschungsbeiträge gibt (vgl. aber Reuer und Ariño 2007, sind die wenigen aus evolutionsökonomischer Analyse Zollo et al. 2002) einführenden Bemerkungen im Wesentlichen auf Joint Venture-Strukturen beschränkt. Dabei gibt es unterschiedliche Modelle wie die Koordination der Kooperation erfolgen kann (vgl. auch Abb. 4.40). Unterschieden werden muss hinsichtlich der jeweiligen Koordinationsebene (1) innerhalb des Kooperationsfeldes, (2) zwischen den Muttergesellschaften und (3) von den Muttergesellschaften zum gegründeten Gemeinschaftsunternehmen im Falle des Joint Ventures. Im Folgenden werden verschiedene Ansätze aufgeführt. Hierbei ist wiederum der bei der Konfiguration diskutierte Formalisierungsgrad entscheidend, inwieweit beispielsweise bestimmte Repräsentationsgremien oder bestimmte Arbeitsausschüsse oder „Gesellschafterdelegationen" (wie z. B. bei Bosch-Siemens-Haushaltsgeräte) institutionalisiert werden, wie das im Fall des Joint Venture häufiger anzutreffen ist. Wiederum abhängig von dem Institutionalisierungs- bzw. Formalisierungsgrad wird die Abstimmung der Informationsmanagement-Systeme sowie des Controllings und des Berichtswesens notwendig werden.

Ein besonderer Aspekt der Steuerung und Koordination bezieht sich auf die Entwicklung der Fähigkeit, das in der Allianz erarbeitete Know-how auf die Organisationen der Muttergesellschaften zu übertragen und somit einen doppelten Prozess des institutionellen Lernens zu initiieren (vgl. für viele Rall 1993, S. 45; Parise und Henderson 2001).

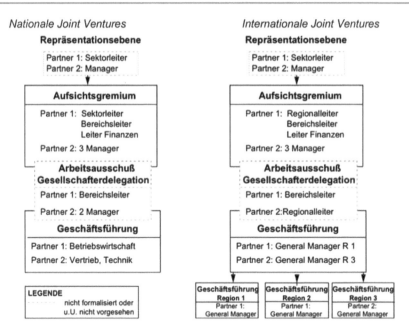

Abb. 4.40 Mögliche Koordinationsstrukturen von Joint Ventures. (Quelle: eigene Darstellung, vgl. auch Vornhusen 1994, S. 221–226)

Zollo, Reuer und Singh haben im Jahr 2002 eine Analyse über „interorganisationale Routinen" vorgelegt. Auf Basis eines evolutionsökonomischen Argumentationsansatzes untersuchten sie mit einem Sample von 145 Biotechnologie-Allianzen ob und wie Routineprozesse auf der Ebene der Kooperationspartner die Performance der Gesamtkooperation beeinflussen. Interorganisationale Routinen werden definiert „as stable patterns of interaction among two firms developed and refined in the course of repeated collaborations" (ebd., S. 701). Dabei wird angenommen, dass (1) partner-spezifische, (2) technologie-spezifische und (2) allgemeine Erfahrung sich in einer Weise auf der Partnerebene akkumulieren, dass diese einen hohen Einfluss darauf haben, welche Ergebnisse die Allianz im Bereich der Wissensakkumulation, der Entwicklung neuer Wachstumsmöglichkeiten und der allgemeine strategische Zielerreichungsgrad. Dabei wurden ebenso die „govenance designs" berücksichtigt, die die Effektivität interorganisationalen Routineprozesse beeinflussen. Die Ergebnisse aus dem Sample sind deutlich: ausschließlich die partner-spezifischen Erfahrungen weisen einen positiven Einfluss auf den Erfolg der Allianz auf – „this effect is stronger in the absence of equity-based governance mechanisms". Damit wird für die Autoren deutlich, dass die interorganisationalen Koordinations- and Kooperationsroutinen die Effektivität deutlich steigern.

Steven White nimmt im Jahr 2005 in Nachfolge von Oliver Williamson eine institutionenökonomische Analyse von Kooperationskosten vor, um (1) die Wahl zwischen Governance-Formen (Markt, Hierachie oder Hybrid) vorzunehmen und (2) die Wahl der

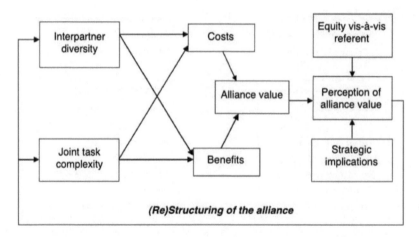

Abb. 4.41 Kooperationskosten. (Quelle: White 2005, S. 1378)

Struktur bzw. der Restrukturierung einer spezifischen Allianz zu bestimmen (White 2005 und Abb. 4.41). Er definiert dabei „cooperation costs as those incurred by a firm to establish and maintain an interorganizational interface and make adjustments in the process of undertaking a collaborative activity. These are in addition to the costs of control that have dominated comparative governance and alliance research, especially quantitative studies" (Ebd. S. 1383).

Er weist darauf hin, dass die Kosten jeder Steuerungsform qualitativ unterschiedlich sind. Dazu entwickelt er ein Modell, dass die Koordination, die Kommunikation, die Genese und Pflege von effektiven interorganizationalen Beziehungen aufzeigt.

Dieses Modell der Kooperationskostenbestimmung wird als ein subjektives Modell gesehen, in denen unterschiedliche Einschätzungen vorliegen können.

4.5.5.2 Kultur- und Kommunikationsmanagement

Das Management von Strategischen Allianzen und von vernetzten Unternehmenskooperationen sieht eine deutliche Erweiterung der bisherigen Führungs- und Managementaufgaben vor. Mit Sydow kann auf vier (zusätzliche) Managementfunktionen hingewiesen werden: Selektion von Strategischen Allianzen (Partnerwahl), Regulation der Beziehungen und Aktivitäten, Allokation von Funktionen und Ressourcen und Evaluation von Beziehungen und Aktivitäten (Sydow 1996, S. 12; Sydow und Windeler 1994, S. 7 und folgende Abb. 4.42).

Damit wird Abstand von direkten Interventionen genommen und sich einer eher kontextorientierten Steuerung zugewandt (vgl. Willke 1989 oder auch Bronder 1993, S. 109). Vernetzte Beziehungen und Allianzen zeichnen sich insbesondere durch einen offeneren Informationsaustausch, durch ein reduziertes Maß an direkter Kontrolle, durch ein höheres Maß an Autonomie und gleichzeitig durch verstärkte Toleranz gegenüber Einflussnah-

Grundprobleme Management-funktionen	Reproduktion der Interorganisationsbeziehungen
Selektion	■ Bezugsquellenanalyse, ■ Vergleich alternativer Distributionskanäle, ■ Stärken/Schwächen-Analyse der Strategie-, Struktur- und der Kulturebene sowie wettbewerbsrechtliche Analyse der Kooperationspartner, ■ Redundanzbestimmung im Netzwerk, ■ Physische Größe oder virtuelle Größe. ■ …
Regulation	■ Vertragsgestaltung, ■ Einrichtung interorganisationaler Gremien, ■ Überbetriebliches Projektmanagement, ■ Festlegung von Abstimmungs- und Konfliktlösungsprozeduren, ■ Unternehmensübergreifende Feedback-Prozesse, ■ Implementierung eines übergreifenden Informationssystems, ■ Organisation der Selbstorganisation. ■ …
Allokation	■ Verteilung von Aufgaben, Wissen, Technik, ■ Kapital- und Human Resource-Allokation, ■ Organisation von Unterstützungsleistungen, ■ Verteilung des Netzwerkerfolgs. ■ …
Evaluation	■ Lieferantenbewertungsverfahren (und -entwicklungsprogramme), ■ Betriebsübergreifende Durchlaufzeitenanalyse, ■ Netzwerkbezogene Kosten-/Nutzenrechnung, ■ Analyse des gesamten Wertkettensystems, ■ Transaktionskostenrechnung. ■ …

Abb. 4.42 Zusätzliche Managementfunktionen durch Strategische Allianzen und Unternehmens-kooperationen. (Quelle: modifizierte Darstellung nach Sydow und Windeler 1994, S. 7)

meversuchen aus (Sydow 1996, S. 11). Im Rahmen der Partnerwahl wurden bereits die Unterscheidungen im Umgang mit den Unternehmenskulturen beschrieben. Es wäre im Sinne eines steuerungsoptimistischen Kulturmanagements die Aufgabe, anhand der Profile die Strategien der Assimilation, des Pluralismus oder der Übernahme zu verfolgen. Eine ebenso wichtige Aufgabe kommt dem Kommunikationsmanagement zu. Die vier Funktionen, die es dabei zu berücksichtigen gilt, sind die *Steuerungsfunktion* (top-down: Anweisung, Feed Back), die Informationsfunktion (bottom-up: Ungewissheitabsorption), *Sozialisierungsfunktion* (Vermittlung der *Corporate Identity*) und die *Koordinationsfunktion* (Abstimmung, Controlling). Dabei kann es trotz einer einheitlichen Auffassung über die Zielsetzung und deren Realisierung zu nicht unerheblichen Schwierigkeiten führen, wenn sich die Auseinandersetzung nur auf eine quantitativ-faktenbezogene Kommunikation bezieht und die qualitativ-symbolische Kommunikation vernachlässigt wird.

Lung-Tan Lu aus Taiwan hat im Jahr 2006 einen Analyserahmen für internationale Joint Ventures vorgeschlagen, der insbesondere die Kulturthemen aufgreift (Lu 2006, 192 ff.). Dabei werden den kulturellen Faktoren ein signifikanter Einfluss auf die Managementstile der Manager von internationalen Joint Ventures und deren Erfolg. Dabei wird unter Bezugnahme bisheriger Forschung insbesondere auf die verschiedenen Formen von Rollenstress hingewiesen: (1) Rollenkonflikte, (2) Rollenambiguität und (3)

Rollenüberladung. Während Rollenkonflikte auf Inkompatibilitäten zwischen den Erwartungen der Parteien bzw. zwischen den Einzelrollen zurückzuführen sind, bezieht sich die Rollenambiguität auf den Informationsmangel, um eine Rolle richtig auszufüllen. Die Rollenüberladung bezieht sich auf Personen, die nicht die notwendigen Ressourcen um Verpflichtungen, Verabredungen etc. einzuhalten. Rollenambiguität tritt insbesondere dann auf, wenn die beiden Muttergesellschaften eher symmetrisch agieren. Rollenstress wird innerhalb unterschiedlich empfunden. Er differiert in Ländern anhand der Kulturdimensionen: „power distance and collectivism are negatively related to role ambiguity and positively related to role overload." (ebd.).

Mit Bezug auf Cartwright und Cooper (1992) wird Stress insbesondere in Organisationen mit hoher Diversität in den Managementstilen empfunden. Dabei besteht eine negative Beziehung zwischen einer Formalisierung von Kontrolle und Rollenambiguität wie auch Rollenkonflikten.

4.5.5.3 Konfliktmanagement

Dem Konfliktmanagement wird nicht nur auf individueller Ebene (de Bono 1987), sondern zunehmend auch auf organisationaler Ebene mehr Bedeutung beigemessen (Sydow 1992, 1994, 1996; Bronder 1993; Bleicher 1992). In verschiedenen Studien sind die Problem- und Konfliktfelder herausgearbeitet worden (vgl. zu den Ergebnissen Abschn. 4.5.6 vgl. aber auch Park und Ungson 2001). Einzelne Problem- und Konfliktfelder sind in der in Abb. 4.43 dargestellten Übersicht zusammengefasst.

Das Konfliktmanagement ist demzufolge abhängig von den Konfliktmustern, die sich auf allen drei vorgestellten Analyseebenen der Partnerwahl einstellen können. Man spricht deswegen häufig auch von den strategischen, strukturellen und kulturellen „Misfits". Es können weiterhin Schnittstellenprobleme entstehen, die z. B. beim Joint Venture auf der Ebene von Muttergesellschaft zum Gemeinschaftsunternehmen auftreten oder aber als Rivalität innerhalb der Kooperation (Park und Ungson 2001). Es ist somit ratsam, dass eine proaktive bzw. präventive Konflikthandhabung eingeführt wird, die das Konfliktmanagement bereits auf niedrigeren Eskalationsstufen ermöglicht.

Dazu bedarf es einer Reflektion der Steuerungs- und Koordinationsleistungen sowie des Kultur- und Kommunikationsmanagements. Die vier Stufen einer Begegnung von Konflikten können mit (1) Moderation, (2) Vermittlung, (3) Schiedsverfahren und (4) Machteingriff angegeben werden. Es ist auf der einen Seite sinnvoll, den Konflikt auf der möglichst niedrigsten Stufe zu deeskalieren, dennoch sollte auch auf die evolutive Kraft des Dissenses hingewiesen werden, der das Potential besitzt, bestimmte Problembereiche tiefgreifender anzugehen als ein situatives Eingreifen.

- **Sharing management.** Durch die Abstimmung beider beteiligten Unternehmen verlangsamen sich Entscheidungsabläufe und erfordern eine vorsichtigere Kompromisshaltung.

- **Differences in culture.** Starke Differenzen in nationalen Kulturen und Unternehmenskulturen beeinflussen die Geschwindigkeit und die Harmonie in der Kooperation.

- **Usurping of technology.** Angst vor Ausnutzung der Kooperation durch die Aneignung von Technologien oder durch Marktzugang mit anschließendem Wettbewerb unterhalb der Kooperationspartner.

- **Different commercial objectives.** Deutliche Zielabweichungen bzw. Zielinkompatibilitäten erschweren die Zusammenarbeit.

- **Who's in charge?** Unklarheit über die Verantwortlichkeiten für bestimmte Prozesse zwischen den direkten Kooperationspartnern sowie zwischen den Muttergesellschaften.

- **Extra management time.** Erhöhte Kommunikations-, Beratungs- und Organisationsbedarfe zwischen den Partnern binden Managementressourcen, die häufig nicht eingeplant wurden.

- **Lengthy and costly negotiation.** Die längeren Verhandlungsprozesse und das sich langsam aufbauende Vertrauen können insbesondere in den ersten Monaten und Jahren die Zielerreichung deutlich nach hinten verschieben und kostentreibend wirken.

- **Exit.** Die Auflösung der Kooperation ist vielfach verlockender als die weitere Kompromissschließung. Aber auch in der Auflösungsphase der Kooperation sind bei entsprechend fehlender Regelung im Vorfeld deutliche Spannungen zu beobachten.

Abb. 4.43 Problem- und Konfliktfelder bei Kooperationen. (Quelle: eigene Darstellung, vgl. Hewitt 1997, S. 5–6)

4.5.5.3.1 Konfliktmanagement im interkulturellen Kontext bei Joint Ventures

In der zuvor angesprochen Analyse von Lung-Tan Lu wird angenommen, dass Kulturfaktoren einen signifikanten Einfluss auf die Art der Konfliktlösungsstrategien der Manager von Internationalen Joint Ventures haben und damit wiederum den organisationalen Erfolg beeinflussen (Lu 2006). In einer weiteren Analyse hat Lung-Tan Lu eine Befragung von 94 Managern in amerikanisch-chinesische Joint Ventures (35 US-Managern and 59 Chinesischen Managern) durchgeführt (Lu 2007, S. 230–243).

Die Auswirkungen von Nationalkulturen auf die Konfliktlösungsstrategien und den Erfolg in Internationalen Joint Ventures ist vergleichsweise komplex zu ermitteln. In der empirischen Analyse konnte die These des Einflusses signifikant bestätigt werden. Holt und DeVore (2005) haben in einer Meta-Studie von 36 empirischen Studien – wenig überraschend – herausgefunden, dass „individualistische Kulturen" einen offenen Konflikt bevorzugen, während „kollektivistische Kulturen" eher zurückhaltend, kompromissbereit und problemlösungsorientiert seien. Interessantes Ergebnis aus der Analyse von Lu (2007): es wurde keine Unterstützung für die intuitive These gefunden, nach der eine kulturelle Ähnlichkeit (*cultural fit*) mit dem Erfolg des Joint Venture korreliert (vgl. für M&A auch Morosini 1998 und Jansen 2004a).

4.5.5.4   Fazit: Nichttriviales Kooperationsmanagement

In diesem nur knappen Abriss des idealtypischen Phasenmodells des Kooperationsmanagements wird schnell ersichtlich, dass es sich hierbei um eine komplexe Management-Herausforderung handelt. Die Misserfolgsquoten sind – wie im nächsten Abschnitt gezeigt wird – daher auch vergleichsweise hoch. Genau das verlockt die Managementphilosophie natürlich zum Gegenteil: Jonathan Hughes und Jeff Weiss haben Ende 2007 „Simple Rules for Making Alliances Work" veröffentlicht, die sich tatsächlich simpel lesen, aber vermutlich werden diese Artikel auch noch in zehn Jahren im Harvard Business Review zu lesen sein (müssen):

Principle 1:   Focus less on defining the business plan and more on how you'll work together.

Principle 2:   Develop metrics pegged not only to alliance goals but also to alliance progress.

Principle 3:   Instead of trying to eliminate differences, leverage them to create value.

Principle 4:   Go beyond formal governance structures to encourage collaborative behavior.

Principle 5:   Spend as much time on managing internal stakeholders as on managing the relationship with your partner.

4.5.6   Erfolgsstudien

4.5.6.1   Effizienzbewertung von Strategischen Allianzen und Joint Ventures

Es sind seit den 1970er Jahren bis heute vielfältige empirische Untersuchungen über den Erfolg und die Effizienz von Strategischen Allianzen und Joint Ventures durchgeführt worden (für viele Porter 1987; Kogut 1988; Harrigan 1988; Bleeke und Ernst 1991; Rall 1993; Dyer et al. 2004; Cools und Roos 2005; Ernst und Bamford 2005). Der Misserfolg einer Kooperation wird dabei insbesondere in der Auflösung, dem Aufkauf der Kooperation durch einen der Partner oder einen Dritten oder durch schlechte operative Entwicklung gesehen.

4.5.6.1.1   Erfolgsstudien aus den 1980er und 1990er Jahren

In den 1980er Jahren wurden Mortalitätsuntersuchungen durchgeführt, die nach zeitlicher und funktionaler Perspektive, nach Branchen und nach Ländern detailliert aufgeschlüsselt wurden (z. B. Kogut 1988, S. 40 ff.). Eine Untersuchung von 148 Joint Ventures aus den 1980er Jahren zeigte die höchsten Instabilitätsraten von Joint Ventures nach fünf bzw. sechs Jahren mit anschließender Auflösung bzw. mit einem Aufkauf durch einen der Partner oder einen Dritten (Kogut 1988, S. 40).

Weiterhin wurde bei der funktionalen Betrachtung festgestellt, dass Kooperationen im Bereich der Finanzdienstleistungen und der Produktion wesentlich stabiler verliefen, als solche in den Bereichen Marketing, Vertrieb und Kundenservice. Kooperationen im Bereich der Forschung und Entwicklung sind zwar recht stabil, weisen aber eine deutliche Tendenz zur Übernahme des Joint Ventures auf (vgl. ebenfalls Kogut 1988).

Bei der Industrieperspektive konnten keine signifikanten Ergebnisse analysiert werden, dennoch war eine höhere Mortalitätsrate bei Joint Ventures im Bereich der Dienstleistungen zu beobachten (ebd., S. 42).

Bei den Länderbetrachtungen kann es aufgrund unterschiedlicher Grundgesamtheiten in den jeweiligen Ländern auch nur zu Tendenzaussagen kommen. Danach ist auffällig, dass Malaysia, Niederlande, Deutschland, Kanada und Japan deutliche niedrigere Auflösungs- bzw. Verkaufsquoten aufweisen als beispielsweise Frankreich, Schweiz, USA, Großbritannien und Skandinavien (vgl. ebd., S. 43).

Harrigan untersuchte Strategische Allianzen hinsichtlich des Zusammenhangs von Bindungsrichtung und Erfolg bzw. Stabilität der Kooperation. Dabei wurde deutlich, dass horizontale Bindungen auf der einen Seite und enge Produkt-, Technologie- oder Marktgemeinsamkeiten auf der anderen Seite positiv mit dem Erfolg korrelierten, während bei vertikalen Kooperationen kein entsprechender Effekt zu verzeichnen war (vgl. Harrigan 1988, S. 59 ff.). Weiterhin wurde herausgefunden, dass Kooperationen mit ähnlichen Bilanzgrößen und bestehenden Kooperationserfahrungen länger währten (ebd., S. 68 ff.).

Bleeke und Ernst stellten in ihren Untersuchungen fest, dass im Gegensatz zu den Akquisitionen geographische Überlappungen (marktbezogen) für den Erfolg von Strategischen Allianzen eher hinderlich sind (Bleeke und Ernst 1991). Weiterhin wurde der Erfolg bei unterschiedlichen Aufteilungen des Eigenkapitals bei Joint Ventures analysiert. Der Erfolg (in der Regel als Deckung der Kapitalkosten und/oder als strategischer Zielerreichungsgrad definiert) ist signifikant mit der paritätischen Aufteilung korreliert.

Weiterhin stellten Bleeke und Ernst fest, dass bei 78 % der untersuchten Strategischen Allianzen eine spätere Übernahme durch einen der Partner erfolgte, während in nur 5 % der Fälle eine Übernahme durch einen Dritten vorlag. 17 % der Allianzen wurden hingegen aufgelöst (vgl. weitergehend aus der Studie Abb. 4.44).

Porter stellt in seinen Untersuchungen fest, dass 48,9 % der zwischen 1975 und 1986 eingegangenen Joint Ventures bereits 1987 wieder aufgelöst wurden (Porter 1987, S. 45).

Eine Studie mit 880 Joint Ventures und Strategischen Allianzen von Harrigan aus dem Jahre 1988 konnte bei nur 45 % dieser Kooperationen eine erfolgreiche Entwicklung feststellen, wobei nur 60 % länger als vier Jahre und lediglich 14 % länger als zehn Jahre währten. Ähnliche Ergebnisse um die „magischen" 50 % – was einem fairen Spiel entspräche – zeigen auch die Studien von McKinsey aus dem Jahre 1993 (vgl. zu den Studien auch Hewitt 1997, S. 5). Rall (1993) geht bei seinen Untersuchungen auf die Komplementarität der Partner ein und führt Produkt-Markt-Kombinationen und deren Erfolgswahrscheinlichkeit an (Abb. 4.45).

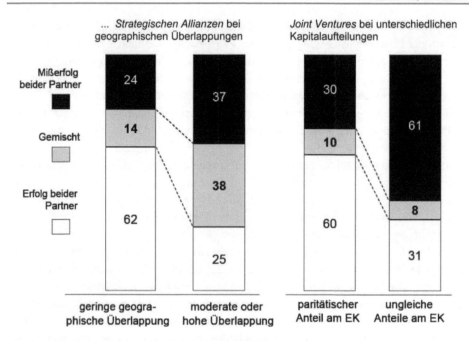

Abb. 4.44 Erfolgsquoten von ... (Quelle: Bleeke und Ernst 1991, S. 128 und S. 133)

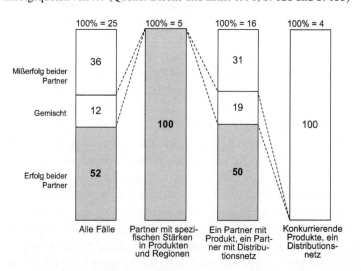

Abb. 4.45 Erfolgsquoten von Joint Ventures bei unterschiedlichen Produkt-Markt-Kombinationen. (Quelle: Rall 1993, S. 39)

4.5.6.1.2 Erfolgsstudien aus den 2000er Jahren

Und auch in 2000er Jahren bleiben die (Miss)Erfolgsquoten stabil. So wurde nach einer Analyse von Ernst und Bamford aus dem Jahr 2004 zwar einige sehr erfolgreiche Allian-

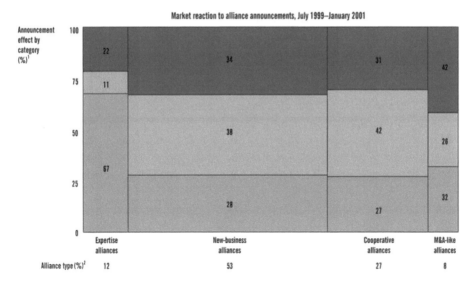

Abb. 4.46 Erfolgsquoten von Joint Ventures – Typologievergleich. (Quelle: Cools und Roos 2005, S. 16)

zen wie Airbus, Cingular, Visa International erhoben, die Mehrzahl indessen verlief nicht sonderlich glorreich: Die Erfolgsrate von Allianzen liegt auch hier bei 50 % und die durchschnittliche Lebensspanne eines Joint Venture beträgt zwischen fünf bis sieben Jahren. Mehr als 70 % haben für die Muttergesellschaften relevante Allianzen, die „underperformen" und einer Restrukturierung bedürfen. Die Ergebnisse zeigen, dass Unternehmen, die ihre Allianzen restrukturieren, eine Erfolgsrate von 79 % haben, wohingegen Gemeinschaftsunternehmen, die unverändert bleiben lediglich eine von 33 % aufweisen (ebd., S. 133).

In einer Analyse von Dyer, Kale und Singh aus dem Jahr 2004 zeigte, dass gemessen am *Shareholder Value* die meisten Akquisitionen und Allianzen scheitern: bis zu 55 % der Allianzen scheitern frühzeitig – mit finanziellen Einbußen für beide Beteiligten. Von den 1592 untersuchten Allianzen 200 US-amerikanischer Unternehmen im Zeitraum scheiterten 48 % bereits innerhalb weniger als 24 Monaten.

Cools und Roos haben in der im Abschn. 4.4.3.4 eingeführten Typologie von Experten-, Neugschäfts-, Kooperations- und M&A-ähnlichen Kooperationen die in Abb. 4.46 dargestellte Erfolgsentwicklung feststellen können.

Aus der Analyse lässt sich zeigen, dass die Experten-Allianzen in 67 % einen überdurchschnittlich positiven Aktienmarkteffekt bei Ankündigung der Kooperation bei den Muttergesellschaften haben – im Vergleich zu den anderen Allianz-Formen mit durchschnittlich einem knappen Drittel. Während die Neugeschäfts-Allianzen zwar am häufigsten eingegangen werden, realisieren sie qualitativ ihre Erwartungen kaum.

4.5.6.1.3   Erfolgsstudien aus den 2010er Jahren

In den ersten Jahren des 21. Jahrhundert stiegen die Anzahl von Joint Ventures an, dann sanken die Zahlen wieder und nun steigen sie nach Angaben von BCG wieder an. Mit den Ergebnissen der Zusammenarbeit waren allerdings nur wenige zufrieden, so das Ergebnis der Studie „Getting More Value from Joint Ventures" des Beratungshauses BCG aus dem Jahr 2014 (Roos et al. 2014). Für die Studie wurden Führungskräfte aus über 70 Unternehmen in zehn verschiedenen Industrien mit Joint-Venture-Erfahrung weltweit befragt. 29 % der befragten Unternehmen kamen aus Europa. Die Anzahl der angekündigten Joint Ventures war der Untersuchung zufolge in den Jahren zwischen 2009 und 2013 um 4 % gestiegen. Damit nahm die Zahl der Joint Venture-Gründungen um einen Prozentpunkt stärker zu als die Anzahl der angekündigten M&A-Transaktionen. Dabei stehen insbesondere die Märkte wie China und Indien im Fokus – Tendenz steigen: 78 % der Befragten planen der Umfrage zufolge, ihre Joint-Venture-Aktivitäten in Asien beizubehalten oder weiter auszubauen. Als Hauptgründe für Joint Ventures identifiziert die Studie vier Mechanismen:

(1) Schnellere Erschließung neuer Märkte, (2) Zugewinn an Expertise bei Technologien oder Produktentwicklung, (3) Erhöhung der Produktionsleistung und (4) Ausbau der Geschäftsentwicklung durch Zugang zu neuen Vertriebsnetzen.

Es bleibt aber weiterhin zu konstatieren, dass viele Joint Ventures nicht allein aus strategischen, sondern aus regulatorischen Gründen eingegangen werden. Märkte wie Indien oder Indonesien sind meist zu komplex, als dass sich ausländische Investoren im Alleingang durchsetzen würden. Mit den Resultaten der gemeinschaftlichen Bemühungen sind die Unternehmensverantwortlichen allerdings in nahezu allen Fällen nicht besonders glücklich. 19 % gaben an, sie seinen unzufrieden mit der Wertentwicklung, weitere 73 % gaben an, die Wertentwicklung könnte besser sein: neun von zehn Befragten sehen höheren Nutzen als möglich, aber unrealisiert an. Mehr als 50 % gab an, mehr in die Partnerschaft investiert zu haben, als einen Nutzen gezogen zu haben. Immerhin 27 % sehen die Entwicklung zwischen den Partnern im Gleichgewicht. Nur 19 % glauben, dass sie stärker vom Joint Venture profitiert haben als der Partner.

Als wichtigste Grundlage, um Erfolg mit Joint Ventures zu haben, sind nach den Studien-Autoren eine sorgfältige Planung und ein nachhaltiges Management des gemeinschaftlichen Unternehmens.

Für mehr als 60 % der Befragten war die mangelnde Strategie ein großes Hindernis. Für mehr als 35 % waren die Governance-Strukturen nicht auf die Fähigkeiten und Kapazitäten des Partners zugeschnitten. Zudem sollte die Kooperation die externen Rahmenbedingungen wie etwa das politische System oder die Auswahl an Fachkräften mit einbeziehen. Und am Anfang an das Ende denken: Jeder fünfte Umfrageteilnehmer räumte ein, dass ein klarer Exit-Plan gefehlt habe (vgl. Abb. 4.47).

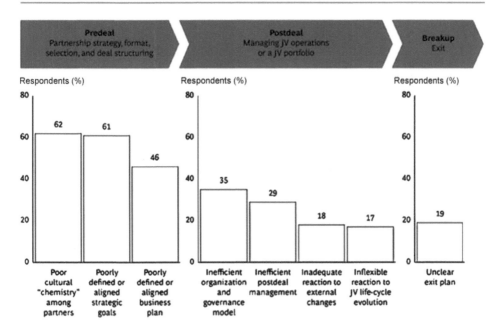

Abb. 4.47 Misserfolgsfaktoren von Joint Ventures in den Prozessphasen. (Quelle: Roos et al. 2014, Abb. 2)

4.5.7 Vergleiche und Studien von Kooperationen zu Akquisitionen

Aufgrund der niedrigeren Kosten und des geringeren Risikos könnte zunächst angenommen werden, dass Allianzen klare Vorteile im Vergleich zu Akquisitionen aufweisen (vgl. Ernst und Bamford 2000; Dyer et al. 2004; Wang und Zajac 2007).

Untersuchungen weisen allerdings keine entsprechende klare Unterstützung für diese These auf. Für die theoretische Analyse der komparativen Überlegenheit von Kooperationen gegenüber Akquisitionen führt Schallenberg eine Analyse von Akquisitions- und Kooperationsentscheidungen am Beispiel der Textilwirtschaft mit insgesamt 12 Entscheidungs-Einflussgrößen an (vgl. Schallenberg 1995, Kapitel D).

Demzufolge können neben der angeführten Symmetrielogik lediglich einige dieser Argumente für die komparative Unterlegenheit der Kooperation herangezogen werden: Eine Kooperation ist der Akquisition dann unterlegen, wenn (1) eine hohe Spezifität der Investition vorliegt, (2) nur ein geringes Sanktionspotential besteht, (3) die Möglichkeit eines leichten Wissenstransfers besteht, (4) häufige strategische Entscheidungen bedingt durch eine dynamische Umwelt notwendig werden und (5) nur geringfügige Bedarfsschwankungen auftreten.

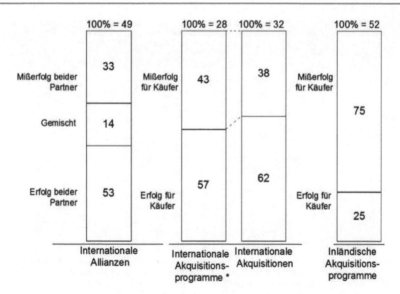

Abb. 4.48 Vergleich der Erfolgsquoten: Allianz vs. Akquisition. (Quelle: Bleeke et al. 1992, S. 108)

4.5.7.1   Vergleichsstudien aus den 1990er Jahren

Eine Untersuchung von Bleeke et al. (1992) belegt, dass die Erfolgsquote bei internationalen Allianzen mit 53 % deutlich geringer ausfällt als bei internationalen Akquisitionsprogrammen mit bis zu 62 % (vgl. Abb. 4.48).

4.5.7.2   Abstrakter Vergleich: Entscheidung „cooperate or buy"

Untersuchungen zu den abstrakten Merkmalen von Kooperationen und Akquisitionen, die für Normstrategien herangezogen werden können, gibt es zahlreich (vgl. für viele Ernst und Bamford 2000; Dyer et al. 2004; Cools und Roos 2005; Wang und Zajac 2007). Zwei sollen in Abb. 4.49 illustrativ angeführt werden (vgl. Abb. 4.49 und 4.50).

	M&A	Alliances
Synergies	Reciprocal	Modular or sequential
Control	High Full ownership Unambiguous corporate governance	Low Flexibility and quick implementation One or multiple partners Benefits from network effects Cultural fit important
Resources	"Hard" and therefore easy to value High redundancy High potential for economies of scale	"Soft" and therefore difficult to value Low redundancy Low potential for cost cutting
Risk and uncertainty	Low	High Requires a portfolio approach
Regulations	No barriers to consolidation	Desirable in situations where M&A is impossible for legal or regulatory reasons

Abb. 4.49 Abstrakter Vergleich Allianz vs. Akquisition. (Quelle: Cools und Roos 2005, S. 9)

Abb. 4.50 Empfehlungen: Allianz oder Akquisition. (Quelle: Dyer et al. 2004, S. 114)

1. Types of Synergies

Modular	Nonequity Alliances
Sequential	Equity Alliances
Reciprocal	Acquisitions

2. Nature of Ressources

Relative value of soft to hard resources

Low	Nonequity Alliances
Low/Medium	Acquisitions
High	Equity Alliances

3. Extent of Redundant Resources

Low	Nonequity Alliances
Medium	Equity Alliances
High	Acquisitions

4. Degree of Market Uncertainty

Low	Nonequity Alliances
Low/Medium	Acquisitions
High	Equity Alliances

5. Level of Competition

Degree of competition for resources

Low	Nonequity Alliances
Medium	Equity Alliances
High	Acquisitions

4.6   Ausblick: Die Zukunft der Kooperation

Wie in der empirischen Relevanz gezeigt, haben vor allem die Joint Ventures, aber auch die Strategischen Allianzen deutlich gegenüber den M&As verloren. Wie werden die kommenden Jahre aussehen? Aller Voraussicht wird sich – mit kürzeren Zyklen – die Konsolidierungstendenz der verschiedenen etablierten Branchen im Zuge von Akquisitionen und Desinvestitionen fortsetzen. Dennoch zeigt sich auch, dass die dyadischen Allianzierungen ebenfalls komplexer werden und die Netzwerkarrangements zunehmen, die auf mehrdimensionalen, reziprozitären, dynamischen Beziehungsnetzwerken aufsetzen (vgl. dazu auch Littmann und Jansen 2000; Jansen 2000 und die dort zitierte Literatur).

Eine instruktive empirische Analyse zu dem Phänomen der so genannten *„multipartner alliances"* ist von Dovev Lavie, Christoph Lechner und Harbir Singh im Jahr 2007 vorgelegt worden (Lavie et al. 2007, S. 578–604). In den vergangenen Jahren haben diese „multipartner alliances" stärker an Popularität gewonnen – speziell in der High Tech-Industrie. Eine „multipartner alliance" wird dabei definiert als „a collective, voluntary organizational association that interactively engages its multiple members in multilateral value chain activities, such as collaborative research, development, sourcing, production, or marketing of technologies, products, or services. Forms include R&D consortia, official and de facto standard-comarketing arrangements, and industry constellations. [...] However, a multipartner alliance is not a collection of independent dyadic alliances among a group of firms, nor can it be considered a network of partners that maintain direct ties to a single focal firm." Damit wird die Forschungslinie von den dyadischen – also zwischen zwei Partnern vereinbarten – Allianzen ausgeweitet auf ein Netzwerk von multiplen, mit einander verbundenen dyadischen Allianzen.

Ein Beispiel hierfür ist die Entwicklung der „Wi-Fi Alliance" („Wi-Fi" steht für *„wireless fidelity"*), das als „multipartner alliance" 1999 mit dem Zweck, die Interoperabilität der WLAN-Produkte (*wireless local area network*) und deren Vermarktung zu koordinieren, gegründet wurde. Im Jahr 2004 hat die Wi-Fi-Allianz den „IEEE 802.11 Standard" als einen de facto Industrie Standard etabliert. Dabei hat die Wi-Fi Allianz mit der Möglichkeit des freiwilligen Einstiegs wie Ausstiegs erhalten eine große Anzahl von Partner gewinnen können.

In der Analyse wurde eine Heterogenität des Nutzens innerhalb des Netzwerks deutlich. Das Ausmaß des einzelorganisationalen Engagements innerhalb der Allianz hat die Reputation sowie den Markterfolg erhöht, aber die Produktivität gesenkt. Dagegen hat die gleichzeitige Teilnahme in konkurrierenden Allianzen die Produktivität und Markterfolg erhöht. Bezogen auf den Beitrittszeitpunkt gab es Belege, dass frühe wie späte Allianzeintritte die höchste Produktivität aufweisen (Lavie et al. 2007, S. 595). Diese *„multipartner alliances"* – insbesondere zur Standardgenese – werden in jungen und wachsenden Branchen aller Voraussicht auch weiterhin den Akquisitionen überlegen sein.

Literatur

Albach, Horst. 1992. Strategische Allianzen, strategische Gruppen und strategische Familien. *ZfB* 6: 663–670.

Andrey, Alain. 1992. Das Partnerprofil als Bestandteil der Kooperationsstrategie: Strategische Allianzen bei der Swissair. In *Wegweiser für strategische Allianzen*, Hrsg. Christoph Bronder, Rudolf Pritzl, 323–340. Wiesbaden: Gabler Verlag.

Axelrod, Robert. 1988. *Die Evolution der Kooperation.* München: Oldenbourg Wissenschaftsverlag.

Backhaus, Klaus, und Klaus Piltz. 1990. Strategische Allianzen – eine neue Form kooperativen Wettbewerbs?. *zfbf* 27(Sonderheft): 1–10. Strategische Allianzen.

Ballwieser, Wolfgang. 2007. Unternehmensbewertung im Rahmen der IFRSIn: Freidank, Carl-Christian/Peemöller, Volker H. (Hrsg.), *Corporate Governance und Interne Revision*, S. 351–364. Berlin.

Bamford, Jim, und David Ernst. 2002. Measuring alliance performance. *The McKinsey Quarterly Web exclusive* October: 28–39.

Bamford, James, und David Ernst. 2002a. Managing an alliance portfolio. *The McKinsey Quarterly* 3: 28–39.

Bamford, James, David Ernst, und David G. Fubini. 2004. Wie man Weltklasse Joint Venture startet. *Harvard Business Manager* 26: 70–85.

Behrens, Bolke. 1998. Völlig neue Regeln. *WirtschaftsWoche* 21: 50–60. 14.5.1998.

Bleeke, Joel, Thomas Bull-Larsen, und David Ernst. 1992. Wertsteigerung durch Allianzen. In *Wegweiser für strategische Allianzen*, Hrsg. Christoph Bronder, Rudolf Pritzl, 103–126. Wiesbaden: Gabler Verlag.

Bleeke, Joel, und David Ernst. 1991. The Way to Win in Cross-Border Alliances. *HBR* 127–135.

Bleeke, Joel, und David Ernst. 1995. Is Your Strategic Alliance Really a Sale?. *HBR* January/February: 97–105.

Bleicher, Knut 1992. Der Strategie-, Struktur- und Kulturfit Strategischer Allianzen als Erfolgsfaktor. In *Wegweiser für strategische Allianzen*, Hrsg. Christoph Bronder, Rudolf Pritzl, 265–322. Wiesbaden: Gabler Verlag.

Bonabeau, Eric, und Christopher Meyer. 2001. Swarm Intelligence: A Whole New Way to Think About Business. *Harvard Business Review* May: 107–114.

de Bono, Edward. 1987. *Konflikte – Neue Lösungsmodelle und Strategien.* Düsseldorf: Econ Verlag.

Boston Consulting Group. 2005. The Role of Alliances in Corporate Strategy. *Research Report* November.

Bronder, Christoph. 1993. *Kooperationsmanagement: Unternehmensdynamik durch strategische Allianzen.* Frankfurt am Main/New York: Campus Verlag.

Bronder, Christoph, und Rudolf Pritzl. 1992a. Wegweiser für strategische Allianzen. Wiesbaden.

Bronder, Christoph, und Rudolf Pritzl. 1992b. Ein konzeptioneller Ansatz zur Gestaltung und Entwicklung strategischer Allianzen. In *Wegweiser für strategische Allianzen*, Hrsg. Christoph Bronder, Rudolf Pritzl, 17–46. Wiesbaden: Gabler Verlag.

Brusco, S. 1982. The Emilian Model: Productive Decentralization and Social Integration. *Cambridge Journal of Economics* 6: 167–184.

Bühner, Rolf. 1994a. Unternehmerische Führung mit Shareholder Value. In *Der Shareholder-Value-Report*, Hrsg. Rolf Bühner, 9–75. Landsberg/Lech: MI Verlag.

Bühner, Rolf (Hrsg.). 1994b. *Der Shareholder-Value-Report*. Landsberg/Lech: MI Verlag.

Cartwright, Sue, und Cary L. Cooper. 1992. *Mergers and Acquisitions: The Human Factor*. Oxford et al.: Butterworth-Heinemann.

Child, John, David Faulkner, und Stephen B. Tallman. 2005. *Cooperative Strategy: Managing Alliances, Networks, and Joint Ventures*, 2. Aufl. Oxford: Oxford University Press.

Cools, Kees, und Alexander Roos. 2005. *The Role of Alliances in Corporate Strategy*. Boston: The Boston Consulting Group.

Copeland, Tom, Tim Koller, und Jack Murrin. 1993. *Unternehmenswert*. Frankfurt am Main: Campus Verlag.

Davidow, William H., und Michael S. Malone. 1993. Das virtuelle Unternehmen – Der Kunde als Co-Produzent, 1. Aufl. Frankfurt am Main.

DiMaggio, Paul, und Walter W. Powell. 1983. The Iron Cage Revisited: Institutional Isomorphism and Collective Rationality in Organizational Fields. *ASR* 48: 147–160.

Doz, Yves. 1992. Empirische Relevanz von Strategischen Allianzen in Europa. In *Wegweiser für strategische Allianzen*, Hrsg. Christoph Bronder, Rudolf Pritzl, 47–62. Wiesbaden: Gabler Verlag.

Dyer, Jeffrey H., Prashant Kale, und Harbir Singh. 2004. When to ally & When to acquire. *Harvard Business Review* 6: 109–115.

Eccles, Robert G. 1981. The Quasi-Firm in the Construction Industry. *Journal in Economic Behavior and Organization* 2: 335–357.

Elton, Edwin J., und Martin J. Gruber. 1995. *Modern Portfolio Theory and Investment Analysis*, 5. Aufl. New York: John Wiley & Sons.

Ernst, David, und James Bamford. 2005. Your Alliances are too stable. *Harvard Business Review* 5: 133–141.

Ernst, David, und Tammy Halevy. 2004. Not by M&A alone. *The McKinsey Quarterly* 1: 68–69.

Gassmann, Oliver, et al. 2010. Crossing the Industry Line. Breakthrough Innovation through Cross-Industry Alliances with Non-Suppliers. *Long-Range Planning* 43: 639–654.

Granovetter, Mark. 1982. The strength of weak ties: A network theory revisited, in: Marsden, P.V. & Lin, N. (Hrsg.), *Structure and Network Analysis*, S. 105–130, Sage.

Hannan, Micheal T., und John Freeman. 1977. The Population Ecology of Organizations. *AJS* 82: 929–964.

Harrigan, K.R. 1988. Strategic Alliances and Partner Asymmetries. *MIR* 1: 53–72. Special Issue Cooperative Strategies in International Business.

von Hayek, Friedrich A. 1969. *Freiburger Studien – Gesammelte Aufsätze*. Tübingen: J.C.B. Mohr (Paul Siebeck).

Heinen, Edmund (Hrsg.). 1991. *Industriebetriebslehre – Entscheidungen im Industriebetrieb*, 9. Aufl. Wiesbaden: Gabler Verlag.

Herter, Ronald N. 1992. Berücksichtigung von Optionen bei der Bewertung strategischer Investitionen. *Controlling* 6: 320–327.

Hewitt, Ian. 1997. *Joint Ventures*. London: Sweet & Maxwell.

Hoffritz, Jutta. 1998. Doppelte Probleme. *WirtschaftsWoche* 21: 100–103. 14.5.1998.

Holt, Jennifer L., und Cynthia James De Vore. 2005. Culture, gender, organizational role, and styles of conflict resolution: A meta-analysis. *International Journal of Intercultural Relations* 29(2): 165–196.

Isidor, Rodrigo, Christian Schwens, und Rüdiger Kabst. 2012. Die Messung von Joint-Venture-Erfolg in: Zentes, Joachim. *Markteintrittsstrategien mir-Edition*, S. 193–205. Wiesbaden: Gabler Verlag.

Jansen, Stephan A. 2000. Konkurrenz der Konkurrenz: Coopetition als Form der Konkurrenz – Typen, Funktionen und Voraussetzungen von paradoxen Koordinationsformen. In *Konkurrenz und Kooperation – Beiträge zu einer interdisziplinären Theorie*, Hrsg. Stephan A. Jansen, Stephan Schleissing, 13–64. Marburg: Metropolis.

Jansen, Stephan A. 2004a. *Management von Unternehmenszusammenschlüssen – Theorien, Thesen, Tests und Tools*. Stuttgart: Klett-Cotta Verlag.

Jarillo, Carlos J. 1988. On Strategic Networks. *SMJ* 9: 31–41.

Johnston, Russel, und Paul R. Lawrence. 1988. Beyond Vertical Integration – The Rise of the Value-Adding Partnership. *HBR* 4: 94.

Kanter, R.M. 1994. Collaborative Advantage. *HBR* 4: 96–108.

Klein, Stefan. 1994. *Virtuelle Organisation – Informations- und kommunikationstheoretische Infrastrukturen ermöglichen neue Formen der Zusammenarbeit*. http://www-iwi.unisg.ch/iwi4/cc/genpubs/virtorg.html.

Kogut, Bruce. 1988. A Study in the Lyfe Cycle of Joint Ventures. *MIR* 28: 39–52. Special Issue Cooperative Strategies in International Business.

Krebs 2007. https://www.wiwi.uni-siegen.de/rechtswissenschaften/krebs/materialien/wettbewerbsrecht/arbeitsgliederung_-_kartellrecht_-_gemeinschaftsunternehmen.pdf

Krings, Jörg, und Oliver Baertl. 2006. Strategische Allianzen – Eine Managementalternative zu Mergers & Acquisitions. In *Handbuch Mergers & Acquisitions Management*, Hrsg. Bernd Wirtz, 379–402. Wiesbaden: Gabler Verlag.

Lavie, Dovev, Christoph Lechner, und Harbir Singh. 2007. The Performance Implications of Timing of Entry and Involvement in Multipartner Alliances. *The Academy of Management Journal (AMJ)* 50(3): 578–604.

Lewis, Thomas G. 1995. *Steigerung des Unternehmenswertes: Total-Value-Managment*, 2. Aufl. Landsberg/Lech: MI Verlag.

Linden, Frank A. 1997. Wachsen im Netz. *manager magazin* 7: 102–113.

Littmann, Peter, und Stephan A. Jansen. 2000. *Oszillodox! Virtualisierung – Die permanente Neuerfindung der Organisation*. Stuttgart: Klett-Cotta Verlag.

Lu, L.-T. 2006. The Influence of Cultural Factors on International Human Resource Issues on International Joint Venture Performance. *The Journal of American Academy of Business* 10(1): 192–196.

Lu, Lung-Tan. 2007. The Effect of Cultural Similarity on International Joint Ventures: An Empirical Study. *International Journal of Management* 24(2): 230–241.

Martin, J. 1997. *Das Cyber-Unternehmen – total digital vernetzt*. Wien: Ueberreuter Verlag.

Michel, U. 1994. Kooperationen mit Konzept – Wertsteigerung durch strategische Allianzen. *Controlling* 1: 20–28.

Mirow, Michael. 1994. Shareholder Value als Instrument zur Bewertung von strategischen Allianzen. In *Beteiligungscontrolling: Grundlagen, strategische Allianzen und Akquisitionen, Erfahrungsberichte*, Hrsg. Oliver Schulte, 43–60. Wiesbaden: Gabler Verlag.

Montag, Frank. 1998. Kartellrecht. In *Unternehmenskauf und Restrukturierung*, Hrsg. Gerhard Picot, 725–822. Teil VI.

Morosini, Piero. 1998. *Managing Cultural Differences*. Oxford: International Thomson Business Press.

Müller-Stewens, Günter. 1993. Strategische Partnerschaften. In *Handwörterbuch der Betriebswirtschaft*, 5. Aufl. Hrsg. Waldemar Wittmann, 4064–4075. Stuttgart: Carl Ernst Poeschel Verlag.

Oesterle, Michael-Jörg. 1995. Probleme und Methoden der Joint-Venture-Erfolgsbewertung. *ZfB* 9: 987–1004.

Ohmae, K. 1990. Strategic Alliance in the Borderless World. *zfbf* 27: 11–20. Strategische Allianzen. Backhaus, Klaus / Piltz, Klaus (Hrsg.).

Ouchi, William G. 1980. Markets, Bureaucracies and Clans. *ASQ* 25: 129–141.

Parise, Salvatore, und John C. Henderson. 2001. Knowledge resource exchange in strategic alliances. *IBM Systems Journal* 40(4): 908–924.

Park, Seung-Ho, und Gerardo Ungson. 2001. To compete or collaborate: A conceptual model of alliance Failure. *Organizational Studies* 12(1): 37–53.

Pfeffer, Jeffrey, und Gerald R. Salancik. 1978. *The External Control of Organizations*. New York: The Maple Press Company.

Picot, Arnold, Ralf Reichwald, und Rolf T. Wigand. 1996. *Die grenzenlose Unternehmung – Information, Organisation und Management*, 2. Aufl. Wiesbaden: Gabler Verlag.

Picot, Gerhard (Hrsg.). 1998. *Unternehmenskauf und Restrukturierung*. München: C.H. Beck Verlag.

Porter, Michael E. 1987. From Competitive Advantage to Corporate Strategy. *HBR* May/June: 43–59.

Porter, Michael E. 1992. *Wettbewerbsstrategie – Methoden zur Analyse von Branchen und Konkurrenten*, 7. Aufl. Frankfurt am Main: Campus Verlag.

Powell, Walter W. 1996. Weder Markt noch Hierarchie: Netzwerkartige Organisationsformen. In *Organisation und Netzwerk: Institutionelle Steuerung in Wirtschaft und Politik*, Hrsg. Patrick Kenis, Volker Schneider, 213–271. Frankfurt: Campus Verlag.

Rall, Wilhelm. 1993. Internationale Strategische Allianzen – Wege zum Erfolg. *ZfB* 31–45.

Rappaport, Alfred. 1995. *Shareholder Value – Wertsteigerungen als Maßstab für die Unternehmensführung*. Stuttgart: Schäffer-Poeschel Verlag.

Reuer, Jeffrey R., und Afrika Ariño. 2007. Strategic alliance contracts: dimensions and determinants of contractual complexity. *Strategic Management Journal* 28(3): 313–330.

Roos, Alexander et al. 2014. *Getting More Value from Joint Ventures*. https://www.bcgperspectives.com/content/articles/alliances_joint_ventures_globalization_getting_more_value_joint_ventures/?chapter=3#chapter3 (Erstellt: Dezember 2014).

Rupprecht-Däullary, Marita. 1994. *Zwischenbetriebliche Kooperation*. Wiesbaden: Gabler Verlag.

Schäfer, Henry. 1994. Strategische Allianzen – Erklärung, Motivation und Erfolgskriterien. *WISU* 8(9): 687–692.

Schallenberg, Dirk. 1995. *Akquisitionen und Kooperationen – Eine entscheidungsorientierte Analyse von Unternehmenszusammenschlüssen in der Textilwirtschaft*. Bergisch Gladbach/Köln: Josef Eul Verlag.

Scholz, Christian. 1994. *Die virtuelle Organisation als Strukturkonzept der Zukunft?*. http://www.orga.uni-sb.de/allgvo.html.

Sigle, Hermann. 1994. Strategische Allianzen bei Mannesmann. *zfbf* 10: 871–884.

Simon, H. 1996. *Die heimlichen Gewinner – Die Erfolgsstrategien unbekannter Weltmarktführer*. Frankfurt am Main: Campus Verlag.

Snow, Charles C., Raymond E. Miles, und Henry J. Coleman. 1992. Managing 21st Century Network Organizations. *OD* 21: 5–19.

Staudt, Erich, Michael Toberg, Harald Linné, Jürgen Bock, und Frank Thielemann. 1992. Kooperationshandbuch – Ein Leitfaden für die Praxis. Stuttgart: Schäffer-Poeschel Verlag.

Steinöcker, Reinhard. 1993. *Akquisitionscontrolling – Strategische Planung von Firmenübernahmen*. Berlin: Walhalla Fachverlage.

Stelter, Daniel. 1996. Wertorientiertes Management. In *Organisation*, Hrsg. The Boston Consulting Group Landsberg/Lech: Eigenverlag. 4. Nachlieferung.

Streib, Folker, und Meinolf Ellers. 1994. *Der Taifun: Japan und die Zukunft der deutschen Industrie*. Hamburg: Hoffmann und Campe Verlag.

Sydow, Jörg. 1992. *Strategische Netzwerke – Evolution und Organisation*. Wiesbaden: Gabler Verlag.

Sydow, Jörg. 1996. Virtuelle Unternehmung – Erfolg als Vertrauensorganisation?. *Office Management* 7–8: 10.

Sydow, Jörg, und Arnold Windeler (Hrsg.). 1994. *Management interorganisationaler Beziehungen – Vertrauen, Kontrolle und Informationstechnik*. Opladen: Westdeutsche Verlag.

Teubner, Gunther. 1992. Die vielköpfige Hydra: Netzwerke als kollektive Akteure höherer Ordnung. In *Emergenz: Die Entstehung von Ordnung, Organisation und Bedeutung*, Hrsg. W. Krohn, G. Küppers, 189–216. Frankfurt am Main: Suhrkamp.

Vornhusen, Klaus. 1994. *Die Organisation von Unternehmenskooperationen – Joint Ventures und Strategische Allianzen in Chemie- und Elektroindustrie*. Frankfurt am Main: Peter Lang.

Wang, Lihua, und Edward J. Zajac. 2007. Alliance or acquisition? A Dyadic Perspective on Interfirm Resource Combinations. *Strategic Management Journal* 28(13): 1291–1317.

Weck, Roger de. 1998. Wirtschaft im Größenwahn: Mega-Unternehmen bedrohen den Wettbewerb – was tut der Staat? *Die Zeit* 16. April: 1.

Weston, Fred J., Kwang S. Chung, und Susan E. Hoag. 1990. *Mergers, Restructuring, and Corporate Control*. Englewood Cliffs (NJ): Prentice Hall.

White, Steven. 2005. Cooperation Costs, Governance Choice and Alliance Evolution. *Journal of Management Studies* 42(7): 1383–1412.

Willke, Helmut. 1989. Controlling als Kontextsteuerung. In *Supercontrolling: Vernetzt denken, zielgerichtet entscheiden*, Hrsg. Rolf Eschenbach, 63–93. Wien: Fachverlag a. d. Wirtschaftsuniversität Wien.

Wöhe, Günter. 1993. *Einführung in die Allgemeine Betriebswirtschaftslehre*, 18. Aufl. München: Vahlen Franz GmbH.

Wurche, Sven. 1994. *Strategische Kooperation – Theoretische Grundlagen und praktische Erfahrungen am Beispiel mittelständischer Pharmaunternehmen*. Wiesbaden: Gabler Verlag.

Zollo, Maurizio, Jeffrey J. Reuer, und Harbir Singh. 2002. Interorganizational Routines and Performance in Strategic Alliances. *Strategic Management Journal* 23(2): 135–151. Januar.

Unternehmensakquisition

5

5.1 Einleitung

In der vorangegangenen Auseinandersetzung wurden bereits einige Grundlagen und Beschreibungen für die Akquisition von Unternehmen erörtert: Der Markt für Unternehmen wurde mit seinen Akteuren und seinen aktuellen Entwicklungen skizziert (Abschn. 1.4), die Begriffsbestimmung von M&A (Abschn. 2.1) sowie eine Übersicht der Konzentrationsformen (Abschn. 2.2) wurde ausgeführt. Weiterhin wurden Übernahmetechniken und Finanzierungsinstrumente (Abschn. 2.2.3) diskutiert und überdies die der Unternehmensakquisition zugrunde liegenden Theorien, Motive und Strategierichtungen (Kap. 3) vorgestellt.

Im Folgenden wird das Management von Unternehmenskäufen bei der Beschreibung und Diskussion der Unternehmensübernahme regelmäßig aus der Perspektive des Käufers argumentiert. Verkaufsspezifische Phänomene werden dabei gesondert markiert.

5.1.1 Bestimmung des Erwerbsobjektes

Untersuchungsgegenstände dieser Einführung sind der Erwerb von Unternehmungen und Beteiligungen von Unternehmen sowie die Vorgänge des Inhaberwechsels. Der Unternehmensbegriff erscheint aufgrund der Vielfalt von wirtschaftlichen, rechtlichen und sozialen Betrachtungsperspektiven systematisch nicht eindeutig definierbar (vgl. z. B. Picot 1998, S. 16). Es kann hier also nur eine dem Zweck der Akquisition adäquate Definition von Unternehmen angeboten werden, die allerdings insbesondere für die Phase nach der eigentlichen Transaktion (die als „Vernetzungsphase" eingeführt werden wird) eine deutliche Verkürzung darstellt: So kann das Unternehmen „als Gesamtheit von materiellen und immateriellen Rechtsgütern und Werten verstanden werden, die in einer Organisation zusammengefasst und in einem einheitlichen wirtschaftlichen Zweck dienstbar gemacht sind" (Hölters 1989, S. 2). Eine ähnliche Definition wird vom Wirtschaftsprüferhandbuch

© Springer Fachmedien Wiesbaden 2016
S. A. Jansen, *Mergers & Acquisitions*, DOI 10.1007/978-3-8349-4772-7_5

(1986, S. 1074) geliefert: „Das Unternehmen als wirtschaftliche Einheit ist eine Zusammenfassung von Sachen, Rechten und Personen, ausgerichtet auf ein wirtschaftliches Ziel, eingebettet in ein Umfeld (Markt/Volkswirtschaft) und geführt von einer Person oder Personengruppe."

Der Unternehmensträger als natürliche, juristische Person oder als quasi-juristische Personenvereinigung ist der Inhaber sämtlicher positiver und negativer Vermögenswerte. Die Unterscheidung von Unternehmensträgern ist für die Übertragung notwendig. Ist bei einer natürlichen Person der Erwerb durch Übertragung von Vermögensbestandteilen möglich, so können bei juristischen Personen und handelsrechtlichen Personenvereinigungen mit Quasirechtsfähigkeit zusätzlich Beteiligungen übertragen werden. Bei einem völligen Wechsel des Unternehmensträgers, d. h. der Übertragung sämtlicher Anteile wird dann von einem Unternehmenskauf gesprochen. Betrachtet man die unternehmerische Einflussnahme als konstitutives Merkmal, ist bereits ein Anteilserwerb von in der Regel über 75 % der Anteile als eine Veräußerung aufzufassen. Der Erwerb kann demzufolge über verschiedene Einflussstufen differenziert werden (vgl. auch § 16 Abs. 1 AktG): „Gehört die Mehrheit der Anteile eines rechtlich selbständigen Unternehmens einem anderen Unternehmen oder steht einem anderen Unternehmen die Mehrheit der Stimmrechte zu (Mehrheitsbeteiligung), so ist das Unternehmen ein in Mehrheitsbesitz stehendes Unternehmen, das andere Unternehmen ein an ihm mit Mehrheit beteiligtes Unternehmen."

5.1.2 Verschiedene Erwerbswege

Es lassen sich grundsätzlich drei Wege des Erwerbs von Unternehmen und Beteiligungen unterscheiden (vgl. Hölters 1989, S. 6 ff.):

1. Bei Aktiengesellschaften entweder durch Käufe der Aktien über die Börse mit der Gefahr der schnellen Kurssteigerung oder – üblicher – durch Paketkäufe.
2. Erwerb durch gesellschaftsrechtliche Auseinandersetzung oder durch Erbgang.
3. Erwerbsvorgänge durch Verhandlungen und anschließende vertragliche Vereinbarung mit dem bisherigen Unternehmensträger.

Abbildung 5.1 nimmt die verschiedenen Erwerbswege aus einer Käufer- und Verkäuferperspektive und -initiative auf.

Grundsätzlich können Akquisitionen von Unternehmen auf zwei Wegen vorgenommen werden. Dies kann durch einen *Vermögenserwerb* der zum Unternehmen gehörenden Sachen und Rechte erfolgen (so genannter *Asset Deal*) oder durch den *Kapitalanteilserwerb* der gesellschaftsrechtlichen Beteiligung (so genannter *Share Deal*) erfolgen.

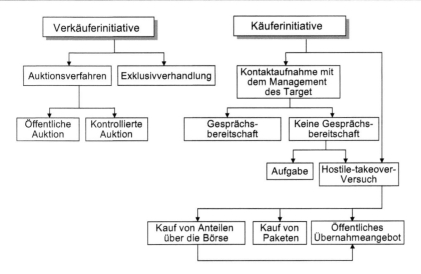

Abb. 5.1 Erwerbswege bei Akquisitionen. (Quelle: Berens et al. 1998, S. 31)

5.1.2.1   Asset Deal

Beim *Asset Deal* wird eine Übertragung aller Wirtschaftsgüter, d. h. aller (wesentlichen) Aktiva und Passiva, vorgenommen und stellt als Kauf durch Singularsukzession einen *Sachkauf* nach § 433 I Satz 1 BGB dar (vgl. Picot 1998, S. 27). Beim Asset Deal werden die entsprechenden Aktiva- bzw. Passiva-Positionen in der Bilanz des Käufers bilanziert. Für den Fall, dass der Kaufpreis die Differenz der Zeitwerte von Aktiva und Verbindlichkeiten übersteigt, kann dieser entstehende Mehrwert als *Goodwill* ausgewiesen werden und muss dann entsprechend abgeschrieben werden. Eine gängige Konstruktion bei dieser Form der Übernahme ist die Gründung einer Muttergesellschaft – in der Regel als GmbH –, die die Vermögens- und Verbindlichkeitspositionen aufnimmt und entsprechend die Kaufpreiszahlung fremd- oder eigenfinanziert an den Verkäufer vornimmt.

5.1.2.2   Share Deal

Beim *Share Deal* erfolgt der Kauf durch eine Übertragung des Rechtsträgers im Wege des Anteils- bzw. des Beteiligungserwerbs (vgl. Picot 1998, S. 27 f.). Dabei stellt die gesellschaftsrechtliche Beteiligung den rechtlichen Kaufgegenstand dar und die Identität des übernommenen Unternehmens bleibt bestehen. Damit ist ein *Rechtskauf* nach § 433 Abs. 1 Satz 2 BGB vorliegend. Darüber hinaus liegt ein Sachkauf nur dann vor, wenn das Mitgliedschaftsrecht durch die Beteiligung wie im Fall der Aktie beinhaltet ist. Die Bilanzierung des Kapitalanteilserwerbs wird im Anlagevermögen beim Punkt III Finanzanlagen unter Beteiligungen vorgenommen (§ 271 Abs. 1 HGB). Dabei wird ein über den Anschaffungskosten liegender Kaufpreis zum Wert der Beteiligung hinzugerechnet und darf nicht entsprechend der Vorgehensweise beim *Asset Deal* als *Goodwill* aktiviert und abgeschrieben werden (vgl. Betsch et al. 1998, S. 342).

5.1.2.3   Interessendivergenz von Verkäufer und Käufer

Bei der Wahl der Dealkonstruktion ergeben sich systematische Präferenzunterschiede zwischen Verkäufer und Käufer. Während der Verkäufer vor allem aufgrund der Haftungsproblematik den *Share Deal* bevorzugt, da mit den Gesellschaftsanteilen die Verbindlichkeiten vollständig übergehen, präferiert der Käufer insbesondere aufgrund der Abschreibungsmöglichkeiten einzelner Aktiva sowie des aktivierten *Goodwill* den *Asset Deal*.

5.1.2.4   Kombinations- und Umwandlungsmodelle

In der Praxis wurden aufgrund der Interessendivergenz Kombinations- und Umwandlungsmodelle entwickelt (vgl. Betsch et al. 1998, S. 343 f.; Eilers und Nowack 1998, S. 663 f., 671 f.). Das *Kombinationsmodell* sieht eine Neugründung einer Muttergesellschaft vor, die zunächst die Kapitalanteile und in der Folge die Aktiva zum Verkehrswert erwirbt. Die stillen Reserven sind dann aktivierbar und abschreibbar. Der Veräußerungsgewinn wird dann an die Muttergesellschaft ausgeschüttet und in der gleichen Höhe eine Abschreibung auf die Beteiligung vorgenommen, die entsprechend der Veräußerungsgewinnausschüttung wertmindernd wirkt. Beim *Umwandlungsmodell* ist die Gründung einer Käufergesellschaft als Personengesellschaft vorgesehen, die zunächst die Anteile der Zielgesellschaft übernimmt und dann diese auf die Erwerbsgesellschaft verschmilzt. Eine Umwandlung der Erwerbsgesellschaft zu einer Kapitalgesellschaft ist nachfolgend möglich. Motive für diese Vorgehensweisen liegen in steuerlichen Ersparnissen (vgl. dazu ausführlich Eilers und Nowack 1998).

5.1.3   Das Phasenmodell einer Akquisition im Überblick

Im Folgenden soll die Betrachtung der Unternehmensakquisition entsprechend der Vorgehensweise bei den Strategischen Allianzen anhand eines idealtypischen Phasen-Modells erfolgen. In dieser Arbeit werden drei Phasen der Akquisition mit ihren jeweiligen Prozessen vorgestellt, die alle wesentlichen Punkte von der Strategieentwicklung des Akquisiteurs über die Transaktion bis zur organisatorischen Vernetzung und dem *post merger audit* beinhalten (vgl. andere Darstellungen in Jung 1983; Brand 1985; Storck 1993, S. 104; Sudarsanam 1995; Hooke 1997; Picot 1998, S. 10 f.; Lucks und Meckl 2002, die in der Regel nur Teilabschnitte aufnehmen, oder die Handbücher Picot 2012 und Wirtz 2006). Wie bei der detaillierten Ausführung der einzelnen Phasen deutlich wird, sind die hier visuell und analytisch differenzierten Phasen mit ihren Prozessen integrativ und iterativ zu sehen und entsprechen daher gerade nicht einer chronologischen Reihenfolge. Die etablierten Begriffe „Pre-Merger" und „Post-Merger" sind daher in Anführungsstriche zu setzen, da weder die Chronologie stimmt, noch die Fusion allein zu untersuchen steht, sondern auch die Akquisition.

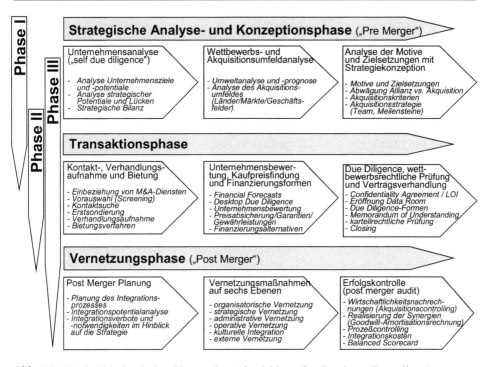

Abb. 5.2 Die drei idealtypischen Phasen einer Akquisition. (Quelle: eigene Darstellung)

5.2 Strategische Analyse- und Konzeptionsphase

M&A sind Ergebnisse von Zufällen und Opportunitäten (angebotsgetrieben) oder durch sorgfältige Planung und Analyse (nachfragegetrieben) zustande gekommen. Die folgenden Ausführungen sind daher als eine Übersicht über Instrumente für die Analyse und Strategiekonzeption zu verstehen. Nicht selten wird genau dies als wesentliches Kriterium für erfolgreiche Transaktionen angeführt und dennoch erwecken viele Deals eher den Anschein einer angebotsgetriebenen Logik – ohne entsprechende flankierende Maßnahmen.

Vor jeder Entscheidung, die die zukünftige Unternehmensausrichtung betrifft, sollte idealer Weise eine ausführliche Analyse des eigenen Unternehmens und seiner Umwelt erfolgen. Dies gilt insbesondere für investitionsintensive Wachstumsstrategien. Durch entsprechende Analysen lässt sich abschließend der M&A-Bedarf ermitteln, welcher damit die Vorbereitung für die weiteren Akquisitionsphasen einleitet. In Kap. 3 wurde bereits die strategische Expansions- und Diversifikationsanalyse nachgezeichnet. In den folgenden Punkten werden diese Analyseinstrumente nun konkretisiert.

5.2.1 Analyse der Unternehmensziele und -potentiale

Die Unternehmensziele und -potentiale sowie der Unternehmenszweck sollten insbesondere bei der Planung einer Wachstumsstrategie einer detaillierten Analyse unterzogen werden. Dabei spielen Stärken-/Schwächen-Analysen, Erfolgsfaktorenanalysen, Diversifikationstests, Kernkompetenzdefinitionen, Portfoliotests und Tests der *„economies of . . .*-Typen" für eine langfristig und nachhaltig ausgerichtete Unternehmenspolitik eine zentrale Rolle. Ein erstes Diagnoseinstrument kann in der Wertschöpfungsketten-Analyse gesehen werden, die mit einer Stärken-Schwächen-Analyse verbunden ist (Abb. 5.3).

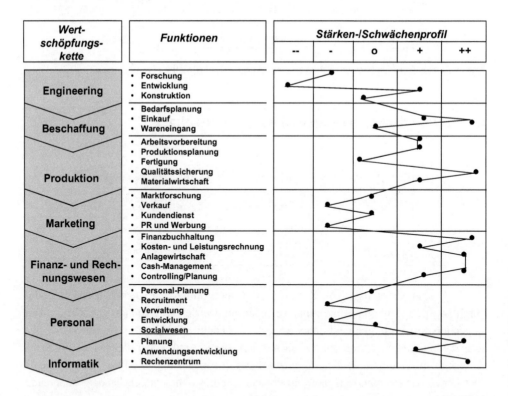

Abb. 5.3 Wertkettenanalyse mittels eines Stärken-/Schwächenprofils. (Quelle: Darstellung nach Clever 1993, S. 127)

1. **Unternehmen, Geschäftstätigkeit, Produkte und Entwicklungsmöglichkeiten**
   Firmengeschichte und Entwicklungsstand, Geschäftstätigkeit, Märkte, in denen das Unternehmen aktiv ist, Produkte der Vergangenheit und Zukunft, Entwicklungsmöglichkeiten
2. **Geschäftsleitung und Beirat**
   Lebensläufe, Zeit der Zusammenarbeit, Management im Unterschied zum Wettbewerber, Gehälter, Gewinnbeteiligungen, sonst. Vergütungen, sonst. Verpflichtungen der Manager und Beiräte (Aufsichtsratsposten, etc.)
3. **Ziele der Geschäftsführung, Strategie und Zeitplan der Umsetzung**
   Formulierung der strategischen Zielsetzung, der neuen Märkte und Produkte mit Umsetzungsplanung
4. **Wettbewerbsvorteile**
   Faktoren, die die Ertragsspanne und Marktanteile erhöhen,
   Markteintrittsbarrieren
   (Patente, Lizenzen, Handelshemmnisse, Know-how, technischer Vorsprung, kontinuierliche Produktentwicklung, Copyrights, Warenzeichen, Gebrauchs- und Geschmacksmuster, Partnerunternehmen (Allianzen), Markenidentität und -loyalität, günstige Fertigungskosten, Zulassungen bei Gesundheitsbehörden oder ähnlichen Institutionen),
   Marktaustrittsbarrieren
5. **Markt**
   Nachfrage: Gesamtgröße des Marktes früher, heute und zukünftig; *Angebot:* Wettbewerber früher, heute und zukünftig (direkt und indirekt), Marktanteile der Wettbewerber, Größe, Wachstumsraten, Rentabilität und Finanzlage der einzelnen Wettbewerber; *Marktstudie:* allgemeine und spezifische Marktentwicklung für entwickelte und zu entwickelnde Produkte
   Preiselastizität der Nachfrage, Kundeneinschätzung der eigenen Produkte und der Konkurrenzprodukte
6. **Hauptrisiken und Krisenpläne**
7. **Geplante Marktanteile des Unternehmens** aus Punkten 3-6 abgeleitet
8. **Geschäftserfolge früher, heute und zukünftig**
   Gewinn und Verlust, Bilanzen, Cash Flow, Netto-Barliquidität, Eigenkapitalrentabilität, Umsatzrentabilität
9. **Marketing**
   Preise, Werbung, Verkaufsförderung, Vertrieb und Service
10. **Fertigung und Produktion**
    Standort, technische Ausstattung, angewandte Produktionsprozesse, Eigenfertigungsanteil, Auslandsfertigung, Automatisierungsgrad, Rohstoffbezug
11. **Personal**
    Weiterbildungen, Betriebsklima, Lohnpolitik, Gruppenarbeit, Verbesserungsvorschläge, Sozialleistungen
12. **Finanzierungsbedarf**
    Kapitalstruktur, Eigentumsverhältnisse, gewünschte Eigenkapitalfinanzierung, Leverage, Mittelverwendung
13. **Investitionsplanung**

Abb. 5.4 Beispiel für eine Business Plan-Analyse. (Quelle: eigene Aufstellung)

Bei der Strategieformulierung muss entsprechend der erfolgten Auseinandersetzung zwischen der Konzern- oder Holdingstrategie einerseits und der Geschäftsbereichsstrategie andererseits unterschieden werden. Demnach sind bei auf Geschäftsbereichsebene eindeutig erscheinenden Strategien weitere Analysen auf der Konzernebene durch entsprechende Portfoliotests notwendig. Ein weiteres Instrument für den Aufbau eines neuen Geschäftsbereiches (entweder durch Gründung oder durch Akquisition) ist der *Business Plan*, der zur Formulierung einer Gesamtstrategie des Managements dient und die kurz- und mittelfristige Überprüfung der Strategierealisierung ermöglicht. Wesentliche Elemente sind in der in Abb. 5.4 dargestellten Übersicht in verkürzter Form aufgestellt (vgl. mit anderer Systematik Humpert 1985, S. 34 ff.).

Weiterhin ist es notwendig, die Kernkompetenzen des Unternehmens auszuloten, da sie – wie im Abschn. 3.3.3 mit Prahalad und Hamel diskutiert – entsprechende Gradmesser für die weitere Ausrichtung im Hinblick auf eine Diversifikation oder Expansion oder aber im Rahmen der vertikalen Integration und Desintegration darstellen. In einigen Publikationen wird auch von der *internen Potentialanalyse* gesprochen.

Diese Untersuchung soll Fragestellungen beantworten, inwieweit das vorhandene Potential ausreicht, um auf neuen Märkten tätig zu werden und durch welche branchenspezifischen Bedingungen diese Potentiale eingeschränkt oder erweitert werden. Diese Potentialbereiche werden unter Angabe der Implikationen für die Bereiche Marketing, Technologie, Mitarbeiter und Finanzen definiert. Es steht zu vermuten, dass diese funktional gedachte Potentialanalyse in vielen Fällen zu kurz greift. In einer prozessualen Sicht können gerade Verknüpfungen einzelner Funktionsbereiche völlig vielfach neue Potentialbereiche eröffnen.

5.2.2 Analyse der unternehmerischen Umwelt

Wurde bei der Unternehmensanalyse der Fokus auf die Stärken und Schwächen, auf die Definition und Beurteilung der eigenen Kernkompetenzen sowie auf beeinflussbare interne Potentiale gerichtet, wird bei der Umweltanalyse insbesondere auf die Chancen und Risiken für die eigene Unternehmung und seine Projekte durch die Umwelt, d. h. durch die Stakeholder aus Wirtschaft, Gesellschaft und Politik, geachtet. Hierbei kommt es vorrangig auf die Umweltperzeption an, inwieweit die Umweltanalyse die für die Unternehmung relevanten Umweltveränderungen antizipiert und aufnimmt. Leider bestimmt sich die Relevanz systematisch im Nachhinein. Umweltveränderungen kündigen sich nach den Theorien der Strategischen Frühaufklärung durch *schwache Signale* an und müssen daher frühzeitig erkannt und verarbeitet werden, um eine angepasste strategische Reaktion zu ermöglichen; so die Forderung von Ansoff (vgl. Ansoff 1976 aber auch Bea und Haas 1994 sowie Hahn und Krystek 1979, S. 76). Diese notwendigerweise funktionsübergreifende Sensibilität in der Wahrnehmung von schwachen Signalen wird zum entscheidenden Erfolgsfaktor. Welche der schwachen Signale mittels des unternehmensspezifischen *strategic radar* beobachtet werden, ist von Fall zu Fall verschieden. Gemeinsam ist der Vorgehensweise aber eine Abkehr vom reaktiven Krisenmanagement (mit der nur noch zu konstatierenden Existenz einer Krise) hin zu einer proaktiven Umgangsweise mit seiner Umwelt.

Der Umgang mit seiner Umwelt lässt sich theoretisch in einer Adaptionsstrategie und einer Manipulations- oder Gestaltungsstrategie differenzieren. Während traditionell (nicht zuletzt aus dem neoklassischen Paradigma heraus) eine Adaptions- oder Anpasserstrategie vorherrschte, wird zunehmend die jeweilige komparative Überlegenheit dieser Strategien diskutiert (vgl. hierzu Hagel 1996, S. 8 f.). Derartige Überlegungen sind das klassische Feld der Spieltheorie (Axelrod 1988) und wurden auch in der aktuellen spieltheoretischen Strategiediskussion aufgenommen. Bei letzterer wird eine beidseitig Nutzen bringende Manipulation und Änderung der (Branchen-) Spielregeln als eine kooperative Gestaltungsmöglichkeit des Wettbewerbs angesehen (vgl. Brandenburger und Nalebuff 1995).

Für den Aufbau eines neuen Geschäftsbereiches wird hingegen eine komplexere, punktuelle Umweltanalyse erforderlich. Häufig wird vorgeschlagen, anhand der Schnittstellen zur Umwelt die Umwelt auf die entscheidenden Input- und Outputmärkte zu analysie-

1. **Analyse und Prognose der Bereiche Politik, Gesellschaft, Wirtschaft und Technologie**
   - *Internationale und nationale Wirtschaftspolitik, politische Stabilität innerhalb der Länder*
   - *Ordnungsrechtliche Eingriffe in die Wirtschaft,*
   - *Umweltschutzbestimmungen, Bevölkerungswachstum, Arbeitskräfte, rechtliche Veränderungen,*
   - *Konjunkturzyklen, Pro-Kopf-Einkommen, Einkommensverteilung, Inflationstendenzen,*
   - *Währungskursschwankungen, Rohstoff- und Energiepreise, emerging markets,*
   - *Technologieentwicklungslinien,*
   - *Rechtliche Stabilität,*
   - *Logistische, verkehrstechnische und informationstechnologische Infrastruktur,*
   - *Attraktivität des Kapitalmarktes.*

2. **Branchenanalyse**
   - *Produktnachfrage und Entwicklung,*
   - *Marktlebenszyklus, -dimension, -wachstum, -dynamik,*
   - *Kapitalintensität, Fixkostenstruktur, Marktsegmentierung, Vertriebskanäle,*
   - *Wettbewerbssituation: Anzahl, Größe, Finanzkraft, Führungssysteme der qualifizierten Anbieter.*

3. **Stellung des Unternehmens in der Branche**
   - *Determinanten der Konkurrenzintensität,*
   - *Determinanten der Markteintritts- und -austrittsbarrieren,,*
   - *Determinanten der Substitutionsgefahr,*
   - *Determinanten der Lieferanten- und Abnehmermacht,*
   - *Kostensituation: Standorte, Effektivität und Effizienz der Produktions- und Vetriebsaktivitäten, spezifische und relative Kostenvorteile,*
   - *Spezifische Wettbewerbsfaktoren: relative Finanzstärke, relative Markenpositionierung, Differenzierungsmerkmale.*

Abb. 5.5 Dreistufiges Umweltanalysemodell. (Quelle: modifizierte Aufstellung nach Pümpin 1980; in: Steinöcker 1993, S. 20)

ren, insbesondere hinsichtlich des Kapitalmarktes, der Beschaffungs- und Absatzmärkte und der Arbeitsmärkte (vgl. z. B. Storck 1993, S. 69). Es soll hier ein Vorgehen angeregt werden, welches ein dreistufiges Analysemodell vorsieht (Abb. 5.5).

5.2.3 Analyse der strategischen Potentiale und Lücken: Strategische Bilanz und Analyse der M&A-Bedarfe

Die bereits angeführte interne Potentialanalyse dient als Basis für eine anschließende Analyse der Lücken (oder Gap-Analyse) zwischen der analysierten Ist-Situation und den operativen und vor allem im Hinblick auf die Umweltanalyse als realistisch angesehenen strategischen Zielsetzungen. Diese identifizierten Lücken gelten dann als Ausgangspunkt für weitere Entscheidungen bezüglich der Wachstumsstrategie. Es wird anhand der typischerweise wie in Abb. 5.6 dargestellt aussehenden grafischen Visualisierung die Bestimmung der Lücken über Erfolgskriterien wie z. B. ROI, Gewinn oder Umsatz vorgenommen.

Dabei wird zwischen operativen und strategischen Lücken unterschieden. Während bei der operativen Lücke eine Schließung unter Beibehaltung der Produkte und Märkte möglich ist, werden zur Schließung der strategischen Lücken neue Produktentwicklungen und Markterschließungen notwendig. Die Strategische Bilanz wird als ein Instrument zur Identifizierung der strategischen Lücken und Engpässe verwendet. Dabei geht es um eine

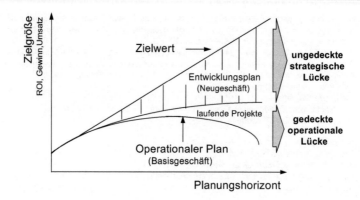

Abb. 5.6 Gap-Analyse: Strategische und operationale Lücken. (Quelle: eigene Darstellung, vgl. ähnlich Heinen 1991)

Gegenüberstellung der Faktoren Kapital, Material, Personal, Absatz und Know-how (vgl. Mann 1987, S. 47 ff.). Auf der Aktivseite werden die positiven Effekte, auf der Passivseite entsprechend die negativen Effekte der einzelnen Faktoren in Relation zum Wettbewerb gebucht.

Die Passivseite weist demnach die strategischen Engpässe aus. Es stellt sich nun die Frage, inwieweit die Schließung der strategischen Lücke und der „Bilanzausgleich" durch Maßnahmen der Expansion, der Diversifikation, der Marktdurchdringung oder der Innovation erreicht werden kann. Prinzipiell sind zur Schließung mehrere Handlungsoptionen möglich. Basierend auf den ausgeführten Analysen kann der jeweilige Akquisitions-Bedarf bestimmt werden (Abb. 5.7).

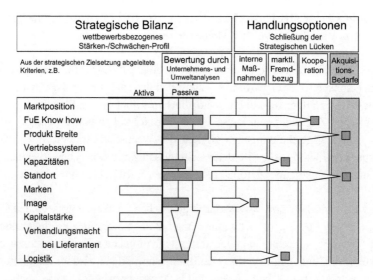

Abb. 5.7 Identifizierung von Akquisitions-Bedarfen. (Quelle: eigene Darstellung)

5.2.4   Analyse des Akquisitionsumfeldes

Für den Fall, dass in der Akquisition die richtige Maßnahme zur Schließung der Strategischen Lücken gesehen wird, ist der nächste Schritt die Analyse des Akquisitionsumfeldes. Diese Analyse ist insbesondere für die Zielsetzung des Markteintritts unverzichtbar. Es lassen sich drei Analyseebenen des Akquisitionsumfeldes identifizieren: Die länderorientierte Analyse, die marktorientierte Analyse und die geschäftsfeldorientierte Analyse (vgl. z. B. Steinöcker 1993, S. 34 f.).

5.2.4.1   Die länderorientierte Analyse

Die länderspezifische Analyse wäre vor dem Hintergrund zu betrachten, inwieweit das Land als Absatz- oder als Produktionsstandort interessant wird. Es besteht unabhängig von der strategischen Zielsetzung in jedem Fall Klärungsbedarf hinsichtlich der nationalen Gesetzgebungen, der Infrastrukturen sowie der kulturellen Differenzen und ihrer Konsequenzen auf die Verhandlung, Transaktion und Integration. Diese Wettbewerbsanalyse der politischen und wirtschaftlichen Systeme dient letztlich dazu, die Akquisitionskandidaten regional zu beschränken.

5.2.4.2   Die marktorientierte Analyse

Wenn eine regionale Eingrenzung erreicht wurde, erfolgt eine marktorientierte Analyse, die vor allem den Aktien- und Kapitalmarkt betrifft. Weitere Analysen können hinsichtlich der Finanzierungsmöglichkeiten der Akquisition, der ökonomischen Situation (Realzinsniveau, Zahlungsbilanz etc.) und der Gesetzgebung (Steuergesetze, Wettbewerbsrecht etc.) notwendig werden. Die Aktionärsstrukturen und die Finanzierungsgemeinschaften wie auch die gesellschaftliche Akzeptanz der Übernahme (insbesondere bei feindlichen Übernahme) sollten entsprechend betrachtet werden.

5.2.4.3   Die geschäftsfeldorientierte Analyse

Im Rahmen der geschäftsfeldorientierten Analyse wird das Akquisitionsverhalten hinsichtlich der Geschäftsfelder untersucht. So wurden in Deutschland insbesondere die Finanzdienstleister, die Dienstleister, Chemie/Pharma, IT und Medien, die Energie-/Entsorgungswirtschaft Ziele von Übernahmen (vgl. Abschn. 1.4.6.1.7 *Marktentwicklung hinsichtlich der Sektoren*). Dies lässt bereits erste Hinweise auf die Übernahmeprämien in der Branche zu.

5.2.5   Formulierung der Akquisitionsstrategie

Im Anschluss an die noch abstrakte Analyseheuristik ist die Formulierung der Akquisitionsstrategie mittels der Motive und Zielsetzungen der Akquisition und den daraus ableitbaren Akquisitionskriterien vorzunehmen. Ein Instrument dafür stellt die ansoffsche *Produkt-/Markt-Kombination* dar, die vielfach der Akquisitionsstrategie zugrunde gelegt

MARKT PRODUKT	gegenwärtig	neu
gegenwärtig	KONSERVATION, MARKTDURCHDRINGUNG	EXPANSION, MARKTENTWICKLUNG
neu	INNOVATION, PRODUKTENTWICKLUNG	DIVERSIFIKATION

Abb. 5.8 Marktstrategien nach der Produkt-/Markt-Matrix. (Quelle: modifizierte Darstellung nach Ansoff 1966, S. 132)

wird. Durch die Differenzierung von Märkten in wachsende und schrumpfende Märkte werden unterschiedliche Überlebensstrategien bedeutsam: Bei schrumpfenden Märkten kann eine gezielte Nischenpolitik, eine Restrukturierung oder der frühzeitige Verkauf von Unternehmen oder Unternehmensteilen vorteilhaft sein. Bei wachsenden Märkten hingegen ergeben sich unterschiedliche strategische Optionen (Abb. 5.8).

5.2.5.1 Komparative Analyse „Akquisition vs. Kooperation"

Die Akquisition als strategische Offensive ist auf der einen Seite gekennzeichnet durch das höchste Maß an Handlungsfreiheit im Vergleich zu eher kompromissbelegten Kooperationsformen wie Strategische Allianzen und Joint Ventures. Auf der anderen Seite entsteht ein höheres Maß an Unsicherheit und Risiko durch die Alleinübernahme. In der in Abb. 5.9 dargestellten Übersicht sind einige Vor- und Nachteile von Akquisitionen aufgeführt (vgl. Bühner 1990b; Schallenberg 1995; Dyer et al. 2004; Cools und Roos 2005; Wang und Zajac 2007 sowie die Studien in Abschn. 4.5.6).

Zeitlicher Vorteil
- Schnelle und umfassende Vergrößerung von Marktanteilen,
- Rasche Erschließung von neuen Tätigkeitsbereichen bzw. Vordringen in neue (ausländische) Märkte.

Kostenvorteil
- Gleichzeitige Übernahme von materiellen und immateriellen Gütern wie Patente, Lizenzen, Markennamen, Goodwill, Kundenkartei etc.,
- Eventuelle Veräußerungsgewinne, die den Kaufpreis bei Zerschlagung oder Weiterveräußerung übersteigen.

Beibehaltung der Marktstruktur
- Beruhigung des Wettbewerbs
- Kein Aufbau von neuen Kapazitäten in der Branche wie bei Neugründung oder Joint Venture (insbesondere ein Vorteil bei schrumpfenden Märkten).

Spezifitätsnachteil
- Aufbau einer erhöhten Spezifität bei Akquisitionen,
- Erhöhung der Marktaustrittsbarrieren,
- Höhere Fixkostenintensität als in Kooperationen.

FuE-Risiko
- Höheres Fehlschlagungsrisiko bei Produkt- und Prozessinnovationen.

Flexibilität
- Schlechtere Anpassung an Umweltturbulenzen als Kooperationen,
- Niedrige Kapazitätenflexibilität bei Bedarfsschwankungen.

Integrationsproblematik
- Höhere Integrationskosten,
- Höheres Integrationsrisiko,
- Häufiger Weggang von guten Führungskräften.

Abb. 5.9 Komparative Vorteile … und Nachteile von Akquisitionen. (Quelle: eigene Aufstellung)

5.2.5.2 Motive

In der Literatur lassen sich vielfältige Motive für Akquisitionen finden (vgl. dazu ausführlich Jansen 2004a). Copeland und Weston bieten fünf Motivgruppen an: „Efficiency, Information, Agency problems, Market power, Taxes" (Copeland und Weston 1988, S. 683–690). Brealey und Myers sehen folgende Motivgruppen: *„Sensible Motives for Mergers:* Economies of Scale, Economies of Vertical Integration, Combining Complementary Resources, Unused Tax Shields, Use for Surplus Funds, Eliminating Inefficiencies. *Dubious Reasons for Mergers:* Diversification, Bootstrap Game (Earning per Share), Lower Financing Cost." (Brealey und Myers 1991, S. 808–828). Eine weitere Klassifizierung nimmt

(1) REALE MOTIVE
Synergien
1. *Erhöhung der Marktmacht und des Marktanteils* (PIMS: hohe Korrelation mit ROI; Porter: U-Kurve)
   – Erhöhung der Markteintrittsbarrieren: (1) Strukturelle (economies of scale: MES als optimale Betriebsgröße, Patentschutz, natürliche Monopole, netzbedingte Fixkosten) und (2) strategische Markteintrittsbarrieren (Limitpreis; Überkapazitäten, F&E-Aufwendungen, Strategische Familien, Netzwerk mit Zulieferern und Kunden, Markenaufbau entfällt),
   – Senkung der Marktaustrittsbarrieren: Bei größeren Kapazitäten bessere Auslastung der marktspezifischen Produktionsanlagen als die Konkurrenz.
2. *Kostenreduktionen*
   – Economies of scale und scope,
   – Erfahrungskurveneffekte,
   – Bei konglomeralen Zusammenschlüssen: Systemlösungen durch komplementäre Ressourcennutzung,
   – Gemeinkosteneinsparnisse: Beseitigung von Doppelarbeiten etc.
2. *Zeitgewinn*
3. *Internationalisierung*
4. *Markt- und Ressourcenzugang*
5. *Systemkompetenz*
6. *Wettbewerbsberuhigung*
7. *Standardgenerierung*

Verbesserte Managementleistung durch den *Market for Corporate Control*

Steuervorteile: Übernahme des Verlustvortrages der zu übernehmenden Unternehmung.

(2) SPEKULATIVE MOTIVE
Unterbewertung, d.h. der Marktpreis liegt unterhalb des realen Wertes eines Kaufobjektes
1. *Marktunvollkommenheiten* (Economic Disturbance Theory): Korrelation Aktienpreis und Übernahme,
2. *Informationsasymmetrie*: Kurssteigerung bei Unternehmenskauf (Option und neue Unternehmensbewertung).

Gewinnträchtige Veräußerung der Einzelteile

(3) MANAGEMENTMOTIVE
Agency-Konflikt durch Abstraktion der Geschäftsführung von dem Eigentum:
1. *Macht- und Prestigedenken:* (1) Größenmaximierung-Hypothese: Vergütungssysteme häufig an Umsatz bzw. Marktanteil gemessen, (2) im Zusammenhang mit der Selbstüberschätzung i.S. der Hybris-Hypothese (Roll),
2. *Free Cash Flow:* Jensens Überlegung der Einbehaltung von Free Cash Flow zur Verstetigung der Gewinnsituation, Verwendung von hohen freien liquiden Mitteln in diversifizierende Akquisitionen zur Einflussvergrößerung statt Ausschüttung an Eigentümer
   Sammeln von Akquisitionserfahrungen als eigener Kompetenzaufbau

Abb. 5.10 Motive für Unternehmensakquisitionen. (Quelle: eigene Aufstellung nach Bühner 1990b, S. 5–21; Steinöcker 1993, S. 41–42; Brealey und Myers 1991, S. 808–828; Copeland und Weston 1988, S. 683–709; Jensen 1986a, S. 323 f.; Hess 1989, S. 34–35; Huemer 1991, S. 15–68; Roll 1986, vgl. theoriegetrieben Jansen 2004a, S. 84)

Bühner mit den drei Motivgruppen vor: (1) Reale Zusammenschlussmotive, (2) spekulative Zusammenschlussmotive und (3) Managementmotive (Bühner 1990b, S. 5–21).

In der in Abb. 5.10 dargestellten Auflistung der Motive – ergänzend Kap. 3 – wird hier eine abstrakte Gliederung vorgenommen und entsprechend um weitergehende Aspekte ergänzt, die zum Teil bereits bei den Allianzen und den Theorien zu Unternehmensübernahmen behandelt wurden.

5.2.5.3   Käuferseitige Identifikation potentieller Verkäufer: Akquisitionskriterien

Weiterhin einen nachfrageorientierten M&A-Ansatz unterstellt, wird die Frage aufgeworfen, welches Unternehmen als potentielles Zielunternehmen *(target)* dienen kann. Dies lässt sich auf zweierlei Weise beantworten: eines, das zum Käufer passt, und eines, dass selbst als Verkäufer überhaupt in Frage kommt. Während im ersten Fall die Akquisitionskriterien käuferseitig über einen potentiellen Verkäufer definiert werden, ist es im zweiten Fall eine marktseitige Definition.

5.2.5.4   Marktseitige Identifikation potentieller Verkäufer: Akquisitionschancen

In der Forschung bestehen zahlreiche Versuche, entsprechende Zielunternehmen bereits im Vorfeld zu erkennen. Das Aufspüren von potentiellen Verkäufern ist ein Markt für die Dienstleister, aber auch eine Aufgabe der kaufwilligen Unternehmen selbst. In jedem kostet die Identifikation von Verkäufern Geld und von der entsprechenden Forschung wird sich versprochen, eine belastbare Prognose von wertsteigernden Zielunternehmen vornehmen zu lassen (vgl. zu enem Akquisitionsprofil Abb. 5.11).

Brent W. Ambrose und William Megginson haben dazu 1992 eine Studie über Transaktionen in den 1980ern vorgelegt, die die Übernahme-Wahrscheinlichkeit bei Berücksichti-

- **Größenordnung:** 50 bis 300 Millionen Dollar, größere Akquisitionen möglich, wenn Geschäftsbereiche ohne nennenswerte Probleme abgestoßen werden können,
- **Art der Übernahme:** Transaktion sollte möglichst auf freundlichem Wege erfolgen, wegen der Verminderung organisatorischer Widerstände, kultureller Probleme und Personalfluktuation,
- **Produktportfolio:** 50% der neu hinzukommenden Produkte sollten einen Marktanteil von zumindest 30% im Zielmarkt aufweisen,
- **Voraussetzungen:** Gute Kapitalstruktur und konstante Ergebnisse (ansonsten Sanierungsfall),
- **Wertschöpfung des Neugeschäftes:** Eine Bruttogewinnspanne von 70% und höher,
- **Umwelt:** Keine Umweltprobleme, Altlasten und Sanierungspflichten,
- **Technologiekompetenz:** Wichtiges Kriterium für weitere Entwicklung der Geschäftsbereiche und Produkte,
- **Zeitmanagement:** Zügige Abwicklung der Transaktion und Integration,
- **Kostenmanagement:** Berücksichtigung aller Akquisitionskosten (neben dem Kaufpreis vor allem die Integrationskosten),
- **Integrationswahrscheinlichkeit:** Gute Chancen der Integration sowohl auf der Geschäftsführungsebene als auch auf der Gesamtorganisationsebene.

Abb. 5.11 Beispiel für ein Akquisitionsprofil. (Quelle: eigene Aufstellung)

1. Financial Synergies Hypothesis:	Firms with unused debt capacity are more likely to acquire other firms to realize the benefits of increased leverage.
2. Firm-Size-Hypothesis:	Large firms are more likely to acquire other firms.
3. Superior Management Hypothesis	Firms with superior management are more likely to acquire other firms.
4. Cash-Flow Payout Hypothesis:	Firms with a history of paying out cash flows to shareholders are more likely to acquire other firms.
5. Firm-Growth Hypothesis:	Firms with a history of low growth are more likely to acquire other firms in order to increase future growth.

Abb. 5.12 Charakteristika von Käufer- und Verkäuferunternehmen. (Quelle: Trahan 1993)

gung von (1) Unternehmensaktionären und (2) von institutionellen Anlegern, (3) von Abwehrmaßnahmen und (4) Aktiva-Struktur untersucht (vgl. zu den Hypothesen Abb. 5.12). Die Ergebnisse waren eindeutig: Es liegt eine positive Korrelation von Übernahmeangeboten mit dem Wert der materiellen Anlagevermögen vor und eine negative Korrelation bezogen auf die Firmengröße sowie die Nettoveränderung bei institutionellen Anlegern. Im Hinblick auf die Abwehr von feindlichen Übernahmen war die Genehmigung von Vorzugsaktien das einzige Abwehrinstrument, welches negativ mit der Übernahmewahrscheinlichkeit korrelierte. Dabei haben potentielle *targets* einen signifikant niedrigeren Anteil an Unternehmensaktionären als *non-targets*.

Emery A. Trahan führte 1993 eine Vergleichsanalyse von finanziellen Charakteristika von *targets* und *non-targets* durch. Die Ergebnisse belegen, dass vor allem die Firmengröße und die *Cash Flow*-Auszahlung in Form von Dividenden positive Auswirkungen auf die Übernahmeentscheidung haben. Ein geringer Verschuldungsgrad und die bisherige Managementperformance sind zudem mit positiven Ankündigungseffekten an der Börse versehen gewesen.

Mark L. Mitchell und Kenneth Lehn haben 1990 eine weitere interessante Studie mit folgender Frage vorgelegt: „Do Bad Bidders Become Good Targets?". Dabei wird die heute mehr denn je virulente Frage gestellt, ob schlechter Käufer zu guten Verkäufern werden. Sie konnten empirisch belegen, dass Unternehmen zu Zielunternehmen werden, die Akquisitionen vornehmen, welche den Eigenkapital-Wert gesenkt haben. Umgekehrt werden Unternehmen, die wertsteigernde Akquisitionen vornehmen, nicht zu Zielunternehmen *(good bidders)*.

Es gibt aber auch kritische Stimmen zu der Prognosequalität, z. B. von Krishna Palepu. In einer Analyse von 1986 wurden keine signifikanten Charakteristika gefunden, lediglich die *relative Unternehmensgröße bzw. hier: Unternehmenskleinheit* zum Käufer im relevanten Märkten war ein signifikantes Merkmal für ein Zielunternehmen. In der Kapitalmarkttheorie wird dies als *size effect* verhandelt: Bislang wurde dieser Größeneffekt in der Kapitalmarkttheorie vor allem daraufhin untersucht, inwieweit (1) ein Zusammenhang zwischen Höhe der Marktkapitalisierung und Rendite besteht, (2) eine höhere Übernahmewahrscheinlichkeit bei relativ zur Gesamtbranche kleinen Unternehmen vorliegt und (3) Wachstumsraten sich in Abhängigkeit von der Unternehmensgröße entwickeln.

So wird die relative Unternehmensgröße in vielen Studien als das einzige signifikante Kriterium für die Übernahmewahrscheinlichkeit angeführt, d. h. die Kapitalstruktur *(financial synergy-hypothesis)*, Management-Qualität *(superior management-hypothesis)*,

die Dividendenausschüttungspolitik *(cash flow payout-hypothesis)* oder die Wachstumsrate *(firm growth-hypothesis)* haben keine entsprechende Aussagekraft.

Folgt man diesen Analysen, dann sind die *Mega-Merger* – also Großtransaktionen unter
Gleichen – im engeren Sinne nicht zielführend.

5.2.5.5   Zusammenfassende Heuristik zur M&A-Strategie-Analyse

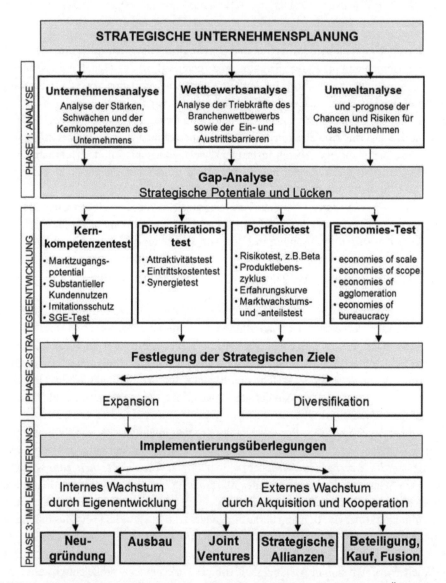

Abb. 5.13 M&A aus Sicht der Strategischen Unternehmensplanung. (Quelle: eigene Übersicht)

Es zeigt sich in Untersuchungen seit den 1970er Jahren deutlich, dass eine positive Korrelation zwischen Planung und Erfolg besteht: „Akquisitionen mit schriftlich vorformulierter Strategie sind ökonomisch erfolgreicher als solche ohne Strategie" (Möller 1973, zitiert in Huemer 1991, S. 185; vgl. auch die dort genannten Untersuchungen). Entsprechend der Unternehmensplanung sollte eine Methodik der Akquisitionsplanung entwickelt werden.

Die in Abb. 5.13 dargestellte Übersicht versucht die besprochenen Analysenformen aufzugreifen, und die entsprechenden Entscheidungsalternativen aufzuzeigen.

5.2.6 Entwicklung von Akquisitionsstrategien: Akquisitionsplanung und -kontrolle

Auf Basis der Analysen erfolgt nun die Verfassung einer Unternehmensstrategie, die dann geschäftsbereichsspezifisch detaillierter aufgefächert werden kann. Zur Formulierung sollte die Szenariotechnik mit Extremstrategien *(Liquidations- vs. Sprungstrategien)* angewendet werden, die mittels der Variation der Annahmen Sensitivitätsanalysen ermöglichen. Diese Strategie sollte, entsprechend dem angesprochenen Business Plan, Angaben über Leistungsprogramm, über zu bearbeitende Märkte, über Wachstums-, Innovations-, Marketing-, Personal- und Beschaffungspolitik etc. enthalten.

Danach erfolgt in der Geschäftsstrategie eine Konkretisierung im Hinblick auf die (1) Leitidee und die aufzubauenden Erfolgspotentiale, (2) die Marktziele (Konkurrenzstrategie, Marktanteile), (3) die Produktziele (Wachstum, Innovation) und (4) den Marketing-Mix (Preispolitik, Distribution, Werbung etc.).

In einem weiteren Schritt werden dann funktionale Strategien zur Verfeinerung und Ausgestaltung der Grundstrategie sowie zur Harmonisierung der unterschiedlichen Konzepte der einzelnen Geschäftsstrategien entwickelt. Eine Akquisitionsstrategie sollte nach der schriftlichen Formulierung der strategischen Zielrichtung (z. B. Markteintritt) die Projektierung vornehmen. Es ist eine Planung des Prozesses zu erarbeiten, die die einzelnen Phasen des Akquisitionsprozesses mit einem zeitlichen, personellen und einem budgetären Rahmen versieht. Es sollte dabei z. B. die Besetzung eines entsprechenden Akquisitionsteams mit entsprechenden Kompetenzregelungen und Handhabung der Informationspolitik sowie eine Meilensteinformulierung vorgenommen werden.

Bereits begleitend zur Formulierung einer Akquisitionsstrategie und zur Planung des Prozesses sollte ein Akquisitionscontrolling aufgebaut werden (vgl. ausführlicher im Abschn. 5.4.6), dass Prozessabhängig unterschiedliche Aufgaben wahrnimmt. Dabei geht es um die Einschätzung der Gesamtkosten der Akquisition und das Erkennen der strategischen Risiken (Abwehrmechanismen bei feindlichen Übernahmen bzw. im Nachfeld Vergeltungsattacken durch Konkurrenten). Es sollte weiterhin festgelegt werden, inwieweit, wann und zu welchem Zweck M&A-Dienstleister in die Prozesse integriert werden. Der Prozess der Akquisitionsplanung und die mitlaufenden Controllingaufgaben sind in der in Abb. 5.14 dargestellten Übersicht skizziert.

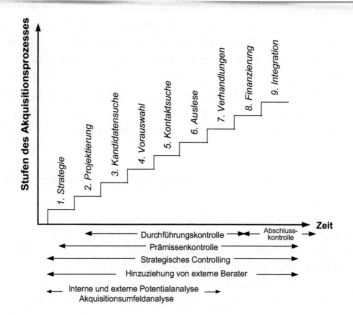

Abb. 5.14 Akquisitionsplanung und -controlling. (Quelle: modifizierte Darstellung nach der Integrationsplanung der West LB)

5.3 Transaktionsphase einer Akquisition

5.3.1 Kontaktsuche und -aufnahmephase

Eine Systematisierung von Erstkontakten ist bei Akquisitionen ebenso schwer zu leisten wie bei Kooperationen. So können beim *angebotsorientierten Zugang* zum einen dem Kaufinteressenten bereits einige Verkaufsangebote vorliegen, die aber auch dem Zweck des Marktwerttests dienen können und daher keine ernsthaften Verkaufsabsichten darstellen müssen. Zum anderen können informelle Kontakte zu Geschäftsführungsebenen anderer Unternehmen, Kunden, Lieferanten bestehen. Weiterhin kann die Einbeziehung von Maklern, Wirtschaftsprüfern und Unternehmensberatungen Informationen über den ansonsten aufgrund der Diskretionsanforderungen eher intransparenten Markt für Unternehmen und Beteiligungen gewonnen werden. Mittlerweile spielen auch Investmentbanken einen aktiven Part in dieser Phase, indem sie Firmen Übernahmen und Fusionen nahelegen.

Beim nachfrageorientierten Zugang wird eine Suchphase notwendig, häufig auch als *Strategic Screening* bezeichnet (vgl zu den Quellen Abb. 5.15). Hier muss mit dem Paradox umgegangen werden, für die Akquisition notwendige Informationen über Kauf- und Verkaufskandidaten zu erhalten, die auf dem anonymisierten M&A-Markt systematisch nicht zu erhalten sind, da dies zum einen für den Käufer preissteigernd wirken könnte und zum anderen negative Konsequenzen vor allem für den Verkäufer mit sich bringen könnte. Es sollte weiterhin eine Liste von Unternehmen angefertigt werden, die auf keinen Fall angesprochen werden dürfen. Denn bei Kenntnis der eigenen Akquisitionsstrategie durch Konkurrenzunternehmen kann sich die Planung schnell zerschlagen bzw. der Kaufpreis erheblich verteuern und die Kalkulation somit obsolet machen.

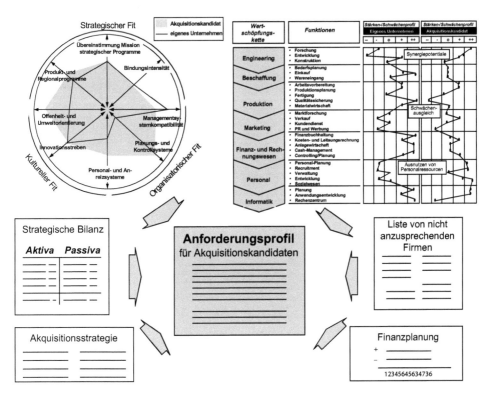

Abb. 5.15 Quellen für ein Anforderungsprofil für Akquisitionskandidaten. (Quelle: eigene Darstellung)

Die Suche kann sowohl mittels externer als auch interner Datenbanken erfolgen, wenn keine entsprechenden Daten über Zulieferer, Kunden, Wettbewerber im eigenen Unternehmen verfügbar sind. Informationen aus externen Datenbanken können über bestimmte Suchkriterien wie Unternehmensgröße, Bindungsrichtung und regionale Ausrichtung entsprechend eingegrenzt werden. Unternehmensberatungen bzw. auf das M&A-Geschäft spezialisierte Finanz- und Beratungsdienstleister sind insbesondere hier wesentliche Unterstützer. Es kann in manchen Fällen aufgrund der häufig erfolgs-, d. h. transaktionsabhängigen Zahlung sogar sinnvoll erscheinen, mehrere Berater zu beauftragen – sofern das vertraglich gestaltbar ist. Zunächst sollte aber entsprechend der Analytik der Partnerprofil-Bildung, die bei den Strategischen Allianzen vorgestellt wurde, ein Anforderungsprofil für Akquisitionskandidaten erstellt werden (vgl. Abschn. 4.5.2.2). Hierzu bieten sich die gezeigten Radar-Diagramme ebenso wie die Wertschöpfungsketten-Analyse und die Strategische Bilanz an. Aus diesen Analysen können Engpassfaktoren, Synergiepotentiale und der strategische, organisatorische und kulturelle Fit abgeleitet werden.

In einer Forschungsstudie wurde eine Vorgehensweise für amerikanische Akquisitionen vorgestellt, die die Schritte bis zur Kontaktaufnahme detailliert darstellt (Abb. 5.16).

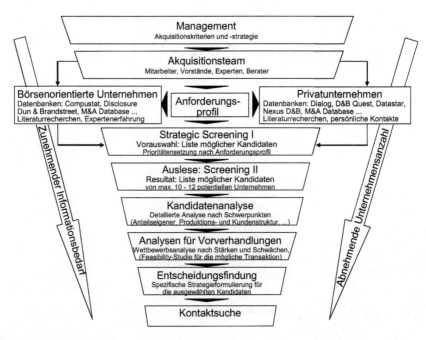

Abb. 5.16 Der Auswahltrichter. (Quelle: modifizierte Darstellung ähnlich der IMC Business Communications 1990, in: Steinöcker 1993)

5.3.2 Verhandlungsphase

5.3.2.1 Kontaktpersonenkreis und spezifische Ansprache

Die geeignete, d. h. autorisierte Ansprechperson ist je nach Zielunternehmen unterschiedlich zu bestimmen. Für kleine, eigentümerbezogene Privatunternehmungen sind die Eigentümer bzw. die Gesellschafter entsprechende Kontaktpersonen. Bei Unternehmensbereichen einer mittleren bzw. großen Unternehmung (mit Profit-Center, Sparten bzw. Tochtergesellschaften von Konzernen) kann auch die Geschäftsführung oder die Profit-Center-Leiter für einen Erstkontakt dienen. Bei mittleren bis großen börsennotierten Unternehmen wendet man sich adäquaterweise zunächst an die Geschäftsführung und den erweiterten Führungskreis. Dies bezeichnet man als eine indirekte, unechte Ansprache. Alle theoretischen Formen der Kontaktaufnahme sind in Abb. 5.17 aufgezeigt.

5.3.2.2 Bedingungen für Verhandlungsbereitschaft

Für das Erreichen einer Verhandlungsbereitschaft des zu akquirierenden Unternehmens sind bestimmte Rahmenbedingungen zu beachten, die den Erfolg deutlich beeinflussen. Dies betrifft in erster Linie eine absolute Diskretion hinsichtlich der Externen. So ist ein möglichst kleiner Führungskreis in die Vorverhandlungen zu involvieren. Weiterhin sollte eine gewisse Flexibilität hinsichtlich Ort, Zeit und Teamzusammenstellung gegenüber der Zielgesellschaft bewiesen werden, um den Anforderungen für eine angenehme Gesprächsatmosphäre gerecht zu werden. Weiterhin sollten die bereits angesprochenen saisonalen Schwankungen des Marktes für Unternehmen beachtet werden. So wird vorrangig im 4. Quartal sowie zu den Zeiten der Bilanzvorlage in den Monaten März und April mit einer Bereitschaft zu unternehmerischen Veränderungen zu rechnen sein, zumal eine aktuelle Datenbasis besteht und somit eine fundierte Reaktion anzunehmen ist. Als Gesamtzeithorizont für den Akquisitionsprozess bis zum Vertragsabschluss (so genanntes *closing*) sollten neun Monate nicht überschritten werden, da ansonsten zum einen die Ernsthaftigkeit der Verhandlung in Frage gestellt ist und zum anderen auch die Datenbasis entsprechend veraltet ist.

Abb. 5.17 Formen der Kontaktsuche und -aufnahme. (Quelle: eigene Darstellung)

5.3.3   Die vorvertragliche Verhandlungsphase

Die vorvertragliche Verhandlungsphase dient insbesondere der Vorbereitung und Klärung der Kaufpreisermittlung und der Gewährleistungsansprüche. Daher birgt genau diese Phase vielfältige Interessendivergenzen zwischen dem Käufer und dem Verkäufer. Dabei ist insbesondere eine Informationsasymmetrie hinsichtlich des Zielunternehmens bedeutsam. In Abb. 5.18 werden die einzelnen Phasen der Verhandlung mit den Zielen der Käufer und Verkäufer dargestellt, woraus ersichtlich wird, dass Verhandlungsschwierigkeiten mit zunehmender Konkretisierung wahrscheinlicher werden.

Um diese z. T. beträchtlichen Probleme der Interessendivergenzen und der Geheimhaltung von sensiblen Daten über das Zielunternehmen aufzunehmen, wurden in der Praxis einige Instrumente entwickelt, die diese vorvertraglichen Verhandlungsprozesse einfacher und sicherer gestalten sollen. In der folgenden Aufstellung werden die einzelnen Schritte des Unternehmenskaufes bis zur letztendlichen Vertragsgestaltung mit den erforderlichen Dokumenten und Vereinbarungen aufgeführt. Da für die Darstellung viele der in der Praxis vorkommenden Dokumente und Schritte aufgenommen werden sollen, muss von einem geschlossenen, chronologisch konsistenten Verlauf abstrahiert werden.

In den folgenden Punkten werden zu ausgewählten Schritten der hier skizzierten vorvertraglichen Verhandlungsphase ausführliche Beschreibungen folgen.

Abb. 5.18 Interessendivergenzen in der Verhandlungsphase. (Quelle: modifizierte Darstellung nach IMC Business Communications, in: Steinöcker 1993, S. 69)

Woche 1	Erste Kontaktaufnahme mit Akquisitionspartner
	Confidentiality Agreement / Statements of Non-Disclosure
Woche 3	Erhalt des ersten *Unternehmensprofils*
Woche 8	Abgabe des *Letter of Intent*
Woche 8	Bei Bietungsverfahren: Ausgabe der Anweisungen für das Bietungsverfahren *(first round bidding instructions)* und Abgabe von vorläufigen unverbindlichen Geboten *(first unbinding bids)*
Woche 9	*Managementpräsentation*
Woche 9	Bei Bietungsverfahren: Entscheidung des Verkäufers über die Aufnahme in das abschließende Bietungsverfahren *(final round bidding)*
Woche 10	Verhandlungsbeginn und Vorbereitung eines Daten-Raums *(data room)* durch den Verkäufer
Woche 10	Festlegung der *rules of data room procedure*
Woche 12 – 20	Durchführung der verschiedenen *Due Diligence-Formen*
Woche 12	Vereinbarung eines *Memorandum of Understanding*
Woche 20	Erhalt des ersten Vertragsentwurfs
Woche 25	Abgabe des endgültigen Angebotes
Woche 27 - 36	Letzte Detailverhandlungen und Vertragsformulierung
Woche 36	Unterzeichnung des *Vertrages*
Woche 38	*Closing*

Abb. 5.19 Idealtypischer Verlauf der vorvertraglichen Phase einer Akquisition. (Quelle: eigene Darstellung)

5.3.3.1   Pflichten der Verhandlungspartner

Die Haftung aus Verschulden bei Vertragsverhandlungen, das so genannte Rechtsinstitut *culpa in contrahendo*, gilt auch für den Unternehmenskauf und begründet bereits bei Eintritt in die Vertragsverhandlungen vielfältige Verpflichtungen für die Transaktionspartner. Die Verletzung dieser Verpflichtungen durch fahrlässiges oder vorsätzliches Verhalten kann unabhängig vom eventuellen Abschluss des Vertrages Schadensersatzansprüche wegen Verschuldens bei Vertragsanbahnung mit sich bringen. Derartige Pflichten sind beispielsweise die *redliche Verhandlungsführung*, d. h. es darf zu keinem plötzlichen Verhandlungsabbruch ohne entsprechenden Grund kommen, wenn der Partner besonderes Vertrauen in den bevorstehenden Vertragsabschluss gehabt hat. Beim Unternehmenskauf ist es für jeden Verhandlungspartner grundsätzlich möglich, ohne jegliche rechtliche Konsequenzen von einem Vertragsabschluss Abstand zu nehmen.

In zwei Fällen ist jedoch das Verschulden bei Vertragsverhandlungen vorliegend (vgl. auch Picot 1998, S. 59): Zum einen durch einen Verstoß gegen vorvertragliche Sorgfaltspflichten durch das fälschliche Wecken von Vertrauen auf Vertragsabschluss und zum anderen durch ein vorwerfbares Verhalten, das auch schuldlos verursachte Vertrauen zu enttäuschen.

Im deutschen Rechtskreis besteht entgegen dem amerikanischen Recht keine Erkundigungspflicht seitens des Käufers, aber entsprechend auch keine generelle Offenbarungspflicht seitens des Verkäufers. Allerdings besteht dann eine *Offenbarungspflicht*, „wenn das Verschweigen der Tatsache gegen Treu und Glauben verstoßen würde" (aus § 242 BGB und BGH, LM Nr. 10 in 1989, S. 382). Die Rechtsprechung des BGH sieht mit zunehmender Tendenz eine vorvertragliche Offenlegungspflicht des Verkäufers, insbesondere in Fällen, in denen dem Verkäufer bekannt ist, dass der Käufer auf bestimmte Informationen großen Wert legt.

Allerdings fallen fahrlässige Falschangaben oder Nichtangaben des Verkäufers über bestimmte Eigenschaften der Sache beim *Asset Deal* nicht unter *culpa in contrahendo*, da die Regelungen der Sachmängelhaftung aus § 459 Abs. 1 und 2 BGB greifen (vgl. dazu Abschn. 5.3.5.3). Je nach Höhe der übernommenen Beteiligung kann der *Share Deal* wirtschaftlich auch als Kauf des in der Gesellschaft betriebenen Unternehmens verstanden werden, so dass der Anteilskauf dann rechtlich wie ein Sachkauf behandelt wird – mit der Anwendbarkeit der Sachmängelhaftung.

5.3.3.2 Die Geheimhaltungspflicht: „Confidentiality Agreement"

Eine weitere Pflicht ist die *Geheimhaltungspflicht*. Hiermit wird dem Interesse – insbesondere gegenüber dem Verkäufer – Rechnung getragen, dass die Verkaufsabsicht nur einem kleinen Kreis bekannt wird, um einen möglichen Reputationsverlust sowie empfindlichen ökonomischen Verlusten entgegenzuwirken. So kann eine Indiskretion im Vorfeld bereits fatale Wirkungen haben, da Kunden, Lieferanten, Banken und andere Stakeholder bereits Risikoaufschläge nehmen bzw. sich Abverkäufe reduzieren, da sich die Garantie- und Ersatzteilfrage stellt. Aber auch für die Käufer entstehen – wie bereits angedeutet – vielfältige Risiken. Semler schlägt vor, „angesichts der Zweifel über Grund und Umfang der gesetzlichen Pflicht zu Vertraulichkeit und Nichtbenutzung gewonnener Erkenntnisse" eine vertragliche Regelung zu erwägen (Semler 1989, S. 381).

This Confidentiality Agreement is made by and between _____
                                                    and _____
The parties may consider it beneficial to exchange information including, but not limited to, technical data, patented designs, trade secrets, specifications, customers, processes, plant facilities, business policies and organization (hereinafter „information") which the disclosing party considers confidential or proprietary.
In order to protect the confidentiality of such information, the parties agree as follows:
1.   If the information is provided in tangible form, the disclosure party shall clearly mark the information as confidential or proprietary.
2.   If the information is provided orally, it will be considered proprietary and confidential if the disclosing party clearly states that it is proprietary.
3.   The receiving party shall treat the information as follows:
a.   The receiving party shall restrict disclosure of the information to those employees or corporate officers with a need to know.
  b.   The receiving party shall use the information only for the purpose of evaluation, and shall not obtain any rights by license or otherwise in or to the information as a result of disclosure hereunder.
  c.   Each person to whom the receiving party disclosure any details of the information shall, before the disclosure takes place, be advised that such information is confidential and that it may not be disclosed or used other than for the purpose of evaluation.
  d.   The receiving party shall use all reasonable efforts, including efforts fully commensurate with those employed by the receiving party for the protection of its own confidential information, to protect the information disclosed by the other party under this agreement.
4.   The receiving party, upon request of the disclosing party and within seven days of such request, shall return all documents and tangible items of information received from the disclosing party and shall certify in a written instruments signed by an officier that all facsimiles have been destroyed.
5.   This agreement shall be effective on the date designated above and shall continue until terminated in writing by either party. The obligation to protect the confidentiality of information received prior to such termination shall survive the termination on the agreement, for a period of two years.

Abb. 5.20 Confidentiality Agreement. (Quelle: nach Mustern von DAX Unternehmen)

Eine solche vertragliche Regelung wurde in der Praxis mit dem Begriff *Confidentiality Agreement* oder *Statement of Non-Disclosure* belegt (vgl. zu einem Beispiel Abb. 5.20). In diesen Vereinbarungen wird geregelt, unter welchen Umständen, wann, welche Informationen an wen weitergegeben werden dürfen. Die Konsequenzen aus diesen Vereinbarungen sind durch eine formalisierte Verpflichtung eher psychologischer denn rechtlicher Natur, da im Dissensfall zum einen der Verletzungsnachweis nur schwer zu erbringen ist und sich zum anderen die Schadensmessung nicht entsprechend einfach gestaltet. Der durch Informationsabfluss entstandene Schadenseintritt wird darüber hinaus auch nur schwerlich gutzumachen sein. Auch die häufig eingeführten Vertragsstrafen machen nicht den Verletzungsnachweis überflüssig, sondern lediglich den Schadensnachweis (vgl. dazu § 340 BGB).

5.3.3.3 Die Absichtserklärung: „Letter of Intent" (LoI)

Im Rahmen der vorvertraglichen Phase werden häufig Zwischenergebnisse über Teilkomplexe schriftlich festgehalten. Dieses Vorgehen bezeichnet man als *Punktation*, die allerdings die Parteien vor dem endgültigen Vertragsabschluss im Zweifel nicht binden (vgl. § 154 Abs. 1 Satz 2 BGB). Das aus dem angelsächsischen Rechtskreis stammende und mittlerweile auch in Deutschland bewährte Prinzip des formlosen *Letter of Intent* kann als eine weitere Fixierung der bisherigen Verhandlungsergebnisse verstanden werden (Abb. 5.21). Der *Letter of Intent* setzt eine grundsätzliche Einigung der beiden Parteien voraus und legt diese in schriftlicher Form nieder – verbunden mit den wesentlichen Einzelheiten der Transaktion sowie dem weiteren Vorgehen. Die „grundsätzliche Einigung" ist nach §§ 133, 157 BGB der Parteiwillen, der im *Letter of Intent* enthalten sein sollte. Damit ist ein Rahmen der möglichen Akquisition abgesteckt und als Absichtserklärung dokumentiert.

In der Regel werden auch hier weitere Geheimhaltungs- und Vertraulichkeitsregelungen aufgenommen sowie die Verpflichtung des Verkäufers, bis zu einem bestimmten Zeit-

- Genaue Definition des Transaktionsobjektes,
- Namen der Vertragspartner,
- Transaktionsform (*share deal*, *asset deal* etc.),
- Absichtserklärung der Parteien, unter welchen Voraussetzungen die Verhandlungs- und Transaktionsphase ablaufen soll,
- Verpflichtung des Verkäufers, dem Käufer auf Basis des Letter of Intent eine Due Diligence zu ermöglichen,
- Verpflichtung des Verkäufers in einer bestimmten Zeitspanne mit anderen Kaufinteressenten keine Verhandlungen zu führen (*Exklusivitätsvereinbarung*) bzw. Bestimmung über die Möglichkeit von Verhandlungen mit anderen Kaufinteressenten,
- Vertraulichkeitserklärung,
- Eventuell: Vereinbarung einer Feasibility Study oder eines gemeinsamen „*joint business plan*",
- Bestimmung über Außerkrafttreten des Letter of Intent bei Nichteinhalten einer bestimmten Frist bzw. wenn keine einvernehmliche Verlängerung erfolgt,
- Vorbehalt bei eventuell erforderlichen Zustimmungen bestimmter Gesellschaftsorgane,
- Auf Wunsch: Ausschluss von Bindungs- und Haftungswirkungen bei Scheitern der Verhandlungen.

Abb. 5.21 Wesentliche Elemente eines Letter of Intent. (Quelle: eigene Darstellung)

punkt nach der *Due Diligence* (vgl. Abschn. 5.3.3.5) keinerlei verdeckte Gespräche oder Verhandlungen mit Dritten aufzunehmen. Aber auch der *Letter of Intent* löst keinen rechtsgeschäftlichen Bindungswillen einer Partei aus, sondern besitzt eher „verhandlungstaktische Bedeutung", da rechtliche Bindungen nur aus dem Rechtsinstitut des Verschuldens bei Vertragsverhandlungen (*culpa in contrahendo*) entstehen und das Abweichen von dem Letter of Intent ohne einen triftigen Grund eine Vertrauenshaftung auslösen kann (vgl. Picot 1998, S. 31).

5.3.3.4   Memorandum of Understanding

Ergänzend zum *Letter of Intent* hat sich in der Praxis ein weiteres Instrument durchgesetzt, das für einige Industrieunternehmen als eine Art „Bibel für die nachfolgenden Vertragsverhandlungen" gilt: Das *Memorandum of Understanding* (MoU) (vgl. Thoma 1998, S. 17 f.). Während das MoU in der Literatur häufig synonym mit dem Letter of Intent verwendet wird (vgl. Berens et al. 1998, S. 54), bildet es sich in der Praxis zu einem detaillierteren, vorvertragsähnlichen Instrument aus, das alle wesentlichen finanziellen, konzeptionellen, rechtlichen und steuerlichen Punkte aufnehmen soll. Der Vorteil, den dieses Instrument aufweist, liegt zweifelsohne in der konzeptionell auf Vorstands- und Geschäftsführungsebene noch gut kommunizierbaren Form von zehn bis maximal 20 Seiten – im Vergleich zu einem Vertragswerk mit mehreren 100 Seiten Umfang. Allerdings ist in diesem Stadium eine Schadensersatzregelung vorliegend sowie ein relativ fester Ablauf der weiteren Schritte vereinbart. Dabei besteht die wesentliche Funktion neben der Ablauffestlegung vor allem in der Trennung der Punkte, über die bereits eine Einigung erzielt wurde und denen, die einer Klärung im weiteren (Due Diligence-)Prozess bedürfen – so genannte *subjects to satisfying due diligence procedures*. Auch für das *Memorandum of Understanding* sollen in Abb. 5.22 die wesentlichen Elemente aufgeführt werden.

5.3.3.5   Die sorgfältige Prüfung: Due Diligence

Die nächste und vielfach zentralste Phase der Überwindung von systematischen Informationsasymmetrien im Rahmen der vorvertraglichen Verhandlungsphase ist die der *Due Diligence* – auch *Pre Acquisition Audit* genannt (vgl. zur Herkunft aus dem US-amerikanischen Kapitalmarkt- und Anlagerecht sowie zur Begriffsbildung Berens und Strauch 1998, S. 6 ff.).

Damit ist begrifflich eine Untersuchung mit „gebührender und im Verkehr erforderlicher Sorgfalt" gemeint. Während in Deutschland lange Zeit der Versuch vorherrschte, Risiken des Unternehmenskaufs aus Informationslücken ausschließlich mit Garantien vertraglich zu regeln, hat sich in den 1990er Jahren auch hier das aus dem angelsächsischen Raum stammende Konzept der *Due Diligence* durchgesetzt. Im Gegensatz zu dem US-amerikanischen Recht ist die rechtliche Bewertung dieses Vorgangs in der deutschen Rechtssprechung noch weitgehend ungeklärt (Picot 1998, S. 35). Bei der *Due Diligence* steht die gründliche Prüfung des Akquisitionsobjektes im Vordergrund, durch die der Käufer die nachträglichen vertraglichen Anpassungen und die daraus resultierenden Konflikte, die mit einem „Kauf nach dem Prinzip ‚wie besehen'" verbunden sind, vermeidet (vgl. Funk 1995, S. 502).

- **Parteien des Vertrages:** Verpflichtungen, die den Parteien und Dritten durch den Vertrag auferlegt werden,
- **Präambel:** Beschreibung der Transaktion einschließlich des Kaufobjektes,
- **Definition des Kaufgegenstandes:** Beschreibung der Aktien bzw. Geschäftsanteile, Abtretung des Gewinnbezugsrechts,
- **Kaufpreis:** Höhe, Währung, Wechselkurs- und Kaufpreisanpassungen (z.B. wegen Dividendenverrechnung und Eigenkapitalgarantie),
- **Closing Accounts:** Rechnungslegung nach HGB, International Accounting Standards (IAS); Einbezug von Wirtschaftsprüfern bei Bilanz bzw. Review sowie Schlichtung in offenen und strittigen Punkten,
- **Gewährleistungen:** Uneingeschränkte Übertragbarkeit; Auflistung von Beteiligungen, Fertigungsstätten etc.; Bilanz- und Eigenkapitalgarantie; Grundstücke (keine Sanierungen); keine anhängigen oder drohenden Gerichtsverfahren,
- **Freistellungen von Risiken** aus Steuern, Zöllen, Sozialversicherungen und anderen öffentlichen Abgaben; Produkthaftung für vor dem Closing gefertigte Produkte; nicht voll dotierte Pensionsrückstellungen; Bodenkontamination und ähnliche Risiken,
- **Voraussetzungen der Transaktion:** Zustimmung der Kartellbehörden; Gewährleistungen,
- **Closing:** Festlegung des Termins; Festlegung des Verfahrens, für den Fall, dass die Kartellbehörden nicht oder noch nicht zugestimmt haben,
- **Verfahren bei Vorliegen von Gewährleistungsansprüchen und Verjährung:** Wahlrecht zwischen Wiederherstellung oder Kaufpreisminderung; Verfahren zur Abwicklung von Gewährleistungsansprüchen und Steuernachzahlungen; Verjährungsfristen und ggf. Verlängerungen,
- **Wettbewerbsbeschränkende Geheimhaltung:** Wettbewerbsbeschränkung des Verkäufers; Geheimhaltung von Geschäftsgeheimnissen.

Abb. 5.22 Wesentliche Elemente eines Memorandum of Understanding. (Quelle: zusammenfassende Darstellung von Thoma 1998, S. 31–35)

Die *Funktionen* der Due Diligence lassen sich daher wie folgt sehen: (1) Beschaffung und Bewertung relevanter Informationen über das Kaufobjekt und damit über die Unternehmensbewertung, (2) Einschätzung der erforderlichen Garantien und Gewährleistungen aus den identifizierten Risikopositionen und (3) Dokumentation für spätere Beweiszwecke über die Informationstransparenz zum Zeitpunkt des Kaufes.

Für den Due Diligence-Prozess sind je nach Art und Anlass bestimmte Vorgehensweisen zu beobachten. So hat sich z. B. bei internationalen Akquisitionen die Einrichtung eines *data rooms* durchgesetzt, der durch den Verkäufer auch außerhalb des eigenen Unternehmens eingerichtet werden kann – z. B. bei einem M&A-Dienstleister. So werden dem Käufer für einen bestimmten, in der Regel sehr knapp bemessen Zeitraum von wenigen Tagen einen begrenzten Beteiligtenkreis, alle relevanten Daten zur Verfügung gestellt.

Es lassen sich verschiedene Formen unterscheiden: So können *wirtschaftliche, bilanzielle, rechtliche, steuerliche, Human Resource* und *Umwelt Due Diligence* durchgeführt werden, die sich häufig in Teilbereichen überschneiden, auch weil bisher kaum Abstimmungen der einzelnen *Due Diligence*-Teams unternommen werden. Weiterhin wird von einer intensiven Due Diligence vor Ort eine so genannte *Desk Due Diligence* unterschieden, die auf öffentlich zugänglichen Daten beruht und „am Schreibtisch" vor dem *Memorandum of Understanding* durchgeführt wird.

Bei der *wirtschaftlichen* und *bilanziellen Due Diligence* stehen vorrangig die Ertrags- und Finanzierungssituation, die Markt- und Managementrisiken (letztere werden z. T. mit dem Personal auch in getrennten *Human Resource Due Diligence* aufgenommen) sowie

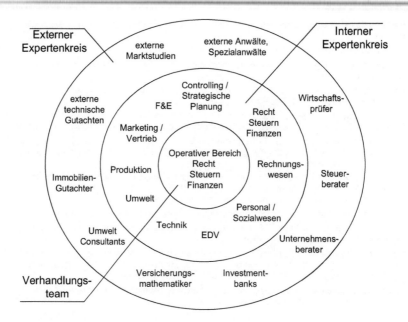

Abb. 5.23 Beteiligte im mehrschichtigen Expertensystem beim Due Diligence Prozess. (Quelle: Darstellung nach dem Expertensystem von BASF nach Kinast 1991, S. 36)

die Daten aus Bilanz, dem Rechnungswesen und Controlling im Zentrum der Analyse (siehe Checkliste im Anhang).

Bei der *rechtlichen Due Diligence* geht es insbesondere um die Ermittlung von Grundlagen für einen vertraglichen Gewährleistungskatalog. Dabei sollten konkret die Gewährleistungsvoraussetzungen, der Gewährleistungsumfang (Zusicherungen, Garantien), die Rechtsfolgen der Verletzung (Schadensersatz, Kaufpreisminderung, Rücktritt), die Verjährung und die Anspruchssicherung (Garantie, Rückbehalt) in den Hauptvertrag aufgenommen werden (siehe Checkliste im Anhang).

Bei der *steuerlichen Due Diligence* sind für den Käufer Kenntnisse über die steuerliche Situation und die Abschätzung der steuerlichen Risiken – und für den Verkäufer eine steuerbegünstigte Veräußerung des Unternehmens nach §§ 16, 17 i. V. m. 34 Abs. 1 EstG und eine möglichst vollständige Trennung vom unternehmerischen Engagement wesentlich. Dabei geht es vor allem um verdeckte Gewinnausschüttungen, um die Frage des Verlustabzuges und des Übergangs (einschließlich der Änderungen durch das Gesetz zur Fortsetzung der Unternehmenssteuerreform), Formwechselmodelle, Verkehrssteuern (Grunderwerbs-, Schenkungs- und Umsatzsteuern) und Gewährleistungs-regeln (siehe Checkliste im Anhang).

In Abb. 5.23 wird anhand des Expertensystems der BASF ein Überblick über die Beteiligten des *Due Diligence*-Prozesses gegeben.

5.3.4   Unternehmensbewertungsverfahren und Kaufpreisermittlung

5.3.4.1   Allgemeine Einführung in die Problematik der Unternehmensbewertung

Der Bewertung des Akquisitionsobjektes kommt eine wichtige Bedeutung für die Kaufpreisfindung zu. Ob es dabei um das *Finden* eines *richtigen* Kaufpreises geht oder um die *interessengeleitete Festsetzung*, darüber bestehen seit den 1980er Jahren insbesondere bei den Wirtschaftsprüfern erhebliche Kontroversen.

Kennzeichnend für diese kontroverse Diskussion ist die Arbeit des Instituts der Wirtschaftsprüfer in Deutschland e. V. (*IDW*), der die Arbeit der Wirtschaftsprüfer und Wirtschaftsprüfungsgesellschaften fördert und unterstützt und ca. 87 % der Wirtschaftsprüfer in Deutschland vereint. Im Jahr 1983 wurde die einflussreiche Stellungnahme 2/1983 des Hauptausschusses des Instituts der Wirtschaftsprüfer, kurz: HFA 2/1983 verabschiedet. Am 28. Juni 2000 wurde der so genannte *IDW Standard* verabschiedet, der die gut 17jährige „Stellungnahme HFA 2/1983: Grundsätze zur Durchführung von Unternehmensbewertungen" sowie die „Stellungnahme HFA 6/1997: Besonderheiten der Bewertung kleiner und mittlerer Unternehmen" ersetzt. Dieser IDW Standard legt vor dem Hintergrund der in Theorie, Praxis und Rechtsprechung entwickelten Standpunkte die Grundsätze dar, nach denen Wirtschaftsprüfer Unternehmen bewerten. Die Ausführungen stellen wesentliche allgemeine Grundsätze dar.

Für Hölters ist „die Festlegung des Kaufpreises [...] eine der wichtigsten – wenn nicht die wichtigste – Maßnahme beim Kauf eines Unternehmens oder eine Beteiligung" (Hölters 1989a, S. 23). Dennoch muss bereits hier betont werden, dass nicht etwa die Bewertungsverfahren – auch nicht in ihren komplexeren Formen – irgendwelche nennenswerten Probleme bereiten, sondern die Daten, die in den Bewertungsprozess einfließen von entscheidender Bedeutung sind.

Objektbezogener Wert des Unternehmens „wie es steht und liegt"

Der Wertbegriff spielt sowohl in der Philosophie als auch im Recht, in der Mathematik und nicht zuletzt in der Wirtschaft eine wichtige Rolle. Der Unternehmenswert kann allen Missverständnissen zuwider ausschließlich als *wirtschaftlicher Wert* verstanden werden. Bestimmungsfaktoren sind für den Unternehmenswert wie für jedes andere Wirtschaftsgut auch der Nutzen, den dieses Gut zur Bedarfsdeckung generiert und der Grad der Knappheit, der sich im Verhältnis zum Bedarf ergibt und somit ein gesellschaftlich vermittelter ist.

In der Rechtsprechung hingegen herrschte bisweilen noch die Auffassung des „*normalen*" oder „*gemeinen*" *Wertes*, aus der sich die Forderung ergab, einen „*objektiven*" *Unternehmenswert* zu ermitteln. „Doch auch in der Rechtswissenschaft ist anerkannt, dass Wert keine dem Gegenstand objektiv anhaftende Eigenschaft ist; der Wert wird bestimmt durch die Beziehung einer bestimmten Person zur Sache, durch die äußeren Umstände und durch (moralethische) Konventionen" (Fischer 1989, S. 54).

Auch in der Wirtschaftswissenschaft spielten dogmengeschichtlich die objektivistischen Werttheorien eine wesentliche Rolle. Sie wurden als *Kostenwerttheorien* bekannt und basierten auf dem *Tauschwert* (und nicht auf dem Gebrauchswert) und erklärten diesen mit den zur Herstellung der Güter aufgewendeten Kosten (Reproduktionskosten). Sowohl der *Produktionskostentheorie* der Prägung von Adam Smith als auch der *Arbeitswerttheorie* von David Ricardo sowie dem Gedanken der „geronnenen Arbeitszeit" von Karl Marx liegt diese Grundfigur der objektbezogenen Wertermittlung zugrunde. Für den Unternehmenswert bedeutet dieser Ansatz, dass sich der Wert des Unternehmens aus seiner *„Substanz"* herleiten lässt. Substanzwerte lassen sich aus Käufer- und Verkäufersicht als *Rekonstruktionswert* bzw. *Liquidationswert* ermitteln (vgl. auch Coenenberg und Schultze 2006, S. 477). Dies würde der Figur entsprechen, dass das Ganze soviel wert ist wie die Summe der Einzelteile (i. S. eines *Kostenadditionsprinzip*). Die auf diesen Annahmen basierenden Methoden bezeichnet man deswegen als *Einzelbewertungsverfahren*, da man die Summe der einzelnen Substanz- bzw. Liquidationswerte gleich den Reproduktionskosten einer Unternehmung ansieht. Dabei sind wesentliche Positionen des Unternehmenswertes ausgeblendet; insbesondere die immateriellen Vermögensgegenstände, die nicht aus der Bilanz ersichtlich sind.

Subjektbezogener Wert: Der subjektive Wert durch Nutzenbetrachtung

Die subjektivistischen Werttheorien der Wirtschaftswissenschaft leiten den Wert des Gutes aus seinem Gebrauchswert ab. Hier steht die Nutzenbetrachtung (oder wie bei dem Begründer dieser Überlegung, *Jules Dupuit,* genannt: die Nützlichkeit) im Vordergrund, die ihre weitere Ausprägung in der von Menger und Gossen begründeten Grenznutzenschule fand. Damit wird bei der Bewertung eines Unternehmens nicht das investierte Kapital berücksichtigt, sondern der Nutzen, der durch den Kauf für den Erwerber entsteht. Damit sind im Regelfall die Zahlungsströme gemeint. Die moderne Werttheorie hingegen versucht diese beiden dichotomen Wertbestimmungstheorien mittels eines Gleichgewichtsansatzes zu vermitteln, in dem sie die Höhe des Tauschwertes aus dem funktionalen Zusammenhang zwischen Angebot und Nachfrage bestimmt. Wesentlich in diesem Gedankenkonzept ist die Vermittlung des Wertes über die Information – im Sinne eines zweckorientierten Wissens – als Voraussetzung für das Erkennen der wertrelevanten Merkmale. Die Unternehmensbewertung ist demnach dann optimal, wenn eine neoklassisch vollkommene Information vorliegt.

Die Dichotomie und ihr Auflösungsversuch

Die theoretischen Grundlagen sind in der zweiten Hälfte des 20. Jahrhunderts stark diskutiert und wesentlich geändert worden. Von einer ursprünglich dominierenden objektiven Bewertung ausgehend, welche einem Interessenskonflikt durch die Objektbezogenheit vorbeugen sollte, wurde die objektive Konzeption ab den 1960er Jahren durch die subjektive Bewertungskonzeption abgelöst (Matschke und Brösel 2014). Der subjektive Grundgedanke bestand darin, dem Bewertungsobjekt einen entsprechenden (subjektiven) Wert beizumessen, weil es für jeden Bewertenden einen unterschiedlichen Wert hat. Heute wird durch die weitere Ausarbeitung von gesicherten „Grundsätzen ordnungsgemäßer Unternehmensbewertung" ausgegangen (Moxter 1983). Dennoch stößt die Praxis immer wieder auf Schwierigkeiten, die nicht nur in dem Tatbestand begründet sein können, dass es sich bei Unternehmen um „komplexe Gebilde" handelt (Fischer 1989, S. 51). Unstrittig jedoch ist mit Schildbach mittlerweile, dass der „Wert des Unternehmens eine Subjekt-Objekt-Relation [ist], die abhängt von der Person, für die das Unternehmen bewertet wird" (Schildbach 1995, S. 620). Daraus folgt für Schildbach (1995) auch eine Zielabhängigkeit und die Abhängigkeit der Unternehmenspolitik für die Bewertung. Weiterhin wird von einer Überwindung des Gegensatzes gesprochen, wenn Begriffe wie der des „Entscheidungswertes (der Kaufpreis- bzw. Verkaufspreisfindung)" und der des „Schiedswertes (Arbitriumwert in der Vermittlungsfunktion)" eingeführt werden (Fischer 1989, S. 56). Eine ausführlichere Darstellung nehmen an dieser Stelle Matschke et al. (2010) und Matschke und Brösel (2014) vor, bei denen für einen Entscheidungs- bzw. Schiedswert vor allem auch die Handlungsart ausschlaggebend für die Wertermittlung ist. Anknüpfend an eine so funktionale Betrachtung hat sich in Folge der Kontroverse zwischen Vertretern der objektiven und Vertretern der subjektiven Konzeption somit ein neues konzeptionelles Leitbild entwickelt, welches als „Funktionale Unternehmensbewertung" bezeichnet wird (Matschke et al. 2010). Nach Matschke und Brösel (2014, S. 7) „betont (sie) die Notwendigkeit einer Aufgabenanalyse und die Abhängigkeit des Unternehmenswertes von der jeweiligen Aufgabenstellung (Zweck, Funktion)." In dem Sinne sieht auch Damodaran (2012) eine unterschiedliche Rolle der Bewertung in der jeweiligen Aufgabenstellung. Dadurch entsteht eine Zweckabhängigkeit, welche dieser Konzeption verschiedene Haupt- und Nebenfunktionen verleiht. Die Hauptfunktionen sind laut Matschke und Brösel (2014) die Entscheidungs-, Vermittlungs- und Argumentationsfunktion, welche durch ihre Relevanz die zentrale Rolle einnehmen. Abschließend zu dieser vergleichsweise akademischen Diskussion mit praktischer Relevanz sollen – bevor die einzelnen Bewertungsansätze vorgestellt und im Detail erläutert werden – drei Zitate stehen, die eine gewisse Tendenz zur heutigen Sicht repräsentieren:

Jede Bewertung hat einen Bewertungsanlass und einen damit verbundenen Bewertungszweck. Anlass und Zweck beeinflussen Art und Weise der Bewertung. Bewertungsanlässe können sein: Kauf, Verkauf, Aufnahme oder Auszahlung eines Gesellschafters, aber auch Ermittlung von Verpflichtungen auf der Gesellschafterebene wie: Berechnung des Zugewinnausgleiches, des Pflichtteilsanspruches, des Erbersatzausgleichsanspruches. [...] Jeder dieser Anlässe bestimmt den Bewertungszweck: Ermittlung von Grenzpreisen, fairen Einigungspreisen oder Entschädigungspreisen (Fischer 1989, S. 57).

Wert spiegelt immer die Erwartungen der (potentiellen) Anteilseigner hinsichtlich der zukünftigen Erträge wider. Diese Erwartungen werden hauptsächlich von zwei Faktoren geprägt: von der Einschätzung der wirtschaftlichen Rahmenlage und von der Fähigkeit des Unternehmens, in diesem Umfeld Erträge zu erzielen. Dies bedeutet, dass Wert prinzipiell eine subjektive Größe ist und sich im Zeitablauf ändert. Den objektiven, dauerhaft gültigen Wert gibt es nicht, weder für Unternehmen noch für andere materielle oder immaterielle Dinge (Lewis 1994, S. 28).

Valuation is neither the science that some of its proponents make it out to be nor the objective search for the true value that idealists would like it to become. The models that we use in valuation may be quantitative, but the inputs leave plenty of room for subjective judgments. Thus, the final value that we obtain from these models is colored by the bias that we bring into the process. In fact, in many valuations, the price gets set first and the valuation follows (Damodaran 2012, S. 2).

Das Verhältnis zwischen „Wert" und „Preis"

„Ein Zyniker", so beschrieb Oscar Wilde ([1892] 1922, S. 73–74), „ist ein Mensch, der von allem dem Preis und von nichts den Wert kennt", wogegen „ein sentimentaler Mensch (ist), der überall einen lächerlich hohen Wert sieht und nie den Marktpreis kennt." Mit dieser voneinander abweichenden Darstellung brachte er bereits eine maßgebliche Unterscheidung zwischen dem Wert und Preis aus der Sicht der unterschiedlichen Beteiligten zum Ausdruck, die auch heutzutage manchmal noch nicht eindeutig zu sein scheint, wenn es darum geht einen Vermögensgegenstand oder sogar ein ganzes Unternehmen zu bewerten. Dabei ist die Differenzierung von Unternehmenswert und Unternehmenspreis ein relevanter Aspekt für den Bewertungsprozess. Als Wert ist der auf Basis der unternehmensrelevanten Informationen ermittelte Betrag zu verstehen, auf dessen Grundlage sich ein Preis für das zu erwerbende Unternehmen bestimmen lässt. Als Preis wird demnach der in Geldeinheiten ausgedrückte Gegenwert verstanden, der für die Erlangung eines wirtschaftlichen Gutes hingegeben wird und als „bezahlter Wert" bezeichnet werden kann. Die Differenz zwischen Preis und Wert ist somit der Gesamtaufschlag (Abb. 5.1), welcher der Käufer bereit ist zu zahlen, um das Unternehmen zu erwerben. Oder wie Warren W. Buffet es im Chairman's Letter an die Aktionäre der Berkshire (Buffett 2009, S. 5) es knapp auszudrücken vermag: „Price is what you pay; value is what you get". Die Preisfindung wird in der Wirtschaftswissenschaft üblicherweise gleichgewichtstheoretisch als funktionaler Zusammenhang zwischen Angebot und Nachfrage verstanden. Diese Überlegung auf den Markt für Unternehmen und Beteiligungen angewendet erscheint in vielen Fällen problematisch, da erstens auf diesem Markt keine homogenen Güter gehandelt werden und zweitens Anbieter und Nachfrager Einfluss auf den Preis haben. Damit können Fälle von starken Asymmetrien hinsichtlich des Verhältnisses von Angebot und Nachfrage auftreten. Dies kann in der Konsequenz zu einer mitunter deutlichen Abweichung des Preises vom Wert führen, weil es „auf dem ‚Unternehmens- und Beteiligungsmarkt' … in der Regel kein Gleichgewicht (gibt). Je nach Konjunktur und allgemeinwirtschaftlicher Situation überwiegen entweder Angebot oder Nachfrage" (Fischer 1989, S. 61). Diese divergierende Annahme leitet letztendlich zur Bedeutung der Unternehmensbewertung über.

Der Zweck der Bewertung

Das auseinanderstrebende Verhältnis von „Wert" und „Preis" resultiert nicht nur aus den Asymmetrien von Angebot und Nachfrage in einem heterogenen Markt, sondern kann durchaus auch sehr praktische Ursachen haben. Gemäß dem Leitsatz von Warren Buffet (1990), dass „es weit besser ist ein wunderbares Unternehmen zu einem fairen Preis zu kaufen, als ein faires Unternehmen zu einem wunderbaren Preis", zeigt jedoch auch

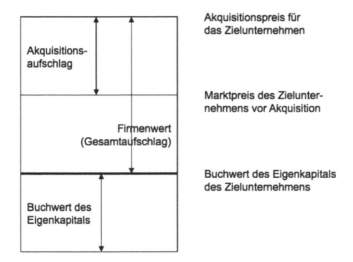

Abb. 5.24 Vereinfachte Zusammensetzung des Akquisitionspreises. (Quelle: in Anlehnung an Damodaran 2012, S. 4)

noch andere Gründe für die Divergenz zwischen „Wert" und „Preis" auf. Diese anderen Ursachen liegen schlichtweg auch in den sehr unterschiedlichen Interessenslagen der beteiligten Akteure (Damodaran 2012 und Abb. 5.24). An einer Transaktion können mitunter bis zu fünf Interessensgruppen mitwirken: Verkäufer, Käufer, Eigenkapitalgeber, Fremdkapitalgeber und Berater. Während jedoch die Eigenkapitalgeber, Fremdkapitalgeber und Berater einen wesentlich geringeren Einfluss haben, beschränkt sich daher das Abweichen der Preisvorstellung hauptsächlich auf die Verkäufer und Käufer (Timmreck 2003). Das überwiegende Interesse des Verkäufers besteht darin, neben dem Vermögenswert des Unternehmens einen Ausgleich für die zukünftigen Gewinnrückflüsse, welche ihm aufgrund des Verkaufs nicht mehr zustehen, zu erhalten. Somit ist es für den Verkäufer wichtig einen möglichst hohen Unternehmenswert zu erzielen, und einen entsprechenden Preis fordern und realisieren zu können und dabei eine bestimmte Preisuntergrenze nicht zu unterschreiten. Demgegenüber setzt der Käufer eine Preisobergrenze fest. Der Grund darin liegt in der Tatsache, dass er durch den Erwerb eines Unternehmens eine Investition tätigt, für die er später eine gewisse Mindestrendite erwirtschaften will (Damodaran 2012). Infolgedessen muss der Käufer die Alternativen abwägen, mit denen er den Unternehmenskauf vergleichen kann. Erst wenn die Wirtschaftlichkeit des Unternehmenskauf im Vergleich zu anderen Investitionsalternativen überwiegt, weil die Rendite „bei gleichbleibenden zu erwartenden Gewinnen mit abnehmenden Kaufpreis steigt" (Timmreck 2003, S. 10), entscheidet sich der Käufer für den Erwerb. Andernfalls würde bei der Überschreitung der Preisobergrenze ein Verlust für den Käufer entstehen. Durch Festlegung einer Preisunter- und einer Preisobergrenze der unterschiedlichen Parteien entsteht also ein Interessenskonflikt, innerhalb dessen jede Partei versucht ihr Ziel durchzusetzen. Dies wiederum wirkt sich letztendlich auch auf den Prozess der Unternehmensbewertung aus, so dass die Parteien auch unterschiedliche Verfahren bevorzugen. Aufgrund dieser Spannung wird eine Bewertung vordergründig also zur Ermittlung der Preisgrenzen durchgeführt, „d. h. von Preisen, die angeben, welcher Geldbetrag für das zu bewertende Objekt gerade noch bezahlt werden kann (Perspektive des Käufers) bzw. verlangt werden muß (Perspektive des Verkäufers), um eine finanzielle Verschlechterung aufgrund der Transaktion zu vermeiden" (Timmreck 2003, S. 10). Somit besteht eine wesentliche Funktion der Bewertung in der Bereitstellung einer *Argumentationshilfe*, welche innerhalb des Verhandlungsprozesses als wesentliche Unterstützung zur Realisierung der favorisierten Preisvorstellung dient (Matschke und Brösel 2013). Die wesentliche Aufgabe des Bewertungsprozesses in Bezug auf einen Akquisitionsvorgang liegt im Sinne der funktionalen Bewertungskonzeption in der Ermittlung des Unternehmenswertes. Hierfür ist es dienlich, wenn bereits im Vorfeld einer Bewertung bestimmte Vorarbeiten geleistet werden. Weitere Funktionen, welcher einer Unternehmensbewertung zukommen, sehen Matschke und Brösel (2014) in einer *Entscheidungs- und Vermittlungsfunktion*. So handelt es sich bei der Entscheidungsfunktion um diejenige, bei der in einer Konfliktsituation über einen Entscheidungswert eine rationelle Entscheidung zur Konfliktlösung herbeigeführt wird. Die Autoren beschreiben, dass die vorwiegende Aufgabe einer Vermittlungsfunktion die Vereinfachung oder Bewirkung einer Einigung zwischen den Parteien über den Arbitriumwert ist. Den Funktionen „Gemeinsames ist ihre Orientierung auf interpersonale Konfliktsituationen, die auf eine Änderung der Eigentumsverhältnisse des Bewertungsobjektes zielen" (Matschke und Brösel 2014). Aus den unterschiedlichen Funktionen ist ersichtlich, dass eine Unternehmensbewertung also ganz unterschiedlichen Zwecken und Aufgaben unterliegen kann.

Notwendige Vorarbeiten einer Unternehmensbewertung
Fischer unterscheidet bei den Vorarbeiten einer Unternehmensbewertung zwischen der Notwendigkeit einer möglichst vollständigen Information und der einer Prognose über zukünftige Entwicklungen. Die ausgeführten *Due Diligence*-Prozesse sollen hierbei Hilfestellung bieten. Die Prognose über die Zukunft des Unternehmens bekommt bei der Ertragswertermittlung eine zentrale Bedeutung. Vergangenheitsorientierte Buchhaltung und anderes Zahlenmaterial kann hier allenfalls noch als eine Hilfsgröße für die Schätzung fungieren. Die einzelnen Prognosemethoden arbeiten allesamt mit dem Versuch, die bekannten Daten mit wirtschaftlichen Gesetzmäßigkeiten und Planungsdaten zu verknüpfen. In der Unternehmensbewertungspraxis der Wirtschaftsprüfer hat sich die Methode nach den Grundsätzen der Wirtschaftsprüfer etabliert, die dem Ertragswertverfahren entspricht:

Objektivierter und subjektiver Unternehmenswert
Die bereits eingeführte Unterscheidung zwischen dem objektiven und dem subjektiven Unternehmenswert wird bei den einzelnen Bewertungsansätzen relevant. Daher soll die Unterscheidung zwischen einem objektivierten und einem subjektiven Unternehmenswert anhand der „Grundsätze zur Durchführung von Unternehmensbewertungen" verdeutlicht werden:

- Auswirkungen von erzielbaren Synergieeffekten zwischen akquirierendem und akquiriertem Unternehmen einerseits (durch materielle und immaterielle Verflechtung) und den Integrationskosten andererseits
- Änderungen des Fortführungskonzeptes (Investitionen, neue Geschäftsfelder, Sanierungsmaßnahmen)
- Steuerliche, rechtliche und finanztechnische Variationen bei Akquisition
- M&A-marktspezifische Faktoren (z.B. Kauf- und Verkaufszwänge, aktuelle Angebots/Nachfrageentwicklungen)
- Individuelle Risikoneigungen oder Zukunftserwartungen der Beteiligten
- Alternative Anlagemöglichkeiten der Beteiligten

* im Vergleich zu der Ermittlung des „Objektiven Unternehmenswertes"

Abb. 5.25 Zusätzliche Einflussfaktoren des „subjektiven Unternehmenswertes"*. (Quelle: eigene Darstellung)

Während bei dem objektivierten Bewertungsverfahren Interpretationsspielräume eingeschränkt werden sollen, damit die Wahrscheinlichkeit der Konsensbildung erhöht wird, werden bei dem subjektiven Entscheidungswert strategische und synergieorientierte Effekte zusätzlich berücksichtigt. Die Vielfalt der Unternehmensbewertung reicht demnach von dem objektivierten Wert „wie es steht und liegt" (Schildbach 1995, S. 620 ff.) bis zu einem vom Erwerber gänzlich umgestalteten Unternehmen „in einem neuen Konzept". Die Position zum objektivierten Wert bei einer von der Unternehmenspolitik unabhängigen (trotz Inhaber- bzw. Gesellschafterwechsel als konstant angesehenen) Bewertung ist eindeutig: „Der objektivierte Wert mit seiner Vorstellung von einem ‚perpetuum mobile' vergleichbaren, verselbständigten, ohne Managementeingriffe von selbst eintretenden Ertragskraft spiegelt diesen Marktpreis allenfalls wider." (Schildbach 1995, S. 631) Es lassen sich systematische Unterschiede des subjektiven im Vergleich zum objektiven Unternehmenswert erkennen, die in der in Abb. 5.25 dargestellten Übersicht aufgezeigt werden.

Abschließend bleibt festzuhalten, dass nach gut 20 Jahren intensiver Diskussion nunmehr ein weitgehender Konsens bei der Unternehmensbewertung für Deutschland vorzufinden ist, der mit dem IDW Standard wie in Abb. 5.26 dargestellt gefasst wurde.

Der Wert eines Unternehmens bestimmt sich unter der Voraussetzung *ausschließlich* finanzieller Ziele durch den Barwert der mit dem Eigentum an dem Unternehmen verbundenen Nettozuflüsse an die Unternehmenseigner (Nettoeinnahmen der Unternehmenseigner).

Demnach wird der Wert des Unternehmens *allein* aus seiner Eigenschaft abgeleitet, finanzielle Überschüsse für die Unternehmenseigner zu erwirtschaften.

Dieser Wert ergibt sich grundsätzlich aufgrund der finanziellen Überschüsse, die bei Fortführung des Unternehmens und Veräußerung etwaigen nicht betriebsnotwendigen Vermögens erwirtschaftet werden (*Zukunftserfolgswert*). Nur für den Fall, dass der Barwert der finanziellen Überschüsse, die sich bei Liquidation des gesamten Unternehmens ergeben (*Liquidationswert*), den Fortführungswert übersteigt, kommt der Liquidationswert als Unternehmenswert in Betracht.

Dagegen kommt dem *Substanzwert* bei der Ermittlung des Unternehmenswerts keine eigenständige Bedeutung zu.

Der Unternehmenswert kann als *Zukunftserfolgswert* nach dem *Ertragswertverfahren* oder nach den *Discounted Cash Flow-Verfahren* ermittelt werden.

Abb. 5.26 Inhalt des Unternehmenswertes nach IDW Standard (2.1) 28.6.2000. (Quelle: eigene Hervorhebungen)

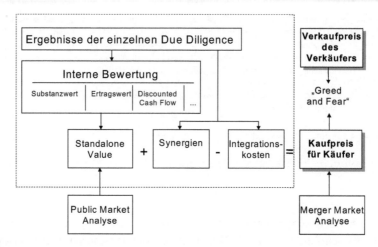

Abb. 5.27   Übersicht über den Bewertungs- und Kaufpreisermittlungsprozess. (Quelle: eigene Darstellung)

5.3.4.2   Übersicht über den Prozess der Unternehmensbewertung und der Kaufpreisermittlung

Die Abb. 5.27 verdeutlicht den Prozess der Unternehmensbewertung und der Kaufpreisermittlung und gibt gleichzeitig einen Überblick über die Bewertungsverfahren. Dabei wird deutlich, dass hier in jedem Prozessschritt hochkontingente Annahmen getroffen werden müssen, und somit die skizzierte Phase der Due Diligence für die Qualität und Validität der gesamten Bewertung hauptverantwortlich ist.

5.3.4.3   Entwicklung und Akzeptanz der Bewertungsverfahren

Vergegenwärtigt man sich die vielfältigen Verfahren Unternehmensbewertung ist manchmal fraglich, ob sie nicht im alltäglichen Verständnis der Lehre aus Aesops Fabel „Das Milchmädchen und ihr Eimer" folgen: „Zähle nicht deine Hühner bevor sie geschlüpft sind" (Aesop 1963, S. 53, eigene Übersetzung). Dieser Auffassung kommen vor allem die sogenannten Substanzwert-Methoden nahe. Auf professioneller Ebene sind jedoch vielfältige Verfahren zu verzeichnen, deren Anwendungen immer von dem Interesse des Bewertenden ausgehen. Der Bewertungsvorgang kann daher weniger als eine neutral-wissenschaftliche als vielmehr eine motiviert-praktische Tätigkeit beschrieben werden. Und damit unterliegt sie auch den Zeitgeist und den Verhältnissen und Kontextfaktoren auf den Finanzmärkten.

Die Abkehr von den Substanzwerten erfolgte vornehmlich in den 1990er Jahren. So zeigten Studien über die Anwendung der Verfahren eine deutliche Tendenz zu den *Discounted Cash Flow-Methoden* (DCF). In einer Studie von *C&L Corporate Finance* auf der Basis von 2000 Transaktionen aus dem Jahre 1994 wurden damals in Großbritannien in 80 % und in den USA in 75 % der Bewertungsfälle entsprechende DCF-Methoden angewendet. Auf dem zweiten Platz lag die mit dem Ertragswert vergleichbare Methode der

Capitalised Earnings mit 38 % in Großbritannien und mit 45 % in den USA. Deutschland tat sich bei der Umstellung der Bewertungsverfahren hingegen ausgesprochen schwer. So wurde noch Mitte der 1990er Jahre lediglich zu 43 % die DCF-Methode und zu 65 % die Ertragswertmethode eingesetzt. Damit stand Deutschland am Ende der internationalen Listung bei der internationalen Anwendung moderner Unternehmensbewertungsverfahren (Mehrfachnennungen möglich; vgl. hierzu Ballwieser 1998; Wesner o. J.). Seit Ende der 1990er Jahre hatte sich jedoch eine deutliche Akzeptanzsteigerung ergeben – auch durch den DIW Standard.

Für die weitere Entwicklung und Veröffentlichung von international anerkannten Bewertungsstandards sowie die Formulierung von Verfahrensanweisungen bei der Durchführung von Bewertungen von Vermögensgegenständen jeglicher Art zum Zwecke der Rechnungslegung wurde das *International Valuation Standards Committee (IVSC)* gegründet, dass auch um eine Harmonisierung von Bewertungsstandards unterschiedlicher Länder bemüht war. Die Organisation wurde 1981 durch eine Vereinbarung von nationalen Vereinigungen gegründet, mit über 50 repräsentierten Ländern. Das IVSC wurde 2004 in den USA als „not-for-profit-Organisation" eingetragen, ist ein Mitglied der Vereinten Nationen und hat sich 2008 als eigenständige Organisation umbenannt in *International Valuation Standards Council*.

In Folge der Immobilienkreditkrise und der restriktiveren Kreditvergabe war eine Kehrtwende in der Finanzwelt bezüglich der Bewertungsmethoden zurück zu den Grundlagen der Bewertung und einer wieder eine wahrsten Sinne des Wortes sorgfältigeren *Due Diligence* von Fusions- und Akquisitionsvorgängen festzustellen. Dies beinhaltet auch eine realistischere Annahme im Umgang mit finanziellen Risiken wie auch ein breiteres Spektrum an Werttreibern, wie beispielsweise die erwartete Ertragslage, Diskontierungssatz, Multiplikatoren, Leverage-Größe oder Finanzierungskonditionen (Rosenbaum und Pearl 2009).

Um die relevanten Bewertungsmethoden und deren Anwendung mit Einbezug dieser Werttreiber zu verstehen, wird im folgenden erst durch den *Bewertungsprozess* geleitet, um anschließend die *einzelnen Verfahren* zu beschreiben.

Begriffe und Ablauf des Bewertungsprozesses

Der Bewertungsprozess wird geleitet von sechs wichtigen Begriffen, die für die weitere Darstellung eine nachhaltige Bedeutung haben:

(1) „Bewertung": Beimessung eines Werts, meist in monetärer Form, zu einem Bewertungsobjekt.
(2) „Bewertungsobjekt": Gegenstand, welcher bewertet wird.
(3) „Bewertungssubjekt": Person, aus dessen Sichtweise die Bewertung durchgeführt wird.
(4) „Bewertungsanlass": Situation, welche eine Unternehmensbewertung erforderlich macht.
(5) Zuordnung eines Wertes zu einem „Unternehmen als Ganzen" oder
(6) zu „abgrenzbaren Unternehmensteilen".

Analysten unterscheiden im Bewertungsprozess üblicherweise vier Typen von Werten, welche in den Methoden Berücksichtigung finden (Ferris und Petitt 2013):

(1) Der *Buchwert*: Wert des bilanziellen Ansatz des Unternehmens anhand seiner Rechnungslegung.
(2) Der *Liquidationswert:* Wert der bei Teilverkauf oder Unternehmensauflösung für die Unternehmensteile oder das Unternehmen als Ganzes realisiert werden kann.
(3) *Grund- oder intrinsischer Wert:* Wert, wenn zukünftige Zahlungsrückflüsse summiert werden, die ein Unternehmen generieren kann.
(4) Der *Marktwert*: Wert, mit dem ein Unternehmen auf einem geregelten Markt gehandelt werden kann.

Während der gesamten Transaktionsphase ist die Unternehmensbewertung kein einzeln durchzuführender Vorgang, sondern ein nebenher laufender adaptiver Prozess. Stetig neu auftretende und bekanntwerdende Informationen machen eine fortlaufend iterative Anpassung und Änderung notwendig. Über die ersten Recherchen wird ein vorläufiger unverbindlicher Unternehmenswert ausgemacht. Die hier festgestellten Informationsgrundlagen werden im Verlauf der Transaktion vor allem durch die vorher beschriebene Due Diligence permanent ausgeweitet, bis ein endgültiger Wert bei Abschluss des Vertrages feststeht.

Infolge dieses Findungsprozesses zur Akquisition geht es also bei der Unternehmensbewertung vordergründig um die Ermittlung eines fairen Wertes (fair value) für das Unternehmen, der sich irgendwo zwischen einem möglichst niedrigem Kaufpreis für den Käufer und einem möglichst hohem Verkaufspreis für den Verkäufer befindet. Nach einer ersten Informationsbeschaffung und der weiteren Informationssammlung geht es dann konkret um die Wahl der Bewertungsmethode, bei der die Bewertungssubjekte unterschiedliche Präferenzen aufweisen (vgl. Abb. 5.28). In dieser Hinsicht geht es nicht um das beste oder schlechteste Modell, sondern vielmehr um die Eignung des Modells. Bei diesem Verhandlungsansatz wird ein vorheriges Verständnis der Einteilung der unterschiedlichen Methoden zentral. Im Bewertungsprozess können und werden jedoch mehrere Methoden verwendet werden, um den zu verhandelnden Unternehmenswert zu bestimmen.

Kategorisierung und Unterscheidung der Bewertungsverfahren
Die Bewertungsverfahren können in einem ersten Schritt in absolute und relative Methoden differenziert werden (vgl. z. B. Trivison 2008; Kumah et al. 2009). Die absoluten Verfahren richten ihren Blick auf das zu bewertende Objekt, indem sie das Unternehmen betreffende historische oder zukünftige Werte einbeziehen. Daher werden sie auch als intrinsische oder direkte Verfahren bezeichnet. Bei den relativen Verfahren hingegen wird das Unternehmen anhand vergleichbarer Unternehmen bewertet, welche identische oder ähnliche Eigenschaften aufweisen (Kumah et al. 2009; Damodaran 2012).

Zu den absoluten Ansätzen gehören neben den bekannten Einzelwert- und Gesamtwertverfahren die Discounted Cashflow Analyse (DCF) sowie die Leveraged Buy-Out

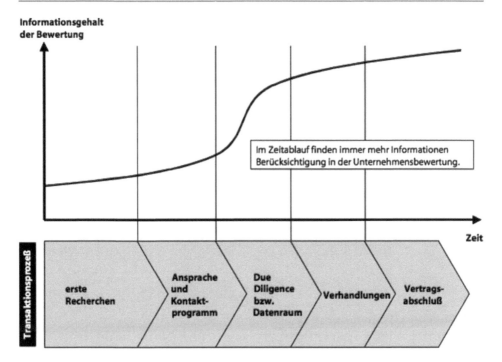

Abb. 5.28 Informationsanstieg der Bewertung im Transaktionsprozess. (Quelle: Timmreck 2003, S. 12)

Analyse (LBO); bei den relativen Verfahren wird hingegen entweder der Vergleich zu anderen Unternehmen (Comparable Companies, CompCos) oder zu Beispieltransaktionen (Precedent Transactions, PrecTrans) vorgenommen. In der wissenschaftlichen Literatur sind noch diverse andere Verfahren zahlreich zu identifizieren, die hingegen nicht oder nicht mehr die praktische Relevanz haben. Kumah, Damgaard und Elkjaer sehen in dieser indirekten Herangehensweise den Standpunkt, dass aufgrund der Arbitrage gleichwertige Güter einen gleichen Preis erzielen.

Neben der Unterteilung aufgrund der Bewertungsausrichtung ist auch eine werttheoretische Differenzierung vorzufinden. Timmreck (2003) unterscheidet in dem Fall drei Methodenarten:

(1) Gruppe der Substanzwertverfahren: Ermittlung eines Liquidationswertes oder Reproduktionswertes. Für die Berechnung dieser Werte sind nur die vorhanden Vermögensgegenstände des Unternehmens entscheidend, wodurch sie eine bilanztheoretische Position einnimmt. Die Kritik: Es wird bei einem zukunftsorientierten Anlass der Unternehmensbewertung genau die Unternehmensfortführung außer Acht gelassen.

(2) Gruppe der ertragswertorientierten Verfahren: Ertragswert auf Grundlage der zukünftigen Gewinne (Barwert) und die DCF-Verfahren. Die Kritik: Aufgrund der Zukunfts-

orientierung beinhalten diese Verfahren maßgebliche Probleme und sind aufwendig in Informationsbeschaffung und -auswertung.

(3) Gruppe der vergleichswertorientierten Verfahren: die aufgrund einer eher empirisch ausgerichteten Methode eine sehr beliebte Herangehensweise darstellen. Unter ihnen befinden sich unter anderem die Kapitalmarktbewertung, die Multiplikatorenmodelle oder aber auch die sogenannte „Daumenregel".

In den Abb. 5.29 und 5.30 sind von diesen praktischen wie wissenschaftlichen Geschmacksfragen unabhängig verschiedene Sortierungen von Verfahren aufgeführt, von denen einige ausgewählte im Nachfolgenden ausgeführt werden.

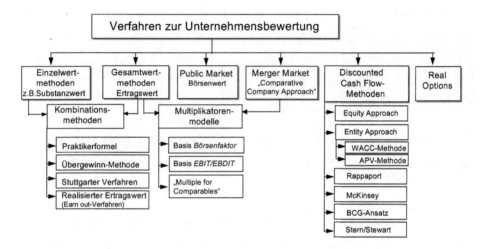

Abb. 5.29 Übersicht über analytische und vergleichsorientierte Bewertungsmethoden. (Quelle: eigene Darstellung)

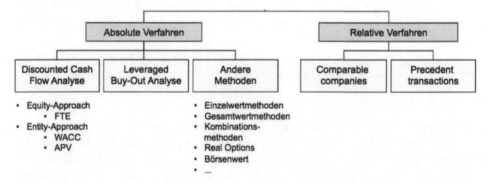

Abb. 5.30 Übersicht über absolute und relative Verfahren der Bewertung. (Quelle: eigene Darstellung)

5.3.4.4 Bewertungsverfahrenstechnische Einleitung

Der Prozess der Unternehmensbewertung stellt eine wesentliche Grundlage für unternehmerische oder persönliche Entscheidungen dar. Vor allem beim Unternehmenskauf ist der ermittelte Unternehmenswert, wie bereits beschrieben, ausschlaggebend für die Transaktion. Die Bewertung selbst sollte zwei wesentliche Bedingungen erfüllen: (1) Die Anwendung eines methodisch korrekten Bewertungsverfahrens und einer absoluten Nachvollziehbarkeit der angestellten Berechnungen für den Verhandlungspartner und später auch ggf. für Dritte. (2) Sämtliche Parameter müssen bekannt und die getroffenen Annahmen müssen begründet sein.

Grundsätzlich gibt es bei den Verfahren die wesentliche Unterscheidung zwischen *Equity Value* (EV) und *Total Enterprise Value* (TEV). Der EV zum Marktwert stellt die Marktkapitalisierung eines Unternehmens dar und repräsentiert somit den Marktwert aller ausstehenden Aktien eines Unternehmens. Er wird bei börsennotierten Unternehmen durch die Multiplikation des Aktienpreises mit der Anzahl an ausstehenden Aktien ermittelt. Zur Repräsentation des Unternehmenswertes mangelt es jedoch bei der Betrachtung der Marktkapitalisierung, da z. B. das Fremdkapital nicht angemessen berücksichtigt ist. Diesen Übergang schafft die Ausrichtung des Unternehmenswertes zum Enterprise Value (Kumah et al. 2009). Der TEV bezieht hierbei den Fremdkapitalanteil mit ein. Er wird durch die Addition des Fremdkapitals und der Minderheitenanteile und der Subtraktion von Zahlungsmitteln und anderen finanziellen Vermögenswerten sowie von Beteiligungen von der Marktkapitalisierung berechnet (siehe folgende Abb. 5.31).

Der TEV indiziert dadurch die Beimessung des Unternehmenswertes auf dem Markt und beschreibt somit den aggregierten Wert des gesamten Unternehmens. Die Kenntnis über den Unterschied dieser Werte ist insofern von Bedeutung. Bei der Anwendung eines DCF-Modells kann demnach der Unternehmenswert entweder über die projizierten *Free*

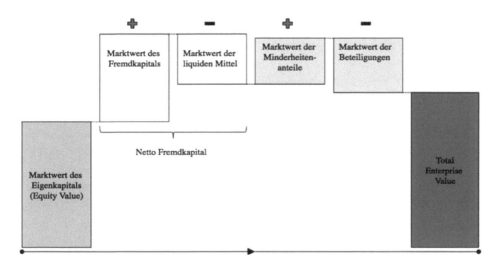

Abb. 5.31 Definition des Total Enterprise Value (TEV). (Quelle: eigene Darstellung)

Cash Flows zum Unternehmen durch die Diskontierung mit den *Weighted Average Cost of Capital* oder direkt durch die Bewertung des Eigenkapitals durch die Diskontierung der Eigenkapitalrückflüsse mit den Eigenkapitalkosten festgestellt werden. Durch dieses Verständnis kann sichergestellt werden, dass die Rückflüsse und die zugehörige Diskontierung konsequent angewendet werden. Gleiches gilt für die Multiplikatoren-Modelle, wenn der Bewertende die Multiplikatoren entweder auf Basis des gesamten Unternehmens oder nur den Eigenkapitalanteil anwendet.

5.3.4.5 Die Absoluten Bewertungsverfahren

5.3.4.5.1 Die Einzelwertverfahren: Substanz- und Liquidationswert

Der Substanzwert ist kein eindeutig definierter Begriff und hat eher in der Praxis seine Fundierung gefunden. Da hier die Werte der einzelnen Teile, die dem Unternehmen dienen und im wirtschaftlichen Eigentum stehen, addiert werden und die einzeln zu bewertenden Verbindlichkeiten und Verpflichtungen davon in Abzug gebracht werden, wird dieser Ansatz auch als „Einzelwertmethode" bezeichnet. Es bleibt allerdings ungeklärt, welcher Wert für die einzelnen Positionen anzusetzen ist: der Verkehrswert, der Marktwert, der Zeitwert, der Tageswert, der gemeine Wert oder der Teilwert. Da bei allen Vermögensgegenständen grundsätzlich zwei Märkte betroffen sind, bleibt es systematisch unklar, welcher Marktwert oder welcher Verkehrswert nun relevant wird. Bei der Einzelbewertung können die Begriffe „Reproduktionswert", „Einzelveräußerungswert" und „Liquidationswert" verwendet werden:

Der *Reproduktionswert* geht vom *Going Concern-Prinzip* aus und setzt die aktuellen Anschaffungs- oder Herstellungskosten an. Der Reproduktionswert kann weiterhin in einen Teil-Reproduktionswert und einen Voll-Reproduktionswert unterschieden werden. Während beim Teil-Reproduktionswert die materiell vorhandenen Vermögensgegenstände mit ihren Wiederbeschaffungskosten angesetzt werden, sind beim Voll-Reproduktionswert auch die Aufwendungen für die Organisation, der Ausbildung der Mitarbeiter, der Entwicklung des Know-how, der Vertriebsstruktur, Werbemaßnahmen etc. enthalten.

Einzelveräußerungswerte basieren auf der Annahme, dass einzelne Anlagen, Gebäude oder Teilbereiche veräußert werden können, ohne dass es zur Gesamtauflösung kommt. Als Grundlage werden die Wiederbeschaffungswerte genommen.

Der *Liquidationswert* hingegen setzt die Auflösung des Unternehmens voraus. Hierbei werden von dem Verkaufserlös die Verbindlichkeiten und sonstigen Verpflichtungen abgezogen und die Differenz auf den Barwert abgezinst. Dieser Wert definiert die absolute Preisuntergrenze als potentiellen Marktpreis bei Zerschlagung.

Der *Substanzwert* wird in dieser Terminologie am ehesten als Teil-Reproduktionswert interpretiert und entspricht der Summe der Zeit- und Wiederbeschaffungswerte der bilanzierungsfähigen Vermögensteile zum Bewertungszeitpunkt, abzüglich der entsprechend dem Lebensalter eintretenden Wertminderungen der abnutzbaren Vermögensteile und der Schulden des Unternehmens. Der in der theoretischen Auseinandersetzung überwiegend kritisch betrachtete Bewertungsansatz weist die bereits in der Diskussion des objektiven Wertes angesprochenen Nachteile auf, da er keine Zukunftsbezogenheit sowie keine Möglichkeit der Einbeziehung von nicht bilanzierungsfähigen Werten wie Humankapital, Image, Marke, Managementqualität, Organisationsstrukturen, Kontakten etc. zulässt.

5.3.4.5.2 Die Gesamtwertmethoden: Ertragswert

Während bei den Einzelwertmethoden die gegenwärtigen Vermögens- und Schuldenpositionen einzeln erfasst und bewertet werden, ist bei den Gesamtwertmethoden die Bewertung auf die zukünftigen *Erträge* ausgerichtet. Demnach wird beim Ertragswert nicht mehr das physische Unternehmen „reproduziert", sondern die zukünftige Ertragssituation. Die Ausrichtung auf Erträge nimmt die Generierung aus dem gesamten Faktorengefüge an. Das Unternehmen kann demnach mehr oder weniger wert sein als die Summe der Teile. Als Ertragswert wird demnach der *Barwert der zukünftigen Erträge*, d. h. Gewinnergebnisse des Unternehmens verstanden.

Es lassen sich zwei Methoden der Bewertung unterscheiden: (1) Die *pauschale Methode* geht von den Ergebnissen der Vergangenheit und der Gegenwart aus, wobei der Durchschnitt dieser Ergebnisse als nachhaltiger Zukunftsertrag unterstellt wird. (2) Die *analytische Methode* entnimmt die zukünftigen Ergebnisse aus einer Planrechnung, die nach den heutigen Erkenntnissen für die zukünftigen Jahre erstellt wird. Man kann als Ausgangspunkt für die Bestimmung des Ertragswertes unterschiedliche Referenzwerte verwenden. Referenzwerte können Ist-Ergebnisse der Vergangenheit, Planergebnisse oder Kombinationen von Ist- und Planwerten sein. Sinnvollerweise sind zur besseren Einschätzung der aktuellen Planzahlen, die Planzahlen der Vergangenheit mit den Abweichungen zu den entsprechenden damaligen Ist-Zahlen heranzuziehen, um einen Einblick in die Planungskompetenz des Unternehmens zu bekommen. In der Praxis werden Methoden verwendet, die die extremen Jahresergebnisse durch unterschiedliche Gewichtungen harmonisieren. Erträge aus der Liquidation des nicht betriebsnotwendigen Vermögens oder Aufwendungen der nicht betriebsbedingten Passivposten sind gesondert zu bewerten.

Nicht betriebsnotwendige Vermögensteile sind alle Vermögensteile, die frei veräußert werden können, ohne dass davon die eigentliche Unternehmensaufgabe und ohne dass dadurch das Referenzergebnis in seinen eigentlichen Grundlagen Veränderungen erfahren würde. Entscheidend bei der Unternehmenswertermittlung als Barwert der zukünftigen Erträge ist der Kalkulationszinsfuß für die Abdiskontierung der in der Regel als Durchschnittsgröße angenommenen nachhaltigen Erträge.

Der *Diskontfaktor* bestimmt sich dabei aus drei Quellen: (1) aus dem Realzins (wohingegen in der Praxis der Nominalzins präferiert wird), (2) aus dem Zuschlag für allgemeines Unternehmerrisiko und (3) aus dem Zuschlag für fehlende Fungibilität als Differenz zwischen dem Nettozins einer kurzen Termingeldeinlage und einer langfristigen Anleihe.

Die obige Berechnung wurde nach der kaufmännischen Kapitalisierungsformel vorgenommen, die eine unbegrenzte Lebensdauer unterstellt. Für den Fall, dass man die Lebensdauer – auch aus Planungsgründen – als endlich ansieht, wird in der Regel am Ende der Lebenszeit ein Liquidationswert angesetzt und wie die einzelnen Gewinne abdiskontiert:

$$\text{Ertragswert} = \sum_{t=i}^{T} \frac{\text{Gewinn}_t}{(1 + i)^t} + \frac{\text{Liquiditionswert}}{(1 + i)^T} \quad (i = \text{Diskontfaktor}).$$

In vielen Branchen ist nur ein Planungshorizont von drei bis fünf Jahren realistischerweise überschaubar. Danach könnten nach dem so genannten Mehrwertigkeitsprinzip üblicherweise drei Szenarien erstellt werden. Die Schwierigkeit bei Unternehmensbewertungen ergibt sich allerdings aus der Tatsache, dass lediglich *ein* Preis gesucht wird. Dies bedeutet auch bei Mittlung über Wahrscheinlichkeiten letztlich eine Entscheidung des Bewerters. Kritiken an der Ertragswertmethode basieren im Wesentlichen auf der fehlenden Fundierung des Diskontfaktors sowie auf der Verwendung von Erträgen statt von *Cash Flows*. Diese in der Kritik z. T. überbetonten Punkte sind durch die zweite Form der Gesamtbewertungsmethoden, das *Discounted Cash Flow-Verfahren*, berücksichtigt.

5.3.4.5.3 Die Kombinationsmethoden

Die Kombinationsmethoden lassen sich in die *Praktikerformel* (auch Mittelwertmethode genannt), die *Übergewinnmethode* und das *Stuttgarter Verfahren* differenzieren. Weiterhin wird in Anlehnung an die Praktikerformel die Methode des „realisierten Ertragswertes" – auch *Earn out-Verfahren* genannt – vorgestellt. Alle diese Methoden ermitteln den Unternehmenswert auf der Basis des Substanz- *und* des Ertragswertes.

Praktikerformel

Die auch als Mittelwertmethode oder Berliner bzw. Schweizer Methode bezeichnete Praktikerformel ist ironischerweise erstmalig in Schmalenbachs Auseinandersetzung mit der dynamischen Bilanz zu finden. Sie ermittelt den Unternehmenswert aus dem Teilreproduktionswert (im Verständnis des üblicherweise verwendeten Substanzwertes) und dem Ertragswert. Damit wird angenommen, dass sowohl eine Einzelbewertung als auch eine Gesamtbewertung durchgeführt werden muss.

Mit diesem Vorgehen soll einer deutlichen Diskrepanz zwischen Substanzwert und Ertragswert entgegengewirkt werden. Dies kann z. B. bei einem Unternehmen mit hoher Ertragskraft und in Relation dazu recht geringem Substanzwert ebenso der Fall sein, wie bei einem Unternehmen, das einen hohen Substanzwert mit geringem Ertragswert aufweist. Insbesondere bei einem deutlich höheren Ertragswert erfolgt durch diese Methode eine von Schmalenbach intendierte Relativierung durch den Substanzwert, da gemäß der vollkommenen Konkurrenz die Erträge sinken werden. In der Praxis ist die daher nicht zu Unrecht so bezeichnete Praktikerformel vielfältig angewendet worden und wird auch in der Rechtssprechung als Schiedswert eingesetzt. Dennoch sind die Einwände gegenüber dem Substanzwert und dem Ertragswert weiterhin vorliegend und das Mittlungsverhältnis selbst trägt zu zusätzlicher Kritik bei.

Übergewinnmethode

Die Übergewinnmethode, auch als U.E.C.-Verfahren bekannt (*Union Européenne des Experts Compatibles, Economiques et Financiers*), basiert auf einem Vergleich der Zukunftserwartungen mit dem Teilreproduktionswert hinsichtlich seiner Verzinsung. Die U.E.C.-Kommission ist die älteste internationale Berufsorganisation der Wirtschaftsprüfer mit Sitz in Paris. Sie ist der internationale Vorgänger des Institutes der Wirtschaftsprüfer (IDW) in Deutschland. Wenn der Zukunftsertrag einer „Normalverzinsung" des Substanzwertes entspricht, dann entspricht der Substanzwert auch dem Unternehmenswert. Als Normalverzinsung kann das entsprechende Zinsniveau für langfristige inländische Anlagen angesehen werden. Für den Fall, dass die Zukunftserwartung die Normalverzinsung übersteigt, wird nach dieser Vorgehensweise der Mehrertrag als Übergewinn bezeichnet. Der Übergewinn ist somit praktisch ein Indiz, dass sich neben den normal rentierenden materiellen Werten noch immaterielle Werte befinden müssen, die wertsteigernd wirken. Somit ist der Substanzwert als Teilreproduktionswert allein keine adäquate Abbildung für den Unternehmenswert. Annahmegemäß sind diese Übergewinne aufgrund der vollkommenen Konkurrenz mit einem höheren Entwertungsrisiko versehen, das sich in einem höheren, über dem Normalzinssatz liegenden Übergewinnzinssatz bei der Diskontierung ausdrückt. In der Praxis wird häufig ein Risikozuschlag von 25 bis 50 % gewählt.

Der Unternehmenswert ließe sich somit als Substanzwert plus einem kapitalisierten Übergewinn darstellen. Es werden sowohl Methoden angewendet, die mit einer ewigen Rente rechnen als auch so genannte *Übergewinnabgeltungen* oder *Übergewinnverrentungen*, die mit einer verkürzten Rentendauer des *Goodwill* als Differenz von Kaufpreis und Substanzwert arbeiten. Bei letzterem Verfahren wird angenommen, dass sich die Erzielung von Übergewinnen – in strenger Anwendung der neoklassischen Mikroökonomie als Produzentenrente verstanden – bedingt durch Wettbewerbseffekte nur bis zu einem gewissen Zeitraum realisieren lässt.

Stuttgarter Verfahren

Das Stuttgarter Verfahren ist ein steuerliches Schätzverfahren zur Bewertung nichtnotierter Aktien und von Anteilen an Kapitalgesellschaften. Anteile an solchen Kapitalgesellschaften sind nach dem Bewertungsgesetz für steuerliche Belange nach dem so genannten *gemeinen Wert* zu bewerten (geregelt in § 11 BewG). Das Stuttgarter Verfahren ist in den Richtlinien R96 ff. der Erbschaftsteuer-Richtlinien (ErbStR 2003) geregelt. Es findet aber darüber hinaus nicht nur im Falle der Erbschaftsbesteuerung seine Anwendung, sondern wird auch in Verträgen oder GmbH-Satzungen als Bewertungsmethode im Rahmen des Steuerrechts gewählt. Das Stuttgarter Verfahren ist nach § 12 Abs. 2 ErbStG dann anzuwenden, wenn Anteile einer nicht börsennotierten Kapitalgesellschaft im Rahmen der Schenkung oder des Erwerb von Todes wegen übergehen und sich deren Wert nicht aus Anteilsverkäufen ergibt, die zeitlich nahe am Besteuerungszeitpunkt sind.

Zunächst wird gemäß R 98 ErbStR 2003 der *Vermögenswert (V)* einer Kapitalgesellschaft als Differenz von Vermögen und Schulden der Gesellschaft definiert – ausgedrückt in Prozent des Stammkapitals. Dabei gelten die Bewertungsvorschriften des Erbschafts-steuer- und Schenkungssteuergesetzes sowie des Bewertungsgesetzes.

R 99 ErbStR 2003 definiert den *Ertragshundertsatz (E)* der Gesellschaft als gewo-genes arithmetisches Mittel der kalkulatorischen Eigenkapitalverzinsungen der vorange-gangenen drei Geschäftsjahre, wobei die Betriebsergebnisse, d. h. Gewinne dieser drei Geschäftsjahre einfach, doppelt bzw. dreifach gewogen werden. Auch dieser Wert wird als Prozentsatz des Nennkapitals ausgedrückt.

Kritikpunkte an dem Bewertungsverfahren gibt es vielfältiger Art: So birgt der in die-sem Konzept stark betonte Aspekt des Vermögenswertes Schwierigkeiten in sich, da die einzelnen Wirtschaftsgüter mit dem Teilwert anzusetzen sind, der systematisch nur aus dem Endergebnis ableitbar ist. Das Verfahren ist nicht konform mit dem einschlägigen Standard IDW S1 des Instituts der Wirtschaftsprüfer. Das Stuttgarter Verfahren dient vorrangig fiskalischen Zwecken und stellt durch typisierende Berechnung eine Gleich-mäßigkeit in der Besteuerung sicher, um so den Rechtsfrieden sicherzustellen.

Methode des realisierten Ertragswerts (Earn out-Methode)

Die Bestimmung des Unternehmenswertes nach der Methode des realisierten Ertrags-wertes läuft analog der Praktikerformel. Sie basiert damit auch auf der Abzinsung der erwarteten Zukunftserträge auf den Barwert. Im Unterschied zu der gewöhnlichen Vor-gehensweise wird nicht das *prognostizierte Ergebnis* als Grundlage der Unternehmensbe-wertung genommen, sondern das *tatsächlich realisierte Jahresergebnis* während eines zu bestimmenden Zeitraums.

Der Gedanke, der hinter diesem *contingent price deal* steht, bedeutet in der Konse-quenz, dass ein (Groß-)Teil des zum Bewertungszeitraum systematisch noch nicht fest-stehenden Kaufpreises in diesem Verständnis des „realisierten Ertragswertes" mit Ver-tragsabschluss gezahlt wird. Der Rest wird erst dann fällig, wenn die Ergebnisse der zukünftigen Referenzjahre feststehen. Dies erfolgt sinnvoller Weise dann, wenn neue Pro-dukte und neue Technologien vor der Einführung stehen, die erhebliche Auswirkung auf die zukünftige Ertragssituation haben. Es ist dabei eine Kontinuität der Geschäftstätig-keit und eine *Stand alone*-Lösung anzunehmen, da bei umfassenden Integrationsvorhaben, Restrukturierungen, Fusionen oder extremen Investitionsänderungen die Vergleichbarkeit nicht zu gewährleisten ist. Derartige Argumente sind schwerwiegende Einschränkungen bestimmter Übernahmemotive vor dem Hintergrund der *Corporate Control-Hypothese* mit der Vermutung eines ineffizienten Managements.

Diese Konzeption, die über den veränderten Zahlungsmodus auch bezüglich der Un-ternehmensbewertung Einfluss nimmt, hat zunächst keine Bevorteilung einer Marktseite zur Folge, da einerseits auf der Verkäuferseite kein Risikoabschlag hingenommen werden muss, andererseits auf der Käuferseite tatsächlich ein wertkompatibler Preis gezahlt wird. Entsprechende Verzerrungen werden aufgrund der systematisch asymmetrischen Informa-tion über die gegenwärtige Situation und der systematisch unvollständigen Information bezüglich der Zukunft eingeschränkt werden.

5.3.4.5.4 Die Discounted Cash Flow-Analyse

Der Discounted Cash Flow-Analyse (DCF) ist die einzig verfügbare intrinsische Methode zur Unternehmensbewertung (Rosenbaum und Pearl 2009). Damodaran (2012) ist der Auffassung, dass sie eine gewisse Ausstrahlungswirkung auf die relativen Verfahren hat, weil der hier ermittelte Wert eine Basis für die dortige Berechnung darstellt. Der DCF-Ansatz basiert auf der Barwertregel, nach der ein Vermögensgegenstand einen Gegenwartswert aus den zukünftigen abgezinsten Zahlungsrückflüssen besitzt, die durch diesen Gegenstand generiert werden (Aluko und Amidu 2005; Rosenbaum und Pearl 2009; Damodaran 2012; Matschke und Brösel 2014; Pettit und Ferris 2013). Dieser Ansatz kommt aus der Agrarökonomie, in der die zukünftigen Ernten die Berechnungsgrundlage der Äcker waren. Heute kann der *Cash Flow* wie in Abb. 5.32 dargestellt berechnet werden.

Diese zukünftigen Cashflows können nach Aluko und Amidu (2005) durch die bisherigen Gewinnströme bestimmt werden. Dazu bedarf es vor allem qualitativer historischer und prognostizierter Unternehmensinformationen. Auf dessen Basis kann dann der Barwert aus der grundlegenden Formel

$$BW = \sum_{t=1}^{t=n} \frac{CF_t}{(1+i)^t}$$

errechnet werden, bei der n die Nutzungsdauer eines Vermögensgegenstandes, CF_t den Cashflow in der Periode *t* und *i* den Risikozinssatz der geschätzten Cash Flows darstellen (für viele Timmreck 2003; Damodaran 2012; Matschke und Brösel 2014). Diese Grundformel ist für jeden Vermögensgegenstand anwendbar und damit auch auf das Unternehmen als Ganzes übertragbar.

Dabei entspricht die Nutzungsdauer einem Prognosezeitraum von fünf Jahren für die Ermittlung des Free Cash Flows (FCF), auch wenn dieser Zeitraum länger ist. Diesbezüglich wird die Berechnung um die sogenannte ewige Rente erweitert, welche den restlichen Wert (*terminal value*) abbilden soll. Rosenbaum und Pearl (2009, S. 108) sprechen in die-

Jahresüberschuss
+ anrechenbare Körperschaftssteuer
+ Fremdkapitalzinsen
- zusätzliche Gewerbesteuerlast auf abzugsfähige Zinsen
+/- Abschreibungen/Zuschreibungen
+/- Erhöhung/Verringerung Rückstellungen
+/- Erhöhung/Verringerung Sonderposten mit Rücklageanteil
-/+ Erhöhung/Verringerung des working capitals (*Vorräte + Forderungen + geleistete Anzahlungen –*
    Verbindlichkeiten aus Lieferungen und Leistungen – erhaltene Anzahlungen)
+/- Erhöhung/Verringerung passiver Rechnungsabgrenzungsposten
-/+ Erhöhung/Verringerung aktiver Rechnungsabgrenzungsposten
- weiterer zahlungswirksamer Ertrag
+ weiterer zahlungswirksamer Aufwand
- Investitionen (inkl. Erhöhung Kasse)

= Cash Flow

Abb. 5.32 Indirekte Cash Flow-Ermittlung. (Quelle: Darstellung nach Ballwieser 1998, S. 86)

sem Sinne auch von einem „Unternehmensfortführungswert" (*going concern value*). Der Diskontierungszins sollte laut Damodaran (2012) die Unsicherheit widerspiegeln. Bei der DCF-Methode gilt es jedoch zu beachten, dass die Analyse nur in dem Maß genau ist, in dem die Annahmen bzw. entscheidenden Faktoren sorgfältig getroffen werden.

Kategorisierung der DCF-Modelle

Für die DCF-Methode gibt es mittlerweile eine große Anzahl an einzelnen Verfahren, aufgrund derer ein Unternehmenswert ermittelt werden soll. Immer wieder wird von den Investitionsbanken oder Beratungsfirmen darauf aufmerksam gemacht, dass ihr Bewertungsmodell besser und durchdachter ist. Schlussendlich können jedoch immer nur ein paar Dimensionen variiert werden (Damodaran 2012). Daher wird in der nachfolgenden Darstellung auf die zwei wesentlichen Annäherungen eingegangen.

Timmreck (2003), sowie auch Matschke und Brösel (2013) beschreiben in ihren Ausführungen zwei Ansätze: Den *Entity-Approach*, über den eine Bewertung des gesamten Unternehmens vorgenommen wird; und den *Equity-Approach*, bei dem lediglich die Eigenkapitalbeteiligung bewertet wird. Bei dem *Entity-Approach* hingegen wird eine Ermittlung über die Risikozinsen durch den *Weighted Average Cost of Capital (WACC)*, also den gewichteten Durchschnittskosten des Fremd- und Eigenkapitals. Für den *Equity-Approach* erfolgt die Berechnung aufgrund des *Flow to Equity (FTE)*-Ansatzes über die Diskontierung mit den Eigenkapitalkosten. Die *Adjusted Present Value-Methode*, die eine Bewertung des Unternehmens in Teilen vornimmt. Allen Ansatzmethoden ist gemeinsam, dass die Cash Flows abgezinst werden. Die relevanten Cash Flows und Diskontierungssätze sind jedoch unterschiedlich (Damodaran 2012).

Grundlegende Berechnungen zum DCF beim Entity Approach

Die DCF-Methode wird von Rosenbaum und Pearl (2009) wie auch Damodaran (2012) in mehrere Schritte unterteilt. Begonnen wird dabei mit der Ermittlung des Free Cashflow (FCF), der gewichteten durchschnittlichen Kapitalkosten (Weighted Average Cost of Capital, WACC) und des *terminal value*.

Schritt 1: Berechnung des FCF Nachdem Informationen über das Zielunternehmen gesammelt und ausgewertet worden sind, wird also der prognostizierte FCF als zukünftiger Zahlungsmittelrückfluss durch Anpassungen in Form von Hinzurechnungen und Abzügen ermittelt (Abb. 5.5). Dieser Berechnung geht gemäß Rosenbaum und Pearl (2009) aber eine Prognose der Berechnungsgrößen voraus. Dazu gehören die Steuern (inkl. *tax shield*), Wertverlust und Abschreibung, Rückstellungsanpassungen, Investitionstätigkeiten sowie Änderungen des Umlaufvermögens. Bei der weiterführenden Berechnung des FCF zum EK werden auch Veränderungen der Verbindlichkeiten mit einbezogen, so dass man den *Flow to Equity* erhält. Der FCF beschreibt damit die generierten Zahlung für das gesamte Unternehmen, während der *Flow to Equity* die generierten Zahlungen für die Anteilseigener darstellt.

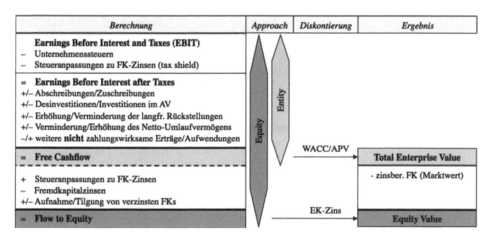

Abb. 5.33 Kurzübersicht der DCF-Methode. (Quelle: eigene Darstellung in Anlehnung vor allem an Rosenbaum und Pearl 2009, S. 115; Damodaran 2012, S. 488)

Schritt 2: Berechnung des WACC Als nächster Schritt ist die Berechnung des WACC über die Kapitalstruktur durchzuführen. Der WACC ist weitestgehend als generelle Diskontierungsrate zur Ermittlung des aktuellen Wertes der prognostizierten Free Cashflows und Rentenwertes anerkannt. Er stellt hierbei den gewichteten Durchschnitt sämtlicher Kapitalkosten eines Unternehmens dar. Aufgrund unterschiedlicher Risikobelastung von Fremd- und Eigenkapital sowie verschiedener steuerlicher Konsequenzen ist der WACC abhängig von der angestrebten Kapitalstruktur.

Zur Berechnung des WACC müssen vorher die zukünftige Kapitalstruktur bestimmt und die Eigenkapital- und Fremdkapitalkosten (r_e und r_d) ermittelt werden. Üblicherweise wird die angezielte Kapitalstruktur, welche über die Raten von Fremd- und Eigen- zu Gesamtkapital (FK/(FK+EK)) und (EK/(FK+EK)) beziffert werden, über die langfristige Strategie definiert. Hierbei greift der Bewertende auf die aktuellen und historischen Kapitalstrukturraten ebenso wie auf die Kapitalstruktur von Vergleichsunternehmen zurück. Sind diese Parameter festgelegt, so müssen im nächsten Schritt die Fremdkapital- (k_{FK}) und Eigenkapitalkosten (k_{EK}) geschätzt werden.

Die Fremdkapitalkosten (k_{FK}) reflektieren hierbei das Kreditprofil des Unternehmens bei vorher ermittelter Kapitalstruktur. Dieses Kreditprofil bestimmt sich beispielsweise aus den Faktoren Größe, Branche, Aussichten, zyklische Entwicklung, Kredit-Rating, Statistiken zu Krediten, Cashflow-Generierung, Finanzpolitik sowie der Akquisitionsstrategie (Rosenbaum und Pearl 2009). Während des Transaktionsvorgangs wird das Unternehmen nicht die angestrebte Kapitalstruktur aufweisen, so dass hier auf Vergleichsunternehmen zurückgegriffen werden muss.

Die Schätzung der Eigenkapitalkosten (k_{EK}), welche als jährliche erwartete Rendite (inklusive Dividende) der Eigenkapitalgeber zu verstehen sind, erfolgt auf der Grundlage des Capital Asset Pricing Models (CAPM). Das CAPM basiert auf der Annahme, dass Investoren für ihr besonderes systematisches Risiko in Form einer Risiko-Prämie oder dem Betrag der Marktrendite oberhalb der angegebenen risikofreien Rate kompensiert werden. Das systematische Risiko bezieht sich auf den allgemeinen Markt und ist daher auch als nicht-diversifizierbares Risiko bekannt. Der Level des systematischen Risikos eines Unternehmens hängt von der Kovarianz des Aktienpreises zum allgemeinen Marktportfolio ab. Dieses Maß wird als Beta (β) bezeichnet und an späterer Stelle erläutert. Die sich aus diesen Annahmen ergebene Formel zur Ermittlung der Eigenkapitalkosten ist infolgedessen:

$$k_{EK} = r_f + \beta_L(r_m - r_f).$$

Hierbei ist r_f die risikofreie Rendite, also jene Rendite, die bei der Investition in ein risikofreies Wertpapier erzielt wird, und r_m die Marktrendite.

Zur Berechnung des *levered Beta* (β_L) wird zuerst das Beta herangezogen, welches als unternehmensbezogener Risikofaktor über das Verhältnis aus Kovarianz der Aktienrendite des betrachteten Unternehmens r_i mit der Rendite des Marktportfolios r_m einerseits und der Varianz der Rendite des Marktportfolios r_m bzw. als Korrelationskoeffizient für die Rendite des Wertpapiers des betrachteten Unternehmens und des Marktportfolios andererseits definiert:

$$\beta = \frac{\text{Cov}(r_i, r_m)}{\text{Var}(r_m)}.$$

Die Ermittlung der Kovarianz stellt den Bewertenden vor ein empirisches Problem, wenn das zu bewertende Unternehmen nicht an der Börse notiert ist, so dass historische Beta-Werte berechnet werden müssen. In der Praxis wird allerdings häufig die Alternative eingeschlagen, dass auf ein branchengleiches, risikoäquivalentes Unternehmen zurückgegriffen wird, dessen Anteile an einer Börse gehandelt werden.

Das systematische Risiko, das der Beta-Faktor misst, setzt sich bei Fremdfinanzierung des zu bewertenden Unternehmens aus zwei Komponenten zusammen: Das *Operating Beta* misst das Geschäftsrisiko, das *Financial Beta* drückt das Kapitalstrukturrisiko aus. Da das Kapitalstrukturrisiko durch den Verschuldungsgrad beeinflusst wird, ist auch der Beta-Faktor (in seiner Gesamthöhe) vom Verschuldungsgrad abhängig.

Wird ein Unternehmen ausschließlich durch Eigenkapital finanziert, weist es folglich kein Kapitalstrukturrisiko auf. Der für dieses unverschuldete Unternehmen ermittelte Beta-Faktor wird auch als *unlevered Beta* bezeichnet und entspricht dem Operating Beta.

Das *Financial Beta*, das die Risiken repräsentiert, die sich aus einer Fremdfinanzierung ergeben, entspricht der Differenz zwischen den Beta-Faktoren des verschuldeten Unternehmens und des unverschuldeten Unternehmens. Der Beta-Faktor für das verschuldete Unternehmen wird auch als *levered Beta* bezeichnet.

Um nun den WACC berechnen zu können, ist der Beta-Faktor also von börsennotierten Peer-Unternehmen heranzuziehen, welche eine ähnliche Kapitalstruktur aufzuweisen vermögen. Um dabei die Effekte der unterschiedlichen Kapitalstrukturen zu neutralisieren, muss der Beta-Faktor um die Verschuldung der Peer-Unternehmen bereinigt werden. Die hierfür notwendige Formel lautet:

$$\beta_U = \frac{\beta_L}{\left(1 + \frac{FK}{EK}(1 - t)\right)}.$$

Aus den verschuldungsbereinigten Betas der Peer-Unternehmen wird dann das durchschnittliche β_U ermittelt, mit dem infolgedessen dann das *levered Beta* mit der Kapitalstruktur des Ziel-Unternehmens berechnet werden kann:

$$\beta_L = \beta_U \times \left(1 + \frac{FK}{EK} \times (1 - t)\right).$$

Die Marktrisiko-Prämie (MRP) ist die Differenz zwischen der erwarteten Marktrendite und der risikofreien Rate. Hierbei ist r_m die erwartete Marktrendite, so dass für die MRP $r_m - r_f$ gilt.

Nachdem so alle Formelkomponenten ermittelt worden sind, kann der WACC ausgerechnet werden.

$$WACC = (k_{FK}(1 - t))\frac{FK}{FK + EK} + k_{EK}\frac{EK}{FK + EK}.$$

Schritt 3: Berechnung des Residualwertes (terminal value) Es können führen hier zwei Berechnungsmethoden ausgeführt werden: (1) die *Exit Multiple Methode (EMM)* und die *Perpetuity Growth Methode (PGM)*. Abhängig von der Transaktionssituation und des Unternehmens wird der Bewertende eine oder beide Methoden verwenden.

Exit Multiple Method: Der Residualwert eines Unternehmens, welcher den übrigen Wert des produzierten Free Cashflows nach der projizierten Periode darstellt, wird innerhalb der EMM über den EBITDA (oder EBIT) zum Periodenende mit einem Multiplikator errechnet. Ein solcher Multiplikator wird häufig über die aktuellen Multiplikatoren des Handels der letzten zwölf Monate (Last Twelve Months – LTM) von vergleichbaren Unternehmen herangezogen. Hierbei ergibt sich ein Multiplikatoren-Bereich, der für die Berechnung in Frage kommt. Die Formel zur Berechnung des Residualwertes in der EMM mit n als Endjahr der projizierten Periode ist demzufolge:

$$Residualwert = EBITDA_n \times Exit\,Multiple.$$

Perpetuity Growth Method

Die PGM geht bei der Berechnung nicht vom EBITDA aus, sondern zieht den Free Cash Flow als Berechnungsgrundlage heran. Der FCF am Periodenende wird als ewige Rente zu einer bestimmt wachsenden Rate angesehen. Diese wachsende Rate wird üblicherweise auf der Basis der langfristigen industrieabhängigen Wachstumsrate ausgewählt. Bei dieser Methode fließt der vorher ermittelte WACC in die Berechnung mit ein:

$$Residualwert = \frac{FCF_n \times (1 + g)}{(r - g)}.$$

Hierbei stellt FCF den unlevered Free Cashflow dar, n beschreibt wieder das Endjahr der projizierten Periode. Die Variable g repräsentiert die Wachstumsrate der ewigen Rente und r entspricht hier den WACC.

An dieser Stelle ist anzumerken, dass meist beide Methoden durchgeführt werden, so dass eine Plausibilitätsprüfung erfolgen kann.

Schritt 4: Berechnung des Unternehmenswertes Als letzter Schritt des FCF-Ansatzes können nun alle ermittelten Komponenten zusammengetragen werden. Bei diesem Schritt werden nun die FCF und der Residualwert mit dem WACC diskontiert. Der Diskontierungsfaktor ist folglich:

$$\text{Diskontierungsfaktor} = \frac{1}{(1 + \text{WACC})^{(n-0,5)}}.$$

Der Unternehmenswert ist daraufhin wie folgt ermittelbar:

$$\text{UW} = \sum_{t=1}^{t=n} \frac{\text{FCF to Firm}_t}{(1 + \text{WACC})^t}.$$

Für eine Bewertung eines Zielunternehmens über eine projizierte Periode von 5 Jahren lautet die Berechnung:

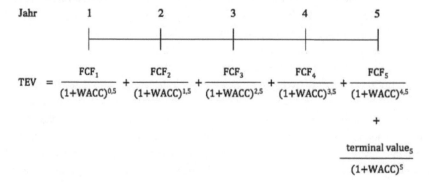

$$\text{TEV} = \frac{\text{FCF}_1}{(1+\text{WACC})^{0,5}} + \frac{\text{FCF}_2}{(1+\text{WACC})^{1,5}} + \frac{\text{FCF}_3}{(1+\text{WACC})^{2,5}} + \frac{\text{FCF}_4}{(1+\text{WACC})^{3,5}} + \frac{\text{FCF}_5}{(1+\text{WACC})^{4,5}}$$

$$+ \frac{\text{terminal value}_5}{(1+\text{WACC})^5}$$

Der Equity-Approach der DCF-Methode

Der Eigenkapitalwert wird durch die Diskontierung der *Flows to Equity* (FTE), deren Ermittlung an früherer Stelle erläutert worden sind, mit den Eigenkapitalkosten berechnet, d. h. die Kapitalverzinsung der Eigenkapitalgeber. Die hier anzuwendende Formel wäre dann:

$$\text{BW des EK} = \sum_{t=1}^{t=n} \frac{\text{FTE}_t}{(1 + k_e)^t}.$$

Hierbei ist FTE_t der erwartete Cashflow zum Eigenkapital in der Periode t und k wären wieder die Kosten des Eigenkapitals, die, wie vorher aufgezeigt, über den Einbezug des CAPM gewonnen werden.

Adjusted Present Value Method

Sowohl der FCF als auch der später erläuterte FTE sind gute Bewertungsmethoden, besonders wenn davon ausgegangen werden kann, dass die Kapitalstruktur des Zielunternehmens keinen großen Schwankungen unterliegen wird. Einige Akquisitionen werden jedoch keine stabile Kapitalstruktur vorweisen, so dass nach Petitt und Ferris (2013) eine alternative Methode für die Unternehmenswertermittlung in Frage kommt. Hierbei handelt es sich um die APV-Methode, welche eine stufenweise Ermittlung des Unternehmensgesamtwertes bietet, indem die Anteile an der Firma. Im ersten Schritt wird der Unternehmenswert bei fiktiver reiner Eigenfinanzierung ermittelt. Danach wird dieser Wert um den Wert der Steuervorteile bei anteiliger Fremdfinanzierung und den Wert einer optimalen Ausschüttungspolitik adjustiert. Weil die Zinsen einen steuerwirksamen Effekt haben, wird ein finanzieller Hebel zur Steigerung des Unternehmenswertes eingesetzt. Anschließend erfolgt auch hier der Abzug des Fremdkapitals um zum Wert des Eigenkapitals zu gelangen. Für das Verfahren sind drei Schritte notwendig: Zuerst erfolgt die Bewertung des Eigenkapitalanteils, gefolgt von der Zurechnung oder dem Abzug von Steuern die aus Fremdkapitalbewegung resultieren und der Zurechnung der erwarteten Konkurskosten. Die Berechnungsformel zum Unternehmenswert lautet hier:

$$\text{UW} = \text{Wert des unverschuldeten Unternehmens} + \text{BW der Steuervorteile}$$
$$+ \text{erwartete Konkurskosten.}$$

Tatsächlich kann dieser Ansatz verallgemeinert dazu in der Lage sein, dass die unterschiedlichen Cashflows auch zu unterschiedlichen Raten diskontiert werden. Häufig werden auch noch andere Finanzierungseffekte angesprochen, wie etwa Kosten aus finanziellen Notlagen, Subventionen, Absicherungen oder Emissionskosten. Meistens wird sich aber auf die Zinseffekte der Darlehen beschränkt.

Schritt 1: Wert der verschuldungsbereinigten Firma Die Schätzung des verschuldungsbereinigten Firmenwerts ist als erstes durchzuführen. Dies kann dadurch erreicht werden, indem davon ausgegangen wird, dass das Unternehmen keine Schulden hat, d. h. der erwartete FCF wird mit den Eigenkapitalkosten diskontiert. Die anzuwendende Formel ist:

$$\text{Wert des unverschuldeten Unternehmens} = \frac{\text{FCFF}_o(1 + g)}{\rho_u - g}.$$

FCFF_o ist dabei der aktuelle betriebliche Free Cash Flow nach Steuern, ρ_u sind die verschuldungsbereinigten Eigenkapitalkosten und g repräsentiert die zu erwartende Wachstumsrate. Um die verschuldungsbereinigten Eigenkapitalkosten ermitteln zu können, wird wieder das *unlevered Beta* herangezogen.

$$\beta_u = \frac{\beta_c}{1 + (1 - t) \times \frac{\text{FK}}{\text{EK}}}.$$

β_C entspricht hier dem aktuellen Beta-Faktor des Eigenkapitals, t ist der Steuersatz für das Unternehmen.

Schritt 2: Erwarteter Steuervorteil durch Darlehen Als nächstes hat die Kalkulation des erwarteten Steuervorteils aus den Darlehensbeständen zu erfolgen. Dieser Steuervorteil ist die Funktion des Steuersatzes und seiner Diskontierung mit den Fremdkapitalkosten, um das Risiko dieses Cashflows zu reflektieren. Zur Berechnung wird von dem marginalen Steuersatz des Unternehmens ausgegangen, welcher als konstant angesehen wird. Wenn die Steuerersparnisse als Zuwachs gesehen werden, dann lautet die Formel:

$$\text{Wert der Steuerersparnisse} = \frac{(\text{Steuersatz}) \times (\text{FK} - \text{Kosten}) \times (\text{FK})}{\text{FK} - \text{Kosten}}$$
$$= \text{Steuersatz} \times \text{FK} = t_r \times \text{FK}.$$

Wird davon ausgegangen, dass der Steuersatz nicht konstant bleibt, dann ist eine Berechnung trotzdem möglich, allerdings nicht mit der oben erwähnten Formel zum fortwährenden Wachstum.

Schritt 3: Schätzung der erwarteten Konkurskosten und des Nettoeffekts Zuletzt erfolgt die Einschätzung des vorliegenden Fremdkapitals auf das Kreditausfallrisiko und daraus resultierende Konkurskosten. In der Theorie bedarf dies der Wahrscheinlichkeit des Ausfalls mit dem zusätzlichen FK und den direkten und indirekten Insolvenzkosten. π_a stellt die Wahrscheinlichkeit des Ausfalls nach zusätzlichem FK dar und BC ist der Barwert der Konkurskosten, wodurch der Barwert der erwarteten Konkurskosten geschätzt werden kann:

$$\text{BW der erwarteten Konkurskosten} = \pi_a \times \text{BC}.$$

Dieser Schritt stellt jedoch den schwierigsten in dem APV-Ansatz dar, weil weder die Wahrscheinlichkeit der Insolvenz noch die damit verbundenen Kosten direkt geschätzt werden können.

5.3.4.5.5   Die Leveraged Buy-Out Analyse

Leveraged Buy-Outs (LBOs) stellen eine übliche Vorgehensweise beim Erwerb von Firmen dar (vgl. ausführlich Abschn. 2.2.3.3). Die ersten LBOs traten in den 1980er Jahren auf und erreichen seitdem eine immer höhere Relevanz (vgl. z. B. Kaplan und Strömberg 2009). Innerhalb dieser Methode wird über die Akquirierung eines hohen Fremdkapitalanteils die Finanzierung des Erwerbs ermöglicht. Durch die Änderung des Blickwinkels wird hier die Sicht eines „Sponsoren" eingenommen, welcher den restlichen Finanzierungsanteil durch Eigenkapital bereitstellt. Dieser Sponsor kann entweder eine Privatperson oder eine Firma (i. S. einer *Private Equity Firm*) sein. Innerhalb eines LBO finanziert also der Sponsor die Transaktion durch eine Kombination aus Fremd- und Eigenkapital, ähnlich einer Privatperson, die ein Haus kauft und einen Teil über die Hypothek finanziert. Und ebenso, wie die Hypothek über den Wert des Hauses abgesichert wird, wird ein Teil des aufgenommenen Darlehens über die Vermögenswerte des akquirierten Unternehmens abgesichert. Das Hauptinteresse des Sponsoren liegt beim LBO in der Erzielung einer annehmbaren Rendite aus dem investierten Kapital beim Austritt aus dem Unternehmen, klassischerweise durch Verkauf oder Börsengang (Initial Public Offering, IPO). Käufer (Sponsoren) gingen dabei üblicherweise von einer jährlichen Rendite von 20 %+ und einem Austrittszeitpunkt innerhalb von 5 Jahren (Rosenbaum und Pearl 2009). Kaplan und Strömberg (2009) haben in ihren empirischen Untersuchungen jedoch einen wesentlich späteren Austrittszeitpunkt feststellen können, welcher zwischen fünf und zehn Jahren liegt. In einem traditionellen LBO setzt sich die Kapitalstruktur aus 60 bis 70 % Fremdkapital und 30 bis 40 % Eigenkapital zusammen. Dem unverhältnismäßig hohen Anteil an Fremdkapitalfinanzierung wird durch den prognostizierten FCF und dem Vermögensstock gegengesteuert, so dass der Sponsor nur einen geringeren Eigenkapitalanteil beitragen kann. Durch den wirksamen Einsatz dieser Kapitalstruktur wird die Erzielung einer akzeptablen Rendite wichtig für den Sponsoren. Klassischerweise kommen so vor allem die Unternehmen zur Akquirierung in Frage, die einen stabilen und verlässlichen Cashflow aufzeigen und einen substanziellen Vermögensstock vorweisen können.

LBOs generieren Rendite durch die Verknüpfung von Darlehenstilgung und Zuwachs des Unternehmenswerts. In beiden Szenarien entsprechen die Renditen beiden im Nachgang erläuterten Renditeanalysen. Das Konzept, den *Leverage* für die Erhöhung der Renditen zu benutzen, ist maßgeblich für das Verständnis des LBO-Ansatzes. Angenommen es liegt ein fixer Unternehmenswert zum Austrittszeitpunkt vor, dann generiert die Aufnahme eines höheren Fremdkapitalanteils innerhalb der Finanzstruktur höhere Renditen. Ein höherer Anteil von Fremdkapital wiederum vergrößert durch die höheren Zinsen die Steuerabzugsmöglichkeit und schafft so zusätzlichen Gewinn (siehe auch Abb. 5.34).

Grundlegende Schritte und Funktion der einfachen LBO
Ein einfaches LBO-Modell ist prinzipiell in vielerlei Hinsicht ähnlich zu der DCF-Methode. Ausgehend von der Herangehensweise stimmt es bei der Ermittlung der Prognose-Berichte eines Zielunternehmens überein. Der Prognosezeitraum sollte nicht eher enden, als das vermutete Austrittsdatum aus dem Zielunternehmen bzw. der Zeitpunkt zu dem die volle Rückzahlung des aufgenommenen Kredites erwartet wird. Im Gegensatz zum DCF-Ansatz benötigt die LBO keinen verschuldungsbereinigten Cashflow, sondern zieht den internen Zinsfuß (*Internal Rate of Return* – IRR) heran (Damodaran 2012). Somit sind auch für die LBO-Methode verschiedene Schritte notwendig.

Schritt 1: Projektionen der relevanten Informationen Die LBO-Analyse folgt im ersten Vorgang der Prognose der Free Cashflows, genau wie bei der DCF-Methode (Damodaran 2012). Als nächstes ist die Feststellung zu treffen bezüglich der Höhe und Anteils des benötigten Fremdkapitals, das aufgenommen werden kann. Hierzu sollten die Prognose-berichte Zinsen und Fremdkapitalkosten berücksichtigen. Eine Grundvoraussetzung bleibt nämlich, dass das Unternehmen das Fremdkapital durch die Cashflows decken kann. Der

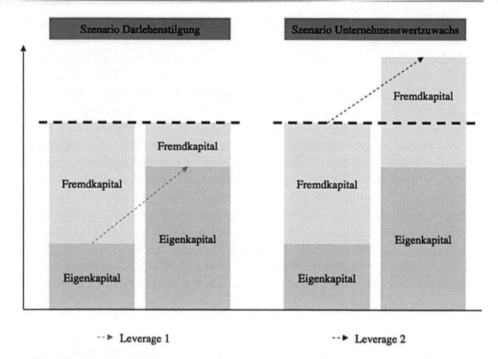

Abb. 5.34 Leverage-Effekt beim Leveraged Buy-Out. (Quelle: eigene Darstellung in Anlehnung an Rosenbaum und Pearl 2009, S. 173)

LBO-Ansatz hat dabei auch die Refinanzierung der bestehenden Verbindlichkeiten zu beachten (Rosenbaum und Pearl 2009).

Bei der Durchführung des Modells sollte eine Konsultation über die Finanzierungsannahmen erfolgen, welche aufgrund von beispielsweise Marktbedingungen, Branchencharakteristika oder unternehmensspezifische Aspekte. Typische Modellierungs-Parameter können demnach sein: Mindestzinsdeckung, Gesamtverbindlichkeiten/EBITDA, vorrangige Tilgung, Rückzahlung von Mezzaninverbindlichkeiten, Zinsrate der vorrangigen Schulden, untergeordnete Zinsrate, oder interne Verzinsung zum Austritt aus der Mezzaninfinanzierung

Wenn die Prognosen zum benötigten Fremdkapital feststehen, muss als nächstes auch die Schätzung des benötigten Eigenkapitals erfolgen. Dies benötigte Eigenkapital ergibt sich aus der Rechnung von Akquirierungskosten eines Unternehmens (inklusive der bestehenden Verbindlichkeiten) abzüglich der Fremdkapitalkapazität. Die Gesamtkosten der Akquisition summieren sich aus dem Kaufpreis und den Transaktionskosten, wobei die Höhe der Transaktionskosten nicht unterschätzt werden sollte – sie können häufig bis zu 3 % des Kaufpreises betragen.

Zuletzt erfolgt, wie Rosenbaum und Pearl zu diesem Schritt darstellen (2009) die Schätzung des Austrittspreises. Es wird angenommen, dass der typische Sponsor einen

Austritt nach 3–5 Jahren intendiert. Dementsprechend wird der derzeitige Unternehmenswert kritisch für den Sponsoren sein, so dass dieser üblicherweise über ein Vielfaches des zum Austrittzeitpunkt bestehenden EBIT oder EBITDA ermittelt werden sollte. Dieses sollte jedoch nicht höher sein, als der Sponsor bereit wäre zu zahlen. Zusätzlich sollte noch ein Nachlass in Höhe von 10–15 % gegeben werden, wenn ein Börsengang als wahrscheinliche Austrittsmöglichkeit in Betracht kommt.

Schritt 2: Renditeanalyse mit dem internen Zinsfuß Der interne Zinsfuß stellt die zentrale Rechengröße dar, über die ein Sponsor die Attraktivität eines potentiellen LBO als auch die Leistung der Investition misst. Genauer gesagt, misst der interne Zinsfuß die Gesamtrendite aus der Eigenkapitalinvestition eines Sponsoren unter Einbezug zusätzlichen beigesteuerten Eigenkapitals oder erhaltener Dividenden während des Investitionshorizonts. Der interne Zinsfuß ist definiert als die Diskontierungsrate, welche über den Investitionshorizont auf die Cashflows (Zu- und Abflüsse) des Sponsoren angewendet wird, um einen Nettobarwert (*Net Present Value* – NPV) von 0 zu erhalten. Die Methodik zur Berechnung des internen Zinsfußes ist relativ einfach. Weil der Kapitalwert den Wert null annehmen soll, wird dieser mit der Zahlungsreihe gleichgesetzt, in der die Rendite-Cashflows mit q^n dividiert werden, wobei gilt, dass $q = 1 + IRR$ ist und n das Jahr, in dem der Cashflow anfällt. Für ein LBO-Modell mit einem Investitionszeitraum von 5 Jahren sähe die Zahlungsreihe demnach aus wie in Abb. 5.35 dargestellt.

Durch Isolation von IRR ist der interne Zinsfuß ermittelbar. Ist dieser nun höher als die Kosten eines in Anspruch genommenen Kredites, so ist die Investition als vorteilhaft anzusehen. Während unterschiedliche Faktoren die Entscheidung eines Sponsoren beeinflussen, bleibt die Annahme eines akzeptablen IRR kritisch. Sponsoren streben üblicherweise eine höhere Rendite zu Investitionsalternativen an, wobei häufig von einer Schwelle von 20 %+ als traditionelle Daumenregel ausgegangen wird. Diese Schwelle schwankt jedoch in Abhängigkeit zu den Marktbedingungen, dem Investitionsrisiko und anderen situationsspezifischen Faktoren.

Nach Rosenbaum und Pearl (2009) sind die primären Einflussfaktoren des IRR unter anderem die projizierten Finanzergebnisse, der Kaufpreis, die Finanzierungsstruktur als

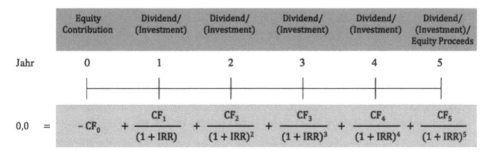

Abb. 5.35 LBO Kalkulation über 5 Jahre. (Quelle: eigene Darstellung)

auch der Exit-Multiplikator und Austrittszeitpunkt. Es kann angenommen werden, dass der Sponsor eine Minimierung des Kaufpreises und des Eigenkapitaleinsatzes sucht, während er ebenso der finanziellen Leistung des Zielunternehmens hohes Maß an Vertrauen entgegenbringt und die Möglichkeit zum Austritt mit einem ausreichenden Unternehmenswert bietet.

Schritt 3: Rendite-Analyse über den Zahlungsmittelrückfluss Zusätzlich zur Berechnungsmethode mit dem IRR betrachten Sponsoren auch ihre Rendite über die Multiplikator-Methode des Zahlungseinsatzes (*cash return*). Wenn beispielsweise der Sponsor 250 Mio. EUR an Eigenkapital bereitstellt und zum Austritt einen Eigenkapitalerlös von 750 Mio. EUR erhält, dann wäre die Zahlungsrendite 3.0x, angenommen dass keine zusätzlichen Investitionen oder Dividenden angefallen sind.

5.3.4.5.6 Die Real Options-Analyse

Verfolgte man die wissenschaftliche Diskussion Ende der 1990er Jahre, dann entstand der Eindruck, die Unternehmensbewertung stehe vor einem erneuten Paradigmen-Wechsel (vgl. hierzu für einen ausführlichen Überblick Copeland und Antikarov 2001 und einen aktuellen Einstieg in Ernst et al. 2004, S. 399 ff.). Festzustellen ist, dass gegenwärtig Optionspreismodelle überwiegend in spezifischen Situationen eingesetzt werden, jedoch bislang keineswegs die Standardinstrumente der Unternehmensbewertung verdrängt haben, sondern sich vielmehr zu belastbaren Spezialanwendungen entwickelt haben (vgl. auch die Ausführungen zu *Real Options* bei Strategischen Allianzen im Abschn. 4.5.1.3).

Ob und wie schnell sich die Optionspreistheorie bei der praktischen M&A-Bewertung etablieren wird, hängt insbesondere von zwei Faktoren ab: Erstens muss sich in Zukunft noch empirisch erweisen, inwieweit sich konzeptionelle Vorzüge von Optionspreismodellen gegenüber den DCF-Methoden behaupten, die zu substantiell anderen Einschätzungen führen können. Zweitens ist zu fragen, ob die Anwendung von Optionspreismodellen unter den spezifischen Rahmenbedingungen von M&A-Transaktionen praktisch möglich und vor allem auch für Praktiker mit einem vertretbaren Aufwand durchführbar ist. Für die Berechnung von Optionen werden in der Regel zwei Modelle herangezogen: (1) die so genannte *Binomial-Methode* und (2) das nobelpreisprämierte *lognormalverteilte Black-Scholes-Modell*.

Die potentiellen Vorteile von Optionspreismodellen gegenüber DCF-Modellen lassen sich entsprechend ihres Ursprungs in zwei Kategorien einteilen: Erstens, die Bestimmung von Unternehmenswerten bei Unsicherheit wird präzisiert. So können beispielsweise gesellschaftsrechtliche und steuerliche Normen genauer abgebildet werden, und auch die Flexibilität der Kapitalgeber und Manager in der Unternehmensführung wird erfassbar. Zweitens geht es bei M&A-Transaktionen um die wirtschaftliche Beurteilung von Strukturierungsalternativen bei der Formulierung von Übernahmeverträgen (beispielsweise *Rücktrittsoption*). Im Rahmen der DCF-Methoden werden, wie gezeigt, erwartete zukünftige Cash-flows mit den erwarteten Alternativrenditen (den Kapitalkosten) diskontiert. Die formale Bestimmung der Erwartungswerte erfordert die Modellierung von Umweltzuständen sowie die Zuordnung von Wahrscheinlichkeiten. Werden beispielsweise die unsicheren Cash Flows des nächsten Jahres jeweils mit einer Eintrittswahrscheinlichkeit von jeweils 1/3 zu 100, 50 und −30 (negativ) Geldeinheiten erwartet, beträgt der Erwartungswert der Cash Flows 40 Geldeinheiten. Vereinfachend wird bezüglich der Kapitalkosten meistens von einer „quasi-sicheren" Alternativrendite ausgegangen, die im Beispiel 10 % betragen soll. Liegt die dargestellte Struktur der Cash Flows nun nicht nur in der nächsten Periode, sondern unbegrenzt bis in alle Ewigkeit vor, beträgt der Unternehmenswert 400 (40 geteilt durch 0,1).

Optionspreismodelle erlauben die Berücksichtigung weiterer wesentlicher Faktoren, beispielsweise gesellschaftsrechtliche Unterschiede der Haftungsregelungen. Aufgrund der Haftungsbeschränkung und bei fehlender „Nachschusspflicht" finanzieller Ressourcen kann der Wert des Eigenkapitals nur positiv sein, und tatsächlich werden negative Aktienkurse nicht beobachtet. Erfolgt die Bewertung – wie im Rahmen der Ertragswert- und DCF-Methoden üblich – auf Basis der Erwartungswerte von Cash Flows und Alternativrenditen, werden Umweltzustände mit negativen Unternehmenswerten implizit eingeschlossen. Hinter der Aussage „Der Unternehmenswert beträgt 400" stehen die potentiellen Erwartungswerte von 1000, 500 und minus 300 Geldeinheiten. Letzterer würde aber niemals realisiert, so dass der Unternehmenswert deutlich über 400 liegen muss. Um wieviel er diesen Wert übersteigt, hängt von der *Liquidationsoption*, das heißt, dem Recht der Kapitalgeber auf Unternehmensauflösung und auch vom Kapitalkostensatz ab. Die Optionspreistheorie erklärt, wie dieser Kapitalkostensatz für die modifizierte Verteilung der *Cash Flows* zu bestimmen ist. Die Notwendigkeit zur Bestimmung von Erwartungswerten gekappter Verteilungen – sowie den dazu passenden Kapitalkosten – tritt in vielfältiger Weise auf: Dividenden können bei fehlenden Rücklagen nur aus positiven Jahresüberschüssen geleistet werden, Steuern werden auf Basis positiver Bemessungsgrundlagen ermittelt, Steuervorteile aus anteiliger Fremdfinanzierung lassen sich nur bei positiven operativen Ergebnissen realisieren.

Realwirtschaftliche Handlungsoptionen des Managements können ebenfalls zu einer Veränderung der *Cash Fow*-Verteilung führen. Hierzu gehört beispielsweise die Option, einen Geschäftsbereich zu veräußern, der nicht die Kapitalkosten verdient.

Beispiele für so genannte „Realoptionen" sind Abbruchoptionen, Verzögerungsoptionen, Einschränkungs- und Erweiterungsoptionen, Stufenoptionen oder Erforschungsoptionen (vgl. Ernst und Haley 2004; Ernst et al. 2004, S. 399–402). Darüber hinaus lassen sich die Optionen miteinander verknüpfen (so genannte *compound options*). In der Praxis wurden derartige Optionspreismodelle in verschiedenen Bereichen bereits mit Erfolg eingesetzt (vgl. Herden und Richter 2000):

- Bei der Bewertung von Handlungsalternativen bei der Erschließung von Reserven in rohstoffnahen Industrien: Überschreitet beispielsweise der Ölpreis eine kritische Grenze, lohnen sich weitere Explorations- oder Erschließungsvorhaben.
- Bei der Bewertung von mehrstufigen Investitionsentscheidungen, zum Beispiel erfolgt die Einführung eines pharmazeutischen Produktes häufig auf Basis eines Optionspreis-

modells, bei dem nach jedem Entscheidungspunkt über den Fortgang des Projektes der wirtschaftliche Erfolg überprüft wird.

- Bei der Bewertung schnell wachsender Unternehmen mit erheblichem „Upside-Potential" hat sich ein zweistufiges Verfahren bewährt, das von Goldman Sachs etwa im Rahmen der Bewertung von Internet-Finanzdienstleistern eingesetzt wurde. Dabei wurden die bereits bestehenden unternehmerischen Aktivitäten mit dem traditionellen DCF-Ansatz bewertet. Der Wert aus Erschließung neuer Geschäftsfelder wurde mit der Realoptionstechnik ermittelt.
- Bei latent insolventen Unternehmen ergeben sich Handlungsoptionen im Hinblick auf die Fortführung des Unternehmens. Übersteigt der Liquidationswert den Unternehmenswert bei Fortführung, werden die Kapitalgeber die Auflösung des Unternehmens fordern.

Generell gilt, dass der Wertunterschied zwischen DCF und Optionspreismodell um so höher ausfällt, je größer die Unsicherheit und je länger die Zeitspanne zur Ausübung der Optionen ist. Bei Verhandlungen werden oftmals spontane Zugeständnisse gemacht oder Gesamtpakete (Gewährleistung versus Kaufpreis) geschnürt. Diese Zugeständnisse werden meist intuitiv und ohne disziplinierte Analyse verhandelt. Optionspreismodelle offerieren einen systematischen Ansatz für rationale, quantitative Bewertungen von Vertragsklauseln. Mit ihnen lässt sich beispielsweise der Wert von Gewährleistungsgarantien beim Unternehmensverkauf, welche der Alteigentümer dem Käufer zugesteht, schätzen. Auch das Recht eines Teilhabers, ein Übernahmeangebot für das gemeinsam geführte Unternehmen abzugeben, welches von der anderen Partei entweder akzeptiert oder selbst wahrgenommen werden muss, hat ebenfalls Optionscharakter.

Ein weiteres Beispiel ist der Wert des Rechts auf Rücktritt vom Fusions-vorhaben, das als Abbruchoption interpretiert und quantifiziert werden kann – insbesondere auch vor dem Hintergrund der zum Teil horrenden *break fees*. Wachstumsoptionen spiegeln sich im Recht einer späteren Aufstockung von Anteilen zu heute bereits festgelegten Konditionen wider. Im anderen Fall ergibt sich eine Desinvestitionsoption, wenn Anteile eines Unternehmens in der Zukunft zu festgelegten Konditionen verkauft werden können.

Diese spezifischen Rechte und Risiken lassen sich mit Optionspreismodellen transparent bewerten und mit der Intuition abgleichen. Der aber noch weitgehende Verzicht auf die Anwendung von Optionspreismodellen in der Praxis wird meistens mit der hohen Komplexität der Modelle, Kommunikationsaufwand und Schwierigkeiten bei der Datenbeschaffung begründet. Dennoch nimmt das Interesse an diesen Modellen insbesondere jungen Universitätsabsolventen langsam zu. Optionspreismodelle sind komplexer als DCF-Modelle, der analytische Aufwand und damit die Anfälligkeit für Anwendungsfehler sind höher. Dies verdeutlichen die unterschiedlichen Lösungsprozeduren, die zur Bewertung von Optionen zur Verfügung stehen.

Ein Weg besteht in der Vereinfachung des Problems, so dass bereits bekannte Bewertungsformeln angewendet werden können. Beispielsweise kann das Modell von Black und

Scholes eingesetzt werden, um die beschränkte Haftung von Aktiengesellschaften grob zu bewerten.

Komplexere Optionen und *compounded options* lassen sich in den erwähnten Binominalmodellen abbilden. In einer Baumstruktur, die mit zunehmender Planungsdauer weitere mögliche Umweltzustände aufnimmt, werden Cash-flows, Alternativrenditen und Handlungsoptionen vollständig abgebildet. Mittels Optimierungsalgorithmen erfolgt dann die Berechnung der optimalen Ausübungsstrategie der Optionen.

Bereits die Anwendung des *Black-and-Scholes-Modells* erfordert den Umgang mit Exponentialfunktion und Normalverteilung. Die aufwendigeren Verfahren sind noch wenigen bekannt und der Aufwand zur erstmaligen Implementierung ist vergleichsweise hoch. Beide Aspekte wirken in Verhandlungen über M&A-Transaktionen kontraproduktiv. Die Verwendung von Bewertungsmethoden, die nicht dem Standard entsprechen, und die von der Gegenseite faktisch oder aus taktischen Gründen nicht „verstanden" werden, können die eigene Verhandlungsposition verschlechtern.

Auch werden M&A-Transaktionen regelmäßig unter großem Zeitdruck durchgeführt, so dass schnell verfügbare, robuste Methoden den Vorzug erhalten. Der Informationsbedarf von Optionspreismodellen liegt über demjenigen von DCF-Modellen. Die Unsicherheit von Cash flows und Alternativrenditen muss in Form von Verteilungen abgebildet werden. Verwendet man die Normalverteilung, ist neben dem Erwartungswert der Renditen deren Standardabweichung erforderlich.

Hinzu kommt, dass die Handlungsoptionen von Managern und Kapitalgebern quantitativ zu präzisieren sind. Konzeptionelle Vorteile allein, so überzeugend sie auch im Einzelfall sein mögen, werden den Optionspreismodellen nicht zum Durchbruch verhelfen, daran werden wohl wissenschaftliche Beweise und Nobelpreise nicht viel ändern. Etwa 20 Jahre hat der Übergang vom Substanzwert auf den Ertragswert, hingegen bislang zehn Jahre vom Ertragswert zum DCF gedauert. Die Diskussion um Optionspreismodelle in der Praxis hat gerade erst begonnen, so dass mittelfristig eine breitere Anwendung nicht ausgeschlossen werden kann.

5.3.4.5.7   Die Börsenwert-Analyse als Bewertungsgrundlage

Eine recht triviale Alternative für börsennotierte Unternehmen im Rahmen der Konzeptionen zur Unternehmensbewertung ist die Ermittlung des Börsenwertes. Hierbei werden die Aktien mit ihrem derzeitigen Kurs angesetzt. Problematisch kann die Marktperzeption des Kapitalmarktes sein. Es werden von Roberts (1967) und Fama (1970) in der so genannten Effizienzmarkttheorie drei Formen der Markteffizienz unterschieden:

Die erste Form liegt vor, wenn die Preise alle Informationen, die in den vergangenen Preisen enthalten sind, widerspiegeln. Roberts nannte sie die „*weak form*" der Effizienz. Die zweite Stufe der Effizienz liegt vor, wenn Preise nicht nur die vergangenen Preise, sondern auch alle anderen veröffentlichten Informationen widerspiegeln. Er nannte sie die „*semistrong form*". Die letzte Form wird als starke Form der Effizienz verstanden.

Die Preise spiegeln nicht nur die öffentlichen Informationen wider, sondern alle Informationen, die durch eine fundamentale Analyse der Unternehmung und der Wirtschaft erhalten werden können. Die Preise wären immer gerecht und kein Investor würde in der Lage sein, bessere *forecasts* der Aktienkurse zu besitzen als andere. Sie wird als *„strong form of efficiency"* bezeichnet. Die neoklassische Marktperzeption der vollständigen Information aller Akteure in ihren graduellen Abstufungen kann auch auf einem der sicherlich am effizientesten organisierten Märkte, wie dem der Börse, hinsichtlich der Unternehmensbewertung als zweifelhaft betrachtet werden. Dennoch werden in der Praxis derartige Deals über *tender offer* an die Alt-Aktionäre getätigt. Auch wenn dieses einfache Verfahren kritisch angesehen wird, werden die Aktionäre nicht unter dem derzeitigen Kurs verkaufen, so dass dies zumindest ein wesentlicher Referenzwert ist.

5.3.4.6   Die Relativen Bewertungsverfahren

Moxter (1983, S. 123) formulierte prägnant „bewerten heißt vergleichen". Das Vergleichen kann auf unterschiedliche Weise erfolgen. Die Vergleichsverfahren der relativen Bewertungsmodelle haben jedoch eines gemeinsam – sie basieren auf dem *„Gesetz des einheitlichen Preises" (law of one price – LOOP)*, welches besagt, dass gleiche Vermögensgegenstände aufgrund von Arbitragegründen zu gleichen Preisen gehandelt werden. Geschieht dies nicht, so kann eine risikofreie Prämie durch den Kauf von unterpreisten Vermögensteilen und dem späteren kurzfristigen höherpreisigen Verkauf erzielt werden. Deswegen geht es nicht darum, wie in den absoluten Modellen den grundsätzlichen Unternehmenswert zu finden und als fairen oder unfairen Wert zu determinieren, sondern vielmehr um den Vergleich mit Preisen von ähnlichen Beteiligungen und der Feststellung, ob dieser Wert unterbewertet, fair bewertet oder überbewertet ist.

> The intrinsic value of a company (a business or asset) cannot be calculated or estimated precisely. The value can be derived from a pricing of a comparable asset, standardized using a common variable such as earnings, cash-flows, book value or revenues. [...] A company is comparable to another company if the cash-flow structure, the growth and risk profile are comparable (Damodaran 1996, S. 13).

Petitt und Ferris (2013, S. 14) weisen zudem darauf hin, dass diese Methoden „einfach anzuwenden und zu verstehen sind" und dementsprechend schnell ein Ergebnis herbeiführen können, weil sie auf geeignete Multiplikatoren zurückgreifen. Das Ergebnis drückt entsprechend als Vielfaches das Verhältnis zwischen zwei bestimmten finanziellen Größen aus. Es ist aufgrund der Einfachheit der relativen Bewertung also auch nicht verwunderlich, dass ihre Anwendung weit verbreitet ist (Damodaran 2012).

Dennoch basieren die relativen Bewertungsmodelle ebenso auf den zukünftig zu erwartenden Cash Flows und Risikoprämien, wie die absoluten Modelle. Allerdings werden diese Cashflows nicht durch eine Prognose ermittelt, sondern durch den Vergleich mit ähnlichen Unternehmen oder Transaktionen herangezogen, die ähnliche Cashflow und Risikoprofile aufweisen. In der einfachsten Form gehen die relativen Modelle also davon aus, dass zwei identische Vermögensgegenstände in Bezug auf ihre Erträge und Risiken mit dem selben Wert bewertet werden sollen (Kumah et al. 2009).

5.3.4.6.1 Die Comparable Company Analysis

Die *Comparable Company Analysis (compco analysis)* ist jene, bei denen der Unternehmenswert aufgrund des Vergleichs mit anderen Unternehmen („Peer Group") abgeleitet wird. Maßgebliches Kriterium für die Auswahl solcher Unternehmen ist deren Unternehmensprofil, welches dem Zielunternehmen nahe kommt.

Auf die *compco analysis* wird häufig auch zurückgegriffen, wenn in der später erläuterten *Precedent Transaction Analyse* Informationen fehlen, die für den Bewertungsvorgang benötigt werden (Vault 2005). Dementsprechend zieht die *Comparable Company Methode* ausgewählte Geschäfts- und Marktstatistiken (Branche, Größe, Wachstum, Kapitalstruktur, Rechnungslegungsgrundsätze und Region) von börsennotierten Vergleichsunternehmen heran. Die *compco analysis* liefert einen Hinweis für die Bewertung des Zielunternehmens über den Sekundärmarkt in Relation zu bestimmten finanziellen Größen wie beispielsweise Umsatz, Gewinn oder Nettoinventar (Timmreck 2003). Theoretisch geht es also darum, dass ähnliche Unternehmen durch einen effizienten Markt auch ähnlich bewertet werden. Unternehmen mit höheren Erträgen und Erfolgsaussichten sollten daher überdurchschnittliche Marktbewertungen haben.

Durchführung der Comparable Company Analysis
Auch für den Multiplikatoransatz sind mehrere Schritte zur Unternehmenswertermittlung erforderlich. Die Methode wird hier über die Analyse des Zielobjektes und der Peer Group eingeleitet. Als weiterer Schritt wird dann über die Ermittlung der Multiplikatoren die Anforderung zur eigentlichen Wertermittlung geschaffen, welche insofern den letzten Teil dieses Verfahrens bildet.

1. Schritt: Analyse des Bewertungsobjekts und der Peer Group Zu Beginn der *compco analysis* ist eine eingehende betriebswirtschaftliche Analyse des zu bewertenden Zielobjektes durchzuführen. Die wesentlichen Werttreiber, auf welche hierbei geachtet wird, sind vorwiegend beispielsweise die Wachstumsrate der Umsätze, die operative Marge oder die Positionierung im ausschlaggebenden Markt.

Basierend auf den Daten des Bewertungsobjektes, wird darauf folgend die Suche nach vergleichbaren börsennotierten Unternehmen durchgeführt. Um einer Abhängigkeit der Bewertung von nur einzelnen Vergleichsunternehmen und damit einer Fehlanalyse vorzubeugen, wird in der Regel eine Vergleichsgruppe herangezogen. Bei der Bildung dieser Peer Group können aber auch alternativ Unternehmen einbezogen werden, welche hinsichtlich des Zielobjektes vergleichbar und Gegenstand jüngerer Transaktionen gewesen sind. Vergleichbar bedeutet hier, dass sie in etwa gleiche Cashflows generieren. Das Finden von vergleichbaren Unternehmen ist innerhalb dieses Verfahrens in vielen Fällen die wohl herausforderndste Aufgabe, weil sich tatsächlich die wenigsten Unternehmen exakt vergleichen. Üblicherweise sind diese Vergleichsunternehmen in der selben Branche angesiedelt.

Als letzter Vorgang dieser Analyse ist die Bereinigung der Finanzdaten durchzuführen. Diese ist essenziell um die Auswirkung individueller Sondereinflüsse auszuschließen und damit die Vergleichbarkeit von Zielunternehmen und Peer Group zu erhöhen. Auf diese Weise können Bewertungsverzerrungen durch außerordentliche Effekte, wie beispielsweise außerordentliche Erträge oder die unterschiedliche Ausübung von Bilanzierungswahlrechten, vermieden werden.

2. Schritt: Ermittlung von Multiplikatoren Nachdem die Informationen der Finanzdaten vorliegen, hat als zweiter Methodenschritt die Ableitung und Berechnung der Multiplikatoren zur weiteren Wertermittlung zu erfolgen. Anhand des Verhältnisses zwischen Marktbewertung zu operativen bzw. finanziellen Zahlen werden aktuelle Werte mit Erwartungsgrößen in Bezug gesetzt. Hierfür können einerseits Analysten-Schätzungen des IBES (*Institutional Brokers Estimate System*) und andererseits Bezugsgrößen wie z. B. Cashflow, Umsatz, EBITDA, EBIT oder der Jahresüberschuss herangezogen werden. Alternativ kommen aber auch solche Größen wie Kundenzahl oder Anzahl der Websiten-Clicks in Betracht, bei denen aber beachtet werden muss, dass Unterschiede der Kostenstrukturen oder Ertragskraft hier nicht berücksichtigt werden.

Bei den Multiplikatoren wird prinzipiell zwischen Equity- und Entity-Multiplikatoren differenziert. Die weitgenutzten Multiplikatoren enthalten im Zähler einen Messwert der Marktbewertung (Equity Value, Enterprise Value) und im Nenner einen universellen Messwert der finanziellen Ertragskraft (EBITDA, Net Income). Der Marktwert des Eigenkapitals ist demnach bei Equity-Multiplikatoren direkt aus dem Produkt des Multiplikators der Peer Group und der Bezugsgröße des zu bewertenden Zielobjektes ermittelbar, wie beispielsweise beim Kurs-Gewinn-Verhältnis (KGV, Price-Earning-Ratio – P/E-ratio) oder dem Kurs-Cashflow (to Equity)-Verhältnis (KCFV). Die Entity-Multiplikatoren, zu denen unter anderem das Enterprise Value-Umsatz-Verhältnis oder Enterprise Value-EBIT-Verhältnis gehören, beziehen sich hingegen auf den Marktwert des Gesamtkapitals (TEV).

Der für die Bewertung typische Equity-Multiplikator ist das KGV, welches einerseits durch die Division von aktuellem Aktienwert und des verwässerten Ergebnisses pro Aktie (diluted earnings per share – diluted EPS) oder andererseits über die Division von Eigenkapital mit dem Nettoeinkommens ermittelt werden kann:

$$P/E = \frac{\text{Share Price}}{\text{Diluted EPS}} \qquad P/E = \frac{\text{Equity Value}}{\text{Net Income}}.$$

Zur Ermittlung der Entity-Multiplikatoren werden gewöhnlich die Verhältnisse von Enterprise Value zu entweder dem EBITDA, dem EBIT oder dem Umsatz herangezogen. Wie bei dem KGV ziehen auch diese Multiplikatoren die Prognose zusätzlich zu LTM-Statistiken (Last Twelve Months) zur Durchführung der Bewertung heran. Der Multiplikator aus EV und EBITDA dient zur Bewertung in den meisten Sektoren, weil er unabhängig von Kapitalstruktur und Steuern ebenso wie Verzerrungen durch Wertminderung und Abschreibung ist:

$$\frac{\text{TEV}}{\text{EBITDA}}.$$

Dementsprechend wird der Multiplikator aus Enterprise Value zu EBIT weniger für die Unternehmensbewertung in Betracht gezogen. Er kann jedoch nützlich werden, wenn Werte zu Wertminderung und Abschreibung nicht verfügbar sind:

$$\frac{TEV}{EBIT}.$$

Zuletzt weisen Rosenbaum und Pearl (2009) auch noch auf den Multiplikator aus der Division von Enterprise Value und Umsatz hin. Der Umsatz bietet zwar die Möglichkeit die Größe des Unternehmens zu indizieren, vermag jedoch nicht notwendigerweise die Ertragskraft oder Generierung von Zahlungsströmen widerzuspiegeln. Dennoch kann dieser Multiplikator von Nutzen sein, wenn beispielsweise ein Unternehmen mit relativ junger Technologie zur Ermittlung herangezogen wird, welches meistens ein starkes Umsatzwachstum vorzuweisen, jedoch keine Profitabilität erreicht hat:

$$\frac{TEV}{Sales}.$$

Es gibt teilweise auch noch sektorspezifische Multiplikatoren, welche aber aufgrund ihrer Spezifität hier nicht weiter erläutert werden sollen. Als Beispiel soll hier allerdings der Telekommunikationssektor erwähnt werden, welcher als Multiplikator den Quotienten aus Enterprise Value mit beispielsweise der Anzahl der Anschlussleitungen oder der Faserkabellänge aufgreift.

3. Schritt: Benchmarking und Wertermittlung Im weiteren Verfahren führt der Bewertende einen Vergleich der Unternehmen in der Peer Group und des Zielunternehmens durch. Grund hierfür ist es herauszufinden, in welche relative Rangordnung und welchen Bewertungsbereich das Zielunternehmen zu den Peers eingeordnet werden kann. So werden im ersten Gang des Benchmarking durch den Vergleich der Finanzstatistiken und -kennzahlen die dichtesten Peers ermittelt. Infolgedessen können im zweiten Teil des Benchmarking die besten Peers bestimmt werden, indem hier die Multiplikatoren verglichen werden.

Anschließend dienen die Multiplikatoren der Peers als Grundlage der Bestimmung einer Bewertungsbreite. Dazu fängt der Bewertende gewöhnlich bei den Mittelwerten und Medianen des Sektors an, um einen vertretbaren Multiplikatorenbereich abzuleiten. Die durch das erste Benchmarking ermittelten Peers bieten hier die Orientierungshilfe. Daraufeolgend stellen zwei bis drei mit Bedacht ausgewählte Vergleichswerte die endgültige Grundlage für die Bewertung dar.

Zuletzt kann nun der Unternehmenswert des Zielobjektes berechnet werden, welcher als Verhandlungsbasis für die Transaktion dienen wird. Dafür wird das Maß des Zielunternehmens mit den unterschiedlichen Multiplikatoren multipliziert und man erhält den Bereich des implizierten Unternehmenswertes.

$$Implied\ TEV = Metric \times Multiple\ Range$$

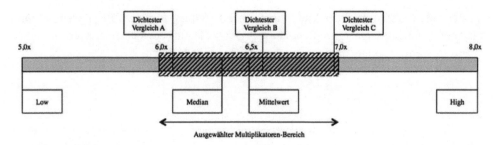

Abb. 5.36 Bestimmung des Multiplikatoren-Bereichs. (Quelle: eigene Darstellung in Anlehnung an Rosenbaum und Pearl 2009, S.49)

5.3.4.6.2   Die Precedent Transactions Analysis

Die *Precedent Transactions Analysis (transaction comps* oder *comptrans)* beruht auf der Annahme, dass bei vorherigen Transaktionen ein ähnlicher Preis wie für das jetzige Zielunternehmen bezahlt worden ist. Diese Methode wird auch als *Recent Acquisitions Method* oder *Merger Market Analysis* bezeichnet. Sie verwendet den selben Multiplikatorbasierten Ansatz wie die *Comparable Company Analysis* um einen vorausgesetzten Bewertungsbereich zu ermitteln. Der hier ermittelte Wert reflektiert jedoch nicht nur den Unternehmenswert, sondern beinhaltet bereits auch die zu zahlende Übernahmeprämie (Timmreck 2003). Dementsprechend stellt das Ergebnis hier am Ende nicht den Unternehmenswert dar, sondern direkt den möglichen Kaufpreis. Folglich bietet die *comptrans analysis* gegenüber der compco analysis später auch einen höheren Multiplikatorenbereich.

Rosenbaum und Pearl weisen darauf hin, dass die besten Vergleichstransaktionen gewöhnlich jene sind, bei denen die akquirierten Unternehmen eine große Ähnlichkeit zum Zielunternehmen aufweisen. Dieses Verfahren kann allerdings unter Umständen eine erhebliche Herausforderung darstellen, etwaige Informationen zu Kaufpreis und Bezugsgrößen gleichermaßen zu erhalten. Timmreck vermerkt, dass, wenn Informationen nicht verfügbar sind, auf Datenbanken wie beispielsweise die M&A Review von GENIOS zurückgegriffen werden muss. Zu beachten bleibt auf jeden Fall, dass die Transaktionen immer vergangenheitsbezogene Größen darstellen, die mehr oder weniger von den jeweiligen Interessen der teilhabenden Parteien geprägt sind. Daher ist anzunehmen, dass aktuellere Transaktionen eine höhere Relevanz haben werden, weil sie am ehesten unter den selben Marktbedingungen erfolgt sind. Dennoch können in bestimmten Fällen auch ferner zurückliegende Transaktionen zur Bewertung herangezogen werden, wenn sie unter gleichen Umständen (Geschäftsumfeld bzw. makroökonomische Gegebenheiten) auftraten, in denen sich das Zielunternehmen aktuell befindet.

Ablauf der Precedent Transactions Analysis

Im Wesentlichen entspricht der Vorgang der *comptrans analysis* in der Abfolge der *compco analysis*. Der Unterschied besteht hier darin, dass nicht auf den Wert von Vergleichsunternehmen für die Bewertung zurückgegriffen wird. Stattdessen bietet vielmehr der Preis für vergleichbare Transaktionen die Grundlage der Bewertung.

1. Schritt: Analyse des Bewertungsobjekts und Auswahl von Vergleichstransaktionen Die *comptrans analysis* setzt, ebenso wie die *compco analysis*, bei einer sorgfältigen betriebswirtschaftlichen Analyse des Bewertungsobjektes an. Dies benötigt häufig auch eine weitreichende Kenntnis bzw. ein gutes Verständnis des Zielunternehmens und dessen Branche. Hierfür kann es sehr hilfreich sein, sich bei erfahrenen Bewertern zu erkundigen. Mit dem dann folgenden Auswahlverfahren sollten möglichst viele Vergleichstransaktionen gefunden werden, deren Unternehmen als Gegenstand ein ähnliches Profil wie das Zielunternehmen aufweisen (z. B. in Bezug auf Größe, Umsatz oder Region). Unter anderem wird empfohlen M&A Datenbanken zu nutzen, wenn dies möglich ist.

Beim abschließenden Aufstellen einer Liste mit Vergleichstransaktionen sollten zwecks eines besseren Verständnisses der Transaktionen die jeweiligen Umstände und Zusatzinformationen wie beispielsweise die Marktbedingungen, Transaktionsdynamiken, Interessenslagen oder der Verkaufsprozess einbezogen werden. Hierbei sollte vor allem eine Filterung der relevanten Transaktionen auf Basis der Geschäftsstatistiken, der Größe und der Transaktionsart (öffentliche oder private Transaktion) durchgeführt werden.

2. Schritt: Ermittlung von Multiplikatoren Als nächstes ist es nun möglich Multiplikatoren zu finden. Diese Verhältnisraten werden nun darüber ermittelt, welcher Wert bei vorigen Transaktionen zustande kam und was der Kunde erwartet. Wie bei der Multiplikator-Methode der Vergleichsunternehmen besteht auch hier die Unterscheidung zwischen Multiplikatoren basierend auf Eigenkapital und auf Gesamtkapital. Zu den Bezugsgrößen geben beispielsweise Rosenbaum und Pearl an, dass sie auf den LTM Finanzstatistiken beruhen.

Beim Verfahren zur Ermittlung der eigenkapitalbasierten Multiplikatoren, ist zuforderst festzuhalten, dass mit Eigenkapital hier jenes gemeint ist, welches Gegenstand der Transaktionen ist. Der wesentliche Multiplikator für den Equity-Ansatz bildet ebenfalls das KGV, welches einerseits über die Division von Eigenkapital mit dem Nettoeinkommens oder als Quotient aus Eigenkapital und dem materiellen Eigenkapital der Stammaktionäre ermittelt werden kann:

$$\mathrm{P/E} = \frac{\text{Equity Value}}{\text{(LTM) Net Income}} \qquad \mathrm{P/E} = \frac{\text{Equity Value}}{\text{(LTM) Tangible Ordinary Shareholders Equity}}.$$

Darüber hinaus geben Rosenbaum und Pearl als möglichen Multiplikator auch den über den verwässerten Aktienergebnisses an:

$$\mathrm{P/E} = \frac{\text{Offer Price per Share}}{\text{(LTM) Diluted EPS}}.$$

Entity-Multiplikatoren werden mit Geschäftsstatistiken ermittelt, welche nicht durch die Kapitalstrukturentscheidungen beeinflusst werden. Somit entsprechen diese Multiplikatoren denen der *Comparable Company Analysis*:

$$\frac{TEV}{(LTM)\ Sales} \qquad \frac{TEV}{(LTM)\ EBITDA} \qquad \frac{TEV}{(LTM)\ EBIT}.$$

Auch bei diesem Verfahren sollte darauf geachtet werden, ob es noch sektorspezifische Multiplikatoren gibt. So kann beispielsweise der Elektrizitätssektor die Kilowattstunden als Bezugsgröße heranziehen.

3. Schritt: Benchmarking und Wertermittlung Nachfolgend wird nun ein Benchmarking in gleicher Weise wie bei der *compco analysis* durchgeführt. So geht es auch hier darum, die vergleichbarsten Transaktionen herauszufinden. Dies geschieht dadurch, dass jede Vergleichstransaktion noch einmal untersucht wird. Neben den üblichen Geschäftsstatistiken sind auch hierbei die Marktbedingungen und Transaktionsdynamiken mit einzubeziehen. Zuletzt wird daraufhin auch der Multiplikatorenbereich ausgehend von Mittelwerten und Medianen ermittelt. Ist dieser festgelegt, kann als letzter Schritt dann die Wertermittlung wie beim *Comparable Company Ansatz* erfolgen.

5.3.4.7 Unterschiedliche Betrachtung aus der Perspektive des Käufers und des Verkäufers

Anhand der gezeigten Verfahren der Unternehmenwerte und somit der unterschiedlichen potentiellen Preise wird verständlich, dass zwischen Käufer und Verkäufer unterschiedliche Präferenzen hinsichtlich der Methodik bestehen. Für die Bewertung werden interessengeleitet häufig vollkommen unterschiedliche Schwerpunkte gesetzt. Dies wäre beispielsweise anhand der Bewertung von Synergien (vgl. Abschn. 3.4.1) festzumachen: Ist der Käufer nicht daran interessiert, die potentiellen Synergien gleich im Kaufpreis zu berücksichtigen, liegt dem Verkäufer viel daran die Synergiewirkungen der Akquisition zu analysieren. Insgesamt kann man die unterschiedliche Herangehensweise mit der Vornahme einer Schwachstellenanalyse auf der Käuferseite und der Vornahme einer Stärkenanalyse auf der Verkäuferseite umreißen (vgl. dazu ausführlich Koch 1990). Wie in der neueren Mikroökonomie beschrieben, führt weiterhin die systematisch vorherrschende Informationsasymmetrie zu Lasten des Käufers in der Regel zu Preisabschlägen, die allenfalls mit der problembehafteten Methode des realisierten Ertragswertes gemildert werden können. Weiterhin erfolgt eine Benachteiligung der Verkäufer durch die „verkäuferunfreundliche Praxis der Unternehmensbewertung" mit „objektivierten", also eher am Substanzwert orientierten Preisvorstellungen (vgl. Schildbach 1995, S. 621 f.). Trotz dieser scheinbar deutlich schlechteren Position des Verkäufers werden häufig zu hohe Kaufpreiszahlungen als Ursache für das Scheitern von Unternehmensakquisitionen angeführt (vgl. die Untersuchungen im Abb. 5.52). Hierbei sollte dennoch stärker differenziert werden, da der Kaufpreis häufig ohne Berücksichtigung der erheblichen Integrationskosten aber unter Bezugnahme auf zu realisierende Synergiepotentialen ermittelt wird.

5.3.4.8 Empirische Analysen über den Zusammenhang des Bewertungsverfahrens mit dem Akquisitionserfolg

Es gibt bislang keine umfangreicheren empirischen Analysen über die Korrelation von der Wahl einer Unternehmensbewertungsmethodik und dem Erfolg einer Akquisition in der Literatur. Bamberger hat in einer derartig ausgerichteten Untersuchung den Zusammenhang des Einflusses des Ertragswertes einerseits und dem Substanzwert andererseits mit dem Akquisitionserfolg anhand von 84 Fällen zu analysieren versucht (vgl. Bamberger 1994, S. 281). Der Erfolgsbegriff wird mitunter recht unterschiedlich definiert, dennoch kann neben der strategischen Zielerreichung vor allem die wertschaffende Wirkung der Akquisition als ein übergeordnetes Ziel angenommen werden. In diesem Zusammenhang soll zunächst auf die empirische Unterstützung der Ertragswertermittlung hingewiesen werden, die eine leicht positive Korrelation von Akquisitionserfolg und Unternehmensbewertungen unter Verwendung des Ertragswertverfahrens belegt. Der Anteil der erfolgreichen Akquisitionen war zwar nur geringfügig höher (12 Prozentpunkte) gegenüber denen, bei denen der Ertragswert keinen entscheidenden Einfluss besaß, doch lässt sich eine Unterstützung im umgekehrten Fall feststellen: Die Erfolgsquote von Akquisitionen bei denen der Substanzwert keinen Einfluss hat, ist (nahezu signifikant) höher als bei den Akquisitionen, die den Substanzwert zur Unternehmensbewertung heranziehen (23 Prozentpunkte). Es wäre für den letzten Fall anzunehmen, dass die Erfolgsquote deswegen niedriger ist, da der Substanzwert insbesondere dann bedeutsam wird, wenn der Ertragswert darunter liegt und somit für einen ungesunden Zustand des Unternehmens spricht. Aber diese Hypothese bestätigte sich allerdings in der empirischen Analyse nicht (vgl. Bamberger 1994, S. 286).

5.3.5 Vertragliche Phase

Die Beschreibung der die Transaktionsphase abschließenden vertraglichen Verhandlungsphase beginnt zunächst mit dem Vorvertrag – als Ergebnis der vorvertraglichen Verhandlungsphase (siehe zu den Elementen Abb. 5.37). Der Kaufvertrag nebst Garantien und Zusicherungen wird im Weiteren besprochen. Den Abschluss stellt das so genannte *Closing* als Übergabestichtag dar.

5.3.5.1 Der Vorvertrag

„Der Vorvertrag begründet eine Verpflichtung zum Abschluss des Hauptvertrages, der unter Umständen deswegen noch nicht vereinbart werden kann, weil bestimmte, von den Parteien als klärungsbedürftig angesehene Punkte noch offen sind" (Picot 1998, S. 32). Der Vorvertrag kann daher im Gegensatz zum *Letter of Intent* und dem *Memorandum of Understanding* aufgrund einer wesentlich stärkeren Präzisierung und Bestimmtheit nach BGH-Urteilen bereits einen möglichen Schadensersatzanspruch wegen Nichterfüllung des nicht abgeschlossenen Hauptvertrages begründen, wenn sich aus einem Vorvertrag alle relevanten Vertragselemente richterlich bestimmen bzw. erschließen lassen.

- **Präliminarien:** 1. Vertragsparteien; 2. Voraussetzungen für den Verkauf: a) Verständigung über den Abschluss eines endgültigen Vertrages und b) Beschaffung aller erforderlichen Genehmigungen von den Regierungsbehörden und anderen Stellen; 3. Genaue Spezifizierung der Anteile bzw. der Gegenstände und Rechte, die übergeben werden sollen.

- **Vertragsinhalt:** 1. Übertragung aller Anteile etc. auf den Käufer; 2. Kaufpreis (Höhe, Zahlung nach Abschluss, Bezahlung bar, in Aktien, Wandelschuldverschreibungen oder Schuldverschreibungen).

- **Vereinbarungen zwischen Käufer und Verkäufer über Bedingungen, die im endgültigen Vertrag enthalten sein müssen:** 1. Gewährleistungen hinsichtlich der Jahresabschlüsse; 2. Finanzieller Stand, Steuern und sonstige Verbindlichkeiten, Einbringlichkeit der Außenstände; 3. Nachweis des Eigentums an Grundstücken und beweglichem Vermögen; 4. Angaben über etwaige Warenzeichen und sonstige gewerbliche Schutzrechte; 5. Übertragbarkeit aller Verträge; 6. Übliche Wettbewerbsverbotsklausel für die Verkäufer für die Zeit nach dem Ausscheiden.

- **Vereinbarungen zwischen Käufer und Verkäufer über Transaktionen**, die bis zum Zeitpunkt des endgültigen Vertragsabschlusses durchgeführt sein müssen: 1. Übertragung von Grundbesitz, der im Eigentum des Verkäufers ist; 2. Fortführung des Unternehmens im ordnungsgemäßen Geschäftsverlauf in der bisherigen Weise; 3. Vorschriften über eventuelle Entnahmen; 4. Übergabe von Unterlagen über Grundbesitz, Verträge (Personal, Berater, Gesellschafter etc.), Vollmachten, rückständige Steuern etc.

- **Vereinbarungen über den Abschluss des endgültigen Vertrages:** 1. Vereinbarung über den Zeitraum; 2. Voraussetzungen: Zustimmung: Käufer, Verkäufer, Aufsichtsräte; Bestätigungen: Wirtschaftsprüfer; keine negative Geschäftsentwicklung; keine gesetzlichen Beschränkungen.

Abb. 5.37 Wesentliche Elemente des Vorvertrages. (Quelle: Darstellung nach Jung 1983, S. 337–338)

5.3.5.2 Der Kaufvertrag: das Signing

Während die vorvertragliche Phase üblicherweise ausführlich beschrieben wird, sind Beiträge über die Vertragsgestaltung im Wesentlichen nur in wirtschaftsjuristischen Veröffentlichungen zu finden. Da die Unternehmensakquisition – wie auch in der rechtlichen *Due Diligence* gezeigt – eine Vielzahl von Rechtsgebieten berührt (vgl. zu den einzelnen Rechtsgebieten des Unternehmenskaufes Picot 1998, 2012), lässt sich ähnlich der amerikanischen Praxis eine deutliche Detaillierung der Vertragstexte auch in Deutschland erkennen. Überraschungen und voraussehbare Risiken müssen durch Zusicherungen und Garantien bzw. entsprechende Verzichtsvereinbarungen möglichst eindeutig auf die Vertragspartner verteilt werden. Für die Wirksamkeit bestehen je nach Erwerbsweg unterschiedliche Formerfordernisse an den Vertrag: Während beim *Asset Deal* im Wesentlichen nur bei Erwerb von Grundstücken und Erbbaurechten nach § 313 BGB eine notarielle Beurkundung erforderlich ist, sind beim *Share Deal* im Fall von Verpflichtungen zur Abtretung und bei der Abtretung von Geschäftsanteilen einer GmbH nach § 15 IV Satz 1 und III GmbHG notarielle Beurkundungen im In- oder Ausland notwendig.

Beim *Asset Deal* als Kauf einzelner Wirtschaftsgüter begründet der Vertrag gemäß § 433 Abs. 1 BGB die Pflicht des Verkäufers, dem Käufer die Sache zu übergeben und ihm das Eigentum an der Sache zu verschaffen. Während der schuldrechtliche Unternehmenskaufvertrag auf das Unternehmen als Sach- und Rechtsgesamtheit bezogen ist, wird bei der sachrechtlichen Vereinbarung das Unternehmen nicht Gegenstand des Übertragungsvorgangs und bedarf nach dem *Grundsatz der Bestimmtheit* einer konkreten Bestimmung der nicht bilanziell aufgenommenen Vermögensgegenstände wie die Immaterialgüterrechte, gewerbliche Schutzrechte, Marken, Software etc. (vgl. Picot 1998, S. 39). Aufgrund der nicht unerheblichen Schwankungen des Unternehmenswertes im Verlauf der Verhandlung ist es wichtig, den Übergangsstichtag explizit in den Vertrag aufzunehmen. An diesem Stichtag gehen der Besitz, die Nutzung und die Gefahr der zu übertragenden Gegenstände auf den Käufer über. Auch die vertraglichen Garantien oder Gewährleistungszusagen sind auf diesen Stichtag zu beziehen (vgl. ebd., S. 48). Fragen der Vereinbarung der Nichtauflösung stiller Reserven bis zum Übernahmestichtag und die Konsultation des Käufers bei größeren Investitionen sollte ebenfalls aufgenommen werden.

Beim *Share Deal* hingegen erfolgt der Unternehmenskauf bei Kapitalgesellschaften durch Übertragung der Gesellschafterbeteiligungen vom Rechtsträger auf den Käufer im Verständnis eines Rechtskaufes. Ein Sachkauf liegt im Fall der Verbriefung des Mitgliedschaftsrechtes durch ein Wertpapier vor. Ansonsten erfolgt die Übertragung gemäß § 413 BGB in Verbindung mit § 398 BGB durch Abtretung. Zusammenfassend werden im Vertrag über die bereits im Vorvertrag geregelten Aspekte hinaus Angaben und Zusicherungen des Verkäufers über zu bestimmende Tatbestände gemacht (spezifiziert aus der Due Diligence), um Haftungsansprüche durch den Käufer geltend machen zu können. Weiterhin sind eine Vollständigkeitserklärung des Verkäufers hinsichtlich der geprüften Abschlüsse, Mitwirkungsregelungen des Verkäufers bis zur Durchführung des Kaufvertrages sowie Haftungsregelungen und sonstige Pflichten des Verkäufers aufzunehmen. Weitere Punkte bezüglich der Rücktrittsvereinbarungen, eventueller Änderungen und Ergänzungen des Vertrages sowie – soweit nicht durch den Kaufpreis geklärt – die Kostenaufteilung des Vertrages (Notare, Anwälte, Wirtschaftsprüfer, Makler, Verwaltungsgebühren, Grunderwerbssteuer etc.) sind ebenfalls zu fixieren (vgl. zu den Vertragselementen Jung 1983, S. 339–355; Humpert 1985; Rädler und Pöllath 1982, S. 261–262 und Abb. 5.38).

5.3.5.3 Zusicherungen und Garantien (Warranties and Guaranties)

Die bestehende Rechtsunsicherheit bei der gesetzlichen Sachmängelhaftung bei Unternehmenskäufen in der Praxis macht es erforderlich, dass die Vertragspartner die Grundlagen und Folgen der Mängelhaftung detailliert im Unternehmenskaufvertrag regeln. Dies kann beispielsweise über Zusicherungen von Eigenschaften erfolgen: „Eine zusicherungsfähige Eigenschaft im Sinne des § 459 Abs. 2 BGB ist jedes dem Kaufgegenstand auf gewisse Dauer anhaftende Merkmal, das für den Gebrauch oder aus sonstigen Gründen für den Käufer erheblich ist." (Picot 1998, S. 56 und Abb. 5.38) Diese vom Verkäufer zu übernehmenden Gewährleistungspflichten bilden daher den Hauptteil des Kaufvertrages. Dabei ist die Ertrags*fähigkeit* Gegenstand einer Zusicherung, wobei der Verkäufer klarlegen muss, unter welchen Voraussetzungen die zukünftigen Umsätze und Erträge zu erzielen sind. Umsatz- und Ertragsangaben hingegen werden in der Rechtssprechung nicht anerkannt (vgl. ebd.). Andere Beispiele für die Zusicherung sind der Bestand des Grundeigentums und der Ruf eines Betriebes. Die Zusicherungen werden dabei umso umfangreicher ausfallen, je weniger intensiv die *Due Diligence-Prozesse* durchgeführt worden sind.

Als ein weiteres Instrument werden vielfach Vereinbarungen selbständiger Garantieversprechungen gemäß § 305 BGB verwendet. Dabei muss der Verkäufer über die gesetzliche Gewährleistung hinaus verschuldensunabhängig für das Vorliegen oder den Mangel

- Sämtliche (bekannten) Risiken sind durch entsprechende Rückstellungen berücksichtigt, wobei Passivierungswahlrechte auszunutzen sind.
- Pensionsrückstellungen sind unter Beachtung der steuerlichen Möglichkeiten dotiert.
- Die benutzten Vermögensgegenstände stehen im Eigentum der jeweiligen Gesellschaft.
- Es wird nicht in Rechte Dritter eingegriffen (Patente, Lizenzen).
- Es bestehen keine behördlichen Auflagen (hinsichtlich der Betriebsstätten und der erzeugten Produkte).
- Erfüllung von Kundenauflagen (Produkte, Produktion).
- Die Geschäfte werden bis zum Eigentumsübergang mit der Sorgfalt eines ordentlichen Kaufmanns geführt.
- Die Unterlagen, die bisher im Laufe der Verhandlungen übergeben wurden, sind korrekt und geben die wirtschaftliche Situation des Unternehmens wieder.

Abb. 5.38 Sinnvolle Zusicherungen vom Verkäufer. (Quelle: Auflistung nach Humpert 1985)

bestimmter Umstände einstehen. Diese Garantieversprechungen müssen zur Wirksamkeit explizit in den Vertrag aufgenommen werden. Unter Garantien sind demzufolge vertragliche Regelungen zu verstehen, nach denen der Verkäufer insbesondere die Richtigkeit bestimmter Werte der Bilanz oder des Ergebnisses garantiert. Die Bedeutung solcher Garantien ist bei einer Vertragsformulierung bzw. dem Abschluss auf der Basis von vorläufigen Daten nicht zu unterschätzen, zumal wenn im Anschluss keine *Post Acquisition Due Diligence* durchgeführt werden soll.

Funk unterscheidet Garantien nach Art und Umfang in Bilanz- und Ergebnisgarantien: „Bilanzgarantien im weiten Sinne dienen der Absicherung der Substanz bzw. einzelner Vermögensgegenstände (einschließlich immaterieller Vermögensgegenstände), wohingegen Ergebnisgarantien die Ertragskraft der Gesellschaft absichern sollen" (Funk 1995, S. 511). Die Absicherungen durch Garantien wirken kaufpreiserhöhend, da die Unsicherheit eliminiert wurde (Einzelheiten zur Absicherung von Käufern und Verkäufern und deren Rechtsfolgen Semler 1989; Picot 1998, S. 65 f.). Die Frage der Beweislast bedarf ebenfalls einer vertraglichen Klärung. Die Regelung der *Verjährungsfristen* beim Unternehmenskauf erfolgt analog der Verjährungsfristen für den Kauf beweglicher Sachen durch § 477 BGB. Danach gilt eine ab dem Zeitpunkt des Übergangs laufende sechsmonatige Verjährungsfrist, sofern der Verkäufer den Mangel nicht arglistig verschwiegen hat. Diese gilt nach der Rechtssprechung auch für zum Unternehmen gehörende Grundstücke (vgl. Picot 1998, S. 64). Die Ansprüche aus *culpa in contrahendo* (vgl. Abschn. 5.3.3.1) hingegen unterliegen der 30-jährigen Verjährung gemäß § 195 BGB, wenn sie ihre Grundlage nicht in Sachmängeln haben. Die Verjährung kann aber anders lautend in den Verträgen vereinbart werden.

Die Rechtsfolgen und die Haftungshöhe bei Verletzungen der vertraglich vereinbarten Garantien sind in der Rechtssprechung an internationale Standards angepasst worden. So wird die Rückabwicklung des Vertrages ausgeschlossen und lediglich durch Schadensersatzregelungen gehandhabt. Auch bei der Höhe ist eine Beschränkung auf einen bestimmten Prozentsatz übliche Rechtspraxis.

5.3.5.4 Der Übergang: das Closing

Die allgemeine Trennung schuldrechtlicher Verpflichtungsgeschäften und dinglicher Übertragungen unterscheidet beim Unternehmenskauf das *Signing* der Verträge vor dem *Closing* als Übergang der Leitungsgewalt und der unternehmerischen Verantwortung zur genauen Geschäfts- bzw. Gewinnzurechnung der einzelnen Parteien. Der aus der anglo-amerikanischen Vertragspraxis kommende Begriff des *Closings* wird in Deutschland noch uneinheitlich verwendet. Dabei kann das *Closing* als Übergangsstichtag im Sinne eines in der Regel nach dem Vertragsabschluss liegenden „Abwicklungs- und Zäsurpunkt" verstanden werden (vgl. auch Beisel und Klumpp 1996, S. 139 f.; Hölters 1996, S. 34 f.; Picot 1998, S. 100 f.).

Darüber hinaus besteht auch das Verständnis des *Closings* als zusammenfassende Umschreibung der an diesem Tag vorzunehmenden Rechtshandlungen. Darunter fallen Übergaben (Besitzwechsel), Übertragungen (Eigentumserwerb), Zug-um-Zug-Abwicklungen, Übergaben von Bürgschaftserklärungen, Feststellungen von Zwischenprüfungen und Bilanzen, zeitliche Begrenzungen von Rücktrittsmöglichkeiten und nicht zuletzt die Kaufpreiszahlungen (vgl. z. B. Holzapfel und Pöllath 1994). Damit werden die Vorziehung und die Komplexitätsentlastung der Vertragsunterzeichnung möglich. In der Phase zwischen dem *Signing* der Verträge und dem *Closing* werden die im Vertrag aufgenommenen Klärungsbedarfe, neben ausstehenden kartellrechtliche Genehmigungen vor allem so genannte *subjects to satisfying due diligence procedures,* in einer *post acquisition due diligence* bearbeitet. Daraus ergeben sich häufig Kaufpreiskorrekturen. Das Closing bekommt seine Bedeutung insbesondere bei *Asset Deals* und bei Transaktionen mit amerikanischer Beteiligung. Da durch den Übergangsstichtag sämtliche Risiken und Nutzungsmöglichkeiten auf den Käufer übergehen, ist es empfehlenswert, genau festzulegen, wann (d. h. auch zu welchem Tageszeitpunkt) der Übergang erfolgt (Beisel und Klumpp 1996, S. 139). Aus steuerlichen und bilanztechnischen Gründen wird als Übergabestichtag das Ende des Geschäftsjahres empfohlen.

5.4 Vernetzungsphase

Der Integration von Akquisitionsobjekten kommt entscheidende Bedeutung für den Akquisitionserfolg zu. Untersuchungen über das Scheitern von Akquisitionen belegen als Ursache vielfach schlechtes Integrationsmanagement (vgl. Abschn. 5.5). Wurden bei der Formulierung der Akquisitionsstrategie Wertsteigerungspotentiale und die Realisierung von externem Wachstum aufgenommen und bei der Kaufpreisermittlung entsprechende Synergien angerechnet, werden diese Ziele systematisch erst in der Integrationsphase nachhaltig realisiert.

Deswegen erscheinen zwei Punkte auffällig: Zum einen überrascht, dass der Phase der Integration in den meisten Beiträgen zu Unternehmenskäufen eine nur sehr untergeordnete Rolle zukommt. Zum anderen ist die üblicherweise gewählte Darstellung der Integration die eines Prozesses, der nach dem Closing einsetzt und sich im Wesentlichen auf die Wahl der Integrationsform beschränkt. Auch hier wurde der Phasenlogik folgend der Aspekt der Integration an das Ende gestellt, obwohl sie hier als eine begleitende Querschnittsaufgabe durch die drei genannten Phasen verstanden wird. Diesem Aspekt wird im Punkt der *Integrationsplanung* Rechnung getragen. Der folgende Abschnitt wird zunächst einen Integrationsbegriff entwickeln. Es folgen die Aspekte des Integrationsmanagements mit der Planung und Organisation der Integration. Die Wahl der Integrationsform und die Zielebenen der Integration stehen in den weiteren Punkten dieses Abschnittes zur Diskussion. Abschließend wird das so genannte *Post Merger Audit* und die Kontrolle des Integrationserfolges besprochen.

5.4.1 Integrationsbegriff

Der Begriff der Integration lässt sich in erster Näherung etymologisch aus dem Lateinischen als *integer* (ganz, unversehrt, vollständig), *integratio* (Wiederherstellung eines Ganzen) oder *integrare* (vervollständigen) herleiten (vgl. Lehmann 1980, S. 976). In der betriebswirtschaftlichen Literatur sind die Integrationsbegriffe üblicherweise in der gleichen Logik der Akteursasymmetrie beim Integrationsprozess, der Integrationsmittel, der Integrationsobjekte und des Integrationsziels konstruiert (vgl. hierzu Gerpott 1993a, S. 116). Gerpott bietet nach der Analyse von Integrationsbegriffen folgende Fassung an: Integration ist „der hauptsächlich vom erwerbenden Unternehmen (= *Integrationsinitiator*) vorangetriebene evolutionäre Prozess, in dem primär über Interaktionen (= *Integrationsmittel*) der Mitarbeiter des Akquisitionssubjektes und -objektes immaterielle Fähigkeiten/Knowhow bei beiden Unternehmen beeinflusst und zwischen ihnen übertragen werden (= *Integrationsobjekt I*) sowie Veränderungen in der Nutzung materieller Ressourcen zumindest beim Akquisitionsobjekt herbeigeführt werden (= *Integrationsobjekt II*), um durch die Akquisition eröffnete Potentiale zur Steigerung des Gesamtwertes beider Unternehmen zu realisieren (= *Integrationsziel*)" (Gerpott 1993a, S. 115).

Diesem Vorgehen weitgehend folgend wird vorgeschlagen, Integration als einen graduell, hinsichtlich seiner Intensität und Asymmetrie differenzierenden, gemeinsamen Prozess der abgestimmten Koordination von Entscheidungen auf den Integrationsebenen Strategie, Organisation/Administration, Personal, Kultur und Operationen im Sinne einer *internen Integration* und als einen parallel laufenden, die interne Integration wechselseitig beeinflussenden Prozess der *externen Integration* von Kunden, Zulieferern, Aktionären, Analysten und anderen Stakeholdern zu verstehen. Dies bedeutet für die interne Integration konkret einen gemeinsamen Abstimmungs- und Anpassungsprozess, einen Veränderungs- und Reorganisationsprozess und einen Aufbau- und Diffusionsprozess von z. B. Management-, Prozess-, Produkt- und Kunden-Know-how.

Für die in Theorie und Praxis vernachlässigte externe Integration bedeutet das zum einen eine (zumindest kommunikative) Integration der Anspruchsgruppen und zum anderen die Nachhaltigkeit des Kundenfokus in der Integrationsphase. Damit ist die Funktionalität des Integrationsbegriffs nicht mehr allein auf die Unternehmenseingliederung beschränkt, sondern bezieht sich auch auf die integrative Berücksichtigung verschiedener funktionaler und personaler Perspektiven des Integrationsprozesses selbst, der damit auch die Kontingenz der üblichen Gestaltungsabsicht (vgl. Gerpott 1993a, S. 120 f.; Hase 1996, S. 151 f.) deutlich macht.

Dennoch wird für den Begriff der Integration deutlich, dass nach der etymologischen Näherung und der Beschreibung des Integrationsprozesses dieser nur begrenzte Qualitäten aufweist. Vermutlich wäre es sinnvoll für die Beschreibung dieser Phase neben dem Begriff der *Integration* auch die Begriffe der *Assimilation* und *Separation* mitzuführen, um die Verlaufsoffenheit und die Dispositionsmöglichkeit über Intensität und Symmetrie im Post Merger-Prozess zu berücksichtigen. Nun ist *Post Merger Integration* (PMI) in der Wissenschaft, Beratung sowie im Management der akzeptierte Konzeptname für die Aktivitäten in der nachvertraglichen Phase eines Unternehmenszusammenschlusses. Dennoch wird im Folgenden teilweise der Begriff der *Vernetzung* bewusst verwendet.

5.4.2 Integrationsmanagement

5.4.2.1 Das 7 K-Modell der Vernetzung

Die Planung des Integrationsprozesses sollte bereits bei der Partnerprofilbildung beginnen und im Rahmen der Akquisitionsstrategie Niederschlag finden (*pre merger integration*). Bei den ersten Kontakten mit den potentiellen Zielunternehmen muss das Thema der Integration mitdiskutiert werden, da es im Rahmen der Synergieerschließung und der Integrationskosten wesentlichen Einfluss auf die Kaufpreisermittlung hat.

Kramer schlägt eine Heuristik für die Integration vor, die breit rezipiert worden ist und als Planungshilfe dienen kann (Abb. 5.39).

Eine umfassende Zusammenstellung aller kritischen Aspekte des *Post Merger Managements* können in einem „7 K-Modell der Vernetzung" zusammengefasst werden (Abb. 5.40). Alle sieben Kernelemente des Fusionsmanagements haben direkten Einfluss auf ökonomische und psychische Kosten der Vernetzung zweier Organisationen, die – wie bereits bei der Unternehmensbewertung ausgeführt – gegen die Synergien gerechnet werden müssen. Die Bedeutung der einzelnen Aufgaben der K-Prozesse sowie die unterstützenden Instrumente für das Fusionsmanagement werden derzeit einer empirischen Analyse unterzogen, um so Erfolgsfaktoren wie auch Scheiterungsgründe zu identifizieren (vgl. zur ausführlichen Behandlung des Modells Jansen 2000a; Jansen und Pohlmann 2000; zur empirischen Analyse Jansen 2004a).

1. Establish Top-Level Steering Committee
2. Identify Major Issues in the Merger Process
- Product Flow, Customer service,
- Retention of key people
- Employee moral
- Strategy and structure
- External Relations
- Consultants and deadlines

3. Define Strategic Mission and Resources needed
4. Set General Operating Philosophy
- Business portfolio
- Relations with stakeholders
- Centralization vs. Decentralization
- Finance strategy

5. Design New Organization
- Overall format
- Business systems
- Business segments

6. Staffing Decisions
- Corporate line and staff
- Treatment of people to be let go
- Business unit staff

7. Strengthening Team Performance
- Breaking down barriers
- Communications and leadership
- Relationships between members

Abb. 5.39 Sieben Stufen zur Integration. (Quelle: Kramer 1990, S. 87)

Es sind im Rahmen der Planung weiterhin Entscheidungen über die organisatorische Verankerung des Integrationsmanagements (vgl. Abschn. 5.4.2.2), die Bestimmung eines „synergieoptimalen Integrationsgrades" (Paprottka 1996, S. 203 f.), die Synchronisierung der Realisierung der Integrationsplanung mit den einzelnen Phasen der Akquisition sowie die Bestimmung der Integrationsmaßnahmen und -ebenen und deren Startzeitpunkt, Zeithorizont und Geschwindigkeit (vgl. Abschn. 5.4.5) notwendig. Das in Abb. 5.41 gezeigte Beispiel eines Energieversorgers zeigt die Synchronisierung der Akquisitionsphasen mit den Integrationsaufgaben.

Unter dem Aspekt des *Human Resource Management* können dann die Aktivitäten im Pre- und Post Merger Management vor dem Hintergrund der Integration wie in Abb. 5.42 dargestellt zusammengefasst werden.

Abb. 5.40 Das 7K-Modell der Integration. (Quelle: Jansen 1999, 2000a, 2000b, 2004a)

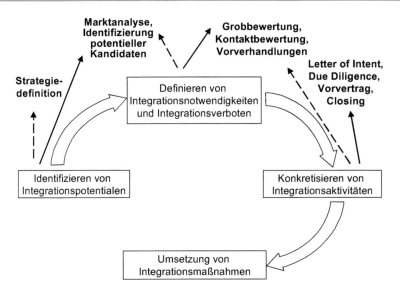

Abb. 5.41 Prozessschritte des Integrationsmanagements. (Quelle: Schmidt 1998, S. 22)

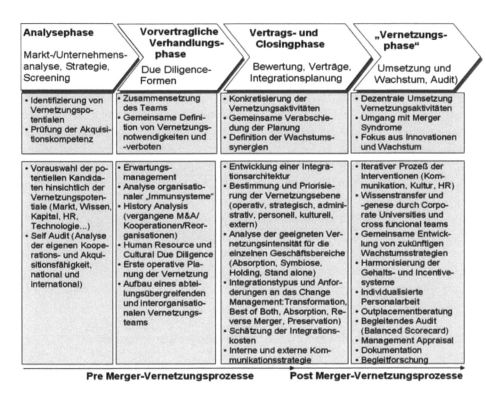

Abb. 5.42 Aktivitäten im Pre- und Post-Merger Management. (Quelle: Jansen 2000a, S. 35)

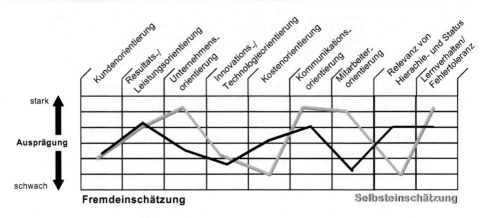

Abb. 5.43 Beispiel für eine Cultural Due Diligence. (Quelle: eigene Darstellung)

5.4.2.2 Cultural Due Diligence

In den vergangenen Jahren hat sich ein Argument in die Köpfe und in die Bücher zum Thema der Unternehmensfusionen und ihrem Scheitern eingeschrieben: Die Kultur als wesentlichem Hinderungsgrund für erfolgreiche Fusionen. Das intuitive Argument wurde in zwei unabhängigen Studien im nationalen wie auch im internationalen Kontext widerlegt (vgl. Jansen 2000b, 2000c und Morosini 1999).

Ohne wirklich das Konzept Unternehmenskultur zu analysieren, so dass eine Unterscheidung zwischen Managementstil, d. h. Kommunikations-, Entscheidungs- und Innovationsrituale und der Unternehmenskultur möglich wird, wurde nun von Unternehmensberatern ein scheinbar neues Produkt entwickelt: Die *Cultural Due Diligence* (vgl. die frühe Arbeit von Jung 1993, S. 202). Hier sollen die Kulturprofile zweier Organisationen übereinander gelegt werden. In der Abb. 5.43 ist eine solche Idee visualisiert und bereits mit der konstruktivistischen Notwendigkeit versehen, dass bei der Einschätzung von anderen Kulturen bereits eine Kultur vorliegt (vgl. die Diskussion zu Meta-Kulturen bei den Strategischen Allianzen).

Mit dieser – wie auch immer ermittelten Kurve – können entsprechende Kultur-Unterschiede aufgezeigt werden. Das Problem jedoch ist, dass es keineswegs klar ist, ob harmonische Unternehmenskulturen für den Erfolg oder den Misserfolg verantwortlich sind. Es zeigt sich vielmehr, dass Kulturunterschiede in wissensbasierten Branchen durchaus förderlich sein können. Es besteht also größte Vorsicht von technokratischen Lösungen zur Kulturarbeit bei Fusionen.

5.4.2.3 Organisatorische Verankerung der Integrationsprozesse

Müller-Stewens und Schreiber haben 1993 anhand einer empirischen Untersuchung eine Typologie von Vorgehensweisen im Integrationsprozess vorgestellt (Abb. 5.44 und für internationale Aspekte Abb. 5.45; Müller-Stewens und Schreiber 1993, S. 276 ff.).

- **Der Experten-Ansatz:** Initiierung des Akquisitionsvorhabens von Konzern- bzw. Geschäftsleitung. Zusammensetzung eines Teams erst in der Phase der Bewertung aus den Bereichen Finanzen, Controlling, Wirtschaftsprüfung und Steuern. Verhandlungsführung übernimmt Konzern- bzw. Geschäftsleitung unter Hinzuziehung von Rechtsbeistand. *(Unternehmen bis ca. 5 Mrd. Euro Umsatz und bis zu acht Akquisitionen.)*

- **Der Team-Ansatz:** Zu Beginn des Prozesses wird ein Team aufgebaut, das sich aus den verschiedenen Fachbereichen Unternehmensplanung, Finanzen, Controlling, Marketing und Technik sowie der Geschäftsführung der betroffenen Unternehmensbereiche zusammensetzt. Partizipativer Führungsstil. *(Unternehmen um ca. 5 Mrd. Euro Umsatz und bis zu 14 Akquisitionen.)*

- **Der Abteilungs-Ansatz:** Institutionalisierung einer ausschließlich mit M&A betrauten Abteilung. Abteilung gemeinsam mit Konzern- bzw. Geschäftführung an der Initiierung und Suche beteiligt. Die Verhandlungsführung wird ebenfalls von der Abteilung und der Führungsebene unter Hinzuziehung von rechtlichem Beistand durchgeführt. *(Unternehmen über 5 Mrd. Euro Umsatz und mehr als 20 Akquisitionen.)*

Abb. 5.44 Drei Ansätze der organisatorischen Verankerung der Integrationsprozesse. (Quelle: eigene Zusammenstellung)

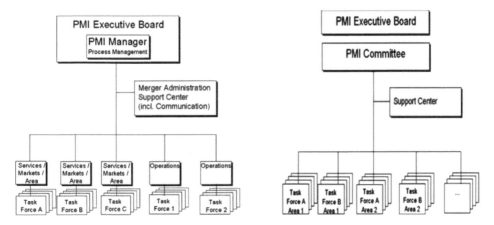

Abb. 5.45 Dezentraler und zentraler Ansatz der Koordination des Post-Merger-Integration-Managements. (Quelle: eigene Darstellung, vgl. auch Morosini 1999)

5.4.3 Der Integrationsgrad: Wahl des Integrationstyps

Es lassen sich verschiedene Formen der Integration nach ihrem Integrationsgrad unterscheiden. Einerseits lässt sich mit Marks und Mirvis eine Differenzierung nach den Anforderungen an das Management des Wandels für die beteiligten Organisationen ableiten (1998, S. 72) (Abb. 5.46).

Der Integrationsgrad kann unter Erweiterung der Unterscheidungen von Haspeslagh und Jemison (1992) und Foote und Suttie (1991) nach dem Bedarf nach organisatorischer und kultureller Autonomie bzw. nach dem Grad der Überschneidung der Geschäftsaktivitäten einerseits und dem Bedarf nach strategischen Interdependenzen bzw. dem Grad des Restrukturierungs-bedarfes andererseits bestimmt werden (Abb. 5.46 und 5.47). Damit wird die Wahl des Integrationsgrades und letztlich der Integrationsintensität von der stra-

Abb. 5.46 Integrationstypologie nach der Wandelanforderung. (Quelle: eigene Darstellung in Anlehnung an Marks und Mirvis 1998)

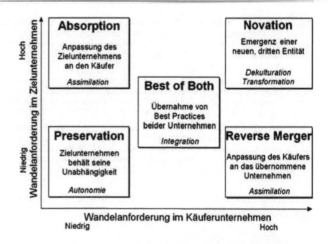

Abb. 5.47 Integrationstypologie nach Autonomie und Interdependenz-Bedarfen. (Quelle: eigene Darstellung in Anlehnung an Haspeslagh und Jemison 1992, S. 174; Foote und Suttie 1991, S. 122)

Bedarf nach strategischen
Interdependenzen

		gering	stark
Bedarf nach organisatorischer und kultureller Autonomie	**stark**	Stand alone-Position **Erhaltung** Diversifikation	partielle Integration **Symbiose** Expansion
	gering	Holding-konstruktion Turnaround bei schwacher Ertragskraft	vollkommene Übernahme **Absorption** Komplementierung

tegischen Zielsetzung abhängig zu machen sein, d. h. zur Komplementierung, Expansion oder Diversifikation werden unterschiedliche Intensitäten benötigt.

5.4.3.1 Die Erhaltung: die Stand alone-Position

Bei dieser Form der Integration wird das erworbene Unternehmen in einer völlig unabhängigen Rechtsform geführt. Die rechtliche Selbständigkeit wird in solchen Fällen präferiert, in denen Unternehmensziele divergieren, bestehende Markennamen erhalten bleiben und Vorteile aus der Kontinuität der bisherigen Management-, Organisations- und Personalpolitik überwiegen. Bei dieser Lösung stehen die Synergien nicht unmittelbar im Vordergrund. Es lassen sich folgende Vorteile für eine Stand alone-Position erkennen: Keine komplizierten Organisationsänderungen, leichter zu verfolgende Strategieumsetzung aufgrund der bestehenden Management-Ressourcen, Vermeidung eines Kulturschocks, Sicherheit für die Verantwortungsübernahme, da Fortsetzung der Leistungsbereitschaft eher gewährleistet wird, bessere Möglichkeiten der Desinvestition als klar abgegrenzte, abgeschlossene Unternehmenseinheit, gute Möglichkeiten für akquirierende Firmen ohne entsprechende Akquisitionserfahrung. Allerdings ist für den Erfolg eines derartig niedrigen Integrationsgrades erforderlich, dass das übernommene Unternehmen unabhängig von dem Gesellschafterwechsel weiter arbeitet wie bisher.

5.4.3.2 Die Holding oder der Turnaround

Bei Holding-Akquisitionen findet keine Integration im engeren Sinne statt, sondern eine Optimierung der Finanzierung, der Ressourcen- und Personalqualität sowie der Management-Fähigkeiten durch Know-how-Transfer. Dazu bedarf es eines integrierten Planungs-, Kontroll- und Informationssystems. Weiterhin sind Synergieerschließungen möglich, die trotz der rechtlichen Selbständigkeit zu realisieren sind – wie z. B. finanzielle Synergiepotentiale oder Einkaufs- bzw. Vertriebssynergien. Bei Turnaround-Akquisitionen steht ein Restrukturierungs- und Sanierungsbedarf im Vordergrund. Dazu wird in der Regel die Führungsmannschaft ausgetauscht, die Finanzierungssituation verbessert und deutliche Kosteneinsparungspotentiale realisiert sowie mit einem längeren Zeithorizont eine Synergieerschließung versucht.

5.4.3.3 Die Symbiose: Die partielle Integration

Bei der partiellen Integration wird der Versuch unternommen, die Vorteile der Stand alone-Position mit der konsequenten Synergiepotentialausschöpfung zu verbinden. Insbesondere die Unternehmensbereiche und Funktionsbereiche des übernommenen Unternehmens, die einen deutlichen Bezug zum akquirierenden Unternehmen aufweisen, werden mit dem Ziel der Realisierung von Skaleneffekten integriert. Andere, insbesondere die entweder durch Doppelung oder durch fehlende Kompatibilität nicht benötigten Bereiche werden liquidiert. Diese Form der Integration ist häufig in Amerika anzutreffen. Hierbei sind allerdings Kenntnisse und Erfahrungen mit Integrationsprozessen notwendig. So werden Standardisierungen von Logistik-, F&E- und Produktionsprozessen ebenso erforderlich wie die zur Realisierung der Skaleneffekte benötigten Koordinationsleistungen in den Bereichen Produkt-, Markt- und Personalentwicklung. Eine Anpassung der Gehaltsstrukturen und eine Harmonisierung von Marketinginstrumenten und Qualitätsstandards muss ebenfalls geleistet werden. Damit wird zusammenfassend gleichzeitig die Aufrechterhaltung der Grenzen zwischen den Firmen und ihre Durchlässigkeit notwendig (vgl. zum „aktiven Grenzmanagement" Jansen 2004a, Teil III, Kap. 8).

5.4.3.4 Die Absorption: Die vollkommene Übernahme

Mit der vollkommenen Integration wird der schwierigste und langwierigste Integrationsprozess angesprochen. Durch die Zusammenführung zweier komplexer Organisationen in eine neue Organisation werden Problembereiche auf den unterschiedlichsten Ebenen eröffnet. So sind die bei der partiellen Integration erwähnten Harmonisierungs-, Koordinations- und Standardisierungsleistungen nun auf alle organisatorischen Prozesse zu übertragen. Die Kommunikation in die Organisationen sowie mit Lieferanten, Kunden und anderen Betroffenen muss umfassend, professionell und zügig erfolgen und neben dem operativen Tagesgeschäft bewerkstelligt werden können.

Zusammenfassend lässt sich sagen, dass es keinen richtigen Verlauf eines Integrationsprozesses gibt, sondern ein eigener, situativer Ansatz hinsichtlich der internen und externen Einflussfaktoren gefunden werden muss.

5.4.4   Bestimmung der Integrationstiefe nach der branchenspezifischen Wertschöpfungstiefe

Organisatorische Implikationen und auch die Integrationstiefe einer Fusion lassen sich mitunter auch aus der Wertschöpfungskette heraus ableiten.

Hier wird auch deutlich, dass diesem Gedanken folgend bereits bestimmte Branchen klare Integrationsmuster und damit auch -tiefen aufweisen. Die Akquisition von Chrysler durch Daimler Benz beispielsweise ist auf der Industrieebene als ein *operational merger* zu verstehen – so auch die Strategien von Ford und VW im Bereich der Plattformkonzepte. DaimlerChrysler hingegen entschied sich – durch eine so genannte markenschützende „brand bible" selbstauferlegt – für einen back-end merger. Die Desinvestition von Chrysler kann auch als Reaktion interpretiert werden, den falschen Integrationsansatz für die Branche gewählt zu haben (vgl. Jansen et al. 2002 und Abb. 5.48).

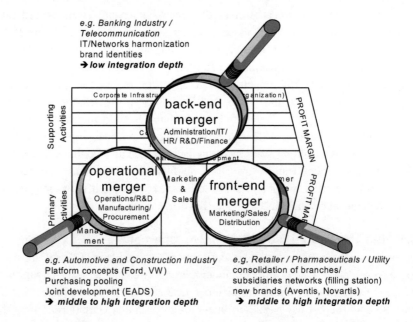

Abb. 5.48 Integrationstypologie nach Wertschöpfungstiefe. (Quelle: Jansen 2001)

- **Strategische Integration:** Strategiekomplementarität, Geschäftsfeldintegration (Eingliederung als Profitcenter, Zielvorgaben aus der Portfolioanalyse), Definition gemeinsamer strategischer Neuausrichtung, Absprache über Kunden-, Führungs-, Innovations-, Zukunfts- und Wettbewerbsorientierung,
- **Organisatorische und administrative Integration:** Aufbauorganisatorische Integration (Schnittstellen-Klärung), Prozessintegration (Standardisierung von Planungs- und Kontrollabläufen, Harmonisierung vom internen und externen Rechnungswesen, Bilanzrichtlinien), finanztechnische und fiskalische Integration (zentrales Cash Flow-Management, Aufdeckung von stillen Reserven, Kreditlinienmanagement, Risiko- und Anlagemanagement), Controlling Integration (Berichtswesen und Steuerungsinstrumentarium), System-Integration (Harmonisierung und Vernetzung der Informations- und Kommunikationstechnologien), Recht und Steuern,
- **Personelle Integration:** Führungsstil, Anreizsysteme, Vergütungssysteme, Personalentwicklung, Konfliktbewältigung, Projektmanagement, Sozialisation, Kommunikations- und Entscheidungsstrukturen,
- **Kulturelle Integration:** Erhaltung der nationalen und unternehmensspezifischen Kulturen, Assimilation einer eigenständigen Kultur und Identität, Leitlinien, Corporate Identity und Corporate Design, Austausch von Managern und Mitarbeitern,
- **Operative Integration:** Konsolidierung von Produktlinien, Produktionstechnologien, Forschungsprojekten, Standorten, Fertigungsstätten, Kostensynergien (Doppelbesetzungen, Auslastungsoptimierung, Zusammenlegung der Serviceleistungen), Integration Einkauf (Zentralisierung, Rahmenverträge, Kernlieferantenselektion, Integration Logistik (Fuhrparkoptimierung, interne Logistik, Optimierung der Logistik- und Vertriebsregionen sowie der Standortpolitik), Integration Vertrieb (Marketing, Kundenklassifizierung, Reorganisation des Vertriebsnetzes), Entscheidung über Fertigungstiefe),
- **Externe Integration:** Kommunikation und Einbindung von Analysten, Kunden, Lieferanten, Beratern, anderen Stakeholdern.

Abb. 5.49 Sechs Zielebenen der Integration. (Quelle: eigene Darstellung)

5.4.5 Zielebenen der Integration

Es lassen sich bereits aus den obigen Punkten bestimmte Bereiche von Integrationsaktivitäten identifizieren. In der Abb. 5.49 werden die Zielebenen der Integrationsbemühungen mit einzelnen Maßnahmen aufgeführt. Nach der Potentialerkennung ist hier die angesprochene Phase der Definition von Integrationsnotwendigkeiten und der Integrationsverbote zu leisten. Die einzelnen Integrationsprozesse werden nach Zielebene bei Konzernen auch durch unterschiedliche Managementebenen bearbeitet und betreut.

5.4.6 Post Merger Audit und Erfolgskontrolle

Auch dem Schritt des *Post Merger Audits* wird sowohl in Theorie als auch in der Praxis nicht die erforderliche Bedeutung beigemessen. Hier kann nur kurz auf die Relevanz eines solchen Prozesses eingegangen werden, der sich nicht nur auf eine rein finanzwirtschaftliche Nachrechnung der Akquisition beschränken darf. Nach der Integration und spätestens nach drei Jahren sollte eine solche Analyse erfolgen. Dabei stehen häufig die wirtschaftlichen und strategischen Zielerreichungsgrade im Vordergrund der Analyse.

Dabei werden Wertsteigerungs- und Wertvernichtungsentwicklungen, Auswirkungen auf das Konzern- bzw. Gruppenergebnis und die Liquidität, maximale Risikopositionen, Goodwill-Amortisationsrechnungen und Kapitalrücklaufzeiten aufgenommen und die

Akquisitionsstrategie und der Joint Business Plan hinsichtlich des Realisierungsgrades evaluiert. Dabei haben sich mittlerweile verschiedene Kennzahlen und Analyseverfahren entwickelt. So werden jahresabschlussorientierte, kapitalmarktorientierte Analysen vorgenommen und Insider- bzw. Mitarbeiterbefragungen durchgeführt oder über Wiederverkäufe Informationen generiert (vgl. dazu die folgenden Studienzusammenfassung im Abschn. 5.5.2). Weiterhin sind Untersuchungen über Integrationskosten anzustellen, die sich über die Restrukturierungs-, Beratungs- und Anpassungskosten (z. B. im Falle einer Anpassung der Managementvergütungssysteme bei amerikanischen Akquisitionen) hinaus mit Porter (1996a) als Koordinations-, Kompromiss- und Inflexibilitätskosten darstellen lassen. Diese Kosten erreichen sehr schnell hohe Positionen und bedürfen daher einer besonderen Beobachtung.

Der *Post Merger Audit* wird aber über die rein finanziellen Analysen als ein Lernprozess über die Akquisitionsplanung und -realisierung wie eben auch hinsichtlich der Integrationsplanung für weitere Transaktionen wichtig. Mit einer eigenen Erfolgs- und Misserfolgsstudie erwirbt man eine Akquisitionskompetenz, die sich positiv auf weitere Transaktionen auswirken kann. Für ein solches *Post Merger Audit,* das sowohl die *hard* als auch die *soft factors* abbildet, kann sich eine Anwendung der so genannten *Balanced Scorecard* empfehlen, die in den vergangenen Jahren ausgehend von den Gedanken von Kaplan und Norton zunehmend Akzeptanz fanden (Kaplan und Norton 1997). Hier geht es um die Integration von vier verschiedenen Perspektiven, die in Abb. 5.50 auf den Prozess angepasst wurde. Die einzelnen Perspektiven müssen entsprechend mit einer Scorecard – nicht zuletzt aufgrund der eigenen Golferfahrungen der von den Autoren interviewten

Abb. 5.50 Balanced Scorecard des Post Merger Management. (Quelle: Jansen 2004c, S. 277)

	Strategische Ziele	Messgrößen	Konkrete Ausprägung	Maßnahmen	Korrekturen
Finanzielle Perspektive	(1) Schaffung von Shareholder Value ▸ Branchenoutperformance an der Börse (2) Synergieerzielung und Goodwill-Amortisation ▸ Wirtschaftliche Investition (3) Kostenführerschaft in der Branche ▸ Erzielung von Skalenerträgen	Aktienkurs/ Marktkapitalisierung, Discounted Free Cash-Flow, Cash Flow Return on Investment; Moody's Rating; Return on invested Capital/EVA; Bruttomarge; Kostenentwicklung der Wettbewerber, Integrationskosten	Aktienkurssteigerung von >15% p.a.; Zuwachs von + 15% p.a.; CFROI >Kapitalkosten; ROIC > 9%; Bruttomarge > 70%; Integrationskosten 120% der Synergien im 1. Jahr, 60% im 2. Jahr etc.	Integrationskosten minimieren; schnelle Integration, Konsequentes Synergy Tracking; Vertrauen bei den Shareholdern und Analysten aufbauen; Erarbeitung eines Kommunikationsplanes	PMI Task Forces überprüfen und ggf. verstärken; Meilensteine überprüfen, Ggf. externe Unterstützung konsultieren; Controlling verfeinern; Kommunikation zielgruppengenauer steuern;
Kundenperspektive	(1) Vermeidung von Umsatzeinbrüchen und Kundenwanderung; (2) Innovator Image (Produktkonvergenz); (3) Global Reichweite; (4) Servicesteigerung; (5) Besseres Preis-Leistungs-Verhältnis; (6) Marktanteilsgewinn über Kauf hinaus	Kundenwanderung; Umsatzeinbußen; Serviceausfälle; Zunahmen an Beschwerden; Umsatzanteil neuer Produkte / Dienstleistungen am Gesamtumsatz; Umsatzanteil der Stammkunden und Stammkundenanzahl	Kundenwanderung < 5%; Fusionsbedingter Umsatzausfall von < 7% Steigerung der Serviceausfälle < 5%; Steigerung der Beschwerden < 2% Anteil von Leistungen < 2 Jahre über 60%; Nummer 1 bei 70% in der Kundenwahrnehmung; Anteil des internationalen Umsatzes > 35% Nachhaltiges Umsatzwachstum >15%	Kundenwanderungsmartix; Großkundenbesuche (z.B. Handel); Verdeutlichung des Nutzens aus der Fusion für die Kunden; Presseclipping; Aufklärungsarbeit: Informationsveranstaltungen, regelmäßige Kundenbefragungen; Intensivierung der Kundenpflege/ Kundenbetreuung; Vertriebsreorganisation (Schulungen);	PMI Task Force befragen, Externe Unterstützung; Fusionsmarketing; Kundenboard einrichten; Vertriebspartnerschaften (Outsourcing)
Prozess- und Innovations-Perspektive	1) Schlankere und flexiblere Prozesse durch Change Management (2) Wertschöpfungskette harmonisieren (Supply Chain Management) (3) Aufbau einer migrationsfähigen IT- Infrastruktur; (4) Wissensmanagement und Verbesserung der Produktpipeline	Anzahl der Hierarchieebenen; Dauer des Integrationsprozesses; Dauer und Kosten der IT Integration; Kennzahlen des Supply Chain Managements (Durchlaufzeiten, Logistikkosten, Zulieferersysteme, Qualitätskennzahlen; Maschinenstillstandszeiten etc.); Patentanmeldungen;	Anzahl der Hierarchieebenen um 2; Integrationsprozess < 3 Jahre; Schulungsbedarfe bei IT-Systemen (Kapazitätsplanung); Aufbau der neuen IT Systeme < 12 Monate; Entwicklungen des Supply Chain Management Zahlen < 5%; Sicherung des Status quo bei den Patenten	Expectation Management bei Mitarbeitern und Wertschöpfungspartnern, Roll out der Integrationsaktivitäten durch Multiplikatoren; Verstärkung des IT-Bereiches; Zuliefererselektion und -qualifizierung; Zertifizierung; F&E-Budgets sichern	Kontinuierliches Reporting; Multiplikatorentraining; Zuliefererbesuche; F&E Bereich analysieren; Prozessanalyse durch externe Berater
Mitarbeiterperspektive	(1) Erhalt der Kernmannschaft ▸ Senkung der Fluktuationsrate (2) Herstellung von Erwartungssicherheit ▸ Minderung des Merger Syndrome (3) Steigerung der Attraktivität des Unternehmens auf dem Arbeitsmarkt ▸ War for talents	Fluktuationsraten; Mitarbeiterzufriedenheit; Anzahl Verbesserungsvorschläge je Mitarbeiter; Krankheitsquote; Konsum von Zigaretten und Alkohol; Herzinfarktraten; Schwund und Sabotage; Recrutingaufwand pro Mitarbeiter;	70% des Top Managements bleibt; allg. Fluktuationsrate < 15% p.a. Zufriedenheitsindex über 60%; Steigerung der Vorschläge pro Mitarbeiter p.a. um 5%; Erhalt des Status quo bei Krankheitsquote; Recrutingkosten pro Mitarbeiter < 50 T. Euro	Abgängergespräche; Interne Arbeitsmärkte; Mitarbeiterbefragungen (Fusionsbarometer); schnelle Karrieregespräche mit den Mitarbeitern; Harmonisierung der Incentive Programme, Dialogforen einsetzen; Interne und externe Kommunikation	Identifikation der Multiplikatoren für eine Anti-Merger-Stimmung; Incentivierung überprüfen; Demotivationspotentiale identifizieren; Beratungsangebote durch die HR-Abteilungen spezifizieren; Workshops und Trainings anbieten

Abb. 5.50 (Fortsetzung)

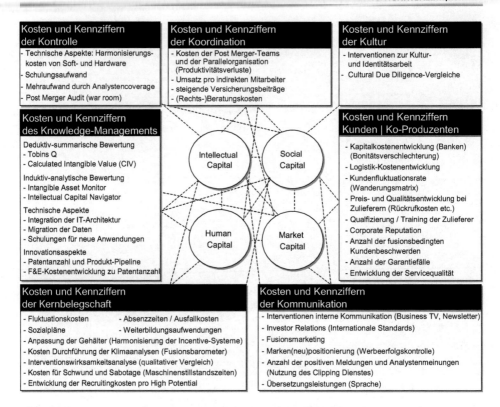

Abb. 5.51 Kosten- und Kennziffernsystem. (Quelle: Jansen 2004a, S. 514)

IBM-Manager so benannt – mit (1) Zielen, (2) Maßnahmen, (3) Messgrößen und (4) Korrekturmaßnahmen versehen werden.

Mit dem hier vorgeschlagenen 7 K-Modell wird nun eine umfangreichere Kontrollmöglichkeit geschaffen, welche die Kosten der Vernetzung mit ihren Wirkungen auf die verschiedenen Unternehmenskapitalien analysiert. Dabei geht es um die versteckten Kosten. Von daher erweitern und präzisieren wir die grundsätzliche Überlegung der Balanced Scorecard für Unternehmenszusammenschlüsse hinsichtlich der 7-K-Dimensionen (Abb. 5.51).

5.4.7 Einfluss der Integration auf den Akquisitionserfolg

In Abb. 5.52 werden einleitend – eher illustrativ als wissenschaftlich – die „sieben verhängnisvollen Illusionen bei der Integration" von Fusionen und Akquisitionen aufgeführt.

- **So schnell wie möglich Kosteneinsparungen realisieren:** Zu starker Fokus auf kurzfristige Kosteneinsparungen und geringer Fokus auf strategische Integration mit Fokus auf Umsatzwachstum.

- **Ein Zusammenschluss oder eine Übernahme ersetzt organisches Wachstum:** Wachstum wird als punktueller Sprung akquiriert, aber nicht als Prozess. Nach Akquisitionen sinken sogar häufig die Wachstumsraten.

- **Best-Practices der beiden Unternehmen übernehmen:** Mechanistisches Organisationsmodell als Grundlage für diese Puzzle-Strategie. Bei interdependenten Systemen wird eine Analyse der Prozesse und Arbeitsweisen notwendig, die in eine neue Konzeption für beide Unternehmen münden.

- **Kulturelle Unterschiede zwischen den beiden Partnern sind das größte Problem:** Bisher starker Fokus auf die Verschmelzung der unterschiedlichen Unternehmenskulturen. Nun wird über die Abfrage in beiden Unternehmen nach einer erfolgreichen Sollkultur an der Schaffung einer neuen gemeinsamen Kultur gearbeitet.

- **Zuerst legt das Top-Management die Strategie fest und dann die Ausrichtung der Organisation:**
Eine neue Strategie und die dazugehörigen Umsetzungspläne, die beide Unternehmen miteinander verbinden, soll durch ein neues Führungsteam, das hinter der Strategie und den Maßnahmen steht, umgesetzt werden.

- **Die Fusion wird für unsere Kunden „unsichtbar" sein:** Verletzung des Vertrauens des Kunden und Abwanderungsgefahr. Es ist vielmehr der Nutzen der Transaktion für den Kunden zu kommunizieren.

- **Was bisher gut funktioniert hat, braucht nicht „repariert" zu werden.**
Jeder Zusammenschluss verändert die Größe, den Marktwert sowie das interne und externe Umfeld und damit auch die Anforderungen an das bisher gut funktionierende Management und an die organisationale Strukturen.

Abb. 5.52 Sieben Illusionen bei der Integration nach Mergers & Acquisitions. (Quelle: Darstellung nach Davidson und Neumann 1997, S. 3–6)

5.4.7.1 Integrationsgrad und Akquisitionserfolg

Bamberger unterscheidet analog der hier vorgenommenen Einteilung zwischen drei Integrationsgraden (Bamberger 1994, S. 301 ff.). Er beginnt mit der Hypothese, nach der ein positiver Einfluss auf den Akquisitionserfolg aufgrund der Minimierung von Reibungsverlusten durch einen geringen Integrationsgrad zu vermuten ist und gleichzeitig bei Sanierungsfällen und unausgenutzten Synergien wiederum ein negativer Einfluss der schwachen Integration zu verzeichnen sein müsste. Die bereits vorliegenden Studien ergeben bezüglich dieses Zusammenhangs jedoch unterschiedliche Ergebnisse: Möller hat 1983 in seiner Untersuchung bei 100 deutschen Akquisitionen folgende Konklusion gezogen: „Je stärker die übernommene Gesellschaft in die übernehmende integriert wurde, umso erfolgreicher war die Übernahme." (Möller 1983, S. 256, in: Bamberger 1994, S. 302) In einer anderen Untersuchung von 129 amerikanischen Akquisitionen zwischen 1980 und 1984 von Datta/Grant hingegen wurde insbesondere bei diversifizierenden Akquisitionen ein positiver Zusammenhang zwischen schwacher Integration und Akquisitionserfolg festgestellt (in Bamberger 1994, S. 302). Bambergers Analyse konnte hingegen keinen Zusammenhang feststellen, da alle Integrationsgrade bei den untersuchten 87 Akquisitionen eine Erfolgsquote zwischen 56 und 67 % aufwiesen (ebd., S. 303).

In einer eigenen Analyse von 103 Großtransaktionen mit deutscher Beteiligung der 1990er Jahre war ein vergleichsweise hoher Integrationsgrad beobachtbar (Jansen 2004a, S 297 ff.). Demzufolge wären die Interdependenzbedarfe sehr hoch, während die Autonomiebedarfe sehr gering ausgeprägt sind. Mittelständische Käufer in dem Sample hatten eine auffällig anders gerichtete Integrationspolitik: Die Integrationstiefe ist signifikant niedriger. In 38,2 % der mittelständischen Fälle wurde entgegen 15 % bei den Großtransaktionen nur eine Teilintegration vorgenommen. Es scheint also ein überraschender Größeneffekt vorzuliegen: Je kleiner das Unternehmen, desto stärker wird auf eine Dezentralisierung beim (externen) Wachstum gesetzt. Die wissensbasierten Zusammenschlüsse haben im Großsample einen ausgeprägteren Absorptionsansatz – insbesondere im Vertrieb. 85,7 % integrierten hier voll, während 27,2 % der Käufer aus der produzierenden Industrie eine partielle Integration vornahmen. In der durchgeführten Korrelationsanalyse ergab sich jedoch weder im Gesamt-Sample noch in den Einzel-Samples ein signifikanter Zusammenhang zwischen Integrationstiefe und Börsen- bzw. Umsatzentwicklung – in keine Richtung.

5.4.7.2 Organisationsänderung und Akquisitionserfolg

Hierbei wird der Zusammenhang zwischen Reorganisation des übernommenen Unternehmens und Akquisitionserfolg untersucht. Während vielfach versucht wurde – ohne entsprechende empirische Unterstützung –, eine Vielzahl der Misserfolge durch die Reorganisation zu erklären, findet sich bei Bamberger ein weniger deutliches Ergebnis: Von den 68 Firmen waren zwar in 70 % der Fälle Akquisitionserfolge zu verzeichnen, wenn keine Reorganisationen durchgeführt wurden, aber auch 58 % der Akquisitionen mit Reorganisationsmaßnahmen waren erfolgreich (Bamberger 1994, S. 305). Es ist allerdings deutlich geworden, dass bei mehr als einer Reorganisationsmaßnahme die Erfolgsquote stark abnimmt (25 Prozent).

5.4.7.3 Know-how-Übertragung und Akquisitionserfolg

Der vermutete positive Zusammenhang zwischen dem wechselseitigen Know-how-Transfer von Käufer und übernommenen Unternehmen und dem Akquisitionserfolg wurde in einer Analyse operationalisiert, indem der zeitweise Managementtransfer betrachtet wurde. Erstaunlicherweise wurde bei den 86 untersuchten Akquisitionen mit 74 % deutlich höhere Erfolgsquote bei fehlendem Transfer von Managern erzielt, während bei den Integrationsprozessen mit einem Management-Transfer nur 54 % erfolgreich waren (vgl. Bamberger 1994, S. 308). Die Gründe können vielschichtig sein: Entweder ist mit dem Austausch von Managern keine adäquate Gewährleistung des Know-how-Transfers erreicht, die These damit tatsächlich falsch, oder aber es liegen Motivationsprobleme beim Management des übernommenen Unternehmens vor. Es kann hier keine signifikante Antwort gegeben werden.

5.5 Studien über Akquisitionserfolge

Im angelsächsischen und zunehmend auch im deutschsprachigen Raum werden seit den 1970er Jahren Untersuchungen bezüglich des Erfolgs von Unternehmenszusammenschlüssen durchgeführt. Dabei werden durchgängig quantitative Messzahlen für den Erfolg mit bestimmten „technischen" Charakteristika des Deals korreliert. Sie unterscheiden sich hinsichtlich ihrer Methodik und der Erfolgsdefinition deutlich, zeigen aber in der Tendenz ähnlich alarmierende Ergebnisse auf (vgl. zu den Prozedere, Problemen und Potentialen von Erfolgsmessungen ausführlich Jansen und Petersen 2000).

So wurden Jahresabschlussanalysen, kapitalmarktorientierte Analysen, Insiderbefragungen, Wiederverkaufsanalysen und reine Erklärungsansätze durchgeführt: Sie belegen Misserfolgsraten von bis zu 85 % (z. B. für Banken Hayes 1998) sowie von bis zu 61 % anhand von Wiederverkäufen (vgl. Porter 1987 und die methodische Entgegnung bei Kaplan und Weisbach 1992). Ein statistisch signifikanter Wertverlust von 10,26 % wurde bei einer Analyse von NSYE/AMEX Transaktionen für den Zeitraum von 1955 bis 1987 in den ersten fünf Jahren nach der jeweiligen Transaktion festgestellt (Agrawal et al. 1992).

Horizontale Zusammenschlüsse ohne Produktausweitung führen ähnlich wie konglomerale Zusammenschlüsse zu Rentabilitätseinbußen. *Mergers of Equals*, d. h. aktienfinanzierte Fusionen mit einem Verhältnis von 50/50 bis maximal 70/30, scheinen nach einer internen Studie von J.P. Morgan mit einer Erfolgsquote von über 60 % leicht besser abzuschneiden als Akquisitionen (Gibbs 1998). In jüngeren Studien von Managementberatungen z. B. von Arthur D. Little, A.T. Kearney, Booz Allen & Hamilton, McKinsey und Mercer werden relativ übereinstimmend Misserfolgsraten um die 60 % und unterdurchschnittliche Renditen für den Aktionär bei jeder zweiten Fusion genannt.

Es soll im Folgenden eine Übersicht über die einzelnen Studien gegeben werden, die neben den Ergebnissen auch die Stichprobenumfänge und die Kernaussagen der Untersuchungen aufnehmen soll. Da der Erfolgsbegriff zum Teil unterschiedlich definiert ist und die Untersuchungsdesigns differieren, werden unterschiedliche Aspekte beleuchtet. Diese im Ergebnis unterschiedlichen, aber von der Tendenz eher pessimistischen Einschätzun-

---

(1) Überoptimistische Einschätzung der Situation
- Überschätzung der Synergiepotentiale
- Überhöhter Kaufpreis (Porter 1987)

(2) Unzureichender PlanungsProzess
- Unzureichende Markt- und Unternehmensanalysen (Porter 1987)
- Fehlende Vorbereitung und Planung der einzelnen Phasen einer Akquisition (Müller-Stewens 1992)
- Keine Koordination der Teilpläne mit der Konzernstrategie (Porter 1987)

(3) Personelle, kulturelle und organisatorische Integrationsprobleme
- Unterschätzung der personellen Probleme
- Fehlende Integrationsplanung
- Nichtberücksichtigung der unterschiedlichen Kulturen sowie Kommunikations- und Entscheidungsverhalten

Abb. 5.53 Drei Felder der Akquisitionsprobleme. (Quelle: eigene Darstellung)

gen des Erfolgs von Akquisitionen können anhand der vorliegenden Analysen zunächst auf drei Kernursachen des Scheiterns fokussiert werden (Abb. 5.53).

5.5.1 Eigene Erhebung zum Management von Unternehmenszusammenschlüssen

Eine erste differenzierte Analyse zum Post Merger-Management für den deutschen Markt wurde im Jahr 2000 vorgelegt (Jansen und Körner 2000, ausführlich Jansen 2004a). In dieser Analyse sind insgesamt 103 Unternehmenszusammenschlüsse anhand eines ausführlichen Fragebogens untersucht worden, die zwischen 1994 und 1998 vereinbart wurden. Vor allem folgende Fragen standen im Vordergrund: Was sind die Erfolgsfaktoren, was sind die Kardinalfehler beim Management von Fusionen? Sind rein nationale Fusionen erfolgreicher als internationale? Ist es besser, mit einem gleichstarken Partner zu fusionieren oder ein kleineres Unternehmen zu übernehmen? Und: Gibt es Unterschiede im Ergebnis zwischen Dienstleistern und der klassischen Industrie? Welche Rolle spielt der Kunde bei Fusionen?

Ein erstes ernüchterndes Ergebnis: Nur in 44 % der Fälle gelang den untersuchten Unternehmen eine relative Umsatzsteigerung im Vergleich zur Branche, lediglich 24 % der börsennotierten Studienteilnehmer konnte eine Steigerung ihres Börsenwertes im Nachgang der Fusion erreichen (Outperformance). Die weiteren Ergebnisse im Überblick:

(1) Die Ziele von Fusionen: Synergien bei Kosten statt beim Wachstum
Kostensynergien haben bei den Zielstellungen von Fusionen deutlichen Vorrang vor gemeinsamem Wachstum und Innovationen. Zu den drei entscheidenden strategischen Zielen der Unternehmenszusammenschlüsse zählten bei 70 % der Befragten die Erhöhung der (globalen) Marktpräsenz, Kostensynergien im Bereich der Leistungserstellung (39 %) und im Bereich der Vermarktung (31 %).

Wachstumssynergien waren nur für 16 % der analysierten Unternehmen das Hauptmotiv, der Erwerb von Know-how nur für 7 % und die Erhöhung der Innovationskraft gar nur für 4 %.

(2) Die Erfolgsfaktoren: Schnelle Führungsstruktur statt Kultur
Ein erfolgreiches Post Merger Management zeichnet sich durch schnelle Entscheidungen aus. Überraschend dabei: Unternehmenskulturelle Aspekte haben einen eher unbedeutenden Einfluss auf den Erfolg. Unternehmen, die bereits mehrere Akquisitionen in der gleichen Größenordnung durchgeführt haben und damit über entsprechende Fusionserfahrung verfügen, messen dem Thema Kultur sogar eine signifikant geringere Bedeutung bei. Für 57 % aller Befragten zählte nach eigener Einschätzung die schnelle Entscheidung über die künftige Führungsstruktur zu den wichtigsten Aufgaben, bei 47 % die Erarbeitung einer externen und internen Kommunikationsstrategie und bei 27 % der Einsatz von Integrationsteams. Im Hinblick auf die erfolgreichen Zusammenschlüsse lassen sich die

Aufgaben mit signifikant positivem Einfluß auf die relative *Umsatzsteigerung* (Branchen-Outperformance)	Korrelation (Pearson) Signifikanz	Aufgaben mit signifikant positivem Einfluß auf die relative *Börsenwertsteigerung* (Branchen-Outperformance)	Korrelation (Pearson) Signifikanz
Harmonisierung der Gehalts- und Incentivestrukturen	0,404 0,000**	Konsolidierung des betrieblichen Berichtswesens	0,572 0,001**
Konsolidierung des betrieblichen Berichtswesens	0,325 0,002**	Einsatz von Integrations- und Projektteams	0,457 0,013*
Ableitung einer Integrationsplanung im Vorfeld	0,273 0,010*	Aufsetzung neuer Strategien der Kundenzusammenarbeit	0,398 0,033*
Proaktives Fluktuationsmanagement	0,271 0,011*	Wissenschaftliche Dokumentation des Post Merger Managements	0,382 0,041*
Entwicklung von Instrumenten zum Wissenstransfer	0,223 0,037*		

* Korrelation auf dem Niveau von 0,05 (2-seitig) signifikant
** Korrelation auf dem Niveau von 0,01 (2-seitig) signifikant

Abb. 5.54 Faktoren mit signifikant positivem Einfluss auf den Fusionserfolg. (Quelle: Jansen 2004a, S. 206)

in Abb. 5.54 dargestellten Faktoren ableiten, die einen signifikant positiven Einfluss auf den Fusionserfolg haben.

(3) Die Fehler: Fehlende Mitarbeitereinbindung und Kommunikation

Bisherige Erklärungsansätze für die unverändert hohe Misserfolgsquote waren eher aus Einzelerfahrungen abgeleitet, so dass aufgrund mangelnder Forschung auf diesem wichtigen Bereich stereotype Erklärungsmuster entstanden sind – wie beispielsweise „Kulturdifferenzen", „schwache zentrale Managementführung" oder „fehlende Prozessgeschwindigkeit". All diese Erklärungsansätze bestätigen sich interessanterweise in der durchgeführten Studie nicht (vgl. Abb. 5.55). Für 31 % der Befragten zählen die unzureichende Einbindung der Mitarbeiter, für 27 % eine unzureichende Kommunikation und für jeweils 19 % eine schlechte Planung des Integrationsprozesses sowie eine zu starke Zentralisierung der Entscheidungsprozesse zu den drei gravierendsten Fehlern von Unternehmen im Rahmen des Integrationsmanagements.

Fehler mit signifikant negativem Einfluß auf die relative *Umsatzsteigerung* (Branchen-Outperformance)h	Korrelation (Pearson) Signifikanz	Fehler mit signifikant negativem Einfluß auf die relative *Börsenwertsteigerung* (Branchen-Outperformance)	Korrelation (Pearson) Signifikanz
Schlechte Planung des Integrationsprozesses	-0,428 0,000**	Keine neuen Konzepte der Kundenkooperation	-0,445 0,020*
Unzureichende Kommunikationsstrategie	-0,247 0,021*	Unzureichende Kommunikationsstrategie	-0,407 0,032*
Zu starke Zentralisierung der Koordination (Überlastung der Entscheidermannschaft)	-0,246 0,022*	Fehlende Absprache der Vertriebsaktivitäten (kein Abgleich von Kundenstämmen)	-0,384 0,048*
Nur Top-down-Kommunikation	-0,219 0,044*		

* Korrelation auf dem Niveau von 0,05 (2-seitig) signifikant
** Korrelation auf dem Niveau von 0,01 (2-seitig) signifikant

Abb. 5.55 Faktoren mit signifikant negativen Einfluss auf den Fusionserfolg. (Quelle: Jansen 2004a, S. 212)

(4) Die Instrumente: Kommunikation statt Kultur

Vor allem richtige Kommunikationskonzepte, aber auch Stärken-Schwächen-Analysen sowie die Checklisten und Pflichtenhefte wurden von den Studienteilnehmern als zentrale Instrumente für ein erfolgreiches Fusionsmanagement eingestuft.

Weiterhin standen Potentialeinschätzungsverfahren für die Mitarbeiter und darauf abgestimmte Trainingssysteme hoch im Kurs. Auch hier: Die derzeit verstärkt diskutierte kulturelle *Due Diligence* wurde lediglich von 2 % als ein wichtiges Instrument eingestuft.

(5) Differenzierte Analyse: Gleichberechtigte und internationale Fusionen

Fusionen unter gleichstarken Partnern sind tendenziell erfolgreicher an der Börse und beim Umsatz. Der Grund: Nahezu allen Aufgaben im Post Merger Management wird bei den „Mergers of Equals" eine deutliche höhere Bedeutung beigemessen – vor allem der Integrationsplanung, dem Einsatz von Integrationsteams, der Entwicklung von Instrumenten zum Wissenstransfer und dem Aufbau zusätzlicher F&E. Die Integrationstiefe gleichwertiger Partner ist dabei deutlich höher gewesen und die Integrationsgeschwindigkeit signifikant geringer.

Zusammenschlüsse mit einem internationalen Partner weisen eine signifikant höhere Börsenwertsteigerung gegenüber nationalen Zusammenschlüssen auf: Während keine der internationalen Fusionen eine negative Börsenwertentwicklung verzeichnen musste, haben 43 % der rein nationalen Zusammenschlüsse entsprechende Kursrückgänge erlitten. Der Umsatz entwickelte sich jedoch tendenziell leicht schlechter im Vergleich zu den rein nationalen Fusionen.

(6) Branchen: Dienstleister tendenziell bessere Umsatzentwicklung

Bei 51,9 % der Zusammenschlüsse von Dienstleistern und Handel stiegen die Umsätze relativ zur Branche, gegenüber nur 40,7 % im Industrie- und Konsumgütersektor. Grund: Bei ihnen stehen „Wachstumssynergien" und die „Nutzung neuer Absatz-/Vertriebswege" deutlich vor den „Kostensynergien". Dies zeigt sich auch bei der deutlich geringeren Tendenz zur Personalreduktion nach der Fusion. Sie wählten wesentlich häufiger den Zusammenschluss mit einem gleichwertigen Partner.

(7) Lernende Organisation: Erfahrung schützt nicht vor Misserfolgen!

Vorherige Akquisitionserfahrung hat bei den analysierten Unternehmen keinen Einfluss auf den Erfolg nachfolgender Zusammenschlüsse gehabt.

5.5.2 Überblick über einige Untersuchungen

Autoren	Jahr	Stichprobe	Ergebnisse	Erfolgsdefinition
Ravenscraft/ Scherer (1987)	1950–1976	95 Zielunternehmen	Pre Merger-Profitabilität des Targets 0,97 Prozentpunkte unter dem Industrieschnitt; Post Merger Profitabilität 3,1 Punkte drunter	Erfolg wird hier als Profitabilität verstanden (= Operatives Ergebnis/Aktiva)
Porter (1987)	1950–1986	3788 Diversifikationen von 33 Unternehmen in den USA	60 % desinvestiert bei neuen Zielgeschäftsfeldern, 53,3 % desinvestiert bei neuen Zielbranchen	Desinvestitionen als Misserfolg
Agrawal/Jaffe/ Mandelker (1992)	1955–1987	1164 Transaktionen (alle Transaktionen der NYSE/AMEX)	46,56 % erfolgreich nach einem Jahr, 43,97 % erfolgreich nach vier Jahren, durchschnittlicher Rückgang um 10,26 %	CAR Cumulative Abnormal Return
Ravenscraft/Scherer (1989)	1957–1977	2732 Transaktionen	Durchschnittliche Verschlechterung der Profitabilität	Outperformance
Jensen/Ruback (1983)	1958–1981	Auswertung von zahlreichen Event Studies	Durchschnittlich 0 % Steigerung beim Käufer, 20 % beim Verkäufer	Abnormale prozentuale Aktienkursveränderung, 2 Tage- und 1 Monats- Zeitraum
Kitching (1967)	1960–1965	69 Akquisitionen in den USA von 20 Unternehmen	68 % erfolgreich	Managementinterviews
Brockhaus (1975)	1960–1970	K. A.	20 % erfolgreich	K. A.
Hunt et al. (1987)	1960–1985	60 Akquisitionen in England	55 % erfolgreich	
Kitching (1974)	1965–1970	95 Akquisitionen USA/EU	53 % erfolgreich	Managementinterviews
Ikenberry/ Lakonishok (1993)	1968–1987	97 Transaktionen	Durchschnittlich negative abnormale Ergebnisse	CAR Cumulative Abnormal Return
Möller (1983)	1970–1979	100 Akquisitionen in Deutschland	36 % erfolgreich	
Kaplan/ Weisbach (1992)	1971–1982	271 Desinvestitionen bis 1989	44 % desinvestiert, 21 % wegen mangelnder Profitabilität	
Asquith/Bruner/ Mullins (1990)	1973–1983	343 Akquisitionen	41 % erfolgreich, durchschnittlicher Rückgang um 0,85 % beim Käufer	CAR Cumulative Abnormal Return
McKinsey (1987)	K. A.	116 Akquisitionen	23 % erfolgreich	Amortisation innerhalb von 3 Jahren
Bühner (1990a und 1990b)	1973–1985	110 deutsche Transaktionen	Im zweiten und dritten Jahr nach der Fusion Rentabilitätseinbußen; Jahresabschluss steigt um durchschnittlich 19,38 %; Steuern steigen um 7,82 und Zinsaufwendungen um 1,51 %. Eigenkapital steigt um 34,45 %; Gesamtkapital um 24,76 %. Durchschnittlich keine entsprechende Ertragssteigerung realisiert	Eigen- und Gesamtkapitalrendite vor Steuern 3 Jahre vor und 6 Jahre nach der Übernahme

Abb. 5.56 38 Erfolgsanalysen im Überblick. (Quelle: eigene Übersicht, Auswahl von 38 empirischen Studien)

Autoren	Jahr	Stichprobe	Ergebnisse	Erfolgsdefinition
Banerjee/Owers (1992)	1978–1987	57 Akquisitionen (von weißen Rittern)	21 % erfolgreich, durchschnittlicher Rückgang um 3,3 % beim Käufer	CAR Cumulative Abnormal Return
Datta/Puia (1995)	1978–1990	112 große Cross Border-Transaktionen	Durchschnittlich keine Wertsteigerung für Käufer	
Healy/Palepu/ Ruback (1990)	1979–1984	50 größte Fusionen in den USA	Durchschnittlich signifikante Verbesserung des operativen Cash Flows	Branchen-Outperfomance von Cash Flow-Werten
Sirower (1997)	1979–1990	168 Akquisitionen	35 % erfolgreich, durchschnittlicher Rückgang um 2,3 % beim Käufer	CAR Cumulative Abnormal Return
Morck/Shleifer/ Vishny (1990)	1980–1987	172 Akquisitionen	37 % erfolgreich, durchschnittlicher Rückgang um 1,78 % beim Käufer	CAR Cumulative Abnormal Return
Bamberger (1993)	1980–1991	197 Akquisitionen in Deutschland	63 % erfolgreich	
Rau/Vermaelen (1998)	1980–1991	3517 Transaktionen	Durchschnittlich Underperformance von 4 % nach 3 Jahren	Börsenwertentwicklung
Mercer Management Consulting (1997)	1980–1997	215 Akquisitionen aus den 1980er und 1990er Jahren	37 % erfolgreich bei den 80er Deals und 52 erfolgreich bei den 90er Deals	Aktienrendite nach drei Jahren
Bradley/Desai/Kim (1988)	1981–1984	52 Akquisitionen	35 % erfolgreich, durchschnittlicher Rückgang um 2,9 % beim Käufer	CAR Cumulative Abnormal Return
Gibbs (J. P. Morgan) (1998)	1985–1998	29 Mergers of Equals	66 % erfolgreich, durchschnittlich 8,7 % Börsenwertsteigerung nach drei Jahren	Börsenwert-Outperformance nach drei Jahren
Mitchell/Holmes (Economist Intelligence Unit) (1996)	1988–1996	150 Akquisitionen	30 % erfolgreich	Nochmalige Kaufentscheidung (Selbsteinschätzung)
Mercer Management Consulting (1995)	1990–1995	150 Akquisitionen	50 % erfolgreich	Aktienentwicklung nach drei Jahren
Gerds (2000)	1990–1999	63 kleinere Transaktionen auf Basis der Aussage von Unternehmensberatern	38 % erfolgreich	Integrationserfolg: Integrationseffektivität (Ressourcentransfer materieller und immaterieller Ressourcen) und Integrationseffizienz (Zufriedenheit des Managements Erwerber/Erworbener/Mutter von Beratern abgefragt)
Bain & Company (1998)	1992–1997	385 Akquisitionen, dabei 60 Frequent Acquirers (Zukauf von 100 % Börsenwert innerhalb von 5 Jahren)	28 % erfolgreich, Outperfomance der Frequent Acquirers mit 27,1 % Kursentwicklung gegenüber 18,8 % bei den Infrequent Acquirers (S&P 500 = 19,7 %)	Jährliche Aktienkursentwicklung

Abb. 5.56 (Fortsetzung)

Booz Allen & Hamilton (1999)	1994–1996	117 Transaktionen	48,7 % erfolgreich	Outperfomance-Maß nach zwei Jahren
McKinsey (1999)	1996–1998	508 Akquisitionen	27 % erfolgreich für Käufer, 92 % erfolgreich für Verkäufer	Börsenwert in einer Event Study (Erfolg = durchschnittlich Börsenwertanstieg 500 Mio. USD, Misserfolg = durchschnittlich Börsenwertvernichtung 600 Mio. USD
Boston Consulting Group (2000)	1996–1998	212 grenzüberschreitende Transaktionen in der EU	30 % erfolgreich, 50 % neutral, 20 % nicht erfolgreich	Market Value Added für den Käufer (Event Study)
A. T. Kearney (1997)	K. A.	211	37 % erfolgreich, kombinierte	Profitabilität
		Akquisitionen	Profitabilität der fusionierten US-Unternehmen sank durchschnittlich um 10 %	
Amercian Management Association (1998)	K. A.	K. A.	51 % Gewinnanstieg, 34 % Produktivitätsanstieg, 84 % gesunkene Mitarbeiter-Moral	
Habeck et al./A. T. Kearney (1999)	Ende 1990er Jahre	115 Akquisitionen weltweit	42 % erfolgreich	K. A.

Abb. 5.56   (Fortsetzung)

Literatur

Aesop. 1963. *Aesop's Fables, retold by Ann McGovern.* New York, NY: Scholastic Inc.

Agrawal, A., J.F. Jaffe und G.N. Mandelker. 1992. The post-merger performance of acquiring- firms: A re-examination of an anomaly. *Journal of Finance XLVII* 4: 1605–1621.

Aluko, B.T., und Adbul-Rasheed Amidu. 2005. Corporate business valuation for mergers and acquisitions. *International Journal of Strategic Property Management* 9(3): 173–189.

Ansoff, H. Igor. 1966. *Management-Strategie.* München: Verl. Moderne Industrie.

Ansoff, H. Igor. 1976. Managing Surprise und Discontinuity Response to Weak Signals. *zfbf* 28: 129–152.

Axelrod, Robert. 1988. *Die Evolution der Kooperation.* München: Oldenbourg Verlag.

Ballwieser, Wolfgang. 1998a. *Moderne Methoden der Unternehmensbewertung* Vortragspapier anläßlich der Konferenz „Praxisfragen des Unternehmenskaufs" des Institute for International Research, Offenbach, 16.6.1998, 1–24.

Bamberger, Burkhard. 1994. *Der Erfolg von Unternehmensakquisitionen in Deutschland – Eine theoretische und empirische Untersuchung.* Bergisch Gladbach/Köln: Josef Eul Verlag.

Bea, Franz Xaver, und Jürgen Haas. 1994. Möglichkeiten und Grenzen der Früherkennung von Unternehmenskrisen. *WiSt* 10: 486–491.

Beisel, Wilhelm, und Hans-Hermann Klumpp. 1996. *Der Unternehmenskauf.* München: Beck.

Berens, Wolfgang, Martin Mertes, und Joachim Strauch. 1998. Unternehmensakquisitionen. In *Due Diligence bei Unternehmensakquisitionen*, Hrsg. Wolfgang Berens, Hans U. Brauner, 21–65. Stuttgart: Schäffer-Poeschel Verlag.

Berens, Wolfgang, und Joachim Strauch. 1998. Herkunft und Inhalt des Begriffes Due Diligence. In *Due Diligence bei Unternehmensakquisitionen*, Hrsg. Wolfgang Berens, Hans U. Brauner, 3–19. Stuttgart: Schäffer-Poeschel Verlag.

Betsch, Oskar, Alexander Groh, und Lutz Lohmann. 1998. *Corporate Finance.* München.

Brand, Michael. 1985. *Kauf und Verkauf von Unternehmen – Wie man „Mergers and Acquisitions" erfolgreich realisiert – Eine Wegleitung.* Zürich: Industrielle Organisation.

Brandenburger, Adam M., und Barry J. Nalebuff. 1995. The Right Game: Use Game Theory to Shape Strategy. *HBR* 73: 57–71.

Brealey, Richard A., und Stewart C. Myers. 1991. *Principles of Corporate Finance*, 4. Aufl. New York: McGraw-Hill.

Buffett, Warren. E. 2009. *Chairman's Letter 2008: To the Shareholders of Berkshire Hathaway Inc.*

Bühner, Rolf. 1990b. *Erfolg von Unternehmenszusammenschlüssen in der Bundesrepublik Deutschland.* Stuttgart: C.E. Poeschel.

Clever, Holger. 1993. Fusionen erfolgreich gestalten – Prozeß eines erfolgreichen Post-Merger-Management. In *Management von Unternehmensakquisitionen*, Hrsg. G.M. Frank, Ingo Stein, 121–132. Stuttgart: Schäffer-Poeschel Verlag.

Coenenberg, Adolf G., und W. Schultze. 2006. Methoden der Unternehmensbewertung. In *Handbuch Mergers & Acquisitions Management*, Hrsg. B.W. Wirtz, 471–500. Wiesbaden: Gabler Verlag.

Cools, Kees, und Alexander Roos. 2005. *The Role of Alliances in Corporate Strategy.* Boston: The Boston Consulting Group.

Copeland, Tom, und Vladimir Antikarov. 2001. *Real Options*. Texere Publishing.

Copeland, Tom, und Fred J. Weston. 1988. *Financial Theory and Corporate Policy*, 3. Aufl. Menlo Park (CA), Addison Wesley.

Damodaran, A. 1996. *Investment Valuation, Tools and Techniques for Determining the Value of any Asset*, 3. Aufl. Hoboken, NJ: Wiley-VCH.

Damodaran, Aswath. 2012. *Investment Valuation, Tools and Techniques for Determing the Value of Any Asset*, 3 Aufl. Hoboken, NJ: John Wiley & Sons Inc.

Davidson, Mike, und Petra Neumann. 1997. Sieben verhängnisvolle Illusionen bei der Integration nach Mergers & Acquisitions. *M&A-Review* 12: 3–6.

Dyer, Jeffrey H., Prashant Kale, und Harbir Singh. 2004. When to ally & When to acquire. *Harvard Business Review* July/August: 109–115.

Eilers, Stephan, und Regine Nowack. 1998. Steuerrecht. In *Unternehmenskauf und Restrukturierung*, 2. Aufl., Hrsg. Gerhard Picot, 627–724. Teil V.

ErbStR. 2013. http://www.steuerlinks.de/richtlinie/erbstr-2003.html

Ernst, David, und Tammy Halevy. 2004. Not by M&A alone. *The McKinsey Quarterly* 1: 68–69.

Ernst, D., Haug, M., und Schmidt, W. 2004. Spezialfragen der Realoptionsbewertung, in: Richter, F, Timmreck, C. (Hrsg.), *Unternehmensbewertung: Moderne Instrumente und Lösungsansätze*, S. 399–447. Stuttgart.

Fama, Eugen F. 1970. Efficient capital markets: A review of theory and empirical work. *The Journal of Finance* 25(2): 383–417.

Fischer, Helmut. 1989. Bewertung beim Unternehmens- und Beteiligungskauf. In *Handbuch des Unternehmens- und Beteiligungskaufs*, 2. Aufl., Hrsg. Wolfgang Hölters, 51–176. Köln: Otto Schmidt Verlag.

Foote, Nathaniel, und Robert Suttie. 1991. Memo to a CEO: Post-Merger management. *The McKinsey Quarterly* 3: 120–127.

Funk, Joachim. 1995. Aspekte der Unternehmensbewertung in der Praxis. *zfbf* 5: 491–514.

Gerpott, Torsten J. 1993a. *Integrationsgestaltung und Erfolg von Unternehmensakquisitionen*. Stuttgart: Schäffer-Poeschel Verlag.

Gibbs, Philip. 1998. European mergers-of-equals have ideal fundamentals to create value, yet some disappoint. Internal Analysis J.P.Morgan, 10. July 1998.

Hagel III, John. 1996. Spider versus Spider. *The McKinsey Quarterly* 1: 4–18.

Hahn, Dietger, und Ulrich Krystek. 1979. Betriebliche und überbetriebliche Frühwarnsysteme für die Industrie. *zfbf* 31(2): 76.

Hase, Stefan. 1996. Integration akquirierter Unternehmen, S. 30 ff. Berlin.

Haspeslagh, Phillipe C., und David B. Jemison. 1992. *Akquisitionsmanagement: Wertschöpfung durch strategische Neuausrichtung des Unternehmens*. Frankfurt am Main/New York: Campus Verlag.

Hayes, J. 1998. After the Wedding: Avoiding Post-Merger Pitfalls. *Antitrust Law & Economics Review* 25(2): 98–110.

Heinen, Edmund (Hrsg.). 1991. *Industriebetriebslehre – Entscheidungen im Industriebetrieb*, 9. Aufl. Wiesbaden: Gabler Verlag.

Herden, Raimund W. und Richter, Frank. 2000. Optionspreismodelle für die Unternehmensbewertung sind noch eine Sache für Spezialisten. *F.A.Z.*, Serie „Fusionen und Beteiligungen 4" herausgegeben von Stephan A. Jansen 248: 49. 25.10.2000.

Hess, Walter. 1989. Wie man ein Unternehmen kauft und verkauft. *io Management Zeitschrift* 2: 34–38.

Hölters, Wolfgang. 1989a. Der Unternehmens- und Beteiligungskauf – Bedeutung, Grundfragen und Abwicklung. In *Handbuch des Unternehmens- und Beteiligungskaufs*, 2. Aufl., Hrsg. Wolfgang Hölters, 2–50. Köln: Otto Schmidt Verlag .

Hölters, Wolfgang (Hrsg.). 1989b. *Handbuch des Unternehmens- und Beteiligungskaufs*, 2. Aufl. Köln: Otto Schmidt Verlag.

Hölters, Wolfgang (Hrsg.). 1996. *Handbuch des Unternehmens- und Beteiligungskaufs*, 4. Aufl. Köln: Otto Schmidt Verlag.

Holzapfel, Hans-Joachim, und Reinhard Pöllath. 1994. *Unternehmenskauf in Recht und Praxis – Rechtliche und steuerliche Aspekte*, 7. Aufl. Köln: Praxis.

Hooke, J.C. 1997. *M&A – A Practical Guide to Doing the Deal*. New York: John Wiley and Sons.

Huemer, Friedrich. 1991. *Mergers & Acquisitions: strategische und finanzielle Analyse von Unternehmensübernahmen*. Frankfurt am Main: Peter Lang Verlag.

Humpert, Franz W. 1985. Unternehmensakquisitionen – Erfahrungen beim Kauf von Unternehmen. *DBW* 1: 30–41.

IDW (Hrsg.). 1986. *Wirtschaftsprüfer-Handbuch 1985/1986*. 9. Aufl. Düsseldorf: IDW-Verlag.

Jansen, Stephan A. 1999. Mergers & Acquisitions optimal managen (Teil 12): Die Härte der weichen Faktoren: Post Merger Management. *Handelsblatt* 06.08.1999: K3.

Jansen, Stephan A. 2000a. 10 Thesen gegen Post Merger Integration Management. *Organisationsentwicklung* 1: 16–32.

Jansen, Stephan A. 2000b. Post Merger Management in Deutschland Teil I. *M&A Review* 9: 334–339.

Jansen, Stephan A. 2000c. Post Merger Management in Deutschland Teil II. *M&A Review* 10: 388–392.

Jansen, Stephan A. 2002. Post Merger Audit. *M&A REVIEW* 5: 265–271.

Jansen, Stephan A. 2004a. *Management von Unternehmenszusammenschlüssen – Theorien, Thesen, Tests und Tools*. Stuttgart: Klett-Cotta Verlag.

Jansen, Stephan A. 2004b. Public Merger Management – Theoretische und empirische Analysen zum Vergleich von Zusammenschlüssen in der Privatwirtschaft und im öffentlichen Sektor. In *Public Merger*, Hrsg. Andreas Huber, Stephan A. Jansen, Harald Plamper, 3–37. Wiesbaden: Gabler Verlag.

Jansen, Stephan A. 2004c. Bestimmung von Integrations- und Synergieerzielungskosten bei der Unternehmensbewertung von Zusammenschlüssen. In *Unternehmensbewertung – Moderne Instrumente und Lösungsansätze*, Hrsg. Frank Richter, Christian Timmreck, 263–282. Stuttgart: Schäffer-Poeschel Verlag.

Jansen, Stephan A., und Jens Petersen. 2000. Mythos „Merger-Misserfolg"? Prozedere, Probleme und Potentiale der Erfolgsmessung von Unternehmenszusammenschlüssen. *M&A Review* 12: 470–475.

Jansen, Stephan A., und Niko Pohlmann. 2000. Herausforderungen und Zumutungen: Das Human Resource Management bei Firmenzusammenschlüssen. *Personalführung* 2: 30–39.

Jansen, Stephan A., Richard F. Meyer, Michael G. Rukstad, und Peter J. Coughlan. 2002. *DaimlerChrysler Post-Merger Management, Case Study 703417*. Harvard Business School, Boston, September.

Jansen, Stephan A. und Körner, Klaus. 2000. Szenen einiger Unternehmensehen: Vier Hochzeiten und drei Todesfälle – Thesen, Trends und erste empirische Tests zum erfolgreichen Merger Management. *Frankfurter Allgemeine Zeitung* 260: 49. 8.11.2000.

Jensen, Michael C. 1986a. Agency Cost of Free Cash Flow, Corporate Finance, and Takeover. *AER* 76: 323–329.

Jung, Helga. 1993. *Erfolgsfaktoren von Unternehmensakquisitionen*. Stuttgart: M & P Verlag für Wissenschaft und Forschung.

Jung, Willi. 1983. *Praxis des Unternehmenskaufs – Eine systematische Darstellung der Planung und Durchführung einer Akquisition*. Stuttgart: Gabler Verlag.

Kaplan, Robert S., und David P. Norton. 1997. *Balanced Scorecard*. Stuttgart: Schäffer-Poeschel Verlag.

Kaplan, Steven N., und Per Strömberg. 2009. Leveraged Buyouts and Private Equity. *Journal of Economic Perspectives* 23(1): 121–146.

Kaplan, Steven N., und Michael S. Weisbach. 1992. The Success of Acquisitions: Evidence from Divestitures. *The Journal of Finance* XLVII(1): 107–138.

Kinast, Gerhard. 1991. Abwicklung einer Akquisition. In *Akquisition und Unternehmensbewertung*, Hrsg. Jörg Baetge, 31–44. Düsseldorf: IDW-Verlag.

Koch, Hans-Dieter 1990. *Unternehmensbewertung durch den Verkäufer, Vortrag auf dem Euroform Praxisseminar „Was kostet ein Unternehmen?"*. Köln.

Kramer, Robert J. 1990. Organizational Aspects of Postmerger Integration. *M&A Europe* 03.04.1990: 24–32.

Kumah, Emmanuel, Jannick Damgaard, und Thomas Elkjaer. 2009. *Valuation of Unlisted Direct Investment Equity* Working Paper, Bd. 09/242. International Monetary Fund.

Lehmann, Helmut. 1980. Integration. In *Handwörterbuch der Organisation*, 2. Aufl., Hrsg. E. Grochla, 976–984. Stuttgart: Schäffer-Poeschel Verlag.

Lewis, Thomas G. 1994. *Steigerung des Unternehmenswertes*. Landsberg: moderne industrie.

Lucks, Kai, und Reinhard Meckl. 2002. *Internationale Mergers & Acquisitions*, 1. Aufl. Berlin: Springer.

Mann, Rudolf. 1987. *Praxis strategisches Controlling mit Checkliste und Arbeitsformularen: von der strategischen Planung zur ganzheitlichen Unternehmensführung*, 4. Aufl. Landsberg/Lech: MI Verlag.

Marks, Mitchell Lee und Philip H. Mirvis. 1998. *Joining Forces*. Jossey-Bass, San Francisco.

Matschke, Manfred J., und Gerrit Brösel. 2014. *Funktionale Unternehmensbewertung: Eine Einführung*. Wiesbaden: Springer.

Matschke, Manfred J., Gerrit Brösel, und X. Matschke. 2010. Fundamentals of Functional Business Valuation. *Journal of Business Valuation and Economic Loss Analysis* 5(1): 1. Art. 7.

Morosini, Piero. 1999. *Managing Cultural Differences*. Oxford: Pergamon.

Moxter, Adolf. 1983. *Grundsätze ordnungsgemäßer Unternehmensbewertung*, 2. Aufl. Wiesbaden: Gabler.

Müller-Stewens, Günter, und K. Schreiber. 1993. Zur organisatorischen Anbindung des Akquisitionsprozesses im Käuferunternehmen. *DU* 4: 275–292.

Paprottka, Stephan. 1996. *Unternehmenszusammenschlüsse – Synergiepotentiale und ihre Umsetzungsmöglichkeiten durch Integration.* Wiesbaden: Gabler Verlag.

Petitt, P., und K.R. Ferris. 2013. *Valuation for Mergers and Acquisitions,* 2. Aufl. Upper Saddle River, NJ: Pearson Education.

Picot, Gerhard (Hrsg.). 1998. *Unternehmenskauf und Restrukturierung.* München: Beck Verlag.

Picot, Gerhard. 2012. *Handbuch Mergers & Acquisitions,* 5. überarbeitete und erweiterte Aufl. Stuttgart: Schäffer-Poeschel.

Porter, Michael. 1987. From Competitive Advantage to Corporate Strategy. *HBR* 3: 43–59.

Porter, Michael E. 1996a. *Wettbewerbsvorteile – Spitzenleistungen erreichen und behaupten,* 4. Aufl. Frankfurt am Main: Campus Verlag.

Rädler, Albert, und Reinhard Pöllath (Hrsg.). 1982. *Handbuch der Unternehmensakquisition.* Frankfurt am Main: Alfred Metzner Verlag.

Roberts, Harry. 1967. *Statistical Versus Clinical Prediction of the Stock Market.* Unpublished manuscript.

Roll, Richard. 1986. The Hubris Hypothesis of Corporate Takeovers. *JoB* 59: 197–216.

Rosenbaum, Joshua und Pearl, Joshua. 2009/2013. Investment Banking: Valuation, Leveraged Buyouts, and Mergers & Acquisitions. (2nd Edition), Hoboken, NJ: John Wiley & Sons.

Schallenberg, Dirk. 1995. *Akquisitionen und Kooperationen – Eine entscheidungsorientierte Analyse von Unternehmenszusammenschlüssen in der Textilwirtschaft.* Bergisch Gladbach/Köln: Josef Eul Verlag.

Schildbach, Thomas. 1995. Der Verkäufer und das Unternehmen „wie es steht und liegt". *zfbf* 8: 620–632.

Schmidt, Johannes G. 1998. *Post-Merger-Integration in der Industriepraxis* Beitrag zum Intensivseminar „Post-Merger-Integration" im Rahmen der Fachkonferenz „Praxisfragen des Unternehmenskaufs", Offenbach, 17.6.1998. Offenbach.

Semler, Franz-Jörg. 1989. Der Unternehmens- und Beteiligungskaufvertrag. In *Handbuch des Unternehmens- und Beteiligungskaufs,* 2. Aufl. Hrsg. Wolfgang Hölters, 375–455. Köln: Otto Schmidt Verlag.

Steinöcker, Reinhard. 1993. *Akquisitionscontrolling – Strategische Planung von Firmenübernahmen.* Berlin: Walhalla Fachverlag.

Storck, Joachim. 1993. *Mergers & Acquisitions: Marktentwicklung und bankpolitische Konsequenzen.* Wiesbaden: Gabler Verlag.

Sudarsanam, P.S. 1995. *Mergers and Acquisitions.* London: Prentice Hall.

Thoma, Wolfgang. 1998. *Management von M&A-Projekten* Vortragspapier anläßlich der Konferenz „Praxisfragen des Unternehmenskaufs" des Institute for International Research, Offenbach, 16.6.1998, 1–35.

Timmreck, Christian. 2003. *Unternehmens- bewertung bei Mergers & Acquisitions.* Düsseldorf: Hans Böckler-Stiftung.

Trahan, Emery A. 1993. Financial characteristics of acquiring firms and their relation to the wealth effects of acquisition announcements. *Journal of Economics and Finance,* 17(2): 21–35.

Trivison, Adam J. 2008. *For What It's Worth: Understanding the Comparative Accuracy and Explanatory Performance of Relative Value Models and Absolute Value Models.* Long Beach, CA: California State University.

Vault Inc. (Hrsg.). 2005. *Vault Guide to Finance Interviews: Valuation Techniques*. New York, NY: Vault.

Wang, Lihua, und Edward J. Zajac. 2007. Alliance or acquisition? A Dyadic Perspective on Interfirm Resource Combinations. *Strategic Management Journal* 28(13): 1291–1317.

Wilde, Oscar. 1892/1922. *Lady Windermeres Fächer*, übers. v. A. Brieger. Berlin: Deutsche Bibliothek.

Wirtz, Bernd W. (Hrsg.). 2006. *Handbuch Mergers & Acquisitions Management*. Wiesbaden: Gabler Verlag.

Anhang

6

6.1 Grobstruktur einer allgemeinen wirtschaftlichen Due Diligence-Checkliste

I. Produktprogramm/Forschung und Entwicklung/Vertrieb

1. Welche Produktgruppen innerhalb des Produktbereichs lassen sich unterscheiden?
2. Welche Prozentsätze der Produktbereiche zu Gesamtumsatz in welchen Produktaltersgruppen?
3. Bestehen Substitutionsmöglichkeiten und wie sehen die Weiterentwicklungschancen aus?
4. Wie ist die Verteilung der Entwicklungskosten der vergangenen Geschäftsjahre?
5. Welche Innovationen stehen vor der Marktfähigkeit und welche mittelfristigen Umsatzziele haben sie?
6. Bestehen FuE-Kooperationen mit anderen Unternehmen und Universitäten?
7. Wie ist der Aufbau der Vertriebsorganisation und welche Vertriebskanäle werden genutzt?
8. Welche Instrumente des Marketing-Mixes werden verwendet und welche von Wettbewerbern?
9. Wie ist die Schnittstelle von Produktentwicklung, Service, Marketing und Vertrieb organisiert?

II. Technik

1. Welche technische Ausstattung liegt vor (Maschinen, Betriebsausstattung, Flächen und Gebäude)?
2. Wie hoch ist die Fertigungstiefe und wie ist das Kapazitätenmanagement geregelt?
3. Welche Standardisierungsgrade liegen vor, wie hoch ist die Teileanzahl (Modul- oder Plattformkonzepte)?

© Springer Fachmedien Wiesbaden 2016
S. A. Jansen, *Mergers & Acquisitions*, DOI 10.1007/978-3-8349-4772-7_6

4. Welche technischen Daten und Statistiken liegen vor (Maschinenstillstandszeiten, Schwundmengen, Produktivitätskennzahlen, Ausschusszahlen)?

5. Wie ist das Qualitätsmanagement organisiert (Zertifikate, Ausschussquoten, Vorschlagswesen)?

III. Organisatorische Grundlagen/Informationsverarbeitung

1. Wie ist der organisatorische Aufbau (Organigramm, Zweckentsprechung, Akzeptanz)?

2. Wie ist die Regelung der Verantwortungsbereiche (funktional, divisional, Matrix, Stellenbeschreibungen, Verantwortungsübernahme, Kompetenz- und Vertretungsregeln)?

3. Wie funktioniert das Informationsmanagement (horizontal, top-down, bottom-up, Vertraulichkeit)?

4. Welche Hard- und Software wird eingesetzt und wie hoch sind Investitionsbedarfe (bei Harmonisierung)?

5. Wie sehen Entscheidungs- und Kommunikationsprozesse aus?

6. Wie sieht die Zusammensetzung des Personalstandes aus (nach Geschlecht, Funktionen, Vergütungen)?

7. Besteht ein Betriebsrat (Zusammensetzung, Organisationsgrad, Streiks, Aussperrungen)?

8. Welche sozialen Einrichtungen bestehen (Kantine, Unterstützungskasse, Mitarbeiterverpflegung, Urlaub, Sport, Freizeit sowie die Auswirkungen auf die Finanz-, Ertrags- und Vermögenslage)?

9. Beeinträchtigung der organisatorischen Grundlagen durch einen Inhaber- oder Gesellschafterwechsel?

10. Wie sind die finanziellen Auswirkungen der Akquisition (positiv: Synergie und Rationalisierung; negativ: Abfindungen, Sozialplan, Umstellungs- und Reibungsverluste, Doppelbesetzungen und Integrationskosten)?

IV. Markt und Wettbewerb

1. Wie ist die Marktsituation (Marktanteile, Änderung der Wettbewerbssituation, Umsatzanteil mit neuen Kunden und Produkten und in neuen Märkten, Differenzierungsmerkmale, Image)?

2. Entwicklung der Umsatz- und Eigenkapitalrendite sowie die des Auftragsbestandes und -eingangs?

3. Zusammensetzung des Kundenstamms (Abhängigkeiten, Gefährdung der Kundenbranche, Währungsrisiko)?

4. Zusammensetzung der Lieferanten (Abhängigkeiten, Importanteil, Währungsrisiko, Substitutionsmöglichkeiten, Outsourcingüberlegungen, Potential der Verringerung der Lieferantenanzahl, Systemlösungen)?

5. Wie ist das Sortiment (Produkte, Dienstleistungen, Umsätze, Rohertrag, Deckungsbeitrag pro Produkt)?

6. Wie ist die Standortwahl zu beurteilen (Kunden, Lieferanten, Wettbewerb, Personal, Kosten, Umweltschutz, Infrastruktur)?
7. Wie sehen die gegenwärtigen und zukünftigen Kosten- und Werttreiber aus?

V. Rechnungswesen/Unternehmensplanung

1. Besteht ein modernes Rechnungswesen und Investitionsrechnungssystem, das an die Ansprüche des Unternehmens angepasst ist?
2. Besteht eine interne Kontrolle, ein internes Controlling und eine interne Revision?
3. Erfolgt eine zeitnahe Aufstellung des Jahresabschlusses und wer nimmt die Prüfung vor?
4. Welche Angaben enthält der Anhang (§§ 284–288 HGB) und der Lagebericht (§ 289 HGB)?
5. Liegen Planungsrechnungen vor (fünf vergangene Jahresplanungen, mittel- und langfristige Planungen für die Bereiche mit Umsatz, Kosten, F&E, Personal, Cash Flow, Gewinn und Gewinnverwendung ggf. produkt-, betriebs-, sparten-, teilkonzernbezogen)?
6. Besteht ein Liquiditätsplan im Rahmen der Finanzplanung (Reserven, Fakturierung, Skontiausnutzung, Kreditlinien) sowie ein effizientes Cash Management?
7. Bestehen mittelfristige Investitionsplanungen, Cash Flow-Analysen, Planbilanzen und wie ist die Prognoseverlässlichkeit?

VI. Auswertung des Jahresabschlusses

1. **Bilanz (in Verbindung mit Anhang und Lagebericht)**
   AKTIVSEITE
   - Geschäfts- und Firmenwert
   - Geleistete Anzahlungen (Gewinn- und Verlusterwartung für die schwebenden Geschäfte)
   - Sachanlagevermögen (Ab- und Zugänge der letzten 10 Jahre, Anlagespiegel)
   - Grundstücke, grundstücksgleiche Rechte (Bauzeichnungen, Grundpfandrechte, Sanierungsbedarf)
   - Anlageverzeichnisse oder Anlagekarteien für technische Anlagen und Maschinen sowie andere BGA
   - Finanzanlagevermögen (Anteile an verbundene Unternehmen, Beteiligungen und Ausleihungen an solche Unternehmen und Konsequenzen auf die Ertragslage des zu bewertenden Unternehmens)
   - Vorratsvermögen (Inventurunterlagen, Rohertragszahlen und Umschlagshäufigkeit, Lagerdauer, Verwendbarkeit, Bewertungsgrundsätze zur Aufdeckung von stillen Reserven)
   - Forderungen aus Lieferungen und Leistungen (Zahlungsmoral, branchenbedingte Besonderheiten)

- Forderung an verbundene Unternehmen (im Anhang Angabepflicht, Auswirkung auf Liquiditäts-, Ertrags- und Vermögenssituation)
- Wertberichtigungen (Informationen über Forderungsausfälle der Vergangenheit und latentes Ausfallrisiko)
- Geldkonten und Wechselobligo (Liquiditätsaussage, Kontokorrentlinien, Sicherheiten, Wechselproteste)

PASSIVSEITE

- Kapital- und Gewinnrücklagen (im Fünf-Jahres-Überblick Aussage über Rücklagepolitik)
- Verwendbares Eigenkapital (i. S. §§ 29, 30 KStG, Ausschüttungen aus der Auflösung von Rücklagen im Hinblick auf steuerliche Ent- und Belastung)
- Sonderposten mit Rücklageanteil (§ 273 HGB, Ertragssteuern bei Auflösung berücksichtigen)
- Rückstellungen (Pensionsverpflichtungen, Wahlrecht zur Bildung allgemeiner Aufwandsrückstellungen)
- Rückstellungen für ungewisse Verbindlichkeiten (Risikoprüfung, Korrektur aus Handelsbilanz)
- Rückstellungen für drohende Verluste (Verlusterwartungen vs. Gewinnerwartungen, Gegenkontrakte)
- Rückstellungen für im Geschäftsjahr unterlassene Aufwendungen für Instandhaltung (Auskunft über Erhaltungszustand der Anlagen)
- Rückstellungen für Abraumbeseitigung
- Rückstellungen für Gewährleistungen
- Neuzusagen von Pensionen
- Verbindlichkeiten (Verbindlichkeitenspiegel, Über- oder Untererfüllung der Tilgungsverpflichtungen)
- Erhaltene Anzahlungen und Teilabrechnungen
- Verbindlichkeiten gegenüber verbundenen Unternehmen bzw. bei Beteiligungsverhältnis
- Sonstige Verbindlichkeiten (Sozialpläne, Steuerverbindlichkeiten)
- Haftungsverhältnisse (Bilanzrichtlinien-Gesetz entweder bilanzierungspflichtig oder unter der Bilanz bzw. im Anhang, problematisch bei Personengesellschaften)

2. **Gewinn- und Verlustrechnung**

- Umsatzkostenverfahren nach weitestmöglicher Aufteilung (Betriebsbereiche, Produkte, Sparten etc.)
- Bestandsveränderungen von fertigen und unfertigen Erzeugnissen (Auflösung stiller Reserven)
- Entwicklung der Aufwendungen für Roh-, Hilfs- und Betriebsstoffe sowie für bezogene Waren
- Entwicklung der Personalaufwendungen (Nebenkosten, Vergütungen der Gesellschaftsorganmitglieder)

- Abschreibungen (ergänzend zum Anlagespiegel, Normal- und Sonderabschreibungen)
- Sonstige betriebliche Aufwendungen und Erträge (Regelmäßigkeit prüfen)
- Erträge aus Beteiligungen, Wertpapiere und Ausleihungen des Finanzanlagevermögen
- Prüfung aller Aufwandsarten über die Wirksamkeit für die zukünftige Ertragskraft (Vorleistungen, F&E, Ausbildungs-, Werbe-, Umstellungs- und Erweiterungskosten)

Quelle: Eigene Aufstellung

6.2   Grobstruktur einer rechtlichen Due Diligence-Checkliste

I. Gesellschaftliche Prüfung des Kaufobjektes

1. Anteilsstruktur (Gesellschafterliste, Gründungsurkunde und Urkunden über Kapitalerhöhung)
2. Einbezahlung des Stammkapitals (für rückständige Leistungen ist nach § 16 GmbHG auch der Erwerber haftbar)
3. Kapitalerhöhung (Problem der verdeckten Sacheinlage und der Bareinlagepflicht)
4. Keine Belastungen der Geschäftsanteile
5. Verfügungsbeschränkungen
6. Beherrschungs- und Gewinnabführungsverträge

II. Vermögen des Kaufobjektes

1. Unbewegliche Sachanlagevermögen (beglaubigte Grundbuchauszüge und Bestellungsurkunden)
2. Bewegliche Sachanlagevermögen (Sicherungsrechte, Beteiligungen an anderen Unternehmen und sonstige Vermögensgegenstände)
3. Forderungen
4. Gewerbliche Schutzrechte

III. Vertragliche Beziehungen des Kaufobjektes

1. Beraterverträge
2. Bürgschaften, Garantieverpflichtungen
3. Miet-, Pacht- und Leasingverträge
4. Vertriebsverträge (Handelsvertreter etc.)
5. Versicherungsverträge (Liste der Verträge mit Deckungssummen, Prämien etc. und mit sämtlichen nicht versicherten Risiken)

6. Unternehmenskaufverträge (Liste der Käufe und Beteiligungen der letzten fünf Jahre)
7. Lieferantenverträge (Liste der 20 größten Lieferanten)
8. Rahmenverträge mit Lieferanten und Kunden
9. Kooperationsverträge

IV. Arbeitsrechtliche Situation

1. Anzahl der übernommenen Arbeitnehmer (Liste der Beschäftigten)
2. Betriebsvereinbarungen (Interessenausgleich, Sozialplan)
3. Tarifverträge (Dienstverträge der Vorstände und Geschäftsführer und Mitarbeitern mit Gehältern von mehr als 150.000 Euro, Standardarbeitsverträge)
4. Historie der Beziehungen zur Arbeitnehmerschaft (Streiks und Betriebsstillegungen)
5. Betriebliche Altersvorsorge
6. Prüfberichte der Sozialversicherungsbehörden

V. Rechtsstreitigkeiten

1. anhängige und drohende Rechtsstreitigkeiten
2. Produkthaftung
3. Einschränkende Unterlassungserklärungen und gerichtliche wie außergerichtliche Vergleiche

VI. Genehmigungen und Zuschüsse

1. Gewerbeanmeldung
2. Baugenehmigungen/Bebauungspläne
3. Imissionsrechtliche Genehmigungen
4. Wasserrechtliche, rundfunkrechtliche und telekommunikationsrechtliche Genehmigungen
5. Investitionszuschüsse und -zulagen

Quelle: Zusammenfassende Aufstellung für eine GmbH nach Kirchner (1998, S. 15–17 und Anlage 2)

6.3 Grobstruktur einer steuerlichen Due Diligence-Checkliste

1. **Handelsregisterauszüge und Grundbuchauszüge**
2. **Satzungen und Gesellschaftsverträge**
3. **Übersicht aller Steuersubjekte:** Beteiligungsverhältnisse, gesellschaftsrechtliche Struktur, Betriebsstätten

4. **Verträge:** mit verbundenen Unternehmen, Gewinnabführungs- und Beherrschungs-verträge, Darlehensverträge, Konzernumlageverträge, Management-/Serviceverträge, Leasingverträge, Gesellschafter-/Geschäftsführerverträge

5. **Jahresabschlüsse:** Bilanzen/Gewinn- und Verlustrechnungen, Berechnungen der Steuerrückstellungen, Dividendenbeschlüsse und Ausschüttungsverhalten

6. **Steuerbescheide bezüglich Ergänzungs- und Sonderbilanzen**

7. **Steuererklärungen:** Kopien einschließlich Umsatz- und Lohnsteuer, Kopien der Steuervorauszahlungsbescheide sowie Informationen und ggf. Schriftverkehr zur Abgabe der Erklärungen

8. **Besondere steuerliche Sachverhalte:** Eigenkapitalgliederung, Bescheide über die gesonderte Feststellung von Verlustvorträgen, Auflagen der Finanzbehörden, Mindest-behaltefristen, Übersicht über in Anspruch genommene Vergünstigungen, Teilwertab-schreibungen wegen möglichem Wertaufholungsgebot, Schätzung der stillen Reserven, Einheitswerte, Bedarfswerte

9. **Betriebsprüfung:** Betriebsprüfungsberichte, Übersicht bezüglich offener (angekündigter) Punkte aus der vorhergehenden für die folgende Betriebsprüfung, Übersicht über mögliche Effekte aus Betriebsprüfungen bei der Gesellschaft

10. **Rechtsbehelfe:** Übersicht über anhängige Rechtsbehelfe/Klageverfahren im steuerlichen Bereich sowie Angaben zum Status

11. **Verbindliche Auskünfte/Anrufungsauskünfte:** Kopien der beantragten verbindlichen Auskünfte, Kopien zu Reaktionen der Finanzbehörden, Kopien des sonstigen Schriftverkehrs in Zusammenhang mit den verbindlichen Auskünften/Anrufungsauskünften, Informationen zur Positionierung der Gesellschaft in Abweichung zu einer verbindlichen Auskunft, Kopien der Anfragen von Seiten der Finanzbehörden außerhalb einer Betriebsprüfung

Quelle: Aufstellung in Anlehnung nach Jamin (1998, S. 30–31)

6.4 Grobstruktur einer Umwelt Due Diligence-Checkliste

I. Allgemeine Informationen

1. Eigene Produkte
2. Produktionsverfahren
3. Eingesetzte Rohstoffe

II. Wassergefährdung

1. Lagertanks
2. Lagerstellen für Fässer
3. Rohrleitungsanlagen

4. Umschlagplätze für wassergefährdende Flüssigkeiten
5. Kopien der behördlichen Genehmigungen, Abnahmeprotokolle, Prüfberichte des TÜV, Verfügungen

III. Abwasser/Abwasserrechtliche Genehmigungen

1. Sanitärwasser (Menge und Lokalisierung der Ableitung)
2. Betriebsabwasser (Menge und Lokalisierung der Ableitung)
3. Regenwasser (Menge und Lokalisierung der Ableitung)
4. Mischabwasser (Menge und Lokalisierung der Ableitung)
5. Kopien der wasserrechtlicher Erlaubnisse und Bewilligungen, Abwassereinleitungsgenehmigungen

IV. Abfall und Sondermüll

1. Hausmüll
2. Überwachungsbedürftiger Abfall
3. Besonders überwachungsbedürftiger Abfall
4. Kopien der abfallrechtlichen Genehmigungen

V. Grundwasser und Boden

1. Liste der Entsorgung, Ablagerung, Verarbeitung und Produktion von umweltgefährdenden Stoffen auf dem eigenen Betriebsgelände
2. Untersuchungsberichte bezüglich Grundwasser und Boden

VI. Imissionen (Lärm/Luft)

1. Verzeichnis der nach dem Bundes-Immissionsschutzgesetz genehmigungsbedürftigen Anlagen
2. Genehmigungspflichtige Störfallverordnung
3. Kopien der behördlichen Genehmigungen und der Messergebnisse

VII. Arbeitsschutz und Umgang mit Gefahrstoffen

1. Verwendete oder produzierte Gefahrstoffe
2. Asbest
3. Kopien der letzten drei Überprüfungsberichte des Gewerbeaufsichtsamtes und des Besichtigungsberichtes der letzten Betriebsbesichtigung der Berufsgenossenschaft

Quelle: Zusammenfassende Darstellung nach Kirchner (1998)

Literatur

Jamin, Wolfgang. 1998. *Tax Due Diligence/Steuerliche Aspekte*. Vortragspapier anläßlich der Konferenz „Praxisfragen des Unternehmenskaufs" des Institute for International Research, Offenbach, 16.6.1998, 1–31.

Kirchner, Jörg. 1998. *Rechtliche Due Diligence – Ziele, Bestandteile und Umsetzung* Vortragspapier anläßlich der Konferenz „Praxisfragen des Unternehmenskaufs" des Institute for International Research, Offenbach, 16.6.1998, 1–22. Mit Anlagen.

Sachverzeichnis

7 K-Modell, 364

A
advanced factors, 5
Agency Costs, 145
Akquisition
    Anforderungsprofil, 307
    horizontal, 82
    lateral bzw. konglomerat, 83
    Motive, 301
    Umfeldanalyse, 299
    vertikal, 83
Akquisition vs. Kooperation, 300
Akquisitionen und Kooperationen, 279
Akquisitionserfolg
    Studien, 377
Akquisitionskriterien, 302, 303
Akquisitionsplanung, 305
Akquisitionsstrategie, 299
Akquisitions-Bedarfsanalyse, 298
Aktives Grenzmanagement, 27
Anforderungsprofil von LBO-Kandidaten, 147
Arbeitswerttheorie, 318
Asset Deal, 291
assoziiertes Unternehmen, 233
Außenwirtschaftslehre, 4
Auswahltrichter, 308

B
backward integration, 83
Balanced Scorecard, 372
basis factors, 4
Baumorganisation, 199
Belegschafts Buyouts, 143
Bestimmung Erwerbsobjekt, 289
Beta (Sensitivitätsmaß), 180

Bewertungs- und Kaufpreisermittlungsprozess, 324
Bewertungsverfahren
    Übersicht, 328
Bindungsrichtung, 82
Börsenwert, 349
Branchenattraktivität, 188
break up-Analyse, 155
Business Plan, 295
    Beispiel, 295

C
Capital Asset Pricing Model, 179
Cash flow-Ermittlung
    indirekt, 335
Center of Excellence, 5
Closing, 361
Competitive Advantage of Nations, 4
compound options, 347
Confidentiality Agreement, 312, 313
conglomerate discount, 46
contingent price deal, 334
Corporate Control-Hypothese, 177
Corporate Governance, 36
culpa in contrahendo, 311
Cultural Due Diligence, 366

D
data room, 315
Delisting, 135
Desk Due Diligence, 315
Differenzierungsstrategie, 190
Direktinvestitionen, 9, 12
diseconomies of bureaucracy, 23
Diversifikation, 179
    verflechtungsorientiert, 196

© Springer Fachmedien Wiesbaden 2016
S. A. Jansen, *Mergers & Acquisitions*, DOI 10.1007/978-3-8349-4772-7

Diversifikationstests, 196
Due Diligence, 314
    Beteiligte, 316
    Expertensystem, 316
    Formen, 315
    Funktionen, 315
    Human Resource, 315
    post acquisition, 361
    rechtliche, 315, 395
    steuerliche, 316, 396
    Umwelt, 315, 397
    wirtschaftliche, 315, 391
Due Diligence Checkliste, 391, 395–397

E
Earn out-Methode, 334
economies of agglomeration, 6
economies of scale, 10, 173
Efficient-Consumer-Response, 26
Effizienzmarkttheorie, 349
einfache Integration, 24
Einzelwertmethoden
    Einzelveräußerungswert, 330
    Liquidationswert, 330
    Reproduktionswert, 330
    Substanzwert, 330
Equity-Methode, 234
Ertragswert
    analytische Methode, 331
    pauschale Methode, 331
    realisierter, 334
Erwerbswege, 290
EU-Übernahmerichtlinie, 18
external economies, 6

F
Faktorproportionentheorem, 4
    Neo, 4
Family Club Deals, 136
Formen der Kapitalmarkteffizienz, 181
forward integration, 83
Free Cash Flow-Hypothese, 177

G
Gap-Analyse, 298
Garantien, 359
gemeiner Wert, 333
Gemeinschaftsunternehmen, *siehe* Joint
    Ventures

konzentrative, 224
kooperative, 224
strukturelle, 224
Teilfunktions-, 224
Vollfunktions-, 224
Gesetz der Massenproduktion, 173
Gesetz gegen den unlauteren Wettbewerb, 158
globale Reichweite, 13
Goodwill, 291, 333
Grenzüberschreitende Transaktionen, 93

H
Häufigkeit von Transaktionen, 175
Hedge Fonds, 2, 62, 152
Horizontale Organisation, 196
Horizontalstrategie, 194
Hostile Takeover, 150
Hybride, 175
Hybride Formen, 21
Hybris-Hypothese, 176

I
IMA Studie, 378
industrial districts, 6
Industrieökonomik, 172
Informationshypothese, 181
Integration
    7 Illusionen, 375
    7 K-Modell der Integration, 363
    7 Stufen, 364
    Akquisitionserfolg, 374
    Begriff, 362
    Erfolgskontrolle, 371
    Management, 363
    organisatorische Verankerung, 366
    partielle, 193
    Quasi, 193
    vertikale, 193
    Zielebenen, 371
Integrationsform
    Absorption (vollkommene Integration), 369
    Holding, 369
    Stand-alone-Position, 368
    Symbiose (partielle Integration), 369
Integrationsgrad, 367
Integrationsphase, 361
Integrationstiefe, 370
Internalisierung, 175
Investment Banks, 66

J

Joint Venture, 222
    Aktionsplan, 236
    Beispiele, 226
    Contractual, 223
    Equity, 223
    Erfolgsbewertung, 229
    idealtypische Phasen, 235
    Input-Output-Kontinuum, 230
    Motive, 225
    Quotenkonsolidierung, 232
Junk Bonds, 76

K

Kapitalanteilserwerb, *siehe* Siehe Share Deal
Kapitalbeteiligungsgesellschaften, 135
Kaufvertrag, 358
keiretsu, 242
Kernkompetenzen, 21, 197
    Identifikationstests, 199
    kritische Würdigung, 202
Kohlberg, Kravis und Roberts (KKR), 148
Kombinationsmethoden, 332
Kombinationsmodell, 292
komplexe Integration, 24
Komplexitätskosten, 252
Kontaktsuche und -aufnahme, 309
Konzentrationsstrategie, 190
Konzernvermutung, 234
Kooperationsbegriff, 222
    betriebswirtschaftlicher, 221
    gesetzlicher, 219
Kooperationsformen, 222
Koordinationsformen, 175
Kostenwerttheorien, 318
Kulturentwicklung in Kooperationen, 257
Kulturfit, 256

L

Lernkurvenkonzept, 182
Letter of Intent, 313
    Elemente, 313
Levcrage Effekt, 144
Leveraged Build Up, 149
Leveraged Buyout, 143

M

M&A-Beratungsunternehmen, 65
make-cooperate-or-buy-Entscheidung, 22

make-or-buy Entscheidung, 21
Makler, 65
Management Buyin, 143
Management Buyout, 143
Markt für M&A Dienstleistungen, 67
Marktanteils-Markwachstums-Matrix, 181
Marktein- und -austrittsbarrieren, 189
Memorandum of Understanding, 314
    Elemente, 315
Mezzanine Financing, 344
Minimum Efficient Scale (MES), 172
Mittelwertmethode, 332
Monopolhypothese, 171
multiplant economies of scale, 173

N

Netzwerkanalyse, 29
Neunfeldermatrix von McKinsey, 183
nonsynergistic acquisitions, 207

O

optimale Betriebsgröße, 13
Optionen, 253
Organisationsfit, 256

P

Paradoxien der Organisation, 22
Partnerprofile, 256
Portfolioanalyse
    Kritik, 184, 196
Portfoliotheorie, 178
    Markowitz, 179
Portfoliovarianz, 179
Post Merger Audit, 371
Potentialanalyse
    interne, 295
Praktikerformel, 332
Prinzip der Wertadditivität, 180
Private Equity, 2, 61, 135, 142, 152, 169
Produkt/Markt-Matrix, 300
Produktionskostentheorie, 318
Produktlebenszykluskonzept, 182
Prozess der strategischen Expansions- und
    Diversifikationsentscheidung, 212
Punktation, 313

Q

Quotenkapitalkonsolidierung, 233

R

Real Options, 346
realisierter Ertragswert, 334
Real-Option-Theory, 253
Risikoarten, 179
Rybcynski-Theorem, 4

S

Share Deal, 291
Shareholder Value, 44
Shareholder Value Analysis, 250
   Anwendungsprobleme, 253
Signing, 358
Singularsukzession, 291
specialized factors, 5
Spezifität von Transaktionen, 175
Spin-Out, 26
Squeeze Out, 19
Staatsfonds, 103
Stärken-/Schwächenprofil, 294
Statement of Non-Disclosure, 313
Steuerhypothese, 176
Stigler-Bain-Debatte, 172
Strategic Screening, 307
Strategiebegriff, 167
Strategiefit, 256
Strategische Allianz
   Begriff, 237
   Branchenentwicklung, 245
   Erfolgsstudien, 274
   funktionale Perspektive, 246
   geographische Konzentration, 245
   Koordinationsstrukturen, 269
   Motive und Zielsetzungen, 249
   Problem- und Konfliktfelder, 273
   Typisierung, 255
Strategische Bilanz, 297
Strategische Familien, 242
strategische Frühaufklärung, 296
Strategische Geschäftseinheiten
   Gegenargumente, 201
Strategische Gruppen, 241
Strategisches Netzwerk, 22
Studie IMA, 378
Stuttgarter Verfahren, 333
subjects to satisfying due diligence procedures,
   361
Synergiebegriff, 207
Synergie-Hypothese, 207

T

Teilfunktions-Gemeinschaftsunternehmen, 224
tender offer, 60, 155
Transaktionskosten, 175
Transaktionskostentheorie, 21, 174
Triebkräfte des Branchenwettbewerbs, 189

U

Übergang, 361
Übergewinnmethode, 333
Übergewinnverrentungen, 333
Übernahmerichtlinie, 157
U.E.C.-Verfahren, 333
Umfeldanalyse
   geschäftsfeldorientierte Analyse, 299
   länderorientierte Analyse, 299
   marktorientierte Analyse, 299
Umwandlungsmodell, 292
Umweltanalyse, 296
   dreistufiges Modell, 297
Unternehmensbewertung
   Akquisitionserfolg, 357
   Anwendungsstudien, 324
   Verkäuferperspektive, 356
Unternehmenswert
   Komponenten, 250
   objektiv, 317
   subjektiv, 318
   Wert und Preis, 320

V

Value Driver, 251
Venture Capital-Gesellschaften, 138
Veränderlichkeit von Transaktionen, 175
Verflechtung
   immaterielle, 195
   Konkurrenten, 195
   materielle, 195
Verflechtungstypen, 194
Verjährung, 359
Vermögenserwerb, *siehe* Asset Deal
vertikale Integration, 193
Vertragliche Phase, 357
Virtuelle Unternehmen, 26
Vorvertrag, 357
   Elemente, 358
vorvertragliche Akquisitionsphase, 311
vorvertragliche Verhandlungsphase, 310

W

Wachstum
externes, 210
internes, 210
Wertkette, 191
Wertkettenanalyse, 294
Wertkettensystem, 191
Wertorientierte Strategieplanung, 252

Wettbewerbsrechtliche Grundlagen, 258
Wettbewerbsstrategien, 190
Wirtschaftspolitik
nationalstaatliche, 16

Z

zaibatsu, 242
Zusicherungen, 359

Printed in Poland
by Amazon Fulfillment
Poland Sp. z o.o., Wrocław

94254726R00246